Das Reichsgesetz

über

die Angelegenheiten

der

Freiwilligen Gerichtsbarkeit.

Vom 17. Mai 1898.

(In der Fassung vom 20. Mai 1898.)

Mit Erläuterungen

von

Georg Wellstein,
Oberlandesgerichtsrat.

Zweite, umgearbeitete Auflage.

Berlin 1906.
Verlag von H. W. Müller.
W. Potsdamerstr. 121 K.

Vorwort zur ersten Auflage.

Als Berichterstatter der Reichstagskommission für die Vorberatung des Entwurfs zu dem vorliegenden Gesetze habe ich mich mit dessen Vorschriften eingehend zu beschäftigen gehabt. Das Ergebnis dieser Tätigkeit habe ich dann zu den nachfolgenden kurzgefaßten Erläuterungen erweitert. Dieselben lassen überall den Zusammenhang der einzelnen Vorschriften mit dem BGB. und den anderen in Betracht kommenden Gesetzen erkennen und ziehen die legislatorischen Vorarbeiten zur Erklärung heran.

Fehlen zwar noch die landesgesetzlichen Ausführungs- und Ergänzungsvorschriften, so dürfte für einen großen Teil der in der Praxis stehenden Kollegenschaft doch schon jetzt das Bedürfnis bestehen, dem Studium des Gesetzes näher zu treten. Vielleicht erweist sich hierbei das Werkchen als ein nicht ganz ungeeignetes Hilfsmittel.

Frankfurt a. M., im Oktober 1898.

Vorwort zur zweiten Auflage.

Die Herausgabe einer zweiten Auflage bezeichnete mir der Verleger schon bald nach dem ersten Erscheinen des Buches als erwünscht. Umstände mannigfacher Art traten indessen der Ausführung hindernd entgegen.

Inzwischen war eine unerwartet große Anzahl umfangreicher Kommentare des vorliegenden Gesetzes erschienen, und die wissenschaftliche Erörterung von Einzelfragen hatte lebhaft eingesetzt; beides mit dem nicht überraschenden Resultate, daß zahlreiche Streitfragen aufgeworfen wurden. Eine umfangreiche Rechtsprechung schloß sich an.

Wollte ich unter solchen Umständen nicht bloß registrierend verfahren, so ergab sich von selbst die Notwendigkeit einer wesentlichen Umarbeitung und erheblichen Verstärkung der ersten Auflage, weit über den Rahmen des ursprünglich Geplanten hinaus. Immerhin aber habe ich mich bei der Neubearbeitung nur von praktischen Gesichtspunkten leiten lassen und in den Grenzen des Notwendigen gehalten.

Frankfurt a. M., im September 1905.

Der Verfasser.

Inhalts-Übersicht.

Verzeichnis der Abkürzungen,

die außer den allgemein üblichen angewendet worden sind.

A.d.fr.Ger. = Angelegenheiten der freiwilligen Gerichtsbarkeit.
Arch.f.ziv.Pr. = Archiv für zivilistische Praxis.
Bayer.O.LG. = Oberstes Landesgericht für Bayern.
Bsch.G. = Gesetz, betr. die privatrechtlichen Verhältnisse der Binnenschiffahrt v. 15. Juni 1895 in der Fassung v. 20. Mai 1898.
Denkschr. oder Denkschrift = Denkschrift zum Entwurfe eines Gesetzes über die Angeleg. der freiw. Gerichtsb.; Drucksachen des Reichstags 9. Legislaturperiode 5. Session 1897/98 Nr. 21.
DJZ. = Deutsche Juristen-Zeitung, herausg. von Dr. Laband, Dr. Stenglein u. Dr. Staub.
Flaggenrechtsgesetz = Gesetz, betr. das Flaggenrecht der Kauffahrteischiffe v. 15. Juni 1895 in der Fassung v. 20. Mai 1898.
GBO. = Reichsgrundbuchordnung.
Gruchot = (Gruchot's) Beiträge zur Erläuterung des Deutschen Rechts. Herausgegeben von Dr. Küntzel, Dr. Eccius und Dr. Jäckel.
Jahrbuch = Jahrbuch des Deutschen Rechts. Herausgegeben von Dr. H. Neumann.
Johow = Jahrbuch der Entscheidungen des Kammergerichts. Herausgegeben von Johow und Ring.
Jur.Woch. = Juristische Wochenschrift (Organ des deutschen Anwaltvereins).
KG. = Kammergericht.
Kom.Ber. = Kommissionsbericht der VI. Kommission des Reichstags, den Entwurf eines Gesetzes über die A.d.fr.Ger. betreffend; Drucksachen des Reichstags 9. Legislaturperiode 5. Session 1897/98 Nr. 109.
Mot. = Motive zu dem Entwurfe des BGB. erster Lesung. 5 Bde.
Prot. = Protokolle der Kommission für die zweite Lesung des Entwurfs des BGB. Im Auftrage des Reichs-Justizamts bearbeitet von Dr. Achilles, Dr. Gebhard und Dr. Spahn. 6 Bde.
Recht = Das Recht. Rundschau für den deutschen Juristenstand. Herausg. von Dr. Hs. Th. Soergel.
Rechtspr.d.OLG. = Die Rechtsprechung der Oberlandesgerichte auf dem Gebiete des Zivilrechts. Herausg. von Mugdan und Falkmann.
RG. = Entscheidungen des Reichsgerichts in Zivilsachen.
RJA. = Zus.d.RJAmts (s. unten).
Seuff.Arch. = Seufferts Archiv für die Entscheidungen der obersten Gerichtshöfe in den deutschen Staaten.
Soergel = Rechtsprechung zum BGB., Einf.Ges.z.BGB. ꝛc. nach der Reihenfolge der Gesetzesparagraphen, bearbeitet von Dr. Hs. Th. Soergel.
Warneyer = Jahrb. der Entscheidgn. auf dem Gebiete des Zivil-, Handels- u. Prozeßrechts. Herausg. von Dr. O. Warneyer.
Zeitschr.d.d.Not.Ver. = Zeitschrift des deutschen Notarvereins. Herausg. von Weißler.
Zentr.Bl. = Zentralblatt für die freiwillige Gerichtsbarkeit ꝛc.
ZfDZPr. = Zeitschrift für deutschen Zivilprozeß und das Verfahren in A.d.fr.Ger. Herausg. von Dr. Schultzenstein und Dr. Vierhaus.
Zus.d.RJAmts = Entscheidungen in A.d.fr.Ger. und des Grundbuchrechts. Zusammengestellt im Reichs-Justizamte.

Die Kommentare zu dem Reichsgesetz über die A.d.fr.Ger. von Birkenbihl, Dorner, Dronke, Ebert und Dudek, Fuchs, Jastrow, Josef, Rausnitz, Schneider, Schultze-Görlitz, Weißler, sowie „Die freiwillige Gerichtsbarkeit im Reiche und in Preußen" von Dr. Nußbaum sind nur mit dem Namen der Verfasser bezeichnet. Das Lehrbuch des Verfahrens der freiw. Ger. im Deutschen Reich und in Preußen von Dr. Eugen Josef ist als „Josef, Lehrb." bezeichnet.

Berichtigungen und Nachträge.

S. = Seite; Z. = Zeile; v. = von; o. = oben; u. = unten.

S. 10. In Z. 18 v. u.: hinter „6. August 1903“ einzuschalten: Bd. 55 S. 275 Nr. 63.

„ 11. a) In Z. 7 v. o.: hinter „Nr. 55“ einzuschalten: Rechtspr. d. OLG. 3 S. 253 Nr. 67.
b) In derselben Z. statt „1903“ zu setzen: 1904.
c) In Abs. 2 a. E. hinter „(321)“ einzufügen: Vgl. z. B. RG. 6. August 1903 Bd. 55 S. 275 Nr. 63.
d) In Abs. 4 Z. 6 v. o.: statt „Auf diese Weise sind“ zu setzen: Auf diese Weise ist usw.

„ 12. In Abs. 1 Z. 2 v. u.: statt „Abs. 3 ZPO.“ zu setzen: Abs. 4 ZPO.

„ 14. In Anm. n muß es hinter dem Worte „Versammlungsbeschlüsse“ heißen: und gewisse sonstige Verrichtungen nach den §§ 4, 5, 9, § 16 Abs. 3, § 17 Abs. 1 usw.

„ 22. In Z. 13 v. o.: statt „institutioneller“ ist zu setzen: instruktioneller.

„ 32. In Z. 9 v. u. ist statt „angelegt“ zu lesen: ausgelegt.

„ 53. In Z. 3 v. o. ist hinter „Anm. 68“ einzufügen: Siehe dazu Josef im Zentr.Bl. 5 (1905) S. 817 ff.

„ 54. In Z. 10 v. u. ist hinter „vorzunehmen“ einzuschalten: So hat es z. B., wenn ernste Zweifel über die Ehelichkeit eines als unehelich bezeichneten Kindes bestehen, die erforderlichen Ermittlungen zu veranstalten; KG. 30. Dezember 1903 in Zus. d. RJAmts 4 S. 80. Vgl. einen anderen Fall KG. 21. November 1904, daselbst 5 S. 143.

„ 69. Am Schlusse des Abs. 1 nach den Worten „bekundet hat“ (also vor „Josef Lehrb. 81“) ist einzuschalten: Jetzt allgemein anerkannt vom KG. 8. Februar 1904 in Zus. d. RJAmts 4 S. 135.

„ 73. In Anm. 4 Abs. 2 hinter „1903 in“ ist einzufügen: Zus. d. RJAmts 4 S. 1. Ferner am Schlusse desselben Absatzes: KG. a. a. O.

„ 91. In Z. 6 v. o. ist vor „Johow“ einzuschalten: Zus. d. RJAmts 4 S. 136.

„ 97. a) In Z. 7 v. o. ist hinter „Nr. 31“ einzuschalten: Zus.d.RJAmts 5 S. 14.
b) In derselben Z. hinter „2 b“ einzufügen: Vgl. hierzu noch Bayer.O.LG. 30. April 1904 in Zus.d.RJAmts 4 S. 191.
c) In Z. 13 v. u. ist hinter „unter 7“ einzufügen: Dazu Josef in Zeitschr.d.d.Not.Ver. 1904 S. 249 ff.

„ 98. In Z. 20 v. o. ist hinter „16. November 1903 in“ einzufügen: Zus.d. RJAmts 4 S. 73.

„ 100. In Z. 26 v. o. ist nach dem Worte „in“ einzuschalten: Zus.d.RJAmts 4 S. 21.

„ 101. In Z. 4 v. u. ist nach „umgrenzt“ einzuschalten: So steht einem Aktionär oder einem Aufsichtsratsmitglied einer Aktiengesellschaft kein Beschwerderecht gegen die gerichtliche Abberufung eines Liquidators zu; KG. 15. Februar 1902 in Zus.d.RJAmts 4 S. 147.

„ 102. In Z. 20 v. o. ist hinter „25. Januar 1904“ einzufügen: Zus.d.RJAmts 4 S. 84

„ 103. In Anm. e Z. 9 v. o. ist hinter „173“ einzufügen: Zus.d.RJAmts 5 S. 9.

S. 104. Am Schlusse von Z. 1 v. u. ist zuzusetzen: Vgl. indessen KG. 16. Mai 1904 in Zus.d.RJAmts 4 S. 207, wo der Handelskammer nur dann ein Beschwerderecht zugestanden wird, wenn sie vorher Antragstellerin war.

„ 106. In Anm. 3a Z. 6 v. o. ist hinter „S. 209 f." einzuschalten: und Zentr.Bl. 5 (1905) S. 817 ff.

„ 107. In Anm. 6 Z. 11 v. u. ist hinter das Wort „gewährleisten" einzufügen: dagegen Josef im Zentr.Bl. 5 (1905) S. 817 ff.

„ 109. In Z. 5 v. o. ist zuzusetzen: Auf die irrige Bezeichnung des Rechtsbehelfs — z. B. Einspruch statt Beschwerde (vgl. § 132 Anm. 8) — kommt es nicht an; KG. 14. Dezember 1903 in Zus.d.RJAmts 4 S. 105.

„ 115. Am Schlusse der Anm. 3 ist zuzusetzen: Dgl. KG. 13. September 1904 in Zus.d.RJAmts 4 S. 189.

„ 122. Am Schlusse der Anm. 1 hinter „Anm. 4a" ist hinzuzusetzen: Im Ergebnis übereinstimmend Josef in Zeitschr.d.d.Not.Ver. 1904 S. 319 ff.

„ 123. In Anm. c Z. 2 v. u ist nach „Anm. 2" einzuschalten: Vgl. dagegen Sieskind in D.Jur.Ztg. 1901 S. 161, Zeitschr.d.d.Not.Ver. 1901 S. 194/195.

„ 124. a) In Anm. 4 Z. 9 v. o. ist hinter „1901" einzuschalten: Zus.d.RJAmts 5 S. 9.
b) In Anm. 4 Z. 2 v. u. ist nach „48 S. 15" einzuschieben: jetzt auch Zus.d.RJAmts 5 S. 1.
c) Am Schlusse von Anm. 6 ist zuzufügen: Bd. 48 S. 15, Zus.d.RJAmts 5 S. 1. — Über kostenrechtliche Behandlung unzulässiger in A.d.fr.Ger. beim RG. eingelegter Beschwerden vgl. RG. 8. Oktober 1902 Bd. 52 S. 248 Nr. 66.

„ 129. In Z. 3 v. o. ist hinter „S. 27" einzuschalten: Zus.d.RJAmts 5 S. 4.

„ 133. In Anm. 2 Abs. 1 Z. 7 v. u. ist hinter „S. 91" einzufügen: Dagegen hat sich das RG. (25. Februar 1904, Bd. 57 S. 134 Nr. 28, Zus.d.RJAmts 5 S. 20) auf den Standpunkt gestellt, daß das BGB. die Frage, ob und inwieweit das Vormundschaftsgericht zur Durchführung der von ihm im Falle der Gefährdung des Kindesvermögens gemäß §§ 1666 ff. BGB. getroffenen Anordnungen Zwangsmaßregeln, insbesondere Ordnungsstrafen verhängen dürfe, als dem Verfahren angehörig, nicht zum Gegenstande seiner Regelung gemacht, sie vielmehr, soweit es zur einheitlichen Durchführung erforderlich, besonderen reichsgesetzlichen und eventuell landesgesetzlichen Bestimmungen überlassen habe. Mot. 4 S. 1008. Reichsgesetzlich sei also die Anwendung von Zwangsmitteln bzw. von Ordnungsstrafen auch im angegebenen Falle nicht ausgeschlossen, soweit nicht § 1670 Satz 2 entgegenstände, aber mangels reichsgesetzlicher Vorschriften in dieser Richtung — von § 33 des vorliegenden Gesetzes abgesehen — nach Landesrecht zulässig und zu entscheiden. Vgl. z. B. Art. 31 des Hessischen Ausf.Ges. zu dem vorliegenden Gesetze v. 18. Juli 1899, Art. 15 des Preuß.Ges. über die freiw. Ger. v. 21. September 1899. M. E. hat das RG. hier nicht ausreichend die Verschiedenheit der Ausdrucksweise in den §§ 1668, 1670 im Verhältnisse zu § 1837 BGB. beachtet.

„ 146. In Anm. b Z. 7 v. u. ist hinter „werden" einzufügen: auch wenn etwa der Gebrechliche (u. zw. auch der geistige Gebrechliche) seine Angelegenheiten in ihrer Totalität nicht besorgen kann. RG. 6. Oktober 1902, Bd. 52 S. 240 Nr. 64.

„ 151. Am Schlusse des Abs. 2 v. o. ist nach dem Worte „hingewiesen" fortzufahren: Über die Unzuständigkeit des Vormundschaftsgerichts zur Entscheidung über den Anspruch des Ehemanns gegen seine getrennt lebende Frau auf Herausgabe der unter seiner elterlichen Gewalt stehenden gemeinschaftlichen Kinder (§ 1632 BGB.) vgl. KG. 31. Oktober 1904 in Zus.d.RJAmts 5 S. 23.

„ 161. a) In Z. 8 v. u. ist nach „1903" einzufügen: Zus.d.RJAmts 4 S. 78.
b) In Z. 7 v. u. ist am Schlusse der Zeile zuzusetzen: Zu den vorläufigen Maßregeln, die das Vormundschaftsgericht treffen darf, gehört nicht die Anordnung einer einstweiligen Vormundschaft; KG. 7. Dezember 1903 a. a. O.

S. 177. Am Schlusse des Abs. 2 hinter „S. 107 Nr. 18“ ist zuzusetzen: Dagegen Josef in Zeitschr.d.d.Not.Ver. 1904 S. 257ff.

„ 185. Am Schlusse der Anm. 4 zu § 59 ist fortzufahren: Inwieweit aus dem selbständigen Beschwerderecht des Geschäftsbeschränkten darauf zurückzuschließen ist, daß ihm auch ein Antragsrecht für die erste Instanz zustehe, ist m. E. mit Rücksicht auf 12 nicht von Erheblichkeit. Vgl. indessen Josef in der Zeitschr.d.d.Not.Ver. 1904 S. 377ff.

„ 201. In Z. 3 v. o. hinter „Nr. 12“ einzuschalten: In einem solchen Falle ist das Gericht nicht in der Lage, die Aufsichtsbehörde als „Antragsteller“ aufzufassen und sie als solchen auf den Prozeßweg zu verweisen; KG. 10. Oktober 1904 in Zus.d.RJAmts 5 S. 27.

„ 206. Am Schlusse der Anm. 3 ist zuzusetzen: Hierzu vgl. besonders Josef in Zeitschr.d.d.Not.Ver. 1904 S. 199ff.

„ 212. In der letzten Zeile der Anm. 4 ist an Stelle des Wortes „ansich“ zu setzen: ansicht.

„ 215. In Z. 4 v. o. ist hinter „BGB.).“ einzuschalten: Ist eine Nachlaßverwaltung angeordnet, so kann während deren Dauer die Leistung des Offenbarungseides durch den Erben nicht verlangt werden; KG. 27. Juni 1904 in Zus.d.RJAmts 4 S. 201.

„ 218. Am Schlusse der Anm. 1 zu § 81 ist zuzusetzen: Zur Festsetzung der von einem Testamentsvollstrecker für die Führung seines Amtes beanspruchten Vergütung ist das Nachlaßgericht nicht zuständig; KG. 15. Februar 1904 in Zus.d.RJAmts 4 S. 140.

„ 229. Am Schlusse des Abs. 1 von Anm. 3 hinter „(§ 2045 BGB.)“ ist fortzufahren: Nach Josef in Zeitschr.d.d.Not.Ver. 1904 S. 134ff. hindert auch das Schweben des Konkurses über das Vermögen des Antragstellers, das Schweben des Nachlaßkonkurses oder der Nachlaßverwaltung die gerichtliche Vermittlung der Auseinandersetzung.

„ 230. In Anm. 6 ist zuzusetzen:
a) in Z. 6 v. u. hinter dem Worte „daselbst“: Über gerichtliche Auseinandersetzung betreffs solcher Nachlaßstücke, die bei einer früheren Auseinandersetzung unverteilt geblieben waren, vgl. Josef in der Zeitschr. d.d.Not.Ver. 1904 S. 121ff.
b) in Z. 2 v. u. nach den Worten „Antrag ist“: im Zweifel.

„ 233. In Z. 7 v. o. ist hinter den Worten „unter 2“ einzufügen: und in Zeitschr.d.d.Not.Ver. 1904 S. 128ff.

„ 243. In Anm. 2 letzte Z. ist nach dem Worte „Wiedereinsetzung“ einzufügen: mit Wirkung ex tunc.

„ 279. In der Vorbemerkung zum siebenten Abschnitt in Z. 2 v. u. ist hinter „209“ einzuschalten: KG. 24. Oktober 1904 in Zus.d.RJAmts 5 S. 187.

„ 282. Am Schlusse von Anm. 2 ist zuzufügen: Vgl. indessen KG. 16. Mai 1904 in Zus.d.RJAmts 4 S. 207, wo der Handelskammer nur dann ein Beschwerderecht zugestanden wird, wenn sie vorher Antragstellerin war.

„ 283. In Z. 10 v. o. ist hinter „240ff.“ einzuschalten: KG. 4. Januar 1905 in Zus.d.RJAmts 5 S. 185.

„ 291. In Anm. 9 Z. 9 v. o. ist nach dem Worte „zulässig“ fortzufahren: weil es auf die Bezeichnung des Rechtsbehelfs nicht ankommt.
Ferner ist in derselben Z. nach „1903 in“ einzuschalten: Zus.d.RJAmts 4 S. 105.

„ 334. In Anm. 5 zu § 163 Abs. 2 Z. 1 v. u. ist hinter „d“ einzufügen: ; 30. April 1904 in Zus.d.RJAmts 4 S. 166.

„ 348. In Anm. 5 Abs. 2 Z. 4 v. u. ist hinter „§ 259 HGB.,“ einzufügen: § 9 des Ges. betr. die gemeinsamen Rechte der Besitzer von Schuldverschreibungen v. 4. Dez. 1899, RGBl. S. 691;

Einleitung.

Die „freiwillige Gerichtsbarkeit" gehört wie die „streitige Gerichtsbarkeit" in das Gebiet der formellen Rechtspflege. Während es die Aufgabe dieser streitigen Gerichtsbarkeit ist, die verletzte Rechtsordnung wiederherzustellen, liegt jener ob, möglichen Verletzungen der Rechtsordnung vorzubeugen. Diesem letzteren Zwecke dient die Regelung des Verfahrens zur Betätigung der staatlichen Fürsorge in betreff des Schutzes und der Ergänzung solcher Persönlichkeiten, welchen die Fähigkeit der Selbstbestimmung fehlt, sowie die Ordnung der zur Begründung, Erhaltung, Änderung oder Aufhebung privatrechtlicher Rechtsverhältnisse erforderlichen Verfahrensart und der zur Handhabung der entsprechenden Prozeduren notwendigen Behördenorganisation. Die Vorschriften dagegen, welche bestimmen, wann diese Prozeduren notwendig werden, wann behufs Erreichung jenes Zweckes es der Mitwirkung der Organe der freiw. Gerichtsbarkeit bedürfen soll, gehören dem materiell-rechtlichen Gebiete an. In letzter Beziehung hat das Reichsrecht von seiner nach dem abgeänderten Art. 4 der Reichsverfassung ihm zustehenden Befugnis vornehmlich durch Erlaß des BGB. und des HGB. Gebrauch gemacht. Bei den Vorarbeiten zu ersterem wurde auch erwogen, ob eine Regelung nach jener formellen Seite von Reichs wegen stattfinden solle und das Bedürfnis hierzu anerkannt. Durch Beschluß des Bundesrats v. 14. Juni 1888 wurde dann die erste Kommission für die Ausarbeitung des Entw. eines BGB. beauftragt, nach Vollendung dieses, neben dem Entw. eines Einf.Ges. zu demselben, einer GBO., eines Ges. über die Zwangsvollstr. in das unbewegliche Vermögen, auch noch, soweit hierzu die Zeit bis zu dem auf den 31. März 1889 festgesetzten Schlusse der Kommission ausreiche, Vorschriften fertig zu stellen, welche zur einheitlichen Durchführung der Bestimmungen des BGB. für das Verfahren in den Angelegenheiten der „nichtstreitigen Rechtspflege" erforderlich seien.

Während aber jene drei Entwürfe von der Kommission vollendet und, nebst Motiven, veröffentlicht wurden, gelangte der Entw. für die letztgedachten Angelegenheiten nicht mehr zur Beratung in der Kommission, weil diese am genannten Tage geschlossen wurde (vgl. Prot. Bd. 1, Vorwort). In Voraussicht der Möglichkeit dieses Abschlusses ihrer Arbeiten hatte diese Kommission in den von ihr fertig gestellten Entw. des Einf.Ges. zu dem BGB. einen Art. 91 aufgenommen, welcher im wesentlichen dahin ging, daß die Vorschriften der Landesgesetze über die Zuständigkeit der Behörden und Beamten in Angelegenheiten der „nichtstreitigen Rechtspflege" und über das in solchen Angelegenheiten einzuhaltende Verfahren unberührt bleiben sollten, soweit nicht durch das BGB. oder das Einf.Ges. selbst eine besondere Vorschrift getroffen sei. Dabei war vermerkt, daß der Artikel der Umgestaltung bedürfe, wenn ein Reichsgesetz über die fraglichen Angelegenheiten erlassen werde. Als sodann die zweite Kommission zufolge Bundesratsbeschluß v. 4. Dezember 1890 zusammengetreten war, erörterte sie gleich in der zweiten Sitzung folgenden Antrag: „durch Beschluß festzustellen: die Kommission erachtet es für notwendig, daß die Angelegenheiten der „freiw. Gerichtsbarkeit" durch ein Reichsgesetz soweit geregelt werden, als zur einheitlichen Durchführung des BGB. erforderlich ist." Durch den erwähnten Bundesratsbeschluß hatte nämlich diese Kommission gegenüber dem Auftrage v. 14. Juni 1888 nur die beschränktere Aufgabe zugewiesen erhalten, den von der ersten Kommission festgestellten Entw. eines BGB. sowie den Entw. eines Einf.Ges. zu demselben einer zweiten Lesung zu unterziehen. Demzufolge hielt sich die Kommission zwar prinzipiell nicht für berufen, in das Gebiet der freiw. Gerichtsbarkeit regelnd einzugreifen, erachtete jedoch bei Erörterung dieses Antrags den Erlaß eines Reichsgesetzes über diese Angelegenheiten zur einheitlichen Durchführung des BGB. in vielen Beziehungen für durchaus notwendig und auch in dem durch dieses Bedürfnis gebotenen Umfange für sehr wohl durchführbar, ohne beachtenswerte Interessen der Einzelstaaten an der Schonung bestehender Einrichtungen, insbesondere hinsichtlich der Behördenorganisation, zu verletzen. Der Antrag hatte präjudizielle Bedeutung; denn, wenn bei der Durchberatung des Entwurfs zum BGB. von der Voraussetzung ausgegangen werden durfte, daß ein die freiw. Gerichtsbarkeit betr. Gesetz im Anschlusse an das BGB. erlassen und gleichzeitig mit diesem in Kraft treten werde, so konnten manche Bestimmungen in dieses Gesetz verwiesen werden, welche sonst notwendigerweise in dem BGB. selbst hätten Aufnahme finden müssen, obwohl sie, streng genommen, in dieses nicht gehörten. Es wurde zwar befürwortet, die Beschlußfassung über den Antrag und etwaige behufs Herbeiführung einer solchen Regelung bei dem Bundesrat oder dem Reichskanzler zu stellenden Anträge bis zum Schlusse der Beratungen auszusetzen, weil die Kommission erst dann in der Lage sein werde, zu übersehen, inwieweit im einzelnen der Zweck einer einheitlichen

Durchführung des BGB. eine gemeinsame Regelung der „freiw. Gerichtsbarkeit" erforderlich mache (vgl. Prot. Bd. 1 S. 1). Die Kommission jedoch nahm den Antrag an (vgl. auch Anm. zu der Überschrift des 1. Abschnitts des 1. Buchs dieses II. Entw.). In Konsequenz desselben hat sie dann einer Reihe von Vorschriften der gedachten Art aus dem Entw. des BGB. erster Lesung die Aufnahme in den ihrigen versagt; manche Vorschrift aber hat sie doch aufzunehmen für notwendig erachtet.

Entsprechend dem vorerwähnten Beschlusse fand sich in dem Entw. des Einf.Ges.z.BGB., wie er aus den Beratungen des Bundesrats hervorgegangen und an den Reichstag gelangt ist, und zwar in Art. 1, die Bestimmung aufgenommen, daß gleichzeitig mit dem BGB. auch ein Gesetz über die Angelegenheiten der „freiw. Gerichtsbarkeit" in Kraft treten solle. Der Entw. hierzu war inzwischen im Reichsjustizamt in Vorbereitung genommen worden und wurde dem Reichstage gleich nach der Eröffnung der Session 1897/98 am 30. November 1897 vorgelegt. Von diesem bereits am 3. Dezember 1897 der ersten Lesung unterzogen, wurde er einer Kommission von 21 Mitgliedern überwiesen, welche unter dem 3. Februar 1898 schriftlichen Bericht erstattete. Die Änderungen, welche die Kommission an dem Entwurfe vorgenommen hat, sind weder der Zahl, noch, mit geringer Ausnahme, der inneren Bedeutung nach von besonderer Erheblichkeit. Am 15. Februar 1898 nahm das Plenum des Reichstags, nach kurzer Aussprache über einen die Wirkung einiger Bestimmungen betr. Zweifel (vgl. Anm. 5 und 9 zu § 144 des Gesetzes), den Entw. in zweiter Lesung en bloc an. In dritter Lesung dagegen, welche am 8. und 10. März 1898 stattfand, wurde eine Änderung des § 175 (§ 179 des Gesetzes) beliebt, sonstige Abänderungsanträge aber wurden abgelehnt. Mit dieser Maßgabe ist der Entw. Gesetz v. 17. Mai 1898 geworden und sodann in neuer, hauptsächlich durch die ergangene Novelle zur ZPO. von demselben Tage veranlaßten Redaktion unter dem 20. Mai 1898 veröffentlicht.

Bei Ausarbeitung des Entw. ist davon ausgegangen, daß die Regelung der Materie zunächst insoweit zu erfolgen habe, als es zur gleichmäßigen Durchführung der Vorschriften des BGB., insbesondere auf dem Gebiete des Familienrechts und des Erbrechts, erforderlich sei (vgl. Einleitung der Denkschr.z.Entw. des BGB.). Dasselbe Bedürfnis machte sich aber auch zufolge der inzwischen bewirkten Revision des HGB. auf dem Gebiete des Handelsrechts geltend (vgl. Einleitung der Denkschr.z.Entw. des HGB.). Nicht minder, so sagt die Denkschr.z.Entw. des vorliegenden Gesetzes, empfahl es sich dann, bei diesem Anlaß das Verfahren auch für diejenigen Angelegenheiten der freiw. Gerichtsb. zu ordnen, welche durch andere

Reichsgesetze den Gerichten übertragen und gegenwärtig nach den vielfach voneinander abweichenden landesgesetzlichen Vorschriften zu erledigen sind.

Indem der Entwurf diese Anschauung betätigte, ging er zwar weiter, als in der Absicht des oben erwähnten Antrags lag, welcher der zweiten Kommission für die Ausarbeitung des BGB. unterbreitet gewesen ist. Allein von einer einheitlichen Gestaltung der „freiw. Gerichtsbarkeit", ihrer Organisation und der Prozeduren ist er weit entfernt geblieben. Nur in Ansehung einzelner Zweige wurde das Bedürfnis anerkannt, die Zuständigkeit der Organe, in gewissen Beziehungen auch das von denselben zu beobachtende Verfahren sowie die Voraussetzungen reichsgesetzlich zu bestimmen, unter welchen die Verfügungen rechtliche Wirksamkeit erlangen. Weitergehende Wünsche zur Erfüllung zu bringen, war für den Reichstag unter den gegebenen Umständen eine unlösbare Aufgabe. Er beschränkte sich daher darauf, die dringlichsten derselben: grundsätzlich einheitliche Gestaltung des Kostenwesens auf diesem Gebiete und ein Gesetz, welches das Notariatswesen tunlichst einheitlich ordnet, in zwei Resolutionen zum Ausdruck zu bringen. Somit wird auch in Zukunft, wie bisher, die freiwillige Gerichtsbarkeit von Reichsrecht und von Landesrecht beherrscht sein.

Das Verhältnis des Gesetzes zu diesen beiden Rechten kommt, abgesehen von § 1, vornehmlich und im allgemeinen in den Schlußbestimmungen des elften Abschnitts zur Regelung. In betreff des Reichsrechts bestimmt dort in § 185 (vgl. daselbst Anm. 2) das Gesetz durch Verweisung auf den Art. 32 des Einf.Ges.z.BGB., daß sein Verhältnis zu den Reichsgesetzen dasselbe sein solle, wie das des BGB. selbst zu diesen Gesetzen, d. h. also, daß auch gegenüber seinen Vorschriften die Reichsgesetze in Kraft bleiben, soweit sich nicht aus dem Inhalte des Gesetzes selbst ihre Aufhebung ergibt. In dieser Beziehung darf dasjenige, was die Motive zu Art. 9 des Entw. eines Einf.Ges.z.BGB. erster Lesung, der gleichlautend mit dem Art. 32 des Einf.Ges. ist, sagen (S. 68), auch hier entsprechende Geltung und Bedeutung beanspruchen. Danach hat die Bestätigung der Bestimmungen der Reichsgesetze in Satz 1 des Art. 32 die besondere Folge, daß das Gesetz diesen Bestimmungen gegenüber sich nicht schlechthin als das jüngere Gesetz darstellt. Der Grundsatz, daß das ältere Gesetz bei einem sich ergebenden Widerspruche dem jüngeren Gesetze zu weichen hat, kann demgemäß auf das Verhältnis der Bestimmungen der Reichsgesetze zu dem Gesetze über die Angelegenheiten der freiwilligen Gerichtsbarkeit ebensowenig zur Anwendung gebracht werden, wie dies in bezug auf das BGB. geschehen kann. Jene Bestätigung deutet eher auf eine gegenteilige Gestaltung hin. Jedenfalls schafft sie eine Gleichberechtigung zwischen den bisher ergangenen Bestimmungen und den Vorschriften dieses Gesetzes mit der Wirkung, daß eine ältere Norm durch das Gesetz nur dann als aufgehoben gelten kann, wenn der Aufhebungswille besonders hervortritt; der spätere Erlaß des Gesetzes ist nicht entscheidend. Weiteres vgl. bei § 1, der noch zurückhaltender gegenüber den bestehenden Reichsgesetzen ist, und bei § 185.

Sein Verhältnis zu dem Landesrecht dagegen hat das Gesetz wesentlich abweichend von dem Einf.Ges.z.BGB., sowie von dem Einf.Ges. zu dem Gesetze über die Zwangsversteigerung und die Zwangsverwaltung und von der GBO. geregelt. Entgegen den beiden letzteren Gesetzen nämlich (vgl. daselbst § 1 Abs. 2 bzw. § 82 Abs. 2) hat es den Art. 55 des erstgenannten nicht für anwendbar erklärt (vgl. § 185). Aus dieser Unterlassung dürfen hier ebensogut Schlüsse auf die Absichten des Gesetzgebers gezogen werden, wie vorhin aus der Übernahme bestimmter Vorschriften jenes Gesetzes. Nach der Absicht des letzteren (vgl. Materialien zu dem dritten Abschnitte des Entw. eines Einf.Ges. z. BGB., Reichstagsdrucksachen 9. Legislaturperiode, Session 1895/96 ad Nr. 87 a) sollte der Art. 55 zum Ausdrucke bringen, daß das BGB. gegenüber dem Landesrechte den Charakter einer Kodifikation habe, welche den ihr angehörigen Rechtsstoff ausschließlich, d. h. dergestalt regelt, daß neben ihr keine anderweitigen Rechtsnormen Geltung haben oder künftig Geltung erlangen; Gleiches gilt dann auch für die beiden anderen erwähnten Gesetze. Die absichtliche Weglassung einer Parallelbestimmung hierzu, bei Aufnahme anderer Vorschriften, insbesondere des Art. 32 über das Verhältnis zum Reichsrecht, hat demnach hier die Bedeutung des Gegenteils von der eben erwähnten Absicht des Einf.Ges.z.BGB. Das Landesrecht wird demnach, soweit es die freiw. Gerichtsbarkeit betrifft, in seiner Gesamtheit grundsätzlich und allgemein weder aufgehoben noch ausgeschlossen, mag es mit dem im Gesetze enthaltenen Rechte inhaltlich übereinstimmen, diesem Rechte widerstreiten oder Lücken seiner Satzungen ergänzen. Das gilt selbstverständlich mit der Beschränkung soweit das BGB. selbst vermöge des eben erwähnten Kodifikationsprinzips der Landesgesetzgebung durch besondere Vorbehalte (Art. 56 ff. des Einf.Ges.z.BGB.) überhaupt noch Raum zu eigener Betätigung gelassen hat; vgl. dazu § 189. Für die diesen Gebieten angehörenden Angelegenheiten der freiw. Gerichtsbarkeit sind der Landesgesetzgebung also keinerlei Schranken gezogen. Über diese allgemeinen Vorbehalte hinaus jedoch erstreckt sich die Befugnis der Landesgesetzgebung, Bestimmungen zu treffen, welche von denen des Gesetzes abweichen, nur auf einzelne namhaft gemachte Punkte. Im übrigen darf die Landesgesetzgebung keine dem Gesetze widersprechenden Vorschriften in Kraft setzen, wie das in der Natur der Sache liegt. Das Gesetz selbst hat sich jedoch, wie oben bemerkt, nur eine beschränkte Aufgabe gestellt; die notwendige Folge davon ist, daß die

Regelung der Materie keine erschöpfende ist. Mit Rücksicht darauf hat dann das Gesetz in § 200 Abs. 1 der Landesgesetzgebung noch ausdrücklich die allgemeine Ermächtigung erteilt, Vorschriften zur Ergänzung und Ausführung des Gesetzes, mit Einschluß der erforderlichen Übergangsvorschriften, zu erlassen. Aus diesem Vorbehalt sodann in Verbindung mit dem § 185 Abs. 2 des Gesetzes und mit dem Art. 3 des Einf.Ges.z.BGB. (vgl. bei § 185) ergibt sich zugleich, daß auch die bestehenden landesgesetzlichen Vorschriften insoweit in Kraft bleiben, als sie dem Entwurfe nicht widersprechen, sondern nur zu seiner Ergänzung dienen.

Der oben erwähnte Bundesratsbeschluß v. 14. Juni 1888, wie auch der Art. 91 des ihm zufolge ausgearbeiteten Entw. eines Einf.Ges.z.BGB. bedienten sich zur Bezeichnung des Gesetzgebungsgegenstandes des Ausdruckes „Angelegenheiten der nichtstreitigen Rechtspflege". Dieser Ausdruck deckt das ganze Gebiet obrigkeitlicher Funktionen und Fürsorge rechtspolizeilicher Natur, welche hier in Frage kommen. Unzutreffend wird dieser Zweig der Rechtspflege als Unterart der Zivilgerichtsbarkeit auch mit „nichtstreitiger Gerichtsbarkeit" bezeichnet, infolge der in Deutschland vielfach üblichen formellen Vereinigung der einschlägigen Geschäfte mit denen der streitigen Gerichtsbarkeit bei den gerichtlichen Behörden. Soweit eine solche Vereinigung nicht besteht, wie z. B. in Ländern mit ausgebildeter Notariatsverfassung, ist auch jene Bezeichnung nicht berechtigt. Völlig unrichtig aber erscheint der Ausdruck „freiwillige Gerichtsbarkeit", der sich ebenfalls eingebürgert hat und den, in Abweichung von den genannten Vorgängen der Art. 1 des Einf.Ges. z. BGB. und, hierdurch gebunden, auch das vorliegende Gesetz gewählt haben. Hinsichtlich mancher Angelegenheiten des in Rede stehenden Gebietes und zwar sehr wichtiger, werden auch in Zukunft die obrigkeitlichen Funktionen ohne und selbst gegen den Willen der davon Betroffenen vorgenommen, auch von anderen als gerichtlichen Behörden ausgeübt und zufolge der erwähnten Freiheit der Landesgesetzgebungen auch noch weiter den gerichtlichen Behörden entzogen bleiben. In der Geschichte des Gesetzes findet sich die Bezeichnung „freiwillige Gerichtsbarkeit" zum ersten Male in dem oben mitgeteilten, in der Kommission für die zweite Lesung des BGB. gestellten Antrage; ihm sind das Einf.Ges.z.BGB. und das Gesetz gefolgt. Eine Erklärung für diese abweichende, von der Kritik mehrfach abfällig beurteilte, Ausdrucksweise habe ich in den Protokollen der Kommission vergeblich gesucht und ist in den bez. Denkschriften nicht enthalten.

Gesetz

über

die Angelegenheiten der freiwilligen Gerichtsbarkeit.

Vom 17. Mai 1898.

(RGBl. 1898 S. 189.)

(In der Fassung vom 20. Mai 1898, RGBl. 1898 S. 771.)

Wir Wilhelm, von Gottes Gnaden Deutscher Kaiser, König von Preußen usw. verordnen im Namen des Reichs, nach erfolgter Zustimmung des Bundesrats und des Reichstags, was folgt:

Erster Abschnitt.

Allgemeine Vorschriften.

1. Die im ersten Abschnitte zusammengefaßten „Allgemeinen Vorschriften" sollen für alle durch Reichsgesetz den Gerichten übertragenen A.d.fr.Ger. gemeinsam gelten. Dieser in § 1 zum Ausdrucke gebrachte Grundsatz ist einerseits insofern strenge durchgeführt, als die Vorschriften, allerdings mit gewissen Ausnahmen, selbst dann nicht ihre Geltung verlieren sollen, wenn eine Angelegenheit zwar reichsgesetzlich den Gerichten übertragen, aber auf Grund landesgesetzlichen Vorbehalts (vgl. z. B. Art. 147 Abs. 1 Einf.Ges.z.BGB., § 120 Abs. 2 BschG.) durch Landesgesetz der Zuständigkeit einer anderen Behörde unterstellt ist (§§ 194 bis 198); andererseits ist er insofern erheblich eingeschränkt, als gemäß § 185 Abs. 2 in Verbindung mit Art. 32 Einf. Ges. z. BGB. die Vorschriften der übrigen Reichsgesetze im allgemeinen in Kraft bleiben und nur insoweit außer Kraft treten, als sich aus diesem Gesetze ihre Aufhebung ergibt und als nach § 1 die Vorschriften nicht gelten sollen, soweit ein anderes bestimmt ist (vgl. darüber § 1 Anm. 1e und f). — Wie ferner das Gesetz als Ganzes für das Verfahren in den bezeichneten Angelegenheiten keine Kodifikation bietet (vgl. Einleitung und § 200 Anm. 1), ebensowenig ist der erste Abschnitt erschöpfend für das Gebiet der Allgemeinen Vorschriften; es sind vielmehr Ergänzungen durch die Landesgesetze selbst insoweit zugelassen, als dieses Gesetz Vorbehalte nicht enthält (§ 200 Abs. 1). — Endlich bieten die nachfolgenden „Allgemeinen Vorschriften" in sich keine einheitliche Verfahrensordnung für alle A.d.fr.Ger., auch für diejenigen

nicht, für welche sie uneingeschränkt und ohne Änderung erfahren zu haben (vgl. den Vorbehalt des § 1), Geltung besitzen; sie drücken dem Verfahren in den verschiedenen A.d.fr.Ger. keine bestimmte einheitliche Form auf, wie dies die ZPO. z. B. in Ansehung der nach ihr zu behandelnden bürgerlichen Rechtsstreitigkeiten tut. Solches unternehmen zu wollen, konnte auch gar nicht in der Absicht des Gesetzgebers liegen; denn die A.d.fr.Ger. sind, wie Josef, Lehrbuch S. 17 ff. unter IV, richtig bemerkt, unter sich so „wesensungleich", daß sie von Haus aus ein nach Form und Inhalt ganz verschiedenes Verfahren der zuständigen Behörde erheischen. Beispielsweise beschränkt sich bald das Verfahren auf die Entgegennahme einer einfachen Erklärung oder auf den Erlaß einer Verfügung, bald dagegen hat sich an Anträge eine obrigkeitliche Prüfung mit nachträglicher Genehmigung oder Versagung der beantragten Maßregel anzuschließen; bald liegt der Behörde ob, die Befolgung gewisser gesetzlicher Verpflichtungen zu betreiben, bald eine unter Umständen langjährige kontinuierliche Aufsichts- und Verwaltungstätigkeit zu entwickeln; bald hat die Behörde die Aufgabe, die friedliche Vermittlung zwischen widerstreitenden Interessen anzustreben, bald wirkliche Rechtsstreitigkeiten zu erledigen. Josef a. a. O.; vgl. auch Schneider in ZfDZPr. 29 S. 96 ff.

2. Demgemäß hat der erste Abschnitt einen bruchstückartigen Charakter; er faßt nur eine Anzahl von Vorschriften allgemeiner Art zusammen, die zur gleichmäßigen Durchführung des Reichszivilrechts für unbedingt erforderlich schienen, soweit nach der Eigenart der betreffenden Angelegenheit ihre Anwendung überhaupt in Frage kommt. Im übrigen bleibt es den Landesgesetzgebungen überlassen, ergänzend und ausführend einzugreifen. Der mannigfaltige Inhalt des ersten Abschnitts ist folgender:

Zunächst wird das Anwendungsgebiet der Allgemeinen Vorschriften festgestellt (§ 1), dann folgen Vorschriften über die Rechtshilfepflicht (§ 2), die örtliche Zuständigkeit (§§ 3 bis 5), die Ausschließung vom Richteramt und die Wirksamkeit der von einem örtlich unzuständigen oder ausgeschlossenen Richter vorgenommenen Handlungen (§§ 6, 7), über die Gerichtssprache, Sitzungspolizei, Beratung und Abstimmung (§§ 8, 9), über die Gerichtsferien (§ 10), die Form der Anträge und Erklärungen (§ 11), den Offizialbetrieb (§ 12), Bevollmächtigte und Beistände (§ 13), Armenrecht (§ 14), über das Beweisaufnahmeverfahren (§ 15), Bekanntmachung und Wirksamkeit der gerichtlichen Verfügungen (§ 16), über Fristenberechnung (§ 17), Befugnis zur nachträglichen Abänderung einer von ihm erlassenen Verfügung durch das Gericht (§ 18), über das Rechtsmittel der Beschwerde und der weiteren Beschwerde (§§ 19 bis 30), über Zeugnisse über die Rechtskraft gerichtlicher Verfügungen (§ 31), über die Folgen der Aufhebung einer Verfügung (§ 32), über Ordnungsstrafen (§ 33) und endlich über Akteneinsicht und Erteilung von Abschriften (§ 34).

§ 1.

Für diejenigen Angelegenheiten der freiwilligen Gerichtsbarkeit, welche durch Reichsgesetz den Gerichten übertragen sind, gelten, soweit nicht ein anderes bestimmt ist, die nachstehenden allgemeinen Vorschriften.

---

1. Der Paragraph stellt das Geltungsgebiet der Allgemeinen Vorschriften fest. Dafür sind folgende Gesichtspunkte maßgebend:

a) Die Vorschriften sollen nur für Angelegenheiten der freiwilligen Gerichtsbarkeit gelten. Der Begriff der letzteren wird also vorausgesetzt; er ist aber weder im vorliegenden Gesetze noch sonstwo in der Gesetzgebung definiert, ganz so wie es auch von dem GVG. unterlassen worden ist, den von ihm vorausgesetzten Begriff der streitigen Gerichtsbarkeit, und von der ZPO. den für ihre Anwendung maßgebenden Begriff der bürgerlichen Rechtsstreitigkeit zu bestimmen. Auch in der Theorie wird er nicht gleichmäßig aufgefaßt. Manche verneinen überhaupt die Möglichkeit, die freiw. Gerichtsbarkeit durch eine allgemeine Begriffsbestimmung abzugrenzen, suchen vielmehr diese Abgrenzung gegenüber der streitigen Gerichtsbarkeit auf dem Boden der positiven Unterstellung der Angelegenheiten unter die verschiedenen Verfahrensarten durch das Gesetz. Busch: Aus den Grenzgebieten der freiw. und der streitigen Gerichtsbarkeit (in der Festgabe der Juristischen Gesellschaft zu Berlin für Dr. Richard Koch, Berlin 1903 S. 179 ff.). Dazu vgl. unter e. Im übrigen wird der Begriff der freiw. Ger. teils rein negativ in der Weise gefaßt, daß zur freiw. Ger. die gesamte auf die Privatrechtsverhältnisse bezügliche Tätigkeit sämtlicher Staatsorgane, einschließlich der Gerichte, gehören soll, welche nicht zur streitigen Gerichtsbarkeit zu rechnen ist (Birkenbihl § 1 Anm. 1a, Fuchs § 1 Anm. 1 Ic, Rausnitz § 1 Anm. 1, Schneider S. XII, Schultze-Görlitz § 1 Anm. 1a; Fischer in ZfDZPr. 10 S. 414 ff. und in „Recht und Rechtsschutz" 1 S. 12 ff.); teils wird zur Erklärung diese Gegenüberstellung der streitigen und freiwilligen (nichtstreitigen) Gerichtsbarkeit auf Gegenstand und Form des Verfahrens beschränkt, werden der ersteren alle streitigen, der letzteren alle unstreitigen Ansprüche zugewiesen und wird das Charakteristische der fr. Ger. in dem Mangel des jener eigenen Streites zwischen zwei sich gegenüberstehenden mit bestimmten Befugnissen ausgestatteten Parteien und einer dem Gegner gegenüber zwangsweise durchführbaren Entscheidung dieses Streites (Urteil) gefunden (Monich, Das gesamte gerichtliche Verfahren, S. 185 ff.; RG. 10 S. 294 Nr. 85, 32 S. 99 ff. Nr. 26); teils hat man das Wesen der fr. Ger. in der Aufgabe der staatlichen Behörden erblickt, bei Gestaltung der konkreten Privatrechtsverhältnisse durch Schaffung von Rechten, durch Mitwirkung zu ihrer Begründung, Änderung oder Aufhebung zu dienen, das der streitigen dagegen in der Aufgabe, die gefährdete Rechtsordnung zu schützen und aufrecht zu erhalten, die verletzte wiederherzustellen (Dorner § 1 Anm. 2, Ebert-Dudek § 1 Anm. 1, Josef, Kom. § 1 Anm. 1 und Lehrb. S. 3 f.; Aron in ZfDZPr. 27 S. 310 ff.; Wach, Handb. des Zivilprozeßrechts S. 52, Gaupp-Stein, ZPO. S. 10). Weißler S. 1 ff. endlich gelangt dahin, die freiwillige Gerichtsbarkeit als die „Tätigkeit öffentlicher Organe zwecks Klarstellung privater Rechtsverhältnisse" zu bezeichnen. Der vorletzt erwähnten Definition ist mit der aus b sich ergebenden Modifikation der Vorzug zu geben.

b) Die Angelegenheiten müssen den Gerichten übertragen sein, d. h. also die Gerichte müssen dafür als sachlich zuständig erklärt sein. Das liegt schon ohne weiteres in ihrer Bezeichnung als Angelegenheiten der Gerichtsbarkeit; denn „gerichtsbar" ist nur eine Angelegenheit, welche zum Geschäftskreise, zur Zuständigkeit der Gerichte gehört und Gerichtsbarkeit im objektiven Sinne ist nichts anderes als die Gesamtheit dieser Angelegenheiten. Laband, Staatsrecht des Deutschen Reiches 3 S. 346 ff. Im Hinblick hierauf kann man A.d.fr.Ger. im weiteren und im engeren Sinne unterscheiden, unter jenen die in Anm. a an vorletzter Stelle charakterisierten begreifen ohne Unterschied, ob sie den Gerichten oder anderen Behörden überwiesen sind und unter diesen nur die den Gerichten übertragenen.

c) Die Angelegenheiten müssen durch Reichsgesetz den Gerichten übertragen sein. Unter Reichsgesetz ist hier das gesamte Reichsrecht zu verstehen; es fallen darunter nicht bloß die zurzeit bestehenden, sondern auch die zukünftigen Reichsgesetze. Vgl. auch § 185 in Verbindung mit Art. 2 Einf.Ges.z.BGB.

Die Übertragung durch Reichsgesetz ist nicht in einer allgemeinen, etwa dem § 13 GVG. entsprechenden, Vorschrift erfolgt, wonach sämtliche Angelegenheiten der charakterisierten Art den Gerichten übertragen worden wären, sondern in zahlreichen einzelnen Bestimmungen, die sich zerstreut in den verschiedenen Gesetzen vorfinden und zwar teils in der Art, daß gewisse Verrichtungen den Gerichten zugewiesen werden, teils daß ihre Mitwirkung, sei es ausschließlich, sei es in Konkurrenz mit anderen Behörden oder Beamten, und damit ihre Zuständigkeit vorausgesetzt wird. Vgl. z. B. § 21, § 126 Abs. 3, § 313 BGB., § 8 HGB.

d) Von einer Übertragung der unter a charakterisierten Angelegenheiten auf die Gerichte in einer allgemeinen Vorschrift konnte schon um deswillen keine Rede sein, weil die Aufgabe, bei der Gestaltung der konkreten Rechtsverhältnisse kreatorisch mitzuwirken, keine spezifisch richterliche ist und unsere Reichsgesetzgebung, von Zweckmäßigkeitsrücksichten geleitet, für gewisse Angelegenheiten der bezeichneten Art schon andere Behörden, z. B. das Patentamt, für zuständig erklärt hat. Auf solche Angelegenheiten, die von Reichsgesetzen unmittelbar anderen als gerichtlichen Behörden übertragen sind, findet gemäß § 1 das Gesetz überhaupt und somit auch der erste Abschnitt keine Anwendung. Zu den Angelegenheiten der letzteren Art gehören auch die Grundbuchsachen, die von dem BGB. und der GBO. den Grundbuchämtern übertragen sind. Haben Landesgesetze von der Befugnis Gebrauch gemacht und die Amtsgerichte zu Grundbuchämtern erklärt, so werden die Grundbuchsachen darum nicht zu Angelegenheiten, welche durch Reichsgesetz den Gerichten übertragen sind; sie bleiben landesgesetzliche A.d.fr.Ger. und die Vorschriften des vorliegenden Gesetzes finden nur soweit auf diese Grundbuchsachen Anwendung, als diese Landesgesetze dies anordnen, abgesehen vom Beschwerdeverfahren, für welches kraft Reichsrecht (§§ 71 ff., § 102 GBO.) die Landgerichte bzw. Oberlandesgerichte zuständig sind. Vgl. RG. 6. August 1903 in Jur.Woch. 1903 S. 375 (nach Soergel 1903 S. 535). Hat hingegen ein Reichsgesetz für Angelegenheiten einschlägiger Art die Gerichte für zuständig erklärt, zugleich aber die Landesgesetzgebung ermächtigt, diese Angelegenheiten anderen als gerichtlichen Behörden zuzuweisen, so hören diese Angelegenheiten, wenn eine Landesgesetzgebung von dieser Befugnis Gebrauch macht, darum nicht auf, durch Reichsgesetz den Gerichten überwiesen zu sein. Darum finden die Allgemeinen Vorschriften des ersten Abschnitts prinzipiell auch für diese nichtgerichtlichen Behörden Anwendung, soweit nicht das Gesetz selbst Ausnahmen zuläßt (§ 194). Hierher gehören namentlich die Vormundschafts- und Nachlaßsachen (Art. 147 Einf.-Ges.z.BGB.), die Führung der Schiffsregister über Kauffahrteischiffe (§ 4 Abs. 2, § 27 des Flaggenrechtsgesetzes) und über Binnenschiffe (§ 120 BschG.). Hierher gehört auch die Beurkundung von Rechtsgeschäften durch die Gerichte oder Notare (zehnter Abschnitt). Die Gerichte und Notare sind gleichmäßig durch Reichsgesetz für zuständig erklärt zur Beurkundung von Rechtsgeschäften, indem ihre Mitwirkung für gewisse Beurkundungen erfordert und ihrer entsprechend eingetretenen amtlichen Tätigkeit die vom Gesetz erforderte Wirksamkeit beigelegt ist. Wenn dann das Gesetz (Art. 141 Einf.Ges.z.BGB.) die Landesgesetzgebungen ermächtigt, zu bestimmen, daß nur die Gerichte oder nur die Notare zuständig sein sollen, so ist damit nur gesagt, daß die Landesgesetzgebungen befugt sein sollen, die einen oder die anderen von der ihnen reichsgesetzlich zukommenden Zuständigkeit wieder auszuschließen. In bezug hierauf sind jedoch die Meinungen sehr geteilt. Im Resultat mit dem hier vertretenen Standpunkt einverstanden: Ebert-Dudek S. 141, Jastrow, Komm. S. 5f. und in ZfDZPr. 25 S. 523ff., Josef, Lehrb. S. 25 und Komm. S. 16f., Aron in ZfDZPr. 27 S. 319; ferner KG. 11. Februar 1901 in RJA. 2 S. 59, Johow 21 S. A 219 Nr. 55. A. M. die übrigen Kommentare und RG. (28. April 1903) 57 S. 396, Jur. Woch. 1904 S. 385 Nr. 10. Siehe weiteres unter Vorbemerkung zum zehnten Abschnitte.

Die Bedeutung der Frage, ob eine Angelegenheit der fr. Ger. als durch Reichsgesetz oder durch Landesgesetz den Gerichten übertragen anzusehen ist, zeigt sich außer in der Anwendbarkeit der Allgemeinen Vorschriften überhaupt besonders in dem für die Gleichmäßigkeit der Rechtsprechung bedeutsamen Umstande, daß nur, wenn diese Frage zu bejahen ist, das Reichsgericht in die Lage kommen kann, mit einer einschlägigen Sache befaßt zu werden. Vgl. § 28 Anm. 2a; Aron in ZfDZPr. 27 S. 310ff. (321).

e) Mit der Übertragung einer Angelegenheit der unter a charakterisierten Art auf die Gerichte ist noch nicht die Frage beantwortet, nach welchem Verfahren dieselbe behandelt werden soll; denn der Umstand, daß eine den Gerichten übertragene Angelegenheit begrifflich zur streitigen oder zur freiwilligen Gerichtsbarkeit gehört, bedingt nicht notwendig, daß sie auch dem für das betreffende Gebiet im allgemeinen geltenden Verfahren überhaupt oder in jeder Hinsicht unterstellt werden muß. So sind Angelegenheiten, die ohne Bedenken dem Gebiete der freiw. Ger. zuzuzählen sind, der ZPO. einverleibt worden, wie das Entmündigungs- und das Aufgebotsverfahren (§§ 645ff., §§ 946ff. ZPO.).

Für die meisten Angelegenheiten der hier in Rede stehenden Art, welche zur Zuständigkeit der Gerichte gehören, ist klargestellt, und zwar dadurch, daß diese Angelegenheiten im Rahmen dieses Gesetzes, in den Abschnitten 2 bis 10 zum Gegenstande von Vorschriften gemacht worden sind, daß sie dem in diesem Gesetze geregelten Verfahren unterstellt werden sollen, soweit das Verfahren nicht schon an anderer Stelle geordnet ist (vgl. darüber unter f). Auf diese Weise sind eine Anzahl von Angelegenheiten, die zur streitigen Gerichtsbarkeit zu zählen sind und nach früherem Rechte auch zur Zuständigkeit des Prozeßgerichts gehörten, dem Verfahren der freiw. Ger. nach diesem Gesetze unterworfen worden, indem die Vormundschafts- bzw. Nachlaß- oder Registergerichte für zuständig erklärt worden sind; so z. B. die Streitigkeiten geschiedener Eheleute über die Erziehung der Kinder, über die Ausschließung oder Beschränkung der Schlüsselgewalt der Ehefrau, über die Art und Zeit des unverheirateten Kindern zu gewährenden Unterhalts, über die Ernennung und Abberufung von Liquidatoren einer Handelsgesellschaft (§ 1635 Abs. 2, § 1357 Abs. 2, § 1612 Abs. 2 BGB. und § 43 dieses Gesetzes, § 146 Abs. 2, § 147, § 295 Abs. 2, 3 HGB. und § 145 unten). — Für einzelne Angelegenheiten fehlt es aber an einem Hinweis, der alle Zweifel darüber beseitigt, ob sie als A.d.fr.Ger. oder der streitigen Gerichtsbarkeit zu behandeln sind. Das ist z. B. der Fall, wenn im BGB. für eine Angelegenheit das „Amtsgericht" oder das „Gericht" für zuständig erklärt worden ist und weder in dem vorliegenden Gesetze noch in der ZPO. weitere Bestimmungen getroffen sind. Hierhin gehört die Bestellung eines Vertreters des Grundstückseigentümers zur Entgegennahme der Kündigung von Hypotheken, Grundschulden oder Rentenschulden durch das Amtsgericht, in dessen Bezirke das Grundstück liegt (§§ 1141, 1192, 1200 BGB.). Auch die Fälle des § 61 Abs. 1, § 70 Abs. 1 GBO., wonach ein Teilhypothekenbrief, Teilgrundschuldbrief, Teilrentenschuldbrief, abgesehen von Grundbuchamt und Notar, auch von einem Gericht hergestellt werden kann, gehören hierher. In diesen Fällen entscheidet der unter a gekennzeichnete Charakter der Angelegenheit, woraus sich ergibt, daß die begriffliche Feststellung der freiw. Ger. nicht bedeutungslos ist und nicht ganz entbehrt werden kann, wie von einigen behauptet wird (vgl. oben unter a). Diese Verrichtungen sind rechtsverwaltende und sind daher dem vorliegenden Gesetze zu unterstellen. Deswegen gehört auch hierher die Ermächtigung zur Einberufung einer Versammlung von Besitzern von Schuldverschreibungen desselben Schuldners bzw. Abberufung eines Vertreters der Gläubiger durch das Amtsgericht nach den §§ 4, 16 des Gesetzes, betreffend die gemeinsamen Rechte der Besitzer von Schuldverschreibungen, v. 4. Dezember 1899 (RGBl. S. 691); vgl. § 145. Denselben Charakter hat zweifellos auch die Tätigkeit des Amtsgerichts, welches nach § 132 Abs. 2 BGB. für die Bewilligung der öffentlichen Zustellung einer Willenserklärung und nach § 176 BGB. für die Bewilligung der öffentlichen Zustellung der Bekanntmachung, in der eine Vollmachtsurkunde für kraftlos erklärt wird, zuständig sein soll, unbeschadet des Umstandes, daß die Zustellungen selbst nach den Vorschriften der ZPO. stattfinden. Sämtliche Schriftsteller erklären denn auch diese Verrichtungen als eine Angelegenheit der freiw. Ger.; auch die Denkschr.z.Preuß.Ges. über die fr. Ger. tut dies. Die Denkschrift zu dem vorliegenden Gesetze (S. 84) bringt den entscheidenden Punkt nicht zum klaren Ausdruck. Sie sagt: „Da die sachliche und örtliche Zuständigkeit bereits im BGB. geregelt ist und nach den §§ 132, 176 daselbst im übrigen, namentlich hinsichtlich der Beschwerde gegen die Verfügung, durch welche über die Bewilligung entschieden wird, die Vorschriften der ZPO. (§§ 204 ff., 567) maßgebend sind, so bedarf es zur Ausführung der §§ 132, 176 BGB. hier weiterer Vorschriften nicht". Danach könnte man fast annehmen, daß diese Denkschrift diese Verrichtungen zu den nach der ZPO. zu behandelnden, also zur Zuständigkeit des Prozeßrichters gehörigen, Angelegenheiten zählt. Zu den letzteren gehören jedenfalls die Fälle der §§ 1052, 1054, 2128 BGB., wenn das „Gericht" auf Erfordern des Eigentümers beim Nießbrauch oder des Nacherben einen Verwalter zu bestellen hat. Die Anordnung dieser Verwaltung und das darauf bezügliche Verfahren bestimmt sich nach den Vorschriften der ZPO. über die Zwangsvollstreckung. Vgl. § 255 Abs. 2, § 857 Abs. 3 ZPO. Für die zuletzt genannten Fälle gleicher Meinung Josef, Lehrb. S.8 und Rausnitz § 1 Anm.4.

f) Dem Wortlaute des § 1 entsprechend sollen die Vorschriften des ersten Abschnitts für alle durch Reichsgesetz den Gerichten übertragenen A.d.fr.Ger. gelten. Der Grundsatz ist aber nicht durchgeführt.

α) Zunächst hat gemäß § 185 Abs. 2 der Art. 32 Einf.Ges.z.BGB. entsprechende Anwendung zu finden, wonach neben dem vorliegenden Gesetze die Vorschriften der übrigen Reichsgesetze in Kraft bleiben und nur insoweit außer Kraft treten, als sich aus diesem Gesetze ihre Aufhebung ergibt. Demgemäß bleiben alle Verfahrensvorschriften in A.d.fr.Ger., die sich in anderen Reichsgesetzen finden, bestehen, namentlich solche im BGB., HGB. und ihren Nebengesetzen, die mit dem vorliegenden Gesetze als ein einheitliches Gesetzgebungswerk gelten. So bleibt z. B. bestehen, daß das Entmündigungsverfahren (§§ 645 ff. ZPO.) und das Aufgebotsverfahren (§§ 946 ff. ZPO.) nach der ZPO. behandelt wird. So ferner, daß in Vereinssachen in den Fällen der §§ 60, 71, 73 BGB. die sofortige Beschwerde, in denen der §§ 132, 176 BGB. die Zustellung nach den Vorschriften der ZPO. und nicht dieses Gesetzes stattfindet (vgl. auch § 19 Anm.1, § 28 Anm.1), unbeschadet des Umstandes, daß im übrigen diese Sachen

A.d.fr.Ger. sind. Zwar im Resultat übereinstimmend, aber die Aufrechterhaltung dieser Bestimmungen des BGB. auf § 1 (vgl. unten Abschn. 4) zurückführend und nicht auf § 185, dem er nur für die Abschnitte 2 bis 11 Geltung zuschreibt: Rausnitz § 1 Anm. 10, 11, § 185 Anm. 6 und die übrigen Kommentare. Vgl. noch unter γ.

β) Es hat aber auch das Gesetz selbst mehrfach die Anwendung einzelner Vorschriften anderer Gesetze ausdrücklich angeordnet; so „finden" gemäß § 2 die §§ 158 bis 169 GVG. „Anwendung"; so sollen nach den §§ 8 und 30 gewisse Vorschriften des GVG., nach den §§ 14, 15, 27 gewisse Bestimmungen der ZPO. und nach § 14 bestimmte Vorschriften der RAO. „entsprechende Anwendung" finden. Die Regel verlangt, anzunehmen, daß diese verschiedene Ausdrucksweise auch eine verschiedene Bedeutung habe. Ihr würde es entsprechen, diese Vorschriften so, auszulegen, daß im ersteren Falle die zur Anwendung zu bringenden Vorschriften ohne jegliche Einschränkung oder Änderung auszuführen, und daß letzterenfalls die zur „entsprechenden Anwendung" zu bringenden Vorschriften integrierende Bestandteile des vorliegenden Gesetzes würden und den allgemeinen Vorschriften desselben anzupassen wären (RG. 7 S. 384). Die Kommentare, welche überhaupt auf den Unterschied in der Ausdrucksweise hinweisen, legen ihm zugunsten der letztgedachten Anwendungsart keine Bedeutung bei. Nach der einen wie der anderen Auslegungsweise sind Inkonsequenzen in Anwendung der angezogenen fremden Vorschriften unvermeidbar. — Soweit die Anwendung der ZPO. oder eines anderen Gesetzes nach dem Vorgesagten oder sonst, z. B. in den §§ 3, 15, 16, 27, 98, nicht ausdrücklich vorgesehen ist, findet sie auch nicht statt, und zwar auch nicht ergänzungsweise. Vgl. KG. 6. Juni 1900 in Johow 21 S. A 5 Nr. 2.

γ) Gemäß § 1 sollen sodann die Vorschriften des ersten Abschnitts keine Anwendung finden, soweit ein anderes bestimmt ist. Diese Vorschrift, „soweit nicht ein anderes bestimmt ist", regelt nur das Verhältnis der Bestimmungen des ersten Abschnitts zu denen der übrigen Abschnitte, nicht zu denen anderer Gesetze. (Letzteres geschieht durch den § 185 u. zw. im Verhältnis zu den Reichsgesetzen in Verbindung mit Art. 32 und im Verhältnis zu den Landesgesetzen in Verbindung mit Art. 3 des Einf.Ges.z.BGB. und der §§ 189 ff.). „Soweit nicht ein anderes bestimmt ist" heißt soviel als „soweit nicht in den anderen Abschnitten ein anderes bestimmt ist". Solche abweichende Bestimmungen finden sich daselbst zahlreich, z. B. in den §§ 57, 96 gegenüber dem § 20, in § 68 Abs. 2 Satz 2 gegenüber § 20 Abs. 2, in § 68 Abs. 2 Satz 3 gegenüber den dort bezeichneten Paragraphen, ferner in den §§ 51, 52, 53 gegenüber dem § 16, in § 55 im Verhältnisse zu § 18. Vgl. ferner § 85 mit § 34, die §§ 170, 171 mit den §§ 6, 7, die §§ 179, 180 mit den §§ 8, 9.

δ) Endlich sind die landesgesetzlichen Vorbehalte nach dem eben erwähnten § 185 in Verbindung mit Art. 3 Einf.Ges.z.BGB. und in den §§ 189 ff., sowie die nach § 200 zulässigen landesgesetzlichen Ergänzungs- und Ausführungsvorschriften zu berücksichtigen. Im Gegensatze zu den beiden ersteren Arten dürfen die letzteren Vorschriften, wenn auch unter sich, so doch nicht den Bestimmungen dieses Gesetzes widersprechen, sind vielmehr, unbeschadet des in Anm. 2b zu § 28 Gesagten als Teile dieses Gesetzes zu betrachten und sowohl innerhalb ihres engeren bundesstaatlichen Machtbereichs als auch mittels Rechtshilfe, letzterenfalls allerdings unter Vorbehalt (vgl. § 2 Anm. 4), anwendbar.

2. Im einzelnen sind die A.d.fr.Ger., welche durch Reichsgesetz den Gerichten übertragen sind und nach Maßgabe des Vorgesagten den allgemeinen Vorschriften dieses Gesetzes unterstehen, die folgenden:

a) die Vormundschaftssachen sowie alle diejenigen Geschäfte, welche dem Vormundschaftsgerichte nach den Vorschriften des BGB. oder sonstiger Reichsgesetze, namentlich des ersteren über das Ehe- und Elternrecht obliegen (§§ 35 ff.);

b) die Bestätigung des Vertrags, durch welchen jemand an Kindes Statt angenommen oder das durch die Annahme an Kindes Statt begründete Verhältnis wieder aufgehoben wird (§§ 65 ff.);

c) die nach dem Gesetz über die Beurkundung des Personenstandes und die Eheschließung v. 6. Februar 1875 dem Gericht obliegenden Verrichtungen (§§ 69 ff.);

d) die Nachlaß- und Teilungssachen (§§ 72 ff.);

e) die Führung des Registers für Binnenschiffe (§§ 100 ff.; §§ 119 ff. des BschG.).

f) die Führung des Handels- und des Genossenschaftsregisters und sonstige Handelssachen, wie die Ernennung und Abberufung von Liquidatoren einer Handelsgesellschaft, die Anordnung der Mitteilung einer Zwischenbilanz an den Kommanditisten oder stillen Gesellschafter, die Ermächtigung einer Minderheit von Aktionären zur Berufung einer Generalversammlung (§§ 125 ff., 145 ff.); desgleichen in Ansehung der Versicherungsvereine auf Gegenseitigkeit (§§ 15 ff. des Gesetzes über die privaten Versicherungsunternehmungen v. 12. Mai 1901, RGBl. S. 139); die Verhandlung über Aufmachung der Dispache (§§ 149 ff.);

g) die Führung des Musterregisters und des Börsenregisters (§ 9 Gesetz betr. das Urheberrecht an Mustern und Modellen v. 11. Januar 1876, RGBl. S. 11; § 54 Börsengesetz v. 22. Juni 1896, RGBl. S. 157);

h) die Vereinssachen und die Führung des Güterrechtsregisters (§ 159 ff.);

i) einzelne Angelegenheiten verschiedener Art (neunter Abschnitt): die Abnahme eines nicht vor dem Prozeßgericht zu leistenden Offenbarungseides (§ 163), Anordnungen in bezug auf die Untersuchung und Verwahrung von Sachen und in bezug auf den Pfandverkauf (§§ 164 bis 166);

k) die Beurkundung von Rechtsgeschäften und die Aufnahme gewisser sonstiger Urkunden, z. B. die Aufnahme von Generalversammlungsprotokollen nach § 259 HGB. und die öffentliche Beglaubigung von Unterschriften und Handzeichen (§§ 167 ff.).

l) einzelne Angelegenheiten verschiedener Art, die durch das BGB. und andere Reichsgesetze den Gerichten übertragen und als A.d.fr.Ger. anzusprechen sind: die einstweilige Bestellung von Vorstehern und Liquidatoren von Vereinen und die Entziehung der Rechtsfähigkeit derselben wegen geringer Mitgliederzahl (§§ 29, 48, 73, 86 BGB.); die Bewilligung der öffentlichen Zustellung einer Willenserklärung (§ 132 Abs. 2 BGB.) und die Bewilligung einer öffentlichen Bekanntmachung, in der eine Vollmachtsurkunde für kraftlos erklärt wird (§ 176 BGB.); die Bestellung eines Vertreters des Grundstückseigentümers zur Entgegennahme der Kündigung von Hypotheken, Grundschulden oder Rentenschulden (§§ 1141, 1192, 1200 BGB.); die Herstellung von Teilhypotheken-, Teilgrundschuld- und Teilrentenschuldbriefen, diese allerdings nicht in ausschließlicher Zuständigkeit der Gerichte (§ 61 Abs. 1, § 70 Abs. 1 GBO.);

m) die Führung des Registers für Seeschiffe (§§ 4 ff. des Gesetzes, betr. das Flaggenrecht der Kauffahrteischiffe v. 22. Juni 1899, RGBl. 1899 S. 319);

n) die Ermächtigung zur Berufung einer Versammlung der Besitzer von Schuldverschreibungen und Beurkundung der Versammlungsbeschlüsse nach §§ 4, 9 des Gesetzes, betr. die gemeinsamen Rechte der Besitzer von Schuldverschreibungen v. 4. Dezember 1899 (RGBl. S. 691);

o) die Aufbewahrung von Testamenten und Erbverträgen nach erfolgter Eröffnung, §§ 34, 85; §§ 2261, 2264 BGB.; KG. 11 Februar 1901 in Johow 21 S. A 225 Nr. 57.

3. Zu den deutschen Gerichten gehören auch die deutschen Konsulargerichte im Auslande und die Schutzgebietsgerichte. In den Konsulargerichtsbezirken gelten für die der Konsulargerichtsbarkeit unterworfenen Personen die dem Bürgerlichen Rechte angehörenden Vorschriften der Reichsgesetze und der daneben innerhalb Preußens im früheren Geltungsbereiche des Preußischen Allgemeinen Landrechts in Kraft stehenden allgemeinen Gesetze sowie die Vorschriften der bezeichneten Gesetze über das Verfahren und die Kosten in den Angelegenheiten der freiw. Ger. Zuständig für die den Amtsgerichten übertragenen A.d.fr.Ger. ist der Konsul. Vgl. § 19 Nr. 1, § 7 Nr. 2 des Gesetzes über die Konsulargerichtsbarkeit v. 7. April 1900 (RGBl. S. 213). In den Schutzgebieten aber gelten diese Vorschriften mit der Maßgabe, daß an die Stelle des Konsuls der von dem Reichskanzler zur Ausübung der Gerichtsbarkeit ermächtigte Beamte (Bezirksrichter, in Kiautschou Oberrichter) tritt; §§ 2, 3 des Schutzgebietsgesetzes v. 25. Juli 1900 (in der Fassung v. 10. September 1900, RGBl. S. 813).

Dahin gehören auch die Militärgerichte. Ihnen ist die Ausübung der freiw. Ger. im allgemeinen nicht übertragen. Nur „im Felde" sollen hinsichtlich der im § 1 Nr. 1, 6, 7, 8 der Militärstrafgerichtsordnung v. 1. Dezember 1898 (RGBl. S. 1189) bezeichneten Personen auch die Kriegsgerichtsräte und die Oberkriegsgerichtsräte zuständig sein: 1. Für die nach § 167 des vorliegenden Gesetzes den Amtsgerichten zustehenden Verrichtungen, 2. für die Entgegennahme von Versicherungen an Eidesstatt sowie für die Aufnahme von Urkunden über Tatsachen, auch soweit diese nicht unter Nr. 1 fallen, 3. für die Erledigung von Ersuchen um Rechtshilfe. Vgl. Gesetz, betr. die freiw. Ger. und andere Rechtsangelegenheiten in Heer und Marine, v. 28. Mai 1901 (RGBl. S. 185). Diese für das „Feld" gegebenen Vorschriften gelten für die Dauer des mobilen Zustandes des Heeres, der Marine oder einzelner Teile des Heeres oder der Marine und, soweit es sich um die Besatzung eines festen Platzes handelt, solange der letztere vom Feinde bedroht ist. Der Eintritt sowie die Beendigung dieses Zustandes ist vom Gouverneur oder Kommandanten dienstlich bekannt zu machen. Einf.Ges. z. Militärstrafgerichtsordnung v. 1. Dezember 1898 (RGBl. S. 1289) § 5. Wegen Zuständigkeit der Geschwaderauditeure in bezug auf Beurkundungen und Beglaubigungen vgl. § 184.

§ 2.

Die Gerichte haben sich Rechtshilfe zu leisten. Die §§ 158—169 s Gerichtsverfassungsgesetzes finden Anwendung.

1. Bis zum Erlasse des vorliegenden Gesetzes fehlte es an einer reichsgesetzlichen Vorschrift über die Rechtshilfe der Gerichte in den A.d.fr.Ger.; denn das Bundes-, spätere Reichsgesetz v. 21. Juni 1869, betr. die Gewährung der Rechtshilfe (BGBl. S. 305) wie auch der dasselbe später für die ordentliche streitige Gerichtsbarkeit ersetzende 13. Titel (§§ 157 bis 169) des GVG. bezog sich nur auf bürgerliche Rechtsstreitigkeiten und auf Strafsachen. Landesgesetzlich war jedoch diese Rechtshilfepflicht durchweg geregelt, namentlich in der Art, daß die Mehrzahl der Bundesstaaten in den Ausf.Ges.z.GVG. die §§ 158 bis 169 des letzteren, soweit sie überhaupt partikularrechtlich verwertbar waren (vgl. die §§ 161, 163, 165, 166, 168 und dazu § 87 des preuß. Ausf.Ges.z.GVG. v. 24. April 1878, preuß. GS. S. 230), auch auf das Gebiet der freiw.Ger. für anwendbar erklärt hatten. Ein solches Landesgesetz verpflichtete indessen nur innerhalb seines Machtbereichs, also nur innerhalb des einzelnen Bundesstaates, für den es erlassen war, die Gerichte dieses Staates zur Rechtshilfe. Darüber hinaus beruhte die Verpflichtung zur Gewährung der Rechtshilfe der gerichtlichen wie nichtgerichtlichen Behörden verschiedener Bundesstaaten in ihrem Verhältnisse zueinander, soweit es sich um A.d.fr.Ger. handelte, auf Staatsverträgen der einzelnen Bundesstaaten, die durch das genannte Gesetz v. 21. Juni 1869 (vgl. daselbst § 46) unberührt gelassen wurden, und auf Herkommen.

Nunmehr sichert die Vorschrift des § 2 die Gewährung der Rechtshilfe (Anm. 2) im Verkehre der deutschen Gerichte untereinander (Anm. 3) in Angelegenheiten, welche Gegenstand dieses Gesetzes sind (Anm. 4), nach Maßgabe der §§ 158 bis 169 GVG. (Anm. 5). Von der Vorschrift des § 2 nicht betroffene Gebiete: Anm. 6.

2. Rechtshilfe im Sinne des § 2 ist der Beistand, den ein Gericht einem anderen dadurch leistet, daß es auf Ersuchen und in Vertretung desselben innerhalb seines Bezirks Amtshandlungen vornimmt, welche den Zwecken des ersuchenden Gerichtes dienen. Für ein mit einer Sache befaßtes Gericht werden sich häufig Umstände ergeben, die es notwendig oder zweckmäßig erscheinen lassen, daß eine Amtshandlung außerhalb des Bezirks vorgenommen werde. Für einen solchen Fall muß das Gesetz dem Richter, will es ihm nicht die ordnungsmäßige Sacherledigung unmöglich machen, gestatten, entweder die Handlung außerhalb seines Bezirks selbst vorzunehmen oder die Beihilfe des Lokalrichters zur Vornahme der Handlung in Anspruch zu nehmen. Ersteres ist nicht ausgeschlossen, darf aber nur, wenn Gefahr im Verzuge, sonst nur mit Zustimmung des örtlich zuständigen Gerichts statthaben (§ 167 GVG.). In der Regel ist der letztere Weg einzuschlagen. Dann redet man von Rechtshilfe. Bei dem Ersuchen um Rechtshilfe muß es sich also um eine Amtshandlung handeln, welche an sich zum Zuständigkeitsbereiche des ersuchenden Gerichts gehört, von diesem aber nur deshalb nicht ausgeführt werden kann, weil dieselbe außerhalb des Bezirks vorgenommen werden muß. OLG. Rostock 28. Januar 1901 in DJZ. 6 (1901) S. 512. Der ersuchte Richter soll also lediglich der Gehilfe des ersuchenden Richters sein, eine dem letzteren obliegende Amtshandlung als dessen „verlängerter Arm" (OLG. Jena 28. März 1900 in Rechtspr.d.OLG. 1 S. 194 Nr. 110) erledigen. Es ist demnach nur eine solche Amtshandlung geeignet, Gegenstand der Rechtshilfe zu sein, deren Vornahme an einen außerhalb des Bezirks des ersuchenden Gerichts liegenden Ort geknüpft ist, wie Verpflichtungen von Vormündern, Pflegern, Vernehmungen aller Art, von Zeugen, Sachverständigen, die Abnahme von Eiden u. dgl. m. Dagegen haben aus dem Bereiche der Rechtshilfe auszuscheiden alle Amtshandlungen, welche das mit der Sache befaßte Gericht vermöge seiner alle im Deutschen Reiche sich aufhaltenden Personen in gewissem Umfange umfassenden Gerichtsgewalt selbst vorzunehmen oder unmittelbar zu veranlassen in der Lage ist, wie z. B. die Auswahl einer Person zum Vormund oder Pfleger und die Entscheidung im Falle der Geltendmachung von Ablehnungsgründen und die Ausführung der in den §§ 161, 162 GVG. erwähnten Maßnahmen (vgl. Anm. 5c). Deswegen ist auch für die Bekanntmachung von Verfügungen und Entscheidungen ein Rechtshilfeersuchen nicht erforderlich und kann deshalb auch abgelehnt werden. Dasselbe

muß auch von Rechtsbelehrungen, welche sich tatsächlich als Gründe eines Bescheides charakterisieren, gelten. Der prozeßordnungsmäßige Satz, daß die rechtssuchenden Parteien in Deutschland durch das von ihnen angegangene zuständige Gericht direkt zu bescheiden sind, ist auch auf dem Gebiete der freiw. Ger. maßgebend. OLG. Jena 3. Mai 1902 in Rechtspr.d.OLG. 5 S. 261 Nr. 52; OLG. Rostock 28. Mai 1903, daselbst 6 S. 497 unter d. Ein Ersuchen um Ermittlungen, die ein Vormund selbst vornehmen kann oder die das ersuchende Gericht durch einen unmittelbaren Auftrag an den Vormund veranlassen könnte, kann demgemäß ebenfalls abgelehnt werden; OLG. Rostock 9. August 1900 in Rechtspr.d.OLG. 1 S. 282 Nr. 170.

Auch kann von einer Rechtshilfe nur dann die Rede sein, wenn ein Gericht bereits als zuständiges Gericht mit der Angelegenheit, in welcher Beistand geleistet werden soll, befaßt ist, wenn die Angelegenheit bereits anhängig ist, dagegen nicht da, wo erst Prozeduren eingeleitet werden sollen, welche von einem Antrage abhängig sind. OLG. Hamm 15. Dezember 1900 in Rechtspr.d.OLG. 2 S. 236 Nr. 118a; OLG. Karlsruhe 5. Dezember 1901, daselbst 4 S. 219. So kann z. B. die Erteilung von Erbscheinen im Wege der Rechtshilfe nicht verlangt werden; OLG. Jena 28. März 1900 in Rechtspr.d.OLG. 1 S. 194 Nr. 110. In dieser Beziehung aber wird die Einschränkung am Platze sein, daß auch da, wo ein Verfahren auf Antrag einzuleiten und ein Antrag gestellt ist, das Gericht aber, bevor es definitiv einleitet, noch Ermittlungen von Amts wegen anzustellen für erforderlich erachtet, für die letzteren die Rechtshilfe nicht zu versagen ist; so z. B. wenn der Nachlaßrichter über das Vorliegen der Voraussetzungen einer beantragten Nachlaßverwaltung oder einer Auseinandersetzung Zweifel hat und darüber von Amts wegen Ermittlungen anstellt.

Andererseits darf die Zuständigkeit des ersuchenden Gerichts in der fraglichen Angelegenheit nicht schon beendet sein. So kann z. B. ein Vormundschaftsgericht, das den bisherigen Vormund entlassen und die Vormundschaft an ein anderes Gericht abgegeben hat, nicht mehr behufs Herbeiführung der Entlastung des bisherigen Vormunds ein anderes Gericht um Entgegennahme dieser Entlastungserklärung ersuchen. OLG. Rostock 28. Januar 1901 in Meckl.Zeitschr.f.Rechtspfl. 19 S. 229 (nach Soergel 1900/01 S. 599 unter n); DJZ. 6 S. 512 Nr. 9.

Handelt es sich in einem Rechtshilfeersuchen um die Vornahme der Beurkundung eines Rechtsgeschäfts, so ist zu unterscheiden, ob diese Beurkundung erfolgen soll als etwas für sich vollständig Selbständiges oder als Teil eines anderen Verfahrens. Soll z. B. eine Schuld- und Pfandverschreibung, bei der mehrere Personen beteiligt sind, oder ein Kaufvertrag oder eine Löschungsbewilligung u. dgl. beurkundet werden, so geht dieser selbständige Akt aus der Initiative der Beteiligten hervor. Dem Richter liegt nur ob, das zu beurkunden, was ihm vorgetragen wird; fehlt der eine oder andere Beteiligte, so ist es dann nicht Sache des zunächst beurkundenden Gerichts, den Beitritt der etwa außerhalb seines Bezirks wohnenden Beteiligten, welche fehlten, mittels Rechtshilfeersuchens zu betreiben. Es muß die Beschaffung des Beitritts der Fehlenden der eigenen Initiative der Beteiligten ebenso überlassen bleiben, wie die Betreibung der Beurkundung des Geschäftes selbst. Ein etwa darauf gerichtetes Ersuchen könnte von dem ersuchten Gericht abgelehnt werden. OLG. Hamm 15. Dezember 1900 in Rechtspr.d.OLG. 2 S. 236 Nr. 118a; vgl. ferner OLG. Breslau in dem Beschluß des Reichsgerichts v. 6. August 1903, RG. 55 S. 275 Nr. 63; 57 S. 396; Jur.Woch. 1904 S. 344 Nr. 18, 385 Nr. 10; OLG.

Cassel 9. September 1904 in Rechtspr.d.OLG. 9 S. 374 Nr. 32f. Im anderen Falle dagegen, wenn z. B. in einer Nachlaßangelegenheit, einer Vormundschaftssache zu einem zu beurkundenden Akte mehrere in verschiedenen Gerichtsbezirken wohnende Beteiligte mitzuwirken haben, wird man das Nachlaß- oder Vormundschaftsgericht für befugt erachten dürfen, den Beitritt des einen oder anderen mittels Rechtshilfeersuchens herbeizuführen. In einem solchen Verfahren sollte auch die Einholung einer einseitigen Erklärung in gerichtlich beurkundeter Form im Wege der Rechtshilfe durchaus für statthaft und eine Ablehnung der Rechtshilfe unzulässig zu erachten sein, z. B. wenn es sich um die Vernehmung des außerehelichen Vaters über die Anerkennung seiner Vaterschaft und das Versprechen desselben, das Kind zu alimentieren, handelt, mag, streng genommen, hier auch nicht ein „dem Vormundschaftsgericht obliegendes Geschäft" in Frage stehen. Vgl. die oben bezeichnete Entscheidung des Reichsgerichts in Jur.Woch. 1904 S. 344 Nr. 18, wo letzteres verneint wird.

Die Strenge dieser aus dem Begriffe der Rechtshilfe sich ergebenden Grundsätze ist indessen in der Praxis, namentlich auf Grund des § 160 GVG. — vgl. Anm. 5b — wesentlich gemildert, und die Rechtsprechung kann kaum als eine vollständig sichere bezeichnet werden.

Daß das ersuchte Gericht für die vorzunehmende Handlung sowohl örtlich (§ 159 GVG., vgl. Anm. 5a) als auch sachlich zuständig sein muß, ist selbstverständlich. — Widersprechende Entscheidungen des OLG. Colmar (v. 11. Juni 1900 und v. 8. Mai 1901) in Ansehung der Verpflichtung der Gerichte, auf Ersuchen, vollstreckbare Urkunden im Sinne des § 794 Nr. 5 ZPO. aufzunehmen, deren Aufnahme nach elsaß-lothringischem Recht zur ausschließlichen Zuständigkeit der dortigen Notare gehört, vgl. in Jur.Zeitschr.f.Els.-Lothr. 25 S. 417 (nach Soergel 1900/01 S. 598 unter e) und in Rechtspr.d.OLG. 2 S. 393 unter b.

Die Handlung, um deren Vornahme ersucht wird, muß eine richterliche Handlung sein; deshalb kann das Ersuchen, die im § 361 Nr. 10 StrGB. erwähnte Aufforderung (zur Unterhaltsgewährung) ergehen zu lassen, weil sie verwaltungstechnischer Art ist, abgelehnt werden; OLG. Colmar 26. Februar 1902 in Rechtspr. d.OLG. 4 S. 221 unter d. Deswegen liegt ein Fall der Rechtshilfe nicht vor, wenn auf Ersuchen eines Gerichts ein anderes eine Urkunde im Sinne des § 794 ZPO. aufgenommen hat und das ersuchende Gericht später um Erteilung der vollstreckbaren Ausfertigung ersucht. Der Gerichtsschreiber des ersuchten Gerichts ist zuständig. Widersprechende Entscheidungen des Bayer. O.LG. v. 21. Juni 1902 und (ohne Datum) einige Tage vorher im Zentr.Bl. 3 S. 392 Nr. 183. In diesem Falle handelt es sich überhaupt nicht um eine Angelegenheit der freiw. Ger., vgl. OLG. Zweibrücken 23. Oktober 1901 in Rechtspr.d.OLG. 3 S. 419 Nr. 107, KG. 15. Juni 1903 in Johow 26 S. A 178 Nr. 51. Auch nicht um einen Fall des § 5; vgl. daselbst Anm. 1b.

3. Die Vorschrift des § 2 regelt lediglich die Rechtshilfepflicht der deutschen Gerichte in ihrem Verhältnisse zueinander. Sie legt diesen Gerichten die Rechtshilfepflicht auf, einerlei ob sie demselben Bundesstaate oder verschiedenen Bundesstaaten angehören.

Zu den deutschen Gerichten gehören auch die deutschen Konsulargerichte im Auslande und die Schutzgebietsgerichte. Gemäß § 18 des Gesetzes über die Konsulargerichtsbarkeit v. 7. April 1900 (RGBl. S. 213) finden die Vorschriften des § 2 des vorliegenden Gesetzes auch auf die Leistung der Rechtshilfe unter den bei Ausübung der Konsulargerichtsbarkeit mitwirkenden Behörden und den Behörden im Reichsgebiet oder in den deutschen Schutzgebieten statt und diese Vorschrift gilt gemäß § 2 des Schutzgebietsgesetzes v. 25. Juli 1900 (in der Fassung v. 10. September 1900, RGBl. S. 813) auch für die deutschen Schutzgebiete. Wegen gewisser Besonderheiten s. Anm. 5b. Bei den Militärgerichten sind „im Felde" (vgl. § 1 Anm. 3 a. E.) die Kriegsgerichtsräte und Oberkriegsgerichtsräte für die Erledigung von Ersuchen um Rechtshilfe zuständig (§ 1 Nr. 3 des Ges. betr. die freiw. Ger. rc. in Heer und Marine v. 28. Mai 1901, RGBl. S. 185). Auch hier s. unten in Anm. 5b.

Die gleiche Rechtshilfepflicht wie für die Gerichte besteht gemäß § 194 Abs. 1, 4 auch für die nichtgerichtlichen Behörden der deutschen Bundesstaaten, welche auf Grund von Vorbehalten durch Landesgesetz an Stelle der Gerichte für Angelegenheiten, welche Gegenstand dieses Gesetzes sind, zuständig geworden sind. Das heißt, sie haben sich untereinander und den ordentlichen Gerichten Rechtshilfe zu leisten. Da weiterhin durch diese Vorschrift die Verpflichtung der gerichtlichen Behörden, gemäß § 2 Rechtshilfe zu leisten, nicht berührt wird (§ 194 Abs. 4), so sind auch diese verpflichtet, jenen nichtgerichtlichen Behörden Rechtshilfe zu leisten; auch können da, wo solche nichtgerichtliche Behörden zuständig sind, neben diesen trotzdem stets die ordentlichen Gerichte um Leistung der Rechtshilfe angegangen werden. Vgl. weiter bei § 194.

4. Die Verpflichtung der Gerichte zu gegenseitiger Rechtshilfe aus § 2 dieses Gesetzes beschränkt sich sachlich auf Angelegenheiten, welche Gegenstand dieses Gesetzes sind, also lediglich auf A.d.fr.Ger., welche durch Reichsgesetz den Gerichten übertragen sind. In den durch Landesgesetz den Gerichten überwiesenen A.d.fr.Ger. sind, soweit es sich um die Rechtshilfe innerhalb desselben Bundesstaates handelt, die Gesetze dieses Staates, und soweit es sich um Rechtshilfe zwischen Gerichten verschiedener Bundesstaaten handelt, wie früher, so auch jetzt noch die Staatsverträge derselben bzw. Herkommen maßgebend.

Meinungsverschiedenheit besteht darüber, ob § 2 auch auf den 10. Abschnitt anwendbar ist. Diejenigen, welche verneinen, daß die Beurkundung von Rechtsgeschäften reichsgesetzlich den Gerichten übertragen sei, müssen konsequenterweise auch in Abrede stellen, daß die Anwendbarkeit des § 2 von Reichs wegen stattfinde. Wegen beschränkter Anwendbarkeit des § 2 auf das Beurkundungswesen überhaupt aus Gründen, die sich aus dem Begriffe der Rechtshilfe herleiten, vgl. Anm. 2.

Meinungsverschiedenheit besteht auch darüber, inwieweit der § 2 Anwendung findet auf landesgesetzliche Ausführungs- und Ergänzungsvorschriften, die auf Grund des § 200 Abs. 1 ergangen sind, d. h. ob dann, wenn diese Vorschriften zur Anwendung gebracht werden sollen, eine unmittelbare Rechtshilfepflicht aller deutschen Gerichte aus § 2 herzuleiten sei, oder ob eine solche nur insoweit bestehe, als die Landesgesetze bzw. Staatsverträge und Herkommen sie festsetzen. In Frage kommen namentlich die landesgesetzlichen Vorschriften über die Zwangsgewalt der Gerichte und die Vollstreckung z. B. auch von Kostenentscheidungen. Es ist davon auszugehen, daß für derartige Vorschriften der § 200 Abs. 1 absichtlich Raum gelassen hat und dieselben also als Teile dieses Gesetzes angesehen werden sollen. So auch Nußbaum § 11 S. 37 ff., Schultze-Görlitz § 2 Anm. 3. Dazu kommt aber noch, daß die Rechtshilfe auf dem Gebiete der reichsgesetzlich geordneten A.d.fr.Ger. gemäß § 2 nicht mehr auf dem Grundsatze internationaler Vereinbarung, sondern auf dem staatsrechtlichen Grundsatze beruht, daß die Gerichtsbarkeit jedes Einzelstaates, jedenfalls insoweit als die §§ 158 bis 169 GVG. in Frage kommen (vgl. Anm. 5e), sich auf das ganze Reichsgebiet erstreckt. Vgl. Laband, Staatsrecht 1 S. 152 Anm. 1; vgl. ferner Johow 10 S. 3. Die Konsequenz hiervon ist im Hinblick auf §§ 161, 162 GVG., daß zur Ausführung der dort bezeichneten Maßnahmen der Weg der Rechtshilfe gar nicht beschritten zu werden braucht. Vgl. Anm. 5. So auch im Ergebnis Weißler § 2 Anm. 4c. A. M. Nußbaum a. a. O. Allerdings ist hier die Einschränkung zu machen, daß diese Ergänzungs- und Ausführungsvorschriften, wenn sie inhaltlich in einem anderen Bundesstaate nicht gelten, also die daselbst bezeichneten Maßnahmen, z. B. Anwendung unmittelbarer Gewalt, nicht gestattet sind, dort auch weder im Wege der Rechtshilfe noch unmittelbar durchgeführt werden können oder dürfen. Vgl. § 1 Anm. 1f a. E.

5. Die §§ 158 bis 169 GVG. — siehe dieselben in Anlage 1 — finden Anwendung. Über die Bedeutung des Ausdrucks „finden Anwendung" vgl. § 1 Anm. 1f.

a) Zu § 158 GVG. Mit dem Ausdruck in § 158 GVG., daß das Ersuchen an die Amtsgerichte zu richten sei, ist ausgedrückt, daß diese für die Erledigung der Rechtshilfe ausschließlich zuständig sein sollen. Vgl. dazu Anm. 3 u. § 194. Wegen der Konsular-, Schutzgebiets- und Militärgerichte vgl. Anm. 3 und § 1 Anm. 3.

Das Ersuchen muß ordnungsmäßig erkennen lassen, daß es sich um Ausführung einer bestimmten, dem ersuchenden Gerichte im Bereiche seines Geschäftszweiges zugewiesenen Tätigkeit handelt, also z. B. um die Durchführung einer dem Vormundschaftsgerichte zugewiesenen Aufgabe; OLG. Cassel 25. Februar 1901 in Rechtspr. d. OLG. 2 S. 392 Nr. 161. Handelt es sich darum, durch ein ersuchtes Gericht die zur Feststellung von Tatsachen erforderlichen Ermittlungen zu veranstalten und geeignet erscheinenden Beweise aufzunehmen (§ 12), so ist der Erlaß eines förmlichen Beweisbeschlusses nicht erforderlich; es genügt vielmehr, daß die Punkte, über welche z. B. Zeugen vernommen werden sollen, dem ersuchten Gerichte in dem Ersuchungsschreiben in ausreichend bestimmter und genauer Weise bezeichnet werden. Josef, Lehrbuch S. 122. Eidesformeln, z. B. die Formel des Offenbarungseides, der einem Erben abzunehmen ist, sind vollständig anzugeben; Weglassung der Eingangs- und Schlußworte hierbei sind indessen als durch das Gesetz ergänzt zu betrachten und berechtigen das ersuchte Gericht nicht zur Ablehnung der Rechtshilfe; OLG. Hamm 12. Juni 1900 in Rechtspr. d. OLG. 1 S. 175 Nr. 96. Das gilt überhaupt von formellen Anständen untergeordneter Natur.

b) Zu den §§ 159, 160 GVG. Das Ersuchen des im Instanzenzuge vorgesetzten Gerichts kann nicht abgelehnt werden; erforderlichenfalls hat das ersuchte Gericht Gegenvorstellungen zu machen.

Das Ersuchen eines anderen Gerichts ist abzulehnen, wenn dem ersuchten Gericht die örtliche Zuständigkeit mangelt. Dieser Mangel hat insoweit keine Bedeutung, als etwa außerhalb des Bezirks wohnende Personen gleichzeitig mit Gerichtseingesessenen zu gemeinsamer Mitwirkung in einem Termin (z. B. Gegenüberstellung, Vergleichsverhandlung) versammelt werden sollen. Dorner § 2 Anm. IIa.

Das Ersuchen ist abzulehnen, wenn die vorzunehmende Handlung nach dem Rechte des ersuchten Gerichts verboten ist, § 159 GVG.

Auf Grund dieser Sätze haben mehrere Oberlandesgerichte den oben in Anm. 2 vermerkten aus dem Begriffe der Rechtshilfe abgeleiteten strengen Grundsätzen und den dort bezeichneten Belegstellen zuwider nach dem den Bedürfnissen der Praxis entgegenkommenden Prinzip entschieden: Ein Gericht darf eine an sich zulässige Handlung, um deren Vornahme es ersucht ist, nicht ablehnen, wenn es zuständig ist. So OLG. Celle 15. November 1901 in Rechtspr.d.OLG. 4 S. 220 unter b, wo unter dieser Begründung ausgesprochen ist, daß das Ersuchen, eine Person darüber zu vernehmen, ob sie einem auf Löschung einer Hypothek gestellten Antrage beitreten wolle, nicht abgelehnt werden dürfe. Vgl. OLG. Jena 22. November 1902 in Rechtspr.d.OLG. 6 S. 496 unter c. Vgl. dagegen OLG. Breslau in dem oben erwähnten Beschlusse des Reichsgerichts v. 6. August 1903, RG. 55 S. 275 Nr. 63. Weil nicht unzulässig, darf hiernach nicht abgelehnt werden das Ersuchen des Vormundschaftsrichters, den unehelichen Vater zur Bezahlung der Unterhaltsbeiträge anzuhalten (OLG. Dresden 27. Juli 1900 in Rechtspr.d.OLG. 3 S. 35 Nr. 14, Rostock 23. Juli 1901 in Mecklenb.Zeitschr.f.Rechtspflege 20 S. 277 nach Soergel 1902 S. 459 Nr. 4), ferner den unehelichen Vater über die Anerkennung der Vaterschaft und die gegen ihn zu erhebenden Unterhaltsansprüche zu vernehmen (OLG. Stuttgart 7. Mai 1901 in Württemb.Zeitschr.f.freiw.Ger. usw. 43 S. 247 nach Soergel 1900/01 S. 598 unter d).

Dabei steht dem ersuchten Gericht weder in Ansehung der Zuständigkeit des ersuchenden Gerichts (OLG. Stuttgart 22. Dezember 1902 in Rechtspr.d.OLG. 6 S. 495 unter b), noch der Angemessenheit der vorzunehmenden Handlung (OLG. Colmar 27. November 1901 in Rechtspr.d.OLG. 3 S. 393), noch der Gültigkeit einer Rechtshandlung, welche die Voraussetzung einer ferneren bei ihm nachgesuchten Amtshandlung bildet (OLG. Colmar 29. Oktober 1903 in Rechtspr.d.OLG. 7 S. 337 nach Soergel 1903 S. 536 Nr. 3) eine Nachprüfung zu. Insbesondere darf das Ersuchen um Aufnahme einer Erklärung nicht um deswillen abgelehnt werden, weil nach der Ansicht des ersuchten Richters die Einsendung einer beglaubigten Erklärung gefordert, bzw. die Erklärung durch einen Bevollmächtigten abgegeben werden könnte (OLG. Hamburg 30. Mai 1900 in DJZ. 6 S. 440 Nr. 12), oder weil das ersuchte Gericht der Ansicht ist, das ersuchende Gericht habe die Amtshandlung selbst vorzunehmen (Bayer.OLG. 23. April 1901 im ZentrBl. 2 S. 12 Nr. 5). Auch hat das ersuchende und nicht das ersuchte Gericht zu entscheiden, ob die Erledigung eines Ersuchens Aufschub verträgt oder nicht, und ob aus diesem Grunde eine Vernehmung außerhalb der Gerichtsstelle stattzufinden habe; OLG. Königsberg 3. Mai 1901 in Rechtspr.d.OLG. 3 S. 35 Nr. 14.

Es muß deshalb auch das ersuchte Gericht sich genau an das Ersuchen halten; ist es z. B. um Aufnahme einer öffentlichen Urkunde ersucht worden, so darf es also nicht um deswillen sich mit einer Beglaubigung der Unterschriften unter einer Privaturkunde begnügen, weil es eine solche beglaubigte Urkunde für ausreichend hält; OLG. Hamm 25. April 1902 in Rechtspr.d.OLG. 5 S. 193 unter b.

Der Rechtsmittelzug gemäß § 160 GVG. bleibt bestehen, weil die §§ 158 bis 169 GVG. uneingeschränkt zur Anwendung gelangen; vgl. § 1 Anm. 1 f. — Für die Konsular- und Schutzgebietsgerichte ist das Reichsgericht zu der im § 160 Abs. 1 vorgesehenen Entscheidung in erster und letzter Instanz berufen; Konsulargerichtsb.Ges. § 18, Schutzgebietsgesetz § 2. Nach dem Gesetz, betr. die freiw. Ger. usw. in Heer und Marine v. 28. Mai 1901 § 4 werden Beschwerden im Aufsichtswege erledigt.

c) Zu den §§ 161, 162 GVG. Zur Ausführung der hier vorgesehenen Maßnahmen bedarf es nicht der Rechtshilfe; vgl. unter e und Anm. 4. Was die Anwendung der Prozeßvorschriften (§ 161 GVG.) anlangt, so wird man wohl mit Dorner,

§ 2 Anm. 5 IV c (S. 23) und Weißler, § 2 Anm. 4 c, (vgl. § 1 Anm. 1 f), sie überhaupt für ausgeschlossen halten, und vielmehr annehmen müssen, daß an ihrer Stelle die Vorschriften dieses Gesetzes (vgl. § 15 Abs. 1, § 16 Abs. 2, §§ 98, 158) und die auf Grund des § 200 Abs. 1 ergangenen landesgesetzlichen Ergänzungs- und Ausführungsvorschriften zur Anwendung zu bringen sind.

d) Zu den §§ 165, 166 GVG. Über die durch die Leistung der Rechtshilfe entstehenden Kosten und über den zum Zwecke der Einziehung von Gerichtskosten unter den Bundesstaaten zu leistenden Beistand vgl. Anweisung des Bundesrats v. 23. April 1880 (ZentrBl. f. d. Deutsche Reich 1880 S. 278). Bei Einziehung der Kosten von Zahlungspflichtigen hat die ersuchende Behörde die von der ersuchten Behörde angesetzten Kostenbeträge nicht von Amts wegen zu prüfen.. OLG. Hamburg 23. Februar 1904 in Seuff.Arch. 59 S. 372 Nr. 209.

e) Zu § 167 GVG. Darüber, ob die Vorschrift bloß institutioneller Natur ist, so daß eine unter Verletzung derselben vorgenommene Handlung nicht unwirksam ist, oder aber ob die Handlung nichtig ist — von Besonderheiten im Beurkundungswesen hier abgesehen; vgl. § 167 Anm. 1 f. — herrscht Meinungsverschiedenheit. Im ersteren Sinne Weißler § 2 Anm. 4 g (S. 26); im letzteren Dorner § 2 Anm. 5 VIII (S. 26) und in ZfDZPr. 28 S. 241 ff., Rausnitz § 2 Anm. 8. Der letzteren Meinung ist zuzustimmen, weil jedes Gericht nur innerhalb seines Bezirks Gerichtsbarkeit hat und der unsere Rechtspflege allerdings beherrschende staatsrechtliche Grundsatz, daß sich die Gerichtsgewalt eines jeden deutschen Gerichts auf alle im Deutschen Reiche, einerlei wo, sich aufhaltenden Personen erstreckt (vgl. OLG. Rostock 28. Mai 1903 in Rechtspr.d.OLG. 6 S. 497 unter d), wie die §§ 161, 162, 167 GVG. ergeben, nicht für jede Form der Ausübung die Grenzen der Gerichtsbezirke verwischen will.

Ob Gefahr im Verzug obwaltet, hat das Gericht, das die Handlung vornimmt, allein zu entscheiden; eine Nachprüfung findet nicht statt.

Ob die verweigerte Zustimmung durch Beschwerde erzwungen werden kann und durch welche, ist streitig. OLG. Kiel 7. Juli 1902 (in Rechtspr.d.OLG. 5 S. 263 unter b) hält in Übereinstimmung mit den Kommentaren von Wilmowski und Levy, Struckmann und Koch, Hauck zur ZPO. bzw. zum GVG. die Anwendbarkeit des § 160 GVG. für zulässig. A. M. OLG. Jena 8. März 1899 (in ZfDZPr. 28 S. 169). Eine redaktionelle Bemerkung zu der letzteren Entscheidung weist auf die Beschwerde im Aufsichtswege hin. Ebenso Weißler § 2 Anm. 4 g (S. 26). Eine Entscheidung auf dem in § 28 Abs. 2 bezeichneten Wege kann nicht erfolgen, da es sich um eine Frage der Gerichtsverfassung, aber nicht der freiw. Ger. handelt.

6. In Anm. 4 ist schon darauf hingewiesen, daß die Vorschrift des § 2 keine Anwendung findet auf die landesgesetzlich den Gerichten übertragenen A.d.fr.Ger. Außerdem wird davon nicht betroffen:

a) das Verhältnis der Gerichte und Verwaltungsbehörden des Inlands zueinander. In dieser Beziehung fehlt es überhaupt an einer reichsgesetzlichen Bestimmung. Ein Bedürfnis für den Erlaß einer solchen wurde bei Beratung des Gesetzes in der Reichstagskommission nicht anerkannt, da anzunehmen sei, daß keine Behörde sich der Leistung der Rechtshilfe entziehen könne. Komm.Ber. S. 3. Birkenbihl, § 2 Anm. 1 a β, erachtet den Erlaß einer solchen Vorschrift für überflüssig, „da aus allgemeinen Grundsätzen der Satz abzuleiten ist, daß alle Behörden dem Ersuchen der Gerichte Folge zu leisten haben.“ Soweit es sich um Gerichte und Verwaltungsbehörden desselben Bundesstaates handelt, ist dem Satze aus dem Gesichtspunkte der Einheitlichkeit des Staatsorganismus zuzustimmen; hier ist übrigens auch durchweg durch die Landesgesetze Vorkehrung getroffen. Soweit es sich aber um das Verhältnis der Gerichte und Verwaltungsbehörden verschiedener Bundesstaaten zueinander oder der Gerichte zu Verwaltungsbehörden des Reiches handelt, erscheint jener Satz im Hinblick auf die Staatshoheitsrechte bedenklich. In dieser Beziehung sind wie früher die Staatsverträge bzw. das Herkommen maßgebend, nach denen überall Beistand geleistet wird. In Angelegenheiten, welche Gegenstand dieses Gesetzes sind, kann übrigens eine Rechtshilfepflicht der Gerichte gegenüber den Verwaltungsbehörden — außer in den Fällen des § 194 Abs. 1, 4, worüber Anm. 3 zu vergleichen — nicht in Frage kommen, da es sich nur um A.d.fr.Ger. handelt, die den Gerichten übertragen sind, eine Verwaltungsbehörde also niemals als ersuchender Teil auftreten kann. Soweit für gewisse Angelegenheiten, die zu den A.d.fr.Ger. im weiteren Sinne (vgl. § 1 Anm. 1b) zu zählen sind, eine Rechtshilfepflicht der Gerichte den mit diesen Angelegenheiten betrauten Behörden in Frage kommen kann, ist sie besonders festgelegt, so in § 32 des Patentgesetzes v. 7. April 1891 (RGBl. S. 79), § 144 des Gewerbe-Unfallversicherungsgesetzes, § 154 des Unfallversicherungsgesetzes für Land- und Forstwirtschaft, § 54 des Bau-Unfallversicherungsgesetzes, § 141 des See-Unfallversicherungsgesetzes, diese letzteren vier v. 30. Juni 1900 in der Fassung v. 5. Juli 1900 (RGBl. S. 573), § 172 des Invalidenversicherungsgesetzes in der Fassung v. 19. Juli 1899 (RGBl. S. 463). Wieweit indessen die Rechtshilfepflicht der Gerichte in diesen Fällen reicht, ist bestritten. Nach OLG. Colmar 14. April 1903 (in Rechtspr.d.OLG. 6 S. 494 Nr. 77) beschränkt sie sich auf die im Vollzuge dieser Gesetze ergehenden Ersuchen, d. h. erstreckt sich materiell nur auf diejenigen Handlungen, welche die Versicherungsorgane selbst vorzunehmen berechtigt sind. So sind nach dieser Ansicht die Gerichte zwar verpflichtet, auf Ersuchen der Schiedsgerichte, nicht aber des Berufsgenossenschaftsvorstandes eidliche Vernehmungen von Zeugen zu erledigen, da die letzteren selbst nicht zu solchen Vernehmungen befugt sind. A. M. Reskript des preuß. Justizministers in Reger, Entsch. 9 S. 400 und OLG. Breslau 28. November 1901 in Arbeiter-Vers. S. 257. Entsprechende Bestimmung bringt § 79 des Gesetzes über die privaten Versicherungsunternehmungen v. 12. Mai 1901 (RGBl. S. 139).

b) Das Verhältnis der deutschen Gerichte zu den Gerichten und Verwaltungsbehörden des Auslandes. In dieser Beziehung sind Staatsverträge und die Grundsätze des Völkerrechts maßgebend. Das Deutsche Reich hat bislang einen Vertrag mit einem einzelnen fremden Staate, die Gewährung der Rechtshilfe in A.d.fr.Ger. betreffend, nicht geschlossen, ist aber einem „Abkommen zur Regelung von Fragen des internationalen Privatrechts" v. 14. November 1896 mit Zusatz v. 22. Mai 1897 (RGBl. 1899 S. 285 ff.) beigetreten. In diesem von 14 europäischen Mächten zu dem Zwecke getroffenen Abkommen, um „mehrere auf den Zivilprozeß bezügliche Fragen des internationalen Privatrechts gemeinsam zu regeln", ist in Art. 5 gesagt, daß „in Zivil- und Handelssachen" die gerichtlichen Behörden eines Vertragsstaates nach Maßgabe der Vorschriften seiner Gesetzgebung sich durch Ersuchungsschreiben an die zuständige Behörde eines anderen Vertragsstaates wenden könnten, um innerhalb deren Geschäftskreises die Vornahme einer richterlichen Prozeßhandlung oder anderer gerichtlicher Handlungen zu erbitten. Auf Grund der markierten Worte wird dem Abkommen auch für die A.d.fr.Ger. Geltung beigemessen. Schultze-Görlitz § 2 Anm. 9, Weißler § 2 Anm. 2d.

§ 3.

Soweit für die örtliche Zuständigkeit der Gerichte der Wohnsitz eines Beteiligten maßgebend ist, bestimmt sich für Deutsche, die das Recht der Exterritorialität genießen, sowie für Beamte des Reichs oder eines Bundesstaats, die im Ausland angestellt sind, der Wohnsitz nach den Vorschriften des § 15 der Zivilprozeßordnung.

---

1. **Die §§ 3 bis 5** haben die örtliche Zuständigkeit zum Gegenstand ihrer Bestimmungen. Über die örtliche Zuständigkeit der Gerichte in A.d.fr.Ger. sind im Gesetze oder sonstwo ebensowenig allgemeine Regeln aufgestellt, wie über die sachliche Zuständigkeit (vgl. § 1 Anm. 1c, d). Die große Verschiedenheit der Angelegenheiten hindert daran. Für jede Gattung und mehrfach innerhalb einer Gattung für kleinere Gruppen ergeben sich besondere Gesichtspunkte, die das Gesetz für die Bestimmung der örtlichen Zuständigkeit mit Recht ausschlaggebend sein läßt; bald ist es der Wohnsitz oder Aufenthaltsort eines Beteiligten, bald der Ort, wo eine Verpflichtung erfüllt werden muß, bald der Ort der Niederlassung oder Verwaltung oder ein anderer Umstand. — Auf die Art und Weise sodann, wie allmählich erst die Reichsgesetzgebung sich der freiw. Ger. bemächtigt hat (vgl. Einleitung), ist es zurückzuführen, daß sich die Einzelvorschriften über die örtliche Zuständigkeit in den verschiedenen Gesetzen zerstreut vorfinden; so z. B. in den §§ 261, 1558, 2028, 2057 BGB., §§ 29, 106 HGB., § 10 des Genossenschaftsgesetzes, §§ 7, 11, 12 des Gesetzes betr. die Gesellschaften mit beschr. Haftung u. a. O.

Das vorliegende Gesetz hat demgemäß, abweichend von der ZPO. (§§ 12 bis 34), sich nicht an allgemeinen Bestimmungen über die örtliche Zuständigkeit versucht, vielmehr für jede einzelne Gattung der von ihm behandelten Angelegenheiten die örtliche Zuständigkeit besonders geregelt; zu vgl. die §§ 36 ff., 43, 44, 66, 73 ff., 149, 164, 165, 166. Die §§ 3 bis 5 wollen daher, obgleich unter den allgemeinen Bestimmungen aufgenommen, keine erschöpfende Regelung der örtlichen Zuständigkeit bringen, sondern nur einige einer allgemeinen Regelung fähige und bedürftige Fragen aus diesem Gebiete ordnen.

2. **Der § 3** insbesondere bezweckt nichts weiter, als den Grundsatz des § 15 ZPO. auf die Fälle zu übertragen, in denen sich für die A.d.fr.Ger. die Zuständigkeit nach dem Wohnsitz eines Beteiligten bestimmt; Voraussetzung für seine Anwendung ist also, daß nach anderweitigen Vorschriften, z. B. der §§ 36 bis 40, 43 u. a. dieses Gesetzes, für die örtliche Zuständigkeit im einzelnen Falle der Wohnsitz eines Beteiligten maßgebend ist. — Dieser § 15 ZPO. lautet:

Deutsche, welche das Recht der Exterritorialität genießen, sowie die im Auslande angestellten Beamten des Reichs oder eines Bundesstaates behalten in Ansehung des Gerichtsstandes den Wohnsitz, welchen sie in dem Heimatstaate hatten. In Ermanglung eines solchen Wohnsitzes gilt die Hauptstadt des Heimatstaates als ihr Wohnsitz; ist die Hauptstadt in mehrere Gerichtsbezirke geteilt, so wird der als Wohnsitz geltende Bezirk von der Landesjustizverwaltung durch allgemeine Anordnung bestimmt. Gehört ein Deutscher einem Bundesstaate nicht an, so gilt als sein Wohnsitz die Stadt Berlin; ist die Stadt Berlin in mehrere Gerichtsbezirke geteilt, so wird der als Wohnsitz geltende Bezirk von dem Reichskanzler durch allgemeine Anordnung bestimmt.

Auf Wahlkonsuln finden diese Bestimmungen keine Anwendung.

3. In dem § 15 ZPO. handelt es sich um:

a) Deutsche, welche das Recht der Exterritorialität genießen. Unter diesem Rechte versteht man die Exemtion von der Gerichtsbarkeit des Staates, in dem sich der Berechtigte aufhält.

In dieser Richtung können in Betracht kommen Deutsche, die sich im Auslande aufhalten und dem Staate ihres Aufenthaltsortes gegenüber das Recht der Exterritorialität genießen. Wer zu diesem Personenkreise gehört, bestimmt sich nach völkerrechtlichen Regeln, nach den Staatsverträgen, welche das Deutsche Reich mit fremden Staaten eingegangen ist und nach der Gesetzgebung der einzelnen in Frage kommenden fremden Staaten. Nach übereinstimmenden Rechtsregeln genießen dem Aufenthaltsstaate gegenüber das Recht der Exterritorialität die diplomatischen Vertreter, deren Familienglieder, Geschäftspersonal und Bedienstete, soweit letztere nicht Angehörige des Aufenthaltsstaates sind. — Die Konsuln gehören nicht zu den diplomatischen Personen; sie genießen das Recht der Exterritorialität nur, wenn dies durch Staatsvertrag anerkannt ist (vgl. Hahn, Materialien zum GVG. S. 66).

Es können sodann in Frage kommen Deutsche, welche zwar im Inlande (Deutschland), aber nicht in dem Staate sich aufhalten, dem sie angehören. Auch für solche Deutsche können Exemtionen von der Gerichtsbarkeit ihres Aufenthaltsstaates bestehen. Inwieweit dies der Fall ist, ist nur für das Gebiet der ordentlichen streitigen Gerichtsbarkeit durch die §§ 18—21 GVG. bestimmt, nicht aber, da das GVG. nur für die streitige Gerichtsbarkeit gilt, für das Gebiet der freiw. Ger. Man wird indessen mit Dorner, § 3 Anm. 4, annehmen dürfen, daß die Bezugnahme des § 3 auf den § 15 ZPO. mittelbar zugleich eine Bezugnahme auf jene die ZPO. ergänzenden Vorschriften des GVG. enthält und daß daher die letzteren hier in dem gleichen Sinne zu verwerten sind, wie in dem Rahmen der ZPO. A. M. Rausnitz § 3 Anm. 16, der diese mittelbare Anwendbarkeit für ausgeschlossen, die §§ 18, 19 GVG. indessen für den Ausdruck eines allgemein geltenden Rechtes hält und deshalb doch zu demselben praktischen Resultate kommt. Hiernach genießen von Deutschen der bezeichneten Art das Recht der Exterritorialität die Chefs und die Mitglieder der bei einem Bundesstaate beglaubigten deutschen Missionen, die Mitglieder des Bundesrats, welche nicht von demjenigen Staate abgeordnet sind, in dessen Gebiete der Bundesrat seinen Sitz hat (also die nichtpreußischen Bundesratsmitglieder), sowie die Familienglieder und das Geschäftspersonal dieser Personen. — Deutsche in diesen Stellungen bleiben grundsätzlich der Gerichtsbarkeit ihres Heimatstaates unterworfen; ihr Wohnsitz bestimmt sich gegebenenfalls nach § 15 ZPO.

b) Beamte des Reichs oder eines Bundesstaats, welche im Ausland angestellt sind. Weder in dem § 3 des vorliegenden Gesetzes noch auch in § 15 ZPO. ist eine Einschränkung in bezug auf Reichs- und Staatsangehörigkeit gemacht, so daß nach dem Wortlaute auch Beamte, welche nicht Deutsche sind, der Vorschrift unterstellt wären. Das ist indessen nicht als beabsichtigt anzunehmen, da unter Heimatstaat nur der inländische Heimatstaat gemeint ist. Vgl. Wach, Handb. § 34 Anm. 40. Ob für diese Beamte zugleich die ausländischen Gerichte zuständig sind, hängt von der ausländischen Gesetzgebung, von Staatsverträgen und von dem Umstand ab, ob sie zu den unter a erwähnten Exterritorialen zählen oder nicht.

Wird in dem Lande, in dem die Beamten angestellt sind, deutsche Konsulargerichtsbarkeit geübt, so sind sie dieser nur unterworfen, soweit sie nicht in diesem Lande nach allgemeinen völkerrechtlichen Grundsätzen das Recht der Exterritorialität genießen, oder wenn sie Schutzgenossen sind, d. h. wenn sie für ihre Verhältnisse durch Anordnung des Reichskanzlers oder auf Grund einer solchen dem deutschen Schutze unterstellt sind. Vgl. § 2 des Gesetzes über die Konsulargerichtsbarkeit v. 7. April 1900 (RGBl. S. 213), Verordnung zur Einführung des Gesetzes über die Konsulargerichtsb. v. 25. Oktober 1900 (RGBl. S. 999), §§ 21, 22 des Gesetzes betr. die Rechtsverhältnisse der Reichsbeamten v. 31. März 1873 (RGBl. S. 61).

Die deutschen Schutzgebiete gelten im Sinne der Reichsgesetzgebung als Ausland. Auf die in demselben angestellten Beamten, welche ihr Diensteinkommen aus den Fonds eines Schutzgebiets beziehen, findet das ebengenannte Reichsbeamtengesetz nebst dem dasselbe abändernden Gesetze v. 26. April 1886 (RGBl. S. 80) Anwendung gemäß Verordnung, betr. die Rechtsverhältnisse der Landesbeamten in den Schutzgebieten, v. 9. August 1896 (RGBl. S. 691).

Für die Wahlkonsuln bleibt die in Abs. 2 des § 15 ZPO. aufgestellte Ausnahme auch für das Gebiet der freiw. Ger. bestehen.

4. Für die unter 3a bezeichneten Personen, wenn sie Deutsche sind und für die unter 3b bezeichneten ohne diese Einschränkung bestimmt sich der Wohnsitz, soweit er für die örtliche Zuständigkeit der einheimischen Gerichte in Frage kommt, gemäß § 15 Abs. 1 ZPO. nach fünf verschiedenen Möglichkeiten. Der im letzten Satze des Abs. 1 unterstellte Fall kann eintreten, seitdem es infolge der neuen Ordnung der Rechtsverhältnisse in den Schutzgebieten (vgl. § 1 Anm. 3) Reichsangehörige gibt, die keinem Bundesstaate angehören. Die Stadt Berlin ist in mehrere Gerichtsbezirke (Landgerichts- und Amtsgerichtsbezirke) abgeteilt; eine neuere Teilung hat sie durch das Gesetz, betr. die Gerichtsorganisation für Berlin und Umgebung, v. 16. September 1899 (Preuß.GS. S 391) erfahren; den Zeitpunkt zu bestimmen, zu welchem dieses Gesetz in Kraft tritt, ist königlicher Verordnung vorbehalten. Diese ist noch nicht ergangen.

5. Begriff, Begründung und Aufhebung des Wohnsitzes bestimmen sich nach den §§ 7 bis 11 BGB. Vgl. dazu § 36.

6. Der Heimatstaat einer Person ist derjenige Staat, dessen Staatsangehörigkeit sie besitzt oder besaß. Vgl. Gesetz über die Erwerbung und den Verlust der Bundes- und Staatsangehörigkeit v. 1. Juni 1870 (BGBl. S. 355) in neuer Fassung nach Art. 41 Einf.Ges.z.BGB.

7. Keine Anwendung findet der § 3 auf Militärpersonen. Für diese entscheidet sich der Wohnsitz lediglich nach dem § 9 BGB., wonach eine Militärperson ihren Wohnsitz am Garnisonorte hat. Als Wohnsitz einer Militärperson, deren Truppenteil im Inlande keinen Garnisonort hat, gilt der letzte inländische Garnisonort des Truppenteils. Diese Vorschriften finden aber keine Anwendung auf Militärpersonen, die nur zur Erfüllung der Wehrpflicht dienen oder die nicht selbständig einen Wohnsitz begründen können.

§ 4.

Unter mehreren zuständigen Gerichten gebührt demjenigen der Vorzug, welches zuerst in der Sache tätig geworden ist.

1. Die Vorschrift **des § 4** bezieht sich auf den Fall, daß mehrere Gerichte — wenn auch nur zwei — für dieselbe Angelegenheit örtlich zuständig sind. A. M. Rausnitz § 4 Anm. 1, der die Vorschrift auch auf die Fälle mehrfacher sachlicher Zuständigkeit, insbesondere auch auf die Fälle der §§ 143, 144, 147, 159 und 161 bezieht, nach denen in Konkurrenz mit dem regelmäßig zuständigen Registergericht das demselben im Instanzenzuge vorgeordnete Landgericht für gewisse Verfügungen zuständig ist; er meint, der Wortlaut des § 4 spreche für die Auffassung, auch sei anzunehmen, daß das Gesetz alle Fälle der Konkurrenz erledigen wolle. Desgleichen Schultze-Görlitz, § 143 Anm. 1c, für die angegebenen speziellen Fälle. Allein dem ist nicht zuzustimmen. Wäre die Ansicht richtig, so würden im Hinblick auf den Grundsatz, daß in A.d.fr.Ger. die Gerichte von Amts wegen ihre Anordnungen zu treffen haben, die Bestimmungen über die örtliche Zuständigkeit überhaupt überflüssig sein und überall gemäß § 4 Prävention entscheiden müssen; denn mehrfache sachliche Zuständigkeit von Gerichten besteht immer und muß unter allen Umständen bestehen, wie z. B. die sachliche Zuständigkeit der sämtlichen deutschen Amtsgerichte in Ansehung der Vormundschaften und der den Vormundschaftsgerichten sonst übertragenen Verrichtungen, soweit nicht die Landesgesetzgebungen von dem Vorbehalt des Art. 147 Einf.Ges.z.BGB. Gebrauch gemacht haben. Was sodann die oben bezeichneten, von Rausnitz herangezogenen Paragraphen anlangt, so ist in dem leitenden derselben, dem § 143, neben der sachlichen gerade auch die örtliche Zuständigkeit festgelegt, indem das dem örtlich zuständigen Registergericht das „im Instanzenzuge vorgeordnete" Landgericht für zuständig erklärt wird. Im Resultate mit dem Vorstehenden übereinstimmend Birkenbihl § 4 Anm. 1, Dorner § 4 Anm. 1, Fuchs § 4 Anm. 1.

2. Nach § 4 soll demjenigen der konkurrierenden Gerichte der Vorzug gebühren, welches zuerst in der Sache tätig geworden ist. Wann ein Gericht tätig zu werden hat, ist meist in sein pflichtmäßiges Ermessen gestellt; vgl. § 12 und die Anm. 1 und 2 daselbst. Auf dem Gebiete der freiw. Ger. ist es Regel, daß der Richter seine Anordnungen von Amts wegen zu treffen und nur in bestimmten Fällen Anträge und Anregungen von außen abzuwarten hat.

3. Was unter „tätig werden" zu verstehen ist, ist nicht gesagt. Auch die Ausdrücke, die an anderen Stellen des Gesetzes für die verschiedenen Formen gebraucht sind, in denen sich die Wahrnehmung gerichtlicher Obliegenheiten kundgibt, wie „gerichtliche Handlungen" (§ 7), „Verfügungen" (§§ 16, 18 bis 21, 76 u. a.), „Entscheidungen" (§§ 24 bis 30, 46 u. a.), „Anordnungen" (§§ 33, 47 u. a.), „Verrichtungen" (§§ 35, 43, 149 u. a.), „Beschlüsse" (§§ 67, 68, 84, 96, 139) sind nirgends erläutert. Nur läßt sich in einzelnen Richtungen eine gewisse Regel im Gebrauche der Ausdrücke feststellen; so wird „Entscheidung" stets gebraucht, wenn es sich um einen Erlaß der Beschwerdegerichte auf eine Beschwerde handelt, „Verfügung" dann, wenn der Gegenstand der Beschwerde bezeichnet werden soll: „Beschluß" ist die Form, in der eine Bestätigung ausgesprochen (§§ 67, 68, 96), allerdings auch ein Erbschein für kraftlos erklärt (§ 84), eine Ordnungsstrafe festgesetzt wird (§ 139). Über das Verhältnis der einzelnen Begriffe zueinander, und zwar ob „Verrichtungen" oder „Hand-

lungen" oder „Verfügungen" der allgemeinere sei, besteht Meinungsverschiedenheit; vgl. § 7 und § 16. Für die Kennzeichnung der sachlichen Bedeutung dieser Begriffe bei Anwendung des Gesetzes ist damit nichts gewonnen; ein sachlicher Unterschied in dieser Beziehung ist überhaupt zu leugnen. Wegen der Eintragungen in die Register vgl. § 16 Anm. 2a a. E. Eine solche Eintragung enthält auch ein „tätig werden" im Sinne des § 4. Vgl. § 7 Anm. 2.

Geht man, wie es die Regel gebietet, von dem gewöhnlichen Sprachgebrauch aus, so bedeutet „tätig werden" soviel wie „handeln", das Gegenteil von „sich passiv verhalten". Die Gerichte können der Rechtspflege auf beiderlei Art dienen, durch aktives Handeln wie durch passives Verhalten, je nachdem die Vorschriften das eine oder andere erheischen. Wenn z. B. die §§ 2146, 2384 BGB. vorschreiben, daß dem Nachlaßgerichte gewisse Anzeigen zu erstatten sind, oder die §§ 1748, 1945 BGB., daß eine Erklärung dem Gerichte gegenüber abgegeben werden muß bzw. abgegeben werden kann und die Anzeige geht bei Gericht ein oder die Erklärung wird in einem formgerechten Schriftsatz dem Gericht eingereicht, so verhält sich das Gericht dabei vollständig passiv. Derartige Fälle müssen also gemäß dem Wortlaute des § 4 ausscheiden; ein solch passives Verhalten ist kein „tätig werden" im Sinne des § 4. Dasselbe muß dann aber auch gelten, wenn in Fällen der angegebenen Art die Anzeige oder die Erklärung bei Gericht, einerlei ob vom Richter oder Gerichtsschreiber, zu Protokoll genommen wird; denn in der Protokollaufnahme ist in diesen Fällen nur ein Ersatz der dem Erklärenden obliegenden Beibringung des Schriftsatzes zu finden. Erst mit der auf den Eingang der Anzeige bzw. Erklärung ergehenden etwaigen Verfügung beginnt ein Tätigwerden im Sinne von § 4. Anders liegt die Sache, wenn eine Erklärung vor Gericht (oder Notar) abgegeben werden muß; vgl. §§ 1434, 1570, 2276 BGB. In einem solchen Falle ist die Mitwirkung (vgl. §§ 170, 176) des Gerichts wesentlich. Fuchs, § 4 Anm. 2, sieht im allgemeinen in der „Entgegennahme einer Erklärung" kein Tätigwerden im Sinne des § 4, ohne die beiden Formen, in denen eine Erklärung entgegengenommen werden kann, zu unterscheiden. A. M., ebenfalls ohne diese beiden Formen zu unterscheiden, Birkenbihl § 4 Anm. 1, Schneider § 4 Anm. 4, Schultze-Görlitz § 4 Anm. 3. Letzterer geht sogar mit Josef, Komm. § 4 Anm. 4, so weit, schon in der Präsentation eines Antrags ein Tätigwerden im Sinne des § 4 anzunehmen, während m. E. in der Einreichung eines Antrags nur ein Versuch, die Tätigkeit des Gerichts erst zu veranlassen und in der Präsentation nichts weiter als die Erfüllung einer durch die Geschäftsordnung vorgeschriebenen äußeren Formalität zu erblicken ist. — Eine Bestätigung der Richtigkeit der hier vorgetragenen Ansicht ergibt sich aus den Vorschriften in § 43 Abs. 1 und § 45 Abs. 4, nach welchen für eine der dort bezeichneten Angelegenheiten ein Gericht bereits in dem Zeitpunkte zuständig wird, in dem es mit ihr „befaßt" wird. Befaßt mit einer Angelegenheit wird ein Gericht in Antragssachen schon mit dem Eingang eines Antrags, in anderen, wenn es Kenntnis von Umständen erhält, welche sein Einschreiten von Amts wegen erforderlich machen; vgl. Dorner § 43 Anm. 4, Fuchs § 43 Anm. 2b, Schneider § 43 Anm. 4. Also in diesen Zeitpunkten wird in den gedachten Angelegenheiten die Zuständigkeit des Gerichts begründet, ohne daß ein „tätig werden" hinzutreten muß. Sie bilden eine Ausnahme von § 4. Vgl. auch Schneider in ZfDJPr. 29 S. 116. — Für die Fälle, in denen eine Erklärung dem Gerichte gegenüber abgegeben werden muß, ist die Entscheidung der Frage im obigen Sinne indessen nicht ohne Bedenken.

Wenn nämlich das Gericht die Erklärung in Schriftform entgegen- oder zu Protokoll nimmt, ist in gewissem Sinne ein Tätigwerden des Gerichts anzunehmen, nämlich insofern als diese Entgegennahme eine Mitwirkung des Gerichts bei der Willenserklärung zu dem Zwecke enthält, daß die durch den Mangel eines beteiligten Gegners des Erklärenden hervorgerufene Ungewißheit und Unkennbarkeit des Rechtsvorganges behoben und die rechtsgeschäftliche Bindung des erklärten Willens bewirkt wird. Vgl. Endemann, Einführung in das Studium des BGB. 1 S. 282 unter 2.

Im übrigen ist jede Art der gerichtlichen Tätigkeit genügend, um die Prävention zu begründen. Worin sie im einzelnen zu bestehen hat, richtet sich nach den einzelnen Fällen: z. B. Anfrage an den Waisenrat, Anordnung der Aufnahme eines Nachlaßverzeichnisses.

4. Es soll demjenigen der mehreren Gerichte der Vorzug gebühren, das zuerst in der Sache tätig geworden ist, d. h. in derselben Sache. Wann dieselbe Sache oder Angelegenheit vorliegt, kann im Einzelfalle manchmal recht zweifelhaft sein. Sache oder Angelegenheit entspricht, wie Rausnitz 34 Anm. 4 bemerkt, dem Prozeß und den sonstigen einzelnen Verfahren der streitigen Gerichtsbarkeit, so daß unter Sache jeder einzelne dem Richter zur sachlichen Endentscheidung durch Verfügung vorliegende Tatbestand zu verstehen wäre. Genauer dürfte vielleicht sein: jede selbständige Obliegenheit. Hierher wäre zu rechnen: Vormundschaft und Pflegschaft, aber auch jede der vielen Verrichtungen, die dem Vormundschaftsgericht übertragen sind, aber „nicht eine Vormundschaft oder Pflegschaft betreffen" (§§ 43 bis 45) und entsprechend jede der Verrichtungen, welche dem Nachlaßgerichte außer der ausdrücklich bezeichneten Sicherung des Nachlasses, Nachlaßpflegschaft, Nachlaßverwaltung, Nachlaßauseinandersetzung aufgetragen sind. Danach würde z. B. ein gleichzeitiges Tätigwerden zweier Vormundschaftsgerichte (ihre örtliche Zuständigkeit selbstverständlich vorausgesetzt) u. zw. des einen in bezug auf die beantragte Genehmigung eines von einem Vater über das Grundstück seines Sohnes geschlossenen Kaufvertrags (§ 1643 BGB.) und des anderen in bezug auf die Volljährigkeitserklärung desselben Sohnes (§ 3 BGB.) — § 43 — keinen Fall im Sinne des § 4 bilden, da hier zwei durchaus verschiedene Sachen vorliegen. So Josef, Kom. § 4 Anm. 3. So können von den im § 45 erwähnten Angelegenheiten mehrere zwischen denselben Ehegatten schwebende Sachen bei verschiedenen Vormundschaftsgerichten anhängig sein, ohne daß die eine für die andere einen Präventionsfall im Sinne des § 4 bilde. Eine gleiche selbständige Bedeutung als selbständige Sache kommt der Sicherung des Nachlasses (§ 74) im Verhältnisse zur Nachlaßauseinandersetzung (§ 86) zu; beide Maßregeln sind vollständig unabhängig voneinander und müssen sogar unter Umständen nebeneinander hergehen. A. M. Josef a. a. O. Ja selbst dann liegt ein Konkurrenzfall des § 4 nicht vor, wenn verschiedene Amtsgerichte in Ausübung ihrer Pflicht nach § 74 in Ansehung verschiedener Teile ein und desselben Nachlasses Sicherungsmaßregeln ergreifen. Ebenso Dorner § 4 Anm. 3. A. M. Fuchs § 4 Anm. 3.

Vorerhebungen seitens eines Gerichts behufs Anstellung der Prüfung, ob es überhaupt zuständig ist, gelten nicht als ein tätig sein „in der Sache".

5. Dem zuerst tätig gewordenen Gerichte soll der Vorzug gebühren, d. h. also der Vorzug in der Zuständigkeit; m. a. W. das Gericht wird nunmehr allein zuständig, während jedes andere konkurrierende Gericht unzuständig wird und seine Tätigkeit einzustellen hat. Herrscht unter den Gerichten Einverständnis darüber, welches Gericht zuerst tätig gewesen ist, so erledigt sich damit die Sache, anderenfalls kommt § 5 zur

Anwendung. Die Entscheidung, welche dann das nach § 5 zuständige obere Gericht zu fällen hat, wird sich, vorausgesetzt, daß die Zuständigkeit der konkurrierenden Gerichte an sich feststeht, auf die Feststellung der Tatsache zu beschränken haben, welches der Gerichte zuerst in der Sache tätig war. Ist dieses Gericht festgestellt, dann muß auch dieses Gericht bestimmt werden. Eine freie Auswahl unter den konkurrierenden Gerichten steht dem oberen Gericht also nur zu, wenn diese Feststellung nicht getroffen werden kann, demnach Ungewißheit (vgl. § 5 Anm. 1c) besteht, z. B. weil beide Gerichte an demselben Tage zur selben Zeit tätig geworden sind. Dagegen ist nicht ausgeschlossen, daß das eine der konkurrierenden Gerichte einem anderen die Angelegenheit überweisen kann, wenn dafür die sonstigen Voraussetzungen erfüllt sind (vgl. z. B. §§ 46, 75) und daß dann mangels Einigung in diesem Punkte das obere Gericht Zweckmäßigkeitsrücksichten walten lassen und eine andere Wahl treffen kann. — Wegen Bestellung eines gemeinschaftlichen Gerichtsstandes vgl. § 5 Anm. 5.

6. Die von dem zurücktretenden Gerichte getroffenen Maßregeln sind nicht ungültig oder unwirksam, denn sie wurden ja von einem zur Zeit ihres Erlasses zuständigen Gerichte getroffen. Es kann sich aber die Notwendigkeit herausstellen, gewisse Maßregeln wieder rückgängig zu machen, z. B. die Bestellung eines zweiten Vormundes. Diese Tätigkeit kommt dem nach Schlichtung des Streits bzw. Hebung der Ungewißheit nunmehr allein zuständigen Gerichte zu. Vgl. § 18 Anm. 1.

7. Gemäß § 194 gilt die Vorschrift des § 4 auch für diejenigen Behörden, welche nach Landesgesetz für A.d.fr.Ger. an die Stelle der Gerichte getreten sind u. zw. sowohl in ihrem Verhältnisse zueinander, als im Verhältnisse zu den Gerichten.

§ 5.

Besteht Streit oder Ungewißheit darüber, welches von mehreren Gerichten örtlich zuständig ist, so wird das zuständige Gericht durch das gemeinschaftliche obere Gericht bestimmt. Ist das zuständige Gericht in einem einzelnen Falle an der Ausübung des Richteramts rechtlich oder tatsächlich verhindert, so erfolgt die Bestimmung durch das ihm im Instanzenzuge vorgeordnete Gericht.

Eine Anfechtung der Entscheidung findet nicht statt.

---

1. Der **Abs. 1 Satz 1** behandelt den Fall, daß Streit oder Ungewißheit darüber besteht, welches von mehreren Gerichten örtlich zuständig ist. Die Vorschrift bezieht sich nur auf die örtliche Zuständigkeit, auf die erste Instanz und auf den Fall, daß mehrere Gerichte beteiligt sind und natürlich nur auf Angelegenheiten, welche Gegenstand dieses Gesetzes sind. Aus dem letzteren Grunde gehört eine Meinungsverschiedenheit in dem in Anm. 2 a. E. zu § 2 erwähnten Falle gar nicht hierher; auf ihn finden die Vorschriften der ZPO. Anwendung.

a) Es scheiden also zunächst die Fälle aus, in denen in einer Angelegenheit ein Beteiligter einem in Tätigkeit getretenen Gerichte gegenüber dessen Zuständigkeit bestreitet oder auf der Zuständigkeit eines Gerichts gegen dessen Ansicht besteht. Differenzen dieser Art sind im regelmäßigen Beschwerdeverfahren zum Austrag zu bringen; vgl. KG. 9. April 1900 in Rechtspr.d.OLG. 1 S. 137 Nr. 77. Wegen der weiteren Beschwerde in diesem Falle vgl. § 27 Anm. 4d in Verbindung mit § 551 Nr. 4 ZPO. (in Anm. 1

zu § 27). Sind von einem Beteiligten mehrere Gerichte nacheinander angegangen und haben sich dann alle in Betracht kommenden Gerichte rechtskräftig für unzuständig erklärt, so liegt ein Fall des § 5 vor und der Beteiligte kann sich an das gemeinsame obere Gericht wenden, aber auch erst dann; KG. a. a. O. Über letzteren Punkt vgl. Anm. b.

Es muß also Streit oder Ungewißheit zwischen mehreren Gerichten über ihre Zuständigkeit in derselben Angelegenheit bestehen. Deswegen gehört nicht hierher der Streit und die Ungewißheit darüber, welcher von mehreren Amtsrichtern, welche von mehreren Kammern, welcher von mehreren Senaten desselben Gerichts zuständig ist; hier greifen die Vorschriften über die Geschäftsverteilung ein. Ebenso bei Streit oder Ungewißheit darüber, ob eine Zivilkammer oder eine Kammer für Handelssachen desselben Gerichts zuständig ist; Landger. Berlin I 3. April 1902 im „Recht" 6 S. 211 Nr. 1009.

b) Es muß Streit oder Ungewißheit darüber bestehen, welches von mehreren Gerichten zuständig ist. — Steht z. B. von vornherein fest, daß ein bestimmtes Vormundschaftsgericht zuständig ist und dieses Gericht will aus wichtigen Gründen eine Vormundschaftssache an ein anderes Gericht abgeben, letzteres aber nicht darauf eingehen, so liegt nicht ein Fall des § 5 vor, wenngleich auch hier das gemeinschaftliche obere Gericht zu entscheiden hat (§ 46 Abs. 2). Letzterer Umstand ermöglicht aber diesem oberen Gericht, wenn es auch irrigerweise auf Grund des § 5 angerufen ist, eine Entscheidung nach § 46 Abs. 2 zu treffen; Bayer.OLG. 2. April 1901 in Rechtspr.d.OLG. 2 S. 442 S. 174.

Der Streit kann darin bestehen, daß jedes der Gerichte die Sache für sich in Anspruch nimmt, während nur eines zuständig sein kann (positiver Kompetenzkonflikt) oder daß keines derselben zur Erledigung verpflichtet zu sein glaubt, während eines zuständig und zur Erledigung verpflichtet sein muß (negativer Kompetenzkonflikt). Es ist auch nicht ausgeschlossen, daß keines der bis dahin konkurrierenden Gerichte zuständig ist. Auch gehört der Fall des § 4 hierher, daß unter mehreren Gerichten, die sämtlich zuständig sind, eine Auswahl getroffen werden muß, weil nur eins zuständig bleiben kann; hier ist indessen die Entscheidung beschränkt, wie § 4 Anm. 5 zu vergleichen.

Ungewißheit liegt vor, wenn der für die örtliche Zuständigkeit maßgebende Tatbestand nicht klargestellt, sondern Zweifeln unterworfen ist. Eine solche Ungewißheit trifft nicht bloß dann zu, wenn die Grenzen des Gerichtssprengels zweifelhaft sind (§ 36 Nr. 12 ZPO., z. B. weil Grenzgemeinden über die ihnen zugehörigen Territorien streiten, Schultze-Görlitz § 5 Anm. 2), sondern auch dann, wenn jedes andere für die örtliche Zuständigkeit erhebliche Tatmoment, z. B. Wohnsitz, Verwaltungssitz, unsicher ist, so bei der Frage, ob und wo ein Wohnsitz begründet ist (Bayer.OLG. v. 6. November 1900 in Rechtspr.d.OLG. 2 S. 262, ferner in Seufferts Blättern für Rechtsanw. nach Soergel 1900/01 S. 600 unter § 5g), so wenn der Sitz der Verwaltung von Gesellschaften, Genossenschaften oder anderen Vereinen, Stiftungen, Anstalten und Vermögensmassen usw. (§§ 55, 80 BGB., vgl. auch § 17 ZPO.), etwa weil die Verwaltung an mehreren in verschiedenen Gerichtssprengeln gelegenen Orten erfolgt, ungewiß ist. Ungewißheit im Sinne des § 5 ist aber in allen solchen Fällen nicht vorhanden, wenn die Tatsachen klargestellt sind oder klargestellt werden können und es sich nur um die rechtliche Beurteilung ihrer Bedeutung für die örtliche Zuständigkeit handelt. Vgl. für den Zivilprozeß

Wach, Handbuch 1 S. 492f. A. M. Dorner § 5 Anm. 6, der, wie für den Zivilprozeß Gaupp-Stein ZPO. § 36 Anm. III² und Petersen-Anger ZPO. § 36 Anm. 6, in den angedeuteten Fällen schon Ungewißheit im Sinne des § 5 für vorliegend hält, „wenn das zuständige Gericht mit Rücksicht auf tatsächliche, für die Zuständigkeit erhebliche Umstände, die zu den Grenzen benachbarter Gerichtsbezirke in Beziehung stehen, zweifelhaft wird".

Steht ohne weiteres fest, daß eine nicht zu hebende Ungewißheit über die Zuständigkeit vorliegt, so ist nicht ausgeschlossen, daß unter Übergehung der in Betracht kommenden erstinstanzlichen Gerichte das gemeinschaftliche obere Gericht für dieselben unmittelbar angegangen werden kann (vgl. jedoch unter e). Andernfalls haben die erstinstanzlichen Gerichte, wenn sie Zweifel über ihre Zuständigkeit haben, zunächst den für die Zuständigkeit maßgebenden Tatbestand aufzuklären, weil die Gerichte in A.d.fr.Ger. verpflichtet sind, ihre Zuständigkeit von Amts wegen zu prüfen. Bleiben Zweifel bestehen und können sie sich nicht einigen, so haben sie das gemeinschaftliche obere Gericht um Bestimmung, welches Gericht zuständig sein soll, anzugehen; konträre „Entscheidungen" brauchen nicht gefällt zu werden (vgl. indessen unten). Auch kann das gemeinschaftliche obere Gericht von Amts wegen, wenn es aus anderem Anlasse von den Meinungsverschiedenheiten Kenntnis erhält, Bestimmung treffen. — Eine solche Aufklärung kann aber auch dahin führen, daß jede tatsächliche Unterlage für die Zuständigkeit eines inländischen Gerichts — damit natürlich auch Streit und Ungewißheit über die Zuständigkeit — fortfällt, so z. B. wenn im Falle des § 36 Abs. 2 der letzte Wohnsitz im Inlande nicht ermittelt werden kann; vgl. § 36 Anm. 2; RG. 27 S. 400 und Kom.Ber. S. 38. In solchen Fällen greift dann nicht der § 5 Platz; es finden vielmehr die Hilfsbestimmungen der §§ 36, 38, 43, 73 Anwendung.

Über die Fragen, in welchem Stadium des Streites oder der Ungewißheit das gemeinschaftliche obere Gericht angegangen werden könne, ob es überhaupt eines von außen kommenden Antrags auf Bestimmung des zuständigen Gerichts bedürfe und von wem er bejahendenfalls auszugehen habe, oder ob nicht vielmehr das obere Gericht von Amts wegen eingreifen könne und müsse, sobald es nur, einerlei auf welche Weise, Kenntnis von dem Streite oder der Ungewißheit erhält, herrscht indessen Meinungsverschiedenheit. Das KG. (9. April 1900 in Rechtspr.d.OLG. 1 S. 137 Nr. 77 und 18. Juni 1900 in Johow 20 S. 121 Nr. 30) hat in dieser Beziehung den Grundsatz aufgestellt, daß von einem Streite über die Zuständigkeit so lange keine Rede sein könne, als nicht die in Betracht kommenden Amtsgerichte über ihre Zuständigkeit noch gar nicht miteinander in Erörterung getreten seien und somit noch gar nicht Gelegenheit gehabt hätten, in Streit zu geraten. Und der Begriff „Ungewißheit" im Sinne des § 5 müsse, da sich eine andere Beurteilung als vom Gesetzgeber beabsichtigt nicht erkennen ließe im Sinne des § 36 ZPO. angelegt werden; danach liege Ungewißheit vor, wenn es mit Rücksicht auf die Grenzen verschiedener Gerichtsbezirke ungewiß sei, welches Gericht zuständig sei, und wenn verschiedene Gerichte sich rechtskräftig für zuständig oder unzuständig erklärt hätten (zu vgl. § 36 Nr. 2, 5, 6 ZPO.). Solange der Instanzenzug noch nicht erschöpft sei, könne ein Fall von Ungewißheit im Sinne des § 5 nicht angenommen und eine Bestimmung über die Zuständigkeit nicht getroffen werden, da sonst gegen den offenbaren Willen des Gesetzgebers der im Gesetze geordnete Instanzenzug abgeschnitten und die wichtige Zuständigkeitsfrage der Entscheidung der Instanzgerichte entzogen werde. — Was die Veranlassung zum Eingreifen des oberen Gerichts anlangt, so vertritt das KG. a. a. O. den Standpunkt, das gemeinschaftliche obere Gericht könne das zuständige Gericht nur dann bestimmen, wenn die Bestimmung von den über die Zuständigkeit streitenden Gerichten, nicht aber dann, wenn sie von den bei der Rechtsangelegenheit Beteiligten beantragt werde. Dagegen hat das OLG. Karlsruhe (29. Mai 1901 in Badischer Rechtspraxis 1901 S. 187 nach Soergel 1900/01 S. 500 § 5a) ausgesprochen, daß das gemeinschaftliche obere Gericht von Amts wegen die Zuständigkeitsfrage zu entscheiden habe, wenn es durch die aus einem anderen Anlaß erfolgte Aktenvorlage von dem Zuständigkeitsstreite Kenntnis erlange. — Die formelle Richtigkeit der Ansicht des KG. darüber, wann ein Streit als bestehend anzunehmen sei, nicht aber der daraus vom KG. gezogenen Konsequenzen wird von Josef, Lehrb. S. 49f. anerkannt. Gegen die Ansicht des KG. in allen Stücken Rausnitz im „Recht" 5 S. 6 im obigen Sinne.

c) Liegt ein Fall des § 5 Abs. 1 Satz 1 vor, so soll das zuständige Gericht von dem gemeinschaftlichen oberen Gerichte bestimmt werden. Dieses ist das nächste gemeinschaftliche obere Gericht, also das Landgericht oder das Oberlandesgericht oder das Reichsgericht. Diese Regelung stimmt mit dem früher in Bayern in Geltung gewesenen Rechtszustand überein, mit der Maßgabe natürlich, daß dort an letzter Stelle nicht das Reichsgericht, sondern das Oberste Landesgericht zuständig war. In Preußen dagegen waren, unter Ausschluß der Landgerichte, die Oberlandesgerichte zunächst und, wenn die erstinstanzlichen Amtsgerichte in verschiedenen Oberlandesgerichtsbezirken gelegen waren, der Justizminister zuständig. Für die beiden genannten Bundesstaaten greift nunmehr der § 199 Abs. 1 Platz und beide haben von der dort zugelassenen Befugnis Gebrauch gemacht (Bayer. Ausf.Ges.z GVG. Art. 42, in der Fassung des Ausf.Ges.z.BGB. Art. 167 Nr. XII; Preuß. Ges. über die freiw. Ger. Art. 7, 8). Infolgedessen treten gemäß § 199 Abs. 2 für Bayern das Bayer. O.LG. und für Preußen das KG. für die Fälle des § 5 an die Stelle des Reichsgerichts. Vgl. noch § 199 Anm. 2.

Es entscheiden die Zivilkammern bzw. Kammern für Handelssachen (KG. 25. Juni 1900 in RJA. 1 S. 85), bzw. Zivilsenate. Erscheinen noch Ermittlungen für die Beurteilung der Zuständigkeit erforderlich, so sind die oberen Gerichte für verpflichtet zu erachten, dieselben von Amts wegen zu veranlassen. A. M. anscheinend OLG. Rostock 3. Dezember 1900 in Mecklenb.Zeitschr.f.Rechtspflege 19 S. 231 nach Soergel 1900/01 § 5e.

d) Nach welchen Gesichtspunkten das obere Gericht die Bestimmung zu treffen hat, ist nirgends ausgesprochen; sie müssen aus der Sachlage des Einzelfalles entnommen werden. Stellt sich z. B. heraus auf Grund von tatsächlichen Ermittlungen oder anderweitiger Beurteilung, daß nur eines der konkurrierenden Gerichte zuständig ist, so ist dieses und auch nur dieses zu bestimmen. Sind mehrere Gerichte zuständig und es kommt der Gesichtspunkt des § 4 in Betracht, so muß das obere Gericht den dort bezeichneten Zeitpunkt, wenn er festgestellt werden kann, entscheidend sein lassen, und kann nur dasjenige Gericht bestimmen, welches in der Sache zuerst tätig geworden ist. Ist die Ungewißheit nicht zu beseitigen, so kann das obere Gericht sich aus Zweckmäßigkeitsgründen leiten lassen, wobei es in der Auswahl natürlich insoweit behindert ist, als es nur ein Gericht, dem die sachliche Zuständigkeit nicht mangelt und das seinem eigenen Bezirk angehört, bestimmen kann. Ist keines der Gerichte zuständig und ist auch nicht ersichtlich, welches andere Gericht zuständig ist, so entscheidet das obere Gericht negativ. Ergibt sich dagegen, daß ein anderes Gericht als die bis dahin konkurrierenden Gerichte zuständig ist, so kommt es darauf an, ob dieses im Bezirke des mit der Entscheidung befaßten oberen Gerichts gelegen ist oder nicht; im ersteren Falle muß das obere Gericht für befugt erachtet werden, dieses Gericht ohne weiteres zu bestimmen; im anderen Falle dürfte die einfache Abgabe der Sache an das für zuständig erachtete Gericht, eventuell an das nunmehr sich ergebende weitere gemeinschaftliche obere Gericht der einfachste und praktischste Weg sein, die Zuständigkeitsfrage zu erledigen.

2. Der **Abs. 1 Satz** 2 betrifft die Fälle, daß das an sich zuständige Gericht in einem einzelnen Falle an der Ausübung des Richteramts rechtlich oder tatsächlich verhindert ist. Über die rechtlichen Hinderungsgründe vgl. § 6. Für diese Fälle war bisher in der Landesgesetzgebung in verschiedener Weise Vorsorge getroffen; durch die vorliegende Vorschrift ist für die A.d.fr.Ger., welche Gegenstand dieses Gesetzes sind, einheitliches Recht geschaffen und Übereinstimmung herbeigeführt mit den für den Zivil- und Strafprozeß geltenden Vorschriften (§ 36 Nr. 1 ZPO. und § 15 StrPO.). Da ferner der Vorbehalt des § 199 Abs. 1 für die Landesgesetzgebung gemäß Abs. 2 daselbst seine Wirkung nur für den Abs. 1 Satz 1 dieses § 5 übt, so durchbricht auch nicht die Bestellung des Bayer. Obersten Landesgerichts bzw. des Preußischen Kammergerichts den hier vorgeschriebenen Instanzenzug und somit nicht die Einheitlichkeit des Rechts. Vgl. jedoch § 199 Anm. 2. Für die durch Landesgesetz den Gerichten übertragenen A.d.fr.Ger. haben die einzelnen Landesrechte, teils durch Übernahme des § 5 in ihre Ausf.Ges. zum vorliegenden Gesetze, teils in anderen Gesetzen, namentlich Ausf.Ges.z.GVG. den gleichen Rechtszustand herbeigeführt, mit der Maßgabe, daß falls auch das im Instanzenzuge an letzter Stelle kommende Gericht verhindert sein sollte, die Justizverwaltung die Bestimmung vorzunehmen hat.

a) Die Vorschrift setzt die Verhinderung des gesetzlich zuständigen Gerichts voraus, nicht eines oder mehrerer Richter. Solange also noch auf Grund der Geschäftsverteilung und allgemeiner Anordnung über die Vertretung der Geschäftsgang aufrecht erhalten werden kann (vgl. z. B. § 24 des Preuß.Ausf.Ges.z.GVG. v. 24. April 1878 in der Fassung v. 21. September 1899 und Allg. Verf. des Preuß. Justizministers v. 10. September 1879, betr. die Vertretung der Amtsrichter an einem mit nur einem Richter besetzten Amtsgerichte durch Richter benachbarter Amtsgerichte), liegt keine Verhinderung des Gerichts vor. Bei Kollegialgerichten muß demnach eine vollständige Beschlußunfähigkeit sämtlicher Kammern oder Senate eingetreten sein. Vgl. indessen für den Zivilprozeß RG. 16 S. 413.

b) Die Verhinderung muß aber einen einzelnen Fall betreffen; d. h. also eine allgemeine Verhinderung, die den ganzen Geschäftsgang des betreffenden Gerichts in bezug auf alle ihm unterstellten Geschäfte gleichmäßig lahmlegt, gehört nicht hierher. Wenn also sämtliche Amtsrichter eines Gerichts etwa infolge einer Epidemie krank darniederlägen und weder Zivilprozeß- noch Strafsachen, noch Vormundschafts-, noch Nachlaßsachen bearbeiten könnten, mithin auch keiner derselben in der Nachlaßsache N. N. tätig sein könnte, so wäre das keine Behinderung des Gerichts in einem einzelnen Falle, für die nach § 5 Abhilfe geschaffen werden könnte oder müßte; hier muß die Landesjustizverwaltung eingreifen. Wären aber sämtliche Amtsrichter des Gerichts behindert in derselben Nachlaßsache N. N. tätig zu sein, etwa weil der nach der Geschäftsverteilung zunächst befaßte Amtsrichter krank, der andere Amtsrichter in der Sache beteiligt, der dritte als gesetzlicher Vertreter aufzutreten hat und der vierte und letzte Amtsrichter sich wegen Befangenheit der Ausübung des Richteramtes zu enthalten für verpflichtet erachtet, während diese Richter, oder wenigstens die drei letztgenannten, ihren Dienst im übrigen verrichten, so ist eine Verhinderung dieses Gerichts in einem einzelnen Falle eingetreten.

c) Die Verhinderung kann ihren Grund in einer rechtlichen Vorschrift oder in einem tatsächlichen Umstande haben. Rechtliche Verhinderungsgründe z. B. sind zum Teil die eben unter b angegebenen aus § 6 hergeholten Umstände; eine tatsächliche Verhinderung liegt z. B. vor, wenn die sämtlichen Amtsrichter zwar bereit sind, eine Beurkundung vorzunehmen, es aber an dem notwendigen Dolmetscher fehlt (§§ 178, 179).

d) Bestehen solche Verhinderungsgründe, wovon das zunächst zuständige Gericht Meldung zu erstatten hat, so soll das diesem im Instanzenzuge vorgeordnete Gericht die Bestimmung treffen, also das vorgeordnete Landgericht, wenn es sich um ein verhindertes Amtsgericht, das Oberlandesgericht, wenn es sich um ein verhindertes Landgericht und das Reichsgericht, wenn es sich um ein verhindertes Oberlandesgericht handelt. Wegen des letzteren Punktes siehe oben unter 2 und unten § 199 Anm. 2; in Bayern und Preußen also nicht die gemäß § 199 bestellten obersten Beschwerdegerichte. Übereinstimmend Schultze-Görlitz § 5 Anm. 2[1]. A. M. Fuchs § 5 Anm. 2e; Jastrow § 199 Anm. 8. Auch auf Anzeige eines Beteiligten kann das Instanzgericht Bestimmung treffen.

e) Das zur Bestimmung berufene vorgeordnete Gericht hat zunächst die Zuständigkeit des verhinderten Gerichts zu prüfen, denn diese ist Voraussetzung seiner eigenen Zuständigkeit, und die Bestimmung abzulehnen, falls das verhinderte Gericht gar nicht zuständig sein sollte. Kommt es zu einer Bestimmung, so kann das vorgeordnete Gericht naturgemäß nur ein dem verhinderten gleichartiges sachlich zuständiges Gericht aus seinem eigenen Bezirke nach Zweckmäßigkeitsrücksichten wählen, wenn auch in dieser Richtung es an Vorschriften fehlt. Ebenso Fuchs § 5 Anm. 2e; Rausnitz § 5 Anm. 8. So auch für den Zivilprozeß Reincke, ZPO. § 36 Anm. III.

3. **Zu Abs. 2**: Nach Abs. 2 ist in beiden Fällen des Abs. 1 die von dem oberen — gemeinschaftlichen oder Instanz- — Gericht erlassene Verfügung unanfechtbar und ihre Wirkung ist die, daß das bestimmte Gericht nunmehr ausschließlich zuständig wird. Die Verfügung des bestimmenden Gerichts unterliegt namentlich nicht der Nachprüfung des bestimmten Gerichts, wenngleich es nicht ausgeschlossen ist, daß auf Vortrag des letzteren oder von anderer Seite das bestimmende Gericht seine Verfügung nachträglich wieder ändert (§ 18). So auch Dorner § 5 Anm. 13 und Schultze-Görlitz § 5 Anm. 3.

4. Die Vorschrift des § 5 gilt auch, wenn gemäß § 194 nach Landesgesetz andere als gerichtliche Behörden zuständig sind. Vgl. dazu dort Anm. 2.

5. Eine Vorschrift, daß das gemeinschaftliche obere Gericht auch zuständig sein soll, das örtlich zuständige Gericht zu bestimmen, wenn ein gemeinschaftlicher Gerichtsstand zu bestellen ist, wie sie in § 20 des Preuß. Ausf.Ges.z.GVG. vorgesehen ist, besteht für die durch Reichsgesetz den Gerichten übertragenen A.d.fr.Ger. nicht. In dieser Beziehung ist durch Spezialbestimmungen (vgl. z. B. § 36 Abs. 1 Satz 2) Vorsorge getroffen; soweit diese nicht ausreichen oder nicht bestehen, greifen die §§ 4 und 5 ein.

§ 6.

Ein Richter ist von der Ausübung des Richteramts kraft Gesetzes ausgeschlossen:

1. in Sachen, in denen er selbst beteiligt ist oder in denen er zu einem Beteiligten in dem Verhältnis eines Mitberechtigten oder Mitverpflichteten steht;
2. in Sachen seiner Ehefrau, auch wenn die Ehe nicht mehr besteht;
3. in Sachen einer Person, mit der er in gerader Linie oder im zweiten Grade der Seitenlinie verwandt oder verschwägert ist;
4. in Sachen, in denen er als Vertreter eines Beteiligten bestellt oder als gesetzlicher Vertreter eines solchen aufzutreten berechtigt ist.

Ein Richter kann sich der Ausübung seines Amtes wegen Befangenheit enthalten. Die Ablehnung eines Richters ist ausgeschlossen.

---

1. Der Paragraph behandelt nur die rechtlichen Hinderungsgründe, welche der Ausübung des Richteramts entgegenstehen können und von den rechtlichen Gründen nur die relativen, d. h. diejenigen Gründe, welche einen Richter nur in einem einzelnen Falle untauglich machen, das Richteramt auszuüben, während die absoluten Hindernisse, z. B. der Mangel der Befähigung zum Richteramt nach Maßgabe des GVG., stets und unter allen Umständen zur Geltung zu kommen haben, in welcher Sache es auch sein möge. Die letzteren haben eben ihren Grund nicht in irgend welchen Beziehungen der Person des Richters zu den zu behandelnden Sachen, während die Aufstellung der relativen Hinderungsgründe durch das Gesetz gerade auf dem Gedanken beruht, daß solche Beziehungen der im übrigen zur Ausübung des Richteramts befähigten und berufenen Person, des zuständigen Richters, vorliegen können, welche die Unparteilichkeit der Rechtspflege gefährden können.

Bis zum Erlasse des vorliegenden Gesetzes fehlte es für das Gebiet der freiw. Ger. in den meisten Bundesstaaten (Baden, Braunschweig, Hessen ausgenommen) an gesetzlichen Vorschriften der hier festgelegten Art. Das vorliegende Gesetz schafft indessen auch noch kein einheitliches Recht für seinen Geltungsbereich; denn die Vorschriften gelten gemäß § 185 in Verbindung mit Art. 32 Einf.Ges.z.BGB. nicht für die Beurkundungen von Testamenten und Erbverträgen (§§ 2234, 2235, 2276 BGB.) und gemäß § 1 („soweit nicht ein anderes bestimmt ist") in Verbindung mit den §§ 168, 170, 171 nicht für die Beurkundungen sonstiger Rechtsgeschäfte. Für gerichtliche Beglaubigungen gilt wieder § 6; vgl. § 168, wo nur von Beurkundung die Rede ist, und § 183 Anm. 7 sowie KG. 30. April 1900 in Johow 20 S. A 184 Nr. 49. (Über die mannigfachen Schwierigkeiten, Streitfragen und Inkongruenzen, die sich aus der Verschiedenheit der Ausschließungsgründe auf dem Gebiete des Beurkundungswesens und dem der übrigen A.d.fr.Ger., z. B. der Vormundschafts- und Nachlaßsachen, ergeben, vgl. Josef, Lehrbuch S. 440 ff. und in ZfDZPr. 29 S. 188 ff., ferner Weißler in der Zeitschr. des deutsch. Notar.Vereins 1 S. 97 ff.; dazu unten bei 4 und bei den §§ 93 und 170.) In Grundbuchsachen gelten die Vorschriften nur, soweit sie für die erste Instanz durch Landesgesetz eingeführt sind; für die Beschwerdeinstanzen gelten die entsprechenden Vorschriften der ZPO.; vgl. § 81 Abs. 2 GBO.

2. Der § 6 gilt nur in Ansehung der Richter; er gilt nicht, wenn für gewisse A.d.fr.Ger. kraft Landesrechts andere als gerichtliche Behörden zuständig erklärt sind; § 194 Abs. 1, 3. Er gilt auch nicht für andere als richterliche Personen, z. B. Gerichtsschreiber, Gerichtsvollzieher, soweit nicht die Landesgesetzgebungen dies angeordnet haben.

Unter „Richter" sind die Richter sämtlicher Instanzen begriffen, sowohl die Berufsrichter als die Handelsrichter (vgl. § 30 Abs. 1 Satz 2). Auch auf den Vormundschaftsrichter als Vorsitzenden des Familienrats, nicht aber auf die Mitglieder des letzteren findet er Anwendung (vgl. § 1860 und § 1874 Abs. 3 BGB.). So auch Fuchs § 6 Anm. 3, Rausnitz § 6 Vorbemerkung. — Was die Beschwerdeinstanzen anlangt, so fehlt es an einer der Nr. 6 des § 41 ZPO. entsprechenden Vorschrift darüber, wie es zu halten sei, wenn ein Richter bereits einmal in einer früheren Instanz in derselben Sache tätig war. Es erscheint indessen im Hinblick auf den Begriff des Rechtsmittels gerechtfertigt, anzunehmen, daß auch für die freiw. Ger. der Richter von der Ausübung des Richteramts ausgeschlossen ist in Sachen, in denen er bei Erlaß der angefochtenen Verfügung mitgewirkt hat. Vgl. allerdings auch Anm. 3. So auch Birkenbihl § 6 Anm. 4, Jastrow § 30 Anm. 1. A. M. Fuchs § 6 Anm. 1 c a. E., Rausnitz § 6 Anm. 2, Weißler § 6 Anm. 7. Dagegen greift § 6 nicht Platz, wenn der Richter in einer früheren Instanz z. B. als Zeuge oder Sachverständiger vernommen (vgl. § 41 Nr. 5 ZPO.) oder bloß als beauftragter oder als ersuchter Richter tätig gewesen ist. Auf alle Fälle muß die Mitwirkung bei einer Entscheidung in früherer Instanz dem Richter die Befugnis geben, sich der Ausübung seines Amtes wegen Befangenheit zu enthalten (§ 6 Abs. 2); insoweit übereinstimmend auch Rausnitz und Weißler a. a. O.

3. In sachlicher Hinsicht bezieht sich die Vorschrift des Paragraphen auf jede richterliche Tätigkeit, auch auf die des beauftragten und ersuchten Richters, wie mit Birkenbihl § 6 Anm. 2, Fuchs § 6 Anm. 1 b, Keidel S. 9 anzunehmen ist. Im übrigen ist das Gesetz davon ausgegangen, daß für das Gebiet der freiw. Ger. die Gründe, aus denen der Richter kraft Gesetzes von der Ausübung des Richteramtes ausgeschlossen sein soll, tunlichst zu beschränken seien und daß ein Bedürfnis, die Ablehnung eines Richters durch die Beteiligten zuzulassen, überhaupt nicht bestehe. Demgemäß sind die Unterschiede zwischen den Vorschriften des § 6 und denen der ZPO. (§§ 41 bis 49) und der StrPO. (§§ 22 bis 32) über denselben Gegenstand recht bedeutend, zumal hier, im Gegensatz zum Prozeßrecht, den Handlungen eines ausgeschlossenen Richters die Nichtigkeit oder Unwirksamkeit ausdrücklich genommen ist; § 7. Vgl. jedoch wegen der Mitwirkung bei der Beurkundung von Rechtsgeschäften § 7 Anm. 1 und § 170.

4. Der Abs. 1 stellt vier Fälle gesetzlicher Ausschließung eines Richters von der Ausübung des Richteramts auf.

a) Zu Nr. 1. *α*) Der Ausdruck „beteiligt sein", „Beteiligter" wird im Gesetz mehrfach in verschiedener Bedeutung gebraucht, aber nirgends ist eine Begriffsbestimmung gegeben; vgl. die §§ 3, 6, 9, 13, 15, 41, 71, 86, 88, 90, 91, 92, 93, 94, 97, 127, 132, 134, 138, 150, 151, 152, 153, 156, 158, 166, 168, 179, 170, 176, 177, 178, 179, 181. Die §§ 13 und 168 lassen leicht erkennen, wen sie unter „Beteiligter" verstanden wissen wollen. Auch ist in den wirklich streitigen Rechtsverhältnissen die Eigenschaft eines Beteiligten klargestellt. Im übrigen aber macht die Begriffsbestimmung bzw. die Begrenzung des Kreises der als beteiligt anzusehenden Schwierigkeiten. Eine allgemeine Formel läßt sich nicht aufstellen; die Verhältnisse des Einzelfalles müssen vielmehr ausschlaggebend sein. Im allgemeinen und soweit es sich um eine Verfügung handelt, sind unter den Beteiligten diejenigen zu verstehen, deren Rechte betroffen werden. Was aber hier, in § 6 Nr. 1, darunter zu begreifen sei, dafür gewährt einen Anhalt der zweite in Nr. 1 aufgestellte Ausschließungsgrund. Wenn das Gesetz den Richter „in Sachen" ausschließen will, in denen er („beteiligt" oder) Mitberechtigter oder Mitverpflichteter eines „Beteiligten" sei, so ist in seinem Sinne „Beteiligter", wer in der Sache „berechtigt" oder „verpflichtet" ist. In der Sache aber ist jemand nur berechtigt oder verpflichtet, dessen Rechtssphäre ohne Hinzutritt anderer Umstände, d. h. also unmittelbar mit der Sache in Zusammenhang steht. Zur Erklärung darf auch wohl herangezogen werden, was Rechtsprechung und Wissenschaft im Falle des § 393 Nr. 4 ZPO.: — unbeeidigt sind zu vernehmen (als Zeugen) Personen, welche bei dem Ausgange des Rechtsstreits unmittelbar beteiligt sind — unter „unmittelbar beteiligt sein" (am Ausgange des Rechtsstreits) verstehen. Darunter sind an dieser Stelle nicht solche Personen zu verstehen, die nur ein tatsächliches wirtschaftliches Interesse an der Entscheidung haben, sondern nur Personen, deren Rechts- und Pflichtenkreis in rechtlichem Zusammenhange mit dem Streitverhältnisse steht und durch den Ausgang des Rechtsstreits beeinflußt wird; RG. 8 S. 412, DJZ. 3 (1898) S. 165. Es muß ein „unmittelbarer Zusammenhang der Entscheidung in der Sache mit Rechten oder Pflichten des Richters" bestehen. Josef, Lehrb. Kap. 8 S. 55. So auch im wesentlichen im Ergebnis die meisten Kommentare. Damit die Bestimmung Platz greift, ist nicht nötig, daß der Richter am Verfahren teilnehme; er braucht nur an der Sache beteiligt zu sein; wann eine solche Beteiligung vorliegt, ist im einzelnen Falle Tatfrage.

Weißler, Einleitung unter IV S. 13 ff. will an Stelle des Ausdrucks und Begriffs „Beteiligter" „Partei" setzen und versteht darunter denjenigen, „dessen Sache behandelt werde". Neben dieser materiellen gäbe es, von § 168 abgesehen, noch eine formelle Parteistellung, die sich aus Antragstellung und Beschwerdeführung entwickele. Auch Nußbaum, § 12, tritt für den Parteibegriff in diesem Sinne ein. Dagegen Josef im ZentrBl. 2 S. 309 ff. und Lehrb. Kap. 9 S. 62 ff. Der Parteibegriff hat m. E. mit dem Begriff der Beteiligten keine Berührungspunkte, obgleich die Parteien stets zu den Beteiligten im Sinne des Gesetzes gehören. Parteien heißen die Subjekte eines zum Rechtsstreite gezogenen Rechtsverhältnisses (Anspruchs, Verpflichtung, Interesses). Vgl. Reincke, ZPO. 3. Abschnitt, Vorbem. Anm. 2; Wach, Handb. § 46. Nicht jedes Subjekt eines Rechtsverhältnisses ist Partei, noch nicht einmal immer dann, wenn das Rechtsverhältnis im Rechtsstreite befangen ist, sondern nur dasjenige, welches klagt oder verklagt wird. Der Parteibegriff setzt den des Rechtsstreits und eine dem eben Bemerkten entsprechende Verstrickung in denselben voraus. In den vielen Rechtsstreitigkeiten, welche das BGB., entgegen den — auch bis dahin schon nicht voll zur Geltung gekommenen — § 3 Abs. 1 Einf.Ges.z.GVG. und § 13 GVG. der Entscheidung im Verfahren nach der ZPO. entzogen und dem Richter der freiw. Ger. übertragen hat (vgl. § 37 BGB. mit § 160, § 1357 Abs. 2, §§ 1358, 1308, 1379, 1402, 1447, 1451, § 1519 Abs. 2 BGB. mit § 43, § 1246 Abs. 2 mit § 166, § 165 Abs. 2, § 590 HGB. mit § 145), haben die sich gegenüberstehenden Personen allerdings die Rollen von Parteien. Der Begriff des Beteiligten umfaßt aber einen größeren Personenkreis. Vgl. zu der Frage weiter Jastrow in ZfDZPr. 25 S. 155 ff., Schneider daselbst 29 S. 121 ff., Mendelssohn-Bartholdy daselbst 30 S. 461.

β) Ein mittelbares Interesse genügt demnach nicht, um die Ausschließung zu begründen. Ist der Vormundschaftsrichter z. B. Gläubiger oder Schuldner des Mündels, so hindert ihn dies nicht in seiner Amtstätigkeit in der betreffenden Vormundschaft, es sei denn, daß es sich um sein eigenes Rechtsverhältnis handelt. Der Regreßpflichtige gilt, abweichend von § 41 Nr. 1 ZPO., nicht als beteiligt; Dorner § 6

Anm. 4a, Fuchs § 6 Anm. 1cα, Schneider § 6 Anm. 4. A. M. Birkenbihl § 6 Anm. 4. Auch als mutmaßlicher Erbe eines Beteiligten ist der Erbe nicht ausgeschlossen, Dorner a. a. O. Ebensowenig ist ein Richter der freiw. Ger. von der Tätigkeit als solcher ausgeschlossen, z. B. als Registerrichter, in Angelegenheiten eines Vereins, einer juristischen Person, Gemeinde, Aktiengesellschaft, deren Mitglied er ist, es sei denn, daß er für seine Person in die Lage kommen könnte, in der betreffenden Angelegenheit Rechte auszuüben oder Pflichten zu erfüllen, wie dies schon für das Prozeßrecht ausgesprochen ist (RG. 7 S. 311); KG. 29. Mai 1901 in RJA. 2 S. 172 und ZentrBl. 2 S. 379 Nr. 104; OLG. Augsburg 15. Februar 1900 in Rechtspr.d.OLG. 1 S. 115 Nr. 61. Anders liegt also die Sache, wenn in den angegebenen Fällen der Richter als Vertreter, Vorstand, einer solchen Gemeinschaft aufzutreten berechtigt ist (vgl. Nr. 4) oder aber es sich um Individualrechte der Mitglieder handelt. So Dorner § 6 Anm. 4. Unter diesem Gesichtspunkt findet Ausschließung statt in Sachen einer offenen Handelsgesellschaft oder Genossenschaft, deren Mitglied der Richter ist, weil er hier als Mitberechtigter oder Mitverpflichteter zu gelten hat; Josef, Lehrb. S. 55; Dorner a. a. O., der auch den Fall, daß ein Richter Mitglied einer Gesellschaft mit beschränkter Haftung ist, hierher zählt. Mitglieder einer Handelskammer sind nicht als Handelsrichter (Mitglieder der Kammer für Handelssachen als Beschwerdegericht, § 30 Abs. 1) ausgeschlossen, wenn die Handelskammer im Beschwerdeverfahren die Anmeldung einer Firma zum Handelsregister betreibt; KG. 29. Mai 1901 (s. oben). Ebensowenig, wenn die Handelskammer vor dem Beschwerdeverfahren auf Veranlassung des Registerrichters gutachtlich sich geäußert hat; KG. 2. Juli 1900 im ZentrBl. 1 S. 238 Nr. 74.

γ) Das „Beteiligtsein" oder das „Verhältnis des Richters als eines Mitberechtigten oder Mitverpflichteten" muß zu der Zeit bestehen, zu welcher der Richter in Tätigkeit treten soll und nicht bloß früher bestanden haben. Dorner § 6 Anm. 4a.

δ) Soweit nach dem Sachverhältnis ein zwingender Ausschließungsgrund nicht vorhanden ist, kann für den Richter in Frage kommen, ob er sich wegen Befangenheit der Ausübung seines Amtes enthalten kann und will. Vgl. Anm. 5a.

b) Zu Nr. 2: Die Vorschrift stimmt mit der in Nr. 2 des § 41 ZPO. überein. Weder für die letztere noch für das vorliegende Gesetz ist irgend ein Anhalt gegeben, aus dem zu entnehmen wäre, ob das Gesetz es in der Tat für gänzlich gleichgültig angesehen wissen will, aus welchem Grunde immer die Ehe ihr Ende gefunden. Demgemäß räumt z. B. Reincke, ZPO. § 41 Anm. II zu Nr. 2, dem Wortlaut der Bestimmung entsprechend den verschiedenen Formen der Beendigung einer Ehe keinen Einfluß ein. Ebenso für das Gebiet des vorliegenden Gesetzes Birkenbihl § 6 Anm. 4 Ziffer 2 und Schultze-Görlitz § 6 Anm. 1 zu Ziffer 2. Danach wäre der Richter ausgeschlossen in Sachen seiner Ehefrau, solange die Ehe besteht bzw. nicht für nichtig erklärt ist und auch weiterhin nachdem die Ehe aufgelöst ist, einerlei ob dies durch Tod oder Todeserklärung der Ehefrau (wenn es dann überhaupt noch „Sachen der Ehefrau" geben kann!), Scheidung oder Nichtigkeitserklärung geschehen ist. A. M., soweit es sich um die Nichtigkeitserklärung handelt, die übrigen Kommentatoren. Ist die Ehe auf Nichtigkeits- oder Ungültigkeitsklage hin für nichtig erklärt worden, so soll von da ab der Ausschließungsgrund nicht mehr bestehen. Ebenso wenn bei der Eheschließung die in § 1317 BGB. vorgeschriebene Form nicht beobachtet und der Eintrag ins Heiratsregister unterblieben ist, da in diesem Falle eine Ehe überhaupt nicht als bestehend gelte (BGB. §§ 1324, 1329). — Für den letztgedachten

Fall scheint mir diese Ansicht richtig, aus dem angegebenen Grunde. Im übrigen neige ich der ersten Ansicht zu, den Richter auch dann noch für ausgeschlossen zu erachten, wenn die Ehe auf Ungültigkeits- oder Nichtigkeitsklage hin für nichtig erklärt worden ist. Es ist zwar nicht zu verkennen, daß das BGB. im allgemeinen eine nichtige oder anfechtbare Ehe, nachdem der Richterspruch für Nichtigkeit entschieden, als von Anfang an für nicht bestehend betrachtet und dem Urteil nur deklaratorischen Wert beilegt. Im Fall des § 1345 Abs. 1 BGB. indessen ist nicht ausgeschlossen, daß auch nach der Nichtigkeitserklärung oder der Auflösung das Verhältnis der bisherigen Ehegatten so behandelt wird, als sei die Ehe geschieden; der Rechts- und Pflichtenkreis der Ehegatten kann also in gewissem Umfange, namentlich in Ansehung der Unterhaltspflicht, aufrecht erhalten bleiben und bei bloßer Scheidung der Ehe bleibt, darüber herrscht kein Streit, der Ausschließungsgrund bestehen.

„In Sachen" der Ehefrau heißt hier soviel, als die Ehefrau muß „beteiligt" sein.

Verlöbnis ist kein Ausschließungsgrund, dürfte aber einen Grund für Richter abgeben, sich als befangen selbst abzulehnen.

c) Zu Nr. 3: Verwandtschaft und Schwägerschaft richten sich nach den §§ 1589, 1590, 1699, 1705, 1719, 1757 BGB. — Die Schwägerschaft dauert fort, auch wenn die Ehe, durch die sie begründet wurde, aufgelöst ist (§ 1590 Abs. 2 BGB.). Wegen dieser allgemeinen Vorschrift des BGB. bedurfte es hier nicht nochmals ihrer besonderen Erwähnung im Gesetz, wie dies noch in § 41 Nr. 3 ZPO. der Fall war. Das über Auflösung der Ehe und ihre Wirkung unter b Gesagte gilt auch hier: Nach ihrer Auflösung hört die die Schwägerschaft erzeugende Kraft der Ehe auf, so daß der Richter mit den Kindern seiner geschiedenen Frau aus deren neugeschlossener Ehe nicht verschwägert ist.

Die Einschränkung auf den zweiten Grad der Seitenlinie, im Gegensatz zu § 41 Nr. 3 ZPO., wo noch der dritte Grad berücksichtigt ist, schließt sich den Vorschriften an, die in den §§ 2234, 2235, 2276 BGB. über die Unfähigkeit des Richters zur Aufnahme von Testamenten und Erbverträgen getroffen und die auch für die gerichtliche und notarielle Beurkundung unten in den §§ 170, 171 zur Anwendung gebracht sind.

Das durch Annahme an Kindes Statt begründete Verhältnis ist nicht als Ausschließungsgrund erwähnt, wie es in § 41 Nr. 3 ZPO. geschehen ist. Es ist das wohl auf denselben Grund zurückzuführen, wie die Nichterwähnung der Fortdauer der Schwägerschaft nach beendeter Ehe. Durch § 1757 BGB. ist nämlich allgemein bestimmt, daß das an Kindes Statt angenommene Kind die rechtliche Stellung eines ehelichen Kindes des Annehmenden erlangt, d. h. es kann nicht als eheliches Kind bezeichnet werden, aber es soll rechtlich in allen Stücken als ein solches angesehen werden. Deswegen haben als Verwandte im Sinne der Nr. 3 auch die durch Adoption Verbundenen, mit der aus den §§ 1762, 1763 BGB. sich ergebenden Wirkung auf Abkömmlinge und Verwandte, zu gelten. So auch Dorner § 6 Anm. 4, Fuchs § 6 Anm. 1c γ und Schneider § 6 Anm. 6. Das gleiche gilt für das uneheliche aber legitimierte Kind (§§ 1719, 1736 BGB.); Fuchs a. a. O.

d) Zu Nr. 4: Diese Vorschrift hat nur die Vertretungsbefugnis im Auge; es genügt also schon, wenn die bloße Berechtigung als Vertreter — bevollmächtigter oder gesetzlicher Vertreter — besteht, mag auch der Richter bisher gar nicht als solcher aufgetreten sein. Gesetzlicher Vertreter ist er als Vater, Vormund, Pfleger für geschäftsunfähige Pflegebefohlene oder als Beistand im Falle des § 1693 BGB., soweit ihm die Vermögensverwaltung übertragen ist. Abweichend von § 41 Nr. 4 ZPO. ist der Richter nicht mehr ausgeschlossen, wenn seine Vertretungsbefugnis beendet ist. Die Beistandschaft im Sinne des § 13 (vgl. § 41 Nr. 4 ZPO.) enthält keine Vertretungsbefugnis, kommt aber auch abgesehen davon hier nicht in Betracht; vgl. § 13 Anm. 2.

e) Ob und inwieweit den von einem kraft Gesetzes von der Ausübung des Richteramtes ausgeschlossenen Richter vorgenommenen gerichtlichen Handlungen materielle Wirksamkeit zukommt, wird noch bei § 7 zur Sprache kommen. Hier ist inzwischen schon zu bemerken, daß die Absicht des Gesetzes dahin geht, diese Wirksamkeit eintreten zu lassen trotz der zwingenden Form, in welche die Vorschrift gekleidet ist. Diese zwingende Form hat die Vorschrift erst in der Reichstagskommission erhalten. In dem Entwurfe lautete der entsprechende Teil des § 6 im Eingang: „Ein Richter soll sich der Ausübung . . enthalten“ usw. Dazu war in der Denkschr. (S. 33) bemerkt, daß die Form einer Ordnungsvorschrift gewählt sei, um auf diesem Wege den Richter anzuweisen, sich in gesetzlich bestimmten Sachen der Ausübung seines Amtes zu enthalten, gleichzeitig aber um den Unzuträglichkeiten vorzubeugen, die gerade auf dem Gebiete der freiw. Ger. mit der Nichtigkeit gerichtlicher Verfügungen regelmäßig verbunden seien. Dabei solle es dem Beteiligten, der sich durch die Verfügung des Richters verletzt glaube, selbstverständlich unbenommen bleiben, im Wege der Beschwerde die Entscheidung der höheren Instanz anzurufen. Die Kommission hat diese Ansichten und Absichten vollkommen geteilt und mit der von ihr vorgenommenen Änderung lediglich den Zweck verfolgt, die Pflicht des Richters, sich unter den in den Nr. 1 bis 4 bezeichneten Voraussetzungen seines Amtes zu enthalten, deutlicher und bestimmter zum Ausdruck zu bringen und das Recht der Beteiligten, bei Vernachlässigung dieser Pflicht gegen die vorgenommenen Handlungen Beschwerde zu erheben, außer allem Zweifel sicher zu stellen. Insbesondere hielt die Kommission auch an der Absicht fest, die Nichtigkeit der entgegen der Vorschrift doch vorgenommenen richterlichen Handlungen zu verhüten; sie ebenfalls in bestimmter Weise zum Ausdruck zu bringen, hat dann unter Berücksichtigung der systematischen Ordnung des Gesetzes die Einstellung der zweiten Alternative des § 7 durch die Kommission zur Folge gehabt. Vgl. Kom.Ber. S. 4 bis 8.

Demgemäß hat ein Richter in den Fällen, in denen er nach Nr. 1 bis 4 gesetzlich ausgeschlossen ist, die Pflicht, sich der Ausübung seines Amtes zu enthalten, und die Beteiligten haben ein Recht auf Beachtung der Vorschrift und im Falle der Nichtbeachtung wegen Beeinträchtigung dieses Rechts (§ 20) die Beschwerde und, da die Nichtbeachtung als eine Gesetzesverletzung anzusehen ist, auch die weitere Beschwerde (§ 27). Nach den Absichten der Kommission kann es keinem begründeten Zweifel unterworfen werden, daß die Beteiligten gegen jede richterliche Amtsausübung, welcher Art immer sie sei und in welchem Stadium des Verfahrens immer sie stattfinde, durch die Beschwerde gesichert sein sollten. Vgl. besonders Kom.Ber. S. 5 und Anm. 5. Die Beschwerde, die keinen aufschiebenden Charakter hat (§ 24), sollte als Ersatz für das Ablehnungsrecht gegeben sein, welch letzteres wegen der Möglichkeit mittels des Ablehnungsrechts Verschleppungsabsichten zu verdecken, ausgeschlossen ist. Die Meinung mehrerer Kommentatoren des Gesetzes geht indessen dahin, daß eine Beschwerde mit dieser besonderen Stellung nicht gegeben sei, vielmehr nur gegen Verfügungen und Sachentscheidungen des ausgeschlossenen Richters (§ 19) oder bloß gegen letztere, nicht aber gegen Amtshandlungen, welche die Endentscheidung nur vorbereiten sollen, stattfinden könne, — ein Streit, dessen Austragung kaum praktischen Wert hat. Mit der hier vertretenen Ansicht im Ergebnis übereinstimmend Birkenbihl § 6 Anm. 3, Rausnitz § 6 Anm. 21. A. M. Dorner § 6 Anm. 9a, Fuchs § 6 Anm. 1d. Allerdings ist die Beschwerde in allen den Fällen für ausgeschlossen zu erachten, in denen das Gesetz eine einmal erlassene Verfügung überhaupt der Anfechtung entziehen will, indem es jedes Rechtsmittel ausdrücklich versagt, also z. B. in den Fällen des § 61 Abs. 1, § 76 Abs. 1. So auch hier Dorner und Fuchs a. a. O.

Ein besonderes Ausschließungs**verfahren** findet nicht statt.

Da eine entgegen der Vorschrift des § 6 Abs. 1 getroffene Verfügung oder Entscheidung stets als auf einer Gesetzesverletzung beruhend anzusehen ist, so ist sie auch dann auf ergangene Beschwerde aufzuheben, wenn sie sachlich nicht zu beanstanden ist. So auch Dorner § 6 Anm. 9d, Fuchs § 6 Anm. 1d, Schneider § 6 Anm. 2.

5. Der **Abs.** 2 enthält zwei Vorschriften, die in innerem Zusammenhang unter sich und mit Abs. 1 stehen. Der Entwurf enthielt ebenfalls bereits die Bestimmung, daß die Ablehnung des Richters durch Dritte ausgeschlossen sein sollte, aber außer der Ausschließung des Richters gemäß den Nr. 1 bis 4 in Abs. 1 keine Vorschrift über die Befugnis des Richters, sich wegen Befangenheit seines Amtes enthalten zu können. Als Ersatz für diese Beschränkungen sollte den Beteiligten das Beschwerderecht gegeben sein; vgl. Anm. 4e. Der Reichstagskommission erschien dies jedoch nicht ausreichend und sie fügte deshalb noch den Satz 1 des Abs. 2 hinzu.

a) Nach Abs. 2 Satz 1 soll ein Richter sich der Ausübung seines Amtes wegen Befangenheit enthalten **können**. Wenngleich also dem Wortlaut nach es in das eigene freie Ermessen des Richters gestellt ist, ob er sich ablehnen will oder nicht, so zeigt doch die Beifügung der Worte „wegen Befangenheit“, daß dieses sein Ermessen an die sachliche Voraussetzung, daß er sich befangen fühle, geknüpft ist. Für die Befangenheit muß aber ein vernünftiger Grund vorliegen; es muß ein Mißtrauen des Richters in die eigene Unparteilichkeit (vgl. § 42 Abs. 2 ZPO.) bestehen, das aber nicht auf einem unbestimmten Gefühl, sondern auf dem konkreten Bewußtsein beruhen muß, daß gewisse Tatumstände nicht ohne Einfluß auf seine Anschauungen und sein Verhalten in der Angelegenheit sind. Tatbestände, die mit denen in Abs. 1 verwandt sind — frühere private Beziehungen zur Sache oder den Beteiligten, Ratserteilung ꝛc. — können ausreichende Gründe sein. Der Ansicht von Rausnitz, § 6 Anm. 19, die anscheinend auch von den übrigen Kommentatoren geteilt wird, daß nämlich Befangenheit nicht bloß dann vorliege, wenn nach des Richters eigener Ansicht seine Stellung zur Sache keine unparteiische ist, sondern, wenn er selbst sich zwar für unparteiisch hält, „aber annimmt, daß die Beteiligten nach vernünftigem Ermessen bei der Lage des Falles berechtigt sind, ihn nicht für unparteiisch zu halten,“ vermag ich nicht beizustimmen. Eine wirkliche Befangenheit **kann** aber in einer solchen Lage entstehen, wenn der Richter so schwach ist, daß eine derartige Meinung anderer auf ihn nach der einen oder anderen Richtung einwirkt. Dem Richter der freiw. Ger. steht das Hilfsmittel des § 48 ZPO., daß er Anzeige von den Umständen erstattet und die Entscheidung etwa der vorgeordneten Instanz einholt, nicht zur Verfügung; er muß allein entscheiden. Es würde einen Mißbrauch des Ablehnungsrechts bedeuten, wollte ein Richter aus nicht zwingenden Gründen sich der Amtsausübung entziehen; selbst mit Zustimmung der Beteiligten kann er sich seiner Amtspflichten nicht ohne triftige Gründe entledigen. Ein **Beschwerderecht der Beteiligten** wegen unzulässiger Ausübung oder Nichtausübung des Selbstablehnungsrechts ist nicht gegeben; nach der

Meinung einiger aber ist die Möglichkeit nicht ausgeschlossen, daß im Wege der Dienstaufsicht Abhilfe geschaffen werden könne. So Dorner § 6 Anm. 5 und Birkenbihl § 6 Anm. 6. Hier macht sich die Notwendigkeit vernünftiger Ablehnungsgründe geltend.

b) Es soll die Ablehnung eines Richters ausgeschlossen sein, d. h. die Ablehnung seitens Dritter; hierbei ist einerlei, ob ein Dritter die Ablehnung oder Selbstablehnung des Richters wegen dessen Befangenheit für begründet hält oder ob nach seiner Meinung einer der Fälle des Abs. 1 vorliegt und der Richter entgegen der dort gegebenen Vorschrift sich seines Amtes nicht enthält. Im letzten Falle findet Beschwerde statt (vgl. Anm. 4e); da die Beschwerde regelmäßig keine aufschiebende Wirkung hat (§ 24), so liegt die Gefahr nicht vor, daß das Beschwerdeverfahren in ein Ablehnungsverfahren zum Zwecke der Verschleppung ausartet.

6. Die Ausschließung bzw. Selbstablehnung kann die Wirkung einer rechtlichen Verhinderung des Gerichts im Sinne des § 5 Satz 2 haben und Veranlassung geben, ein anderes Gericht mit der Vornahme der Amtshandlung nach dem dort vorgesehenen Verfahren (vgl. § 5 Anm. 2d, e) zu beauftragen. Zutreffendenfalls selbständig die Sache abzugeben, z. B. eine Vormundschaft, etwa unter dem Gesichtspunkt der Ausschließung oder Selbstablehnung als eines wichtigen Grundes, auf dem Wege des § 46 an ein anderes Gericht bringen, ist nicht zulässig.

§ 7.

Gerichtliche Handlungen sind nicht aus dem Grunde unwirksam, weil sie von einem örtlich unzuständigen Gericht oder von einem Richter vorgenommen sind, der von der Ausübung des Richteramts kraft Gesetzes ausgeschlossen ist.

---

1. Der Paragraph will nur aussprechen, daß auf die etwaige Wirksamkeit oder Unwirksamkeit einer gerichtlichen Handlung der Umstand ohne Einfluß ist, daß diese Handlung von einem örtlich unzuständigen oder kraft Gesetzes ausgeschlossenen Richter vorgenommen worden ist. Für eine solche Handlung kommt also ebenso wie für die von einem örtlich zuständigen oder einem nicht ausgeschlossenen Richter vorgenommene in Frage, ob die sonstigen gesetzlichen Bedingungen für ihre Wirksamkeit vorhanden sind oder nicht. Ist eine gerichtliche Handlung aus sonstigen Gründen nichtig, z. B. wegen mangelnder sachlicher Zuständigkeit des Gerichts, so bleibt sie nichtig; liegen aber sonst keine Gründe vor, nach denen sie ungültig oder unwirksam wäre, so sind die in § 7 erwähnten Umstände bedeutungslos. Über örtliche Zuständigkeit bei Beurkundungen vgl. § 167 Anm. 1f.

Eine weitergehende Bedeutung kommt der Vorschrift nicht zu. Sie ist vor allem nicht dahin auszulegen, als sollten die in ihr bezeichneten Handlungen, obgleich sie Verstöße gegen die Vorschriften über die örtliche Zuständigkeit der Gerichte und des § 6 Abs. 1 dieses Gesetzes enthalten, denjenigen als vollwirksam an die Seite gestellt werden, bei denen solche Verstöße nicht vorliegen. Wäre das der Sinn, dann würden z. B. die sämtlichen Vorschriften über die örtliche Zuständigkeit und die Bestimmungen in § 6 Abs. 1 überflüssig gewesen sein. Insbesondere sind aus dem Umstande, daß die einzelne Handlung nicht unwirksam sein soll, keine weiteren Konsequenzen für die fernere Tätigkeit des unzuständigen Gerichts oder ausgeschlossenen Richters zu ziehen. So kann z. B. davon keine Rede sein, daß die Handlung eines örtlich unzuständigen

Gerichts, weil sie gemäß § 7 aus diesem Grunde nicht unwirksam ist, nun auch der des örtlich zuständigen Gerichts so vollständig gleichstände, daß sie im Sinne des § 4 oder des § 5 eine Konkurrenz mit der des örtlich zuständigen Gerichtes begründen könnte oder etwa, daß die Bestellung eines Vormunds durch ein örtlich unzuständiges Gericht dieses nun weiterhin zuständig zu machen vermöchte. Die Handlungen sind zwar wirksam — vgl. jedoch Anm. 5 — und brauchen nicht wiederholt zu werden, aber die örtliche Unzuständigkeit und die Ausschließung bleiben auch weiterhin in der Sache bestehen.

Auch kann aus der Vorschrift des § 7 nicht gefolgert werden, daß die Handlung eines unzuständigen Gerichts in den Fällen wirksam wäre, in denen das Gesetz ein bestimmtes Gericht für ausschließlich zuständig erachtet. So ist nicht wirksam z. B. die Ausschlagung der Erbschaft (§ 1945 BGB.) gegenüber einem Gericht, welches nicht das zuständige Nachlaßgericht ist. Planck § 1945 Anm. 1, Schneider § 7 Anm. 1.

2. Über den Begriff der „gerichtlichen Handlung" vgl. § 4 Anm. 3. Hier ist unter diesem Begriffe jede Amtshandlung zu verstehen, wie immer sie geartet sein mag. Andere fassen den Ausdruck enger, so bloß im Sinne von Verfügungen (§ 16) und Verrichtungen (§ 35) oder in dem engeren Sinne von „tätig werden." Demgemäß entsteht hier dieselbe Streitfrage, die bei § 4 bezeichnet worden ist.

3. Über den Begriff der Wirksamkeit vgl. bei § 16 Anm. 2c. Hier handelt es sich um die materielle Wirksamkeit (Gültigkeit) der gerichtlichen Handlung, während der § 16 die formelle Wirksamkeit, den Zeitpunkt des Eintritts der Wirksamkeit, im Auge hat.

4. Die zweite Alternative des § 7, daß nämlich gerichtliche Handlungen auch dann nicht unwirksam sein sollen, wenn sie von einem Richter vorgenommen sind, der von der Ausübung des Richteramts kraft Gesetzes ausgeschlossen ist, ist von der Reichstagskommission eingestellt worden, damit nicht aus der zwingenden Form des § 6 Abs. 1 die Nichtigkeit solcher Handlungen gefolgert werden könne. Vgl. § 6 Anm. 4e.

5. Die nach Maßgabe der Anm. 1 in Betracht kommenden Handlungen sind demnach nicht nichtig, aber sie sind anfechtbar. Das Rechtsmittel für die Anfechtung ist die Beschwerde und, da die Ausübung des Richteramts in beiden von dem Paragraphen unterstellten Fällen auf Gesetzesverletzung beruht, auch die weitere Beschwerde, wie für die Fälle der Ausschließung des Richters bereits in Anm. 4e zu § 6 erörtert ist. Es steht die einfache, an keine Frist gebundene Beschwerde zu; ein Antrag in der Reichstagskommission, nur die sofortige Beschwerde zuzulassen, wurde abgelehnt. Kom.Ber. S. 8. Mit der Beschwerde kann nicht bloß die fernere Behandlung der Sache durch das unberufene Gericht bzw. den ausgeschlossenen Richter, sondern auch die Aufhebung der ergangenen Verfügungen herbeigeführt werden. So auch Fuchs § 7 Anm. 3 gegen Keidel, S. 11, der nur das erstere für angängig hält. Wenn eine Verfügung im Sinne des § 19 vorliegt, so ist nicht erforderlich, daß diese Verfügung auch noch in einer anderen Richtung das Recht des Beschwerdeführers beeinträchtigt, wie § 20 es verlangt. Vgl. § 6 Anm. 4e.

Allerdings können nicht alle Verfügungen angefochten werden. Ist mit einer einzelnen Verfügung eine Angelegenheit vollständig erledigt, und hat diese Verfügung ihre Wirksamkeit, die ihr nach § 7 zukommt, geübt, so würde es dem Sinne des § 7 widersprechen, wenn nachträglich noch eine Anfechtung erfolgen könnte. Die in der Unzuständigkeit des Gerichts oder in der Person des Richters gelegenen Mängel der hier in Rede stehenden Art werden geheilt, „ähnlich wie das rechtskräftige Urteil eines unzuständigen Gerichts nicht wegen Unzuständigkeit unwirksam ist" Schneider § 7 Anm. 4, 5. Die Konsequenz davon ist, daß ein aus einer größeren oder geringeren Anzahl von gerichtlichen im einzelnen anfechtbaren Verfügungen sich zusammensetzendes Verfahren, z. B. ein vormundschaftsgerichtliches, nachdem es vollständig durchgeführt ist, so vollständig wirksam ist, als hätten die Mängel nicht bestanden. In Anbetracht dieser Umstände ist die Möglichkeit nicht ausgeschlossen, daß es vor einem unzuständigen Gericht oder vor einem kraft Gesetzes ausgeschlossenen Richter zu einem vollwirksamen Verfahren kommen kann, wie wenn ein vereinbarter Gerichtsstand im Sinne der §§ 38 bis 40 ZPO. auch im Verfahren der freiw. Ger. zugelassen sei. Das letztere ist an sich nicht der Fall. Im Verfahren der freiw. Ger. muß der Richter seine Zuständigkeit in allen Stadien von Amts wegen prüfen und, wenn seine Prüfung zuungunsten seiner Zuständigkeit ausfällt, von jeder Einleitung oder Fortführung des Verfahrens Abstand nehmen. Anträge und Vereinbarungen der Beteiligten haben in dieser Richtung keine Bedeutung, mit alleiniger Ausnahme des § 164 Abs. 1 Satz 2. Daraus ergibt sich, daß wenn das Gericht seine Zuständigkeit bewußt oder unbewußt übersieht, jeder der Beteiligten bis zur Beendigung des Verfahrens die Unzuständigkeit mittels einfacher Erklärung, Einwand der Unzuständigkeit, rügen und denselben Erfolg wie mit der Beschwerde erzielen kann. — Entsprechendes gilt auch für den Fall der Ausschließung des Richters.

6. Für das Beurkundungs- und Beglaubigungswesen weicht die Bedeutung der beiden Alternativen des § 7 von derjenigen ab, welche sie für andere A.d.fr.Ger. haben; vgl. § 167 Anm. 1f., § 170 Anm. 1, § 200.

7. Der § 7 gilt auch, wenn andere als gerichtliche Behörden zuständig sind; vgl. § 194.

§ 8.

Auf das gerichtliche Verfahren finden die Vorschriften des Gerichtsverfassungsgesetzes über die Gerichtssprache, über die Sitzungspolizei und über die Beratung und Abstimmung entsprechende Anwendung, die Vorschriften über die Gerichtssprache mit den sich aus dem § 9 ergebenden Abweichungen.

---

1. Die Vorschrift des § 8 setzt für das Gebiet dieses Gesetzes, seiner allgemeinen Absicht entsprechend, die ihr widersprechenden landesgesetzlichen Vorschriften außer Kraft, die bis dahin bestanden haben, soweit nicht besondere Ausnahmen gemacht sind. Demgemäß gelten für dieses Gebiet keine landesgesetzlichen Vorschriften über die Gerichtssprache mehr, so z. B. nicht mehr das preußische Gesetz v. 28. August 1876 (GS. S. 389). — Andererseits bleiben auch hier die Vorbehalte des § 185 in Verbindung mit Art. 32 Einf.Ges.z.BGB. und des § 1 „soweit nicht ein anderes bestimmt ist" von Bedeutung, so daß der § 8 nur die Regel bildet; Ausnahmen vgl. bei Anm. 2.

2. Die in Bezug genommenen Vorschriften befinden sich:

a) was die Gerichtssprache anlangt, in den §§ 186 bis 193 GVG.; siehe Anlage 2a. — Wegen der vorbehaltenen Abweichungen siehe § 9. — Für die Fälle der Beurkundung gelten die Vorschriften des § 8 über die Gerichtssprache nicht, vgl. §§ 179, 180 unten und die §§ 2243 bis 2245, 2276 BGB. (Errichtung eines Testaments und Beurkundung eines Erbvertrags). — Die Vorschrift über die Gerichtssprache findet gemäß § 194 Abs. 1, 3 auch Anwendung, wenn nach Landesrecht andere als gerichtliche Behörden zuständig sind.

b) Was die Sitzungspolizei anlangt in den §§ 177 bis 185 GVG.; siehe Anlage 2b. — Die Vorschriften gelten nach allgemeiner Ansicht auch für den Familienrat, da derselbe nach § 1872 BGB. die Rechte und Pflichten des Vormundschaftsgerichts hat und an die Stelle des letzteren tritt. — Für den Fall, daß andere als gerichtliche Behörden nach Landesrecht zuständig sind, findet die Vorschrift des § 8 über die Sitzungspolizei keine Anwendung; vgl. § 194 Abs. 3.

c) Bezüglich der Beratung und Abstimmung in den §§ 194 bis 200 GVG.; siehe Anlage 2c. Dabei ist zunächst nur an die oberen Instanzen zu denken, da in der ersten Instanz der Einzelrichter zuständig ist. — Für die Beratung und Abstimmung im Familienrat gilt das Besondere, daß bei Stimmengleichheit die Stimme des Vorsitzenden entscheidet (BGB. § 1874 Abs. 2). Für die Reihenfolge der Abstimmung im Familienrat ist das Lebensalter der Mitglieder entscheidend. Fuchs § 8 Anm. 3. — Auch hier tritt die Bestimmung des § 194 in Geltung, daß, wenn nach Landesgesetz andere als gerichtliche Behörden zuständig sind, die Vorschrift des § 8 über die Beratung und Abstimmung keine Geltung hat. Vgl. jedoch weiter bei § 194.

3. Die bezeichneten Vorschriften sollen „entsprechende" Anwendung finden; vgl. darüber § 1 Anm. 1 f.

4. Der § 8 hat hauptsächlich das Verfahren in Terminen im Auge. Unter den hierfür in Betracht kommenden Vorschriften fehlen solche über die Fragen, ob die Verhandlungen öffentlich oder nichtöffentlich zu führen, ob ein Protokoll über die Verhandlungen aufzunehmen und ob ein Gerichtsschreiber zuzuziehen sei oder nicht. Daß eine Anwendung der ZPO., auch nur ergänzungsweise, nicht stattfindet, soweit sie nicht ausdrücklich angeordnet ist, ist oben § 1 Anm. 1 f. erörtert.

a) In bezug auf den ersten Punkt ist zu bemerken, daß in der Reichstagskommission ein Antrag eingebracht worden war, welcher ausgesprochen wissen wollte, daß die Verhandlungen nicht öffentlich geführt werden müßten. Er wurde aber abgelehnt, weil für gerichtliche Verhandlungen als Regel Nichtöffentlichkeit angenommen werden muß, mithin da, wo hiervon abgewichen werden soll, eine besondere Vorschrift erforderlich ist. Kom.Ber. S. 8, 9. Die Verhandlungen im Verfahren der freiw. Ger. sind demnach nicht öffentlich, auch wenn es sich um ein Streitverfahren handelt, z. B. in den Fällen § 1357 Abs. 2, § 1612 Abs. 2 BGB., oder wenn es sonst zu einer mündlichen Verhandlung kommt, wie z. B. in den Fällen der §§ 91, 134, 155. — Landesgesetzliche Bestimmungen können demnach für reichsgesetzliche A.d.fr.Ger. auch dann nicht die Öffentlichkeit der mündlichen Verhandlung vorschreiben, wenn es sich um eine derartige Sache handelt.

b) Auch darüber war ein Antrag in der Reichstagskommission gestellt worden, daß der Inhalt der Verhandlungen über eine A.d.fr.Ger. durch Aufnahme in ein Protokoll festzustellen, daß dieses den Beteiligten vorzulesen oder zur Durchsicht vorzulegen und von ihnen zu unterschreiben sei. Auch dieser Antrag wurde, weil für die A.d.fr.Ger. nicht zweckmäßig, abgelehnt. Kom.Ber. S. 8, 9. Abgesehen von den Fällen also, für die ein anderes bestimmt ist (§ 1) — vgl. die §§ 91, 93, 95, 175, vgl. auch § 78 unten, §§ 184, 185 GVG. — und soweit nicht auf Grund des § 200 Abs. 1 landesgesetzliche Ergänzungsvorschriften ergangen sind, ist es dem Richter der freiw. Ger. freigestellt, ein Protokoll aufzunehmen oder sich mit einer Aktennotiz zu begnügen, je nachdem ihm die Lage des Falles und die Wichtigkeit des Vorganges solches für angemessen erscheinen lassen, wie z. B. Zeugen- und Sachverständigenvernehmungen (§ 15), Anhörung von Verwandten und von Auskunftspersonen oder Abnahme von Eiden u. dgl. In § 78 wird allerdings bei der Abnahme des in § 2006 BGB. vorgesehenen Offenbarungseides die Aufnahme eines Protokolls vorausgesetzt. — Über die Form des Protokolls vgl. § 11 Anm. 4.

c) Über die Frage, ob es notwendig sei, zu den Verhandlungen überhaupt oder wenigstens dann, wenn sie zur Aufnahme eines Protokolles führen, einen Gerichtsschreiber zuzuziehen, ergeben die Materialien des Gesetzes, den Fall des § 169 ausgenommen, nichts. Für die Errichtung von Testamenten bzw. von Erbverträgen bestehen besondere Vorschriften, §§ 2233, 2276 BGB. Demnach bedarf es, wie schon nach dem geltenden Rechte, auch künftig der Mitwirkung eines Gerichtsschreibers nur, wo dies vorgeschrieben ist; doch ist selbstverständlich der Richter nicht gehindert, einen Gerichtsschreiber zuzuziehen, soweit ihm dies zur angemessenen Erledigung des Geschäftes, z. B. einer Zeugenvernehmung, im Teilungsverfahren, bei Verhandlungen über die Dispache, erforderlich oder zweckmäßig erscheint. Ergänzungen in dieser Beziehung enthalten die Landesgesetzgebungen, namentlich auch über die Ausschließung eines Gerichtsschreibers im Sinne des § 6. — Über selbständige Funktionen des Gerichtsschreibers vgl. z. B. § 11.

§ 9.

Der Zuziehung eines Dolmetschers bedarf es nicht, wenn der Richter der Sprache, in der sich die beteiligten Personen erklären, mächtig ist; die Beeidigung des Dolmetschers ist nicht erforderlich, wenn die beteiligten Personen darauf verzichten. Auf den Dolmetscher finden die Vorschriften des § 6 entsprechende Anwendung.

---

1. Die gemäß § 8 vorgeschriebene entsprechende Anwendung (vgl. § 1 Anm. 1f.) der §§ 186 bis 193 GVG. über die Gerichtssprache soll nach § 9, soweit dabei ein Dolmetscher in Betracht kommt, in drei Punkten Modifikationen erleiden, und zwar in bezug auf die Zuziehung, auf die Beeidigung, auf die Ausschließung und Ablehnung des Dolmetschers.

a) Was die Zuziehung eines Dolmetschers anlangt, so kann sie nach § 187 Abs. 2 GVG. unterbleiben, wenn die beteiligten Personen sämtlich der fremden Sprache mächtig sind. Nach § 9 dagegen bedarf es der Zuziehung eines Dolmetschers schon dann nicht, wenn allein der Richter der fremden Sprache mächtig ist, einerlei, ob es sich um die Erklärung der sachlich Beteiligten oder der nur formell, als Zeugen, Sachverständigen, Auskunftspersonen, Beteiligten handelt. Der Richter ist kraft Gesetzes selbst ausreichender Dolmetscher; ist er der Sprache mächtig, in der eine in der Sache auftretende Person sich erklärt, so verdolmetscht er den übrigen Beteiligten die Erklärung. Die Bestimmung lehnt sich an die Vorschrift des preußischen Gesetzes betreffend die Geschäftssprache der Behörden rc. v. 28. August 1876 (GS. S. 389) an, wonach es „bei denjenigen Handlungen, bei denen die Zuziehung eines Protokollführers gesetzlich nicht erfordert wird", auch der Zuziehung eines Dolmetschers nicht bedarf, wenn der Richter der fremden Sprache mächtig ist. Die Einschränkung, welche diese Vorschrift enthält, brauchte hier nicht gemacht zu werden, weil in dem Verfahren der freiw. Ger. es der Zuziehung eines Protokollführers (Gerichtsschreibers) — abgesehen von der Testamentserrichtung und Beurkundung von Erbverträgen (§§ 2233 2276 BGB.), sowie event. in den Fällen des § 169 dieses Gesetzes — überhaupt nicht bedarf (vgl. § 8 Anm. 4c). In den Fällen der Beurkundung von Testamenten und Erbverträgen aber (§§ 2244, 2245, 2276 BGB.) muß ein Dolmetscher auch dann zugezogen werden, wenn der Richter der fremden Sprache mächtig ist, es sei denn, daß sämtliche mitwirkende Personen der fremden Sprache mächtig sind (vgl. dazu auch die Fälle des § 178 dieses Gesetzes).

Ob die Zuziehung eines Dolmetschers erforderlich ist, hat der Richter zu beurteilen, der die Zuziehung, ohne die Anträge der Beteiligten abzuwarten, erforderlichenfalls von Amts wegen anzuordnen hat. Für einen Verzicht der Beteiligten ist hier kein Raum, denn er kann nicht das Bewußtsein des Richters darüber, ob er der fremden Sprache ausreichend mächtig ist, ersetzen.

Wenn Birkenbihl, § 9 Anm 1, die Frage aufwirft, ob nicht vielleicht dann ein Dolmetscher zuzuziehen sei, wenn die Beteiligten sich verschiedener Sprachen bedienen und sich gegenseitig nicht ausreichend verstehen, so ist m. E. die Frage zu verneinen. Dieser letztere Übelstand kann auch bei einer fremden Sprache zutreffen. Der Richter ersetzt den Dolmetscher vollständig, wenn er die verschiedenen Sprachen genügend beherrscht.

b) Die Beeidigung des Dolmetschers ist, abweichend von § 191 GVG., nicht erforderlich, wenn die beteiligten Personen darauf verzichten. Unter „beteiligten Personen" sind an dieser Stelle nur die materiell an der Sache Beteiligten, die Herren der Sache, zu verstehen (anders in der ersten Auflage). So auch Fuchs § 9 Anm. 1. A. M. Jastrow § 9 Anm. 4 und Rausnitz § 9 Anm. 21, die darunter nur die Sprachfremden verstanden wissen wollen. Abweichendes gilt für die Beurkundung von Rechtsgeschäften nach § 179 Abs. 1, wenn mehrere beteiligt sind; in diesem Falle soll schon der Verzicht des einen Beteiligten, der sich in der fremden Sprache erklärt, der Beteiligte im Sinne des § 168 Satz 2, genügen.

Fuchs, § 9 Anm. 5, will gemäß § 9 einen Verzicht auch auf die Beeidigung des Dolmetschers bei tauben oder stummen Personen (§ 188 GVG.) zulassen auf Grund einer von ihm angenommenen allgemeinen Tendenz des Gesetzes. A. M. Dorner § 9 Anm. 10, Jastrow S. 284 zu § 191 GVG. Für die Fuchssche Ansicht liegt m. E. kein Anhalt vor. Die Bestimmung des § 9 über den Verzicht auf Beeidigung ist in einem Halbsatz untergebracht, der nur in der Beschränkung der voraufgehenden ersten Hälfte des Satzes verstanden werden kann; und dieser erste Halbsatz hat nur den Dolmetscher in Ansehung von Sprachen im Auge.

Einen Verzicht gibt es nicht bei Beurkundung eines Testaments oder Erbvertrags.

Über einen etwaigen Verzicht auf Beeidigung wäre ein Vermerk in das etwa aufgenommene Protokoll zu setzen. Wird nicht verzichtet, so ist nicht erforderlich, daß die Art der Beeidigung des Dolmetschers im Protokoll angegeben wird, also ob er besonders beeidigt worden ist oder sich auf seinen allgemein geleisteten Dolmetschereid bezogen hat; es genügt eben die Angabe, daß er beeidet ist. KG. 2. Oktober 1900 in Zus.d.RJAmts 1 S. 203 ff. Vgl. ferner bei § 178 Anm. 3a.

c) Die Ausschließung und Ablehnung des Dolmetschers soll, statt gemäß § 193 GVG. nach den für Sachverständige gegebenen Vorschriften, nach den zufolge § 6 für den Richter geltenden Bestimmungen sich richten. — Für die Beurkundung von Rechtsgeschäften bestimmt § 180 Besonderes. —

Es beruht wohl nur auf einem Versehen, daß, nach Erweiterung des § 7 durch die Reichstagskommission in Ansehung der Wirksamkeit von Handlungen eines ausgeschlossenen Richters, nicht eine entsprechende Vorschrift in betreff eines ausgeschlossenen Dolmetschers getroffen worden ist. Indessen auch ohne eine besondere dahin gehende Vorschrift wird man die Anwendung des § 7 auch auf den Dolmetscher gelten lassen müssen, da der Charakter des § 6, der auf den Dolmetscher Anwendung findet, der einer bloßen Ordnungsvorschrift trotz veränderten Wortlauts geblieben ist; vgl. § 6 Anm. 4e. So auch Dorner § 9 Anm. 2, Fuchs § 9 Anm. 6.

§ 10.

Auf das gerichtliche Verfahren sind die Gerichtsferien ohne Einfluß. Die Bearbeitung der Vormundschaftssachen und der Nachlaßsachen kann während der Ferien unterbleiben, soweit das Bedürfnis einer Beschleunigung nicht vorhanden ist.

---

1. Die Vorschrift des **ersten Satzes** des Paragraphen war bereits in den Ausführungsgesetzen der meisten Bundesstaaten zu dem GVG. enthalten. Sie hat eine materielle und eine formelle Tragweite.

a) die materielle Tragweite zeigt sich darin, daß die Verfahrensfristen — vgl. z. B. §§ 16, 17, 22 — entgegen dem § 223 ZPO. auch während der Gerichtsferien (§§ 201 bis 204 GVG.) laufen. Fuchs § 10 Anm. 2.

b) In formeller Beziehung bedeutet die Vorschrift, daß das Verfahren und die Bearbeitung in den einzelnen Angelegenheiten in der Regel ihren Fortgang nehmen, als beständen keine Gerichtsferien. Einzelne Landesausführungsgesetze zum GVG. enthielten Ausnahmen hiervon; ihnen entspricht die Vorschrift des zweiten Satzes.

2. Die Vorschrift des **zweiten Satzes** bezieht sich nur auf Vormundschafts- und Nachlaßsachen, also nicht z. B. auf Registersachen, Handelssachen, Beurkundungswesen. Für jene wird aber nicht unterschieden, ob die Vormundschafts- bzw. Nachlaßsachen bereits eingeleitet sind oder erst eingeleitet werden sollen; auch für den letzteren Fall gilt die Vorschrift. Sie gilt auch selbstverständlich für die Einleitung einer vorläufigen Vormundschaft (§ 1906 BGB.) und Pflegschaft; tritt die Notwendigkeit hierfür ein, so wird allerdings auch meistens das Bedürfnis einer Beschleunigung vorhanden sein.

Das Bedürfnis einer Beschleunigung einer Sache liegt vor, wenn die Unterbrechung des Verfahrens nicht ohne Schädigung der Beteiligten unterbleiben kann. Die Entscheidung darüber, ob ein solches Bedürfnis anzuerkennen ist, untersteht dem pflichtmäßigen Ermessen des Richters, der es nicht bloß nach dem allgemeinen Charakter der Angelegenheit, sondern gemäß der Bedeutung jedes einzelnen aktenmäßigen Vorgangs auszuüben hat.

3. Zu den Vormundschaftssachen und Nachlaßsachen im Sinne des § 10 Satz 2 wollen Josef, Lehrb. S. 114 unter D, und Schneider in ZfDZPr. 29 S. 115, nicht die vor den Vormundschaftsrichter und Nachlaßrichter verwiesenen Streitfälle rechnen, indem sie ausführen, daß diese Fälle nicht anders behandelt werden dürften, als das Streitverfahren des Registergerichts, für welches die Einschränkung des zweiten Satzes ebenfalls nicht gelte. Die Unterscheidung scheint mir nicht begründet; ein äußerer Anhalt wenigstens ist nicht dafür gegeben. Unter Vormundschafts- und Nachlaßsachen ist hier das gesamte Gebiet der dem Vormundschafts- bzw. Nachlaßgericht übertragenen „Verrichtungen“ (§ 35) begriffen. Will man einen Unterschied

machen, für den das Gesetz einen Anhalt bietet, so wäre es der, Vormundschaftssachen und „Verrichtungen des Vormundschaftsgerichts, welche nicht eine Vormundschaft oder Pflegschaft betreffen“ (§ 43) zu unterscheiden.

4. Die Vorschrift gilt für alle Instanzen. Im Falle der Rechtshilfe ist das Ermessen des Ersuchenden, nicht das des ersuchten Gerichts entscheidend. S. oben § 2 Anm. 5b a. E. Dorner § 10 Anm. 3, Fuchs § 10 Anm. 3. — Dagegen gilt sie nicht für die nichtgerichtlichen Behörden, welche infolge Landesgesetz an Stelle der gerichtlichen zuständig sind; § 194 Abs. 1, 3.

5. Bearbeitet ein Richter eine Vormundschafts- oder eine Nachlaßsache während der Gerichtsferien nicht, so hat er nicht nötig, besonders festzustellen, daß „das Bedürfnis einer Beschleunigung nicht vorhanden ist.“ Behauptet ein Beteiligter ein solches Bedürfnis, so ist ihm, wenn der Richter trotzdem die Bearbeitung unterläßt, nicht eine Beschwerde nach § 19 gegeben (— denn „das Unterlassen der Bearbeitung ist keine Verfügung“; Rausnitz § 10 Anm. 4 —), sondern nur eine solche im Aufsichtswege gegeben. — Daneben kann Haftung des Richters gemäß den §§ 839, 1674, 1848 BGB. in Frage kommen. Dorner § 10 Anm. 2, Fuchs § 10 Anm. 4, Schneider § 10 Anm. 3. Die Haftung beginnt nicht erst mit der Anordnung der Vormundschaft, vielmehr haftet der Vormundschaftsrichter auch dann, wenn er pflichtwidrigerweise die Anordnung der Vormundschaft unterläßt. Planck, BGB. § 1848 Anm. 2.

§ 11.

Anträge und Erklärungen können zum Protokolle des Gerichtsschreibers des zuständigen Gerichts oder des Gerichtsschreibers eines Amtsgerichts erfolgen.

---

1. Das Institut der Gerichtsschreiber ist reichsgesetzlich nicht geregelt. Der § 154 GVG. bestimmt nur, daß bei jedem Gericht eine Gerichtsschreiberei einzurichten ist. Vom Reichsgericht abgesehen, für welches der Reichskanzler die Geschäftseinrichtung bestimmt, haben die Landesgesetzgebungen die Vorschriften über die Dienstverhältnisse der Gerichtsschreiber und die einzuhaltende Geschäftsordnung zu erlassen. Vgl. z. B. Preuß. Gesetz über die Dienstverhältnisse der Gerichtsschreiber v. 3. März 1879 (GS. S. 99), Gerichtsschreiberordnung v. 17. Dezember 1899 (JMBl. S. 849), Geschäftsordnungen v. 2. Dezember 1899 (JMBl. S. 394).

2. Der Paragraph beabsichtigt keineswegs, eine allgemeine Zuständigkeitsnorm etwa in der Richtung zu geben, als sollten die Gerichtsschreiber alle Anträge und Erklärungen ohne Unterschied mit voller Wirksamkeit aufnehmen können, so daß die hier vorgesehene Form der protokollarischen Aufnahme durch den Gerichtsschreiber jede andere zu ersetzen imstande sein solle. Er will vielmehr lediglich behufs Erleichterung des Verkehrs der an einer A.d.fr.Ger. Beteiligten mit dem Gerichte einerseits den Gerichtsschreibern der bezeichneten Gerichte die Verpflichtung auferlegen, Anträge und Erklärungen, welche die Angelegenheit betreffen und mangels der Bestimmung des § 11 von den Beteiligten schriftlich eingereicht werden müßten, zu Protokoll zu nehmen und andererseits den Beteiligten die Befugnis geben, zu jenem Zwecke die Hilfe und Vermittlung der Gerichtsschreiber in Anspruch nehmen zu

können. Danach und unter Berücksichtigung des § 185 in Verbindung mit Art. 2 bis 5 und 32 des Einf.Ges. z. BGB. und des § 1 (soweit nicht ein anderes bestimmt ist) ergibt sich folgendes:

a) Der § 11 bezieht sich nur auf Anträge und Erklärungen, welche ein Verfahren betreffen, mit dem ein Gericht befaßt ist oder erst infolge des Antrags oder der Erklärung befaßt werden soll. Er bezieht sich dagegen nicht auf selbständige Beurkundungen außerhalb des Verfahrens. Für die letzteren kommen vielmehr, sowohl was Zuständigkeit als was Verfahren und Form anlangt, die dafür in diesem oder in einem anderen Gesetze gegebenen Vorschriften zur Anwendung, so z. B. die Vorschriften über die gerichtliche oder notarielle Beurkundung von Rechtsgeschäften oder die öffentliche Beglaubigung einer Erklärung. Aber auch für Erklärungen, die im Verfahren abgegeben werden, ist der Gerichtsschreiber nicht zuständig und die zu seinem Protokoll abgegebene Erklärung ist nicht ausreichend, soweit eine Verhandlung vor dem Gericht stattfindet; hier hat das Gericht die Erklärung zu beurkunden. Vgl. z. B. § 91 Abs. 1, § 93 Abs. 1, § 95.

b) Die Zuständigkeit der Gerichte selbst wird durch den § 11 in keiner Weise berührt. Wenn daher eine Erklärung „gegenüber dem Gericht" abzugeben ist, so ist diese Erklärung, wenn sie zum Protokolle eines der im § 11 bezeichneten Gerichtsschreiber abgegeben ist, erst dann wirksam abgegeben, wenn das Protokoll dem zuständigen Gerichte zugegangen ist (§ 130 Abs. 3 BGB.), was insbesondere dann von Wichtigkeit ist, wenn für die Abgabe der Erklärung eine Frist vorgeschrieben ist (vgl. z. B. § 22). Aus dem zu a Gesagten ergibt sich aber weiter, daß eine solche Erklärung „gegenüber dem Gerichte" durch eine Erklärung zum Protokolle eines Gerichtsschreibers nur dann überhaupt ersetzt werden kann, wenn sie in einfacher Schriftform hätte eingereicht werden können, wie z. B. in den Fällen des § 1679 Abs. 2, § 2004, § 2081 Abs. 1, § 2202 Abs. 2, § 2226, § 2281 Abs. 2 BGB., nicht aber dann, wenn sie etwa in gerichtlich oder notariell oder öffentlich beurkundeter oder in öffentlich beglaubigter Form erfolgen mußte, wie z. B. in den Fällen des § 1342 Abs. 1, § 1484 Abs. 2, § 1491 Abs. 1, § 1492 Abs. 1, § 1597 Abs. 1, §§ 1599, 1662, § 1945 Abs. 1, §§ 1955, 1956, § 2198 Abs. 1, § 2199 Abs. 3 BGB. Auch für „Anzeigen" an das Gericht, welche in einfacher Schriftform erstattet werden können — § 2146 Abs. 1, § 2384 Abs. 1 BGB. — genügt Erklärung zu Protokoll des Gerichtsschreibers. — Unter einem „gerichtlichen" Protokoll (vgl. z. B. § 91 Abs. 2) ist nicht das Protokoll des Gerichtsschreibers, sondern das des Richters zu verstehen.

c) Auch wird die Zuständigkeit der Gerichtsschreiber bestimmter Gerichte, soweit sie vorgesehen ist, durch § 11 nicht berührt. So sind

α) für die Entgegennahme der Anmeldungen zu Eintragungen in das Handelsregister, Genossenschafts-, Vereins-, Güterrechtsregister die Gerichtsschreiber der Registergerichte — §§ 128, 147, 159, 161 —

β) für die Einlegung der einfachen und der sofortigen Beschwerde die Gerichtsschreiber des Gerichts, dessen Verfügung angefochten wird, und des Beschwerdegerichts — § 21 —

γ) für die Einlegung der weiteren und der sofortigen weiteren Beschwerde die Gerichtsschreiber der in § 29 Abs. 1 bezeichneten drei Gerichte

für zuständig erklärt. Ihre Protokolle allein, nicht aber die von Gerichtsschreibern anderer Gerichte, genügen also für diese Akte, unbeschadet selbstverständlich der sonst für diese letzteren nachgelassenen Formen (vgl. § 12 HGB., § 157 des Genossenschaftsgesetzes, §§ 77, 1560 BGB. und die §§ 21, 29 dieses Gesetzes).

3. Die Verpflichtung der im § 11 bezeichneten Gerichtsschreiber ist keine gleichmäßige. Während hiernach der Gerichtsschreiber jedes beliebigen Amtsgerichts für jede Angelegenheit (mit der aus Anm. 1 sich ergebenden Beschränkung in Ansehung der Wirksamkeit seiner Protokolle) in Anspruch genommen werden kann, kann dies mit dem Gerichtsschreiber eines anderen Gerichts — Landgerichts, Oberlandesgerichts — nur dann geschehen, wenn das Gericht für die Angelegenheit, in der der Antrag oder die Erklärung abgegeben wird, zuständig ist.

In dieser Verpflichtung der Gerichtsschreiber der Amtsgerichte, Anträge und Erklärungen von Beteiligten auch in Angelegenheiten zum Protokoll zu nehmen, welche zur Zuständigkeit eines anderen Gerichts gehören, liegt zugleich die Verpflichtung eingeschlossen, das aufgenommene Protokoll an das zuständige Gericht weiter zu befördern.

Die in § 11 den Gerichtsschreibern auferlegte Verpflichtung besteht für alle A.d.fr.Ger., die durch Reichsgesetz den Gerichten übertragen sind (§ 1); sie kann daher durch Landesgesetz nicht aufgehoben werden. Wenn daher das Großherz. Hessische Ausf.Ges. zum vorliegenden Gesetze v. 18. Juli 1899 in Art. 12 bestimmt, daß der Gerichtsschreiber eines unzuständigen Gerichts nicht verpflichtet sei, Anträge und Erklärungen zu Protokoll zu nehmen, so kann diese Vorschrift nur Geltung für diejenigen A.d.fr.Ger. beanspruchen, welche durch Hessisches Landesgesetz den Gerichten übertragen sind.

Kommt ein Gerichtsschreiber seiner Verpflichtung nicht nach, weigert er sich, einen Antrag oder eine Erklärung zu Protokoll zu nehmen, so ist Beschwerde im Aufsichtswege gegeben. Anträge, die Verbotswidriges beabsichtigen, oder Anträge, für die nur der Gerichtsschreiber des zuständigen Gerichts zuständig ist, oder Erklärungen, die gegen die guten Sitten verstoßen, kann der Gerichtsschreiber natürlich zurückweisen.

4. Aus dem Wortlaut des § 11 ist nicht zu entnehmen, daß die Anträge und Erklärungen, die dem Gerichtsschreiber vorgetragen werden, von dem letzteren immer in der Form eines Protokolls aufgenommen werden müssen. Es genügt unter Umständen eine Aktennotiz. Wie das ganz allgemein in A.d.fr.Ger., auch für Anträge und Erklärungen, die der Richter entgegennimmt (soweit nicht im einzelnen ein anderes bestimmt ist) gilt — vgl. § 8 Anm. 4b —, so gilt es auch hier für das Verhalten des Gerichtsschreibers.

5. Über die Form des Protokolls enthält das Gesetz keine Vorschrift, abgesehen von der über das Protokoll bei Beurkundung von Rechtsgeschäften. Die Form wird als feststehend vorausgesetzt. Das Wesentliche eines Protokolls ist die Angabe von Ort und Zeit seiner Aufnahme, die Bezeichnung der Amtsstelle bzw. Amtsperson, von welcher das Protokoll aufgenommen und vor welcher verhandelt worden ist, sowie der Personen, welche eine Erklärung abgegeben haben, die Wiedergabe dessen, was erklärt worden ist, und die Unterschrift der beurkundenden Person. Durch die letztere wird überhaupt erst urkundlich festgestellt, daß die Erklärung so stattgehabt hat, wie niedergeschrieben ist. Der Umgestaltung einer dem Gerichtsschreiber überreichten Privatschrift in die Form eines Protokolls mittels Hinzufügung des Eingangs und Schlusses von der Hand des Gerichtsschreibers ist nicht die Eigenschaft eines formgerechten Protokolls zuzuerkennen. Das Protokoll soll die Gewähr dafür bieten, daß es die dem Protokollierenden abgegebene Erklärung in eine ihrem Zwecke entsprechende Form

kleidet. KG. 1. Juli, 21. Oktober 1901 in Zus. d. RJAmts 2 S. 209 und Johow 22 S. A 202 Nr. 50. Der Verlesung, Genehmigung und der Unterschrift der Beteiligten bedarf es nicht. So auch Rausnitz § 8 Anm. 68. Das gilt alles auch für den Richter, soweit überhaupt ein richterliches Protokoll in Betracht kommt, z. B. § 16 Abs. 3, §§ 78, 79, § 95 Satz 1. Anders bei der Beurkundung von Rechtsgeschäften; vgl. §§ 176, 177; ferner § 91 Anm. 16, § 168 Anm. 4.

6. Die Vorschrift des § 11 findet, wenn nach Landesgesetz andere als gerichtliche Behörden zuständig sind, gemäß § 194 für diese Behörden keine Anwendung. Danach haben diese Behörden nicht die allgemeine Pflicht, Anträge und Erklärungen von Beteiligten aufzunehmen. Die Verpflichtung der Gerichtsschreiber der Amtsgerichte dagegen, auch in solchen Angelegenheiten, welche zur Zuständigkeit solcher nichtgerichtlichen Behörden gehören, Anträge und Erklärungen zu Protokoll zu nehmen, wird durch den § 194 nicht berührt und besteht. So auch Dorner § 11 Anm. 6 und Fuchs § 6 Anm. 6.

§ 12.

Das Gericht hat von Amts wegen die zur Feststellung der Tatsachen erforderlichen Ermittlungen zu veranstalten und die geeignet erscheinenden Beweise aufzunehmen.

---

1. In der Vorschrift des § 12 gelangt der das Verfahren in den A.d.fr.Ger. beherrschende Grundsatz des Offizialbetriebs zum Ausdruck. Es ist indessen mehr eine bloße Konsequenz dieses Grundsatzes als der Grundsatz selbst, was sich im § 12 zu erkennen gibt und dieser Umstand scheint eine Quelle gewisser Mißverständnisse über die Tragweite des § 12 geworden zu sein. So weist Josef, ZentrBl. 3 S. 591, ganz richtig und auch nicht überflüssigerweise, die Meinung zurück, als habe der § 12, indem er das Gericht verpflichtet, von Amts wegen die zur Feststellung von Tatsachen erforderlichen Ermittlungen zu veranstalten, sagen wollen, daß das Gericht in allen Sachen der freiw. Ger. über jede beliebige Tatsache Ermittlungen anstellen könne. Es schränkt aber andererseits die Bedeutung des § 12 zu sehr ein, wenn er, Lehrb. S. 89, die Ansicht ausspricht, derselbe sei nur auf einzelne A.d.fr.Ger. anwendbar. Dasselbe gilt von der Ansicht, daß der im § 12 ausgesprochene leitende Grundsatz „nur mit starken Vorbehalten anerkannt werden könne" (Weißler § 12 Anm. 1). Das richtige Verständnis der Vorschrift ergibt sich nur in seiner Verbindung mit einem anderen, nicht ausgesprochenen Grundsatze, dem sie untergeordnet ist. Das Gesetz geht davon aus, daß der Richter der freiw. Ger. seine Anordnungen von Amts wegen zu treffen habe, soweit nicht für einzelne Angelegenheiten, wie z. B. für die Eintragung von Schiffspfandrechten (§ 100) und die Eintragungen in das Handelsregister (§ 12 HGB.) etwas anderes bestimmt ist. Diesen Grundsatz besonders zum Ausdruck zu bringen, hat es indessen Abstand genommen, weil er sich aus dem Wesen der freiw. Ger. von selbst ergibt. Denkschr. S. 35. Die Tätigkeit der Gerichte auf dem Gebiete der freiw. Ger. ist verwaltende Rechtspflege, „rechtsverwaltende Tätigkeit" (RG. 45 S. 334); in ihrem Wesen liegt es, daß sie im öffentlichen Interesse, wenn auch meistens zugleich im privaten Interesse einzelner, ausgeübt wird. In Ausübung dieser Gerichtsbarkeit haben sich daher die Gerichte von dem öffentlichen Interesse leiten zu lassen und unter diesem Gesichtspunkt auch ihre Anordnungen von

Amts wegen zu treffen. Damit ist aber nicht gesagt, daß sich die Tätigkeit der Gerichte auf dem Gebiete der freiw. Ger. nur oder stets in behördlichen „Anordnungen" offenbaren muß. Das ist z. B. nicht der Fall bei der Beurkundung von Rechtsgeschäften, die gleichwohl als wichtiger Teil der freiw. Ger. im öffentlichen Interesse, im Interesse der Rechtssicherheit, vorzunehmen ist. Und ebensowenig ist damit gesagt, daß die Gerichte, wenn sie von Amts wegen ihre Anordnungen zu treffen haben, von vornherein auch jedes Verfahren, in welchem solches zu geschehen hat, von Amts wegen in Lauf zu bringen hätten. Der im Anschluß an § 8 des früheren badischen Rechtspolizeigesetzes und in Verallgemeinerung des § 2358 Abs. 1 BGB. (vgl. dazu § 2356 BGB. und ferner die §§ 653, 968 ZPO.) in § 12 formulierte Grundsatz spricht demnach in naturgemäßer Ergänzung jenes anderen Grundsatzes nur aus, daß der Richter der freiw. Ger., soweit er überhaupt Entschließungen und Anordnungen zu treffen hat, die dafür erforderlichen Unterlagen sich selbst zu beschaffen berechtigt und verpflichtet ist mit der auch hier festzuhaltenden Beschränkung aus § 1: soweit nicht ein anderes bestimmt ist.

2. Gegenstand und Umfang der vom Richter der freiw. Ger. zu veranstaltenden Ermittlungen und zu erhebenden Beweise bestimmen sich demgemäß danach, ob und welche Anordnungen der Richter im einzelnen Falle zu treffen hat.

a) Ob und wann der Richter der freiw. Ger., sei es mit, sei es ohne Antrag, Verrichtungen vorzunehmen hat, ergeben sich aus den einzelnen gesetzlichen Vorschriften, ohne daß eine allgemeine Regel aufgestellt werden könnte; es unterliegt seinem pflichtmäßigen Ermessen, darüber zu befinden.

Als ersten Punkt hat er seine Zuständigkeit, namentlich die örtliche, zu prüfen und darüber von Amts wegen Aufklärung zu schaffen. Fällt die Prüfung negativ aus, so hat er die Sache — auch das ist im Offizialprinzip enthalten — an das zuständige Gericht abzugeben. Schneider § 12 Anm. 1.

Hat das Gericht ohne Antrag vorzugehen, z. B. eine Vormundschaft oder Pflegschaft anzuordnen (§§ 1774, 1915 BGB.) oder für die Sicherung eines Nachlasses zu sorgen (§ 1960 BGB.), so muß es natürlich Kenntnis davon haben, daß ein solcher Fall vorliegt. Daß ihm diese Kenntnis zukommt, ist meist in anderweitigen Bestimmungen vorgesehen, so für die angegebenen Beispiele in den §§ 48 bis 50 dieses Gesetzes oder in den Landesgesetzen, wie in Art. 19 des preuß. Gesetzes über die freiw. Ger. Anregungen von solch berufener Seite hat es aber gegebenenfalls nicht erst abzuwarten; auch wenn ihm die Kenntnis von anderer Seite, selbst von seiten Geschäftsunfähiger zukommt, hat es sie zu beachten. Alle Anhaltspunkte hat es unter eigener Verantwortung zu prüfen und behufs Feststellung seiner Verpflichtung die etwa noch für erforderlich erachteten Aufklärungen von Amts wegen vorzunehmen.

Nicht anders liegt die Sache in den Fällen, in denen vom Gesetz ein förmlicher Antrag verlangt wird, damit ein Verfahren in Lauf kommt; nur daß hier der Antrag als Vorbedingung für die Befugnis des Gerichts zum Vorgehen von Amts wegen zu gelten hat und seine Verpflichtung dazu erst nach ordnungsgemäßer Antragstellung beginnt (vgl. § 18 Anm. 2a). Hier hat also das Gericht zunächst die Legitimation, Geschäftsfähigkeit der Antragsteller, bzw. inwieweit nach dem Gesetz in dieser Beziehung Befreiungen nachgelassen sind, zu prüfen; hier müssen zunächst die ausdrücklich vorgeschriebenen oder sonst sich ergebenden Erfordernisse des Antrags erfüllt sein, z. B. Glaubhaftmachung des Anspruchs im Falle des § 1961 BGB.

(behufs Bestellung eines Nachlaßpflegers zum Zwecke der gerichtlichen Geltendmachung eines Anspruchs gegen den Nachlaß) oder Beibringung sonstiger Unterlagen eines Antrags, ehe das Gericht der Sache näher zu treten braucht. Die Erfüllung der Vorbedingungen kann das Gericht von dem Antragsteller verlangen. Die Vorschriften der §§ 87 und 154 über die Vervollständigung der Anträge auf Auseinandersetzung in Ansehung eines Nachlasses und Aufmachung der Dispache können daher nicht als Ausnahmen von der Regel des § 12, sondern nur als etwas Selbstverständliches, der Sicherheit halber noch einmal Ausgesprochenes, aufgefaßt werden. Vgl. auch Josef im ZentrBl. 3 S. 593. Entsprechendes gilt auch für die vom Gericht auf Antrag zu treffenden Anordnungen behufs Eintragung in das Vereins- und Güterrechtsregister (§§ 55 ff., 1558 ff. BGB.). Ähnlich Rausnitz § 12 Anm. 4.

b) In welcher Richtung sich die Ermittlungen zu bewegen haben, welche Umstände aufzuklären sind, richtet sich nach der Lage des einzelnen Falles; danach richtet es sich auch, wie weit die Ermittlungen und Beweisaufnahmen auszudehnen sind. Wird das Gericht einerseits alle für den Erlaß seiner Anordnungen erheblichen Tatsachen zu erforschen haben, so wird es sich andererseits in dem durch die Art der Angelegenheit und die etwaigen Berechtigungen Beteiligter gebildeten Rahmen halten müssen.

α) So wird in dem Falle des § 1953 BGB., wonach das Nachlaßgericht die Ausschlagung der Erbschaft demjenigen, dem die Erbschaft infolge der Ausschlagung angefallen ist, mitteilen soll, das Nachlaßgericht zum Zwecke dieser Benachrichtigung von Amts wegen Ermittlungen nach dem nunmehr berufenen Erben anzustellen haben. Vgl. LG. Karlsruhe bei Soergel 1900/01 S. 603 unter e. — So steht dem Nachlaßgericht in dem die Auseinandersetzung in Ansehung eines Nachlasses zwischen den Beteiligten betreffenden Verfahren nicht zu, auf Antrag eines Erben die Einreichung eines Nachlaßinventars von den übrigen Erben zu erzwingen oder gegen deren Willen ein Inventar von Amts wegen aufzunehmen; es hat sich vielmehr an die ihm als Vermittler gestellte Aufgabe zu halten, Streitpunkte tunlichst beizulegen und, wo solches nicht gelingt, nach § 95 zu verfahren. KG. 16. Dezember 1901 in Zus.d. RJAmts 3 S. 10 ff.; Johow 23 S. A 197 Nr. 55; „Recht" 6 S. 176 Nr. 808. — Handelt es sich z. B. bei der Aufhebung einer Gemeinschaft um die Frage, ob die Naturalteilung möglich und für einen beteiligten Mündel vorteilhaft ist, so kann das um seine Genehmigung der Teilung angegangene Vormundschaftsgericht keinen Nachweis verlangen, sondern hat diese für seine Entschließung erheblichen Umstände von Amts wegen festzustellen. Bayer. OLG. 13. September 1900 in Rechtspr.d.OLG. 1 S. 309 Nr. 192; Warneyer 1 S. 263 § 12 Nr. 6.

Nach den angegebenen Gesichtspunkten wird man auch die Streitfrage zu lösen haben, ob die von preußischen und bayerischen Gerichten geübte Praxis, von Gerichts wegen die Väter von unehelichen Kindern über das Vaterschaftsanerkenntnis und die Bereitwilligkeit zur Zahlung von Alimenten ꝛc. bzw. Zeugen über die Vaterschaft zu vernehmen bzw. vernehmen zu lassen, berechtigt ist. Sie wird für ungerechtfertigt erachtet vom OLG. Cassel, 25. Februar 1901 in Rechtspr.d.OLG. 2 S. 392 Nr. 161, vgl. ZentrBl. 2 S. 147 Nr. 31 b; vgl. ferner ZentrBl. 1 S. 645. A. M. OLG. Dresden 27. Juli 1900 im ZentrBl. 2 S. 147 Nr. 31 a (vgl. dazu Rechtspr.d.OLG. 3 S. 35 Nr. 14), OLG. Cöln 14. August 1901, daselbst 2 S. 428 Nr. 122; vgl. weiter ZentrBl. 1 S. 724. M. E. ist die Praxis nach dem BGB. nicht zu billigen. Das Vormundschaftsrecht des BGB. wird von dem Prinzip der Selbständigkeit des Vormunds beherrscht; es will keine Bevormundung des Vormunds durch das Vormundschaftsgericht, weder eine obligatorische noch eine fakultative Teilnahme des Gerichts an der Verwaltung des Vormunds, auch nicht kraft des dem Gericht zustehenden Aufsichtsrechts (vgl. Mot. 4 S. 1022 ff.). Kraft dieses Aufsichtsrechts hat das Vormundschaftsgericht den Vormund unter ständiger Aufsicht zu halten und bei Meidung eigener Haftung den Vormund durch Gebote und Verbote zu Handlungen und Unterlassungen anzuhalten (§§ 1837, 1848 BGB.). So hat es auch in dem in Rede stehenden Falle den Vormund durch Ordnungsstrafen anzuhalten, den unehelichen Vater zu ermitteln und gegen denselben die Rechte des Kindes durchzuführen, sich dagegen jeder Handlung zu enthalten, welche einen Übergriff in die Rechte des Vormunds bedeuten würde. Vgl. auch Jahrb.d.D.Rechts I. Jahrg. 2 S. 181 bei § 1837 BGB. und die dort angegebene Literatur. Anders liegt die Sache, wenn das Gericht etwa in schleunigen Fällen, ehe ein Vormund bestellt ist, handelt, oder auf Antrag des Vormunds den sich willig erweisenden unehelichen Vater vorladet oder im Wege der Rechtshilfe vernehmen läßt. Dazu vgl. OLG. Dresden 27. Juli 1900 (s. oben) in Rechtspr.d.OLG. 3 S. 35 Nr. 14.

β) An sich hat das Gericht, wenn nicht wie z. B. nach den §§ 95, 156 das Verfahren auszusetzen und die Entscheidung des Prozeßgerichts abzuwarten ist, auch über streitige Rechtsverhältnisse Aufklärung zu schaffen und die für seine Entscheidung ihm erforderlich dünkenden Ermittlungen anzustellen. In manchen Streitsachen, z. B. wenn es sich um die Beschränkung der Schlüsselgewalt handelt, sind aber die Beteiligten als Herren des Streites diesen ebensowohl in Ansehung seines stofflichen Inhalts und Umfangs wie der persönlichen Beteiligung nach Belieben zu begrenzen, ja durch gegenseitige Verständigung einfach zu beendigen in der Lage, wodurch sich von selbst eine Begrenzung der Ermittlungsmöglichkeit und Ermittlungspflicht ergibt. Vgl. Josef, Lehrb. Kap. 13 S. 96 ff. (S. 101) und im ZentrBl. 3 S. 589 ff. (608); Schneider in der ZfDZPr. 29 S. 96 ff. (120 f., 136). Es liegt in dieser Begrenzung aber nur scheinbar eine Abweichung von dem Offizialprinzip des § 12. Von einer Beweispflicht des einen oder anderen Teils kann auch hier keine Rede sein; es kann sich nur darum handeln, ob hier das Gericht ohne Unterstützung von der interessierten Seite ausreichende Anhaltspunkte für etwaige Ermittlungsversuche hat; fehlen sie ihm und die Beteiligten geben ihm keine an die Hand, so kann es natürlich nur zu einem Ausgange des Streites zum Nachteile desjenigen kommen, in dessen Interesse die Ermittlung gelegen hätte. Vgl. auch Rausnitz § 12 Anm. 29; Jastrow in ZfDZPr. 25 S. 128 ff. (156 f.).

γ) Hängt die Entschließung des Gerichts von der Beurteilung eines Umstandes nach ausländischem Recht ab, so darf das Gericht seine Tätigkeit nicht deshalb ablehnen, weil ihm die Kenntnis dieses Rechtes abgeht und die Beteiligten den Inhalt eines ausländischen Rechtssatzes nicht nachgewiesen haben; es hat sich vielmehr, soweit es in der Lage ist, diese Kenntnis von Amts wegen zu verschaffen. KG. 6. Juni 1900 in Rechtspr.d.OLG. 1 S. 412 Nr. 257.

δ) Selbst nicht in wirklichen Streitfällen (vgl. unter β) und natürlich erst recht nicht in anderen Sachen kann eine Beweislast der Beteiligten, wie im Zivilprozeß, neben der Amtspflicht des Gerichts in Frage kommen. KG. 25. Mai 1903 in Rechtspr.d.OLG. 7 S. 49, 12. Oktober 1903 in Zus.d.RJAmts 4 S. 1, Johow 26 S. A 175, Rechtspr. d. OLG. 8 S. 371.

c) Welcher Mittel das Gericht sich bedienen kann, um die Ermittlungen anzustellen, ist im allgemeinen nicht vorgesehen und daher seinem pflichtmäßigen Ermessen überlassen. Nach dem Wortlaute des § 12 kann der Richter im allgemeinen alle ihm geeignet erscheinenden Beweise aufnehmen, also auch aller Beweismittel sich bedienen. Aber auch hier greift die Beschränkung des § 1 (soweit nicht ein anderes bestimmt ist), in dem Sinne ein, daß hier in § 12 nur die „allgemein üblichen" Beweismittel gemeint sind. Wo daher im Gesetze — vgl. z. B. § 1640 Abs. 2, § 1802 Abs. 3, § 1960 BGB. — eine „außergewöhnliche" Maßregel besonders als zulässig vorgesehen ist, da bleibt diese auf den betreffenden Fall beschränkt und kann nicht verallgemeinert werden. KG. 1. Oktober 1900 in Zus.d.RJAmts 1 S. 139ff. (145), ZentrBl. 1 S. 571, „Recht" 4 S. 539.

α) Die Anhörung der Beteiligten vor Erlaß der Anordnung erscheint in allen Fällen als das Naturgemäßeste, ist aber gleichwohl in den Gesetzen nur in bestimmten Fällen vorgeschrieben, sei es, daß die Anhörung ohne Einschränkung zur Pflicht gemacht ist, sei es, daß sie nur erfolgen soll, soweit sie tunlich ist oder auch soweit es ohne erhebliche Verzögerung und ohne unverhältnismäßige Kosten geschehen kann (vgl. z. B. § 1827 Abs. 1, § 1836, § 1673 Abs. 1, § 1827 Abs. 2, § 2227, § 2360 Abs. 1, 3, § 2200 BGB., vgl. auch §§ 54, 166 dieses Gesetzes). Handelt es sich darum, daß das Gericht im Falle von Meinungsverschiedenheiten entscheiden (vgl. z. B. § 1629, § 1797 Abs. 1, § 2224 BGB., § 157 Abs. 2 HGB.), oder daß es die Zustimmung eines Beteiligten zu einer Maßregel oder einem Rechtsgeschäft ersetzen oder eine Ermächtigung erteilen soll (vgl. z. B. die Fälle des § 145 dieses Gesetzes, die §§ 1308, 1357, 1358 [dazu § 53 dieses Gesetzes], 1379, 1402, 1447, 1451, 1519, 1612 Abs. 2 BGB.), so erscheint die Anhörung der Beteiligten oder, soweit in diesen Fällen der meistens vorliegende motivierte Antrag der einen Seite deren Anhörung erübrigen sollte, wenigstens die Anhörung des anderen Teils unerläßlich, wenn sie auch nicht ausdrücklich vorgeschrieben ist. Hat die Anhörung durch den Richter erster Instanz stattgefunden, so ist das Gesetz beobachtet und es bedarf keiner neuen Anhörung durch das Beschwerdegericht, KG. 27. Oktober 1902 in Johow 25 S. A 30ff. Vgl. Anm. 4. — Über die Befugnis der Beteiligten, einer Beweisaufnahme beizuwohnen und Fragen an Zeugen zu stellen, vgl. § 15 Anm. 4.

Von dieser Anhörung der Beteiligten behufs Ermittlung von Tatsachen ist natürlich verschieden die Anhörung derselben zum Zwecke, deren notwendiges Einverständnis zu einer Maßregel festzustellen, wie z. B. nach § 4 BGB.

Wegen der Verpflichtung der Beteiligten, behufs ihrer Anhörung vor Gericht zu erscheinen und der Befugnis, das Erscheinen der Beteiligten anzuordnen, s. § 13.

Die Anhörung von Verwandten und Verschwägerten soll, wo sie vorgeschrieben ist, nur dann stattfinden, wenn sie ohne erhebliche Verzögerung und ohne unverhältnismäßige Kosten geschehen kann (vgl. z. B. §§ 1673, 1862 BGB.) oder wenn die Sache wichtig ist (§ 1847 BGB.), meist nur auf Antrag. Wegen Unterlassung der Anhörung haben die Beteiligten ein Beschwerderecht; vgl. unten δ und § 20 Anm. 2 a α a. E.

Auch andere Personen anzuhören ist dem Gericht unbenommen. Über Zeugenbeweis und Beweis durch Sachverständige vgl. § 15.

β) Es steht nichts im Wege, daß der Richter gerichtlichen Augenschein einnimmt — a. M. Birkenbihl § 15 Anm. 5 — amtliche Auskunft von gerichtlichen und nicht gerichtlichen Behörden, z. B. Grundbuchämtern einzieht, Einsicht von Akten nimmt, die Vorlegung von Urkunden veranlaßt u. dgl. mehr; denn es ist ihm freigestellt, alle geeignet erscheinenden Beweise zu erheben.

γ) Ob der **Eid der Beteiligten** als Mittel zur Feststellung von Tatsachen — abgesehen von dem hier nicht in Betracht kommenden Offenbarungseid, § 79, § 83 Abs. 2, § 163 — anwendbar ist, ist **streitig**. Rausnitz, § 12 Anm. 16, § 15 Anm. 117, hält ihn in jeder Form für ausgeschlossen, also sowohl den zugeschobenen wie den richterlich auferlegten; auch die eidliche Vernehmung eines Beteiligten (auch von der ZPO. absichtlich nicht aufgenommen, Begr.z.ZPO. S. 274) ist nach seiner Ansicht ausgeschlossen; ebenso die Beeidigung an Stelle der in § 15 Abs. 2 zugelassenen Versicherung an Eidesstatt. Auch muß angenommen werden, daß er den Schätzungseid und den Editionseid für unzulässig hält. Er führt aus, daß die Abnahme von Eiden kein Recht sei, welches einem Beamten ohne weiteres zustehe, es müsse ihm durch besondere gesetzliche Anordnung zuerteilt sein, die im vorliegenden Gesetze fehle. Nicht ausgeschlossen erklärt er, daß die Beteiligten zum Erweise ihrer Behauptungen eidesstattliche Versicherungen entweder freiwillig oder auf Erfordern abgeben. Auch Birkenbihl § 15 Anm. 5, Jastrow, Einl. S. 11, Keidel, Handb. § 14, Schneider § 15 Anm. 4, Weißler § 15 Anm. 17 halten den Beteiligten- (Partei-) Eid für unzulässig. Auch Josef, der in seinem Kom., § 15 Anm. 2a, den richterlichen Eid in streitigen Sachen noch für zulässig erachtet hatte, erachtet nunmehr in seinem Lehrb., Kap. 15 S. 116, im Anschluß an Schneider, ZfDZPr. 29 S. 140, sowohl den zugeschobenen wie den richterlich auferlegten Parteieid für ausgeschlossen. Schultze-Görlitz, § 12 Anm. 6, hält ihn für zulässig; nur sei dem Richter die Befugnis, einen Eid zu fordern, für alle die Fälle abzusprechen, in welchen die **Interessenten** nach besonderen gesetzlichen Bestimmungen die Ableistung des Eides von einer Person **fordern** könnten, weil in diesen Fällen es Sache der Interessenten sei, von den Verpflichteten die Ableistung des Eides (eventuell im Prozeßwege) zu erzwingen. Einen mittleren Standpunkt nehmen Dorner, § 15 Anm. 1, und Fuchs, § 15 Anm. 4d ein, indem sie zwar nicht den Parteieid — womit der zugeschobene Parteieid gemeint ist — wohl aber den **richterlich auferlegten Eid für statthaft** halten. Dem ist zuzustimmen. Dorner legt der Nichterwähnung des Parteieides (in § 15) die Bedeutung bei, daß die Eideszuschiebung, welche auf der den Zivilprozeß regelmäßig beherrschenden Dispositionsmaxime beruhe und mit deren Zulassung gesetzliche Regeln über die Beweiskraft der Leistung, Erlassung und Verweigerung des Eides untrennbar verbunden seien, in gleicher Weise, wie im Offizialverfahren des Zivilprozesses (vgl. ZPO. § 617 Abs. 2, §§ 640, 641 — richtiger wohl § 670 —), auch in Sachen der freiw. Ger. als mit dem herrschenden Offizialprinzip und mit dem Prinzip der freien Beweiswürdigung unvereinbar in Wegfall komme. Diese Ausführung dürfte nur in einer Hinsicht zu berichtigen sein. Will man mit Dorner aus dem Schweigen des § 15 über den Parteieid, des letzteren Unzulässigkeit schlußfolgern, dann ergibt sich gleiches auch für den richterlich auferlegten Eid; denn dieser ist dort ebensowenig erwähnt. Der § 15 Abs. 1 hat aber gar nicht die materielle **Zulässigkeit** der dort erwähnten Beweismittel zum Gegenstande, sondern nur die Form ihrer Benutzung. Dem kann nicht der Inhalt des Abs. 2 des § 15 entgegengehalten werden: denn dieser beansprucht nur die Bedeutung einer die Gesetzesabsicht deklarierenden, an sich aber überflüssigen weil sich von selbst verstehender Vorschrift, die nur mit Rücksicht auf die **ausdrückliche** Hervorhebung des gleichen Beweismittels in § 294 ZPO. zur Vermeidung von Mißverständnissen einzustellen nicht verabsäumt werden sollte. Vgl. Denkschr. S. 36. Dieser Absatz 2 des § 15 gehört gesetzestechnisch in den § 12; denn dieser letztere entscheidet gemäß seiner Fassung über die Zulässigkeit eines Beweismittels. Er bestimmt aber, daß der Richter der freiw. Ger. die geeignet erscheinenden Beweise zu erheben habe. Er nimmt kein Beweismittel aus und demgemäß ist aus diesen Vorschriften kein Hindernis für den Richter zu entnehmen, sich aller Beweismittel zu bedienen, folglich auch des richterlich auferlegten Eides. Anders verhält es sich mit dem zugeschobenen Eide. Das gesamte Verfahren wird von dem Grundsatz, daß der Richter von Amts wegen vorzugehen habe und die Disposition der Beteiligten (vgl. auch Anm. 26 β) ausgeschlossen sei, beherrscht. Und unter der Herrschaft dieses Grundsatzes ist allerdings kein Raum für den zugeschobenen Parteieid.

δ) Welches oder welche der verschiedenen Mittel das Gericht anwenden will, steht in seinem pflichtmäßigen Ermessen; es hat bei der Auswahl freie Hand und ist an Beweisanträge nicht gebunden. KG. 24. Juni 1901 in Rechtspr.d.OLG. 3 S. 404 unter c; 31. Juli 1901 das. 4 S. 97 unter Nr. 26 b; 25. Mai 1903 das. 7 S. 49; Bayer.O.LG. 3. Januar 1903 in Soergel 1903 S. 536. Eine Rüge des vom Beschwerdegericht eingehaltenen Verfahrens dahin, daß das Beschwerdegericht sich nicht mit den von ihm erhobenen Beweisen hätte begnügen dürfen, sondern beantragte Beweise hätte erheben müssen, enthält daher nicht die Behauptung einer sich gegen die Vorschriften über das Verfahren richtenden Gesetzesverletzung und ist daher nicht geeignet, die weitere Beschwerde zu begründen. S. § 27. OLG. Jena 27. Novbr. 1901 in Rechtspr.d.OLG. 4 S. 1; Soergel 1900/01 S. 604. Vgl. auch KG. 30. Septbr. 1901 in Rechtspr.d.OLG. 3 S. 395 unter c. — Wo indessen vor einer Entscheidung die Anhörung gewisser Personen zur Pflicht gemacht ist, z. B. § 1673 Abs. 2, § 1686 BGB., da sind diese Vorschriften zu beachten, wenngleich sie Ordnungsvorschriften sind; sofern auf ihrer Nichtbeachtung die mittels weiterer Beschwerde angefochtene Entscheidung beruht, ist sie als auf einer Rechtsverletzung beruhend mit dem bezeichneten Rechtsmittel für anfechtbar erachtet worden vom Bayer.O.LG. 13. Juli 1901 in Zus.d.RJAmts 2 S. 152, Johow 23 S. D 7 Nr. 3. Ebenso Rausnitz § 27 Anm. 4; Schultze-Görlitz § 27 Anm. 2; Jastrow ZfDZPr. 25 S. 527 ff. A. M. Birkenbihl § 27 Anm. 2 β; Dorner § 27 Anm. 5 a Fuchs § 27 Anm. 5. S. § 27. Vgl. jedoch § 20 Anm. 2 a α.

d) Über die Art und Weise, in der die Ermittlungen anzustellen und die Beweise zu erheben sind, bestimmt das Gesetz nichts. Bei der Formlosigkeit, die dem Verfahren in A.d.fr.Ger. eigen ist, kann das Gericht Beteiligte wie Auskunftspersonen in Terminen persönlich anhören oder aber es kann sie auch zu schriftlichen Äußerungen veranlassen. (KG. 24. Juni 1901 in Rechtspr.d.OLG. 3 (1901) S. 404 Nr. c), daher auch durch den Gerichtsschreiber zu Protokoll vernehmen lassen (vgl. § 11 Anm. 1). Die Aufnahme eines Protokolls über die persönliche Vernehmung ist nicht vorgeschrieben; ob der Richter zu einer solchen schreitet, wird von der Wichtigkeit der Angelegenheit und der Auskunft abhängen; eine bloße Aktennotiz genügt auch hier. Vgl. § 8 Anm. 4 b. Wo besondere Förmlichkeiten vorgeschrieben sind — vgl. z. B. § 15, § 91 Abs. 1, — da sind sie selbstverständlich gemäß dem allgemeinen Grundsatze des § 1 zu erfüllen. — Daß für die Beweisaufnahme nicht ein förmlicher Beweisbeschluß zu erlassen ist, ist selbstverständlich; auch für den Rechtshilfeverkehr ist ein solcher nicht geboten, es genügt vielmehr, wenn dem ersuchten Gericht die Punkte und die zugehörigen Beweismittel ausreichend genau bezeichnet werden. Vgl. § 15 Anm. 2.

3. In Hinsicht der Benutzung der veranstalteten Ermittlungen und der

erhobenen Beweise bzw. Gutachten behufs Feststellung der Tatsachen ist für den größten Teil der A.d.fr.Ger. vorbildlich, was aus den Beratungen der zweiten Kommission zur Ausarbeitung des BGB. über die Frage der Zuständigkeit und des Verfahrens für die gerichtliche Ergänzung der elterlichen Einwilligung zur Eheschließung in den Prot. 4 S. 32 mitgeteilt ist. Dort ist erwogen, daß für diese Entscheidung die Zuständigkeit des Vormundschaftsgerichts vor der des Prozeßgerichts den Vorzug verdiene. „Es handele sich", so heißt es dann, „bei der in Rede stehenden Entscheidung um die Abwägung der sich gegenüber stehenden Ansichten und Interessen des Elternteils und des Kindes; zu dieser sei nach seiner gesamten amtlichen Tätigkeit und vermöge der freieren Gestaltung des für ihn maßgebenden Verfahrens der Vormundschaftsrichter besser geeignet als der Prozeßrichter. Namentlich passe das Prozeßverfahren und der Anwaltszwang durchaus nicht für die hier in Rede stehenden Streitigkeiten. Wenn man ein Prozeßverfahren zulasse, so sei es nicht zu vermeiden, daß man dem beklagten Elternteil die Beweislast für das Vorhandensein eines wichtigen Weigerungsgrundes auferlege, wodurch er der Gefahr der Beweisfälligkeit ausgesetzt werde. Im Verfahren vor dem Vormundschaftsgerichte müsse zwar gleichfalls der Elternteil dem Richter die erforderlichen Unterlagen für eine seiner Auffassung entsprechende Entscheidung beschaffen, aber die Art des Verfahrens schließe eine ihm ungünstige Entscheidung aus dem formalen Grunde der Beweisfälligkeit aus. Auch eine eigene Kenntnis der in Betracht kommenden Familienverhältnisse werde beim Vormundschaftsrichter häufiger vorhanden sein als beim Prozeßrichter."

Für die nach dem Gesetz in Betracht kommenden Verhältnisse ist es unbedenklich, das hier Gesagte zu verallgemeinern und auf alle Fälle anzuwenden, auch auf diejenigen, in denen das Verfahren nur auf Antrag stattfindet, wie auch auf wirkliche Streitfälle. Aus dem Wesen der freiw. Ger. folgt sodann, daß hier das Prinzip der freien Beweiswürdigung gilt und der Richter das Ergebnis der Ermittlungen nach freier Überzeugung beurteilt.

4. Der § 12 gilt sowohl für die erste als auch für die Beschwerdeinstanz. Das Beschwerdegericht, als eine zu sachlicher Entscheidung berufene Instanz, ist verpflichtet, die für diese Entscheidung notwendigen tatsächlichen Unterlagen sich selbst zu verschaffen. Es darf sich nicht der ihm obliegenden Ermittlungspflicht durch Zurückweisung der Sache in die erste Instanz entziehen, ist aber nicht gehindert, für diese Ermittlungen die Mittätigkeit des Amtsgerichts im Wege des Ersuchens zu beanspruchen. Bayer.ObLG. 5. Juni 1900 in Seuff.Arch. 56 S. 86 Nr. 48, KG. 31. Juli 1901 in Rechtspr.d.OLG. 4 (1902) S. 97 unter b β. Wegen Anhörung von Beteiligten durch das Beschwerdegericht vgl. Anm. 2 c α. — Der Grundsatz hat auch Geltung für das Verfahren des Beschwerdegerichts in den Fällen § 60 Abs. 2, § 73 Abs. 1 BGB., für welche die sofortige Beschwerde nach den Vorschriften der ZPO. zugelassen ist. Diese Verweisung auf die ZPO. hat nur die Bedeutung, daß § 577 ZPO. zur Anwendung gelangen soll. So Dorner § 12 Anm. 5. — Dagegen kann er keine Geltung beanspruchen für das Verfahren in der Instanz der weiteren Beschwerde (§ 27), soweit es sich um den durch die Vorinstanzen festgelegten Tatbestand handelt.

5. Der in § 12 ausgesprochene Grundsatz in Verbindung mit dem Prinzipe, daß der Richter der freiw. Ger. seine Anordnungen von Amts wegen zu treffen hat, ist nicht bloß der wichtigste für das ganze Verfahren, er ist auch der wichtigste für die

Haftung des Richters freiw. Ger. aus Verletzung der ihm obliegenden Amtspflicht. Nach § 839 Abs. 1, 3 BGB. haftet der Richter, wenn er vorsätzlich oder fahrlässig die ihm einem Dritten gegenüber obliegende Amtspflicht verletzt, dem Dritten für den daraus entstehenden Schaden; im Falle der Fahrlässigkeit kann er nur dann in Anspruch genommen werden, wenn der Verletzte nicht auf andere Weise Ersatz erlangen kann. Die Ersatzpflicht tritt überhaupt nicht ein, wenn der Verletzte vorsätzlich oder fahrlässig unterlassen hat, den Schaden durch Gebrauch eines Rechtsmittels abzuwenden. Wann eine Amtspflicht dem Beamten nicht nur im Verhältnisse zum Staate, sondern auch gegenüber Dritten obliegt, bestimmt sich nach Beschaffenheit des Einzelfalles und wird sehr oft nicht leicht zu bestimmen sein; die Amtstätigkeit des Richters freiw. Ger. ist indessen fast ausnahmslos dazu bestimmt, außer dem öffentlichen Interesse, auch dem Interesse Dritter zu dienen. Kommt dazu noch das zwingende Offizialprinzip, so sind Fälle der Haftung des Richters im Gebiete der freiw. Ger. sehr leicht gegeben. Eine fahrlässige Verletzung der Amtspflicht liegt nach der Judikatur des Reichsgerichts schon dann vor, wenn der Beamte objektiv einen Fehler gemacht hat, auch im Falle falscher Rechtsanwendung, es sei denn, daß es sich in letzter Beziehung um eine bestehende Streitfrage oder wenigstens um eine „zulässige Auslegungsdifferenz" (RG. 41 S. 200) handelt. Für den Richter der freiw. Ger. kommt nicht die mildere Haftung nach Abs. 2 des § 839 BGB. zur Anwendung, dagegen ist die des § 841 BGB. praktisch. Für den Vormundschaftsrichter kommen noch die §§ 1674, 1848 BGB. in Betracht. Ein Richterkollegium als solches haftet nicht, sondern es haften nur die schuldigen Mitglieder; sind es mehrere, die haften, dann haften sie solidarisch (§ 840 BGB.). Literatur: Delius, Haftpflicht der Beamten; Boden, Haftung der Beamten der freiw. Ger. für Verschulden im ZentrBl. 2 S. 244 ff.; Nöldeke, Die zivilrechtliche Haftung des Richters nach dem BGB. in Gruchot 42 S. 795 ff.; Josef, Kom. § 1 Zus. V S. 19. Vgl. ferner Jahrb. des DR. I. Jahrg. 1 bei § 839 BGB.

§ 13.

Die Beteiligten können mit Beiständen erscheinen. Sie können sich, soweit nicht das Gericht das persönliche Erscheinen anordnet, auch durch Bevollmächtigte vertreten lassen. Die Bevollmächtigten haben auf Anordnung des Gerichts oder auf Verlangen eines Beteiligten die Bevollmächtigung durch eine öffentlich beglaubigte Vollmacht nachzuweisen.

---

1. Der Paragraph hat die Fälle im Auge, in denen ein Beteiligter persönlich oder durch einen Vertreter vor Gericht auftritt. Zweck und Veranlassung des Auftretens können sehr mannigfaltig sein. Das Auftreten kann in Terminen und außerterminlich, vor dem Richter oder dem Gerichtsschreiber statthaben. Auf alle Fälle soll der § 13 Anwendung finden, soweit nicht — § 1 — ein anderes bestimmt ist.

Unter Beteiligten werden hier die Beteiligten im technischen Sinne (vgl. § 6 Anm. 4a) verstanden, also diejenigen, deren Sache behandelt werden soll. Bei Beurkundung von Rechtsgeschäften dagegen — vgl. § 168 Satz 2; vgl. auch §§ 91, 93 — gelten diejenigen als die Beteiligten, welche erschienen sind und deren Erklärungen beurkundet werden sollen; mit dieser Maßgabe findet auf diese der Satz 1 des

§ 13 volle Anwendung, während Satz 2 nicht auf sie paßt. Hierzu und wegen des Satzes 3 vgl. § 168 Anm. 6.

Über die Fähigkeit, in A.d.fr.Ger. vor Gericht aufzutreten, und diejenigen Handlungen, welche zur Erledigung einer Sache erforderlich sind, bei Gericht vorzunehmen — also die der Prozeßfähigkeit im Sinne der ZPO. (§§ 51 ff.) entsprechende Eigenschaft — enthält das Gesetz keine allgemeinen Vorschriften. Es hat daher hier von Fall zu Fall die Prüfung einzutreten, ob der Beteiligte für die vorzunehmende Handlung nach den Bestimmungen des bürgerlichen Rechts die dazu erforderliche Geschäftsfähigkeit besitzt, ob eine gesetzliche Vertretung des Beteiligten besteht oder geboten ist, ob zu der Handlung eine besondere Ermächtigung notwendig ist oder nicht. Für bestimmte Fälle ist im Gesetz selbst (§§ 56, 59) Personen, die in der Geschäftsfähigkeit beschränkt sind, ein Antrags- und Beschwerderecht verliehen; die Konsequenz fordert, daß diesen Personen in Ansehung dieses Rechts die volle Fähigkeit, vor Gericht aufzutreten und alle dienlichen Schritte bei Gericht zu tun, zuerkannt wird. Es ist ferner mit Josef, Kom. § 13 Zus. I Abs. 2 S. 49 f. und Lehrbuch Kap. 10 B S. 49 f., ganz allgemein anzunehmen, daß, wenn einem in der Geschäftsfähigkeit Beschränkten die Gesetze die Fähigkeit beilegen, gewisse Handlungen — Rechtsgeschäfte oder andere — selbständig vorzunehmen, ihnen damit zugleich die Fähigkeit verliehen ist, die zur Durchführung dieser Handlungen notwendigen Rechtsakte vorzunehmen, d. h. also: für Akte, für welche der im übrigen in der Geschäftsfähigkeit Beschränkte Geschäftsfähigkeit genießt, genießt er auch die „Prozeßfähigkeit der freiw. Ger.". In demselben Maße, in dem hiernach jemand geschäftsfähig ist und selbst auftreten kann, muß er dann auch befugt sein, mit Beiständen zu erscheinen und Vollmachten behufs seiner Vertretung zu erteilen. Soweit einem solchen diese „Prozeßfähigkeit der freiw. Ger." mangelt, kann er auch nicht mit Zustimmung seines gesetzlichen Vertreters in eigener Sache selbständig auftreten. So Josef, Kom. § 13 Zus. I und II S. 51 und ZentrBl. 1 S. 841 ff. Wenn aber Josef den Minderjährigen wegen „Prozeßunfähigkeit" die Befugnis abspricht, rechtsgeschäftliche Erklärungen beurkunden zu lassen, so geht er zuweit, denn Minderjährige können auch ohne Einwilligung des gesetzlichen Vertreters Rechtsgeschäfte vornehmen (§§ 108 ff., 184 BGB.). Näheres vgl. § 176 Anm. 4 d.

Eine erhebliche Einschränkung des Erfordernisses der Geschäftsfähigkeit leitet sich für die A.d.fr.Ger. aus der Offizialmaxime nach § 12 her, dergemäß auch in der Geschäftsfähigkeit Beschränkte, ja Geschäftsunfähige — von der Unzulässigkeit, einen förmlichen Antrag zu stellen, abgesehen — das Gericht zu pflichtmäßiger Prüfung der von ihnen gegebenen Anregungen zu veranlassen in der Lage sind. Vgl. § 12 Anm. 2 a.

2. **Zu Satz 1**: Erscheinen mit Beiständen.

a) Unter Beistand ist der Gehilfe eines Beteiligten in der Verhandlung vor Gericht zu verstehen, nicht etwa ein bloßer dem Gericht gegenüber formell nicht hervortretender, wenngleich anwesender Berater. Soweit ein mit einem Beteiligten Erschienener nur das letztere sein soll, ist dazu jede Person geeignet, die der Beteiligte für geeignet hält, selbst ein Kind oder ein Taubstummer, mit dem sich kein anderer als der Beteiligte zu verständigen vermag, nicht ausgeschlossen. Eine solche Person steht lediglich unter der allgemeinen Sitzungsdisziplin des Gerichts und kann, soweit hieraus keine Gründe entnommen werden können, nicht zurückgewiesen oder entfernt werden. — Soll aber der Beistand Gehilfe in der Verhandlung und nicht bloß für die Verhandlung, also Gehilfe dem Gericht gegenüber sein, so muß er so geeigenschaftet sein, daß auch mit ihm verhandelt werden kann. Das Gesetz stellt keinerlei Anforderungen in Ansehung persönlicher Eigenschaften des Beistandes ausdrücklich auf und aus der Rechtsstellung des letzteren (vgl. Anm. b) können irgendwelche persönliche Eigenschaften als unerläßlich nicht hergeleitet werden außer der bezeichneten. Die Möglichkeit, daß auch ein im Sinne des Gesetzes Geschäftsunfähiger doch zur Unterstützung des Beteiligten Dienliches vorbringen könnte, ist nicht als gänzlich ausgeschlossen zu betrachten, so daß die Befugnis, als Beistand aufzutreten, bzw. eine Person als Beistand mitzubringen, ihre Schranke lediglich in der Unfähigkeit der Beistandsperson findet, mit dem Gericht zu verhandeln u. zw. zu verhandeln, wie die Sache es erfordert. Praktisch stellt sich die Sache also geradeso, wie in § 157 Abs. 1 ZPO. fixiert ist; der Beistand kann nur zurückgewiesen werden, wenn er unfähig ist, geeignet zu verhandeln. Liegt diese Unfähigkeit in dem Mangel, sich der (deutschen) Gerichtssprache zu bedienen, so wird insbesondere das Gericht nicht verpflichtet sein, aus diesem Grunde einen Dolmetscher heranzuziehen. A. M. die meisten Kommentare, die Geschäftsunfähige (§ 104 BGB.) ganz allgemein und ohne weiteres für unfähig erklären, als Beistände aufzutreten. So auch Schneider § 13 Anm. 1, der aber trotzdem, ebenso wie Weißler § 13 Anm. 5, das Gericht für verpflichtet erachtet, auch den unfähigsten Beistand anzuhören. — Im übrigen herrscht Einverständnis darüber, daß es gleichgültig ist, ob die als Beistand zugezogene Person rechtskundig, Rechtsanwalt, Rechtskonsulent, Prozeßagent, ob sie volljährig, prozeßfähig, ob sie verwandt, verschwägert mit dem Beteiligten ist oder nicht.

Die von dem Gericht (oder Notar) zu Beurkundungen unter Umständen heranzuziehenden Personen, wie Dolmetscher, Gerichtsschreiber, Zeugen, zweiter Notar (vgl. §§ 169, 177, 178) haben nicht den Charakter von Beiständen im Sinne des § 13; ebensowenig ist hier an Beistände im Sinne des § 1687 ff. BGB. (welche der Mutter zu bestellen sind) gedacht.

b) Die Rechtsstellung des Beistandes ist nicht diejenige eines Beistandes im Sinne des § 90 Abs. 2 ZPO., wonach das von dem Beistande Vorgetragene als von der Partei vorgebracht gilt, insoweit es nicht von dieser sofort widerrufen oder berichtigt wird. Eine solche Stellung kommt einem Beistand erst zu, wenn sie ihm ausdrücklich durch das Gesetz zugesprochen ist; das ist für das Gebiet der freiw. Ger. nicht geschehen. Hier ist demnach nach allgemeinen Regeln das Vorbringen des Beistandes für den Beteiligten nur dann verpflichtend und als von diesem vorgetragen anzusehen, wenn und soweit es dieser ausdrücklich oder stillschweigend genehmigt hat. Daraus ergibt sich auch schon, daß der Beistand nicht geschäftsfähig zu sein braucht.

Legitimiert wird der Beistand einfach dadurch, daß der Beteiligte ihn mitbringt und seine Eigenschaft als Beistand bestätigt.

c) Der Wortlaut der Vorschrift ergibt, daß die Zuziehung von Beiständen lediglich im Ermessen der Beteiligten liegt; das Mitbringen von solchen ist in allen A.d.fr.Ger. gestattet.

d) Die für die Tätigkeit eines Beistandes etwa aufzuwendenden Kosten sind von demjenigen aufzubringen, welcher den Beistand mitbringt. Vgl. wegen Beiordnung im Armenrecht § 14.

3. Zu Satz 2 und 3: Vertretung durch Bevollmächtigte.

a) Es handelt sich hier nur um Vertretung auf Grund von Rechtsgeschäften, also nicht um eine auf Gesetz, amtlicher Anordnung oder organisatorischen Bestimmungen beruhende allgemeine Vertretungsbefugnis. Gesetzliche Vertreter, Testamentsvollstrecker, die Organe juristischer Personen, die Vertreter von Aktiengesellschaften ꝛc. müssen die Vertretungsbefugnis durch öffentliche Urkunden nachweisen.

b) Wenn der Satz 2 ganz allgemein ausspricht, daß die Beteiligten sich durch Bevollmächtigte vertreten lassen können, so ist zunächst zu beachten, daß er nur an eine formelle Vertretungsbefugnis in einer Verhandlung und für eine Verhandlung vor dem Gerichte denkt, an eine Verfahrensvorschrift. Aus diesem Umstand und im Hinblick auf § 1 und § 185 in Verbindung mit Art. 2 bis 5 und 32 Einf.z.BGB. und aus der von Satz 2 gezogenen Einschränkung, daß die Vertretung ausgeschlossen ist, soweit das Gericht das persönliche Erscheinen eines Beteiligten anordnet, ergibt sich folgendes:

α) Der Satz 2 will nur eine Verfahrensvorschrift sein, d. h. er will nur aussprechen, daß ein Beteiligter die von ihm vor Gericht vorzunehmenden Handlungen und abzugebenden Erklärungen formell durch einen Vertreter besorgen lassen könne. Eine materiell-rechtliche Bedeutung über die Befugnis zur Vertretung im Willen beansprucht die Vorschrift dagegen nicht. Wo eine Vertretung im Willen ausgeschlossen, aber eine Vertretung in der Erklärung des Willens zugelassen ist, da bleibt jene Ausschließung bestehen und diese Vertretung zulässig. Fälle dieser Art sind die Anfechtung der Ehe nach dem Tode des zur Anfechtung nicht berechtigten Ehegatten, die Anfechtung der Ehelichkeit eines Kindes nach dessen Tode, die Anfechtung der Anerkennung der Ehelichkeit eines Kindes nach dessen Tode, die Anfechtung einer in einem Ehevertrag zugunsten eines Dritten getroffenen Verfügung nach dem Tode des einen Vertragschließenden durch entsprechende Erklärungen gegenüber dem Nachlaßgerichte; §§ 1342 (1336 Abs. 1 Satz 1), 1597 (1595 Abs. 1 Satz 1), 1599 (1595), 2282 (2281) BGB. Vgl. Fuchs im „Recht" 4 S. 300; Josef, Lehrb. Kap. 11 unter 2 S. 75 f.

Wo nach dem Gesetze auch eine Vertretung in der Erklärung des Willens ausgeschlossen ist, da ist auch eine Vertretung durch Bevollmächtigte trotz § 13 nicht möglich. Das ist überall der Fall, wo das Gesetz verlangt, daß das Rechtsgeschäft persönlich vorgenommen werden müsse. Die hierher gehörigen Bestimmungen — § 2064, § 2256 Abs. 2 Satz 2, § 2274, § 2290 Abs. 2 Satz 1, § 2347 Abs. 2 Satz 1, §§ 2351, 2352 BGB. — betreffen indessen alle nur Beurkundungen. Vgl. daher § 168 Anm. 6.

Anmeldungen zum Handels- und Vereinsregister können auch durch Bevollmächtigte vorgenommen werden; dagegen ist als Sondervorschrift zu verzeichnen, daß die Anmeldungen zum Genossenschaftsregister durch sämtliche Mitglieder des Vorstandes ꝛc. persönlich zu bewirken oder in beglaubigter Form einzureichen sind und daß Anmeldung durch Bevollmächtigte ausgeschlossen ist; vgl. § 157 des Genossenschaftsgesetzes v. 1. Mai 1889/20. Mai 1898 und Bekanntmachung des Reichskanzlers v. 1. Juli 1899 § 6 Abs. 3 (RGBl. S. 347). KG. 5. Oktober 1903 in Johow 26 S. A 232 Nr. 67.

β) Eine weitere Einschränkung erleidet die Befugnis, sich durch einen Bevollmächtigten vertreten zu lassen, in den Fällen, in denen eine persönliche Handlung gefordert wird, die ihrer Natur nach von einem Vertreter nicht geleistet werden kann. Hierher gehören Eidesleistungen (§ 12 Anm. 2cγ, §§ 79, 163), die Verpflichtungserklärung des Vormunds, Gegenvormunds, Pflegers durch Handschlag an Eides Statt (§ 1789, § 1792 Abs. 4, § 1915 Abs. 1 BGB.). Auch die Versicherung an Eides

Statt (§ 15) gehört hierher, z. B. die eidesstattliche Versicherung über die Richtigkeit der zur Erlangung eines Erbscheins gemachten Angaben (§ 1356 BGB.). Ebenso Eichhorn in Gruchot 45 S. 234: OLG. Colmar 25. März 1903 im „Recht" 7 S. 211 Nr. 1136. Dagegen hält die Versicherung an Eides Statt für zulässig Boschen, Erbschein und Recht der Erbfolge, S. 47 und Josef, Kom. § 13 Anm. 5a. — (Die durchweg in den Kommentaren hierbei ebenfalls aufgeführte Beschränkung der Vertretung bei Zeugenaussagen gehört nicht hierher, denn der Zeuge ist nicht Beteiligter im Sinne des § 13).

γ) Endlich erleidet die Befugnis, sich durch einen Bevollmächtigten vertreten zu lassen, eine Einschränkung, wenn das Gericht das persönliche Erscheinen des Beteiligten anordnet. Das Gesetz steht auf dem Standpunkt, daß auf dem Gebiete der freiw. Ger. eine mündliche Erörterung mit den Beteiligten selbst nicht selten im gemeinsamen Interesse derselben liege und daß deshalb dem Gerichte die Möglichkeit gegeben werden muß, eine solche in geeigneten Fällen herbeizuführen. Denkschr. S. 35. Die Anordnung ist daher stets — vgl. auch § 91 — zulässig und ist nach pflichtmäßigem Ermessen zu treffen, wenn das Gericht sie für ersprießlich erachtet. Zwangsmittel zur Durchführung der Anordnung stehen dem Gerichte nach Reichsrecht nur in den Fällen der §§ 1837, 1915, 1694 BGB. gegen Vormund, Gegenvormund, Pfleger, Beistand zu. Im übrigen ist die Regelung der Zwangsgewalt der Gerichte den Landesgesetzgebungen überlassen und diese haben ohne Ausnahme den Gerichten die Befugnis verliehen, die Beteiligten durch Ordnungsstrafen zum persönlichen Erscheinen anzuhalten. Vgl. Anm. zu § 33. — Ordnungsstrafen können indessen nicht angewendet werden nach der allgemeinen Meinung, um den im Auseinandersetzungsverfahren zum Termine persönlich beorderten Beteiligten zum Erscheinen zu zwingen. Vgl. § 91 Anm. 5. — Eine Einschränkung dieser Befugnis in der Richtung, daß das Gericht nur solche Beteiligte, die in seinem Bezirke wohnen, zum persönlichen Erscheinen zwingen könne, besteht gesetzlich nicht; doch wird es selbstverständlich der sorgfältigsten Erwägung bedürfen, ob das Gericht entfernt wohnende Beteiligte vor sich bescheiden soll. Schultze-Görlitz § 13 Anm. 1.

Ordnet das Gericht das persönliche Erscheinen an, so bekundet es damit zwar, daß es die Erörterung mit dem Beteiligten persönlich für nötig oder nützlich hält. Daß es darum aber einen statt des Beteiligten erschienenen Vertreter unter allen Umständen zurückweisen und die Verhandlung verweigern sollte, wie anscheinend Birkenbihl § 13 Anm. 3 u. a. wollen, scheint mir nicht richtig. Es dürfte vielmehr dem Offizialverfahren besser entsprechen, wenn der Richter auch mit dem Vertreter zum Ziele zu gelangen suchte, unbeschadet selbstverständlich des Rechts, den Vertreter zurückzuweisen und das Ordnungsstrafverfahren weiterzuführen. Vgl. hierzu § 16 Anm. 3a α. — Ein Präjudiz für die Sache selbst knüpft das Gesetz an das Ausbleiben des beorderten Beteiligten nicht; vgl. jedoch § 91 Anm. 5 und 6.

Erscheint der Beteiligte, so ist es ihm auch in diesem Falle unbenommen, einen Beistand im Sinne des Satzes 1 mitzubringen. A. M. Schultze-Görlitz § 13 Anm. 3 und nach Birkenbihl § 13 Anm. 3 auch Jastrow.

c) Auch darüber sagt das Gesetz nichts, wer Bevollmächtigter sein kann. Daß es ein Geschäftsunfähiger nicht sein kann (§§ 104, 105 BGB.), ist richtig und allgemeine Meinung. Im übrigen gehen die Ansichten auseinander. Die herrschende Meinung geht dahin, daß aus § 165 BGB. — wonach die Wirksamkeit einer von oder gegenüber einem Vertreter abgegebenen Willenserklärung nicht dadurch beeinträchtigt wird, daß der Vertreter in der Geschäftsfähigkeit beschränkt ist, — zu folgern sei, daß auch eine in der Geschäftsfähigkeit beschränkte Person Bevollmächtigter sein könne. Schneider § 13 Anm. 4 will dort, wo es sich um förmliche Anträge oder um Einlegung der Beschwerde handelt, nur geschäftsfähige Personen als Bevollmächtigte zulassen, selbst wenn Personen, die in der Geschäftsfähigkeit beschränkt sind, im Einzelfall antragsberechtigt sind, wie nach § 59. Josef, Lehrb. Kap. 11 unter C S. 79 und Kom. § 13 Zus. II S. 50f. dagegen vertritt die Ansicht, daß überhaupt nur vollständig geschäftsfähige Personen als Bevollmächtigte zulässig seien. Er geht davon aus, daß die Angehung des Gerichts (oder Notars) eine Willenserklärung enthalte, die der Minderjährige selbständig d. h. ohne Genehmigung seines Vormunds nicht abgeben könne. Lege der Minderjährige eine Vollmacht vor, so stehe damit noch nicht fest, daß eine (rechtsgültige) Bevollmächtigung vorliege; denn zum Abschluß des Vollmachtsvertrags bedürfe der Minderjährige der Genehmigung seines Vormunds, die durch Vorlegung der Vollmacht nicht dargelegt werde und durch § 13 sei das Gericht nur ermächtigt, den Nachweis einer Vollmacht, nicht aber den der Genehmigung des Vertreters zu fordern. Aus § 165 BGB. folge aber, daß der Rechtssatz, wonach Minderjährige als Vertreter nicht bestellt werden können, eine reine Ordnungsvorschrift sei, so daß die von dem ordnungsmäßig als Vertreter zugelassenen Minderjährigen abgegebenen Erklärungen rechtswirksam seien. Siehe ferner Josef im ZentrBl. 1 (1901) S. 841ff., dagegen Stein das. S. 673 und Keiner im Jurist. Literaturbl. 1900 S. 167. Die Ansicht von Josef erscheint nicht zutreffend. Die Frage, ob und inwieweit der in der Geschäftsfähigkeit Beschränkte Willenserklärungen nicht ohne Genehmigung des gesetzlichen Vertreters abgeben dürfe, kommt für die Vertretung nicht in Betracht; denn nicht auf den Vertreter, sondern auf den Vertretenen fallen die Wirkungen der von jenem abgegebenen Erklärungen. Daher kann auch ein in der Geschäftsfähigkeit Beschränkter als Vertreter vollwirksam Rechsgeschäfte abschließen (§ 165 BGB.) Damit ist ihm aber auch zugleich die Fähigkeit zuerkannt, die Vollmachtserklärung selbständig und wirksam anzunehmen. Er übernimmt aus der Vertretung keine Haftung, so daß er der Genehmigung seines gesetzlichen Vertreters bedürfte (§ 107 BGB.), es sei denn, daß er gerade mit Zustimmung seines gesetzlichen Vertreters gehandelt hätte; § 179 Abs. 3 Satz 2 BGB. Aus der letzteren Bestimmung ist aber auch unmittelbar zu schließen, daß nach BGB. der in der Geschäftsfähigkeit Beschränkte auch ohne Genehmigung seines gesetzlichen Vertreters den Vollmachtsvertrag selbständig schließen kann. Vgl. Endemann, Einführung in das BGB. 1 S. 340 unter II. — Wegen Anwendung auf das Beurkundungswesen vgl. Anm. 1 und § 168 Anm. 6.

Im übrigen gilt das über Beistände Gesagte. Insbesondere ist zu bemerken, daß Personen, welche das Verhandeln vor Gericht geschäftsmäßig betreiben (Rechtskonsulenten, Prozeßagenten) nicht wie im Zivilprozeß (vgl. § 157 Abs. 2 ZPO.) vom Gericht zurückgewiesen werden können.

d) Eine bestimmte Form der Vollmacht ist in A.d.fr.Ger. nicht vorgeschrieben, ausgenommen für gewisse Fälle, so in § 108 unten, in den §§ 1945, 1955 BGB. (Ausschlagung der Erbschaft sowie Anfechtungserklärung betr. einer solchen Ausschlagung oder einer Annahme) und § 12 HGB. (Anmeldungen zur Eintragung in das Handelsregister). Abgesehen von solchen Fällen genügt also im allgemeinen jede Form der Bevollmächtigung. Die Vollmacht wird erteilt durch Erklärung gegenüber dem zu Bevollmächtigenden oder dem Dritten, dem gegenüber die Vertretung stattfinden soll oder durch öffentliche Bekanntmachung. Der Mitteilung an den Dritten steht es gleich, wenn der Vollmachtgeber dem Vertreter eine schriftliche Vollmacht ausgehändigt hat und der Vertreter sie dem Dritten vorlegt. BGB. §§ 167, 171, 172, 174. Wegen Erlöschens der Vollmacht vgl. §§ 170 bis 174, 176 BGB. Hat sich ein Bevollmächtigter formgerecht legimitiert, so ist der Nachweis, daß die Vollmacht nicht widerrufen, der Vollmachtgeber nicht gestorben, die Vollmachtsurkunde nicht für kraftlos erklärt sei, nur dann zu fordern, wenn besondere Umstände Zweifel an dem Fortbestehen der Vollmacht rechtfertigen. Eccius in Gruchot 45 S. 498; ZentrBl. 1 (1901) S. 978 Nr. 234.

Zum Nachweise der Legitimation des Vertreters bedarf es der Vorlegung der Ausfertigung der Vollmacht in öffentlich beglaubigter Form nur dann, wenn das Gericht sie anordnet oder ein Beteiligter sie verlangt. Befindet sich die Vollmacht in dieser Form bereits bei den Akten, so ist eine Bezugnahme darauf ausreichend; eine beglaubigte Abschrift genügt nicht. Gericht und Beteiligte können sich auch mit jedem anderen Nachweise begnügen, z. B. mit der einfachen mündlichen Erklärung des Vertreters, bevollmächtigt zu sein; es kommt nur auf ihre Überzeugung an, daß eine gültige Vollmacht besteht. Was insbesondere das Gericht anlangt, so hat es zufolge des Offizialprinzips (§ 12) von Amts wegen darüber zu wachen, daß nicht von einem Vertreter ohne Vertretungsmacht nichtige oder anfechtbare Erklärungen vor ihm abgegeben werden und es muß daher, wenn ein anderer Nachweis ihm nicht ausreichend erscheint, das Verlangen nach der Vorlegung einer urkundlichen Vollmacht an den Vertreter stellen. KG. 30. Juni 1902 in Johow 24 S. 148 Nr. 43. Über die Wichtigkeit des Umstandes, daß eine Vollmacht besteht, vgl. § 16 Anm. 3. Daß das Gericht einen Vertreter z. B. eines unehelichen Vaters, wenn es sich um dessen Verpflichtung zur Unterhaltsabfindung gegenüber dem unehelichen Kinde handelt, soll zulassen können, ohne daß derselbe seinen Vollmachtgeber nennt, wie das Landgericht Dresden (6. Juli und 22. September 1900, vgl. ZentrBl. 1 S. 467 Nr. 248 und Soergel 1900/01 S. 604 § 13 unter a) angenommen hat, erscheint nicht angängig; es verstieße das gegen den eben bezeichneten Grundsatz, weil der Richter nicht prüfen könnte, ob die Vollmacht überhaupt gültig ist. Vgl. auch Josef, Lehrb. S. 75. A. M. anscheinend OLG. Rostock (9. Juli 1901, vgl. Warneyer 1 S. 263, „Recht" 6 S. 74 Nr. 302), das die Gerichte überhaupt nicht für verpflichtet hält, den Mangel der Vollmacht von Amts wegen zu berücksichtigen. Einen Vertreter, dessen Vollmacht das Gericht nicht für festgestellt erachtet, kann es nicht zulassen. So auch Rausnitz § 13 Anm. 8. — Wegen Anwendung dieser Sätze auf das Beurkundungswesen vgl. Anm. 1 und § 168 Anm. 6.

Es steht indessen nichts im Wege, daß das Gericht einen Vertreter, den es für bevollmächtigt hält, der aber den Nachweis der Bevollmächtigung in der Form des Satzes 3 nicht sogleich erbringen kann, vorläufig zuläßt, z. B. wenn die Ausschlagung der Erbschaft vor dem Nachlaßgericht erfolgt; vgl. § 1945 Abs. 2 Satz 2. Ehe es einen Antrag zurückweist, hat es auf alle Fälle — da der § 13 die Vorlage einer urkundlichen Vollmacht erst auf Anordnung vorschreibt — zunächst den Vertreter zur Einreichung der urkundlichen Vollmacht aufzufordern und kann erst dann, wenn innerhalb einer angemessenen Frist die Vollmacht nicht eingeht, den Antrag mangels Legitimation zurückweisen. Vgl. Bayer.OLG. 7. Dezember 1900 in Seuff.Arch. 56 S. 485 Nr. 271, Rechtspr.d.OLG. 4 S. 100, KG. 30. Juni 1902 in Johow 24 S. A 148 Nr. 43, Rechtspr.d.OLG. 6 S. 483. Vgl. § 91 Anm. 7. Außer dem Gericht kann jeder Beteiligte das Verlangen stellen, daß der Vertreter seine Bevollmächtigung in der in Satz 3 angegebenen Weise nachweise. Wird dies Verlangen gestellt, so ist der Richter allerdings nicht in der Lage, einen Vertreter, den er auch ohne Vorlegung einer öffentlich beglaubigten Vollmacht für genügend legitimiert hält, zuzulassen; aber da das Recht der Beteiligten nicht weiter geht, als das des Richters, so muß auch hier der vollständigen Zurückweisung des Vertreters das Verlangen und die Belassung einer angemessenen Frist zu dessen Erfüllung vorausgehen. Vgl. auch Dorner § 13 Anm. 5, Rausnitz § 13 Anm. 9, die indessen die Konsequenz dahin ziehen, der Richter könne in diesem Falle überhaupt nicht verhandeln. Soweit es allerdings auf ein Verhandeln mit Vertreter und einem (anderen) Beteiligten ankommt, kann dieser die Verhandlung tatsächlich vorläufig vereiteln.

Die öffentliche Beglaubigung erfolgt nach dem § 129 BGB. in der Weise, daß die Erklärung (der Bevollmächtigung) schriftlich abgefaßt und die Unterschrift des Erklärenden von der zuständigen Behörde oder einem zuständigen Beamten oder Notar beglaubigt werden. Wird die Erklärung von dem Aussteller mittels Handzeichen unterzeichnet, so ist die gerichtliche oder notarielle Beglaubigung erforderlich und genügend. Die öffentliche Beglaubigung wird durch die gerichtliche oder notarielle Beurkundung der Erklärung ersetzt. Zuständig sind reichsgesetzlich neben den Notaren die Amtsgerichte, deren Zuständigkeit aber landesgesetzlich ausgeschlossen werden kann (vgl. dazu § 191 Abs. 2 und dortselbst Anm. 2), die Reichskonsuln, die Bezirksrichter in den Schutzgebieten, im Felde die Kriegsgerichtsräte und Oberkriegsgerichtsräte; vgl. § 1 Anm. 3. Weder dem Gericht noch dem Beteiligten steht es zu, eine bestimmte Art der hiernach in mehreren Formen möglichen öffentlichen Beglaubigung zu fordern.

e) Der Umfang der Befugnisse des Bevollmächtigten hat nicht, wie dies für den Zivilprozeß durch § 81 geschehen, eine feste Umschreibung erfahren. Während im Zivilprozeß der Mindestumfang der Vollmacht feststeht und eine Beschränkung desselben nur in bezug auf ausdrücklich bezeichnete Punkte zulässig, darüber hinaus aber ohne rechtliche Wirkung ist (ZPO. § 83), wird für die freiw. Ger. ein solcher Mindestumfang gesetzlich nicht deklariert. Es steht im vollsten Belieben der Beteiligten, den Umfang der Vollmacht zu bestimmen, der letztere ist daher lediglich aus dem Inhalte der Vollmacht durch Auslegung festzustellen. Spezialvollmachten kennt das BGB. nicht; eine solche kann daher nicht verlangt werden und ist auch zu keinem Verfahrensakte notwendig. Ist sie erteilt, so reicht natürlich der Umfang der Befugnisse nicht weiter als für den Akt, den sie bezeichnet. Als Generalvollmachten kommen in Betracht Vollmachten für alle Vermögensangelegenheiten des Vollmachtgebers und Vollmachten für die zu betreibende Sache d. h. die ganze Sache; in beiden Fällen ist nach allgemeinen Grundsätzen anzunehmen, daß, wenn Einschränkungen nicht gemacht sind, die Vollmacht auch die Rechtsmittelinstanzen umfaßt. So auch Fuchs § 13 Anm. 4 unter Bezugnahme auf Wetzell, System des ordentlichen Zivilprozesses § 10 S. 83.

Aus dem Inhalt ist auch zu entnehmen, inwieweit der Bevollmächtigte zu Substituierungen berechtigt ist; im Zweifel ist er es nicht (§ 664 BGB.).

Wegen der Stellung des Bevollmächtigten und Vollmachtgebers in Ansehung von Bekanntmachung von Verfügungen und Zustellungen vgl. § 16 Anm. 2b und 3a α.

f) Im Anschluß an § 15 GBO. kennt das Gesetz in einer Reihe von Fällen —

§§ 71, 100, 124, 129, 147, 159, 161 — eine vermutete Vollmacht für den Notar, der Erklärungen beurkundet hat, die zu Eintragungen in die in den Paragraphen bezeichneten öffentlichen Bücher erforderlich sind. Ein solcher Notar soll ermächtigt sein, im Namen des Antragsberechtigten die Eintragung in die Bücher zu beantragen. Von einem solchen Notar darf der Nachweis einer Vollmacht für diese Antragsbefugnis nicht gefordert werden. Für den Fall des § 161 in Verbindung mit § 129 hat jedoch das KG. 5. November 1900 in Zus.d.RJAmts 1 S. 199, Johow 21 S. A 88 Nr. 18, Rechtspr.d.OLG. 1 S. 494 Nr. 198 und OLG. Colmar 26. März 1902 — vgl. „Recht" 6 S. 211 Nr. 1011 — angenommen, daß der Notar für den Antrag, die güterrechtlichen Bestimmungen eines von ihm aufgenommenen Ehevertrags in das Güterrechtsregister einzutragen, der Vollmacht bedürfe, sofern nicht die Vertragsschließenden in dem Ehevertrage den Willen erklärt haben, die Eintragung durch den Notar bewirken zu lassen. Grund: weil ein gesetzlicher Zwang zur Eintragung nicht besteht. A. M. Josef, Lehrb. S. 85. — Die für die Vollmacht des Notars sprechende Vermutung ist auf die angegebenen Fälle, einschließlich des § 15 GBO. beschränkt; im übrigen bedarf der Notar ebenfalls einer Vollmacht. So z. B. ist er, wenn er einen Vertrag beurkundet hat, bei dem ein Minderjähriger beteiligt ist, nicht ohne weiteres zur Einholung der vormundschaftsgerichtlichen Genehmigung legitimiert. bloß weil er den Vertrag beurkundet hat. Vgl. Josef, Lehrb. S. 81.

In der ersten Auflage ist die Ansicht vertreten gewesen, daß die vermutete Vollmacht des Notars in den vorgedachten Fällen sich nur auf den Antrag bezöge, mit einer formellen für die ganze Sache ausdrücklich erteilten Vollmacht, welche nach allgemeinen Grundsätzen die Befugnis zur Beschwerdeerhebung und Vertretung in den Rechtsmittelinstanzen mitumfaßt, nicht auf eine Stufe zu stellen sei, und somit eine Ermächtigung des Notars, Beschwerde und weitere Beschwerde zu erheben, ohne weiteres nicht enthalte. Ebenso Dorner § 29 Anm. 3 und Fuchs § 29 Anm. 2β. A. M. die übrigen Kommentare, weil (was an sich nicht zu bestreiten ist, vgl. § 18 Anm. 2a a. E.) in der Beschwerdeführung nur eine erneute Antragstellung zu sehen sei; desgleichen auch die Rechtsprechung: KG. 24. Juli 1900 in Rechtspr.d.OLG. 1 S. 266 Nr. 163; OLG. Hamburg 10. August 1900 in Seuff.Arch. 56 S. 133 Nr. 77, 8. September 1900 in Zus.d.RJAmts 1 S. 153 ff., Johow 20 S. D 31 Nr. 9. Vgl. weiter § 21 Anm. 4 a. E. Nicht klar zu erkennen ist die Ansicht des Bayer.OLG. 18. April 1901 in Zus.d.RJAmts 2 S. 107, Johow 22 S. D 3 und ZentrBl. 2 S. 203. Ich halte die frühere Ansicht aufrecht. Siehe auch jetzt für diese Ansicht Bayer.OLG. 20. März 1903 im „Recht" 7 S. 211 Nr. 1141. Näheres vgl. bei § 21 Anm. 4 und § 29 Anm. 3cβ. S. auch § 20 Anm. 3 a. E. Vgl. Schiffer im „Recht" 5 S. 586, dagegen jetzt in Gruchot 46 S. 347.

Eine ganz andere Frage ist, ob der Notar jedesmal zum Nachweise seiner Vertretungsbefugnis anzuhalten ist; vgl. unter d.

§ 14.

Die Vorschriften der Zivilprozeßordnung über das Armenrecht sowie die Vorschriften der §§ 34—36 der Rechtsanwaltsordnung finden entsprechende Anwendung.

1. Das Kosten- und Gebührenwesen in A.d.fr.Ger. ist reichsgesetzlich

nicht geregelt, sondern — von einzelnen Vorschriften (vgl. §§ 138, 152) abgesehen — der Landesgesetzgebung überlassen.

Die Frage, ob und inwieweit von mehreren an einer A.d.fr.Ger. Beteiligten einer gegen den anderen einen Anspruch auf Erstattung der ihm durch das Verfahren erwachsenen Kosten habe, ist materiellen Rechts und ist nach dem zugrunde liegenden Rechtsverhältnis und den Vorschriften des bürgerlichen Rechts zu entscheiden. Für einzelne Angelegenheiten enthält das BGB. über die Pflicht zur Tragung der Kosten ausdrückliche Vorschriften. So hat z. B. nach den §§ 261, 2028, 2057 BGB. die Kosten der Abnahme des Offenbarungseides derjenige zu tragen, welcher die Abnahme verlangt; ebenso fallen nach den §§ 1034, 1035, 1067, 1093, 1372, 1528, 2122 die Kosten der Feststellung des Zustandes oder des Wertes einer Sache sowie die Kosten der Aufnahme eines Verzeichnisses dem zur Last, auf dessen Verlangen die Aufnahme erfolgt. Im Falle des § 1217 BGB. geschieht ferner die Bestellung eines Verwahrers auf Kosten des Pfandgläubigers. Vgl. dazu die §§ 163 bis 165 und die Anm. dort. Vgl. ferner § 254 HGB. über die Kosten einer Generalversammlung einer Aktiengesellschaft. Neben diesen Vorschriften kommen noch für die Frage, ob einer von mehreren Beteiligten gegen die übrigen einen Anspruch auf Ersatz von Kosten hat, die allgemeinen Vorschriften des bürgerlichen Rechts, insbesondere die Grundsätze von der Gemeinschaft oder der Gesellschaft, dem Auftrag oder der Geschäftsführung ohne Auftrag, von der ungerechtfertigten Bereicherung und den unerlaubten Handlungen in Betracht. Zur Ergänzung haben hier die Landesgesetzgebungen eingegriffen. — Der Ansicht des OLG. Hamburg 31. Oktober 1902, daß die Bestimmung des § 91 ZPO. ohne Einschränkung auf das Verfahren der freiw. Ger. analog anwendbar seien — vgl. Rechtspr.d.OLG. 7 S. 280 nach Warneyer 2 (1904) S. 466 —, dürfte nur mit Vorbehalt zuzustimmen sein.

2. Der **§ 14** ist durch die Reichstagskommission in das Gesetz eingestellt und mit dem Hinweise begründet worden, daß es der Idee des Rechtsstaates entspräche, dem auf dem Gebiete des Zivil- und Strafprozesses gültigen Prinzipe, das sich im § 14 ausspricht, auch auf dem Gebiete der freiw. Ger. Geltung zukommen zu lassen, daß in vieler Beziehung eine vollkommene Ähnlichkeit der Verhältnisse, welche nach Maßgabe dieses Gesetzes und derjenigen, welche nach der ZPO. ihre Ordnung erführen, bestände und daß damit die Notwendigkeit gegeben sei, das Armenrecht in übereinstimmender Weise zu regeln. Kom.Ber. S. 14.

3. Die angezogenen Vorschriften der ZPO. über das Armenrecht finden sich in den §§ 114 bis 127 ZPO.; siehe Anlage 3.

4. Die §§ 34 bis 36 der RAO. v. 1. Juli 1878 (RGBl. S. 177) lauten:

§ 34. Einer Partei, welcher das Armenrecht bewilligt ist, kann auch, insoweit eine Vertretung durch Anwälte nicht geboten ist, zur vorläufig unentgeltlichen Wahrnehmung ihrer Rechte von dem Prozeßgericht ein Rechtsanwalt auf Antrag beigeordnet werden.

§ 35. Gegen die Entscheidung, durch welche die Beiordnung eines Rechtsanwalts abgelehnt wird, steht der Partei die Beschwerde nach Maßgabe der Zivilprozeßordnung zu.

§ 36. Die Auswahl eines beizuordneten Rechtsanwalts erfolgt durch den Vorsitzenden des Gerichts aus der Zahl der bei diesem zugelassenen Rechtsanwälte.

Gegen die Verfügung steht der Partei und dem Rechtsanwalte die Beschwerde nach Maßgabe der Zivilprozeßordnung zu.

5. Ein Anwaltszwang besteht im Verfahren der freiw. Ger. nicht; auch nicht in den Fällen der weiteren Beschwerde, § 29, da hier für die Beteiligten der Weg offen steht, die weitere Beschwerde, statt mittels Beschwerdeschrift, zu Protokoll des Gerichtsschreibers eines der drei in Satz 1 genannten Gerichte einzulegen; doch wird der § 14 hauptsächlich in den Fällen des § 29 praktisch werden, wenn in verwickelteren Fällen ein Beteiligter die Unterstützung eines rechtskundigen Anwalts zu benötigen glaubt; auch im Streitverfahren und Auseinandersetzungsverfahren dürfte die Bestimmung praktisch werden.

Daß das Beschwerdegericht unterlassen hat, dem Beschwerdeführer für die weitere Beschwerde einen Rechtsanwalt beizuordnen, gibt keinen Grund für die weitere Beschwerde ab. Bayer.O.LG. 3. Januar 1903 nach Warneyer 2 (1904) S. 466.

6. Der § 14 gilt für alle durch Reichsgesetz den Gerichten übertragene A.d.fr.Ger., also auch für die Beurkundungen von Rechtsgeschäften rc. gemäß dem 10. Abschnitte. A. M. Weißler § 14 Anm. 2 und Schneider § 14 Anm. 1. Er gilt nicht auf Grund dieses Gesetzes für Grundbuchsachen, da diese nicht zu den durch Reichsgesetz den Gerichten übertragenen Angelegenheiten gehören (vgl. § 1 Anm. 1d); hier gilt er nur, soweit er durch Landesgesetz für anwendbar erklärt ist.

Gemäß § 194 gilt der § 14, wenn nach Landesgesetz für die in § 1 bezeichneten Angelegenheiten andere als gerichtliche Behörden zuständig sind, auch für diese anderen Behörden.

7. Wegen des Ausdrucks „finden entsprechende Anwendung" vgl. § 1 Anm. 1f.

Was insbesondere die entsprechende Anwendung der Vorschrift des § 127 ZPO. — daß nämlich gegen den Beschluß, durch welchen das Armenrecht verweigert oder entzogen oder die Nachzahlung von Kosten angeordnet wird, die Beschwerde stattfinde — betrifft, so ist zu bemerken, daß hier nur allgemein die Vorschrift des § 127 ZPO., daß Beschwerde stattfinde, für entsprechend anwendbar erklärt worden ist, also dieser Grundsatz allein, nicht aber die Vorschriften der ZPO., in welcher Art sich das Beschwerdeverfahren vollziehe, §§ 567 ff. ZPO. Deswegen finden auf die Beschwerde betr. das Armenrecht die Vorschriften des vorliegenden Gesetzes (§§ 19 bis 30) Anwendung. Anders verhält es sich mit dem Beschwerderecht nach § 14 in Verbindung mit den §§ 35, 36 RAO. Hier ist nicht bloß der allgemeine Grundsatz, daß Beschwerde stattfinde, für entsprechend anwendbar erklärt, sondern bestimmt, daß die Beschwerde nach Maßgabe der ZPO. zustehe. Das Wort „zustehe" bedeutet hier nicht bloß, daß ein materielles Beschwerderecht gegeben sei, sondern daß dieses Beschwerderecht nach Maßgabe der ZPO. ausgeübt werden müsse, allein, da auch diese Vorschriften nur „entsprechende" Anwendung finden sollen, so findet hier eine Umgestaltung des Verfahrens nach Maßgabe der allgemeinen Vorschriften dieses Gesetzes statt; vgl. § 1 Anm. 1f. KG. 25. März 1901 in Johow 21 S. 184 ff. Nr. 46. Über die Fälle von Beschwerden in bezug auf das Armenrecht, wenn es sich um landgerichtliche oder oberlandesgerichtliche Beschlüsse handelt, ohne daß ein Beschluß der nachgeordneten Instanz vorausgegangen ist, vgl. § 19 Anm. 3.

§ 15.

Die Vorschriften der Zivilprozeßordnung über den Zeugenbeweis, über den Beweis durch Sachverständige und über das Verfahren bei der Abnahme von Eiden finden entsprechende Anwendung. Über die Beeidigung eines Zeugen oder Sachverständigen entscheidet jedoch, unbeschadet der §§ 393, 402 der Zivilprozeßordnung, das Ermessen des Gerichts.

Behufs der Glaubhaftmachung einer tatsächlichen Behauptung kann ein Beteiligter zur Versicherung an Eides Statt zugelassen werden.

---

1. Die in Betracht kommenden Vorschriften der ZPO. befinden sich:

a) über den Zeugenbeweis in den §§ 373 bis 401, siehe Anlage 4a:

b) über den Beweis durch Sachverständige in den §§ 402 bis 414, siehe Anlage 4b;

c) über das Verfahren bei der Abnahme von Eiden in den §§ 478 bis 484, siehe Anlage 4c.

2. Der § 15 will keine Bestimmung über die Zulässigkeit der in ihm bezeichneten Beweise geben; diese sowie die Zulässigkeit anderer Beweise leitet sich vielmehr aus dem Offizialprinzip und der Vorschrift des § 12 her. Vgl. darüber § 12 Anm. 2c. Was insbesondere den Abs. 2 anlangt, so vgl. § 12 Anm. 2c γ. Die Absicht des § 15 ist vielmehr die, die Form der Erhebung der in ihm bezeichneten Beweise zu regeln.

3. In Anm. 1f zu § 1 ist bereits bemerkt, daß die Vorschriften der ZPO. in dem Verfahren der freiw. Ger. nur insoweit zur Anwendung gelangen können, als dies ausdrücklich angeordnet ist. Im Hinblick hierauf, aber auch schon aus der konformen Ausdrucksweise des § 15 Abs. 1 mit den von der ZPO. in Buch II Abschnitt I zu den Titeln 7, 8 und 11 gebrauchten Überschriften ergibt sich, daß lediglich die Vorschriften dieser Titel, nicht dagegen die allgemeinen Bestimmungen der ZPO. über die Beweisaufnahme, §§ 355 bis 370, im Verfahren der freiw. Ger. Anwendung finden. Das gilt insbesondere in betreff des Erlasses eines Beweisbeschlusses. Die Fixierung dessen, was der Richter der freiw. Ger. aufzuklären für nötig hält, wird sich zwar häufig als notwendig oder wenigstens als zweckdienlich erweisen, die Form eines Beweisbeschlusses dafür zu wählen, ist aber nicht erforderlich, auch nicht in den streitigen Angelegenheiten oder als Unterlage für ein Rechtshilfeersuchen; es genügt überall, daß die zu beweisenden Tatsachen deutlich und klar bezeichnet werden.

Wegen Aufnahme eines Protokolls und Zuziehung eines Gerichtsschreibers bei der Beweisaufnahme vgl. § 8 Anm. 4. Beides, namentlich die erstere, wird in den meisten Fällen nicht zu umgehen sein. Daß insbesondere die Zuziehung eines Gerichtsschreibers bei der Zeugenvernehmung nach § 15 aber notwendig sei, ist nicht anzunehmen; denn wenngleich nach § 15 die Vorschriften der ZPO. über den Zeugenbeweis entsprechende Anwendung finden sollen und im Prozeßverfahren bei der Zeugenvernehmung ein Gerichtsschreiber mitwirken muß, so ist doch die Mitwirkung des Gerichtsschreibers nichts der Zeugenvernehmung Eigentümliches, vielmehr ist sie im Prozeßverfahren für alle mündlichen Verhandlungen vorgeschrieben. Auf dem Gebiete der freiw. Ger. gilt aber dieser allgemeine Grundsatz nicht; die entsprechende Anwendung der Bestimmungen der ZPO. über den Zeugenbeweis führt deshalb nicht zu der Notwendigkeit der Zuziehung eines Gerichtsschreibers. Begr. zum Entw. des preuß. Ges. über die freiw. Ger. S. 8.

4. **Zu Abs. 1.** Die in Abs. 1 bezeichneten Vorschriften der ZPO. sollen nur „entsprechende Anwendung" finden. Vgl. darüber § 1 Anm. 1f. Wo in den Vorschriften von Parteien und Prozessen die Rede ist, sind daher die Beteiligten und das Verfahren in A.d.fr.Ger. darunter zu verstehen; statt Prozeßgericht ist das mit der Angelegenheit befaßte Gericht zu lesen. Infolge dieser Einschränkung sind auch die Ladungen der Zeugen und Sachverständigen nicht nach den Vorschriften der §§ 377, 402 ZPO., sondern nach denen dieses Gesetzes über die Bekanntmachung von Verfügungen (§ 16) zu bewirken. So auch Schultze-Görlitz § 15 Anm. 2 unter 3b. Frese im Sächs.Arch. 11 S. 432 bezeichnet dagegen diese Meinung für völlig haltlos. Auch ergibt sich aus jener Einschränkung, daß alle diejenigen Vorschriften, welche mit dem Offizialbetrieb (§ 12) unvereinbar sind, auch nicht anwendbar sind. Das gilt namentlich vom Antritt des Zeugen- und Sachverständigenbeweises, §§ 373, 374, 402, 403 ZPO., wenngleich selbstverständlich den Beteiligten nicht verwehrt ist, durch geeignete Vorschläge den Richter in der Anwendung von Beweismitteln zu unterstützen, — vgl. indessen § 12 Anm. 2 b β —. Das gilt auch von der Vorschußpflicht, §§ 379, 402 ZPO.; Josef in ZfDZPr. 32 S. 297ff. Und selbstverständlich auch von dem Zwischenurteil über die Zeugnisverweigerung, § 387 ZPO., an dessen Stelle ein Beschluß tritt, der nach § 16 bekannt zu machen und mit der sofortigen Beschwerde gemäß § 22 anfechtbar ist. KG. 8. Juli 1901 in Johow 22 S. A 205 Nr. 51. Vgl. Anm. 5.

Unanwendbar ist auch nach KG. 12. Oktober 1903 in Johow 26 S. A 175 Nr. 50 der § 397 ZPO., wonach die Beteiligten berechtigt sind, dem Zeugen Fragen vorzulegen, weil die Fragebefugnis im Widerspruche mit dem im § 12 ausgesprochenen Offizialprinzipe stehe; es besteht mithin auch kein Anspruch der Beteiligten, zu Beweisterminen zugezogen zu werden.

Ausdrücklich für unanwendbar sind erklärt die §§ 391 und 401 ZPO. über die Notwendigkeit der Beeidigung von Zeugen und Sachverständigen, sofern nicht die Beteiligten auf die Beeidigung verzichten. Ein Antrag in der Kommission des Reichstags, den Satz 2 des Abs. 1 zu streichen, wurde abgelehnt, weil das in der Bestimmung zum Ausdrucke gelangte Prinzip ganz dem Charakter des Verfahrens in der freiw. Ger. entspräche und die Bestimmung dazu beitragen würde, unnütze Eide zu vermeiden. Kom.Ber. S. 15. Unterläßt der Richter die Beeidigung, so steht den Beteiligten kein Beschwerderecht zu; denn ein Recht der Beteiligten wird dadurch nicht verletzt (§ 20 Abs. 1). Bayer.OLG. 27. Oktober 1900 in Seuff.Arch. 56 S. 256 Nr. 143.

5. Dadurch, daß die Vorschriften über den Zeugenbeweis und Beweis durch Sachverständige für entsprechend anwendbar erklärt worden sind, ist nach der herrschenden Ansicht mittelbar auch die allgemeine Verpflichtung zur Ablegung des Zeugnisses und zur Abgabe des Gutachtens nach Maßgabe der ZPO. (§§ 383ff., §§ 407ff.), event. unter Anwendung der hiernach zulässigen Zwangsmaßregeln auch für das Gebiet der freiw. Ger. festgelegt. In einzelnen Bundesstaaten (Baden: Gesetz v. 30. Juli 1888, Hessen: Gesetz v. 5. Juni 1879) hat diese Verpflichtung auch schon früher bestanden. Abweichend Nußbaum (Richterliche Zwangsgewalt in der freiw. Ger.) in ZfDZPr. 29 S. 440ff. (472ff).

Von Wichtigkeit ist diese Verpflichtung vor allem für die Fälle, in denen über streitige Rechtsverhältnisse im Wege des Verfahrens der freiw. Ger. entschieden wird. Dahin gehören die gerichtlichen Verfügungen, welche in das Elternrecht oder in das Recht des Ehemanns eingreifen, insbesondere die Zustimmung zu Rechtsgeschäften ersetzen: vgl. §§ 1357, 1358, 1670 BGB. — Auch sonstige Angelegenheiten werden das Gericht nicht selten in die Lage bringen, von der Befugnis des Paragraphen Gebrauch zu machen, z. B. wenn es sich darum handelt, eine Pflegschaft über einen Gebrechlichen oder eine vorläufige Vormundschaft anzuordnen oder aufzuheben, vgl. §§ 1906, 1908, 1909 BGB., desgleichen wenn bei Auseinandersetzungen, vgl. unten §§ 86 ff., eine Ermittelung des Werts der Nachlaßgegenstände notwendig wird. — Ferner können zu Vernehmungen Veranlassung geben die Ernennungen oder Abberufungen der Vorstände oder Liquidatoren von Vereinen, §§ 29, 48 BGB., von Handelsgesellschaften, §§ 146, 147 HGB., die auf die Führung des Handelsregisters bezüglichen Geschäfte, namentlich das Ordnungsstrafverfahren, § 14 HGB. und unten §§ 132 ff., 159 ff., 166.

Ein Beteiligter kann nicht Zeuge sein; deswegen darf das Vormundschaftsgericht nicht zwecks Ermittlung der Vaterschaft denjenigen, welchen es für den natürlichen Vater des Mündels hält, als Zeugen vernehmen. Gegen die Verfügung, durch welche die Vernehmung angeordnet wird, kann allerdings von dem Zeugen keine Beschwerde erhoben werden; dagegen ist von dem Gericht über seine Einwendungen nach den Vorschriften über die Verweigerung des Zeugnisses (vgl. Anm. 4) zu befinden und diese Entscheidung unterliegt der Anfechtung im Rechtsmittelwege. KG. 8. Juli 1901 in Johow 22 S. A 205 Nr. 21. Nicht verpflichtet ist auch die Mutter eines außerehelichen Kindes, sich vom Vormundschaftsgericht als Zeugen über die Vaterschaft zu dem Kinde vernehmen zu lassen. LG. München 29. September 1900 im ZentrBl. 1 S. 519 Nr. 134.

6. **Zu Abs.** 2 des Paragraphen ist in bezug auf die Glaubhaftmachung einer tatsächlichen Behauptung die in § 294 ZPO. als Mittel besonders hervorgehobene Zulassung der Beteiligten zur eidesstattlichen Versicherung nur beispielsweise herangezogen, um jeden Zweifel über die Zulässigkeit des Mittels zu beseitigen. Die Eideszuschiebung ist schon aus dem Grunde ausgeschlossen, weil der Parteieid überhaupt als unzulässig zu erachten ist (§ 12 Anm. 2 c γ). Im übrigen ist der Verpflichtete in Ansehung der Mittel zur Glaubhaftmachung unbeschränkt. Es liegt das in der Natur des Verfahrens, da es hier nur darauf ankommt, dem Richter den Glauben für die Richtigkeit der zur Begründung angegebenen tatsächlichen Behauptungen beizubringen, zum Unterschied von „darlegen" (vgl. § 11 GBO.); zur „Darlegung" eines berechtigten Interesses genügt es, wenn der Richter irgendwie greifbaren und überzeugenden Anhalt für die Richtigkeit der Darlegung erlangt. Vgl. KG. 14. Mai 1900 in Zus.d.RJAmts 1 S. 75.

Die Beschränkung, daß eine Beweisaufnahme, welche nicht sofort erfolgen könne, unstatthaft sei (§ 294 Abs. 2 ZPO.), greift angesichts der Offizialmaxime (§ 12) nicht Platz. So auch Rausnitz § 15 Anm. 135.

Verlangt wird die Glaubhaftmachung in § 22 Abs. 2, §§ 34, 78, 85, 92, § 93 Abs. 2, § 137; aber in all diesen Fällen ist die eidesstattliche Versicherung nicht gleichmäßig anwendbar; z. B. ist im Falle des § 34 nicht zulässig, eidesstattlich bekräftigen zu lassen, „daß ein berechtigtes Interesse vorliege", sondern es können nur diejenigen Tatsachen, welche das Interesse begründen sollen, unter die eidesstattliche Versicherung gestellt werden. Vgl. KG. 16. Dezember 1901 in Rechtspr. d. OLG. 5 S. 199 Nr. 39.

Über die Form, in der eine Versicherung an Eides Statt abzugeben ist, fehlt es sowohl hier, als auch in der ZPO. an einer Vorschrift. Für die Notwendigkeit der persönlichen Erklärung vor dem zuständigen Gericht: Böhner in DJZ. 6 (1901) S. 303, s. auch RG. in Jur. Woch. 1902 S. 396 und Gruchot 46 S. 903; für die Zulässigkeit schriftlicher Versicherung: Schlockermann in DJZ. S. 529, RG. 50 S. 360. Ich schließe mich der letzteren Ansicht an.

§ 16.

Gerichtliche Verfügungen werden mit der Bekanntmachung an denjenigen, für welchen sie ihrem Inhalte nach bestimmt sind, wirksam.

Die Bekanntmachung erfolgt, wenn mit ihr der Lauf einer Frist beginnt, durch Zustellung nach den für die Zustellung von Amts wegen geltenden Vorschriften der Zivilprozeßordnung; durch die Landesjustizverwaltung kann jedoch für Zustellungen im Ausland eine einfachere Art der Zustellung angeordnet werden. In denjenigen Fällen, in welchen mit der Bekanntmachung nicht der Lauf einer Frist beginnt, soll in den Akten vermerkt werden, in welcher Weise, an welchem Orte und an welchem Tage die Bekanntmachung zur Ausführung gebracht ist; durch die Landesjustizverwaltung kann näher bestimmt werden, in welcher Weise in diesen Fällen die Bekanntmachung zur Ausführung gebracht werden soll.

Einem Anwesenden kann die Verfügung zu Protokoll bekannt gemacht werden. Auf Verlangen ist ihm eine Abschrift der Verfügung zu erteilen.

---

1. Der Paragraph gibt die Regelvorschriften über den Beginn der Wirksamkeit gerichtlicher Verfügungen und über die Form ihrer Bekanntmachung.

Der Ausdruck „gerichtliche Verfügungen" begreift im weitesten Umfang alle positiven sachlichen Anordnungen des Gerichts in sich, die nicht rein interner geschäftsleitender Art (wie Anweisungen an die Gerichtsschreiberei und ähnliche), sondern rechtlicher Natur sind, d. h. bestimmt sind, rechtliche Wirkungen zu äußern, mögen sie nun prozessualen oder materiellrechtlichen Inhalts sein; vgl. § 4 Anm. 3. Frese, im Sächs. Arch. 11 S. 417 ff. In der Form von Verfügungen oder Beschlüssen ergehen und gehören insofern hierher auch die Bestätigungen und Genehmigungen und die Ersetzung der Ermächtigung oder Zustimmung bei Rechtsgeschäften (z. B. §§ 65 bis 68, 55, 53). Wegen der Eintragungen in die Register vgl. Anm. 2a a. E.

Über die Form der Verfügungen ist, mit Ausnahme von § 25 über die Entscheidung des Beschwerdegerichts und von § 100 in Verbindung mit § 18 GBO., eine Vorschrift nicht gegeben. Sie können schriftlich und mündlich ergehen. In den Fällen der Zustellung bedarf es selbstverständlich einer vorherigen schriftlichen Abfassung und bei der Bekanntmachung zu Protokoll erfolgt diese Abfassung gleichzeitig. Im übrigen aber ist eine schriftliche Festlegung der Verfügung in den Akten an sich nicht geboten, indem sich der Abs. 2 Satz 2 als bloße „Soll"- oder instruktionelle Vorschrift gibt; und da in Abs. 3 Satz 1 die Protokollierung nur fakultativ („kann") angeordnet ist, auch aus Abs. 3 Satz 2 sich nicht mehr entnehmen läßt, als daß, wenn die Verfügung zu Protokoll bekannt gemacht ist, dem Verlangen nach einer Abschrift entsprochen werden muß, so erscheint hiernach die Annahme begründet, daß eine gerichtliche Verfügung oder Entscheidung in den Fällen, in welchen mit ihrer Bekanntmachung nicht der Lauf einer Frist beginnt, durch mündliche Eröffnung an die vor Gericht erschienenen Personen wirksam werden kann, auch ohne daß sie zu Protokoll genommen oder ihr Inhalt sonst in den Akten erkennbar gemacht wird. OLG. Braunschweig 28. Juni 1901 in Rechtspr.d.OLG. 4 S. 348 unter b; vgl. OLG. Colmar 26. Juni 1901 in Zus.d.RJAmts 2 S. 151 f. und ZentrBl. 2 S. 363. A. M. Fuchs § 16 Anm. 2 u. a. — Um aber eine „Verfügung" darzustellen, muß eine Äußerung des Richters — einerlei ob sie schriftlich oder mündlich erfolgt — sich auch äußerlich, ihrer Form nach als solche zu erkennen geben, d. h. eine Willensäußerung des Richters und nicht bloß eine durch eine Aktennotiz oder einen Visavermerk auf eine genehmigungspflichtige Erklärung erkennbar gemachte Feststellung einer Tatsache darstellen. Deshalb darf auch regelmäßig nicht aus schlüssigen Handlungen des Richters, wozu je nach der Form eine Aktennotiz gehören kann, eine richterliche Verfügung gefolgert werden. OLG. Colmar 6. März 1903 in Rechtspr.d.OLG. 6 S. 296 unter d.

Außer in den Fällen der bereits bezeichneten §§ 25 und 100 in Verbindung mit § 18 GBO., sowie des § 60 Abs. 2 BGB. (Zurückweisung der Anmeldung eines Vereins zur Eintragung) sowie der im § 25 Anm. 3 erörterten landesgesetzlichen Vorschrift bedürfen die Verfügungen in dem Verfahren der freiw. Ger. keiner Begründung. Fuchs § 16 Anm. 2, Rausnitz § 12 Anm. 28.

2. **Zu Abs. 1.** Der Abs. 1 stellt den Grundsatz auf, daß gerichtliche Verfügungen mit der Bekanntmachung an denjenigen, für den sie ihrem Inhalte nach bestimmt sind, wirksam werden.

a) Der Eintritt der Wirksamkeit einer Verfügung soll mit ihrer Bekanntmachung zusammenfallen, also ohne Rücksicht darauf, ob die Verfügung rechtskräftig ist oder nicht und ob es sich um eine Verfügung erster oder zweiter Instanz handelt. Daraus folgt, daß die Beschwerde keine aufschiebende Wirkung haben kann (§ 24 Abs. 1). Dieser Standpunkt wird dem Wesen der nichtstreitigen Rechtspflege am meisten gerecht, deren Aufgabe der Hauptsache nach nicht auf die Entscheidung über das Bestehen von Rechten, sondern auf eine Tätigkeit gerichtet ist, durch welche Rechtsverhältnisse begründet, abgeändert oder aufgehoben werden sollen. Dem gegenüber erschien es nicht angängig, die Wirksamkeit der Verfügungen allgemein bis zur Rechtskraft hinauszuschieben, was übrigens auch nur in der Weise möglich gewesen wäre, daß die Einlegung der Beschwerde in allen Fällen an eine Frist gebunden worden wäre. Denkschr. S. 36.

Der Grundsatz gilt natürlich nur, soweit nicht ein anderes bestimmt ist (§ 1). Unter besonderen Voraussetzungen sind Ausnahmen zugelassen, indem die Wirksamkeit teils an die Rechtskraft, teils an eine andere Tatsache als die Bekanntmachung geknüpft ist. Solche Ausnahmen finden sich in den §§ 51 bis 53, 56, 70, 82, 97, 98, 99, 141 bis 144, 147, 159, 161, 196; ferner §§ 2361, 1507 BGB.; hauptsächlich aber in § 26, wonach alle Verfügungen, welche der sofortigen weiteren Beschwerde unterliegen, erst mit Rechtskraft wirksam werden, sofern sie nicht durch ausdrückliche Verfügung (§ 26 Satz 2) sofort in Wirksamkeit gesetzt werden. Vgl. dazu Josef in ZfDZPr. 29 S. 202 ff.; Frese, Die Wirksamkeit der gerichtlichen Verfügungen in A.d.fr.Ger., im Sächs.Arch. 11 S. 417 ff. (419 ff.). — Auf Eintragungen in öffentliche Register (Handels-, Genossenschafts-, Schiffs- usw. Register) kann § 16 Abs. 1 keine Anwendung finden. Diese Eintragungen werden mit dem Zeitpunkt ihrer Bewirkung wirksam. Vgl. §§ 113, 130, 161.

b) Die Verfügung soll aber nur mit ihrer Bekanntmachung an den, für welchen sie ihrem Inhalte nach bestimmt ist, wirksam werden. Unter diesem ist diejenige Person zu verstehen, auf deren Rechtsbeziehungen sie ihrem positiven Inhalte nach unmittelbar einzuwirken bestimmt ist. Rausnitz § 16 Anm. 8. Frese im Sächs. Arch. 11 S. 417ff. (419). Wer dies ist, ist je nach Lage des Einzelfalles zu beurteilen und teils Rechts-, teils Tatfrage.

Aus dem Wortlaute der Vorschrift folgt, daß eine Verfügung, die ihrem Inhalte nach für mehrere Personen bestimmt ist, für jede einzelne mit dem Zeitpunkt in Kraft tritt, zu welchem sie ihr bekannt gemacht wird. Auch hier gilt natürlich der Satz des § 1, daß die Vorschrift nur insoweit Bedeutung hat, als nicht ein anderes bestimmt ist. Besonders häufig sind Abweichungen auf dem Gebiete des Vormundschaftswesens. Verfügungen, welche den Beginn oder die Beendigung einer Vertretungsmacht betreffen, z. B. eine Vormundsbestellung, wirken auf die Rechtslage sowohl des Vertretenen wie des Vertreters ein und sind daher ihrem Inhalte nach für beide Teile bestimmt; ist aber einmal ein Vertreter bestellt, so erscheint die Bekanntmachung an ihn ausreichend (vgl. § 59 Anm. 4). Verfügungen, durch die Ermächtigungen zu Rechtsgeschäften ersetzt werden sollen, oder welche in streitige Verhältnisse eingreifen u. dgl. mehr sind ihrer Natur nach für mehrere bestimmt. Aus praktischen Gründen sind hier Abweichungen von der Regel vorgesehen, wonach die Verfügung für alle schon mit der Bekanntmachung an einen Beteiligten wirksam wird; vgl. die §§ 51 bis 53, 67, 196. — In ganz besonderer Weise ist entschieden, wenn die vormundschaftsgerichtliche Genehmigung oder Verweigerung zu einem von dem Vormund ohne die erforderliche Genehmigung abgeschlossenen Vertrage wirksam wird; § 1828, § 1829 Abs. 1 Satz 2. Die Erteilung oder Verweigerung der Genehmigung durch das Vormundschaftsgericht ist lediglich eine innere Angelegenheit, ein Verfahren zwischen Vormund und Vormundschaftsgericht, das ausschließlich dem Interesse des Mündels dient und in welches ein Dritter behufs Wahrnehmung eigener Rechte nicht eingreifen kann. Die Genehmigung wird nur wirksam, wenn sie von dem Gericht dem Vormunde gegenüber und von diesem — nicht vom Gerichte — dem Vertragsgegner mitgeteilt worden ist. RG. 12. November 1903 in RG. 56 S. 124 ff. Nr. 31. Vgl. Protokolle 4 S. 798. Siehe auch unten § 20 Anm. 2a*α*. Die Verweigerung kann auch dem anderen Teile gegenüber erklärt werden. Bayer.O.LG. 28. November 1900 in Rechtspr.d.OLG. 4 S. 114; OLG. Braunschweig 28. September 1901 im ZentrBl. 2 S. 430 Nr. 124.

Zweifel haben sich geltend gemacht für den Fall, daß ein Beteiligter durch einen Bevollmächtigten vertreten ist. Im Hinblick auf den Umstand, daß für das Verfahren in A.d.fr.Ger. der Mindestumfang der Vollmacht gesetzlich nicht festgelegt ist — vgl. § 13 Anm. 3e —, ist prinzipiell daran festzuhalten, daß erst durch Auslegung des Vollmachtsinhalts sich ergibt, ob der Bevollmächtigte auch zur Empfangnahme der Bekanntmachungen von Verfügungen ermächtigt ist; sind Einschränkungen nicht gemacht, so ist anzunehmen, daß diese Ermächtigung besteht. Dies vorausgesetzt, liegt nach allgemeiner Meinung für das Gericht kein Zwang vor, so daß die Bekanntmachung einer Verfügung, um die letztere wirksam zu machen, in der Regel sowohl an den Bevollmächtigten wie an den Vollmachtgeber erfolgen kann. Streit herrscht nur darüber, ob diese Freiheit auch für den Fall besteht, daß die Bekanntmachung, weil mit ihr der Lauf einer Frist beginnt, und derjenige, dem zugestellt werden soll, nicht bei Gericht anwesend ist, mittels Zustellung nach den Regeln der ZPO. über die Zustellungen von Amts wegen zu bewirken ist (Abs. 1 Halbsatz 1) oder ob in diesem Falle unter Anwendung des § 176 ZPO. die Bekanntmachung durch Zustellung an den Bevollmächtigten erfolgen muß. Darüber vgl. unten Anm. 3a α.

c) Solange eine Verfügung noch nicht bekannt gemacht ist, bildet sie ein Internum des Gerichts; vgl. § 18 Anm. 1a. Erst wenn sie gemäß dem Vorbemerkten und in der vorgeschriebenen Form — Abs. 2 und 3 — bekannt gemacht ist, wird sie wirksam.

α) Der Begriff der Wirksamkeit ist nicht näher präzisiert. „Eine Verfügung ist wirksam" heißt, sie bringt die von dem Rechte, materiellen oder Prozeßrechte, an ihren Inhalt geknüpften rechtlichen Wirkungen hervor. Ist der Inhalt einer Verfügung darauf gerichtet, ein Rechtsverhältnis zu begründen, oder abzuändern, oder aufzuheben, so bedeutet Wirksamkeit der Verfügung, daß nach dem Rechte nunmehr und zwar von dem Augenblicke der Bekanntmachung ab, das Rechtsverhältnis begründet, abgeändert oder aufgehoben ist. So z. B. wird die Aufhebung einer vorläufigen Vormundschaft mit der Bekanntmachung der die Aufhebung enthaltenden Verfügung an den Mündel wirksam, und von diesem Augenblicke ab hört die auf der Vormundschaft beruhende Vertretungsbefugnis wie das aus dieser wieder sich ergebende Recht, auch beschwerdeführend vorzugehen, auf. KG. 10. November 1902 in Zus.d.RJAmts 3 S. 172f. Vgl. dazu die §§ 51 bis 53, 55, 56 u. a. Bei einer wohl noch größeren Zahl von Verfügungen tritt aber die von ihnen gewollte Wirkung nicht ohne weiteres ein, es müssen vielmehr zu diesem Zwecke noch besondere, nötigenfalls zwangsweise durchzusetzende Ausführungsmaßregeln hinzutreten, die herbeizuführen teils den Beteiligten überlassen ist, teils aber und zwar in den weitaus meisten Fällen von Amts wegen dem Gerichte erster Instanz obliegt. Die Regelung der den Gerichten zu diesem Behufe benötigten Zwangsgewalt ist den Landesgesetzen überlassen.

Der Begriff der Wirksamkeit deckt sich also nicht vollständig mit dem der Vollstreckbarkeit; er ist weiter als dieser. Gemäß den Aufgaben der freiw. Ger. werden auf ihrem Gebiete viele Entscheidungen und Verfügungen erlassen werden, welche, wie z. B. die Volljährigkeitserklärung, einer Vollstreckung weder bedürftig, noch fähig sind; sie tragen gegebenenfalls infolge ihrer bloßen Existenz ihre Vollstreckung schon in sich selbst. Das Gesetz hat daher mit Recht vermieden, von einer „Vollstreckbarkeit" der gerichtlichen Verfügungen zu sprechen und an Stelle dieses Ausdrucks den der „Wirksamkeit" gewählt. Daraus ergibt sich, daß in den Fällen, in welchen eine Verfügung der Vollziehung fähig ist, die Wirksamkeit der Verfügung mit der Vollstreckbarkeit gleichbedeutend ist. Vgl. jedoch § 74 Anm. 4.

Neben dem Begriff der Wirksamkeit enthält das Gesetz noch den der Rechtskraft der Verfügungen, ohne denselben zu erläutern oder die Voraussetzungen der Rechtskraft anzugeben, wie solches in § 705 ZPO. für die Rechtskraft der Urteile geschieht. Es darf jedoch als feststehend gelten, auch für die A.d.fr.Ger., daß die Rechtskraft einer Verfügung dann eintritt, wenn die letztere einem Rechtsmittel überhaupt nicht unterliegt, z. B. § 5 Abs. 2, § 68, oder durch ein Rechtsmittel nicht mehr angefochten werden kann. Die Rechtskraft ist zuweilen Vorbedingung für die Wirksamkeit, aber nicht immer. Wirksamkeit und Rechtskraft können auch in einen gewissen Gegensatz zueinander treten, indem für eine Verfügung, die für mehrere bestimmt ist, für jeden einzelnen die Rechtskraft mit dem Ablauf der ihm zustehenden Beschwerdefrist, die Wirksamkeit aber erst mit dem Ablauf der zuletzt ablaufenden Beschwerdefrist eintritt; vgl. Dorner § 26 Anm. 2. S. unten § 26 Anm. 1.

β) Die Wirksamkeit einer Verfügung wird dadurch nicht gehindert, daß Beschwerde gegen sie möglich oder erhoben ist, den einen Fall ausgenommen, daß durch die Verfügung eine Strafe festgesetzt wird (§ 24 Abs. 1); jedoch kann für den Fall der Beschwerde die Vollziehung der angefochtenen Verfügung durch das Gericht angeordnet werden (§ 24 Abs. 2, 3).

γ) Im Gegensatze zu den im Zivilprozesse ergehenden Entscheidungen und Verfügungen (vgl. ZPO. §§ 325 ff.) beschränkt sich die Wirksamkeit der im Verfahren der freiw. Ger. erlassenen Verfügungen nicht auf einen kleineren Kreis von Personen, etwa auf die Beteiligten oder auf diejenigen, für welche sie ihrem Inhalte nach bestimmt sind, sondern erstreckt sich darüber hinaus absolut auf jedermann. Steht die Gültigkeit und die Wirksamkeit einer Verfügung nach Maßgabe dieses Gesetzes fest, so ist ferner die Frage, ob die Verfügung auch gerechtfertigt ist, der Nachprüfung anderer Gerichte entzogen; sie ist vielmehr, auch wenn sie nicht des in § 32 gedachten Inhalts ist, bis zu ihrer etwaigen im geregelten Instanzenzuge dieses Gesetzes oder gemäß § 18 erfolgten Aufhebung „als rechtswirksam anzuerkennen, mag sie auch unter Verletzung von materiellrechtlichen oder Verfahrensvorschriften erlassen sein, und ohne Unterschied, ob diese verletzten Vorschriften wesentliche oder nur Ordnungsvorschriften sind". Vgl. §§ 32, 55, 62. Josef, Lehrb. Kap. 20 S. 149 ff., Kap. 18 S. 137 ff., in ZfDZPr. 30 S. 98 ff., Rausnitz § 16 Anm. 5. Vgl. RG. 9 S. 183, 14 S. 271, 20 S. 227, 33 S. 413, 34 S. 415. Jur.Woch. 1891 S. 229, 434. Eine nichtige Verfügung ist natürlich auch stets unwirksam; die Unwirksamkeit wirkt eo ipso; sie kann zu jeder Zeit in jedem beliebigen Verfahren geltend gemacht werden. Rausnitz § 7 Anm. 11, § 16 Anm. 5. „Über Nichtigkeit und Anfechtbarkeit in der nichtstreitigen Rechtspflege" Schefold im Arch.f.ziv.Pr. 87 (n. F. 37) S. 435 ff., und Gläßing im ZentrBl. 1 S. 831 ff. Eine relative Wirksamkeit ergibt sich für Verfügungen, durch welche Mitglieder des Vorstands oder Liquidatoren von Vereinen, Handelsgesellschaften rc. ernannt werden, im Hinblick auf die Vorschrift, daß diese Vorgänge in den Registern eingetragen werden oder dem Dritten, dem gegenüber sie wirksam sein sollen, bekannt sein müssen. Vgl. dazu z. B. die §§ 29, 48 und 68 BGB., § 15 und §§ 146, 147 HGB. Vgl. weiter §§ 1357, 1435 BGB.

δ) Die Wirksamkeit einer Verfügung dauert so lange, als das besondere Verhältnis, für welches sie erlassen ist, besteht, es sei denn, daß die Verfügung selbst ihre Wirksamkeit auf einen kürzeren Zeitraum beschränkt habe. So endigt z. B. die Wirksamkeit einer Verfügung, durch welche eine Nachlaßpflegschaft angeordnet ist (§ 1960 BGB.), mit der Annahme der Erbschaft durch den Erben und die Verfügung, mittels welcher einem minderjährigen Kinde in elterlicher Gewalt für die Auseinandersetzung mit dem Gewalthaber ein Pfleger bestellt worden ist, mit Beendigung der Auseinandersetzung. Frese im Sächs.Arch. 11 S. 417 ff. (447).

Liegen solche Umstände nicht vor, so endigt die Wirksamkeit erst mit der Wirksamkeit einer neuen Verfügung, durch welche jene erstere Verfügung abgeändert oder aufgehoben wird, sei es nun im Wege der Beschwerde (vgl. §§ 20 ff.), sei es, daß das Gericht, welches die Verfügung erlassen hat, selbst nach Maßgabe des § 18 die Verfügung ändert oder aufhebt.

3. Zu Abs. 2 und 3. Diese Absätze enthalten die Vorschriften über die Formen der Bekanntmachung. In dieser Beziehung ist zu unterscheiden, erstens, ob mit der Bekanntmachung der Lauf einer Frist beginnt oder nicht und zweitens, ob derjenige, welchem bekannt gemacht werden soll, bei Gericht anwesend ist oder nicht.

a) Es beginnt mit der Bekanntmachung der Lauf einer Frist und derjenige, welchem bekannt gemacht werden soll, ist nicht bei Gericht anwesend. Die hauptsächlichsten Fälle, in denen mit der Bekanntmachung eine Frist beginnt, sind die, in denen gegen die bekannt gemachte Verfügung die sofortige Beschwerde zulässig ist; vgl. § 22 und § 21 Anm.

Es macht keinen Unterschied, ob die Frist eine gesetzliche oder eine richterlich bestimmte ist; vgl. § 22 Abs. 1, § 91 Abs. 3, § 93 Abs. 2, §§ 127, 132, 140 u. a. Hierher gehören auch die Ladungen mit Ladungsfrist, § 90 Abs. 1, § 153 Abs. 4. So auch Birkenbihl § 16 Anm. 7c., Jastrow § 16 Anm. 10.

α) In Fällen dieser Art soll im teilweisen Anschluß an das bisherige preußische Recht in der Regel — Ausnahme s. unter β — die Bekanntmachung nach den für die Zustellung von Amts wegen geltenden Vorschriften der ZPO. erfolgen. Diese Vorschriften sind durch die Novelle zur ZPO. v. 17. Mai 1898, im Anschluß an die Vorschriften des früheren Gesetzes betr. die Gewerbegerichte vom 29. Juli 1890, einer Revision unterzogen worden, durch welche die Formen eine Vereinfachung erfahren haben; sie sind enthalten in den §§ 208 bis 213 ZPO. und nebst den unter näher bezeichneten Abweichungen zur entsprechenden Anwendung gelangenden Bestimmungen über Zustellungen auf Betreiben der Parteien, §§ 166 bis 207 ZPO., aus Anlage 5 zu ersehen.

Wenngleich hier nicht die Einschränkung gemacht ist, daß die Vorschriften nur zur entsprechenden Anwendung (vgl. § 1 Anm. 1f) gelangen sollen, so herrscht doch darüber Einverständnis, daß sie insoweit auszuscheiden haben, als sie mit dem Offizialbetrieb im Verfahren der freiw. Ger. unvereinbar sind, daß sie aber im übrigen voll anwendbar sind. Nur in der Richtung gehen die Meinungen auseinander, inwieweit eine solche Unvereinbarkeit bei einzelnen Vorschriften anzunehmen ist, so insbesondere in Ansehung der §§ 174 bis 179 ZPO.

Von besonderer Bedeutung ist die Meinungsverschiedenheit, welche sich über die in dem Beschlusse des KG. v. 21. Oktober 1901 — vgl. Zus.d.RJAmts 2 S. 210, Johow 22 S. A 198 Nr. 49, Rechtspr.d.OLG. 4 S. 3, ZentrBl. 2 S. 560 — behandelte Frage gebildet hat, ob der § 176 ZPO., wonach Zustellungen, welche in einem anhängigen Rechtsstreite geschehen sollen, an den für die Instanz bestellten Prozeßbevollmächtigten erfolgen müssen, auch in dem Verfahren der freiw. Ger. zur Anwendung zu gelangen hat oder nicht. Jastrow Anm. 1 zu § 174 ZPO. und Anm. 1 zu § 176 ZPO., sowie Rausnitz § 16 Anm. 15, halten die gesamten §§ 174 bis 179 ZPO. für unanwendbar, weil sie mit dem technischen Institut des Prozeßbevollmächtigten und mit dem Parteibetrieb in Zusammenhang ständen; im Verfahren der freiw. Ger. sei es zwar korrekt, Zustellungen zu Händen des Bevollmächtigten ergehen zu lassen, gültig aber sei die Zustellung auch dann, wenn sie statt an den Bevollmächtigten an die Partei selbst erfolge. Noch weiter geht Schneider, in ZfDZPr. 29 S. 129, indem er in dem Falle des § 16 Abs. 2 eine rechtswirksame Zustellung nur dann annimmt, wenn sie an den Beteiligten selbst ergeht, es sei denn, daß der letztere ausdrücklich — in der Vollmacht oder sonstwie — die Zustellung an den

Bevollmächtigten an seiner Stelle in Antrag gebracht hätte; je nach dem Inhalte der Vollmacht könne diese Erklärung allerdings von dem Bevollmächtigten abgegeben werden. Für die volle Anwendung des § 176 ZPO. dagegen, d. h. also, daß die Zustellung gültig und wirksam nur dann sei, wenn sie an den Bevollmächtigten, unwirksam aber, wenn sie nur an den beteiligten Vollmachtgeber erfolgt, haben sich ausgesprochen Dorner § 16 Anm. 7 IIc (S. 120), Fuchs § 16 Anm. 4 (S. 62) und Weißler § 16 Anm. 5b. In gleichem Sinne hat der oben bezeichnete Beschluß des KG. entschieden, indem er nach der Entstehungsgeschichte des § 176 ZPO. davon ausgeht, daß dessen Bestimmung zwar in tatsächlichem Zusammenhange mit der dem Anwaltsstande zugewiesenen Stellung im Zivilprozeßverfahren stände, daß sie aber aus einem rechtlichen Grundsatze — daß nämlich in der Bevollmächtigung ein Verzicht des Vollmachtgebers auf den eigenen Prozeßbetrieb zugunsten des Bevollmächtigten und ein für die Partei selbst Rechte begründender Akt zu erblicken ist — hergeleitet sei, dessen Anwendungsgebiet auf den Zivilprozeß nicht zu beschränken sei und welcher sich auch nicht in Gegensatz zu dem in A.d.fr.Ger. maßgebenden Offizialbetriebe (§ 12) stelle. In gleichem Sinne Frese im ZentrBl. 3 S. 320ff. Werle das. S. 1ff. und Josef das. S. 763ff., welch letzterer noch in seinem Kommentar, § 16 Anm. 7, die Ansicht des KG. vertreten hatte, kommen dagegen zu dem im wesentlichen übereinstimmenden Resultate, daß zu den im § 16 Abs. 2 für anwendbar erklärten Vorschriften der ZPO. der § 176 nicht gehöre, daher eine Zustellung an den Bevollmächtigten geschehen könne, aber nicht müsse. Die Unanwendbarkeit des § 176 ZPO. dagegen hat ausgesprochen Bayer.OLG. 2. Januar 1904 in Seuff.Arch. 59 S. 253 Nr. 142. Die Ansicht des KG. erscheint mir als die richtige. Der § 13 steht nicht im Wege. Dort ist einerseits für die Beteiligten das Recht anerkannt, sich durch Bevollmächtigte vertreten zu lassen, andererseits dem Gericht die Befugnis zugesprochen, das persönliche Erscheinen der Beteiligten anzuordnen. Die letztere Befugnis wird durch die Anwendung des § 176 ZPO. nicht beeinträchtigt. Ein Berührungspunkt wäre überhaupt nur in den Fällen der Ladung mit Ladungsfrist gegeben; hierbei aber bleibt es dem Gericht unbenommen, in seiner Ladung zum Ausdruck zu bringen, daß es mit dem Beteiligten selbst und nicht mit seinem Vertreter verhandeln wolle und daß es deshalb dessen persönliches Erscheinen anordne. Vgl. noch Marcus in DJZ. 8 (1903) S. 494 und Busch, aus den Grenzgebieten der freiw. und streit. Gerichtsbarkeit, in der Festgabe der Jurist.Ges. zu Berlin an Dr. Koch, S. 179ff. (185ff.).

β) Besonders hervorgehoben sind die Zustellungen im Auslande, wonach auch Deutsche, die das Recht der Exterritorialität genießen (§ 3), zu behandeln sind (§§ 199 bis 202 ZPO.). Hier greift das von einem großen Teile der europäischen Staaten getroffene Abkommen zur Regelung von Fragen des internationalen Privatrechts v. 14. November 1896 (RGBl. 1899 S. 285) ein.

Zustellungen, welche in Konsulargerichtsbezirken an Personen, welche der Konsulargerichtsbarkeit unterworfen sind, erfolgen sollen, sind nach den Vorschriften über Zustellungen im Auslande u. zw. mittels Ersuchens des Konsuls vorzunehmen; § 28 Abs. 2 des Gesetzes über die Konsulargerichtsb. v. 7. April 1900 (RGBl. S. 213). Vgl. vorgedachtes internationales Abkommen. — Auf die Schutzgebiete ist der § 28 des Konsulargerichtsbarkeitsgesetzes nicht ausgedehnt (§ 3 Schutzgebietsgesetzes v. 25. Juli 1900, RGBl. S. 813). Hier finden gemäß § 6 Nr. 7 dieses Gesetzes und § 10 der Verordnung v. 9. November 1900 (RGBl. S. 1005) die vom Reichskanzler und mit dessen Genehmigung vom Gouverneur (Landeshauptmann) zu erlassenden einfacheren Bestimmungen über die Zustellungen Anwendung.

Für die der Landesgesetzgebung zugestandene Befugnis, für Zustellungen im Auslande eine noch einfachere Art als die der ZPO. anzuordnen (Abs. 2 Satz 1), sind Rücksichten des Grenzverkehrs maßgebend. Die Anordnungen können auch einzelne Teile des Auslandes betreffen. — Soweit die Landesgesetzgebungen von dieser Befugnis keinen Gebrauch machen, verbleibt es natürlich bei den Vorschriften der ZPO. und es ist nicht etwa dem Richter gestattet, ein gänzlich formloses Verfahren wie nach Satz 2 des Abs. 2 einzuschlagen.

b) Es beginnt mit der Bekanntmachung nicht der Lauf einer Frist und derjenige, dem bekannt gemacht werden soll, ist nicht bei Gericht anwesend. Für Fälle dieser Art überläßt das Gesetz es der Landesgesetzgebung, nähere Vorschriften über die Form der Bekanntmachung zu treffen. — Soweit die Landesgesetzgebungen von dieser Befugnis keinen Gebrauch gemacht haben, ist die Form der Bekanntmachung ganz in das Ermessen des Richters gestellt; er kann das einfache Schreiben, den eingeschriebenen Brief oder auch die Zustellung von Amts wegen wählen. Besonderheiten für das Ausland sind reichsgesetzlich hier nicht vorgeschrieben. Auf alle Fälle soll der Richter in den Akten vermerken, in welcher Weise er die Bekanntmachung bewirkt hat. — Soweit die Landesgesetzgebung Bestimmungen getroffen hat, soll deren Befolgung den Richter nicht von der Verpflichtung entbinden, einen die Art der Ausführung bezeichnenden Aktenvermerk zu machen.

Der Wortlaut von Satz 2 des Abs. 2 charakterisiert aber diese Vorschrift als eine instruktionelle.

c) Bekanntmachung von Verfügungen an auswärts wohnende Personen im Wege der Rechtshilfe in den hier in Rede stehenden Fällen vorzunehmen, erscheint nicht erforderlich und deshalb auch nicht statthaft. OLG. Rostock 28. Mai 1898 in Rechtspr.d.OLG. 6 S. 497 unter d. Vgl. jedoch § 2 Anm. 5 b.

d) Sowohl wenn mit der Bekanntmachung der Lauf einer Frist beginnt, als auch dann, wenn eine Frist nicht beginnt, soll einem bei Gericht Anwesenden die Verfügung zu Protokoll bekannt gemacht werden können, d. h. also die Bekanntmachung zu Protokoll ersetzt jede andere Art der Bekanntmachung. KG. 18. Februar 1901 in Zus.d.RJAmts 2 S. 53. Der Richter kann diese Form wählen. Wählt das Gericht nicht diese Art der Bekanntmachung, so kommt die Unterscheidung zur Geltung, ob mit der Bekanntmachung eine Frist läuft oder nicht. Im ersteren Falle muß der Richter die Form zu a wählen, im zweiten steht ihm jede andere Art nach b zur Verfügung und dazu die Möglichkeit, dem Anwesenden mündlich die Verfügung zu eröffnen, ohne indessen nötig zu haben, sie auch schriftlich zu fixieren, so daß hier der Fall eintreten kann, daß sich eine Verfügung weder dem Inhalte noch überhaupt der Existenz nach näher feststellen läßt. Vgl. Anm. 1.

Nach § 200 steht es der Landesgesetzgebung zu, Ausführungsbestimmungen hierzu zu erlassen. Diese Ausführungsvorschriften können die Aufnahme eines Protokolls in dem eben unterstellten Falle für reichsgesetzliche A.d.fr.Ger. nicht für überflüssig erklären, wo sich nach dem Vorstehenden diese Aufnahme als notwendig erweist, d. h. also für den Fall, daß mit der Bekanntmachung der Verfügung der Lauf einer Frist beginnt und der Richter die Verfügung dem bei Gericht anwesenden Beteiligten bekannt machen will. Im übrigen können diese Ausführungsbestimmungen Näheres über die Formen des Protokolls vorschreiben, insbesondere, ob es von dem Richter getätigt werden muß oder ob es genügt, wenn der Gerichtsschreiber es aufnimmt. Sofern in dieser Richtung nichts vorgesehen ist, ist das Protokoll des Gerichtsschreibers für ausreichend zu halten; denn sonst würde die Vorschrift des Abs. 3 Satz 1 im Verhältnis zu der Bestimmung über die Zustellung von Amts wegen nach den unter a bezeichneten §§ 208 bis 213 ZPO. keine Erleichterung, sondern eine Erschwerung bedeuten; die erstere herbeizuführen ist aber Absicht des Gesetzes. Wegen der Form des Protokolls vgl. § 11 Anm. 4. Bei dem Mangel einer näheren Bestimmung ist nichts weiter nötig, als daß die Verfügung dem Anwesenden mündlich bekannt gemacht und diese Bekanntmachung amtlich in einem von dem Richter oder dem Gerichtsschreiber aufgenommenen Protokolle bezeugt wird. KG. 18. Februar 1901 in Zus.d.RJAmts 2 S. 53.

4. Dem Anwesenden, welchem die Verfügung zu Protokoll bekannt gemacht ist (u. zw. wenn mehrere anwesend sind, jedem), ist nach Abs. 3 Satz 2 auf Verlangen eine Abschrift der Verfügung zu erteilen, vorausgesetzt, daß die Verfügung überhaupt schriftlich zu Protokoll oder sonst in den Akten fixiert ist; vgl. Anm. 1. Dem Verlangen ist stattzugeben, auch ohne die in § 34 für die Abschriftserteilung geforderte Glaubhaftmachung eines berechtigten Interesses. Ein solches Interesse ergibt sich ohnehin schon daraus, daß im Zweifel jede Verfügung mit ihrer Bekanntmachung wirksam wird.

Einer Beglaubigung der Abschrift bedarf es nicht; doch hat sie auf Antrag zu erfolgen (§ 34). Natürlich richtet sich ein mit der Bekanntmachung der Verfügung etwa beginnender Fristenlauf nicht nach dem Zeitpunkt, in welchem diese Abschrift zugeht, sondern nach dem der Protokollaufnahme.

5. **Der Abs.** 2 findet keine Anwendung für den Fall, daß andere als gerichtliche Behörden zuständig sind; vgl. § 194 Abs. 3.

§ 17.

Für die Berechnuug der Fristen gelten die Vorschriften des Bürgerlichen Gesetzbuchs.

Fällt das Ende der Frist auf einen Sonntag oder allgemeinen Feiertag, so endigt die Frist mit dem Ablaufe des nächstfolgenden Werktags.

---

1. Die in **Abs. 1** in bezug genommenen Vorschriften des BGB. finden sich in den §§ 186 bis 193; siehe Anlage Nr. 6.

Nach § 186 BGB. sind diese Vorschriften lediglich Auslegungsregeln, welche, ganz abgesehen von § 1, nur soweit zur Anwendung kommen, als nicht „bei gesetzlichen Fristen aus dem Gesetz, bei gerichtlichen Fristen aus der gerichtlichen Verfügung, bei rechtsgeschäftlichen Fristen aus dem Rechtsgeschäft eine Abweichung als gewollt sich ergibt". Dorner § 17 Anm. 1.

2. Der **Abs.** 2 schließt sich dem § 222 Abs. 2 ZPO. an und bedeutet eine Ausdehnung des § 193 BGB. Letzterer bezieht sich nur auf Willenserklärungen und Erfüllungsgeschäfte. In den A.d.fr.Ger. aber kommen auch Handlungen rein tatsächlicher Natur in Frage, z. B. wenn einem Vormund unter Setzung einer Frist und Androhung einer Ordnungsstrafe eine Handlung, etwa die Einreichung des Vermögensverzeichnisses, aufgegeben wurde; deswegen erschien diese Vorschrift notwendig

und ein Antrag, sie als überflüssig zu streichen, wurde in der Kommission des Reichstags abgelehnt. Kom.Ber. S. 18.

3. „Allgemeiner Feiertag" ist gleichbedeutend mit „staatlich anerkannter Feiertag", § 193 BGB. Welche Tage als allgemeine Feiertage zu betrachten sind, richtet sich nach Landesrecht u. zw. des Orts der zur Wahrnehmung der Frist vorzunehmenden Handlung. Dorner § 17 Anm. 3.

§ 18.

Erachtet das Gericht eine von ihm erlassene Verfügung nachträglich für ungerechtfertigt, so ist es berechtigt, sie zu ändern; soweit eine Verfügung nur auf Antrag erlassen werden kann und der Antrag zurückgewiesen worden ist, darf die Änderung nur auf Antrag erfolgen.

Zu der Änderung einer Verfügung, die der sofortigen Beschwerde unterliegt, ist das Gericht nicht befugt.

---

1. **Der Abs. 1 Halbsatz 1** stellt die allgemeine Regel auf, daß das Gericht eine von ihm erlassene Verfügung nachträglich zu ändern befugt sei, wenn es sich überzeugt hat, daß dieselbe ungerechtfertigt war. Über den Begriff der Verfügung vgl. § 4 Anm. 3, § 16 Anm. 1 und § 19 Anm. 2a. Die Vorschrift ist eine Fortbildung des § 571 ZPO., nach welchem im streitigen Verfahren das Gericht oder der Vorsitzende, gegen dessen Entscheidung Beschwerde eingelegt wird, der Beschwerde abzuhelfen haben, wenn sie dieselbe für begründet erachten. Diese Fortbildung ist eine naturgemäße Folge des im Verfahren der freiw. Ger. zur Geltung kommenden Offizialprinzips, dessen Ziel materielle Richtigkeit der ergehenden Verfügungen ist. Rausnitz § 18 Anm. 1. Auf dieser Erwägung beruht der Unterschied zwischen der Vorschrift des § 18 und der des § 571 ZPO., daß der Richter der freiw. Ger. berechtigt, aber nicht verpflichtet ist, zu ändern. Man wird indessen diese Berechtigung nicht als eine ganz willkürlich zu handhabende erachten dürfen; das Gericht muß vielmehr pflichtmäßig ermessen, ob trotz ihrer Unrichtigkeit das Bestehenlassen der Verfügung oder ihre Abänderung der Sachlage am besten entspricht. So auch Rausnitz § 18 Anm. 22.

Ist eine Sache wegen Unzuständigkeit oder auf Grund des § 4 oder auf Grund der §§ 46, 75 an ein anderes Gericht abgegeben worden, so steht diesem Gerichte die vorgesehene Befugnis auch gegenüber den Verfügungen des Gerichts zu, welches früher mit der Sache befaßt war. Denkschr. S. 38. Ebenso verhält es sich, wenn gemäß den §§ 44, 74 ein Gericht nur vorübergehend mit einer Sache befaßt war. Insoweit ist die Fassung der Vorschrift („eine von ihm erlassene Verfügung") zu enge.

a) Eine Verfügung gilt im Sinne des § 18 als „erlassen", wenn sie durch ihre Bekanntmachung an denjenigen, für den sie bestimmt ist, nach außen hervorgetreten ist. Solange letzteres nicht geschehen ist, ist sie eine interne Angelegenheit des Gerichts. Vgl. § 16 Anm. 2c. A. M. Rausnitz § 16 Anm. 2. Er meint, es sei Interpretationsfrage, wann eine Verfügung als erlassen zu betrachten sei und das Gericht könne den Moment bestimmen.

b) Die Befugnis besteht sowohl für den Fall, daß die Verfügung unangefochten, als auch dann, wenn sie mit der einfachen Beschwerde angefochten ist. Nach der herrschenden Meinung macht es für den letzteren Fall keinen Unterschied, ob die Beschwerde bei dem Gericht erster Instanz oder bei dem Beschwerdegericht eingelegt ist und auch dann wird dem Gericht erster Instanz noch die Abänderungsbefugnis zugesprochen, wenn es die bei ihm eingelegte Beschwerde, ohne ihr abgeholfen zu haben, an das Beschwerdegericht abgegeben hat. A. M. OLG. Hamburg 14. April 1900 — Rechtspr.d.OLG. 1 (1900) S. 267 Nr. 164, ZentrBl. 1 (1901) S. 257 Nr. 123, DJZ. 1900 S. 104 —, das es schon für zweifelhaft hält, ob das Gericht erster Instanz überhaupt befugt sei, eine durch Einlegung der Beschwerde bei ihm angefochtene Entscheidung noch selbst zu ändern bzw. aufzuheben, aber nach abgegebener Beschwerde, unter Hinweis auf die gleiche Lage nach der ZPO. (§§ 571, 574, 575), die Abänderung für völlig ausgeschlossen erklärt wegen des mit der Abgabe zweifellos eingetretenen Devolutiveffekts. In der Vorlegung durch das Gericht erster Instanz liege dessen Erklärung, daß es die Beschwerde dem Beschwerdegerichte zur Entscheidung überlasse. Wollte man in einem solchen Falle noch die nachträgliche Abänderungsbefugnis zulassen, so könne der Erfolg eintreten, daß die Verfügung gleichzeitig in der unteren Instanz wieder aufgehoben, in der oberen dagegen durch Verwerfung der Beschwerde bestätigt würde. Eine so widersinnige Durchbrechung des Devolutiveffektes der Beschwerde könne das Gesetz mit dem § 18 nicht gewollt haben. Dagegen Keßler im ZentrBl. 1 (1901) S. 269 und Josef, Lehrb. Kap. 19 (S. 139 ff.) Um den von dem OLG. Hamburg gezeichneten Erfolg nach Möglichkeit zu vermeiden, ist dem Gericht erster Instanz zu empfehlen, daß es, seine Kenntnis von der Beschwerdeeinlegung vorausgesetzt, dem Beschwerdegericht schleunigst Kenntnis gibt, wenn es seine Verfügung ändert, weil dadurch die Beschwerde gegenstandslos wird. Tritt trotzdem der Erfolg ein, daß also der erste Richter seine eigene Verfügung abgeändert bzw. aufgehoben hat, während die Beschwerdeinstanz sie bestätigt, so hat die letzte Verfügung des Richters erster Instanz, also die abändernde bzw. aufhebende, außer Kraft zu treten. So Keßler a. a. O. S. 275. Das beruht darauf, daß der Richter erster Instanz die Verfügung nicht mehr ändern darf, wenn die Beschwerde verworfen worden und mithin die angefochtene Verfügung bestätigt worden ist: denn nunmehr ist es nicht mehr seine Verfügung, sondern die des Beschwerdegerichts, an dessen Beurteilung der Richter erster Instanz gebunden ist. So auch Fuchs § 18 Anm. 1, Keßler a. a. O. S. 274. A. M. Josef, Lehrb. S. 141 und Rausnitz § 18 Anm. 4a. Ist die Beschwerde allerdings nur aus formellen Gründen z. B. wegen Mangels der Legitimation des Beschwerdeführers zurückgewiesen, eine materiellrechtliche Entscheidung also gar nicht ergangen, so muß dem Gericht auch in diesem Falle die Abänderungsbefugnis zugesprochen werden. — Ist auf Beschwerde die Verfügung durch das Beschwerdegericht abgeändert, so steht dem vorinstanzlichen Gericht selbstverständlich ebenfalls nicht das Recht zu, diese abändernde Verfügung seinerseits wieder zu ändern, bloß weil es sie für ungerechtfertigt hält. Hierzu vgl. unten Anm. 5.

Die Änderungsbefugnis steht dem Gericht auch dann zu, wenn auf die Beschwerde verzichtet oder wenn dieselbe zurückgenommen ist. Fuchs § 18 Anm. 1.

c) Für die Änderungsbefugnis ist es ohne Belang, ob die Gründe für die Änderung dem Richter bereits bekannt waren, als er die Verfügung erließ oder nicht, und ebenso, ob die Gründe auf tatsächlichem oder rechtlichem Gebiete liegen. So Fuchs § 18 Anm. 1.

2. **Der Abs. 1 Halbsatz 2 und der Abs. 2** enthalten zwei Ausnahmen von obiger Regel.

a) Soweit eine Verfügung nur auf Antrag erlassen werden kann und eine abweisende Verfügung ergangen ist, soll dem Gerichte die Befugnis der Abänderung nur mehr zustehen, wenn ein dahin gehender Antrag gestellt wird. Die Denkschr. (S. 38) erblickt den rechtfertigenden Grund für die Vorschrift in dem Umstande, daß der ursprüngliche Antrag durch seine Zurückweisung als erledigt zu gelten habe und es daher, um eine Änderung herbeizuführen eines neuen Antrags bedürfe. — Ist der Antrag nicht zurückgewiesen, ist vielmehr eine nicht zurückweisende Verfügung darauf ergangen, so tritt die Befugnis gemäß Anm. 1 ein.

Entscheidend ist, daß die Verfügung nur auf Antrag ergehen kann, d. h. also, daß der Erlaß der Verfügung einen Antrag zur Voraussetzung hat, davon abhängig ist, es sich also nicht um ein Offizialverfahren handelt. Fälle dieser Art finden sich z. B. in § 1357 Abs. 2, §§ 1402, 1859 BGB. Die Volljährigkeitserklärung ist zwar nur zulässig, wenn der Minderjährige seine Einwilligung erteilt (§ 4 Abs. 1 BGB.) und sie soll nur auf Antrag erfolgen (§ 56), ist aber gleichwohl von einem Antrag nicht abhängig, gehört also nicht hierher. Auch die Genehmigungen des Vormundschaftsgerichts zu Rechtshandlungen des Vormunds oder Vaters (§§ 1821, 1822, 1643 BGB.) haben einen Antrag gesetzlich nicht zur Voraussetzung, wenn auch in der Praxis ohne vorherigen Antrag kaum eine Genehmigung ausgesprochen werden dürfte (vgl. § 12 Anm. 2a, § 20 Anm. 3, § 53 Anm. 1); OLG. Braunschweig 28. September 1901 im ZentrBl. 2 S. 432, Josef, Lehrb. Kap. 19 A 3 (S. 144), Schmid im ZentrBl. 3 S. 266ff. (271); A. M. Badische Rechtspraxis 1900 S. 209. In diesen Fällen ist also das Gericht auch nach einer abweisenden Verfügung ohne neuen Antrag zur Änderung befugt, soweit nicht die §§ 55, 62 ein Hindernis bilden. Ebensowenig gehört die Anhörung der im § 1847 BGB. bezeichneten Personen, wohl aber die Festsetzung der Auslagen derselben hierher; desgleichen im Falle des § 1877 BGB. Josef a. a. O. — Vgl. ferner § 68 zu § 29 Abs. 3.

Als neuen Antrag im Sinne des Abs. 1 Halbsatz 2 sieht die Denkschrift die Beschwerde an. Folglich ist in einem Antragsverfahren nach eingelegter Beschwerde das Gericht auf alle Fälle berechtigt, nachträglich seine Verfügung zu ändern, wenn es sie für ungerechtfertigt hält — vorbehaltlich des unter b Folgenden. Auch in diesem Falle ist es ohne Bedeutung, ob die Beschwerde bei dem Gerichte, dessen Verfügung angefochten wird, oder bei dem Beschwerdegericht eingelegt ist.

b) Soweit Verfügungen der sofortigen Beschwerde unterliegen, soll das Gericht nach **Abs.** 2 überhaupt nicht befugt sein, dieselben zu ändern; das gilt auch für den unter a erörterten Antragsfall. Die Vorschrift des Abs. 2 hat den Fall im Auge, daß die sofortige Beschwerde noch nicht eingelegt ist; es kommt nur darauf an, daß sie und nur sie zulässig ist. Die Fälle der sofortigen Beschwerde ergeben sich aus § 22 Abs. 2, § 60, (und zufolge Nr. 6 desselben aus § 53 Abs. 1, § 56 Abs. 2), § 63, § 68 Abs. 2, §§ 70, 75, § 76 Abs. 2, § 77 Abs. 1, 2, § 80, § 81 Abs. 1, 2, § 82 Abs. 2, § 96, § 99 Abs. 1, §§ 139, 140, § 141 Abs. 3, § 142 Abs. 3, § 143 Abs. 2, § 144 Abs. 1, 2, § 146 Abs. 2, § 147, § 148 Abs. 1, 2, § 150, § 157 Abs. 1, §§ 159, 160, 161. Ferner ergeben sich Fälle der sofortigen Beschwerde aus §§ 60, 73 BGB. und § 80 des Genossenschaftsgesetzes v. 1. Mai 1889 bzw. 20. Mai 1898; diese nach Maßgabe der ZPO. (§ 577 Abs. 3) mit einer Modifikation, die bei § 19 Anm. 1 a. E. zu ersehen ist. Vgl. ferner §§ 4, 16 des Gesetzes, betreffend die gemeinsamen Rechte der Besitzer von Schuldverschreibungen, v. 4. Dezember 1899 (RGBl. S. 691).

Nach der Natur dieser an Zahl beschränkten Fälle von Verfügungen, welche der sofortigen Beschwerde unterliegen, kommt es bei ihnen darauf an, den baldigen Eintritt der Rechtskraft der Verfügung (vgl. § 16 Anm. 2c) herbeizuführen. Es ist deshalb einerseits die sofortige Beschwerde an die kurze Einlegungsfrist von zwei Wochen (§§ 22) gebunden und andererseits die erste Verfügung bis zur endgültigen Entscheidung gegen Änderung geschützt (vgl. § 26, § 29 Abs. 2 bis 4). Diese Maßregeln würden wieder vollständig lahmgelegt, der Zweck, bald eine endgültige Entscheidung herbeizuführen, vollständig vereitelt, wenn in diesen Fällen die Änderungsbefugnis aufrecht erhalten bliebe. Wenn nämlich, der Beschwerde entsprechend, die frühere Entscheidung geändert würde, so könnte die neue Verfügung nunmehr von dem Gegner, der das entgegengesetzte Interesse hat, im Wege der Beschwerde angefochten werden. Dieser neuen Beschwerde könnte aber das Gericht erster Instanz wieder durch Änderung der zweiten Entscheidung abhelfen usw. Vgl. Kom.Ber. S. 19.

Die Berichtigung offenbarer Unrichtigkeiten der Verfügung, wie Schreibfehler, Rechnungsfehler u. dgl. (vgl. § 319 ZPO.) wird man aber auch in den Fällen der sofortigen Beschwerde dem Gerichte zuzugestehen haben. Bayer.OLG. 9. Mai 1903 nach Soergel 1903 S. 537, Warneyer 2 (1904) S. 467.

Als besondere Vorschrift mag hervorgehoben sein, daß der § 18 Abs. 2 auf eine durch Beschwerde angefochtene Verfügung eines Konsuls bzw. eines Bezirksrichters in den Schutzgebieten keine Anwendung findet. Ges. über die Konsulargerichtsb. v. 7. April 1900 (RGBl. S. 213) § 48 und Schutzgebietsgesetz v. 25. Juli 1900 (RGBl. S. 813) § 3.

c) Sowohl für die Fälle unter a als auch die unter b gilt, daß das Gericht erster Instanz Verfügungen, die noch nicht durch ihre Bekanntmachung an die Beteiligten nach außen hervorgetreten sind, unter allen Umständen ändern kann, auch wenn dadurch ein Antrag zurückgewiesen wird oder wenn sie mit der sofortigen Beschwerde anfechtbar sind. Vgl. oben Anm. 1a und § 16 Anm. 2c.

3. Die Verfügung, mit der ein Gericht eine von ihm erlassene, aber für ungerechtfertigt erkannte Verfügung ändert oder aufhebt, wird wie andere Verfügungen mit der Bekanntmachung an den, für welchen sie ihrem Inhalte nach bestimmt ist, wirksam.

Die Wirkung der neuen Verfügung besteht darin, daß sie die Wirksamkeit der alten Verfügung ändert oder aufhebt. Ob diese Wirkung ex nunc oder ex tunc eintritt, ist nicht unbestritten. Im allgemeinen ist anzunehmen, daß die neuen Verfügungen ex tunc wirken, so daß mit der alten Verfügung auch alle Wirkungen hinfällig werden, welche sie während ihrer Wirksamkeit geäußert hat. Es folgt das schon aus dem allgemeinen Gesichtspunkte, daß die neue Verfügung in der Regel nur deklaratorisch zu sein beabsichtigt, nämlich nur das aussprechen will, was bei richtiger Sach- und Rechtswürdigung von Anfang an in der abgeänderten oder aufgehobenen Verfügung ausgesprochen werden sollte. Immerhin wird man einer etwa zum Ausdruck gebrachten anderweitigen Absicht der Verfügung Rechnung tragen müssen. Josef, Lehrb. Kap. 19 A 2 (S. 142 ff.) und in ZfDZPr. 31 S. 71; Aron daselbst 27 S. 310 ff. (329/330) und in Gruchot 45 S. 599 ff.; Dorner § 18 Anm. 3. Schultze-Görlitz, § 18 Anm. 1b, ist ebenfalls im allgemeinen für Wirkung ex tunc, räumt aber dem Richter nicht die Befugnis ein, in dieser Richtung entscheiden zu können. Rausnitz § 18 Anm. 17 ff., dagegen legt gerade auf die Entscheidung des Richters in der neuen Verfügung das Hauptgewicht und ist im übrigen im Zweifel für Wirkung ex nunc. Frese im Sächs.Arch. 11 S. 417 ff. (451/452) ist grundsätzlich für Wirkung ex tunc, spricht sich aber über die richterliche Befugnis nicht aus. — Wenn durch die für ungerechtfertigt erachtete Verfügung die Fähigkeit oder die Befugnis zur Vornahme von Rechtsgeschäften oder zur Entgegennahme von Willenserklärungen erteilt war, so ist durch besondere Vorschrift im Interesse der Sicherheit des Rechtsverkehrs der neuen Verfügung nur eine Wirkung ex nunc beigelegt. Vgl. §§ 32, 55, 61, 62, 63.

4. Die Regel des § 18 gilt gemäß § 1 nur, soweit nicht ein anderes bestimmt ist. Die hierher gehörigen Ausnahmen, die der Abs. 1 Halbsatz 2 und Abs. 2 selbst bestimmen, sind bereits in Anm. 2 erörtert. Auch die eben — Anm. 3 a. E. — erwähnten §§ 55, 62, 63 ergeben solche Ausnahmen. Vgl. ferner § 29 Abs. 3, §§ 67, 75. — Abweichendes gilt auch im Ordnungsstrafverfahren in Ansehung des Familienrats, BGB. § 1875 Abs. 3. Vgl. dazu § 19 Anm. 4.

Zählt man den Erbschein zu den Verfügungen im Sinne des § 18, so ergeben sich auch für ihn abweichende Vorschriften. Ergibt sich nämlich, daß der erteilte Erbschein unrichtig ist, so kann das Gericht ihn nicht einfach mittels neuer Verfügung ändern, sondern muß ihn einziehen, eventuell für kraftlos erklären und dann einen neuen ausstellen. Vgl. § 84 und BGB. § 2361. Entsprechendes gilt auch von verschiedenen vom Gericht zu erteilenden Zeugnissen, z. B. §§ 1507, 2368 BGB. Josef, Lehrb. Kap. 19 A 3 (S. 146).

Rechnet man die Eintragungen in die öffentlichen Register (Handels-, Genossenschafts-, Schiffs- rc. Register) zu den Verfügungen im Sinne des § 18, so ergeben sich auch hier gewisse Abweichungen, indem die Registerbehörde eine ungerechtfertigte Eintragung nicht unter allen Umständen durch Löschung wieder aufheben oder ändern darf; vielmehr ist sie in gewissen Fällen auf Eintragung eines Widerspruchs beschränkt oder an gewisse Voraussetzungen und Verfahrensformen gebunden. Vgl. §§ 119, 142, 147. Verfügungen der Registerbehörde, durch welche eine Eintragung angeordnet wird, sind keine Verfügungen im Sinne des § 18, sondern Anweisungen für die Art und Weise, wie die Eintragung zu bewirken sei, und bis zur vollendeten Eintragung jederzeit abänderbar. Vgl. auch § 19 Anm. 2b.

5. Zu unterscheiden von der Aufhebung oder Abänderung einer Verfügung, weil sie als ungerechtfertigt erkannt wurde, aus Gründen, die zur Zeit ihres Erlasses bereits bestanden, ist die Aufhebung oder Abänderung von Verfügungen auf Grund veränderter Sachlage. Eine Verfügung kann zur Zeit ihres Erlasses vollständig gerechtfertigt sein, im Laufe einer kürzeren oder längeren Zeit können sich aber die tatsächlichen wie auch rechtlichen Voraussetzungen, auf denen sie beruhte, wesentlich verändern. In solchen Fällen ist für die A.d.fr.Ger. der allgemeine Rechtsgrundsatz anerkannt, daß das Gericht erster Instanz sowohl seine eigenen als auch die im Rechtsmittelverfahren von den Beschwerdegerichten ergangenen Verfügungen wegen veränderter Umstände abzuändern oder ganz aufzuheben befugt ist, soweit das Gesetz eine solche Aufhebung oder Änderung selbst nach dem Eintritt der Rechtskraft der Verfügung zuläßt. Kom.Ber. S. 18 bis 20; OLG. Braunschweig 19. Juli 1901 in Seuff.Arch. 57 S. 188; Dorner § 18 Anm. 1; Josef, Lehrb. Kap. 20 B (S. 148), Kap. 27 (S. 252 ff.), im ZentrBl. 3 S. 589 ff. (607/608) und in der ZfDZPr. 31 S. 71 ff.; Frese im Sächs.Arch. 11 S. 416 ff. (450). Ob das Gesetz die Aufhebung zuläßt, ist eine Frage, die für jeden einzelnen Fall an der Hand des materiellen Rechts geprüft werden muß. Für viele Fälle aber gibt das Recht darüber unzweideutige Vorschriften (vgl. z. B. § 1635 Abs. 1 a. E., §§ 1671, 1695, § 1836 Abs. 1 a. E., § 1844 Abs. 1 a. E., § 1880

Abs. 2, § 1883 Abs. 2, § 1908 Abs. 3, §§ 1919 bis 1921, § 1988 Abs. 2, § 1995 Abs. 3 BGB. Frese a. a. O. S. 451. Wegen der Zurücknahme einer dem Erben eine Inventarfrist setzenden Verfügung vgl. § 77 Anm. 2, 4.

6. Die Vorschriften des § 18 gelten gemäß § 194 auch dann, wenn nach Landesgesetz andere als gerichtliche Behörden zuständig sind, für diese Behörden.

§ 19.

Gegen die Verfügungen des Gerichts erster Instanz findet das Rechtsmittel der Beschwerde statt.
Über die Beschwerde entscheidet das Landgericht.

---

1. Die §§ 19 bis 30 regeln das Beschwerdeverfahren. Das Verfahren ist im wesentlichen dem der ZPO. nachgebildet, das auch schon früher durch die Mehrzahl der Landesgesetze auf die Beschwerde in Sachen der freiw. Ger. übertragen war. Hier wie dort gibt es eine (einfache) an keine Frist gebundene und eine sofortige (befristete) Beschwerde (§§ 21, 22), eine weitere und eine sofortige weitere Beschwerde (§ 27, § 29 Abs. 2). Hier wie dort hat die Beschwerde Devolutiv-, aber in der Regel keinen Suspensiveffekt (Abs. 2, § 28 Abs. 1, § 24, § 29 Abs. 4). Hier wie dort kann die Beschwerde auf neue Tatsachen und Beweise gestützt werden (§ 23). Im übrigen aber ergeben sich auch mancherlei Verschiedenheiten, die nur zum Teil in dem verschiedenen Wesen der beiden Prozedurenarten begründet sind. Besonders hervorzuheben ist, daß hier das Erfordernis des neuen selbständigen Beschwerdegrundes bei der weiteren Beschwerde (ZPO. § 568 Abs. 2) nicht aufgestellt, dagegen die weitere und die sofortige weitere Beschwerde nur für zulässig erklärt ist, wenn die angefochtene Entscheidung auf einer Verletzung des Gesetzes beruht (§ 27).

Die Beschwerde ist das einzige Rechtsmittel im Verfahren der freiw. Ger. Über die weiteren im Gesetze noch vorkommenden Rechtsbehelfe: Wiedereinsetzung in den vorigen Stand gegen Fristversäumung, Widerspruch gegen Eintragungen im Schiffsregister, Einspruch gegen Verfügungen des Registerrichters in Handelssachen vgl. die §§ 22, 29, 92, 96, 137, bzw. §§ 100, 103, 119, 122, 123, bzw. §§ 132 ff.

Die Vorschriften dieses Gesetzes über das Beschwerderecht (§§ 19 bis 30) finden auch Anwendung auf die von den Landesgesetzgebungen auf Grund des § 200 erlassenen Ergänzungs- und Ausführungsbestimmungen. — Sie greifen ferner ein, wenn dieses Gesetz Bestimmungen des GVG. oder der ZPO., in denen Vorschriften über die Beschwerde enthalten sind, für anwendbar bzw. für entsprechend anwendbar erklärt, dies jedoch zum Teil mit gewissen Einschränkungen, wie an den einschlägigen Stellen — zu vgl. bei den §§ 2, 8, 14, 15 — näher bemerkt ist; vgl. ferner Anm. 3 und 7. — Sie finden insoweit keine Anwendung, als nach Maßgabe des § 185 in Verbindung mit den Art. 2 bis 5, 32 Einf.Ges.z.BGB. anderweitige Vorschriften unberührt oder in Kraft bleiben. Vgl. § 1 Anm. 1 f. Hierher gehört die sofortige und die sofortige weitere Beschwerde in den Fällen der §§ 60, 73 BGB. und des § 80 des Genossenschaftsgesetzes. Die Beschwerden sollen in diesen Fällen gemäß den angegebenen Gesetzesstellen den Regeln der ZPO. folgen, ohne daß deshalb die Vereins- und Genossenschaftssachen im übrigen aufhörten A.d.fr.Ger. zu sein. Das KG. (vgl. 9. April 1900 in Johow 20 S. A 8, 23. April 1900 in Zus.d.RJAmts 1 S. 69, 15. Juni 1903 in Johow 26 S. A 3) und das Reichsgericht (1. November 1900 in RG. 47 S. 386, Jur.Woch. 1900 S. 824) haben sich auf diesen Standpunkt gestellt. Vgl. dazu Busch, Aus den Grenzgebieten der freiw. und der streitigen Gerichtsbarkeit in der Festgabe der Jurist. Gesellschaft zu Berlin an Dr. Koch S. 179ff. (1911). Näheres § 27 Anm. 4a und § 28 Anm. 1.

2. Der § 19 bezeichnet als Gegenstand der mit der Beschwerde verfolgbaren Korrektur die Verfügungen des Gerichts erster Instanz. Dem ganz allgemein und ohne jede Einschränkung gebrauchten Ausdrucke „Verfügungen" entsprechend wird hier darunter der allgemeinste Begriff gerichtlicher Anordnungen (vgl. § 4 Anm. 3, § 7 Anm. 2, § 16 Anm. 1) zu verstehen sein.

a) Allerdings muß eine Verfügung im technischen Sinne vorliegen, d. h. also eine in Ausübung der Rechtspflege und in amtlicher Form erlassene Verfügung in einer anhängigen Sache, die für das Gericht, unbeschadet der aus § 18 fließenden Befugnis, verbindlich ist. Eine Erklärung z. B., die ein Registerrichter auf eine Anfrage über die Eintragungsfähigkeit eines Aktes gibt, ohne daß der Antrag auf Eintragung gestellt ist, ist eine unverbindliche Meinungsäußerung, aber keine Verfügung im Sinne des § 19, gegen welche die Beschwerde gegeben wäre. KG. 5. Januar 1903 in Johow 25 (1903) S. A 247 Nr. 61; „Recht" 5 (1901) S. 175; Rechtspr.d.OLG. 4 (1902) S. 349 unter c; KG. 17. März 1902 in DJZ. 7 S. 296. Das mit der weiteren Beschwerde befaßte Gericht hat selbständig nachzuprüfen, ob eine „Verfügung" vorliegt und ist in dieser Beziehung an die Feststellungen des Beschwerdegerichts nicht gebunden. OLG. Braunschweig 28. Juni 1901 in Rechtspr.d.OLG. 4 S. 348 unter b und unten bei § 27 Anm. 2. — Vgl. auch für das alte Recht Johow 11 S. 26ff. — Vgl. ferner aber auch unter c und d.

b) Es ist nicht erforderlich, daß die Verfügung eine die ganze Angelegenheit endgültig erledigende Verfügung sei; auch gegen Zwischenverfügungen ist die Beschwerde gegeben. So z. B. gegen eine Zwischenverfügung, durch welche auf einen Antrag dem Antragsteller die Vervollständigung seines Antrags aufgegeben oder eine Frist zur Hebung eines Mangels gesetzt wird. Der Antrag gilt in diesem Falle als abgelehnt; will der Antragsteller von der Befugnis, die Vervollständigung vorzunehmen oder den Mangel zu heben, keinen Gebrauch machen, so kann er die Zwischenverfügung mit der Beschwerde anfechten. KG. 24. Dezember 1900 im „Recht" 5 (1901) S. 74 Nr. 271; vgl. dazu S. 20 Nr. 65 daselbst; Johow 20 (1900) S. 225ff. (233); Gruchot 45 S. 240 Anm. Für Grundbuchfälle vgl. Zus.d.RJAmts 1 (1900/01) S. 80, Johow 20 (1900) S. A 125 Nr. 32, ZentrBl. 1 (1901) S. 198 Nr. 58 und 2 (1901/02) S. 9 Nr. 3.

c) Immer aber muß die Verfügung eine selbständige Anordnung sein; eine bloß vorbereitende Anordnung ist nicht als eine solch selbständige mit der Beschwerde anfechtbare Verfügung im Sinne des § 19 anzusehen. Wann aber eine Verfügung diesen selbständigen Charakter hat und wann sie nur als eine vorbereitende Verfügung anzusehen ist, kann oft recht zweifelhaft sein. Verfügungen der Registerbehörde, durch welche eine Eintragung in ein Register angeordnet wird, sind nicht als Verfügungen im Sinne des § 19 Abs. 1 anzusehen. Sie sind Anweisungen an den Gerichtsschreiber und als solche Interna des Gerichts. Vgl. auch § 16 und § 18 Anm. 4; ferner §§ 119, 122, 132ff. So ist wohl anzunehmen, daß die „Einziehung" eines Erbscheins und die „Kraftloserklärung" des Erbscheins in einem solchen Verhältnisse zueinander stehen, daß jene nur als ein instruktionell vorgeschriebener Versuch angesehen werden kann, auf einfachere Weise dasjenige zu erreichen, was das Nachlaßgericht durch die Kraftloserklärung jederzeit und unanfechtbar herbeiführen kann: die Beseitigung des Erbscheins. Trotzdem enthält schon die Anordnung der Einziehung, nicht erst die Einziehung selbst, eine Verfügung im Sinne des § 19. OLG. Jena 27. Februar 1901 in Zus.d.RJAmts 2 (1901) S. 63 und Johow 22 (1901) S. D 12 Nr. 5; „Recht" 5 (1901) S. 350 Nr. 1291. Vgl. § 20 Anm. 2b. — Nach KG. 15. Februar 1904 — Johow 27 (1904) S. A 182 Nr. 52 — enthält die Anordnung einer Pflegschaft für das Kind im Erziehungsstreite der Eltern keine solch selbständige mit der Beschwerde anfechtbare Verfügung im Sinne des § 19. M. E. ist die Sache sehr zweifelhaft, denn wenn auch die Anordnung einer solchen Pflegschaft eine unerläßliche Maßregel zur Ermöglichung der Entscheidung des Erziehungsstreites ist und mit der Beendigung dieses Streites ebenfalls seine Erledigung findet, so ist sie doch eine sachliche Anordnung von durchaus selbständiger Tragweite. — Nicht minder zweifelhaft erscheint es mir, ob die Ansicht des OLG. Jena 24. November 1900 — Zus.d.RJAmts 1 (1900/01) S. 177; Johow 21 (1900) S. D 3; Rechtspr.d.OLG. 2 (1901) S. 139 unter b; ZentrBl. 1 (1901) S. 725 — richtig ist, daß ein Beschluß, durch welchen zur Vorbereitung der Entscheidung über den Antrag auf Erteilung eines Erbscheins die Aufnahme von Beweisen angeordnet wird, nur eine solch vorbereitende Maßregel, aber keine Verfügung im Sinne des § 19 sei. Vgl. dazu auch Josef in ZfDZPr. 32 (1904) S. 297ff. (309 bis 311).

Die vorbezeichneten Entscheidungen gehen in der Beschränkung des Beschwerderechts auf Endentscheidungen zu weit; sie übertragen das Prinzip der ZPO. für die Berufung, § 512, ungerechtfertigterweise auf das Verfahren der freiw. Ger. Hier ist eine solche Einschränkung weder im Wortlaute der Vorschriften, namentlich des § 20, noch auch etwa im Wesen der ergehenden Endentscheidung begründet. Vgl. auch Josef a. a. O. S. 313.

Betreffs Beschwerde gegen einstweilige Anordnungen vgl. § 24 Anm. 3 und § 27 Anm. 2.

Entgegen der Vorschrift des § 99 ZPO. ist für das Verfahren in A.d.fr.Ger. als Rechtsgrundsatz anzuerkennen, daß eine sachliche Verfügung mit der Beschwerde und weiteren Beschwerde nur wegen der Kostenfrage angegriffen werden kann, es sei denn, daß eine besondere gesetzliche Bestimmung diese Befugnis einschränkt. Letzteres liegt zweifellos dann vor, wenn die Verfügung zur Hauptsache überhaupt jeder Anfechtung durch das Gesetz entzogen ist. KG. 3. Juni 1901 in Johow 22 (1901) S. A 3. Für die Zulässigkeit von Beschwerden dieser Art macht es dann weiter keinen Unterschied, ob der Beteiligte den zur Hauptsache in der Vorinstanz gestellten Antrag nicht aufrecht erhalten kann oder nicht aufrecht erhalten will. KG. daselbst. Eine Beschwerde erscheint wegen einer den Beschwerdeführer beeinträchtigenden Kostenentscheidung auch noch nach erledigter Hauptsache zulässig; KG. 11. Juli 1902 in Rechtspr.d.OLG. 5 (1902) S. 439 unter d.

d) Der Ausdruck „Verfügungen" in seiner allgemeinsten Bedeutung deckt demnach alle sachlichen Anordnungen des Gerichts, mögen sie nun materiellrechtlichen oder prozeßrechtlichen Inhalts sein.

Was den letzteren Punkt anlangt, so ist die von Kaunitz früher (ZfDZPr. 25 (1899) S. 185) aufgestellte Ansicht, daß die Beschwerde, weil sie nicht der Beschwerde, sondern der Berufung der ZPO. nachgebildet sei, gegen alle verfahrenleitende Verfügungen als ausgeschlossen gelten müsse, von ihm selbst (§ 7 Anm. 6) als unhaltbar aufgegeben. Vgl. auch arg. e contr. § 96 Satz 2. So ist schon die

Ladungsverfügung zu einem Verhandlungstermine, durch welche jemand gegen seinen Willen in ein gerichtliches Verfahren hineingezogen wird (z. B. Auseinandersetzungsverfahren § 89), das ihm gewisse Pflichten auferlegt und bei deren Versäumnis ihn mit Nachteilen bedroht, als eine der Beschwerde unterliegende Verfügung im Sinne des § 19 anzusehen. OLG. Jena 1. Dezember 1900 in Zus.d.RJAmts 1 (1900/01) S. 182 ff., Johow 21 S. D 10, Rechtspr.d.OLG. 2 S. 36, Seuff.Arch. 56 S. 382 Nr. 214. ZfDZPr. 28 S. 471. Vgl. § 89. Nicht so bei Ladung zur Leistung des Offenbarungseides im Falle des § 2028 BGB. Vgl. § 163 Anm. 5, § 20 Anm. 2 b.

Wann eine Verfügung materiellrechtlichen Inhalts im Sinne des § 19 vorliegt, ist nicht immer zweifellos; die bloße Eröffnung an eine Witwe, sie habe die elterliche Gewalt über ihre Kinder zu einem gewissen Zeitpunkte nicht erlangt und die bisherige Vormundschaft bestehe daher fort, seitens des Vormundschaftsgerichts ist zutreffend von dem Landgericht Dresden 15. Januar 1900 — ZfDZPr. 27 S. 185 Nr. 6 — als eine Verfügung im Sinne des § 19 aufgefaßt worden. — Ist ein Antrag angekündigt unter Überreichung der für den Antrag bestimmten Unterlagen und ergeht hierauf eine Verfügung des Amtsgerichts des Inhalts, daß es auf den angekündigten Antrag aus bestimmten angegebenen Gründen nicht eingehen könne, so ist von dem KG. 19. November 1900 — Zus.d.RJAmts 1 (1900/01) S. 208 — eine solche Verfügung als ausreichend für die Zulässigkeit der Beschwerde im Sinne des § 19 erachtet worden. Vgl. hierzu unter a.

Ja es bedarf, damit eine zur Beschwerde berechtigende Verfügung im Sinne des § 19 angenommen werden muß, nicht einmal einer positiven Anordnung des Gerichts. Unter besonderen Umständen kann auch ein passives Verhalten des Gerichts die Bedeutung einer Verfügung haben, ähnlich wie rechtsgeschäftliche Willenserklärungen durch konkludente Handlungen und unter besonderen Umständen auch durch Schweigen als eine Art konkludenter Handlung erfolgen können. „Dies ist namentlich denkbar bei Nichtberücksichtigung eines Antrags gelegentlich der Entscheidung auf mehrere gleichzeitig gestellte Anträge. Es ist aber auch möglich, wenn überhaupt nicht verfügt wird. Man denke z. B. an den in der Praxis öfter vorkommenden Fall, daß jemandem, der es liebt, seine unbegründeten Anträge zu wiederholen, schließlich eröffnet wird, er werde auf gleiche oder ähnliche Anträge künftig keine Antwort mehr erhalten. Wird demnächst eine neue, von ihm abgefaßte Eingabe lediglich zu den Akten genommen, d. h. ihm gegenüber jede Verfügung unterlassen, so ist dem unbedenklich die rechtliche Bedeutung einer Verfügung beizulegen. Soweit hiernach ausnahmsweise eine Unterlassung als Verfügung anzusehen ist, findet dann auch die Beschwerde statt". Schultzenstein in ZfDZPr. 25 (1899) S. 189 ff. (202). Indessen erscheint das nicht unbedenklich. — Liegen solche besonderen Umstände nicht vor, aus denen zu schließen ist, daß das passive Verhalten des Gerichts, die Unterlassung einer Verfügung, auf sachlicher Entschließung des Gerichts beruht, so ist nicht der Fall einer sachlichen Beschwerde nach § 19 gegeben, es liegt vielmehr eine Angelegenheit des Geschäftsbetriebs vor; Beschwerden in dieser Richtung sind im Aufsichtswege zu erledigen; für sie ist auf dem Gebiete der freiw. Ger. ebenso wie auf dem der streitigen Rechtspflege das Landesrecht maßgebend geblieben.

e) Inwieweit Verfügungen erster Instanz mit Gründen versehen sein müssen, vgl. § 16 Anm. 1, § 25 Anm. 3.

3. Es soll nur gegen Verfügungen des Gerichts erster Instanz Beschwerde

zulässig sein; Gericht erster Instanz ist das Amtsgericht. Ausnahmsweise kann das Landgericht in derselben Weise wie das Gericht erster Instanz tätig werden, nämlich in den Fällen § 64, § 143 Abs. 1. Für diese Fälle ist das Beschwerdeverfahren in den angegebenen Gesetzesstellen besonders u. zw. dahin geordnet, daß gegen die landgerichtliche Verfügung die Beschwerde bzw. die sofortige Beschwerde stattfindet, die weitere Beschwerde aber ausgeschlossen ist. Insoweit besteht nach keiner Richtung Unsicherheit.

Die Landgerichte und auch die Oberlandesgerichte können aber auch — vgl. § 25 — in den Fällen der an sie gelangenden Beschwerden bzw. weiteren Beschwerden und bei Entscheidung über dieselben, abgesehen von den einstweiligen Anordnungen im Sinne des § 24 Abs. 3, diejenigen sachlichen Anordnungen treffen, die sonst zu den Aufgaben des Gerichts erster Instanz gehören. In solchen Fällen handeln die Gerichte zweifellos nicht als Gerichte erster Instanz, sondern als Beschwerdegerichte; eine Beschwerde gegen eine solche Verfügung des Oberlandesgerichts ist natürlich ausgeschlossen; gegen die eines Landgerichts erscheint aber die weitere Beschwerde nach § 27 zulässig. Vgl. RG. 48 S. 15 (18) Nr. 6. So auch Birkenbihl § 19 Anm. 2c. Wenn dieser aber hierbei die Einschränkung macht, die Beschwerde sei nur dann zulässig, wenn in der Verfügung ein neuer selbständiger Beschwerdegrund gegeben sei, so ist dem nicht zuzustimmen, weil diese dem § 568 Abs. 2 ZPO. angehörige Beschränkung der weiteren Beschwerde für das Verfahren der freiw. Ger. keine Geltung hat; vgl. oben Anm. 1 und § 27 Anm. 4a.

Die Landgerichte und Oberlandesgerichte können auch in die Lage kommen, für eine einzulegende oder eingelegte Beschwerde bzw. weitere Beschwerde über Bewilligung des Armenrechts und Beiordnung eines Rechtsanwalts (§ 14) oder bei Ausführung einer von ihnen angeordneten Beweiserhebung über Zwangsmaßregeln gegen Zeugen und Sachverständige (§ 15) befinden zu müssen, ohne daß vorher eins der nachgeordneten Gerichte darüber zu befinden gehabt hätte. Es fragt sich, ob auch in solchen Fällen diese Gerichte als Instanzgerichte zu betrachten sind, oder als Gerichte „erster Instanz" im Sinne des § 19 Abs. 1. Birkenbihl § 19 Anm. 2c, Schneider § 19 Anm. 3, Weißler § 14 Anm. 13 und § 19 Anm. 5 beantworten die Frage im ersteren Sinne und halten demnach Verfügungen dieser Art, soweit überhaupt, nur mit der Hauptentscheidung für anfechtbar. A. M. Dorner § 14 Anm. 4k, § 15 Anm. 4e und f und § 19 Anm. 2, Fuchs § 19 Anm. 3, Rausnitz § 19 Anm. 4, Schultze-Görlitz § 19 Anm. 3. Die Frage ist im Sinne der letzteren zu beantworten. Gemäß den §§ 14, 15 dieses Gesetzes finden die Vorschriften § 127 ZPO., §§ 35, 36 RAO., §§ 380, 387, 390 ZPO. entsprechende Anwendung, d. h. also im Prinzip soll Beschwerde gegeben sein (die Frage nach welchen Regeln kommt zunächst nicht in Betracht). Man kann nun nicht annehmen, daß das Gesetz durch Zulassung der entsprechenden Anwendung der bezeichneten Gesetzesstellen und damit im Prinzip der Beschwerde diese letztere hat gestatten wollen, gleichzeitig aber durch die Einschränkung des Beschwerderechts auf die Verfügungen der Gerichte „erster Instanz" wieder hat illusorisch machen wollen. Es ist vielmehr davon auszugehen, daß auch in diesen Fällen ein Beschwerdeverfahren stattfindet, soweit es nach dem vorliegenden Gesetze überhaupt zugelassen ist und daß es sich in den Formen dieses Gesetzes bewegt, soweit nicht in dieser Richtung — und das ist nur für die §§ 35, 36 RAO. in Verbindung mit § 14, vgl. dort Anm. 7 der Fall — Besonderes gilt. Vgl. KG. 25. März 1901 in Johow 21 (1901) S. 184 Nr. 46. Danach ist für zulässig zu erachten, daß landgerichtliche Verfügungen der gedachten Art mit der weiteren bzw. sofortigen weiteren Beschwerde (§§ 27, 29) nach Maßgabe dieses Gesetzes anfechtbar sind, ausgenommen diejenigen aus § 14 in Verbindung mit den §§ 34 bis 36 RAO., für welche die Formen der ZPO. maßgebend wären. Verfügungen der Oberlandesgerichte dagegen haben auch in diesen Fällen für unangreifbar zu gelten.

4. In bezug auf den Familienrat gelten besondere Vorschriften. Ist gemäß den §§ 1858, 1859 BGB. ein Familienrat eingesetzt worden, so gilt er gemäß § 1872 als Gericht erster Instanz und gegen seine Verfügungen muß man, obgleich ausdrückliche Bestimmungen fehlen, die Beschwerde nach den Regeln des § 19 zulassen. — Gemäß § 1875 Abs. 2 BGB. kann der Vormundschaftsrichter als Vorsitzender des Familienrats (§ 1860 BGB.) gegen ein Mitglied des Familienrats Ordnungsstrafen verhängen. Über das Beschwerderecht fehlt es auch hier an Vorschriften. Man wird auch hier annehmen müssen, daß Beschwerde stattfindet. Ebert-Dudeck § 19 Anm. 2. — Über Entlassung eines Mitglieds des Familienrats (§ 1878 Abs. 2 BGB.) und Beschwerde dagegen vgl. § 64.

5. Einschränkungen der Regel, daß gegen jede Verfügung des Gerichts erster Instanz die Beschwerde zugelassen sei, finden sich in § 96 (Einschränkung der Beschwerde auf Verfahrensmängel), in § 139 Abs. 2 (Einschränkung der Beschwerde auf das Fehlen der formellen Voraussetzungen der Straffestsetzung) und in § 157 Abs. 2 (Beschränkung der Beschwerde auf Verfahrensmängel).

6. Ausgeschlossen ist das Beschwerderecht gegen gewisse Verfügungen überhaupt: § 68 Abs. 1, § 76 Abs. 1, §§ 84, 122, § 132 Abs. 2, § 146 Abs. 3, § 148 Abs. 2, § 157 Abs. 2, § 159, § 164 Abs. 2.

7. In **Abs.** 2 ist als Beschwerdegericht das Landgericht bezeichnet; zu ergänzen ist: „welches dem Gerichte vorgeordnet ist, dessen Verfügung angefochten wird". In dem Entwurfe lautete die Bestimmung: Über die Beschwerde entscheidet das Landgericht, in dessen Bezirke das Gericht (nämlich: das Gericht, gegen dessen Verfügung Beschwerde erhoben wird) seinen Sitz hat". In Berlin hat das Amtsgericht II seinen Sitz nicht im Bezirke des ihm vorgeordneten Landgerichts II, sondern in dem des Landgerichts I, an welch letzteres demnach, wenn der Relativsatz stehen geblieben wäre, die Beschwerde über Verfügungen des Amtsgerichts II gegangen sein würde. Um dieses zu vermeiden und die Beschwerde an das sonst im Instanzenzuge vorgeordnete Landgericht II zu leiten, wurde in der Reichstagskommission die Streichung vorgenommen. Es fehlt daher nicht an einer reichsgesetzlichen Regelung der örtlichen Zuständigkeit, wie dies Dorner § 19 Anm. 3, Schneider § 19 Anm. 6 meinen. Das vorgeordnete Landgericht ist in Abs. 2 gemeint. Fuchs § 19 Anm. 7. — Vgl. dazu § 125 Anm. 4.

Als Abweichungen von dieser Regel des Abs. 2 ist festzustellen:

a) Gemäß § 2 in Verbindung mit § 160 GVG. entscheidet, wenn das Ersuchen um Rechtshilfe abgelehnt oder dem Ersuchen der Vorschrift des § 159 GVG. zuwider stattgegeben wird, statt des Landgerichts das Oberlandesgericht, zu dessen Bezirke das ersuchte Gericht gehört. Diese Abweichung tritt ein, weil die Vorschriften des GVG. über die Rechtshilfe (§§ 158 bis 169 GVG.) Anwendung — nicht entsprechende Anwendung finden — und in diesen Vorschriften u. zw. in § 160 GVG. etwas Anderes bestimmt ist (§ 1) als hier in § 19. Vgl. § 1 Anm.

b) Nach § 8 in Verbindung mit § 183 GVG. entscheidet über die Beschwerde gegen eine wegen Ungebühr festgesetzte Ordnungsstrafe das Oberlandesgericht. Hier sollen die Vorschriften des GVG. zwar nur „entsprechende Anwendung“ finden, d. h. insbesondere was die Beschwerdebestimmungen anlangt, mit den Abweichungen, welche sich durch ihre Unterordnung unter die Allgemeinen Vorschriften dieses Gesetzes ergeben würden. Allein hier greift der § 1 mit der Bestimmung ein, daß die Allgemeinen Bestimmungen nur soweit gelten sollen, als nicht ein anderes bestimmt ist; danach ist die Sondervorschrift des § 183 GVG. für aufrechterhalten zu betrachten.

8. Sofern nach Landesrecht für Angelegenheiten dieses Gesetzes andere als gerichtliche Behörden zuständig sind, gelten gemäß § 194 die Vorschriften des § 19 auch für diese Behörden; jedoch kann für diese Fälle die Landesgesetzgebung gemäß § 195 bestimmen, daß dem Beschwerdeverfahren vor dem Landgericht eine Anrufung des Amtsgerichts, in dessen Bezirke die Behörde ihren Sitz hat, vorausgehen muß.

§ 20.

Die Beschwerde steht jedem zu, dessen Recht durch die Verfügung beeinträchtigt ist.

Soweit eine Verfügung nur auf Antrag erlassen werden kann und der Antrag zurückgewiesen worden ist, steht die Beschwerde nur dem Antragsteller zu.

---

1. Der § 20 regelt die Befugnis zur Erhebung der Beschwerde. In Doktrin und Praxis des früheren Rechts war die Frage, wer im Verfahren der freiw. Ger. namentlich in Vormundschaftssachen zur Beschwerde berechtigt sei, bestritten und unsicher. Als Aufgabe des vorliegenden Gesetzes ergab sich demnach, einerseits dieser Unsicherheit ein Ende zu machen, andererseits den Kreis der zur Beschwerde berechtigten Personen so zu umschreiben, daß er weder zu weit noch zu enge gezogen ist. Über die Formulierung der diesbezüglichen Vorschriften gingen die Ansichten in der Kommission des Reichstags weit auseinander. Von anderem abgesehen, verbot schon die Einführung der sofortigen Beschwerde (§ 22) die Zulassung einer Popularbeschwerde, und ein Anschluß an eines der von der Rechtsprechung und neueren Gesetzgebung aufgestellten Kriterien für die Legitimation erschien teils wegen deren Unbestimmtheit, teils, weil sie den Kreis der Beschwerdeberechtigten ungemessen erweiterten, nicht angebracht. Vgl. darüber Kom.Ber. S. 21 bis 24 unter 14; ferner bei Anm. 3 und bei § 57.

Mit der in § 20 gewählten Formulierung ist zwar unzweifelhaft eine erhebliche Einschränkung des materiellen Beschwerderechts und eine bestimmtere Umgrenzung des Kreises der Beschwerdeberechtigten im Verhältnisse zum älteren Rechte gewonnen, namentlich auf dem Gebiete des Vormundschaftswesens; es ist aber immerhin in diesen Richtungen trotz der Fülle der über die zu erörternden Punkte vorliegenden Entscheidungen und wissenschaftlichen Ausführungen noch eine verhältnismäßig nicht geringe Unsicherheit verblieben.

2. Der **Abs. 1** stellt die allgemeine Regel auf, daß die Beschwerde jedem zusteht, dessen Recht durch die Verfügung (§ 19) beeinträchtigt wird. Er hat im Gegensatz zu Abs. 2 nur die von Amts wegen zu erlassenden Verfügungen im Auge. Die Voraussetzungen für die Beschwerde sind demnach folgende:

a) Es muß ein Recht beeinträchtigt sein, d. h. im Sinne unserer Gesetze ein subjektives Recht, eine Berechtigung.

α) Es ist nach der Entstehungsgeschichte, namentlich nach den Verhandlungen in der Reichstagskommission ein wirkliches Recht erforderlich, also dasjenige, was die Gesetze selbst als solches anerkennen und mit dem Schutze der Staatsgewalten bekleidet haben. Vgl. Denkschr. S. 39 und Kom.Ber. S. 21 unter 14. Eine moralische Berechtigung auf der einen und eine sittliche Pflicht auf der anderen Seite begründen bei Verletzung derselben noch kein Beschwerderecht. KG. 6. Juli 1903 in Rechtspr.d. OLG. 7 S. 203, DJZ. 8 S. 454 (nach Soergel 1903 S. 538 Z. 3). Ein bloßes Interesse, oder ein wirtschaftliches Interesse oder ein berechtigtes oder rechtliches Interesse — vgl. darüber bei § 34 — steht im Sinne des § 20 nicht einem Rechte gleich. KG. 30. Juni 1902 in Johow 25 S. A 5 Nr. 2; Bayer.OLG. 20. September 1900 in Zus.d.RJAmts 1 S. 137 ff. und im „Recht" 4 S. 538 Nr. 870; 26. April 1901 nach Soergel 1900/01 S. 610 unter s. Deswegen hat z. B. der Vertragsgegner eines Vormunds, der in Vertretung seines Mündels einen Vertrag mit ihm abgeschlossen, keine Beschwerde, wenn das Vormundschaftsgericht die Genehmigung des Vertrags versagt, der nach den §§ 1821, 1822 BGB. oder sonstigen Vorschriften der Genehmigung des Vormundschaftsgerichts bedarf, weil er kein Recht auf den Abschluß eines Vertrags hat. RG. 56 S. 124 ff. Nr. 31 (vgl. weiter unten). Nur dann steht ihm ein Beschwerderecht zu, wenn er auf Grund besonderer Umstände, die im Einzelfalle zu untersuchen und festzustellen sind, ein Recht auf den Abschluß des Vertrags hatte, z. B. die Erfüllung einer durch Erbgang auf den Mündel übergegangenen Verpflichtung zur Überlassung eines Grundstücks (§ 1821 Nr. 1 BGB.) verlangen konnte. Vgl. OLG. Braunschweig 28. September 1901 in Zus.d.RJAmts 2 S. 207, Johow 23 S. D 4 Nr. 2, Rechtspr.d.OLG. 4 S. 97 unter c. KG. 29. Februar 1904 in Johow 27 S. A 172 Nr. 49. Von den in dieser Richtung ergangenen Entscheidungen vgl. ferner KG. 14. April 1902 in Johow 24 S. A 14 Nr. 5, Seuff.Arch. 58 S. 432 Nr. 228, Rechtspr.d.OLG. 6 S. 300 unter b, Seuff.Arch. 58 Nr. 228; ferner Bayer.O.LG. 22. Oktober 1903 im „Recht" 7 S. 556 Nr. 2868. Insbesondere steht dem Vater eines unehelichen Kindes kein Recht auf Abschluß eines zwischen ihm und dem Vormund seines Kindes über die Unterhaltspflicht geschlossenen Prozeßvergleichs und mithin keine Beschwerde wegen Versagung der Genehmigung dieses Vergleichs durch das für die Vormundschaft über sein Kind zuständige Vormundschaftsgericht aus § 20 zu (vgl. § 57 Anm. 2 i); vgl. KG. 30. April 1900 in Zus.d.RJAmts 1 S. 43, Johow 20 S. A 136 Nr. 36. Dagegen ist in dem gleichliegenden Falle, in dem eine zwischen dem Vormunde eines unehelichen Kindes und dem Vormunde seines außerehelichen (minderjährigen) Vaters über den Unterhalt des Kindes getroffene Vereinbarung die Genehmigung des für den Vater zuständigen Vormundschaftsgerichts nicht erhielt, dem Kinde das Recht auf den Vertrag und damit ein Beschwerderecht zugestanden in dem eben erwähnten Beschluß des OLG. Braunschweig v. 28. September 1901. Hier ist das Recht in dem durch das Gesetz begründeten Anspruch des unehelichen Kindes gegen seinen (bevormundeten) Vater gefunden worden. In Anwendung des Grundsatzes auf die Auseinandersetzungen ist konsequenterweise den dabei beteiligten Vertragsgegnern eines Minderjährigen im allgemeinen kein Recht auf die Vereinbarung und mithin kein Beschwerderecht gewährt, auch nicht dem Vater des Minderjährigen in einer derartigen Beteiligtenrolle; vgl. „Recht" 5 S. 357 Nr. 1369, 1370. — Diese Stellungnahme der Rechtsprechung entspricht auch den bei Beratung des Gesetzes in der Reichstagskommission zum Ausdruck gekommenen Ansichten (Kom.-Ber. S. 23), vor allem auch der Absicht der zweiten Kommission für die Lesung des BGB., welche durch Feststellung des § 1828, § 1829 Abs. 1 Satz 2 ausdrücken wollte, daß das Vormundschaftsgericht es nur mit dem Vormund und nicht mit dem Dritten zu tun habe, die Erteilung oder Verweigerung der Genehmigung nur eine innere Angelegenheit sei. Protokolle 4 S. 798, RG. 12. November 1903 in 56 S. 124 ff. Nr. 31. S. oben § 16 Anm. 2 b. In der Doktrin machen sich dagegen einige abweichende Anschauungen geltend. Dorner, § 20 Anm. 4, spricht zwar ebenfalls dem Vertragsgegner des Vormunds das Beschwerderecht aus dem angegebenen Grunde ab, indem er ausführt, daß derselbe nur ein allgemeines „Recht auf Justiz" habe, d. h. ein Recht darauf, daß überhaupt eine Verfügung darüber ergehe, ob die Genehmigung erteilt werde, nicht aber darauf, daß sie erteilt werde; er hält es aber andererseits mit Rücksicht auf die §§ 55, 62 für bedeutungslos. Letzteres mit Unrecht; vgl. auch Fuchs § 20 Anm. 3. Josef, der in seinem Kommentar, § 20 Anm. 1 c (vgl. auch Lehrb. S. 184, 188), die Ansicht vertreten hatte, daß auch dem Vertragsgegner des Vormunds die Beschwerde zustände, weil er ein Recht auf die Amtshandlung des Vormundschaftsgerichts, d. h. auf eine nach pflichtmäßigem Ermessen unter Abwägung aller Umstände (Johow 8 S. 33) vorzunehmende sachgemäße Entscheidung habe, hat diese Ansicht später — ZfDZPr. 38 S. 300 ff. (309) — im Hinblick auf die Stellung, welche die §§ 1828, 1829 BGB. dem Vertragsgegner geben, fallen lassen; nach diesen Gesetzesstellen erachte das Gesetz die Tätigkeit des Vormundschaftsgerichts als eine dem Dritten ganz fremde Tätigkeit; es sei nicht anzunehmen, daß dem Dritten eine Beschwerde hätte eingeräumt werden sollen gegen Entscheidungen, deren Mitteilung an ihn, wenn sie durch das Gericht erfolgt, ohne Rechtswirkung sei, auf deren Bekanntmachung er folglich auch keinen Anspruch habe. Schultzenstein endlich, ZfDZPr. 25 S. 189 ff. (219), hält den Vertragsgegner des Vormunds für beschwerdeberechtigt, indem er für diesen ebenso wie für den Mündel das durch das Rechtsgeschäft vorbereitete Recht für ein im Sinne des § 20 ausreichendes Recht hält. — Dem Vormunde steht in dem unterstellten Falle stets ein Beschwerderecht zu. So die allgemeine Meinung. Nur gehen in der Konstruktion des Rechts, das nach § 20 beeinträchtigt sein muß, damit die Beschwerde gestattet ist, die Ansichten auseinander. Die Denkschrift, S. 50, 51, geht davon aus, daß die vormundschaftliche Verwaltung dem Schutze des Mündels diene und somit diesem bzw. seinem gesetzlichen Vertreter gegen jede Verfügung, durch die sie sich verletzt erachteten, die Beschwerde gegeben sei. Vgl. auch Kom.Ber. S. 42 unter 7. Dagegen mit Recht Rausnitz § 20 Anm. 2 und 3 Abs. 4, daß das Beschwerderecht auch in diesem Falle darauf gegründet werden müsse, daß durch die Verfügung ein Recht des Mündels beeinträchtigt sei; das sei aber der Fall, wenn nachgewiesenermaßen durch die Verfügung dem Mündel ein Schade zugefügt würde oder wenn Verfahrensvorschriften verletzt wären. Die Ansicht Schultzensteins ist eben schon mitgeteilt. Das OLG. Rostock 15. Mai 1901 in Zus.d.RJAmts 2 S. 108 ff., Rechtspr d.OLG. 2 S. 450 unter c, identifiziert im Anschluß an Schultze-Görlitz, § 20 Anm. 3 a, Recht mit „Rechtssphäre" und erklärt die Rechtssphäre des Vormunds im vorliegenden Falle für verletzt, wenn seinem Willensakte aus Gründen, die nach seiner Behauptung unzutreffend seien, die Genehmigung versagt werde. Ähnlich Fuchs, § 20 Anm. 3, der in der Versagung der Genehmigung das Recht der Persönlichkeit des Vormunds, das aus dem Rechte der Persönlichkeit fließende Recht des Mündels bzw. Vormunds auf Betätigung seiner Vertragsfreiheit (nicht Vertragsfähigkeit), auf Abgabe vollwirksamer Willenserklärungen, verletzt sieht. Weißler sodann, § 20 Anm. 2, erblickt in diesem Falle das Recht im Sinne des § 20 in dem Rechte des Vormunds auf gesetz- und sachgemäße Entscheidung des Vormundschaftsgerichts; wie das Vormundschaftsgericht die Pflicht zu gesetz- und sachgemäßer Behandlung habe, so stehe dem Mündel ein Recht auf eine derartige Behandlung zu; das genüge zur Anwendung des § 20. Dorner endlich, § 20 Anm. 4, der, wie eben bemerkt, dem Vertragsgegner des Vormunds nur ein allgemeines Recht auf Justiz gewähren will, erachtet dafür, daß durch den unter Vorbehalt der Genehmigung des Vormundschaftsgerichts geschlossenen Vertrag auf Seite des Mündels ein, wenngleich noch nicht vollwirksames, Privatrecht begründet sei, das durch die Verweigerung der Genehmigung verletzt werde. Die Konsequenz dieser beiden zuletzt vorgetragenen Ansichten muß dahin führen, auch für den Vertragsgegner des Vormunds ein Beschwerderecht zuzulassen.

Im übrigen genügt eine Naturalobligation insoweit sie bestimmte rechtliche Wirkungen äußert; KG. 6. Juli 1903 in Rechtspr.d.OLG. 7 S. 203 (nach Warneyer 2 S. 467 § 20 Nr. 1, DJZ. 8 S. 454).

Der Gegenvormund, der vor der vormundschaftsgerichtlichen Genehmigung vom Vormundschaftsgerichte gehört ist und Bedenken gegen die Genehmigung geltend gemacht hat, ist zur Beschwerde gegen die trotzdem erteilte Genehmigung nicht berechtigt. KG. 16. November 1903 in Johow 27 S. A 11 Nr. 4.

Wenn der § 20 als Voraussetzung der Beschwerde die Beeinträchtigung eines „Rechts" aufstellt, so sollte überall da, wo nach den Bestimmungen der Gesetze die Gerichte etwas tun „sollen" oder tun „können", die Beschwerde ausgeschlossen sein, wenn nach der Ansicht eines Beteiligten in einem solchen Falle ein Gericht seine Befugnis nicht sachgemäß ausgeübt hat. So Birkenbihl § 27 Anm. 2a β, Dorner § 27 Anm. 5a; vgl. Nußbaum im „Recht" 4 S. 303f., Schultzenstein in ZfDZPr. 25 S. 246ff. Indessen liegen für mehrere einschlägige Fälle oberlandesgerichtliche Entscheidungen vor, wonach solche Ordnungsvorschriften nach pflichtmäßigem Ermessen ausgeübt werden müssen und ihre Handhabung der Nachprüfung im Rechtsmittelzuge unterliegt. So allgemein ausgesprochen in einem Beschluß des KG. v. 16. November 1903 in Johow 27 S. A 11 Nr. 4, so in bezug auf die Pflicht zur Anhörung von Verwandten usw. in den vom Gesetz vorgesehen Fällen Bayer.OLG. 13. Juli 1901 in Zus.d.RJAmts 2 S. 152, Seufferts Blätter für Rechtsanw. 66 S. 523, Rechtspr.d.OLG. 3 S. 185 unter a (vgl. ferner daselbst 6 S. 287 Anm. 1 und S. 297 Anm. 1), in Johow 23 S. D 7 Nr. 2 (vgl. oben § 12 Anm. 2c γ) und für die Pflicht, die Einsicht der Akten zu gestatten, KG. 5. März 1900 in Zus.d.RJAmts 1 S. 1ff., Johow 20 S. A 3 Nr. 1 (vgl. unten bei § 34). Ebenso Fuchs § 34 Anm. 7, Rausnitz § 20 Anm. 2, § 27 Anm. 4, Schultze-Görlitz § 27 Anm. 2a; Jastrow in ZfDZPr. 25 S. 527ff. Vgl. hierzu § 27 Anm. 4b und c.

Mittels dieser Ausführung wird die strikte Voraussetzung der Beschwerde nach § 20: „Beeinträchtigung eines Rechts" vollständig eliminiert und außerdem jeder Unterschied in Ansehung der markierten Ordnungsvorschriften von Mußvorschriften beseitigt. Vgl. noch § 34 Anm. 3a.

β) Bei dem Mangel an jedem beschränkenden Hinweise im Gesetze reicht jede Art von Recht aus; es braucht also nicht ein konkretes Vermögensrecht z. B. ein Forderungsrecht oder ein dingliches Recht, überhaupt kein Privatrecht vorzuliegen. In dieser Beziehung wurde in der Reichstagskommission — vgl. Kom.Ber. S. 24 —

von einem Regierungsvertreter in Übereinstimmung mit der Kommission konstatiert, daß auch die dem öffentlichen Rechtsgebiet angehörenden Rechte, z. B. aus dem Gebiete des Schul-, des Vereins-, des Armenwesens, unter Recht im Sinne des § 20 zu begreifen sind. Es kommen daher die sämtlichen rechtlichen Beziehungen des Beschwerdeführers, d. h. „die durch eine Rechtsnorm geregelten Verhältnisse einer Person zu anderen Personen oder Sachen" (Schultzenstein in ZfDZPr. 25 S. 223, Johow 25 S. A 5ff. (8) Nr. 2) in Betracht. — So enthält die Anordnung einer Pflegschaft durch ein unzuständiges Gericht eine Beeinträchtigung eines Rechtes des Pfleglings wie des Pflegers; Bayer.OLG. 22. Januar 1903 nach Soergel 1903 S. 538 unter 6. So handelt es sich um die Wahrung eines öffentlichen Rechtes bei der durch die standesamtlichen Aufsichtsbehörden von Amts wegen zu betreibenden Berichtigung des Personenstandsregisters (KG. 14. Januar 1901 in Zus.d.RJAmts 2 S. 10ff., Johow 21 S. A 181 Nr. 45); so bei der Aufrechterhaltung der Richtigkeit des Handelsregisters durch die Organe des Handelsstandes (KG. 10. Dezember 1900 in Zus.d.RJAmts 2 S. 17f., Johow 21 S. A 245 Nr. 61); so bei der Frage über die Verpflichtung einer allgemeinen Armenanstalt (Ortsarmenverband), hilfsbedürftigen Personen Unterstützung zu gewähren (OLG. Hamburg 2. April 1902 in Zus.d.RJAmts 3 S. 55f., Johow 24 S. D 6 Nr. 3, 26 S. A 183 Nr. 53; vgl. dagegen einen anderen Fall OLG. Hamburg 12. November 1902 in Rechtspr.d.OLG. 5 S. 438 unter c); so bei Wahrnehmung der einer Gemeinde zustehenden Befugnisse in Ansehung der Auswahl des General- oder Gemeindevormunds (KG. in Rechtspr.d.OLG. 6 S. 298 unter f). Vgl. auch OLG. Colmar 20. April 1901 im „Recht" 5 S. 357 Nr. 1374 wegen Beschwerderechts der Verwaltungsbehörde im Falle vormundschaftsgerichtlicher Genehmigung der Entlassung eines Minderjährigen aus der Staatsangehörigkeit.

b) Das Recht muß durch die Verfügung beeinträchtigt sein.

α) In dieser Beziehung sagt die Denkschrift, S. 39, es genüge somit zur Anfechtung nicht, daß die Verfügung auf die rechtlichen Beziehungen des Beschwerdeführers „von Einfluß" sei und daß er insofern an ihrer Änderung ein Interesse habe, es sei vielmehr stets erforderlich, daß eine Beeinträchtigung eines Rechtes des Beschwerdeführers vorliege. Und dieser Standpunkt des Entwurfes ist schließlich auch von der Reichstagskommission trotz des dort lebhaft hervorgetretenen Wunsches, die Voraussetzungen des Beschwerderechts leichter gestaltet zu wissen, eingenommen worden. Kom.Ber. S. 21 unter 14. Von den für besondere Fälle (vgl. Anm. 5) geregelten leichteren Bedingungen für die Beschwerdeführung abgesehen, genügt also ein nach verständigem Ermessen, nach ethischen, wirtschaftlichen oder rechtlichen Verhältnissen begründetes „Interesse" (vgl. § 34 Anm. 2a) nicht; es muß vielmehr ein Recht beeinträchtigt sein. Der Ausdruck „beeinträchtigen" in Verbindung mit dem Begriffe Recht findet sich im BGB. häufig, so z. B. in den §§ 12, 160, 894, 1227, 2113, 2289. In derselben Verbindung finden sich auch die Ausdrücke „verletzen", „vereiteln", „gefährden". Und häufig stehen mehrere der vier Ausdrücke in demselben Satzgefüge nebeneinander, ein Beweis dafür, daß sie nach dem BGB. nicht gleichbedeutend sind. Im allgemeinen läßt sich nicht bestimmen, was unter Beeinträchtigung eines Rechtes fällt, nur soviel läßt sich sagen, daß zwar eine Verletzung oder Vereitlung eines Rechts eine Beeinträchtigung mit umfaßt, letztere aber mehr ist als eine bloße Gefährdung, so daß die Gefährdung eines Rechts zur Begründung einer Beschwerde nicht genügt. Schultzenstein in ZfDZPr. 25 S. 189ff. (217). Im übrigen läßt sich nur aus der Sachlage des einzelnen Falles entnehmen, ob ein Recht durch die Verfügung beeinträchtigt ist. So wird dem wirklichen Erben, wenn für einen Nichterben ein Erbschein ausgestellt wird, infolge der durch § 2365 BGB. aufgestellten Vermutung, daß dem in dem Erbschein als Erbe bezeichneten das angegebene Erbrecht zustehe, die Geltendmachung seines Erbrechts erschwert; durch eine solche Erteilung eines Erbscheins ist also das Recht des wahren Erben beeinträchtigt und letzterem ein Beschwerderecht gegeben. OLG. Jena 12. Dezember 1901 im „Recht" 6 S. 46 Nr. 183, ZentrBl. 2 S. 660 Nr. 178. Vgl. § 19 Anm. 2c. Beeinträchtigt werden die Rechte des Erben durch Einsetzung eines Testamentsvollstreckers (§ 2211 BGB.), KG. 9. Dezember 1901 in Rechtspr.d.OLG. 4 S. 126 unter d. So hat OLG. Braunschweig 28. September 1901 — vgl. unter a α — in einem Falle, in welchem ein Vormundschaftsgericht die Genehmigung eines Vertrags unter dem Hinweise versagt hatte, daß dem Vormunde zur Verfolgung des im Vertrage in Frage stehenden Rechtes des Mündels der Klageweg offenstehe, ausgesprochen, daß ein Recht nicht erst dann beeinträchtigt werde, wenn dasselbe seinem Inhalte nach eine Schmälerung erfahre, sondern schon dann, wenn seiner Geltendmachung und sofortigen Realisierung Hindernisse bereitet werden, wie solches bei einer Verweisung auf den unsicheren Weg des Prozesses der Fall sei. So ist schon in einer Ladungsverfügung unter den in Anm. 2d zu § 19 erwähnten Umständen eine Beeinträchtigung eines Rechts zu finden. (Anders, wenn eine Person als Zeuge vorgeladen wird; KG. 8. Juli 1901 in Johow 22 S. A 205 Nr. 51). So kann in der Androhung einer Ordnungsstrafe eine Beeinträchtigung des Rechts des davon Betroffenen liegen; vgl. § 33 Anm. 4. So liegt in der Feststellung des Nachlaßgerichts, daß ein anderer Erbe als der Fiskus nicht vorhanden ist, eine Beeinträchtigung der Rechte des letzteren, indem sie demselben neben Rechten auch Pflichten überträgt. KG. 5. Oktober 1903 in Johow 27 S. A 49 Nr. 16. — Vgl. dagegen OLG. Karlsruhe 7. Februar 1901 in Rechtspr.d.OLG. 3 S. 71 Nr. 24a, wo Beeinträchtigung im Sinne von „direkter Verletzung" aufgefaßt und eine Beeinträchtigung eines Rechtes der Staatskasse durch zu hohen Gebührenansatz verneint ist. Die Rechte einer Aktiengesellschaft werden z. B. dadurch beeinträchtigt, daß die Mitglieder des Vorstands derselben durch einen Beschluß des Amtsgerichts verpflichtet werden, eine andere als die von ihr genehmigte Bilanz und Gewinn- und Verlustrechnung vorzulegen und nach erfolgter Genehmigung bekannt zu machen. OLG. Hamburg 11. Oktober 1901 in Zus.d.RJAmts 2 S. 235f. — Keine Beeinträchtigung des Rechts eines Gläubigers ist es, wenn das Vormundschaftsgericht es unterläßt, den Vormund zur Befriedigung von Ansprüchen gegen den Mündel anzuhalten und der Gläubiger ist diesbezüglich weder antrags- noch beschwerdeberechtigt. Bayer.O.LG. 29. März 1901 nach Soergel 1900/01 S. 611 unter c. So wird durch die Anordnung einer Pflegschaft für die als Nacherben berufenen noch nicht erzeugten Kinder einer Person, der, falls die Kinder bereits geboren wären, die elterliche Gewalt zustehen würde (vgl. § 1913 BGB.) das Recht dieser Person nicht beeinträchtigt (anders im Falle des § 1912 BGB.); Bayer.O.LG. 3. Januar 1902 in Zus.d.RJAmts 3 S. 6ff., Johow 24 S. D 4 Nr. 2, ZentrBl. 2 S. 767 Nr. 196. Ebensowenig wird das Recht einer Partei, die mit einer unter elterlicher Gewalt stehenden Person im Prozesse liegt, dadurch beeinträchtigt, daß der letzteren nach § 1909 BGB. ein Pfleger zur Vertretung im Prozesse bestellt wird; der Dritte kann deshalb gegen die Einleitung der Pflegschaft nicht Beschwerde führen. KG. 21. Mai 1902 in Johow 24 S. 152 Nr. 44; KG. 2. März 1903 in Rechtspr.d.OLG. 7 S. 204.

Wohl haben im letzteren Falle die Träger der elterlichen Gewalt bzw. der Vormund ein Beschwerderecht wegen Beeinträchtigung ihrer Rechte. Entsprechend ist auch dem Vater ein Beschwerderecht zuzugestehen, wenn seinem Sohne ein Pfleger bestellt ist behufs Geltendmachung von Ansprüchen auf Gewährung von Erziehungsgeldern. KG. 31. Juli 1900 in Rechtspr.d.OLG. 1 S. 450 Nr. 280. Beschwerderecht des Pflegers im Falle, daß neben ihm ein anderer Pfleger bestellt wird, KG. 29. Okt. 1900 in Rechtspr.d.OLG. 2 S. 65 Nr. 39. Im Nachlaßkonkurse wird der Nachlaßverwalter in seinen Rechten nicht beeinträchtigt und hat deshalb kein Beschwerderecht, wenn neben ihm für den unbekannten Erben ein Nachlaßpfleger (§§ 1960, 1961 BGB.) bestellt wird; OLG. Hamburg 12. November 1902 im „Recht“ 7 S. 126 Nr. 599.

Ist die Angelegenheit erledigt, so ist, vorbehaltlich des in Anm. 3 Gesagten, ein Beschwerderecht darüber, ob eine Beeinträchtigung eines Rechts in dem Verfahren stattgefunden, nicht mehr gegeben. Ist z. B. einem Antrage stattgegeben, so würde eine nachträgliche Entscheidung darüber, ob das Gericht Nachweise erfordert hat, deren es nicht bedurfte, oder ist eine Vormundschaft beendet, so wird eine Entscheidung darüber, ob die Bestellung eines evangelischen statt eines katholischen Vormunds seiner Zeit gerechtfertigt gewesen wäre, lediglich theoretischer Natur sein. Zur Erzielung solcher jeden praktischen Wertes entbehrender Entscheidungen ist ein Rechtsmittel nicht gegeben. KG. 21. Januar 1901 in Rechtspr.d.OLG. 2 S. 499 Nr. 193 unter c. OLG. Hamburg 12. November 1902, daselbst 5 S. 439 unter d. Dagegen ist auch in einer bereits in der Hauptsache erledigten Angelegenheit auf dem Gebiete der freiw. Ger. die Beschwerde gegen eine den Beschwerdeführer beeinträchtigenden Kostenentscheidung noch für zulässig zu erachten O.LG. Hamburg a. a. O. und oben Anm. 2c a. E.

β) Das Recht muß unmittelbar beeinträchtigt sein. Schultzenstein, ZfDZPr. 25 S. 189 ff. (217), spricht die Ansicht aus, es genüge eine mittelbare Beeinträchtigung, weil das Gesetz eine unmittelbare nicht verlange. Wenn er hinzufügt, daß dadurch das Beschwerderecht zu einem wesentlich ausgedehnteren werde, als wenn das Recht durch die Verfügung unmittelbar beeinträchtigt sein müßte, so zeigt sich daran gerade, daß er mit der bereits hervorgehobenen Absicht des Gesetzes, dem früheren Rechtszustand und den entsprechend hervorgetretenen Tendenzen gegenüber den Kreis der Beschwerdeführer möglichst zu beschränken und fest zu umgrenzen, nicht in Übereinstimmung ist. Auch die Vorschriften über die sofortige Beschwerde zwingen zu der hier vertretenen Meinung. Ebenso Birkenbihl § 20 Anm. 2b, Rausnitz § 20 Anm. 4. Vgl. dazu die oben S. 100 a. E. bezeichnete Entscheidung des KG. v. 21. Mai 1902. A. M. Fuchs § 20 Anm. 3.

c) Das beeinträchtigte Recht muß ein Recht des Beschwerdeführers sein: das geht aus dem Wortlaut der Vorschrift hervor. Damit soll natürlich nicht gesagt sein, daß bei der Beschwerdeführung die Vertretung ausgeschlossen sein solle, sondern nur, daß, wie schon hervorgehoben, eine Popularbeschwerde nicht anerkannt ist. Bei der Berufung des Beschwerdeführers auf ein Recht muß es sich stets um ein eigenes Recht oder um ein solches handeln, zu dessen Vertretung er — gesetzlich oder rechtsgeschäftlich — berechtigt ist.

Der Kreis der zur Beschwerde Legitimierten wird auf diese Weise eng und bestimmt umgrenzt. So ist nicht mehr wie früher (Johow 14 S. 454) der Arbeitgeber, der freiwillig den Vater des Mündels gegen Unfälle versichert hatte, zur Beschwerde legitimiert, wenn es sich darum handelt, in welcher Weise das vom Arbeitgeber dem Mündel zu übereignende Versicherungsgeld verwahrt und verwaltet werden soll. Josef in ZfDZPr. 29 S. 159 ff. (215). Ebensowenig der Dienstherr eines Mündels gegen eine Verfügung des Vormundschaftsgerichts, durch welche dem Mündel das Verlassen des Dienstes aufgegeben wird; Bayer.O.LG. 20. September 1900 in Zus.d.RJAmts 1 S. 137 ff. So ist der Vater, dem das Recht der Vermögensverwaltung entzogen ist, zu einer Beschwerde gegen eine Verfügung des Vormundschaftsgerichts, welche nicht sein Erziehungsrecht, sondern nur die Vermögensverwaltung betrifft, nicht legitimiert. Bayer.O.LG. 6. August 1901 nach Soergel 1902 S. 463 unter 6. Desgleichen ist, wenn ein Amtsgericht eine Vormundschaft oder Pflegschaft angeordnet und einen Vormund oder Pfleger bestellt, das Landgericht aber auf Beschwerde die Anordnung des Amtsgerichts aufgehoben hat, der von dem Amtsgericht bestellte Vormund oder Pfleger nicht legitimiert, namens dessen, für den die Vormundschaft oder Pflegschaft angeordnet war, weitere Beschwerde einzulegen. OLG. Jena (ohne Datum) im „Recht" 6 S. 264 Nr. 1301. So hat nur der Erbe (und wer sein Recht ausübt: §§ 792, 896 ZPO.) das Recht, den Erbschein zu fordern und folglich auch allein ein Beschwerderecht über seine Versagung, also nicht derjenige, der den Schein als Ausweis vom Erben verlangt (der Schuldner). LG. Dresden 2. Juni 1900 im ZentrBl. 1 S. 153 Nr. 80. So ergibt sich für die unter a β angeführten Fälle — vgl. die daselbst angegebenen Fundstellen der Entscheidungen —, daß zwar die standesamtlichen Aufsichtsbehörden, nicht aber die Standesbeamten (KG. 30. Juli 1901 in Zus.d.RJAmts 2 S. 158, KG. 14. Januar 1901 in Johow 21 S. A 181 Nr. 45 und 25. Januar 1904 in Johow 27 S. A 31 Nr. 10), wohl die Organe des Handelsstandes (§ 126), nicht aber eine Zwangsinnung und daß die Bürgermeister zur Beschwerde legitimiert sind. Ebensowenig ist der Träger eines Namens für beschwerdeberechtigt zu halten, wenn es sich um ein Einschreiten des Registergerichts wegen Verletzung öffentlich-rechtlicher Vorschriften durch den Gebrauch einer Firma handelt; OLG. Jena 19. Juni 1902 im ZentrBl. 3 S. 248 Nr. 52. So ist auch dem Kreisdirektor ein Beschwerderecht im Verfahren, betreffend die Zwangserziehung eines Minderjährigen abgesprochen worden; OLG. Colmar 25. Juli 1903 nach Soergel 1903 S. 539 unter 11. Wo einem G e r i c h t e die Befugnis gegeben ist, das Grundbuchamt oder ein das Schiffsregister führendes Gericht um Eintragung einer Sicherungshypothek zu ersuchen — vgl. § 54 unten und § 941 ZPO. —, da muß auch das Gericht für legitimiert erachtet werden, Beschwerde zu erheben. Vgl. KG. 17. Dezember 1900 in Zus.d.RJ-Amts 2 S. 41 ff., Johow 21 S. A 96 Nr. 20. Dronke in ZfDZPr. 27 S. 353 ff. Dagegen steht dem Amtsgericht auf dem Gebiete der freiw. Ger. ein Recht zur Beschwerde gegen Anordnungen des Landgerichts, die im Rechtsmittelzuge amtsgerichtliche Anordnungen abgeändert oder aufgehoben haben, regelmäßig nicht zu, da dem Gericht in bezug auf die von ihm bearbeiteten Angelegenheiten eigene Rechte überhaupt nicht zustehen, von einer Beeinträchtigung derselben daher auch keine Rede sein kann; anders, wenn dem Gerichte eine Verletzung seiner Amtspflichten angesonnen worden wäre. OLG. Darmstadt 17. September 1901 in Rechtspr.d.OLG. 4 S. 2 unter b; KG. 20. Januar 1902, daselbst 5 S. 287 unter b. Über die Anerkennung des Beschwerderechts einer ausländischen Behörde gegenüber einer Verfügung eines inländischen Vormundschaftsgerichts, durch welche ihr Verlangen, daß die Vormundschaft über eine Person, welche die deutsche Staatsangehörigkeit verloren hat, an sie abgegeben werde, zurückgewiesen worden ist, vgl. KG. 11. Februar 1901 in Zus.d.RJAmts 2 S. 55 ff.

Sind durch eine Verfügung die Rechte m e h r e r e r beeinträchtigt, so ist in der Regel jeder von ihnen für sich zur Beschwerde legitimiert; vgl. auch § 58, § 76 Abs. 2. In Ansehung der Wirkung der auf Beschwerde erfolgenden Aufhebung der Verfügung ist zu unterscheiden, ob sie eine teilbare oder unteilbare Maßregel enthielt; nur im letzteren Falle tritt die Wirkung allen Beteiligten gegenüber ein. Josef, Lehrb. Kap. 22 A I S. 179. — Wegen Beschwerde mehrerer gegen eine Verfügung, die nur auf Antrag erlassen werden kann, vgl. Anm. 3.

d) Das Recht muß zur Zeit des Erlasses der Verfügung bestehen. Wenn der § 20 bestimmt: „Die Beschwerde steht jedem zu, dessen Recht durch die Verfügung beeinträchtigt ist", so kann dies nur bedeuten, daß der Erlaß der Verfügung und die Beeinträchtigung des Rechtes zeitlich zusammentreffen müssen. Nur derjenige, welcher zur Zeit des Erlasses der Verfügung in seinem Rechte beeinträchtigt wird, ist zur Geltendmachung dieses Rechtes gegenüber der Entscheidung durch Einlegung der Beschwerde berechtigt. Entsteht ein Recht erst nach der Verfügung, so kann es durch diese nicht beeinträchtigt sein, vielmehr entsteht es nur mit den Einschränkungen, die sich aus der durch die Verfügung geschaffenen Sachlage ergeben, und es muß derjenige, der das Recht nachträglich erlangt, diese Einschränkungen gegen sich gelten lassen. Der Mutter steht also gegen die auf Antrag des Vaters erfolgte Volljährigkeitserklärung eines unter seiner elterlichen Gewalt stehenden Kindes (§§ 1627, 1630, 1631, 1634 Satz 1, 2 BGB.), wenn auf sie erst nachträglich die Sorge für die Person des Kindes überging (§ 1635 BGB.), nicht das Recht zu, den Beschluß auf Volljährigkeitserklärung im Wege der Beschwerde zur Aufhebung zu bringen. KG. 9. Juni 1902 in Zus.d.RJAmts 3 S. 111ff.; ZentrBl. 3 S. 335; „Recht" 6 S. 530 Nr. 2447.

e) Die Bestimmung, daß die Beschwerde jedem zustehe, „dessen Recht durch die Verfügung beeinträchtigt ist", hat nicht die Bedeutung, daß die Legitimation des Beschwerdeführers dadurch bedingt werde, daß seine Beschwerde materiell gerechtfertigt sei, so daß die Beschwerde als unzulässig zurückzuweisen wäre, wenn die angefochtene Entscheidung ein Recht des Beschwerdeführers nicht beeinträchtigt. Vielmehr ist der Sinn der Bestimmung nur der, daß zur Beschwerde ein jeder legitimiert ist, dessen Recht beeinträchtigt sein würde, wenn die angefochtene Entscheidung ungerechtfertigt wäre. RG. 20. September 1901 im ZentrBl. 2 S. 650 Nr. 173. Die Entscheidung über die Legitimation des Beschwerdeführers ist also durch vorausgehende Prüfung der Frage, ob die Beschwerde materiell gerechtfertigt ist, nicht bedingt. Dorner § 20 Anm. 6, Fuchs § 20 Anm. 5. Vgl. auch unten § 28 Anm. 8. Mangelt es an der Legitimation, so ist, mag die Verfügung an sich, objektiv betrachtet, ungerechtfertigt, die Beschwerde also begründet sein, die Beschwerde zu verwerfen u. zw. nicht als unbegründet, sondern als unzulässig. OLG. Braunschweig 22. März 1902 im ZentrBl. 3 S. 187 Nr. 44.

3. Der **Abs. 2** behandelt den besonderen Fall, daß eine Verfügung nur auf Antrag erlassen werden kann — vgl. § 18 Anm. 2a — und der Antrag zurückgewiesen ist; in diesem Falle soll die Beschwerde nur dem Antragsteller zustehen. Schultzenstein, ZfDZPr. 25 S. 189ff. (213), ist der Ansicht, daß der Abs. 2 nur im reinen Offizialverfahren keine Anwendung finde, also alle Fälle umfasse, in denen zum Erlasse einer Verfügung ein Verlangen oder ein Gesuch bestimmter Personen vorausgesetzt werde. Ebenso Fuchs § 20 Anm. 6a. Mir will das nicht richtig erscheinen; zwar wird nach dieser Ansicht der Kreis der zur Beschwerde Berechtigten der ganzen Tendenz der Beschwerdebestimmungen entsprechend erheblich

eingeschränkt, aber der Abs. 2 bildet eine Ausnahmevorschrift, die eng auszulegen und auf die reinen Antragsfälle zu beschränken ist. — Der Dritte hat kein Beschwerderecht, auch wenn sein Recht beeinträchtigt sein sollte. Fuchs § 20 Anm. 6a, Schneider § 20 Anm. 5.

Im Falle des Abs. 2 ist die Voraussetzung des Abs. 1 — Beeinträchtigung eines Rechts — nicht noch einmal besonders zu fordern; ein Antragsberechtigter hat vielmehr gegen eine seinen Antrag abweisende Verfügung kraft seines Antragsrechts ein Beschwerderecht. So sagt die Denkschrift (S. 50), die allgemeine Regel (des § 20) führe dahin, daß gegen eine Verfügung, durch welche die Einsetzung eines Familienrats abgelehnt werde, außer den im § 57 Nr. 4 erwähnten Verwandten und Verschwägerten des Mündels auch der Gegenvormund, der gemäß § 1859 Abs. 1 BGB. die Einsetzung eines Familienrats beantragt hat, eben vermöge seines Antragsrechts die Beschwerde erheben könne. Das entspricht auch ganz dem Antragscharakter, welcher der Beschwerde — vgl. § 18 Anm. 2a — im allgemeinen zugeschrieben wird. Diese Anschauung ist auch konsequent durchgeführt, indem z. B. in der erwähnten Nr. 4 des § 57 der Ehegatte als Beschwerdeberechtigter besonders aufgeführt wird und, wenn ihm ein Beschwerderecht in den dort vorausgesetzten Fällen gegeben werden sollte, auch aufgeführt werden mußte, weil ihm nach dem BGB. in diesen Fällen ein Antragsrecht nicht gegeben ist. Einen Fall siehe z. B. in § 150 Anm. 4. — Eine Ausnahme von Abs. 2 siehe § 68 Abs. 2: „auch wenn der Antrag auf Bestätigung nicht von ihm gestellt ist"; hierin liegt zugleich eine Bestätigung des Gesagten. OLG. Jena 26. März 1903 im ZentrBl. 4 S. 115 Nr. 76. So auch Fuchs § 20 Anm. 6a. A. M. Schneider § 20 Anm. 5, der dem Antragsteller nicht schlechthin, sondern nur wenn sein Recht beeinträchtigt ist, ein Beschwerderecht geben will. Rausnitz § 20 Anm. 6 unterscheidet, ob das Gesetz dem Antragsteller ein Recht auf Erlaß der Verfügung einräumen will, oder ob es seinen Antrag nur als eine Voraussetzung für den Erlaß der Verfügung analog der Zustimmung irgend eines Beteiligten ansehen will. Nur im ersten Falle erblickt er in der Ablehnung des Antrags eine Beeinträchtigung des Rechts des Antragstellers, die zur Beschwerde berechtigt. Vgl. auch Dorner § 57 Anm. 3.

Ist zu einem Antrag die Mitwirkung mehrerer Personen erforderlich (wie z. B. bei der Anmeldung einer Aktiengesellschaft die der Gründer, Vorstands- und Aufsichtsratsmitglieder), so steht die Beschwerde gegen eine den Antrag zurückweisende Verfügung nur den Antragstellern zusammen zu; die nur von einem oder mehreren der Antragsteller eingelegte Beschwerde ist als unzulässig zu verwerfen. Die Beschwerde ist eben ein neuer Antrag, zu dem wieder die Mitwirkung aller notwendig ist. LG. Weimar 21. Juni 1901 im „Recht" 5 S. 468 Nr. 1899. Vgl. § 2062 BGB.; dazu unten § 76 Anm. 1.

Dem Notar, der unter gewissen Voraussetzungen (vgl. §§ 71, 129) eine vermutete Vollmacht hat, einen Antrag zu stellen, steht nicht ein eigenes Recht der Beschwerde zu, denn der von ihm gestellte Antrag bleibt immer der Antrag des Vertretenen; vgl. § 71 Note 3. Vgl. auch § 13 Anm. 3f a. E.

Dagegen vgl. § 126, wo in Handelssachen den Organen des Handelsstandes ein Antragsrecht und konsequent ein Beschwerderecht zugestanden wird, ohne daß eine voraufgegangene Beeinträchtigung ihrer „Rechte" verlangt wird, welche auch nach der gesamten, gemäß § 126 in Frage kommenden Tätigkeit derselben kaum möglich erscheint. Das gilt nach vorstehendem ganz allgemein, wo Behörden ein Antragsrecht zusteht, § 54, § 57 Nr. 2.

4. Der Grundsatz, daß die nochmalige Einlegung einer als unbegründet zurückgewiesenen Beschwerde unzulässig sei, findet auf die A.d.fr.Ger. keine Anwendung. Eine solche nochmalige Beschwerde darf das Gericht nicht als unzulässig verwerfen, muß sie vielmehr nochmals sachlich prüfen, kann sie aber, wenn es zu dem früheren Resultat kommt, unter Bezugnahme auf die frühere Entscheidung als unbegründet zurückweisen. Der Grund liegt in dem Umstand, daß den im Beschwerdeweg ergangenen Entscheidungen keine materielle Rechtskraft beiwohnt. Josef, Lehrb. S. 162, 259. KG. 13. Mai 1901 in Rechtspr.d.OLG. 2 S. 498 Nr. 193.

5. Die Grundsätze des § 20 finden gleichmäßig Anwendung bei der einfachen Beschwerde wie bei der sofortigen und der weiteren Beschwerde.

Um dem praktischen Bedürfnisse zu genügen, sind indessen für gewisse Fälle Abweichungen von der Regel in verschiedener Richtung vorgesehen; vgl. § 68 Abs. 2, § 76, §§ 54 und 126 und § 57 Nr. 2, ferner § 19 Anm. 5 und 6.

Was insbesondere das Vormundschaftswesen anlangt, so sind in den §§ 57 bis 59 noch besondere Vorschriften gegeben, neben denen die allgemeine Regel des § 20 bestehen bleibt, so daß hier ein doppeltes Beschwerderecht stattfindet, ein allgemeines nach § 20 und ein besonderes nach den eben bezeichneten Paragraphen. In Ansehung des allgemeinen Beschwerderechts gemäß § 20 ist dem früheren Zustande gegenüber eine größere Klarheit und eine bedeutende Einschränkung der subjektiven Beschwerdebefugnis herbeigeführt worden. Hier sollte nach älterem Rechte, z. B. gemäß Entscheidungen des preußischen Kammergerichts (vgl. Johow 5 S. 6, 14 S. 454), jeder zur Beschwerde legitimiert sein, der für den Mündel ein rechtliches oder berechtigtes oder ein sachliches „Interesse“ nachweise. Neuere Gesetze, z. B. die Hamburger Vormundschaftsordn. v. 25. Juli 1879 Art. 106, 115 und das Braunschweigische Ausf.Ges. zum GVG. v. 1. April 1879 §§ 21, 23 räumten dagegen „jedem Beteiligten“ das Recht der Beschwerde ein. Dieser der Zulassung der Popularbeschwerde gleichkommenden Freiheit der Beschwerdeführung gegenüber hatte Dernburg (Preuß. Privatrecht 3 S. 77 bei Anm. 22, 23) den Standpunkt eingenommen, „daß der Beschwerdeführer ein eigenes Interesse bei der Entscheidung haben müsse oder befugt sein müsse, den Mündel zu vertreten, sei es als Vormund oder als ad hoc bestellter Pfleger des Mündels oder doch für ihn zu sorgen, wie dies insbesondere dem Waisenrat obliege“. Dieser Auffassung, mit der aus Abs. 1 des § 20 sich ergebenden Abweichung in Ansehung der Forderung der Beeinträchtigung eines Rechts als Voraussetzung der Beschwerde, statt des allgemeiner gehaltenen „Interesse“, ist das vorliegende Gesetz nach eingehenden Erörterungen in der Reichstagskommission — vgl. Anm. 1 — im wesentlichen gefolgt.

§ 21.

Die Beschwerde kann bei dem Gerichte, dessen Verfügung angefochten wird, oder bei dem Beschwerdegericht eingelegt werden.

Die Einlegung erfolgt durch Einreichung einer Beschwerdeschrift oder durch Erklärung zum Protokolle des Gerichtsschreibers desjenigen Gerichts, dessen Verfügung angefochten wird, oder des Gerichtsschreibers des Beschwerdegerichts.

---

1. Der Paragraph bestimmt in Abs. 1 das Gericht, bei welchem und in Abs. 2

die Form, in welcher die Beschwerde eingelegt wird; er ist dem § 73 GBO. und dieser mit Abweichungen dem § 569 ZPO. nachgebildet.

2. **Zu Abs. 1.** Die Wahl zwischen den beiden bezeichneten Gerichten ist vollständig freigegeben, abweichend von § 569 Abs. 1 ZPO., wonach die Einlegung bei dem Beschwerdegericht nur in dringenden Fällen erfolgen soll. Mit Rücksicht auf die Befugnis des Richters zur Selbstremedur — vgl. § 18 — und auf das Recht des Beschwerdegerichts, vor Erlaß seiner Entscheidung die Angelegenheit dem angegriffenen Gericht zur Erwägung der Selbstremedur zugehen zu lassen, ist es zu empfehlen, wenigstens in den Fällen, in denen diese Befugnis nicht ausgeschlossen ist, die Beschwerde bei dem Gericht einzulegen, dessen Verfügung angefochten wird. Dieses Gericht ist nicht immer das Amtsgericht (vgl. die §§ 64, 143, 144, 147, 159, 161) und das Beschwerdegericht für die erste Beschwerde ist nicht immer das Landgericht (vgl. ebenda und § 199. Vgl. ferner § 19 Anm. 1, 3, 7). Handelt es sich um die Anfechtung einer Verfügung des ersuchten Richters, so ist dem Wortlaut entsprechend nicht das Gericht der Hauptsache, sondern das ersuchte Gericht und das ihm vorgeordnete Gericht gemeint.

Die irrige Bezeichnung des zuständigen Gerichts ist unschädlich, wenn nur die Einlegung selbst bei einem der zuständigen Gerichte erfolgt; Bayer.O.LG. 28. Dezember 1900 und 29. März 1901 nach Warneyer 1 S. 269 § 21 Nr. 1 und Soergel 1900/01 S. 613 § 21 a.

3. **Zu Abs. 2.** Die Form für die Einlegung der Beschwerde ist dreifach; auch hier ist die Wahl vollständig freigegeben.

a) Über die Form der Beschwerdeschrift ist nichts vorgeschrieben, daher ist die Schrift an keine Form gebunden, insbesondere besteht kein Anwaltszwang; Besonderes gilt für die weitere Beschwerde, vgl. § 29 Abs. 1. Die Frage, ob die Beschwerdeschrift von dem Beschwerdeführer unterschrieben sein müsse, ist streitig. Sie ist verneint von Dorner § 21 Anm. 7, Fuchs § 21 Anm. 4, Josef Komm. § 21 Anm. 3 und Lehrbuch S. 209 f., Schneider § 21 Anm. 4 und Schultzenstein in ZfDZPr. 27 S. 514 bis 584; nach ihnen genügt es, wenn aus dem Schriftstücke die Person des Beschwerdeführers ersichtlich und ferner erkennbar ist, daß die Beschwerdeschrift dessen Willen entspricht. Dagegen mit der Denkschr. S. 39 von Birkenbihl § 21 Anm. 2, Rausnitz § 21 Anm. 4, Weißler § 21 Anm. 2 bejaht. Im letzteren Sinne nunmehr auch entschieden mit der Maßgabe, daß die Beschwerdeschrift vom Beschwerdeführer eigenhändig durch Namensunterschrift oder mittels gerichtlich oder notariell beglaubigten Handzeichens unterzeichnet werden muß, vom KG. 5. Oktober 1903 in Johow 26 S. A 172 Nr. 49; ferner Rechtspr.d.OLG. 7 S. 340 (nach Soergel 1903 S. 540 § 21 Nr. 3). Das KG. erachtet zwar den § 126 Abs. 1 BGB. nicht unmittelbar für anwendbar, weil er nur rechtsgeschäftliche Willenserklärungen betreffe, die Einlegung einer Beschwerde aber kein Rechtsgeschäft, sondern eine Verfahrenshandlung bilde, die eine Rechtshandlung darstelle. Aus dieser Bedeutung folge jedoch, daß in der Beschwerdeschrift klar zum Ausdrucke gebracht sein müsse, daß sie dem Willen des Beschwerdeführers entspreche. Das geschehe durch die Unterschrift, die bekunde, daß das Niedergeschriebene die zum Abschlusse gelangte Erklärung des Unterschreibenden sei. Demnach genügt auch nicht ein durch Faksimile oder auf sonstigem mechanischen Wege hergestellte Unterschrift; Johow a. a. O. RG. 46 S. 375. Dann sollte auch ein Telegramm nicht genügen; indessen vom OLG.

Karlsruhe 3. November 1902 in der Bad. Rechtspraxis 1902 S. 346 (nach Soergel 1903 S. 540 § 21 Nr. 1) für ausreichend erachtet.

Als Beschwerdeschrift hat auch eine auf Grund des § 11 zum Protokolle des Gerichtsschreibers eines anderen Amtsgerichts als desjenigen, welches die angefochtene Verfügung erlassen hat, abgegebene Beschwerdeerhebung, sofern sie von dem Beschwerdeführer unterschrieben ist, zu gelten. In diesem Falle ist der Form aber erst genügt, wenn dieses Protokoll bei dem Gerichte, bei dem die Beschwerde eingelegt werden kann, — also bei dem Gerichte, dessen Verfügung angefochten wird, oder bei dem Beschwerdegericht (Abs. 1) — eingegangen ist. Das ist insbesondere für die Fälle der sofortigen Beschwerde von Bedeutung, bei welcher die Einlegung an die kurze Frist von zwei Wochen gebunden ist (§ 22). Wegen Untauglichkeit eines solchen Protokolls zur Einlegung der weiteren Beschwerde vgl. § 29 Anm. 3. — Was hier von dem Protokolle des Gerichtsschreibers gesagt ist, gilt auch von dem des Richters eines anderen Gerichts als der in Abs. 1 genannten Gerichte.

b) Die Einlegung der Beschwerde kann auch zum Protokolle des Gerichtsschreibers desjenigen Gerichts erfolgen, dessen Verfügung angefochten wird oder des Gerichtsschreibers des Beschwerdegerichts. In einem solchen Falle ist die Beschwerde mit der Aufnahme des Protokolls eingelegt und die etwaige Frist für die Einlegung gewahrt, sobald das Protokoll innerhalb der Frist aufgenommen ist. Wenn ein Gerichtsschreiber einen von dem Beschwerdeführer überreichten Schriftsatz nur mit der protokollarischen Eingangs- und Schlußformel versieht, so wird hierdurch lediglich der Schein eines Protokolls des Gerichtsschreibers hervorgerufen, in Wahrheit handelt es sich aber nicht um eine „Erklärung zum Protokolle des Gerichtsschreibers". Ein solches Schriftstück kann nur als Beschwerdeschrift gelten, soweit es sonst deren Erfordernissen entspricht. KG. 1. Juli 1901 in Johow 22 S. A 202 Nr. 50 und 21. Oktober 1901 in Zus.d.RJAmts 2 S. 209 f. (vgl. auch RG. StrS. 2 S. 444 ff., 14 S. 349, 18 S. 104). Das Protokoll des Gerichtsschreibers eines der für die Einlegung der Beschwerde zuständigen Gerichte braucht im Gegensatze zu dem von dem Gerichtsschreiber eines anderen Gerichts (Fall unter a) aufgenommenen Protokolle nach der herrschenden Ansicht nicht unterschrieben zu sein. A. M. anscheinend KG. in den eben bezeichneten Entscheidungen, wo es heißt: „die Bestimmung, wonach die weitere Beschwerde . . . zum Protokolle des Gerichtsschreibers erklärt werden muß, hat nicht etwa „nur" die Bedeutung, die Richtigkeit der Unterschrift des Beschwerdeführers zu gewährleisten". — Die Einlegung der Beschwerde zum Protokolle des Richters eines für die Einlegung zuständigen Gerichts ersetzt nicht das Protokoll des Gerichtsschreibers; sie ist vom Gesetz nicht zugelassen; ein solches Protokoll kann daher, wie im Falle zu a, so auch hier nur als Beschwerdeschrift gelten und ist für die Einlegung der weiteren Beschwerde untauglich. KG. 21. Mai 1900 in Zus.d.RJAmts 1 S. 42 f. Vgl. weiter bei § 29 Anm. 3. Hat der Richter einen Gerichtsschreiber zur Aufnahme des Protokolls zugezogen, so dürfte der Form genügt sein. Allerdings dürfte das Protokoll, bei analoger Anwendung des Beschlusses des Reichsgerichts v. 13. Februar 1893 für Zivilprozesse (in Gruchot 38 und Jur.Woch. 1893 S. 158), nicht das Protokoll über die Verhandlung der Hauptsache sein (für Amtsgerichtsprozesse vgl. allerdings OLG. Stuttgart in Seuff.Arch. 40 S. 113).

4. Sowohl wenn der Beschwerdeführer die Form zu a, als auch wenn er die zu b wählt, kann er sich durch einen Bevollmächtigten vertreten lassen. Wegen Vertretung durch Bevollmächtigte vgl. § 13 Anm. 3. Auch für die Einlegung der

Beschwerde und weiteren Beschwerde sind zwingende gesetzliche Vorschriften über die Form, in der ein Bevollmächtigter sich auszuweisen hat, nicht gegeben. Das Gericht kann die Beschwerde zwar nur zulassen, wenn es eine Bevollmächtigung für vorliegend ansieht. Um diese Überzeugung zu gewinnen, bedarf es aber weder einer urkundlichen noch überhaupt einer schriftlichen Vollmacht und nur wenn das Gericht es anordnet, ist ein solcher Nachweis zu erbringen. Auch aus der Kenntnis, die der angeblich Bevollmächtigte über die Sache an den Tag legt, kann seine Bevollmächtigung entnommen werden. Hält das Gericht mangels Beibringung einer urkundlichen Vollmacht desjenigen, welcher die Beschwerde als Vertreter eines Beteiligten angebracht hat, die Bevollmächtigung nicht ausreichend nachgewiesen, so kann es die Beschwerde aber nur dann zurückweisen, wenn dem angeblich Bevollmächtigten die Einreichung erfolglos aufgegeben war. KG. 30. Juni 1902 in Johow 24 S. A 148 Nr. 43 und Rechtspr.d.OLG. 6 S. 483; Bayer.O.LG. 7. Dezember 1900 in Rechtspr.d.OLG. 4 S. 100 unter e. Das letztere gilt auch dann, wenn eine Beschwerdeschrift mit dem Namen des Beschwerdeführers von einer anderen Person ohne Andeutung eines Vollmachtsverhältnisses unterzeichnet ist; KG. 2. Februar 1904 in Johow 27 S. A 3 Nr. 1. — Was die vermutete Vollmacht des Notars anlangt, in denjenigen Fällen, in denen er als ermächtigt gilt, einen Antrag zu stellen, auch Beschwerde und weitere Beschwerde einzulegen, so vgl. § 13 Anm. 3f. In dieser Beziehung sagt OLG. Hamburg 8. September 1900 in Zus.d.RJAmts 1 S. 153 ff., Rechtspr.d.OLG. 1 S. 318 Nr. 198: „Im Falle eines Antrags (auf Eintragung) würde mit der Beschwerde im Ergebnis weiter nichts als die Eintragung beantragt. Soll schon der Notar, ohne seine Vollmacht dartun zu müssen, befugt sein, den (Eintragungs-)Antrag für seinen Klienten zu stellen, so wäre es unverständlich, weshalb der Notar, wenn er durch Ablehnung des Antrags veranlaßt wird, sich an die zweite Instanz zu wenden, sich dieser gegenüber durch eine Vollmacht legitimieren müßte." Die Antragsnatur der Beschwerde (vgl. § 20 Anm. 3 und § 18 Anm. 2) berechtigt dazu, in solchen Fällen von der Beibringung einer besonderen Vollmacht abzusehen, meint Schultze-Görlitz (§ 129 Anm. 2), indem man davon ausgehen könnte, daß, wenn das Gesetz dem Notar die vermutete Vollmacht beilegt, den Antrag zu stellen, es ihm implicite auch das Recht habe geben wollen, den (Eintragungs-)Antrag auch zu betreiben. Das ist in gewissem Sinne gar nicht zu bestreiten; aber die Vorschriften über die aus der vermuteten Vollmacht des Notars folgende Antragsberechtigung ist auf Ausnahmevorschriften basiert und diese sind niemals ausdehnend auszulegen. Vgl. KG. 24. Juli 1900 in Rechtspr.d.OLG. 1 S. 266 Nr. 163. Deswegen ist diese vermutete Beschwerdeberechtigung des Notars nicht anzuerkennen. Vgl. § 13 Anm. 3f. Zum mindesten muß verlangt werden, daß der Notar im Namen desjenigen, für den er Beschwerde einlegt, in erster Instanz einen formellen Antrag gestellt, nicht etwa sonst eine Erklärung abgegeben hat (z. B. „ich überreiche anliegende Anmeldung . . . zur gefl. weiteren Veranlassung"). KG. 24. Juli 1900 a. a. O. Vgl. ferner für die weitere Beschwerde § 29 Anm. 3.

5. Wie für den Zivilprozeß darf es auch für das Verfahren in A.d.fr.Ger. als unzulässig bezeichnet werden, eine Beschwerde schon im voraus für den Fall der Ablehnung eines Antrags einzulegen; RG. 46 S. 418. Dagegen steht nichts im Wege, die Beschwerde vor Zustellung bzw. Bekanntmachung der erlassenen Verfügung anzubringen; KG. 21. Oktober 1901 in Zus.d.RJAmts 2 S. 210 ff., Johow 22 S. A 198 Nr. 49 und ZentrBl. 2 S. 560 (vgl. auch RG. 29 S. 341).

6. Über den Inhalt, den die Beschwerde haben muß, sind keine Vorschriften gegeben; es herrscht also die vollste Freiheit. Es genügt, daß der Wille des Beschwerdeführers deutlich erkennbar ist, eine bestimmte Verfügung anfechten zu wollen; eines formellen Antrags bedarf es nicht. Auch bedarf es angesichts des Offizialbetriebs keiner Begründung, den Fall des § 96 ausgenommen.

§ 22.

Die sofortige Beschwerde ist binnen einer Frist von zwei Wochen einzulegen. Die Frist beginnt mit dem Zeitpunkt, in welchem die Verfügung dem Beschwerdeführer bekannt gemacht worden ist.

Einem Beschwerdeführer, der ohne sein Verschulden verhindert war, die Frist einzuhalten, ist auf Antrag von dem Beschwerdegerichte die Wiedereinsetzung in den vorigen Stand zu erteilen, wenn er die Beschwerde binnen zwei Wochen nach der Beseitigung des Hindernisses einlegt und die Tatsachen, welche die Wiedereinsetzung begründen, glaubhaft macht. Eine Versäumung der Frist, die in dem Verschulden eines Vertreters ihren Grund hat, wird als eine unverschuldete nicht angesehen. Gegen die Entscheidung über den Antrag findet die sofortige weitere Beschwerde statt. Nach dem Ablauf eines Jahres, von dem Ende der versäumten Frist an gerechnet, kann die Wiedereinsetzung nicht mehr beantragt werden.

---

1. Der Paragraph handelt von der „sofortigen“ Beschwerde. Diese ist keine von der einfachen Beschwerde der Art nach verschiedenes Rechtsmittel, so daß die für die Beschwerde im allgemeinen gegebenen Bestimmungen der §§ 19 bis 21, 23 bis 25, 27 bis 30 auch auf die sofortige Beschwerde Anwendung finden. Die Besonderheiten der sofortigen Beschwerde ergeben sich aus den §§ 22 und 26. Mit dem Zwecke der sofortigen Beschwerde hängt es sodann zusammen, daß einer Verfügung gegenüber, die der sofortigen Beschwerde unterliegt, die Befugnis des Gerichts zur Selbstremedur nicht Platz greift; vgl. § 18 Anm. 2.

Die Fälle der sofortigen Beschwerde siehe bei § 18 Anm. 2. In den Fällen der §§ 60, 73 BGB. und § 80 des Genossenschaftsgesetzes vom 1. Mai 1889 bzw. 20. Mai 1898 findet nicht die sofortige Beschwerde des vorliegenden Gesetzes, sondern die nach Maßgabe der ZPO. (§§ 568 bis 577) statt. Vgl. § 19 Anm. 1 a. E.

2. Der Paragraph behandelt nur eine Besonderheit der sofortigen Beschwerde u. zw. die Einlegungsfrist. In der Regel ist die Beschwerde an keine Frist gebunden. Für bestimmte Angelegenheiten jedoch, in denen das Interesse der Beteiligten verlangt, daß das Rechtsverhältnis möglichst bald eine feste unanfechtbare Gestalt erhält, sind Ausnahmen geboten. Verfügungen in solchen Angelegenheiten erscheinen daher einer Rechtskraft fähig und sind, um diesen Erfolg zu sichern, dem nach dem Vorgange der ZPO. (§ 577) als „sofortige Beschwerde“ bezeichneten Rechtsmittel unterworfen worden, dessen charakteristisches Merkmal die kurze Einlegungsfrist von zwei Wochen ist. Verfügungen dieser Art werden mit Ablauf der für die Einlegung vorgeschriebenen Frist, falls die Einlegung nicht erfolgt, rechtskräftig d. h. unanfechtbar, wenn sie auch in ihrer Wirksamkeit durch diese Gestaltung nicht aufgehalten werden (§ 26). Wegen der Befugnis zur Abänderung der Verfügungen,

welche der sofortigen Beschwerde unterliegen vgl. § 18 Abs. 2 und Anm. 5 daselbst. Wo demnach im Gesetze von der Rechtskraft einer Verfügung die Rede ist, da ist auch gegen die Verfügung nur die sofortige Beschwerde gegeben, so daß beide Begriffe in Wechselbeziehung stehen. Daneben kennt das Gesetz allerdings auch noch eine andere Art von rechtskräftigen Verfügungen; das sind solche, welche überhaupt jeder Anfechtung entzogen sind. Darüber vgl. § 19 Anm. 6.

3. **Zu Abs. 1.** Der Abs. 1 bezeichnet den einzigen formalen Unterschied zwischen der sofortigen und der einfachen Beschwerde: die Frist für die Einlegung; sie beträgt zwei Wochen.

a) Der Beginn der Frist ist auf den Zeitpunkt gestellt, in welchem die Verfügung dem Beschwerdeführer bekannt gemacht worden ist, d. h. mit anderen Worten, die Frist beginnt für jeden, dem die Beschwerde zusteht, mit dem Zeitpunkt, in welchem ihm die Verfügung bekannt gemacht worden ist; wenn daher mehreren die Beschwerde zusteht, so läuft für jeden die Frist besonders. Ausnahme § 77 Abs. 3.

Über die Form der Bekanntmachung siehe § 16 Anm. 3, namentlich wegen der Bekanntmachung im Falle der Vertretung. Die Bekanntmachung kann gemäß § 16 Abs. 2 Satz 1 durch Zustellung nach den für die Zustellung von Amts wegen geltenden Vorschriften der ZPO. oder gemäß § 16 Abs. 3 Satz 1 durch Bekanntmachung zu Protokoll erfolgen. Kommt die Form der Zustellung zur Anwendung, so muß die Zustellung von Amts wegen erfolgen, so daß die Frist nicht läuft, wenn die Zustellung der beschwerenden Verfügung etwa durch einen Beteiligten und nicht von Amts wegen stattgefunden hat (für den Zivilprozeß RG. 3 S. 375). KG. 21. Oktober 1901 in Zus.d.RJAmts 2 S. 210 ff., Johow 22 S. A 198 Nr. 49, Rechtspr.d.OLG. 4 S. 3 unter c, ZentrBl. 2 S. 560.

Das in Anm. 5 zu § 21 Gesagte gilt auch hier. Wie nach § 577 ZPO., so ist auch hier die Zustellung der angefochtenen Verfügung keine notwendige Voraussetzung der Beschwerdeführung, so daß die Einlegung der sofortigen Beschwerde (und auch der sofortigen weiteren Beschwerde) vor dem Beginne der Frist, aber nicht zum voraus (etwa „für den Fall der Ablehnung des Antrags") wirksam erfolgen kann. Vgl. die vorbezeichnete Entscheidung des KG. v. 21. Oktober 1901 und Bayer.OLG. 21. Juni (oder Juli) 1901 (nach Soergel 1900/01 S. 613 und Warneyer 1 S. 269).

b) Der Lauf der Frist berechnet sich nach § 17. Die Frist hat alle Merkmale einer Notfrist, wenn sie auch nicht als solche bezeichnet ist (vgl. § 223 Abs. 3 ZPO.): Die Gerichtsferien haben wegen der allgemeinen Bestimmung des § 10 keinen Einfluß auf ihren Beginn und ihren Lauf, sie ist der Verkürzung und Verlängerung entzogen, die Wiedereinsetzung gegen ihre Versäumung ist zugelassen (Abs. 2) und sie gehört zu den von Amts wegen zu berücksichtigenden Punkten.

4. **Der Abs.** 2 behandelt die Wiedereinsetzung in den vorigen Stand gegen Versäumung der Einlegungsfrist. Die Einlegungsfrist ist nicht bloß dann nicht eingehalten, wenn während ihres Laufs die Einlegung überhaupt nicht erfolgt, sondern auch dann, wenn die Einlegung zwar rechtzeitig aber in nicht ausreichender Form stattfindet und die formgerechte zwar nachgeholt wird, aber verspätet kommt; so z. B. wenn der Beschwerdeführer rechtzeitig eine nichtunterschriebene Beschwerdeschrift einreicht und erst nach Ablauf der Frist eine solche, die den Anforderungen genügt. KG. 27. Oktober 1902 in Rechtspr.d.OLG. 5 S. 440 unter c.

Die Voraussetzungen für die Wiedereinsetzung sind folgende:

a) Der Beschwerdeführer muß unverschuldet verhindert gewesen sein, die Frist einzuhalten. Wann eine solche unverschuldete Verhinderung anzunehmen ist, hat der Richter nach pflichtmäßigem Ermessen zu entscheiden. Er ist dabei freier gestellt als der Prozeßrichter. Abweichend von § 233 ZPO. sind „Naturereignisse und andere unabwendbare Zufälle" nicht die einzigen Umstände, die als Hindernisse in Betracht kommen. Ob Verschulden — Vorsatz und Fahrlässigkeit § 276 BGB. — vorliegt, ist Tatfrage. Es muß erwartet werden, daß der Beschwerdeführer jede von ihm nach Lage der Sache vernünftigerweise zu erwartende Sorgfalt behufs Wahrung der Frist angewendet hat. Unverschuldete Unkenntnis der bekannt gemachten Verfügung (vgl. § 233 Abs. 2 ZPO.) wird regelmäßig als ausreichender Wiedereinsetzungsgrund zu gelten haben, es sei denn, daß nach erlangter Kenntnis noch ausreichend Zeit übrig war, die Beschwerde fristgemäß einzulegen. Rechtsunkenntnis, namentlich Unkenntnis der Mittel und Wege, wie die beschwerende Verfügung anzufechten sei, ist nicht ohne weiteres als unverschuldetes Verhindertsein aufzufassen; ein Verschulden in dieser Beziehung ist dann anzunehmen, wenn jemand Gelegenheit und Mittel hatte, sich diese Kenntnisse durch Nachfrage zu verschaffen und diese Möglichkeit unbenutzt vorübergehen ließ. KG. 13. Oktober 1902 in DJZ. 7 S. 534 (nach Soergel 1902 S. 467 § 22 Nr. 2) und KG. 27. Oktober 1902 in Rechtspr.d.OLG. 5 S. 440 unter e. Die Verzögerung der Abschriftserteilung im Falle des § 16 Abs. 3 vermag die Versäumung nicht als unverschuldet erscheinen zu lassen; denn die Beschwerdeeinlegung bedarf zunächst und überhaupt keiner Begründung und keines Versuchs der Widerlegung der Verfügung. Fuchs § 22 Anm. 8b. A. M. Birkenbihl § 22 Anm. 6b und Jastrow § 22 Anm. 5.

Besonders hervorgehoben ist, daß eine Versäumung der Frist, die in dem Verschulden eines Vertreters ihren Grund hat, als eine unverschuldete nicht angesehen wird, d. h. also, daß der eigenen Versäumnis die eines Vertreters gleichgeachtet wird. Als Vertreter kommt sowohl der gesetzliche wie der rechtsgeschäftliche Vertreter in Betracht. — Die Frage, ob in dem Falle, daß der Gerichtsschreiber eines für die Einlegung der Beschwerde nicht zuständigen Gerichts die zeitig erklärte Beschwerdeeinlegung abzusenden verzögert hat (vgl. § 11) und letztere infolgedessen verspätet bei dem für die Einlegung zuständigen Gericht eingeht, eine unverschuldete Versäumung des Beschwerdeführers vorliegt und demnach Wiedereinsetzung zu gewähren ist, ist streitig. Sie wird bejaht von Dorner § 22 Anm. 6, Fuchs § 22 Anm. 8b und im „Recht" 4 S. 322, Rausnitz § 22 Anm. 8. A. M. Birkenbihl § 22 Anm. 6b und die erste Auflage dieses Kommentars. Ich gebe die Ansicht auf; der Gerichtsschreiber ist in einem solchen Falle nicht Vertreter des Beschwerdeführers. Er hat die amtliche Verpflichtung die Beschwerdeschrift weiterzugeben (§ 11), handelt also, indem er dies tut, nicht im Auftrage des Beschwerdeführers, sondern im amtlichen Auftrage, in Ausübung seines Amtes. Der Beschwerdeführer aber, der einem solchen Gerichtsschreiber die Beschwerde zu Protokoll gibt, handelt nicht fahrlässig, denn er benutzt einen Weg, den ihm das Gesetz selbst an die Hand gibt. So Fuchs im „Recht" a. a. O.

b) Es muß ein Antrag auf Wiedereinsetzung vorliegen, ferner die Einlegung der Beschwerde nachgeholt und endlich die Glaubhaftmachung der Tatsachen, welche die Wiedereinsetzung begründen, erfolgt sein. — Alles binnen zwei Wochen nach Beseitigung des Hindernisses. KG. 14. April 1902 in Rechtsp.d.OLG. 5 S. 202 unter c. Daß auch die Glaubhaftmachung innerhalb der zweiwöchigen Frist statthaben muß, wird m. E. mit Recht für nicht erforderlich erklärt von Dorner § 22

Anm. 7, Fuchs § 22 Anm. 8, Josef, Lehrb. S. 224, Frese im ZentrBl. 1 S. 305 A. M. Birkenbihl § 22 Anm. 6d und Rausnitz § 22 Anm. 10. — Wegen Glaubhaftmachung vgl. im übrigen § 15.

c) Auch die Frist für den Wiedereinsetzungsantrag ꝛc. dürfte, entsprechend dem zu Anm. 3b Gesagten, als Notfrist zu behandeln sein, so daß sie (anders als im Zivilprozeß) durch die Gerichtsferien nicht unterbrochen würde; eine Wiedereinsetzung gegen ihre Versäumung erscheint aber unzulässig.

Der Schlußsatz des Abs. 2, daß nach dem Ablauf eines Jahres, von dem Ende der versäumten Frist, nicht von der Hebung des Hindernisses, an gerechnet, die Wiedereinsetzung überhaupt nicht mehr beantragt werden könne, bedeutet, daß, selbst wenn dann die zweiwöchige Frist des Abs. 1 noch nicht abgelaufen sein sollte, eine Wiedereinsetzung trotzdem nicht stattfindet. Birkenbihl § 22 Anm. 7.

d) Der Abs. 2 findet keine Anwendung im Falle des § 68 Abs. 2, so daß eine Wiedereinsetzung in diesem Falle ausgeschlossen ist. Grund siehe § 68 Anm. 3.

§ 23.

Die Beschwerde kann auf neue Tatsachen und Beweise gestützt werden.

---

1. Der Paragraph wiederholt einen bereits in § 570 ZPO. anerkannten und auch von dem § 74 GBO. aufgenommenen Grundsatz. Er gilt für die einfache wie für die sofortige Beschwerde. Wie in Anm. 5 zu § 21 bemerkt, ist es für die Beschwerde nicht unbedingt erforderlich, daß der Beschwerdeführer eine Begründung gibt; es ist aber ratsam. Er kann in dieser Beziehung Gesetzesverletzungen, Außerachtlassung oder unrichtige Würdigung von Tatsachen und Beweisen rügen. Nach § 23 kann er auch neue Tatsachen und Beweise, also solche, die bis dahin noch nicht vorlagen, geltend machen u. zw. einerlei, ob sie schon vor der angefochtenen Verfügung bestanden, dem Beschwerdeführer bekannt waren und von ihm also hätten geltend gemacht werden können, oder nicht. Nicht notwendig ist es, daß das Neuvorbringen bei Einlegung der Beschwerde, also in der Beschwerdeschrift oder in dem Einlegungsprotokoll des Gerichtsschreibers stattshabe; es ist vielmehr nicht ausgeschlossen, daß die neuen Tatsachen und Beweise noch in späteren, bis zur Entscheidung des Beschwerdegerichts zulässigen Schriften vorgebracht werden.

2. Für den Richter erster Instanz ist die Beschwerde, wenn sie bei ihm eingeht, nichts weiter als eine Anregung, in Erwägung zu ziehen, ob er von der Befugnis des § 18, soweit er sie hat, Gebrauch machen will oder nicht. Er wird dabei die gesamte Sachlage unter Beachtung des neuen Materials in Betracht zu ziehen haben. Daß er in dieser Lage der Angelegenheit aber auch neue Beweise soll erheben können, wie z. B. Birkenbihl § 23 Anm. 3 und Schneider § 23 Anm. 1 für zulässig halten, erscheint mir zweifelhaft; damit würde er m. E. in die Tätigkeit des Beschwerdegerichts eingreifen. Auch ist es m. E. nicht seine Sache, in eine Prüfung der Frage einzutreten, ob die Beschwerde an sich statthaft und ob sie in der gesetzlichen Form und Frist eingelegt ist. Er wird indessen diese Punkte und die Bedeutung der neuen Tatsachen und Beweise zu dem Zwecke in Berücksichtigung zu nehmen haben, um zu ermessen, inwieweit er nach § 24 Abs. 2 eine Anordnung

treffen soll. Hilft er der Beschwerde gar nicht oder nur teilweise ab, oder handelt es sich um eine sofortige Beschwerde, so legt er die Akten dem Beschwerdegericht vor.

Das Beschwerdegericht nimmt die vorgedachte Prüfung nach der Statthaftigkeit und der form- und fristgerechten Einlegung vor. Mangelt es an einem Erfordernisse in dieser Hinsicht, so hat es die Beschwerde, falls nicht zunächst auf sein Erfordern gemäß dem in Anm. 3 und 4 zu § 21 Gesagten Erledigung etwaiger Anstände erfolgt, als unzulässig zu verwerfen. Hat die Beschwerde dem Gericht erster Instanz noch nicht vorgelegen, so kann es sie diesem zur Erwägung, ob nach § 18 der Beschwerde abzuhelfen sei, mitteilen. Im übrigen hat es, sobald die Formalien in Ordnung sind, die Beschwerde auf ihre Begründetheit zu prüfen und dabei sich nicht auf das Vorbringen des Beschwerdeführers zu beschränken, sondern die gesamte Sach- und Rechtslage unter Berücksichtigung der Vorschriften des materiellen Rechts und derer über das Verfahren nachzuprüfen. Vgl. (für Grundbuchsachen) KG. 30. Juni 1902 in Rechtspr.d.OLG. 5 S. 432 unter f, Josef im „Recht" 7 S. 514 ff. Das Verfahren ist das erster Instanz; namentlich findet § 12 Anwendung. Das Beschwerdegericht ist daher, wenn es sachlicher Aufklärung bedarf, verpflichtet, sich dieselbe selbst zu beschaffen, also die ihm zweckdienlich erscheinenden Ermittlungen und die vorgeschriebenen Anhörungen, sofern sie noch nicht in erster Instanz in ausreichendem Maße stattgefunden haben sollten, vorzunehmen; vgl. § 12 Anm. 2. Dabei kann sich das Beschwerdegericht zwar der Mittätigkeit des Amtsgerichts im Wege des Ersuchens bedienen, aber nicht sich der ihm obliegenden Ermittlungspflicht durch Zurückverweisung der Sache in die erste Instanz entziehen. KG. 3. September 1901 in Rechtspr.d.OLG. 4 S. 97 unter b β. (Dagegen die Ansicht der sämtlichen Kommentare für die Zulässigkeit der Zurückverweisung der Sache zur anderweitigen Verhandlung und Entscheidung unter bestimmten Direktiven.) Erweist sich danach die Beschwerde als unbegründet, so ist sie zurückzuweisen. Soweit sie begründet erscheint, ist die angefochtene Verfügung aufzuheben und anderwelt zu verfügen. In letzterer Beziehung ermächtigt der § 575 ZPO. das Beschwerdegericht, die sachlich erforderliche Anordnung der Vorinstanz zu übertragen, statt sie selbst zu treffen. Eine entsprechende Bestimmung in das vorliegende Gesetz aufzunehmen, erschien nicht notwendig, weil ihr Inhalt für das Verfahren der freiw. Ger. als selbstverständlich erachtet wurde. Denkschr. S. 40.

3. Nicht bloß den in der Beschwerde vorgebrachten neuen Tatsachen und Beweisen, sondern auch den aus ihnen sich wieder ergebenden neuen Umständen haben die Gerichte zufolge des Offizialprinzips (§ 12) nachzugehen und jeder seit Erlaß der angefochtenen Entscheidung eingetretenen Veränderung der Sachlage hat das Beschwerdegericht Rechnung zu tragen. KG. 9. Dezember 1901 in Johow 23 S. A 53 Nr. 13. Neue Anträge indessen, die eine andere als die Angelegenheit, welche Gegenstand der angefochtenen Verfügung gewesen ist, betreffen, können mit der Beschwerde nicht verfolgt werden. Bayer.O.LG. 25. Januar 1901 im „Recht" 5 S. 235 Nr. 808, Soergel 1900/01 S. 613.

4. Die Denkschr. zum Entw. der GBO. bemerkt zu § 74, daß, wenn der Beschwerde auf Grund der neuen Tatsachen und Beweise Folge gegeben werde, die Entscheidung des Beschwerdegerichts keine rückwirkende Kraft habe, vielmehr die Sachlage so zu beurteilen sei, wie wenn der Beteiligte von der Erhebung einer Beschwerde abgesehen und bei dem Grundbuchamt einen neuen verbesserten Antrag

eingebracht hätte und diesem stattgegeben wäre. — Es unterliegt keinem Bedenken, diesen Satz auch auf die A.d.fr.Ger. anzuwenden.

5. Eine Ausnahme von § 23 siehe in § 96 Satz 2.

§ 24.

Die Beschwerde hat nur dann aufschiebende Wirkung, wenn sie gegen eine Verfügung gerichtet ist, durch die eine Strafe festgesetzt wird.

Das Gericht, dessen Verfügung angefochten wird, kann anordnen, daß die Vollziehung auszusetzen ist.

Das Beschwerdegericht kann vor der Entscheidung eine einstweilige Anordnung erlassen; es kann insbesondere anordnen, daß die Vollziehung der angefochtenen Verfügung auszusetzen ist.

---

1. Gemäß § 16 werden gerichtliche Verfügungen in der Regel mit der Bekanntmachung an den, für den sie ihrem Inhalte nach bestimmt sind, wirksam und, soweit eine Vollziehung noch nötig bzw. möglich ist (vgl. § 16 Anm. 3c), auch vollstreckbar. Der § 24 spricht nun im Anschluß an § 572 ZPO. den Grundsatz aus, daß auch durch Einlegung der Beschwerde — d. h. also der einfachen wie der sofortigen — die Wirksamkeit bzw. Vollstreckbarkeit einer Verfügung nicht aufgeschoben wird. Für Verfügungen, die erst mit der Rechtskraft wirksam werden (§§ 26, 53, 56, 70, 82, 97, 98, 99, 141 bis 144, 147, 158), und für Verfügungen, die unanfechtbar sind (vgl. § 19 Anm. 6), ist er ohne Bedeutung. Daß die Vorschrift des § 18 unberührt gelassen wird, brauchte nicht besonders hervorgehoben zu werden.

2. Der erwähnte Grundsatz wird durch den § 24 in zweifacher Hinsicht durchbrochen:

a) Gesetzlich soll der Beschwerde, d. h. der wirklich eingelegten, nicht also der bloß möglichen Beschwerde, aufschiebende Wirkung zukommen, wenn durch die angefochtene Verfügung eine Strafe festgesetzt ist (Abs. 1). Hier ist nicht weiter zu unterscheiden, ob die Strafe für begangene Ordnungswidrigkeiten oder behufs Durchführung einer gerichtlichen Anordnung festgesetzt worden ist; anders im § 33. Fälle, in denen solche Verfügungen vorkommen können, ergeben sich z. B. aus den §§ 83, 133, 135, 139, 140, 151, 154, 159 sowie aus § 15 in Verbindung mit den §§ 380, 390, 409 ZPO. Streitig ist, ob auch § 390 Abs. 2 ZPO. hierher gehöre, weil die Zwangshaft des Charakters der Strafe entbehre. Weitere Fälle in den §§ 78, 1788, 1837, 1875 BGB., §§ 14, 37, 139 HGB. Für die Fälle des § 8 in Verbindung mit den §§ 179, 180, 182 GVG. gelten die in § 182 Abs. 2 gegebenen Bestimmungen. — Bis zur Erledigung der Beschwerde darf also die Vollziehung der Verfügung nicht angeordnet, und muß die angeordnete Vollziehung ausgesetzt und die begonnene Vollziehung eingestellt werden. Gegen die Androhung einer Ordnungsstrafe im Sinne des § 33 ist zwar auch Beschwerde zulässig; die Beschwerde hat aber keine aufschiebende Wirkung. Wegen Beschwerde gegen die Androhung einer Strafe auch noch nach deren Festsetzung vgl. bei § 33 Anm. 4.

b) Nach dem Ermessen des Gerichts, sowohl des angegriffenen als auch des Beschwerdegerichts, kann die Vollziehung der angefochtenen Verfügung ausgesetzt werden (Abs. 2 und Abs. 3 Halbsatz 2), wenn es sich um andere als Strafverfügungen handelt. Eines Antrags bedarf es nicht. Soweit das Beschwerdegericht in Betracht kommt, steht die Befugnis dem Gericht und nicht dem Vorsitzenden zu. Entsprechend bei dem Familienrat. Fuchs § 24 Anm. 3. Gegen die Ablehnung der Aussetzung wollen Ebert-Dudek § 24 Anm. 3, Fuchs § 23 Anm. 3, Keidel S. 29, ohne weiteres die Beschwerde zulassen; es wird dafür indessen mindestens die Voraussetzung des § 20 Abs. 1 verlangt werden müssen. M. E. ist aber hier wie gegen die einstweiligen Anordnungen (vgl. Anm. 3) keine selbständige Beschwerde gegeben.

3. Außer der Befugnis gemäß Anm. 2b hat das Beschwerdegericht noch die, vor der Entscheidung eine einstweilige Anordnung zu erlassen, die einen anderen Inhalt als Aussetzung der Vollziehung hat. (Abs. 3 Halbsatz 1.) So kann es z. B. während schwebenden Beschwerdeverfahrens in einer Angelegenheit des § 1635 bzw. 1666 BGB. eine einstweilige Anordnung über die Unterbringung der Kinder treffen. Auch hier bedarf es keines Antrags. Gegen eine derartige einstweilige Verfügung ist die weitere Beschwerde für unzulässig erklärt, weil § 27, welcher über die Zulässigkeit der Beschwerde bestimmt, solche nur für die Endentscheidung ausspricht, vom KG. 7. November 1901, Zus.d.RJAmts 3 S. 1, Johow 23 S. A1; Rechtspr.d.OLG. 3 S. 394.

4. Der Eintritt der Wirksamkeit der nach Abs. 2, 3 zu erlassenden Anordnungen richtet sich nach § 16. Die Wirksamkeit dauert bis zur Erledigung der Beschwerde, mit der sie entweder definitiv oder hinfällig oder durch andere ersetzt werden, wenn nicht schon vorher das Beschwerdegericht gemäß § 18 Abs. 1 anderweitige Anordnungen getroffen hat.

5. Einen besonderen Fall behandelt der § 123. Keine Anwendung findet der Abs. 3 in den Fällen des § 68 Abs. 2.

§ 25.

Die Entscheidung des Beschwerdegerichts ist mit Gründen zu versehen.

---

1. Der Paragraph hat die Endentscheidung des Beschwerdegerichts im Auge. Über ihren Inhalt vgl. § 23 Anm. 2. Die Vorschrift ist abweichend von der ZPO., aber in Übereinstimmung mit § 77 GBO. eingestellt worden mit Rücksicht darauf, daß nach § 27 die weitere Beschwerde nur im Falle einer Verletzung des Gesetzes stattfindet (vgl. § 551 Nr. 7 ZPO. in Anm. 1 bei § 27). Die von dem Beschwerdegericht gegebene Begründung soll eben der dritten Instanz die Nachprüfung seiner Entscheidung ermöglichen. Da für diese Nachprüfung also die gerichtlich festgestellten Tatsachen maßgebend sind, so muß, wenn auch nicht ein förmlicher Tatbestand abzufassen ist, doch der gesamte Sachverhalt, den das Beschwerdegericht seiner Entscheidung unterstellt hat, aus ihr sich ergeben. Läßt die Entscheidung in dieser Richtung wesentliche Punkte, die zu prüfen waren, unberücksichtigt, so liegt eine ausreichende Begründung im Sinne des § 25 und des § 27 in Verbindung mit § 551 Nr. 7 ZPO. (vgl. § 27 Anm. 4d) nicht vor und die Entscheidung ist auf weitere Beschwerde aufzuheben. Bayer.OLG. 14. Dezember 1900 im „Recht" 5 S. 123 Nr. 421. Ist die erstinstanzliche Verfügung mit Gründen versehen — was übrigens nicht vorgeschrieben ist; vgl. indessen Anm. 3 —, so ist es dem Beschwerdegericht nicht verwehrt, auf diese Gründe, sowohl was die Darstellung des Sachverhalts,

soweit letzterer keine Änderung erfahren hat, als auch was die Rechtsgründe anlangt, Bezug zu nehmen. KG. 3. März 1902 in Rechtspr.d.OLG. 4 S. 351.

2. Die Bekanntmachung der Entscheidung des Beschwerdegerichts richtet sich nach § 16. Sie hat an das erstinstanzliche Gericht, an den Beschwerdeführer und an alle, deren Rechte durch die Entscheidung beeinträchtigt sein könnten, zu erfolgen. Schneider § 25 Anm. 2.

3. Die erstinstanzliche Begründung braucht, auch wenn sie einen Antrag ablehnt, nach Reichsgesetz nicht mit Gründen versehen zu werden. Ausnahme s. § 16 Anm. 1 a. E. Wenn indessen eine Landesgesetzgebung in Gemäßheit des § 200 Abs. 1 dieses vorschreiben sollte, oder aber auf Grund einer landesgesetzlichen Vorschrift eine Landesjustizverwaltung dieses anordnen sollte, wie dies z. B. in Preußen für die eine Eintragung in das Handelsregister ablehnenden Verfügungen eine JMVerf. v. 7. November 1899 (JMBl. S. 313) vorschreibt, so wird damit eine Rechtsnorm im Sinne des Art. 2 Einf.Ges.z.BGB. geschaffen. Vgl. § 200 Anm. 1.

§ 26.

Die Entscheidung des Beschwerdegerichts wird in den Fällen, in welchen die sofortige weitere Beschwerde stattfindet, erst mit der Rechtskraft wirksam. Das Beschwerdegericht kann jedoch die sofortige Wirksamkeit der Entscheidung anordnen.

1. **Zu Satz 1.** Nach der Regel des § 16 Abs. 1 werden die Verfügungen der Gerichte, einschließlich der Beschwerdegerichte, sofort mit der Bekanntmachung an den, für den sie ihrem Inhalte nach bestimmt sind, wirksam. Die Regel paßt jedoch nicht für Entscheidungen, welche auf sofortige Beschwerde ergehen (vgl. § 18 Anm. 2b) und demgemäß (§ 29 Abs. 2) auch nur mit der sofortigen weiteren Beschwerde angefochten werden können. Wenn der Gestaltung dieses Rechtsmittels der sofortigen Beschwerde der Zweck zugrunde liegt, einen nachteiligen Wechsel in der Ordnung der in Frage stehenden Rechtsverhältnisse tunlichst zu vermeiden, so könnte dieser Zweck durch die Anwendung jener Regel leicht vereitelt werden. Daher die Vorschrift des Satzes 1 des § 26, der eine konsequente Durchführung des Gedankens bedeutet, welcher dem § 18 Abs. 2 zugrunde liegt. Als Folge der Vorschrift ergibt sich für alle Fälle der sofortigen Beschwerde, daß die Verfügung erster Instanz trotz etwaiger Änderungen durch das Beschwerdegericht bis zur Rechtskraft der Entscheidung des Beschwerdegerichts bzw. der dritten Instanz aufrecht erhalten bleibt. Wenn mehrere Beteiligte die Beschwerde erheben können, so tritt zwar für jeden die Rechtskraft in seiner Person besonders ein, so daß er die Entscheidung, nachdem dies der Fall, nicht mehr anfechten kann; die Wirksamkeit tritt aber erst ein, wenn für alle die Rechtskraft eingetreten ist. Dorner § 26 Anm. 2; Fuchs § 26 Anm. 2. Vgl. oben § 16 Anm. 2c a. E.

2. **Zu Satz 2.** Der Vorbehalt des Satzes 2 ist gemacht, um geeignetenfalls dem Interesse der Beteiligten an der alsbaldigen Wirksamkeit der Entscheidung entgegenzukommen. Die Befugnis, die hier gegeben wird, bezieht sich aber nur auf solche Entscheidungen, für welche die Regel des § 16 Abs. 1 lediglich durch die allgemeine Vorschrift des § 26 Satz 1 ausgeschlossen ist (zu vgl. §§ 76, 96, 99), nicht auch auf solche, die zufolge besonderer Vorschrift überhaupt erst mit der Rechtskraft in Wirksamkeit

treten (zu vgl. § 53, § 55 Abs. 2, § 56 Abs. 2, § 70). In Fällen der letzten Art kann das Beschwerdegericht die sofortige Wirksamkeit seiner Entscheidung nur ausnahmsweise und unter bestimmten Voraussetzungen anordnen. Denkschr. S. 40. Letzteres ist z. B. gemäß § 53 Abs. 2 der Fall. Eines Antrags für den Erlaß der Anordnung bedarf es nicht.

3. Die Bekanntmachung der Anordnung aus Satz 2 und deren Wirksamkeit richtet sich nach § 16.

4. Im Falle des § 68 Abs. 2 kann das Beschwerdegericht die sofortige Wirksamkeit seiner Entscheidung nicht anordnen.

§ 27.

Gegen die Entscheidung des Beschwerdegerichts ist das Rechtsmittel der weiteren Beschwerde zulässig, wenn die Entscheidung auf einer Verletzung des Gesetzes beruht. Die Vorschriften der §§ 550, 551, 561, 563 der Zivilprozeßordnung finden entsprechende Anwendung.

---

1. Der im § 27 ausgesprochene Grundsatz, daß die weitere Beschwerde auf den Fall der Gesetzesverletzung beschränkt sein solle, war schon früher im größten Teile ($^4/_5$) von Deutschland in Geltung, er ist auch in die GBO. (§ 78) aufgenommen worden und soll dem Zwecke dienen, die Rechtseinheit zu wahren. Mit Aufstellung dieses Grundsatzes ist die weitere Beschwerde von derjenigen der ZPO. abgerückt und der Revision angepaßt. Deshalb ist die entsprechende Anwendung der für die letztere geltenden in bezug genommenen Vorschriften der ZPO. vorgeschrieben; diese lauten:

§ 550. Das Gesetz ist verletzt, wenn eine Rechtsnorm nicht oder nicht richtig angewendet worden ist.

§ 551. Eine Entscheidung ist stets als auf einer Verletzung des Gesetzes beruhend anzusehen:

1. wenn das erkennende Gericht nicht vorschriftsmäßig besetzt war;
2. wenn bei der Entscheidung ein Richter mitgewirkt hat, welcher von der Ausübung des Richteramts kraft Gesetzes ausgeschlossen war, sofern nicht dieses Hindernis mittels eines Ablehnungsgesuchs ohne Erfolg geltend gemacht ist;
3. wenn bei der Entscheidung ein Richter mitgewirkt hat, obgleich derselbe wegen Besorgnis der Befangenheit abgelehnt und das Ablehnungsgesuch für begründet erklärt war;
4. wenn das Gericht seine Zuständigkeit oder Unzuständigkeit mit Unrecht angenommen hat;
5. wenn eine Partei in dem Verfahren nicht nach Vorschrift der Gesetze vertreten war, sofern sie nicht die Prozeßführung ausdrücklich oder stillschweigend genehmigt hat;
6. wenn die Entscheidung auf Grund einer mündlichen Verhandlung ergangen ist, bei welcher die Vorschriften über die Öffentlichkeit des Verfahrens verletzt sind;
7. wenn die Entscheidung nicht mit Gründen versehen ist.

§ 561. Für die Entscheidung des Revisionsgerichts sind die in dem angefochtenen Urteile gerichtlich festgestellten Tatsachen maßgebend. Außer den-

selben können nur die im § 554 Nr. 2, 3 erwähnten Tatsachen berücksichtigt werden.

§ 563. Ergeben die Entscheidungsgründe zwar eine Gesetzesverletzung, stellt die Entscheidung selbst aber aus anderen Gründen sich als richtig dar, so ist die Revision zurückzuweisen.

Diese Vorschriften sollen „entsprechende" Anwendung finden; dazu vgl. § 1 Anm. 1 f.

2. Unter „Entscheidung" des Beschwerdegerichts ist die Endentscheidung über das Rechtsmittel der Beschwerde zu verstehen, so daß einstweilige Verfügungen oder Verfügungen über die Aussetzung der Vollziehung der angefochtenen Entscheidung — vgl. § 24 Anm. 2b und 3 — nicht darunter fallen. Vgl. auch § 19 Anm. 2a. — Es muß sich ferner um eine Entscheidung des Gerichts als „Beschwerdegericht" handeln; vgl. dazu § 19 Anm. 3.

3. Es soll gegen die Entscheidung des Beschwerdegerichts nur das Rechtsmittel der „weiteren" Beschwerde gegeben sein. Ist also ein Dritter, der bis dahin an dem Verfahren gar nicht beteiligt war, infolge der Entscheidung des Beschwerdegerichts in einem Rechte beeinträchtigt (§ 20 Abs. 1), so daß ihm nach allgemeinen Grundsätzen die Beschwerde zustände, so hat er nur die weitere, nicht die erste Beschwerde. Schneider § 27 Anm. 2.

4. Die Zulässigkeit der weiteren Beschwerde ist also lediglich davon abhängig gemacht, daß die angefochtene Entscheidung ein Gesetz verletzt und daß sie auf dieser Gesetzesverletzung beruht.

a) Der Umstand, daß die Entscheidung auf einer Gesetzesverletzung beruht, ist mithin erforderlich, aber auch allein genügend. Ein sonstiger Beschwerdegrund, vor allem ein neuer selbständiger Beschwerdegrund im Sinne des § 568 Abs. 2 ZPO., wird nicht erfordert; er würde für sich allein auch nicht ausreichend sein. Also auch bei zwei gleichmäßigen Vorentscheidungen ist die weitere Beschwerde zulässig. Das gilt nicht für die sofortige weitere Beschwerde in den Fällen der §§ 60, 73 BGB. und des § 80 Genossenschaftsgesetzes, die gemäß diesen Gesetzesstellen den Regeln der ZPO. folgen. In diesen Fällen muß vielmehr, damit die weitere Beschwerde zulässig ist, in der Vorentscheidung ein neuer selbständiger Beschwerdegrund vorhanden sein (§ 568 Abs. 2 ZPO.). Vgl. § 19 Anm. 1 a. E. und die dort angegebenen Entscheidungen. Dagegen OLG. Stuttgart 23. März 1900 in Rechtspr. d. OLG. 1 S. 15 Nr. 10. Über die Streitfrage vgl. „Recht" 5 S. 118 (Heine), S. 170 (Meyerhoff), S. 275 (Werner), ZentrBl. 1 S. 483 ff. (Frantz), S. 647 (Nöldeke). Die Streitfrage würde m. E. wohl kaum haben entstehen können, wenn § 185 in Verbindung mit Art. 32 Einf.Ges.z.BGB. beachtet worden wäre, wonach Reichsgesetze — und das sind die §§ 60, 73 BGB. und § 80 Genossenschaftsgesetzes — in Kraft bleiben sollen, soweit sich nicht aus dem vorliegenden Gesetz ihre Aufhebung ergibt. Für eine solche Aufhebung liegen keinerlei Anhaltspunkte vor. Die Zuhilfenahme des § 1 des vorliegenden Gesetzes für seine Deduktion durch das Kammergericht in der Entscheidung v. 9. April 1900 (Johow 20 S. A 8) kann nicht als zulässig erachtet werden, wenn auch im übrigen die Entscheidung richtig ist. Wegen der Zuständigkeit in diesen Fällen der sofortigen weiteren Beschwerde vgl. § 28 Anm. 1.

Von dem Erfordernis einer Beschwerdesumme kann bei der Natur der in Betracht kommenden Beschwerdegegenstände überhaupt keine Rede sein.

b) Es muß ein Gesetz verletzt sein. Gesetz im Sinne des § 27 ist jede Rechtsnorm, § 27 in Verbindung mit § 550 ZPO., § 185 in Verbindung mit

Art. 2 Einf.Ges.z.BGB. Rechtsnorm ist jede von einer staatsrechtlich zur Bestimmung allgemein gültiger Rechtsregeln befugten Gewalt gültig erlassene Anordnung einer erzwingbaren Rechtsregel. RG. 13 S. 215. Die Beschränkung des § 549 ZPO., daß eine weitere Beschwerde nur bei Verletzung eines Reichsgesetzes oder eines Gesetzes, dessen Geltungsbereich sich über den Bezirk des Beschwerdegerichts hinaus erstreckt, gegeben sei, ist nicht übernommen, so daß auch die Verletzung von landesgesetzlichen Bestimmungen, soweit sie für das vorliegende Gesetz überhaupt in Betracht kommen, insbesondere also von landesgesetzlichen Ausführungs- und Ergänzungsbestimmungen, unter die Vorschrift fällt.

Da der in § 550 ZPO. gebrauchte Ausdruck „Rechtsnorm" jede einschränkende Auslegung verhüten soll, so ist Gesetz als objektive Rechtsnorm im weitesten Umfange aufzufassen. Es kommen also nicht bloß geschriebenes Recht, sondern auch Gewohnheitsrecht und in ersterer Hinsicht sowohl Gesetz als Rechtsverordnung, sowohl zwingende Bestimmungen als auch Ordnungsvorschriften in Betracht. Es ist ferner einerlei, ob das Gesetz dem privaten oder öffentlichen, dem materiellen oder formellen Recht angehört. Auch die auf internationalem Recht oder auf internationalen Staatsverträgen beruhenden Normen fallen darunter. Schultzenstein in ZfDZPr. 29 S. 275; A. M. Schultze-Görlitz § 27 Anm. 2a. Ohne Bedeutung endlich ist es, ob die Norm ausdrücklich formuliert ist, oder aus dem Sinn und Zusammenhang anderer Normen sich ergibt.

c) Das Gesetz muß verletzt sein. Ein Gesetz ist verletzt, wenn es nicht oder nicht richtig angewandt ist (§ 550 ZPO.). Die unrichtige Anwendung kann darin liegen, daß der Inhalt des Gesetzes unrichtig aufgefaßt und ausgelegt oder daß auf den festgestellten Sachverhalt eine nicht zutreffende Rechtsnorm angewendet worden ist. Unter die letztere Art fällt es, wenn zu Unrecht eine Rechtsnorm als geltend angenommen und angewendet worden ist. — Wo es sich um arbiträre Normen handelt, wo dem Gericht ein Ermessen eingeräumt ist, da ist zu unterscheiden, ob dieses Ermessen ein vollständig freies sein soll oder nicht. — Der erstere Fall liegt in der Regel vor, wenn es sich um eine „Kann"-Bestimmung handelt oder eine Maßregel ausdrücklich in das Ermessen des Gerichts gestellt ist. So ist nach § 15 die Beeidigung eines Zeugen oder Sachverständigen in das Ermessen des Gerichts gestellt; die Beeidigung oder Nichtbeeidigung enthält daher keine Gesetzesverletzung und es kann darauf eine weitere Beschwerde nicht gestützt werden; Bayer.ObLG. 27. Oktober 1900 in Seuff.Arch. 55 S. 256 (nach Soergel 1900/01 S. 615 unter g). So ist es eine Frage lediglich der Zweckmäßigkeit, ob zwei Nachlaßverwaltungen zu verbinden seien und die Ablehnung einer solchen Verbindung kann keine Gesetzesverletzung bedeuten; OLG. Colmar 5. Februar 1902 im „Recht" 6 S. 128 Nr. 582. Ebenso die Anhörung des Gegners des Beschwerdeführers; KG. 15. April 1901 in Rechtspr.d.OLG. 2 S. 499 unter b. Vgl. dagegen über den Fall der Versagung einer Abschrift aus den Gerichtsakten — siehe bei § 34 — KG. 5. März 1900 in Zus.d.RJ.Amts 1 S. 1ff., Johow 20 S. A 3 Nr. 1. Das Gesetz ist nicht verletzt, wenn das Beschwerdegericht es unterlassen hat, dem Beschwerdeführer einen Rechtsanwalt beizuordnen, auch wenn die Beiordnung veranlaßt war. Bayer.ObLG. 3. Januar 1903 im „Recht" 7 S. 81 Nr. 368. — Der andere Fall liegt vor, wenn „Soll"-Vorschriften oder ähnliche Ordnungsvorschriften zur Anwendung zu kommen haben. Aber auch in einem solchen Falle kann von einer Gesetzesverletzung nur die Rede sein, wenn das Gericht es überhaupt unterlassen hat, das richterliche Ermessen anzuwenden, oder wenn es dasselbe über die ihm gesetzten Grenzen hinaus angewendet hat, nicht aber, wenn es sich innerhalb des gesetzlichen Rahmens gehalten und nur in unzweckmäßiger Weise sein Ermessen ausgeübt hat. Vgl. Bayer.O.LG. 6. August 1902 im „Recht" 6 S. 436 Nr. 2027, Samml. von Entsch. d. Bayer.O.LG. in Zivils. 3 S. 670 (nach Soergel 1902 S. 468 unter 5), dasselbe 3. Juni 1903, ebenda 7 S. 343 Nr. 1902 bzw. 4 S. 226 (nach Soergel 1903 S. 542 Nr. 9). Hier soll die Beobachtung der Vorschrift die vom Gesetz für erforderlich erachtete Gewähr erschöpfender Würdigung der Verhältnisse bieten. Die Ausübung dieses richterlichen Ermessens unterliegt also der Nachprüfung und ein Nichtgebrauch oder rechtsirrtümlicher Gebrauch des richterlichen Ermessens ist als Gesetzesverletzung im Sinne des § 27 geeignet und ausreichend die weiteren Beschwerde zu begründen. Vgl. dazu die oben § 20 Anm. 2 a α a. E. bezeichneten Entscheidungen usw., ferner Bayer.O.LG. 24. Januar 1903 im „Recht" 7 S. 129 Nr. 635, ZentrBl. 3 S. 729 Nr. 377, über die Anhörung von Verwandten usw. im Falle des § 1673 BGB., dazu aber auch KG. 9. August 1901 in Rechtspr.d.OLG. 3 S. 299 unter b.

d) Die Entscheidung muß auf einer Gesetzesverletzung beruhen. Unter Entscheidung ist auch hier die Entscheidung des Beschwerdegerichts gemeint. Die Verfügung erster Instanz kommt nur insoweit in Betracht, als die angefochtene Entscheidung mit auf ihr beruht, indem sie sich die Verfügung inhaltlich angeeignet hat (vgl. für den Zivilprozeß RG. 6 S. 194, Dorner § 27 Anm. 5c, Fuchs § 27 Anm. 5b).

Eine Entscheidung „beruht" auf einer Gesetzesverletzung, wenn sie in einem ihrer Bestandteile, d. h. der Feststellung des Sachverhältnisses oder der Anwendung des Gesetzes auf dasselbe, durch die Gesetzesverletzung dergestalt beeinflußt ist, daß sie ohne letztere ganz oder zum Teil nicht ergangen wäre; es muß Kausalzusammenhang zwischen Gesetzesverletzung und Entscheidung bestehen. Reincke, ZPO. § 551 Anm. 1.

Die Prüfung dieser Kausalität braucht das Gericht nicht weiter vorzunehmen bei den in § 551 Nr. 1 bis 7 ZPO. (vgl. Anm. 1) bezeichneten Gesetzesverletzungen, da das Gesetz bei dem Vorliegen einer jeden derselben die Kausalität als von Rechts wegen gegeben annimmt. Der Nachweis des Gegenteils ist ausgeschlossen und § 563 ZPO. findet keine Anwendung. Dorner § 27 Anm. 5c. Fuchs § 27 Anm. 5b. — Zu § 551 ZPO. Nr. 1 vgl. § 6 Anm. 1 und § 30. Zu Nr. 2 und 3 vgl. § 6. Bei Nr. 4 kommt sowohl die sachliche wie die örtliche Zuständigkeit in Betracht; vgl. § 1 Anm. 1e, §§ 3, 4, 5, 7. Zu Nr. 5 vgl. § 13. Nr. 6 hat für dies Verfahren der freiw. Ger. keine Bedeutung, vgl. § 8 Anm. 3. Zu Nr. 7 vgl. § 25.

5. Die in der angefochtenen Entscheidung gerichtlich festgestellten Tatsachen sind für die Entscheidung in der dritten Instanz maßgebend (§ 561 ZPO.). Es ist das lediglich eine Konsequenz des Grundsatzes, daß die weitere Beschwerde nur auf eine Gesetzesverletzung gestützt werden könne. Auf eine andere Sachdarstellung kann also die Beschwerde nicht gestützt werden; eine nochmalige Würdigung der tatsächlichen Verhältnisse ist ausgeschlossen; Bayer.O.LG. 13. August 1902 im „Recht" 6 S. 483 Nr. 2212. Deswegen ist auch die Anfechtung der Entscheidung des Beschwerdegerichts durch Benennung von Zeugen für das Gegenteil des in der Entscheidung festgestellten Beweisergebnisses unzulässig; Bayer.O.LG. 2. Oktober 1903 im „Recht" 7 S. 530 Nr. 2720. Nur soweit die tatsächliche Feststellung der angefochtenen Entscheidung selbst wieder auf Grund einer Gesetzesverletzung gewonnen ist, ist auch diese Gesetzesverletzung nach Maßgabe des in Anm. 4 Gesagten ausreichend, die weitere Be-

schwerde zu begründen. Die Abgrenzung, ob in dieser Hinsicht eine tatsächliche oder rechtliche Würdigung vorliege, ist unter Umständen schwierig. Bei Auslegung von Urkunden aller Art einschließlich von Statuten, Instruktionen, Reglements ist auch bei falscher Auslegung das Gesetz nicht verletzt, es sei denn, daß eine gesetzliche Auslegungsregel nicht oder nicht richtig angewendet ist.

An neuen Tatsachen können, abgesehen von den für die Prüfung der Formalien erforderlichen, nur die im § 554 Nr. 2, 3 ZPO. erwähnten vorgebracht und berücksichtigt werden (vgl. § 561 ZPO. in Anm. 1), also Tatsachen, aus denen sich ergibt, daß das Gesetz in bezug auf das Verfahren verletzt sei und daß unter Verletzung des Gesetzes Tatsachen festgestellt, übergangen oder als vorgebracht angenommen seien. Die Berücksichtigung dieser Tatsachen hat das Gericht ohnehin zu berücksichtigen, einerlei, ob sie neu vorgebracht werden oder sich sonst aus den Akten ergeben. —

6. Keinen Erfolg soll die weitere Beschwerde haben, obgleich eine Gesetzesverletzung vorliegt, dann, wenn sich diese Gesetzesverletzung nur aus den Entscheidungsgründen ergibt, die Entscheidung selbst aber, wenn auch aus anderen Gründen als denen des Vorderrichters, sich als richtig darstellt; § 563 ZPO. (vgl. in Anm. 1).

7. In dieser letzteren Beziehung ist hervorzuheben, daß die Beschwerde der Angabe, welche Rechtsnorm verletzt sei und welche Tatsachen im Sinne des § 554 Nr. 2 und 3 ZPO. vorliegen, nicht bedarf. Auch ohne besondere Rüge des Beschwerdeführers ist allseitig zu prüfen, ob die angefochtene Entscheidung auf einer Rechtsverletzung beruht oder nicht. KG. 25. Juni 1900 im „Recht" 4 S. 435 Nr. 423. Auch würde es nicht für zulässig zu erachten sein, wollte eine bundesstaatliche Landesgesetzgebung auf Grund des § 200 Abs. 1 die Angabe der verletzten Rechtsnorm zur Pflicht machen. Eine solche Vorschrift wäre nicht eine bloße Ergänzung, sondern eine Abänderung der reichsgesetzlichen Vorschriften. Diese Prüfung hat unter freier Würdigung der angefochtenen Entscheidung nach deren ganzem Zusammenhange zu geschehen.

8. Die Formulierung des § 27 darf nicht zu der Ansicht verleiten, das Gesetz wolle nur den Begriff der Zulässigkeit und Unzulässigkeit, nicht aber den der Begründetheit und Unbegründetheit der weiteren Beschwerde anerkennen, wie dies Schultzenstein in ZfDZPr. 25 S. 189 ff. (196) und Fuchs § 27 Anm. 1 annehmen. Die Vorschrift ist vielmehr dahin zu verstehen, daß die weitere Beschwerde nur darauf gestützt werden kann, daß die angefochtene Entscheidung auf einer Verletzung des Gesetzes beruhe. Es kommt also bei der Prüfung der Zulässigkeit des Rechtsmittels nur darauf an, ob eine Gesetzesverletzung gerügt wird (vgl. Anm. 7). Erweist sich die Rüge der Gesetzesverletzung nachher als unbegründet, so ist die Beschwerde zwar zulässig gewesen, aber unbegründet. Es kann nicht angenommen werden, daß das Gesetz die in den Prozeßgesetzen feststehenden Begriffe der Unzulässigkeit und Unbegründetheit von Rechtsmitteln nicht habe übernehmen wollen, umsoweniger als gerade das Rechtsmittel der weiteren Beschwerde dem Rechtsmittel der zivilprozessualen Revision nachgebildet ist. OLG. Jena 27. November 1901 im „Recht" 5 S. 621 Nr. 2643. Vgl. weiter § 28 Anm. 5 und § 20 Anm. 2e.

9. Auf die weitere Beschwerde finden gemäß § 29 Abs. 4 die Vorschriften über die Beschwerde, also die §§ 19 bis 26 entsprechende Anwendung, soweit nicht in den §§ 27 bis 30 ein anderes bestimmt ist.

10. Die weitere Beschwerde ist ausgeschlossen im Falle des § 64.

§ 28.

Über die weitere Beschwerde entscheidet das Oberlandesgericht.

Will das Oberlandesgericht bei der Auslegung einer reichsgesetzlichen Vorschrift, welche eine der im § 1 bezeichneten Angelegenheiten betrifft, von der auf weitere Beschwerde ergangenen Entscheidung eines anderen Oberlandesgerichts, falls aber über die Rechtsfrage bereits eine Entscheidung des Reichsgerichts ergangen ist, von dieser abweichen, so hat es die weitere Beschwerde unter Begründung seiner Rechtsauffassung dem Reichsgerichte vorzulegen. Der Beschluß über die Vorlegung ist dem Beschwerdeführer bekannt zu machen.

In den Fällen des Abs. 2 entscheidet über die weitere Beschwerde das Reichsgericht.

---

1. **Zu Abs. 1.** Unter Oberlandesgericht ist das dem Beschwerdegericht im Instanzenzuge vorgeordnete Oberlandesgericht zu verstehen. Gemäß § 199 erleidet die Bestimmung insoweit eine Modifikation, als die Landesgesetzgebung eines Bundesstaates, in welchem mehrere Oberlandesgerichte bestehen, oder ein oberstes Landesgericht errichtet ist, die Entscheidung über die weitere Beschwerde einem der mehreren Oberlandesgerichte oder dem obersten Landesgerichte zuweisen kann. Vgl. § 199 Anm. 1. Für diese Gerichte — es sind dies nur das Preußische Kammergericht in Berlin und das Bayerische Oberste Landesgericht in München — gilt der § 28 wie für jedes Oberlandesgericht. Das KG. hat sich für zuständig erklärt zur Entscheidung der weiteren Beschwerde in Sachen der freiw. Ger. gegen Beschlüsse der gemeinschaftlichen Landgerichte in Meiningen und Rudolstadt, welche Entscheidungen der Amtsgerichte aus den preußischen Kreisen Schleusingen, Schmalkalden und Ziegenrück betreffen. KG. 11 April 1904 in Johow 28 S. A 3 Nr. 1.

Auch für die sofortige weitere Beschwerde in den Fällen der §§ 60, 73 BGB. und des § 80 des Genossenschaftsgesetzes hat das Kammergericht in seiner Entscheidung v. 15. Juni 1903 (in Johow 26 S. A 3) die Grundsätze des § 28 über die Zuständigkeit der Oberlandesgerichte bzw. des Reichsgerichts für anwendbar erklärt. Ebenso Werner im „Recht" 5 S. 275 f. Das Kammergericht ist dabei zwar unter zutreffender Würdigung der Entstehungsgeschichte der Bestimmung der §§ 60, 73 BGB. über die sofortige Beschwerde nach der ZPO. zur Annahme eines richtigen Verhältnisses dieser Gesetzesvorschriften zu dem § 28 des vorliegenden Gesetzes gelangt, aber in nicht einwandfreier Begründung, indem es statt der ausschlaggebenden gesetzlichen Vorschriften für die Festlegung dieses Verhältnisses — § 185 in Verbindung mit Art. 32 Einf.Ges.z.BGB. — den § 1 herbeizieht. Es ist aber nach den sonst richtigen Erwägungen des Kammergerichts anzunehmen, daß, in teilweiser Außerkraftsetzung der bezeichneten Vorschriften des BGB. bzw. des Genossenschaftsgesetzes in Verbindung mit der ZPO. durch § 185 in Verbindung mit Art. 32 Einf.Ges.z.BGB., die Grundsätze des § 28 auch auf diese Beschwerde Anwendung finden. Vgl. noch § 19 Anm. 1 a. E. und § 27 Anm. 4a.

2. Der **Abs. 2** entspricht dem Abs. 2 des § 79 GBO. und verfolgt, wie dieser für Grundbuchsachen, für die A.d.fr.Ger. den Zweck, die Einheitlichkeit der Rechtsprechung zu sichern. In dieser Beziehung ist folgendes zu berücksichtigen

a) Es muß sich um eine Angelegenheit der freiw. Ger. handeln, welche durch Reichsgesetz den Gerichten übertragen ist, wie sich schon, ganz abgesehen von dem ausdrücklichen Hinweise in Abs. 2, aus der allgemeinen Aufgabe des Gesetzes gemäß § 1 von selbst ergeben muß. Hier gibt sich die Wichtigkeit und Tragweite der Frage hauptsächlich zu erkennen, welche Angelegenheiten unter die durch Reichsgesetz den Gerichten übertragenen zu zählen sind, namentlich ob dies mit dem Beurkundungswesen der Fall ist. Für diejenigen, welche nicht dahin zu rechnen sind, besteht die Sicherungsmaßregel nicht. Vgl. dazu § 1 Anm. 1d und Vorbemerkung zum 10. Abschnitte.

b) Es muß sich um die Auslegung einer reichsgesetzlichen Vorschrift handeln; landesgesetzliche Vorschriften — und als solche können hier (vgl. Anm. a) nur Ausführungs- und Ergänzungsvorschriften (§ 200) in Frage kommen — fallen also nicht darunter. A. M. Birkenbihl § 28 Anm. 2a. Wenn das Gesetz landesrechtliche Vorschriften hätte einbegreifen wollen, so hätte es sich anders u. zw. allgemein ausdrücken müssen. Vgl. § 1 Anm. 1f a. E. Handelt es sich sowohl um reichsgesetzliche als auch landesgesetzliche Vorschriften in derselben Sache, so liegt allerdings ein Fall des § 28 vor; vgl. Anm. 4.

Inwieweit der Gegenstand der Vorschriften von Bedeutung ist, ist nicht gesagt. Indem das Gesetz sich ganz allgemein ausdrückt, spricht es aus, daß alle Vorschriften ohne Unterschied, also sowohl materiellen wie formellen Inhalts, sowohl Vorschriften dieses Gesetzes wie anderer Reichsgesetze in Betracht kommen. So auch Aron in ZfDZPr. 27 S. 310 ff. (322).

c) Zu den unter a und b erörterten Voraussetzungen für die Verpflichtung der Oberlandesgerichte zur Vorlage der weiteren Beschwerde an das Reichsgericht muß noch als dritte hinzukommen der Umstand, daß über Auslegung derselben Vorschrift bereits eine Entscheidung eines anderen Oberlandesgerichts oder des Reichsgerichts ergangen ist, von der das mit der weiteren Beschwerde befaßte Oberlandesgericht abweichen will. Als Entscheidungen der anderen Oberlandesgerichte kommen aber nur die auf weitere Beschwerde in A.d.fr.Ger. ergangenen in Betracht, während es in Ansehung der Entscheidungen des Reichsgerichts keinen Unterschied macht, ob sie auf Grund eben dieses § 28 oder sonstwie in bürgerlichen Rechtsstreitigkeiten durch Urteil oder Beschluß ergangen sind. Hat nur ein Senat des Reichsgerichts bis dahin über die Rechtsfrage mehrmals und nicht immer in derselben Weise entschieden, so ist die Vorlegung nur dann erforderlich, wenn das Oberlandesgericht von der jüngsten Entscheidung abweichen will. Liegen widerstreitende Entscheidungen mehrerer Senate vor, so ist die Vorlegung immer geboten, da es in diesem Falle an jeder Gewißheit fehlt, welche Ansicht die in dem betreffenden Zeitpunkte geltende ist. Vgl. Willenbücher, GVG. § 79 Anm. 2; Kom.Ber z.GVG. (Drucks. des Reichstags 1895/97 Nr. 686) S. 32; Turnau-Förster, Liegenschaftsrecht 2 S. 357. Entsprechendes darf angenommen werden, wenn ein Oberlandesgericht von widerstreitenden Entscheidungen eines anderen Oberlandesgerichts oder mehrerer Oberlandesgerichte abweichen will. Fuchs § 28 Anm. 2. Der Paragraph kommt nicht zur Anwendung, wenn ein Oberlandesgericht bloß von einer eigenen früheren Entscheidung abweichen will.

3. Liegen die in Anm. 2 erörterten Voraussetzungen vor, so ist das Oberlandesgericht verpflichtet, die weitere Beschwerde unter Begründung seiner Rechtsauffassung dem Reichsgerichte vorzulegen. Wie das Oberlandesgericht von den Entscheidungen der übrigen Oberlandesgerichte und des Reichsgerichts Kenntnis erhalten hat, ist ohne Belang. Es ist nicht notwendig, daß es seine Kenntnis aus der offiziellen Sammlung des Reichsjustizamts schöpfen muß; dem Beschwerdeführer muß unbenommen sein, das angerufene Oberlandesgericht auf ergangene Entscheidungen, einerlei, ob sie veröffentlicht sind oder nicht, aufmerksam zu machen. Kom.Ber. S. 30 u. Kom.Ber. über die GBO. (vgl. Anm. 2c) S. 31.

Die Vorlegung an das Reichsgericht erfolgt mittels begründeten Beschlusses.

Der Beschluß ist dem Beschwerdeführer bekannt zu machen. Soweit dem Beschwerdeführer andere Beteiligte gegenüberstehen, dürfte der Beschluß auch diesen bekannt zu machen sein. Kom.Ber.z.GBO. (vgl. Anm. 2c) S. 32. So auch Birkenbihl § 29 Anm. 2d, Fuchs § 29 Anm. 3.

Die Bekanntmachung erfolgt gemäß § 16.

4. Der Beschluß über die Vorlegung an das Reichsgericht ist unanfechtbar. Mit ihm wird das Reichsgericht für die weitere Beschwerde zuständig und hat über sie zu entscheiden (Abs. 3), u. zw. in ihrem ganzen Umfange, so daß, wenn außer über reichsgesetzliche Vorschriften, um deren streitiger Auslegung willen die Beschwerde ihm vorgelegt worden ist, auch noch landesgesetzliche Bestimmungen, die streitig sind, zu interpretieren sind, das Reichsgericht auch dafür zuständig ist. Vgl. Anm. 2b. — Der Beschluß ist aber für das Reichsgericht nicht in der Art bindend, daß ihm eine Nachprüfung über die Richtigkeit der Ansichten des vorlegenden Oberlandesgerichts nicht zustände. Das Reichsgericht hat vielmehr (21. Dezember 1901) die Entscheidung über eine ihm von einem Oberlandesgerichte vorgelegte weitere Beschwerde abgelehnt, weil es fand, daß der von dem Oberlandesgericht angenommene Konfliktsfall nicht vorlag, daß vielmehr die von dem anderen Oberlandesgericht abgegebene Entscheidung von der das verweisende Oberlandesgericht geglaubt hat, abweichen zu müssen, der Entscheidung nicht entgegenstehe, die dieses Gericht hat abgeben wollen. „Recht“ 6 S. 47 Nr. 186. A. M. Birkenbihl § 28 Anm. 3, Dorner § 28 Anm. 7, Rausnitz § 28 Anm. 8, Werner im „Recht“ 5 S. 275 f.

Hat das Oberlandesgericht trotz der gedachten Voraussetzungen die weitere Beschwerde dem Reichsgericht nicht vorgelegt, sondern selbst entschieden, sei es, daß es eine abweichende Entscheidung nicht kannte, sei es, daß es sich über deren Tragweite im Irrtume befand, so ist die Entscheidung unanfechtbar. RG. 6. Februar 1901 in 48 S. 15 und in Jur.Woch. 1901 S. 198 (nach Soergel 1900/01 S. 616), Seuff.Arch. 3. F. 2 S. 45.

5. Was die Entscheidung über die weitere Beschwerde anlangt, so gilt das in Anm. 2 zu § 23 Gesagte mit der Maßgabe, die sich daraus ergibt, daß es sich hier nur um die Entscheidung über die Rechtsfrage handelt. Bei Aufhebung der Vorentscheidung hat, wenn die Sache spruchreif ist, das Gericht in der Sache selbst zu entscheiden, anderenfalls nach seinem Ermessen — vgl. jedoch § 30 Anm. 2 — an das Beschwerdegericht oder das Gericht erster Instanz zurückzuverweisen. Das Gericht, an welches die Sache zurückverwiesen ist, ist, obgleich die Anwendung des § 565 Abs. 2 ZPO. nicht ausdrücklich zugelassen ist, an die der Entscheidung über die weitere Beschwerde zugrunde liegende rechtliche Beurteilung derart gebunden, daß es auch nicht ausdrücklich erörterte gesetzliche Bestimmungen nicht anwenden darf. RG. 27. Juli 1900 in Rechtspr.d.OLG. 1 S. 311 Nr. 193.

6. Gegen die Entscheidungen der Oberlandesgerichte gibt es in A.d.fr.Ger. kein weiteres Rechtsmittel, insbesondere nicht eine Beschwerde an das Reichsgericht. RG. 6. Februar 1901 in Seuff.Arch. 57 S. 45 Nr. 27.

§ 29.

Die weitere Beschwerde kann bei dem Gericht erster Instanz, bei dem Landgericht oder bei dem Oberlandesgericht eingelegt werden. Erfolgt die Einlegung durch Einreichung einer Beschwerdeschrift, so muß diese von einem Rechtsanwalt unterzeichnet sein. Der Zuziehung eines Rechtsanwalts bedarf es nicht, wenn die Beschwerde von einer Behörde oder von einem Notar eingelegt wird, der in der Angelegenheit für den Beschwerdeführer einen Antrag bei dem Gericht erster Instanz gestellt hat.

Soweit eine Verfügung der sofortigen Beschwerde unterliegt, findet auch gegen die Entscheidung des Beschwerdegerichts die sofortige weitere Beschwerde statt.

Das Gericht erster Instanz und das Landgericht sind nicht befugt, der weiteren Beschwerde abzuhelfen.

Im übrigen finden die Vorschriften über die Beschwerde entsprechende Anwendung.

---

1. Der Hauptsatz des § 29 findet sich in der allgemeinen Regel des Abs. 4, daß auf die weitere Beschwerde die Vorschriften über die Beschwerde — §§ 20 bis 26 — entsprechende Anwendung finden sollen, soweit nicht in den voraufgehenden Absätzen und in den §§ 27, 28 Abweichungen sich ergeben. Sie hat auch neben den Spezialbestimmungen der §§ 57 bis 64 Geltung; KG. 17. Dezember 1900 in Rechtspr.d.OLG. 2 S. 264 unter f. Abweichungen sind in den ersten drei Absätzen enthalten, sie betreffen das Gericht der Einlegung, die Form derselben und die Unabänderlichkeit der angefochtenen Vorentscheidung durch die nachgeordneten Gerichte.

2. Als Gericht für die Einlegung der weiteren Beschwerde kommen die drei in Satz 1 genannten Gerichte gleichmäßig in Betracht; entsprechend § 80 GBO. Es liegt in der Zulässigkeit der Beschwerdeeinlegung auch bei dem Gericht erster Instanz eine im Interesse der Erleichterung des Rechtsverkehrs (§ 11) geschaffene Erweiterung des in § 21 Abs. 1 ausgesprochenen Grundsatzes.

Unter Oberlandesgericht ist das dem Landgericht, welches die angefochtene Entscheidung erlassen hat, vorgeordnete Oberlandesgericht zu verstehen. Die Einlegung bei diesem ist auch dann zulässig, wenn ein Bundesstaat in Ausübung des ihm nach § 199 zustehenden Rechts die Entscheidung über das Rechtsmittel der weiteren Beschwerde einem seiner mehreren Oberlandesgerichte oder einem obersten Landesgerichte übertragen hat; das Oberlandesgericht hat in einem solchen Falle die Beschwerde weiterzugeben. A. M. anscheinend KG. 5. März 1900 im „Recht" 4 S. 261 Nr. 1. Die Einlegung der weiteren Beschwerde bei dem Reichsgericht ist unstatthaft.

3. Die Abweichungen in Ansehung der Form der Einlegung sind folgende:

a) Zur Einlegung der weiteren Beschwerde kann sich der Beschwerdeführer des Gerichtsschreibers eines der drei bezeichneten Gerichte bedienen, indem er ihm die weitere Beschwerde zu Protokoll gibt. Über dieses Protokoll gilt das in Anm. 3b zu § 21 Bemerkte auch hier mit dem Unterschiede, daß dort ein Schriftstück, das nicht als vollgültiges Protokoll anerkannt werden kann, unter gewissen Voraussetzungen noch den Zweck der Beschwerdeschrift erfüllen kann. Hier ist das nicht der Fall, da die Beschwerdeschrift von einem Rechtsanwalt unterzeichnet sein muß (vgl. unter b).

Deswegen kann auch bei der Einlegung der weiteren Beschwerde zu Protokoll des Gerichtsschreibers eines der drei benannten Gerichte nur der Inhalt des Protokolls berücksichtigt werden, nicht aber auch der Inhalt einer privatschriftlichen Eingabe, auf welche im Protokolle Bezug genommen ist, es sei denn, daß diese von einem Rechtsanwalt unterzeichnet sei. KG. 29. Mai 1901 in Rechtspr.d.OLG. 3 S. 71 Nr. 24 b; vgl. auch Bayer.O.LG. 24. Januar 1903 in Samml. der Entsch.d.Bayer.O.LG. 4 S. 98 (nach Soergel 1903 S. 542), und 26. April 1901 daselbst 2 S. 240 (nach Soergel 1900/01 S. 617 unter f.). Aus demselben Grunde ist die Aufnahme der weiteren Beschwerde zum Protokolle des Gerichtsschreibers eines anderen als eines der drei bezeichneten Gerichte für die Einlegung untauglich; denn ein solches Protokoll hat, wie oben § 21 Anm. 2a erörtert, nur die Bedeutung einer Beschwerdeschrift; als solche entbehrt sie aber der in Satz 2 erforderten Unterzeichnung durch einen Rechtsanwalt. KG. 5. März 1900 in Zus.d.RJAmts 1 S. 1, im „Recht" 4 S. 261 Nr. 1; Bayer.O.LG. 20. März 1903 im „Recht" 7 S. 211 Nr. 1142.

b) Im Verhältnisse zu § 21 Abs. 2 ist die Formfreiheit der Beschwerdeschrift beschränkt, indem vorgeschrieben ist, daß die Schrift von einem Rechtsanwalt unterzeichnet sein muß. Daß die Schrift auch von dem Rechtsanwalt verfaßt sei, ist nicht erforderlich. Die Beglaubigung der Unterschrift des Beschwerdeführers durch einen Rechtsanwalt genügt nicht. Der Rechtsanwalt braucht nicht bei dem Gericht, bei welchem die Einreichung der Beschwerdeschrift erfolgt oder bei dem für die Entscheidung zuständigen Gerichte zugelassen zu sein. Der Rechtsanwalt bedarf, wenn er die Beschwerde einreicht, einer Vollmacht, die formfrei ist. Wegen Beibringung der Vollmacht gilt das zu § 13 Anm. 3d Gesagte. Aus der Beschwerdeschrift kann sich ergeben, daß der Anwalt ausführliche Instruktion hat und das kann genügen, seine Bevollmächtigung zur Beschwerdeeinlegung anzunehmen; OLG. Jena 26. Februar 1902 in Rechtspr.d.OLG. 4 S. 412 unter c. Keinenfalls kann mangels Beibringung einer urkundlichen Vollmacht die Beschwerde zurückgewiesen werden, ohne daß dem Rechtsanwalt vorher die Einreichung der Vollmacht aufgegeben worden ist. KG. 30. Juni 1902 in Johow 24 S. A 148 Nr. 43. — Daß das Beschwerdegericht unterlassen hat, dem Beschwerdeführer einen Rechtsanwalt beizuordnen, trotzdem die Beiordnung angezeigt erschien, ist keine Rechtsverletzung und daher auch nicht geeignet, die weitere Beschwerde zu stützen. Bayer.O.LG. 3. Januar 1903 im „Recht" 7 S. 81 Nr. 368; vgl. § 27 Anm. 4c.

c) Von dem Anwaltszwange sind befreit:

α) Behörden aller Art in allen Fällen. Beispiele §§ 54, 110. Welche Stellen als Behörden anzusehen sind, bestimmt sich nach Landesrecht. — Handelskammern sind keine Behörden; sie haben das Recht, nach Maßgabe des § 126 das Rechtsmittel der Beschwerde zu erheben; die näheren Bestimmungen werden von den Landesregierungen, nicht durch die Landesgesetzgebungen getroffen.

β) Notare in dem einen in Abs. 2 näher bezeichneten Falle. Diese Bestimmung ist von der Reichstagskommission eingefügt, Kom.Ber. S. 30 Nr. 19; sie entspricht dem § 80 GBO. — Die Vorschrift setzt voraus, daß der Notar in der Angelegenheit, während sie in erster Instanz anhängig war, für den Beteiligten, in dessen Namen er die Beschwerde einlegt, durch Stellung eines Antrags tätig geworden ist, über den das Gericht zu entscheiden hatte. Der Antrag muß daher gestellt sein, bevor die Angelegenheit in erster Instanz beendet war. Fehlt es an dieser Voraussetzung, dann bedarf die von dem Notar eingereichte Beschwerdeschrift der Unterzeichnung eines Rechtsanwalts, auch wenn der Notar Vollmacht zur Einlegung der weiteren Beschwerde vorlegt. Bayer.O.LG. 18. April 1901 in Zus.d.RJAmts 2 S. 106, Zentr.Bl. 2 S. 203 Nr. 51. Das OLG. Colmar (26. Juni 1901) hat jedoch die von einem Notar in eigenem Namen eingereichte und unterzeichnete weitere Beschwerde, auch ohne daß sie von einem Rechtsanwalt unterzeichnet war, für rechtsgültig erachtet und zugelassen; „Recht" 5 S. 410 Nr. 1613, ZentrBl. 2 S. 482 Nr. 334. M. E. unzutreffend; der Notar sollte dem Rechtsanwalt in Ansehung der Unterzeichnung durchaus nicht gleichgestellt werden; Kom.Ber. 30 Nr. 19.

Hier handelt es sich um die Form der Einlegung der weiteren Beschwerde durch einen Notar und um eine Ausnahmebestimmung unter ganz bestimmter Voraussetzung; dagegen wird die Frage nach der Vollmacht des Notars, namentlich nach seiner vermuteten Vollmacht in gewissen Fällen, gar nicht durch die Vorschrift berührt. Über den letzteren Punkt vgl. § 13 Anm. 3f. und § 21 Anm. 3. Vgl. hier noch OLG. Hamburg 10. August 1900 in Seuff.Arch. 56 S. 133 Nr. 77.

4. Die Berechtigung und Legitimation zur weiteren Beschwerde richtet sich nach § 20. KG. 10. November 1902 in Zus.d.RJAmts 3 S. 172.

Eines bestimmten Antrags und einer Begründung der Beschwerde bedarf es nicht. Im übrigen vgl. über den Inhalt der Beschwerde, namentlich darüber, daß es der Angabe der verletzt sein sollenden Rechtsnorm nicht bedarf, § 27 Anm. 5 und 7.

5. **Zu Abs. 2.** Ist die erste Beschwerde nicht an eine Frist gebunden, so ist es auch die weitere nicht; ist jene die sofortige, an die zweiwöchige Frist gebundene, so ist auch das gegen die ergehende Entscheidung zugelassene Rechtsmittel die an die zweiwöchige Frist gebundene sofortige weitere Beschwerde u. zw. ohne daß es darauf ankommt, daß die landgerichtliche Entscheidung einen solchen Inhalt hat, daß sie der Anfechtung mit der sofortigen Beschwerde unterlegen haben würde, falls sie in erster Instanz ergangen wäre. KG. 17. Dezember 1900 in Zus.d.RJAmts 2 S. 1, Seuff. Arch. 56 S. 380 Nr. 213. 16. März 1903 daselbst 3 S. 221; Johow 21 S. A 3. Das rechtfertigt sich, sagt die Denkschr. S. 41, durch die besondere Natur der sofortigen Beschwerde. Vgl. einen Fall § 141 Anm. 9.

Wegen der Fristen und Wiedereinsetzung in den vorigen Stand gegen Versäumung der Frist vgl. die §§ 7 und 22.

6. **Zu Abs. 3.** Die Vorschrift des Abs. 3 soll dazu beitragen, eine gleichmäßige Rechtsprechung zu sichern. Sie findet Anwendung nicht bloß im Falle der sofortigen weiteren Beschwerde, wie dies ohnehin gemäß Abs. 4 in Verbindung mit § 18 Abs. 2 statthaben müßte, sondern auch im Falle der nicht befristeten einfachen weiteren Beschwerde. — Auch ein neuer Antrag an das mit der weiteren Beschwerde befaßt gewesene Gericht, die von ihm erlassene Entscheidung zu ändern, kann nicht helfen; ein solcher Antrag ist als unzulässig zu verwerfen, denn mit der Entscheidung über die weitere Beschwerde ist das Beschwerderecht verbraucht. Bayer.O.LG. 23. Januar 1902 in Rechtspr.d.OLG. 4 S. 350 unter d.

§ 30.

Die Entscheidungen über Beschwerden erfolgen bei den Landgerichten durch eine Zivilkammer, bei den Oberlandesgerichten und bei dem Reichsgerichte durch einen Zivilsenat. Ist bei einem Landgericht eine Kammer

für Handelssachen gebildet, so tritt für Handelssachen diese Kammer an die Stelle der Zivilkammer.

Die Vorschriften des § 137 des Gerichtsverfassungsgesetzes finden entsprechende Anwendung.

---

1. Vorschriften, welche denen des § 30 entsprechen, enthält auch der § 81 GBO., ausgenommen diejenigen, welche sich auf die Handelssachen (Abs. 1 Satz 2) beziehen, die für das Grundbuchwesen nicht in Betracht kommen konnten. Die Besetzung der Kammern und Senate ist die gewöhnliche: drei bei den Zivilkammern der Landgerichte (§ 77 GVG.), fünf bei den Zivilsenaten der Oberlandesgerichte (§ 124 GVG.) und sieben bei dem Zivilsenat des Reichsgerichts (§ 140 GVG.), stets mit Einschluß des Vorsitzenden. Wenn auf Grund des § 199 nach der Gesetzgebung eines Bundesstaats die Funktionen, die nach diesem Gesetze den Oberlandesgerichten zukommen, einem Oberlandesgerichte ausschließlich oder einem obersten Landesgerichte übertragen sind, so wird an der Besetzung des Zivilsenats des Oberlandesgerichts nichts geändert; auch die Zivilsenate des (Bayerischen) Obersten Landesgerichts werden für Grundbuchsachen und Angelegenheiten des vorliegenden Gesetzes mit fünf, statt sonst mit sieben, Mitgliedern einschließlich des Vorsitzenden besetzt (§ 10 Einf.Ges.z.GVG.).

2. Unter Handelssachen sind hier die im siebenten Abschnitt, §§ 125 bis 158, bezeichneten Angelegenheiten, nicht die im § 101 GVG. als solche genannten, zu verstehen. Vgl. Vorbemerkung zum siebenten Abschnitte.

Ist für Handelssachen gemäß § 100 GVG. bei einem Landgericht eine Kammer für Handelssachen gebildet, so ist diese für die Handelssachen im Gebiete der freiw. Ger. ausschließlich zuständig, und zwar im Gegensatz zu § 103 Abs. 1 GVG. auch ohne Antrag eines Beteiligten. Fuchs § 30 Anm. 2. Die Kammern für Handelssachen entscheiden in der Besetzung mit einem Mitgliede des Landgerichts als Vorsitzenden und zwei Handelsrichtern (§ 109 GVG.).

Die Ausstellung eines Zeugnisses über die Vertretung einer Aktiengesellschaft ist ein mit der Handelsregisterführung unmittelbar zusammenhängendes Geschäft und somit gemäß § 125 eine Handelssache im Sinne des vorliegenden Gesetzes. Eine gegen die Versagung eines solchen Zeugnisses gerichtete Beschwerde gehört demnach zur Zuständigkeit der Kammer für Handelssachen, wenn eine solche bei dem dem Registergericht vorgeordneten Landgericht gebildet ist. So ist es ferner eine Handelssache im Sinne dieses Gesetzes und ist die Kammer für Handelssachen und nicht die Zivilkammer zuständig, wenn es sich um eine Beschwerde gegen die von einem Amtsgerichte beschlossene Ernennung von Liquidatoren eines Versicherungsvereins auf Gegenseitigkeit handelt. KG. 7. Juli 1902 in Zus.d.RJAmts 3 S. 121; Johow 24 S. A 209 Nr. 60; „Recht" 6 S. 530 Nr. 2451, ZentrBl. 3 S. 342 Nr. 63. Entscheidet in solchen Fällen statt der Kammer für Handelssachen die Zivilkammer, so liegt Gesetzesverletzung insofern vor, als das Beschwerdegericht nicht vorschriftsmäßig besetzt war; § 27 in Verbindung mit § 551 Nr. 1 ZPO. (vgl. bei § 27). Auch ohne besondere Rüge dieser Gesetzesverletzung ist die Entscheidung der Zivilkammer aufzuheben und die Sache zur anderweitigen Erörterung und Entscheidung an die zuständige Kammer für Handelssachen zurückzuverweisen. KG. 25. Juni 1900 in Zus.d.RJAmts 1 S. 85; Johow 20 S. A 123. In einem gleichen Falle hat das Reichsgericht (16. Dezember 1901, Jur.Woch. 1902 S. 66 nach Soergel 1902 S. 470 § 30 Z. 1) den § 551 Nr. 4 ZPO. (Zuständigkeit) als verletzt bezeichnet, dagegen das OLG. Stuttgart 27. April 1900 (Rechtspr.d.OLG. 1 S. 57 Nr. 29, ZentrBl. 1 S. 64 Nr. 55) nur einen Verstoß gegen die Geschäftsordnung angenommen. Vgl. auch Reichsgericht 16. Februar 1901, RG. 48 S. 27; Jur.Woch. 1901 S. 202 (nach Soergel 1900/01 S. 615 § 27 unter i), woselbst wie oben bemerkt entschieden und § 563 ZPO. (vgl. bei § 27) in einem Falle, wie dem angeführten, nicht für anwendbar erklärt ist.

Bei einem Kompetenzstreit zwischen Zivilkammer und Kammer für Handelssachen desselben Landgerichts über die Zuständigkeit zur Entscheidung über eine Beschwerde findet nicht § 5 des vorliegenden Gesetzes analoge Anwendung, da es sich nicht um einen Streit mehrerer Gerichte über örtliche Zuständigkeit handelt, vielmehr ist § 107 GVG. analog anwendbar, da im vorliegenden Gesetze es für diesen Fall an einer Bestimmung fehlt. So LG. Berlin I 3. April 1902 im „Recht" 6 S. 211 Nr. 1009. Vgl. oben § 5 Anm. 1a. Vgl. über die Frage: Marcus, Ein Fall des Kompetenzkonflikts zwischen Kammer für Handelssachen und der Zivilkammer über die Zuständigkeit in den Blättern für Rechtspfl. im Gebiete des KG. Bd. 13.

3. Der in **Abs.** 2 in bezug genommene § 137 GVG. lautet:

Will in einer Rechtsfrage ein Zivilsenat von der Entscheidung eines anderen Zivilsenats oder der vereinigten Zivilsenate, oder ein Strafsenat von der Entscheidung eines anderen Strafsenats oder der vereinigten Strafsenate abweichen, so ist über die streitige Rechtsfrage im ersteren Falle eine Entscheidung der vereinigten Zivilsenate, im letzteren Falle eine solche der vereinigten Strafsenate einzuholen.

Einer Entscheidung der Rechtsfrage durch das Plenum bedarf es, wenn ein Zivilsenat von der Entscheidung eines Strafsenats oder der vereinigten Strafsenate, oder ein Strafsenat von der Entscheidung eines Zivilsenats oder der vereinigten Zivilsenate, oder ein Senat von der früher eingeholten Entscheidung des Plenums abweichen will.

Die Entscheidung der Rechtsfrage durch die vereinigten Senate oder das Plenum ist in der zu entscheidenden Sache bindend. Sie erfolgt in allen Fällen ohne vorgängige mündliche Verhandlung.

Vor der Entscheidung der vereinigten Strafsenate oder derjenigen des Plenums, sowie in Ehe- und Entmündigungssachen und in Rechtsstreitigkeiten, welche die Feststellung des Rechtsverhältnisses zwischen Eltern und Kindern oder die Anfechtung einer Todeserklärung zum Gegenstande haben, ist der Ober-Reichsanwalt mit seinen schriftlichen Anträgen zu hören.

Soweit die Entscheidung der Sache eine vorgängige mündliche Verhandlung erfordert, erfolgt dieselbe durch den erkennenden Senat auf Grund einer erneuten mündlichen Verhandlung, zu welcher die Prozeßbeteiligten von Amts wegen unter Mitteilung der ergangenen Entscheidung der Rechtsfrage zu laden sind.

Die Anwendung dieser Vorschriften soll dem Zwecke dienen, auch auf dem Gebiete der freiw. Ger. die einheitliche Rechtsprechung innerhalb des Reichsgerichts zu sichern, als Ergänzung der Vorschrift des § 28 Abs. 2.

Auch für das Oberste Landesgericht bzw. das für die Entscheidung über die weitere Beschwerde zufolge landesgesetzlicher Bestimmung allein zuständige Oberlandesgericht im Falle des § 199 gilt der § 137 GVG. (§ 10 Abs. 1 Einf.Ges.z.GVG.). Hier wird seine Anwendung aber wohl kaum praktisch werden, solange nur je ein Senat in A.d.fr.Ger. tätig ist, da Entscheidungen der übrigen Senate in anderen Angelegenheiten, insbesondere Urteile, nicht in Betracht kommen; vgl. § 28 Anm. 2c.

§ 31.

Zeugnisse über die Rechtskraft einer Verfügung sind von dem Gerichtsschreiber erster Instanz zu erteilen.

---

1. Es handelt sich um die formelle Rechtskraft; betreffs der materiellen Rechtskraft vgl. § 16 Anm. 2c. Die formelle Rechtskraft einer Verfügung tritt ein:

a) für diejenigen Verfügungen, welche unanfechtbar sind, sobald sie erlassen sind;

b) für diejenigen Verfügungen, welche anfechtbar sind, mit Erlaß der Entscheidung letzter Instanz, mit dem Verzicht auf die Anfechtung oder mit der Zurücknahme des eingelegten Rechtsmittels; vgl. noch Anm. 2;

c) für diejenigen Verfügungen, welche nur mit der sofortigen und sofortigen weiteren Beschwerde anfechtbar sind, mit dem Ablauf der für das Rechtsmittel vorgeschriebenen Frist, ohne daß das Rechtsmittel eingelegt worden ist.

Sind mehrere bei einer Verfügung beteiligt, so braucht die Rechtskraft nicht gleichzeitig für alle einzutreten, worauf bei Erteilung des Zeugnisses Rücksicht zu nehmen ist.

2. Zuständig für die Ausstellung des Zeugnisses ist nur der Gerichtsschreiber erster Instanz. Er erteilt das Zeugnis auf Grund der Akten; da aber Beschwerde nicht bloß bei dem Gericht erster Instanz, sondern auch bei dem Beschwerdegericht bzw. dem für die weitere Beschwerde zuständigen Oberlandesgericht bzw. Obersten Landesgerichte eingelegt werden kann, so hat sich der Gerichtsschreiber über die etwaige Einlegung der Beschwerde zu erfragen. Von praktischer Bedeutung kann das übrigens nur für die Fälle der sofortigen und sofortigen weiteren Beschwerde sein. In den Fällen der einfachen und einfachen weiteren Beschwerde kann nämlich, da diese Rechtsmittel jederzeit noch eingelegt werden könnten, ehe die dritte Instanz gesprochen hat, von Rechtskraftszeugnissen überhaupt nicht die Rede sein.

3. Berechtigt, ein Rechtskraftszeugnis zu verlangen, ist nicht bloß jeder, für den die Verfügung ihrem Inhalte nach bestimmt ist, der also ein Recht auf ihre Bekanntmachung hat, sondern jeder, der am Verfahren beteiligt war oder als zur Beschwerde berechtigt in Betracht kommt. Mit den meisten Kommentaren ist wohl anzunehmen, daß jeder ein solches Zeugnis erfordern kann, der ein berechtigtes Interesse hat, das erforderlichenfalls glaubhaft zu machen ist. Etwaige Entbehrlichkeit des Zeugnisses für den Antragsteller ist kein Grund, es zu verweigern. RG. 30 S. 336. Gegen die Verweigerung der Ausstellung des Zeugnisses ist zunächst die Verfügung des Gerichts einzuholen; erst gegen die etwaige zurückweisende Verfügung des letzteren findet Beschwerde im Sinne der §§ 19ff. statt.

4. Die Vorschrift hat keine Geltung für andere als gerichtliche Behörden; § 194 Abs. 3.

§ 32.

Ist eine Verfügung, durch die jemand die Fähigkeit oder die Befugnis zur Vornahme eines Rechtsgeschäfts oder zur Entgegennahme

einer Willenserklärung erlangt, ungerechtfertigt, so hat, sofern nicht die Verfügung wegen Mangels der sachlichen Zuständigkeit des Gerichts unwirksam ist, die Aufhebung der Verfügung auf die Wirksamkeit der inzwischen von ihm oder ihm gegenüber vorgenommenen Rechtsgeschäfte keinen Einfluß.

---

1. Die Vorschrift des Paragraphen ist materiell-rechtlichen Inhalts und entspricht dem Grundsatze, welchen § 115 Abs. 1 Satz 2 BGB. für den Fall der erfolgreichen Anfechtung eines Entmündigungsbeschlusses in Ansehung der von oder gegenüber dem gesetzlichen Vertreter vorgenommenen Rechtsgeschäfte aufstellt. Sie verallgemeinert im gewissen Sinne diese Bestimmung, welche an die Stelle des ehemaligen § 613 Abs. 2 ZPO. getreten ist, für alle Anordnungen der Gerichte auf dem Gebiete der freiwilligen Gerichtsbarkeit. Sie hat die Fälle im Auge, in denen einer Person, welcher die Fähigkeit oder die Befugnis zur Vornahme eines Rechtsgeschäfts oder zur Entgegennahme einer Willenserklärung an sich fehlt, diese Fähigkeit oder Befugnis durch eine gerichtliche Verfügung erst zu Teil geworden ist. Solche Fälle sind z. B. folgende:

a) wenn das Gericht eine Volljährigkeitserklärung vornimmt, und somit der für volljährig Erklärte in Ansehung der Vornahme von Rechtsgeschäften die rechtliche Stellung eines Volljährigen erlangt, § 3 BGB., § 56; wenn der gesetzliche Vertreter eines Minderjährigen mit Genehmigung des Vormundschaftsgerichts den Minderjährigen zum selbständigen Betrieb eines Erwerbsgeschäfts ermächtigt und somit zum Abschlusse solcher Rechtsgeschäfte unbeschränkt befähigt, welche der Geschäftsbetrieb mit sich bringt, § 112 BGB.; wenn das Vormundschaftsgericht die vom Vormunde seinem minderjährigen Mündel verweigerte Ermächtigung in Dienst oder in Arbeit zu treten ersetzt und somit den Minderjährigen befähigt, selbständig und unbeschränkt solche Rechtsgeschäfte abzuschließen, welche die Eingehung oder Aufhebung eines Dienst- oder Arbeitsverhältnisses der gestatteten Art oder die Erfüllung der sich aus einem solchen Verhältnis ergebenden Verpflichtungen betreffen, § 113 BGB.; wenn das Gericht jemanden zum Vormund, Pfleger oder Beistand bestellt und somit in dem von dem Gesetz umschriebenen Kreise zum Abschlusse von Rechtsgeschäften ermächtigt, §§ 1773, 1909, 1693 BGB.;

b) wenn das Gericht die Zustimmung des einen Ehegatten zu einem Rechtsgeschäfte des anderen bei Verwaltung des eingebrachten Gutes oder des Gesamtguts ersetzt, §§ 1379, 1402, 1425, 1550, 1447, 1451, 1519, 1549 BGB.; wenn es die Beschränkung oder Ausschließung der Schlüsselgewalt der Frau aufhebt, § 1357 BGB.;

c) wenn das Nachlaßgericht eine Nachlaßverwaltung anordnet und somit den Nachlaßverwalter, oder wenn es einen Testamentsvollstrecker ernennt und somit diesen für einen Kreis von Rechtsgeschäften ermächtigt, §§ 1981, 1985, 2200, 2203, 2205, 2206 BGB.;

d) wenn das Gericht bei Vereinen oder Stiftungen deren Vorstand ergänzt oder Liquidatoren ernennt, oder Liquidatoren einer Handelsgesellschaft oder Genossenschaft oder Gesellschaft mit beschränkter Haftung bestellt und diese Personen somit für bestimmte Rechtsgeschäfte ermächtigt, §§ 29, 48, 86, 88 BGB., § 146 Abs. 2, § 149, § 295 Abs. 2, § 298 HGB., § 83 Abs. 3 des Genossenschaftsgesetzes, § 66 Abs. 2 des Gesetzes betr. die Gesellschaften mit beschr. Haftung.

2. Wenn in einem derartigen oder ähnlichen Falle die Verfügung, mittels welcher die im Paragraphen bezeichnete Fähigkeit oder Befugnis erteilt worden ist, sich als ungerechtfertigt herausstellt und, sei es von dem verfügenden Gerichte selbst, soweit es dazu befugt ist (vgl. § 18), sei es auf Beschwerde oder weitere Beschwerde, wieder aufgehoben wird, so soll diese Aufhebung keinen Einfluß haben auf die Wirksamkeit der inzwischen auf Grund der erlangten Befähigung oder Befugnis vorgenommenen Rechtsgeschäfte. Der Grund hierfür ist, daß diese, wenn auch auf materiell unrichtiger, so doch auf formell wirksamer Grundlage beruhen und daß ihre Rückgängigmachung die Rechtssicherheit in hohem Grade gefährden müßte. Vgl. hierzu § 18 Anm. 3. Auf der gleichen Rücksichtnahme beruhen die Bestimmungen in den §§ 55, 62, wonach, ganz abgesehen von der Aufrechterhaltung der auf Grund ungerechtfertigter Befugnis vorgenommenen Rechtsgeschäfte, auch formell die genehmigende Verfügung nicht abgeändert werden darf.

Vorab muß natürlich, damit die Vorschrift des § 32 eine Berechtigung hat, vorausgesetzt werden, daß die aufgehobene Verfügung an sich wirksam war oder nicht an einem Mangel litt, der sie nichtig machte. Insoweit ist der Vorbehalt: „sofern nicht die Verfügung wegen Mangels der sachlichen (nicht örtlichen) Zuständigkeit des Gerichts unwirksam ist" selbstverständlich und nur als beispielsweise eingefügt aufzufassen.

3. Die andere Seite des im § 32 unterstellten Rechtsverhältnisses ist nicht geordnet, inwieweit nämlich durch die Aufhebung einer Verfügung der in § 32 bezeichneten Art die Wirksamkeit eines Rechtsgeschäfts desjenigen berührt werde, der etwa infolge der Verfügung die Befugnis, gewisse Rechtsgeschäfte vorzunehmen, verloren, aber trotzdem ein Rechtsgeschäft der betreffenden Art vorgenommen hat, z. B. des Erben in Ansehung eines Nachlaßgegenstandes, der der Nachlaßverwaltung des Testamentsvollstreckers untersteht (§§ 2200, 2205, 2211 BGB.). Fuchs, § 32 Anm. 3, läßt für jedes in Betracht kommende Rechtsverhältnis die es beherrschenden Regeln des materiellen Rechts entscheidend sein. Dorner, § 32 Anm. 3, und Rausnitz, § 32 Anm. 12, dagegen sind der m. E. richtigen Meinung, daß nach allgemeinen Rechtsgrundsätzen auf Grund einer ungerechtfertigten Verfügung nach deren Aufhebung die Wirksamkeit der von einer solchen Person vorgenommenen Rechtsgeschäfte nicht in Frage gestellt werden könnte. Eine Parallelbestimmung hierzu vgl. § 61.

4. Die Vorschrift findet auch Anwendung, wenn gemäß § 194 nach Landesgesetz andere als gerichtliche Behörden zuständig sind.

Eine Ausnahme ergibt sich aus § 196.

§ 33.

Soll in den gesetzlich zugelassenen Fällen jemand durch Ordnungsstrafen zur Befolgung einer gerichtlichen Anordnung angehalten werden, so muß der Festsetzung der Strafe eine Androhung vorausgehen. Die einzelne Strafe darf den Betrag von dreihundert Mark nicht übersteigen.

---

1. Der Paragraph ist von der Reichstagskommission eingefügt worden, um dasjenige zu verallgemeinern, was schon anderweitig für einzelne Angelegenheiten bestimmt ist. Dabei sollten gegen den Mißbrauch bei Anwendung von Ordnungsstrafen zwei Kautelen geschaffen werden; zunächst in der Richtung, daß nicht eine

Ordnungsstrafe ohne vorherige Androhung zur Festsetzung gelangen könne und sodann, daß ein gewisses Maximum der Strafe nicht überschritten werden dürfe.

Die Vorschrift findet Anwendung auf alle durch Reichsgesetz den Gerichten — und sofern zufolge von Landesgesetzen andere als gerichtliche Behörden zuständig sind, auch diesen Behörden (§ 194) — übertragenen A.d.fr.Ger., soweit nicht ein anderes bestimmt ist (§ 1). Solches ist bestimmt für Handelssachen in den §§ 132 bis 140 dieses Gesetzes und § 14 HGB., die auch für Eintragungen in das Vereinsregister (§ 159 dieses Gesetzes und § 78 BGB.), in das Genossenschaftsregister (§ 160 des Genossenschaftsgesetzes), in das Binnenschiffahrtsregister (§ 127 des BschGes.), in das Register für die Kauffahrteischiffe (§ 15 des Gesetzes betr. das Flaggenrecht der Kauffahrteischiffe v. 22. Juni 1899 bzw. 29. Mai 1901) und mit Modifikationen für Eintragungen in das Register für Gesellschaften mit beschränkter Haftung (§§ 7, 79 des Gesetzes betr. die Gesellschaften mit beschr. Haftung) Anwendung finden.

2. Durch den Paragraphen wird den Gerichten keine allgemeine Befugnis verliehen, jemanden mit Strafen zur Befolgung ihrer Anordnungen anzuhalten. Seine Anwendung setzt vielmehr voraus, daß in anderen gesetzlichen Bestimmungen diese Befugnis vorgesehen ist. Über solche Fälle vgl. § 24 Anm. 2a. Dabei ist indessen zu beachten, daß hier diejenigen dort auch aufgeführten Fälle auszuscheiden haben, in denen es sich um die Ahndung einer begangenen Ordnungswidrigkeit, z. B. einer Ungebühr (§ 8 in Verbindung mit §§ 179, 180 GVG.) handelt; es kommen vielmehr hier **nur** solche Vorschriften in Betracht, welche dem Gerichte die Befugnis geben, die Strafe als **Zwangsmittel** (Exekutivstrafe) zur Erzwingung von Befolgung seiner Anordnungen anzuwenden. Deswegen kann z. B. das Gericht den Vormund und den Gegenvormund zur Befolgung seiner Anordnungen in Ansehung der vormundschaftlichen Tätigkeit durch Ordnungsstrafen anhalten (§ 1837 BGB.); nicht dagegen hat es diese Befugnis gegenüber dem Inhaber der elterlichen Gewalt in Ansehung von Anordnungen, welche es zur Abwendung einer Gefährdung des Kindesvermögens seitens dieses Inhabers getroffen hat, da ihm für diesen Fall nur die in Aussicht zu stellende Entziehung der Vermögensverwaltung zu Gebote steht (§§ 1670, 1686 BGB.). KG. 20. Juli 1900 in Zus.d.RJAmts 1 S. 91. Ebensowenig greift der § 33 Platz, wenn etwa das Gericht den bisherigen Mündel zum Erscheinen zwingen wollte behufs Verhandlung über die Rechnungslegung des Vormunds; OLG. Königsberg 3. Dezember 1901 in Rechtspr.d.OLG. 4 S. 116 unter d. Und andererseits kann das Gericht den Vormund oder Pfleger nicht durch Ordnungsstrafe zur Vermögensherausgabe — KG. 7. April 1902 in Zus.d.RJAmts 3 S. 63 — oder zur Rechnungslegung anhalten.

Wenn ein Gericht auf Grund der ihm gemäß § 12 zustehenden Befugnisse Ermittlungen anstellen und Beweise erheben will, so steht ihm nach der herrschenden Ansicht unter Anwendung des § 15 in Verbindung mit den dort bezeichneten Vorschriften der ZPO. auch die Befugnis zu, gegen Beteiligte und Auskunftspersonen den dort bezeichneten Zwang zu üben, um sie zum Erscheinen vor Gericht und zur Abgabe von Erklärungen anzuhalten. A. M. Nußbaum in ZfDZPr. 29 S. 440ff. (472f.), der solchen Zwang im allgemeinen Ermittlungsverfahren für ausgeschlossen und nur dort für anwendbar hält, wo aus besonderen Gründen eine Pflicht zur Auskunfterteilung usw. vorhanden sei. Nach der herrschenden Ansicht ist aber gerade in § 15 in Verbindung mit den Vorschriften der ZPO. diese Pflicht auferlegt. Vgl. § 15 Anm. 5.

3. Der Festsetzung einer Ordnungsstrafe muß eine Androhung vorausgehen. Es steht dem nichts entgegen, die Androhung mit der Anordnung dessen, was erzwungen werden soll, zu verbinden. Steht eine Handlung in Frage, so erscheint es selbstverständlich, daß eine angemessene Frist zur Ausführung der Anordnung gelassen sein muß. Die Androhung wird mit ihrer Bekanntmachung gemäß § 16 wirksam und die Strafe ist verwirkt, wenn das ergangene Gebot binnen der gesetzten Frist nicht erfüllt oder wenn dem ergangenen Verbot zuwidergehandelt worden ist.

Gegenstand der Ordnungsstrafe kann in Angelegenheiten dieses Reichsgesetzes nur Geldstrafe sein, deren Umwandlung in Freiheitsstrafe ausgeschlossen ist. Ein Mindestmaß ist nicht vorgeschrieben; die einzelne Strafe darf den Maximalbetrag von dreihundert Mark nicht übersteigen, auch nicht in den Fällen, in denen dieser Maximalbetrag nicht genannt ist, wie in § 83 unten, § 127 Binnenschiffahrtsgesetzes, § 15 des Flaggengesetzes. Ein geringeres Maximum als dreihundert Mark u. zw. einhundert Mark ist vorgeschrieben für Ordnungsstrafen gegen Mitglieder des Familienrats, § 1875 BGB.

Die Festsetzung erfolgt durch Verfügung (Beschluß), die mit ihrer Bekanntmachung nach § 16 wirksam wird.

Die Strafe kann beliebig oft wiederholt werden, so lange bis das Gericht die Befolgung seiner Anordnung erreicht hat; die Beachtung irgend welcher Pausen zwischen der einen und der Verhängung der anderen Strafe ist nicht vorgeschrieben. Nur die Ausnahme des § 1788 BGB. besteht, wonach das Vormundschaftsgericht den zum Vormund Ausgewählten nur dreimal und in Zwischenräumen von mindestens je einer Woche mit Strafe belegen darf, um ihn zur Übernahme der Vormundschaft anzuhalten. — Der Festsetzung muß in jedem einzelnen Falle eine besondere Androhung vorausgegangen sein; Bayer.O.LG. 12. Oktober 1901 im „Recht" 6 S. 74 Nr. 289. Mit der Festsetzung der einen kann die Androhung der folgenden Strafe verbunden sein.

4. Schon die Androhung einer Ordnungsstrafe kann eine Beeinträchtigung des Rechts des davon Betroffenen und eine Rechtsverletzung enthalten und es ist daher nicht bloß gegen die Festsetzung einer Ordnungsstrafe, sondern auch gegen die Androhung — letzteres allerdings streitig — die (einfache) Beschwerde und weitere Beschwerde gegeben, soweit nicht eine Ausnahmevorschrift, wie § 132, eingreift. Die Festsetzung der Strafe entzieht nicht einmal dem Betroffenen das Recht zur Beschwerde gegen die Strafandrohung; nicht einmal der Einziehung der Strafe vermag diese Wirkung beigelegt zu werden, solange sie noch rückgängig gemacht werden kann, und ohne Einfluß auf dieses Beschwerderecht ist der Umstand, daß dem Bedrohten gegen die demnächst die Strafe festsetzende Verfügung die Beschwerde, u. zw. mit aufschiebender Wirkung (§ 24 Abs. 1) zusteht (bzw. zugestanden hat), so daß er nicht Gefahr läuft, die Strafe schon bezahlt zu haben, wenn seine Beschwerde für begründet befunden wird. KG. 10. Februar 1902 in Rechtspr.d.OLG. 4 S. 350 unter c. Nur die Beschwerde gegen die Festsetzung, nicht aber gegen die Androhung hat aufschiebende Wirkung, § 24 und Anm. 2a daselbst.

5. Die Vollstreckung der Ordnungsstrafe richtet sich nach den Bestimmungen der Landesgesetze.

Gemäß der allgemeinen Befugnis aus § 18 kann das Gericht sowohl die Androhung als die Festsetzung der Ordnungsstrafe wieder zurücknehmen, auch eine festgesetzte ermäßigen. Die Rückzahlung einer bereits gezahlten Strafe ist der Richter als solcher zu verfügen nicht befugt; hier greifen die Landesgesetze ein.

§ 34.

Die Einsicht der Gerichtsakten kann jedem insoweit gestattet werden, als er ein berechtigtes Interesse glaubhaft macht. Das gleiche gilt von der Erteilung einer Abschrift; die Abschrift ist auf Verlangen zu beglaubigen.

---

1. Auch dieser Paragraph ist von der Reichstagskommission eingefügt worden, weil in vielen Fällen für die Verfolgung eines Rechts die Einsicht in gerichtliche Akten über A.d.f.Ger. und die Erlangung beglaubigter Abschriften daraus notwendig erscheint. Das Recht auf Akteneinsicht und Abschriftserteilung ist aber anders als in § 11 GBO. für Grundbuchsachen geregelt und zwar bedeutend eingeschränkt in der Erwägung, daß durch Einsichtnahme des Grundbuchs und der Grundakten nur vermögensrechtliche Umstände fremder Kenntnis überliefert werden, während es sich in den Vormundschafts-, Nachlaß- und anderen Akten über A.d.fr.Ger. sehr häufig um die delikatesten Familienverhältnisse handelt. Um nun gegen einen Mißbrauch der Einsichtnahme, sei es zur Befriedigung der Neugier oder zu unlauteren Zwecken, tunlichst geschützt zu sein, ist, nach Ablehnung mehrerer anderer Formulierungen, der Paragraph in vorstehender Fassung angenommen worden. Vgl. Kom.Ber. S. 33.

2. Die Voraussetzungen für die Gestattung der Akteneinsicht und Abschriftserteilung sind folgende:

a) Berechtigtes Interesse. Was unter berechtigtem Interesse zu verstehen ist, wird weder vom Gesetze gesagt, noch äußern sich die Gesetzesmaterialien darüber. Man muß daher auf den allgemeinen Sprachgebrauch und die Ausdrucksweise unserer sonstigen Rechtsquellen zurückgehen. Der Ausdruck Interesse findet sich vielfach im BGB. und in anderen Gesetzen in den verschiedensten Anwendungen, im ersteren selten in Verbindung mit dem Worte „berechtigt" als „berechtigtes Interesse" (§ 824 Abs. 2 BGB.), sehr häufig dagegen in der Verbindung von „rechtlichem Interesse"; im vorliegenden Gesetze kommt „Interesse" in § 47, „berechtigtes Interesse" in § 34, § 57 Nr. 9, § 78 Abs. 1, „rechtliches Interesse" in § 57 Nr. 1 und 3, § 85 und in der Wendung „im öffentlichen Interesse" in § 147 Abs. 3 vor. Als „rechtlich" ist nur das zu bezeichnen", was sich auf Rechtsverhältnisse bezieht, also auf die durch eine Rechtsnorm geregelten Verhältnisse einer Person zu anderen Personen oder Sachen. Es scheiden also die bloß menschlichen oder rein wirtschaftlichen Verhältnisse aus, das Interesse (der vermeintliche Wert?) muß vielmehr auf einem bestehenden Rechte beruhen. Schultzenstein in ZfDZPr. 25 S. 189 ff. (220 ff); KG. 30. Juni 1902 in Johow 25 S. A 5 Nr. 2. Der Begriff „berechtigtes Interesse" dagegen ist weiter; a. M. Dorner, § 34 Anm. 3, der berechtigtes und rechtliches Interesse für gleichbedeutend hält. Berechtigtes Interesse ist ebensoviel wie begründetes, verständiges, nach verständigem Ermessen gerechtfertigtes Interesse. So KG. 16. Dezember 1901 in Rechtspr.d.OLG. 5 S. 199 Nr. 39; vgl. dazu für Grundbuchrecht KG. 14. Mai 1900 in Zus.d.RJAmts 1 S. 74 ff., Seuff.Arch. 56 S. 166 Nr. 96. So auch die meisten Kommentatoren, von denen Rausnitz § 34 Anm. 3 folgendes zutreffende Beispiel anführt: „Ein berechtigtes Interesse an der Einsicht der Vormundschaftsakten hat der Gläubiger des Mündels, der sehen will, an welche Vermögensstücke er sich halten kann. Ein rechtliches Interesse daran hat der Schuldner des Mündels, der sehen will, wer Vormund ist, um sicher zahlen zu können". Der Umstand allein z. B., daß jemand präsumtiver Erbe ist, begründet noch kein Recht auf Einsicht der Akten, in welchen das Vermögen des präsumtiven Erblassers dargelegt ist. KG. 5. März 1900 in Zus.d.RJAmts 1 S. 1 ff. (4).

b) Glaubhaftmachung des berechtigten Interesses. Hierzu vgl. § 15 Abs. 2 und Anm. 6 dazu.

3. Sind diese Voraussetzungen erfüllt, dann kann die Einsicht der Akten gestattet und Abschrift erteilt werden, soweit das berechtigte Interesse glaubhaft gemacht ist.

a) Es kann das Gericht die Einsicht gestatten und Abschrift erteilen. Wie in der ersten Auflage wird auch jetzt die Ansicht vertreten, daß hiernach eine Verpflichtung des Gerichts, die Akteneinsicht zu gestatten bzw. Abschriften zu erteilen, selbst nach Glaubhaftmachung eines berechtigten Interesses nicht vorhanden ist. Es können in der Sache selbst für den Richter noch Gründe genug liegen, die Einsicht usw. zu verweigern trotz eines solchen berechtigten Interesses; insbesondere kann das überwiegende Interesse anderer Personen ihn hierzu veranlassen. Ein Recht, das durch die Versagung beeinträchtigt würde (§ 20), ist nicht vorhanden, eine Beschwerde gegen die Versagung deshalb nicht gegeben. Ebenso Birkenbihl § 34 Anm. 2, Dronke § 34 Anm. 1, Nußbaum im „Recht" 4 S. 303. Abweichend Schultzenstein in ZfDZPr. 25 S. 246 ff. A. M. Dorner § 34 Anm. 3, Fuchs § 34 Anm. 6, 7, Rausnitz § 34 Anm. 5, 11, Schultze-Görlitz § 34 Anm. 3. Sie gehen davon aus, daß zwar nach § 34 die Gestattung der Akteneinsicht in das Ermessen des Gerichts gelegt sei, daß dieses Ermessen aber pflicht- und sachgemäß ausgeübt werden müsse und darum der Nachprüfung im Rechtsmittelzuge unterliege. Ebenso KG. 5. März 1900 in Zus.d.RJAmts 1 S. 1 ff. (4); Johow 20 S. A 3 Nr. 1; Rechtspr.d.OLG. 1 S. 182 unter b; ferner 4. März 1901 in Rechtspr.d.OLG. 2 S. 396 unter b. Die Richtigkeit dieser Ausführung kann nicht anerkannt worden. Von den Gerichten ist auch bei anderen „Kann"-Bestimmungen zu verlangen, daß sie ihr Ermessen pflicht- und sachgemäß ausüben, ohne daß deswegen ein Beschwerderecht gegeben ist, wenn sie entsprechend ihrer Befugnis einen Antrag ablehnen. Als Voraussetzung für die Beschwerde stellt § 20 strikte die Beeinträchtigung eines Rechtes auf. Als ein solches Recht könnte nur eine Recht auf Akteneinsicht usw. in Frage kommen. Daß ein solches aber nicht besteht, auch nicht als ein von dem Vorhandensein der oben in Anm. 2a, b bezeichneten Voraussetzungen abhängiges, wird aber z. B. von Fuchs, § 34 Anm. 6, ausdrücklich anerkannt. Vgl. den § 299 Abs. 2 ZPO. („kann . . . nur gestatten") und dazu RG. in Jur.Woch. 1891 S. 297. Siehe auch noch Anm. 4 und oben § 20 Anm. 2a, ferner Nußbaum a. a. O. Vgl. weiterhin KG. 16. Dezember 1901 — Rechtspr.d.OLG. 5 S. 199 f — wo anerkannt ist, daß selbst dann, wenn ein berechtigtes Interesse des Antragstellers glaubhaft gemacht sein sollte, in der Sache selbst, wie oben bemerkt, für den Richter noch triftige Gründe liegen könnten, die Einsichtnahme usw. zu verweigern; vor allem treffe dies zu, wenn die Sachlage dafür greifbaren Anhalt liefere, daß der Antragsteller lediglich aus Chikane handelt oder sonstige unlautere Zwecke verfolge.

b) Gestattet der Richter die Einsichtnahme der Akten im allgemeinen zwar, so kann er doch einzelne Teile derselben oder einzelne Urkunden davon ausnehmen; Entsprechendes gilt für die Erteilung von Abschriften. Das Gericht erscheint sogar verpflichtet, die Einsichtnahme nur soweit zu gestatten, als es dafür hält, daß ihm ein berechtigtes Interesse glaubhaft gemacht sei. Kom.Ber. S. 33 ff.

c) Hat sich der Richter entschlossen, Abschrift zu erteilen, so kann er das Verlangen nicht zurückweisen, die Abschrift zu beglaubigen bzw. beglaubigen zu lassen. Über die Form der Beglaubigung bestimmen die Landesgesetze.

4. Die Vorschrift des Paragraphen gilt selbstverständlich nur für das Gebiet der Reichsgesetzgebung und nur soweit nicht ein anderes bestimmt ist (§ 1).

Solche anderweitige Bestimmungen finden sich zunächst in dem Gesetze selbst in den §§ 78, 85. Diese unterscheiden sich von der Vorschrift des § 34 insoweit, als hier dem Richter eine Befugnis, in den §§ 78, 85 den Interessenten ein Recht gegeben wird, und sie unterscheiden sich voneinander wieder insofern, als in § 78 — nach Glaubhaftmachung eines berechtigten Interesses (vgl. oben Anm. 2a) — von Einsicht der Akten und von Abschriftserteilung und in § 85 — bei glaubhaft gemachtem rechtlichen Interesse — von Ausfertigung bestimmt bezeichneter Schriftstücke die Rede ist. Die abweichende Ausdrucksweise der §§ 78, 85 in bezug auf die Berechtigung des Interessenten erscheint mir als eine Bestätigung der Richtigkeit der in Anm. 3a aufgestellten Ansicht. — Vgl. ferner § 89, § 153 Abs. 3, wonach den an einem Verfahren Beteiligten ohne weiteres die Einsicht der Akten über dieses Verfahren zusteht.

Außerdem finden sich in anderen Gesetzen Vorschriften in großer Zahl, in denen über den in Rede stehenden Punkt Bestimmung getroffen wird. Teils geben sie jedem, der ein „rechtliches" Interesse glaubhaft macht, ein Recht auf Akteneinsicht und Abschriftserteilung (vgl. z. B. §§ 1597, 1953, 2228, 2264 BGB.), teils schon bei Glaubhaftmachung eines „berechtigten" Interesses (vgl. § 11 GBO., wo nur die „Darlegung" — vgl. § 15 Anm. 6 — eines solchen Interesses verlangt wird). Teils geben sie ein solches Recht ohne weiteres, so wenn es sich um die öffentlichen Register und die zugehörigen Akten und Schriftstücke handelt, in letzterer Hinsicht jedoch mit Einschränkungen (vgl. § 9 HGB., §§ 79, 1563 BGB., § 121 Binnenschiffahrtsgesetzes, § 156 des Genossenschaftsgesetzes, § 7 des Gesetzes betr. die Gesellschaften mit beschr. Haftung, § 56 des Börsengesetzes).

Das KG., 4. März 1901 in Rechtspr.d.OLG. 2 S. 397 unter b, hat es für unbedenklich erklärt, anzunehmen, daß neben der vorgedachten Sondervorschrift des § 9 HGB. auch noch die allgemeine Vorschrift des § 34 des vorliegenden Gesetzes Geltung habe. Dem wird im Hinblick auf § 185 in Verbindung mit Art. 32 Einf.Ges.z.BGB. nur mit der Beschränkung zuzustimmen sein, daß diese Geltung sich nur auf das in § 9 HGB. nicht geordnete Gebiet, also z. B. der nicht eingereichten Schriftstücke, etwa der vom Gerichte erlassenen Verfügungen, bezieht. Mit dieser Beschränkung aber dürfte der vom Kammergericht aufgestellte Satz für die vorauf bezeichneten Gesetze zu verallgemeinern sein.

5. Zur Auskunftserteilung aus den Akten ist das Gericht nicht verpflichtet, namentlich nicht zur Ausstellung von Bescheinigungen, soweit nicht in dieser Beziehung Sondervorschriften bestehen wie z. B. § 9 Abs. 3 HGB. So für Grundbuchrecht KG. 26. November 1900 in Zus.d.RJAmts 1 S. 210f.

6. Soweit andere als gerichtliche Behörden zuständig sind, gilt der § 34 auch in Ansehung der Akteneinsicht usw. diesen Behörden gegenüber; § 194.

Der § 34 bezieht sich nur auf die Einsicht der Akten durch Private. Inwieweit den Gerichten und den eben genannten Behörden gegenüber andere Behörden bzw. öffentliche Beamte das Recht haben, Akten einzusehen usw., richtet sich nach den Landesgesetzen.

Zweiter Abschnitt.

Vormundschaftssachen.

1. Der Entw. zu dem BGB. erster Lesung ordnete grundsätzlich nur das materielle Vormundschaftsrecht unter Ausscheidung der das Verfahren in Vormundschaftssachen betreffenden Bestimmungen. Dabei ging er indessen nicht davon aus, daß diese letzteren Bestimmungen in ihrem vollen Umfange den Landesgesetzgebungen zu überlassen seien, sondern er hielt es für angezeigt, daß mit der Einführung des BGB. besondere reichsgesetzliche Vorschriften, sei es in einem besonderen Gesetze über das Verfahren, sei es im Einf.Ges.z.BGB. erlassen würden, welche nicht nur das Verfahren in Vormundschaftssachen, sondern überhaupt das Verfahren in den das Familienrecht, insbesondere auch das Elternrecht, betreffenden Angelegenheiten insoweit einheitlich ordnen sollten, als sonst die einheitliche Geltung der materiellen Vorschriften des BGB. eine Beeinträchtigung erleiden würde. Vgl. Mot. IV S. 1008. Diese die Arbeiten der ersten Kommission beherrschende Ansicht veranlaßte sie, durch ihr Mitglied, Dr. Planck, bereits im Jahre 1881 den Entwurf zu einem Gesetze dieses beschränkten Inhalts ausarbeiten zu lassen. Vgl. Einleitung. Nunmehr bilden jene Angelegenheiten den Gegenstand des zweiten Abschnitts dieses Gesetzes.

Das BGB. hat sich auf denselben Standpunkt wie der Entw. erster Lesung gestellt, aber auch verschiedene, das Verfahren betr. Vorschriften aufgenommen, soweit dies wegen ihres Zusammenhanges mit materiellen Vorschriften und zum Zwecke der Durchführung der letzteren angezeigt schien. Das gilt namentlich von den das Institut des Familienrats regelnden Vorschriften. Dabei hat sich das BGB. den Bestimmungen der Preuß.Vorm.Ordn. v. 5. Juli 1875 angeschlossen. Abweichungen von diesen Vorschriften ergeben sich insbesondere daraus, daß das BGB. im Gegensatze zum preuß. Rechte die elterliche Gewalt der Mutter anerkennt.

2. Der Kreis der Geschäfte, welche nach den früheren Partikularrechten den Vormundschaftsgerichten oblagen, ist durch das BGB. erheblich erweitert worden. Außer den Verrichtungen nämlich, welche diesen Gerichten auch schon nach früherem Rechte in Ansehung der Vormundschaften und Pflegschaften übertragen waren, und durch das BGB. wieder zugewiesen sind, sind ihnen nunmehr auch noch manche andere in das Familienrecht, namentlich das Elternrecht und die persönlichen Rechtsbeziehungen der Ehegatten zueinander und das eheliche Güterrecht eingreifende Verrichtungen übertragen worden. Dazu gehören auch mannigfache Entscheidungen, welche früher im streitigen Verfahren zu ergehen hatten. Im Anschluß an die von unserem Gesetze selbst behufs Regelung der örtlichen Zuständigkeit beliebte Klassifizierung lassen sich diese sämtlichen Verrichtungen sachlich in vier Gruppen teilen. Sie betreffen: a) Vormundschaften (§ 36), b) Pflegschaften (§§ 37 bis 42), c) Fälle, in denen es an einem ausreichenden Grunde zur Anordnung einer Vormundschaft oder Pflegschaft fehlt (§§ 43, 44) und d) die persönlichen Rechtsbeziehungen der Ehegatten zueinander und das eheliche Güterrecht (§ 45). Alle diese „Verrichtungen", die mit den Begriffen der Vormundschaft und Pflegschaft zum Teil nicht im geringsten zusammenhängen, sind gemeinsam mit Vormundschaften und Pflegschaften unter dem Sammelnamen „Vormundschaftssachen" zusammengefaßt und in den Vorschriften dieses zweiten Abschnitts behandelt. — Indem das BGB. die Führung der Obervormundschaft den Gerichten überträgt, hat es sich dem Rechtszustand angeschlossen, welcher von Alters her in den

meisten Gebieten Deutschlands bestanden und sich dort jederzeit bewährt hat. Die Übertragung der übrigen Verrichtungen auf dieses „Vormundschaftsgericht“ ist indessen nicht ganz ohne rechtsgeschichtliches Vorbild (vgl. z. B. Preuß.ALR. II, 2 §§ 72, 87, 90, 91, 99, 102, 112 ff., 170, 179 ff.).

3. Indem das BGB. alle diese Verrichtungen dem „Vormundschaftsgerichte“, also dem Gerichte überträgt, kennzeichnet es sie als A.d.fr.Ger. (vgl. § 1 Anm. 1 b, c, d), die demnach, auch soweit sie die Entscheidung von Rechtsstreitigkeiten zum Gegenstande haben, unter Ausschluß des ordentlichen Rechtswegs lediglich nach dem Verfahren der freiw. Ger. zu erledigen sind. Rausnitz § 35 Anm. 4 a. E. Aus dem Grenzgebiet zwischen Prozeßgericht und Vormundschaftsgericht vgl. OLG. Darmstadt 22. Januar 1902 im ZentrBl. 1902/03 S. 119 Nr. 33 und die dort angegebenen Entscheidungen.

4. Die Gliederung dieses Abschnitts ist folgende: auf die Vorschriften über die sachliche und örtliche Zuständigkeit der Gerichte für die Vormundschaft (§§ 35, 36) und Pflegschaft (§§ 37 bis 42) folgen solche über die Zuständigkeit für die sonstigen dem Vormundschaftsgericht obliegenden Verrichtungen (§§ 43 bis 45), über die Abgabe der Vormundschaft bzw. Pflegschaft (§ 46) und über Vormundschaften im Auslande (§ 47). Sodann wird die Anzeigepflicht der Standesbeamten, des Gemeindewaisenrats und der Gerichte (§§ 48 bis 50) und der Beginn der Wirksamkeit vormundschaftsgerichtlicher Verfügungen (§§ 51 bis 53) festgestellt, über die Befugnis des Vormundschaftsgerichts, die Eintragung einer Sicherungshypothek an Grundstücken des Vormunds bewirken zu lassen (§ 54), über die Einschränkung des Abänderungsrechts in betreff ergangener Verfügungen (§ 55) und über die Volljährigkeitserklärung (§ 56) Bestimmung getroffen und endlich ist das Beschwerdeverfahren (§§ 57 bis 64) geregelt.

§ 35.

Für die dem Vormundschaftsgericht obliegenden Verrichtungen sind die Amtsgerichte zuständig.

---

1. Über die dem Vormundschaftsgericht obliegenden Verrichtungen vgl. Vorbem. 2. Mit der Übertragung dieser Verrichtungen auf die Gerichte, speziell auf die Vormundschaftsgerichte, ist neben der Charakterisierung derselben als A.d.fr.Ger. (vgl. Vorbem. 3), im allgemeinen die sachliche Zuständigkeit der Gerichte ausgesprochen. Darüber aber, welche Gerichte die Geschäfte der Vormundschaftsgerichte wahrzunehmen haben, enthält das BGB. keine Bestimmung. Diese Frage regelt ganz allgemein der § 35, indem er sie den Amtsgerichten überträgt. Wenn in § 1878 Abs. 2 BGB. in einem einzelnen Falle eine Verrichtung erster Instanz an das dem Vormundschaftsgericht im Instanzenzuge vorgesetzte Gericht übertragen ist, so ist das, wie sich aus Anm. 1 zu § 64 ergibt, nicht als Ausnahme von der Regel des § 35 aufzufassen.

2. Von der Vorschrift, daß die in der Vorbemerkung unter 2 näher bezeichneten Verrichtungen zur Zuständigkeit der Vormundschaftsgerichte und zufolge § 35 speziell der Amtsgerichte gehören sollen, gibt es folgende Ausnahmen, zu denen das in Anm. 1d zu § 1 Gesagte zu vergleichen ist:

a) An Stelle des Vormundschaftsgerichts kann ein Familienrat eingesetzt werden, der die Rechte und Pflichten des Vormundschaftsgerichts hat, BGB. §§ 1858 bis 1881, 1872.

b) Nach § 189 in Verbindung mit den Art. 57, 58 Einf.Ges.z.BGB. können in Ansehung der Landesherren und der Mitglieder der landesherrlichen und der denselben gleichgestellten Familien die Hausverfassungen oder die Landesgesetze und in Ansehung der Mitglieder der vormals reichsständischen und der denselben gleichgestellten Häuser die Landesgesetze und nach Maßgabe der Landesgesetze die Hausverfassungen Abweichendes bestimmen. Vgl. § 189.

c) Gemäß Art. 147 in Verbindung mit Art. 3 des Einf.Ges.z.BGB. und § 185 sind die Landesgesetzgebungen in der Lage, für die dem Vormundschaftsgericht obliegenden Verrichtungen andere als gerichtliche Behörden für zuständig zu erklären, sei es im ganzen, sei es für einzelne Verrichtungen. Vgl. dazu die §§ 185, 190, 194, 195, 196. Von diesem Vorbehalt haben Gebrauch gemacht:

α) insoweit sie eine nicht gerichtliche Vormundschaftsbehörde allgemein für die dem Vormundschaftsgericht obliegenden Verrichtungen eingesetzt haben:

Hamburg, Gesetz betr. die Vormundschaftsbehörde v. 14. Juli 1899. Die Vormundschaftsbehörde besteht aus einem Vorsitzenden, dessen Stellvertreter, die beide rechtsgelehrt sein müssen, und zwölf nicht rechtsgelehrten Mitgliedern.

Mecklenb.-Schwerin, Verordnung zur Ausführung des Gesetzes über die A.d.fr.Ger. v. 9. April 1899. Hier sind statt den Amtsgerichten für gewisse Personenklassen den Magistraten der Städte, den Klosteramtsgerichten, den Hofstaatsgerichten (Hofmarschallamts- und Marstallamtsgericht) und den Gutsherren die Verrichtungen der Vormundschaftsgerichte übertragen; von der Zuständigkeit der Gutsherren sind gewisse Verrichtungen ausgenommen.

Mecklenb.-Strelitz, Verordnung zur Ausführung des Gesetzes über die A.d.fr.Ger. v. 9. April 1899. Hier sind neben den Amtsgerichten für gewisse Personenklassen den Magistraten der Städte (einzelne Städte ausgenommen), dem Hofmarschallamte und den Gutsherren — unter Einschränkung der Zuständigkeit der letzteren — die Verrichtungen der Vormundschaftsgerichte übertragen.

Württemberg, Ausf.Ges.z.BGB. und dessen Nebengesetzen, v. 28. Juli 1899. Für jede Gemeinde ist ein Vormundschaftsgericht als staatliche Behörde bestellt, bestehend aus dem Bezirksnotar und vier Waisenrichtern. Bestimmte Geschäfte sind den Amtsgerichten vorbehalten, z. B. Volljährigkeitserklärung.

β) insoweit sie an Stelle des Vormundschaftsgerichts in Ansehung der Volljährigkeitserklärung eine andere Behörde (Ministerium oder Landesregierung) für zuständig erklärt haben: Anhalt, Bayern, Braunschweig, die beiden Mecklenburg, die beiden Reuß, Sachsen, Sachsen-Koburg-Gotha, Sachsen-Weimar-Eisenach, Schwarzburg-Rudolstadt.

3. In den Bezirken der Konsulargerichte sind die Konsuln und in den Schutzgebieten die Bezirksrichter zuständig (vgl. § 1 Anm. 3).

4. Die Amtsgerichte fungieren nach Maßgabe des GVG. (§§ 22 ff.) in der Besetzung mit Einzelrichtern. Mit Rücksicht namentlich auf die in Vorbem. 1 unter c und d bezeichneten Verrichtungen waren in der Reichstagskommission Anträge eingebracht worden, nach welchen zu Beschlußfassungen des Vormundschaftsgerichts Laien (auch Frauen) zugezogen werden sollten; Kom.Ber. S. 35 bis 38.

§ 36.

Für die Vormundschaft ist das Gericht zuständig, in dessen Bezirke der Mündel zu der Zeit, zu welcher die Anordnung der Vormundschaft erforderlich wird, seinen Wohnsitz oder in Ermanglung eines inländischen Wohnsitzes seinen Aufenthalt hat. Wird die Anordnung einer Vormundschaft über Geschwister erforderlich, die in den Bezirken verschiedener Vormundschaftsgerichte ihren Wohnsitz oder ihren Aufenthalt haben, so ist, wenn für einen der Mündel schon eine Vormundschaft anhängig ist, das für diese zuständige Gericht, anderenfalls dasjenige Gericht, in dessen Bezirke der jüngste Mündel seinen Wohnsitz oder seinen Aufenthalt hat, für alle Geschwister maßgebend.

Ist der Mündel ein Deutscher und hat er im Inlande weder Wohnsitz noch Aufenthalt, so ist das Gericht zuständig, in dessen Bezirke der Mündel seinen letzten inländischen Wohnsitz hatte. In Ermanglung eines solchen Wohnsitzes wird das zuständige Gericht, falls der Mündel einem Bundesstaat angehört, von der Landesjustizverwaltung, anderenfalls von dem Reichskanzler bestimmt.

Für die Vormundschaft über einen Minderjährigen, dessen Familienstand nicht zu ermitteln ist, ist das Gericht zuständig, in dessen Bezirke der Minderjährige aufgefunden wurde.

---

1. Der Paragraph betrifft nur Vormundschaften; er stellt für sie in betreff der örtlichen Zuständigkeit zunächst eine allgemeine Regel (Anm. 2) auf und trifft sodann Einzelvorschriften für drei besondere Fälle (Anm. 3, 4, 5). Indem der Paragraph hier im allgemeinen von Vormundschaft spricht, will er alle Verrichtungen des Vormundschaftsgerichts in Ansehung der Vormundschaft nach den §§ 1773 bis 1908 BGB. treffen; das nach § 36 örtlich zuständige Gericht wird für alle einschlägigen Verrichtungen in Ansehung der betreffenden Vormundschaft zuständig.

2. Die allgemeine Regel in **Abs. 1 Satz 1** gilt für alle Vormundschaften ohne Unterschied, ob der Mündel minderjährig oder volljährig, ob er Deutscher oder Ausländer ist. Daß die Vorschrift sich auch auf Ausländer bezieht, ergibt sich aus der Gegenüberstellung von Abs. 2 zu Abs. 1.

a) Die Zuständigkeit soll sich nach dem Wohnsitz des Mündels bestimmen.

Nach der Preuß.Vorm.Ordn. bestimmte sich die Vormundschaft über Minderjährige nicht nach dem Wohnsitz oder Aufenthalt des Mündels, sondern nach dem Wohnsitz oder Aufenthalt des Vaters, bei unehelichen Kindern nach dem der Mutter. Allein diese Regelung paßt, namentlich was die ehelichen Kinder betrifft, nicht mehr zum BGB. Sie beruht auf der unter der Herrschaft des früher geltend gewesenen Rechts allerdings fast immer zutreffenden Voraussetzung, daß das minderjährige Kind bei dem Eintritte des Falles der Bevormundung seinen Wohnsitz an dem Orte habe, an welchem sich der letzte Wohnsitz des Vaters befand. Nach dem BGB. wird aber für ein minderjähriges Kind die Vormundschaft nicht, wie bisher, ohne weiteres mit dem Tode des Vaters notwendig, sondern gewöhnlich erst dann, wenn beide Eltern verstorben sind. Unter solchen Umständen wird häufig genug der Fall sich ergeben, daß in der Zeit zwischen dem Tode des Vaters und der Anordnung der Vormundschaft die Mutter kraft der ihr als Inhaberin der elterlichen Gewalt (BGB. §§ 1684 ff.)

zustehenden Vertretungsbefugnis den Wohnsitz des Kindes ändert (BGB. §§ 8, 11). Denkschrift S. 42. Deshalb ist nunmehr der Wohnsitz des Mündels für maßgebend erklärt worden. Welchem Bundesstaate der Mündel angehört, ist gleichgültig.

b) Begriff, Begründung und Aufhebung des Wohnsitzes bestimmen sich nach den §§ 7 bis 11 BGB., bzw. nach der Vorschrift des § 3. — Die Aufhebung des bisherigen Wohnsitzes ist nach dem an diesem Orte, die Begründung eines Wohnsitzes nach dem an dem neuen Wohnsitze geltenden Rechte zu beurteilen; RG. in Jur.Woch. 1884 S. 28. Bei Streit oder Ungewißheit über den Wohnsitz kommt § 5 zur Anwendung. Der letzte Wohnsitz eines als ehelich geltenden Kindes ist der des Vaters, da § 11 BGB. zwischen gegenwärtigem und letztem Wohnsitz keinen Unterschied macht. Das Kind hat seinen letzten Wohnsitz da, wo ihn der Vater hatte, bis er ihn rechtsgültig aufgab. OLG. Karlsruhe 27. Juni 1903 in Bad.Rechtspraxis 1903 S. 302. Ein rechtsgültiges Aufgeben des bisherigen Wohnsitzes seitens eines Kindes kann keineswegs schon darin gefunden werden, daß dasselbe an einem anderen Ort in Dienst tritt und sich längere Zeit dort aufhält. Bayer.O.LG. 11. April und 18. Juni 1900 in Seuff.Bl.f.R.A. 1900 S. 440 und 522 (nach Soergel 1900/01 S. 618 § 36 unter a); vgl. Bayer.O.LG. 13. März, 11. April und 20. Dezember 1900 in Rechtspr.d.OLG. 2 S. 71 ff. Nr. 42. Wohnsitz des unehelichen Kindes eines minderjährigen Dienstmädchens vgl. OLG. Karlsruhe 29. Mai 1901 in Rechtspr.d.OLG. 3 S. 36 unter b.

Der Aufenthalt ist nach dem Wortlaute des Paragraphen nur maßgebend, wenn festgestellt ist, daß es an einem inländischen Wohnsitz fehlt. Der § 16 (§ 18 des früheren Textes) ZPO. bediente sich derselben Ausdrucksweise. Den letzteren hat jedoch das Reichsgericht (vgl. Entscheidungen in Zivilsachen 27 S. 400) dahin interpretiert, es genüge, wenn ein Wohnort nicht zu ermitteln sei. — Auch in § 132 BGB. ist die Ausdrucksweise angewendet. Es darf erwartet werden, daß auch in diesem Falle die Interpretation des Reichsgerichts zur Anwendung gelangt. In dieser Beziehung hat die Kommission des Reichstags festgestellt, daß diese Interpretation den von ihr (der Kommission) dem § 36 beigelegten Sinn zutreffend wiedergebe, deshalb einen Antrag, welcher die Auslegung des Reichsgerichts im Gesetzestexte zum Ausdruck bringen wollte, abgelehnt und somit die Übereinstimmung der drei Gesetzesstellen nicht gestört. Vgl. Kom.Ber. S. 38. So auch jetzt Bayer.O.LG. 6. November 1900 in Rechtspr.d.OLG. 2 S. 262. Zur Entscheidung über die Frage der Anordnung der Zwangserziehung (Art. 135 Einf.Ges.z.BGB.) der ehelichen Kinder eines Vaters, dessen Wohnsitz im Inlande nicht ermittelt werden kann, ist das Gericht zuständig, in dessen Bezirke die Kinder ihren Aufenthalt haben. Bayer.O.LG. 16. Februar 1903. — Der Aufenthalt ist ein rein tatsächliches Verhältnis. Der Aufenthalt eines unehelichen Kindes ist von dem Aufenthalt der Mutter unabhängig; es kommt nur darauf an, wo es sich zur Zeit der vollendeten Geburt befand. OLG. Rostock 25. Juni 1901 in Rechtspr.d.OLG. 3 S. 72 unter c, in Meckl.Zeitschr.f.Rechtspflege 20 S. 43 (nach Soergel 1902 S. 471 § 36 Nr. 2); vgl. auch RG. in Seuff.Arch. 48 Nr. 133, Jur.Woch. 1897 S. 301, 302. Der Aufenthalt braucht nicht von längerer Dauer zu sein; ein vorübergehender kurzer Aufenthalt zur Zeit, als die Anordnung der Vormundschaft nötig wurde, genügt. Dorner § 36 Anm. 4b, Schneider § 36 Anm. 9.

c) Entscheidend für die örtliche Zuständigkeit ist der Zeitpunkt, zu dem die Anordnung der Vormundschaft erforderlich wird. Wann dies der Fall ist, bestimmt das BGB. §§ 1773, 1896, 1906. Eine Veränderung des Wohnsitzes oder Aufenthalts zwischen diesem Zeitpunkt und dem der Anordnung oder ein Wegfall der Umstände, auf denen die Zuständigkeit beruht, berührt die einmal begründete Zuständigkeit nicht. KG. 2. Februar 1903 in Rechtspr.d.OLG. 6 S. 301 Nr. 49. Den Zeitpunkt der Anordnung lassen ausschlaggebend sein (nach Soergel 1903 S. 543 § 36 Nr. 3) OLG. Colmar 12. November 1902 und Bayer.O.LG. 17. Juni 1903. Soll, nachdem einmal die Obervormundschaft begründet war, ein Wechsel derselben eintreten, so bedarf es dafür einer besonderen Verfügung (§ 46).

3. Die erste Sonderbestimmung in Abs. 1 Satz 2 trägt der Vorschrift des § 1775 BGB. Rechnung, wonach, wenn mehrere Geschwister zu bevormunden sind, für alle Mündel nur ein Vormund zu bestellen ist, es sei denn, daß besondere Gründe für die Bestellung mehrerer Vormünder vorlägen, und trifft aus Zweckmäßigkeitsrücksichten die von ihm beliebte Anordnung. Ein Antrag in der Reichstagskommission, diese Vorschrift zu streichen, wurde abgelehnt, nachdem als einstimmige Anschauung der Kommission festgestellt war, daß die Verschiedenheit der Wohn- bzw. Aufenthaltsorte von bevormundeten Geschwistern den Vormundschaftsrichter zu der in §§ 1775, 1797 BGB. gedachten Maßregel, d. h. also Ernennung mehrerer Vormünder und Teilung der vormundschaftlichen Geschäfte unter dieselben nach bestimmten Wirkungskreisen, berechtige, auch als wichtiger Grund im Sinne des § 46 aufzufassen sei und somit das Vormundschaftsgericht berechtige, nach eingeleiteter Vormundschaft eine etwa wünschenswerte Trennung für die einzelnen Geschwister vorzunehmen bzw. die Vormundschaft an ein anderes Gericht abzugeben. Vgl. Kom.Ber. S. 39 a. E. — Die Anwendbarkeit der Vorschrift auf mehrere uneheliche Kinder derselben Mutter unterliegt keinem Bedenken. OLG. Rostock 28. Januar 1901 in Meckl.Zeitschr.f. Rechtspfl. 19 S. 231. Die Vorschrift läßt eine entsprechende Anwendung auch auf den Fall zu, wenn es sich um die Frage handelt, ob die Vormundschaft aus wichtigen Gründen an ein anderes Gericht abzugeben ist. Bayer.O.LG. 24. März 1902 im „Recht" 6 S. 211. Wenn von Geschwistern einige ihren Wohnsitz oder Aufenthalt im Inlande, andere dort aber keinen Wohnsitz und auch keinen Aufenthalt haben, so soll die Vorschrift gleichwohl analoge Anwendung finden im Falle, daß über eines derselben bereits eine Vormundschaft im Inlande anhängig ist. Dorner § 36 Anm. 6a, Fuchs § 36 Anm. 2c. Ist aber in einem solchen Falle noch keine Vormundschaft im Inlande anhängig, so soll, nach Dorner a. a. O., dasjenige inländische Gericht für alle Geschwister zuständig sein, welches für das jüngste derjenigen zuständig ist, welche Wohnsitz oder Aufenthalt im Inlande haben. So auch Rausnitz § 36 Anm. 3b. A. M. Fuchs a. a. O.

Anhängig ist eine Vormundschaft nach allgemeiner Ansicht, sobald sie gemäß § 1774 BGB. angeordnet ist, in den Fällen des Art. 136 Einf.Ges.z.BGB. mit dem Beginn der gesetzlichen Vormundschaft.

4. Die Sondervorschrift in Abs. 2 bezieht sich nur auf deutsche Mündel. Sie ist bindend, auch wenn der letzte Wohnsitz längst verlassen ist und gar keine Beziehungen mehr zu ihm bestehen. Schneider § 36 Anm. 3. Auch hier genügt es, wenn nicht zu „ermitteln" ist, ob der Mündel Wohnsitz oder Aufenthalt im Inlande hat.

Wegen des Falles, daß von zu bevormundenden deutschen Geschwistern das eine seinen Wohnsitz im Inlande, das andere im Auslande hat, s. Anm. 3 a. E.

Daß eventuell der Reichskanzler das zuständige Gericht zu bestimmen hat, ist durch den Umstand veranlaßt, daß es Deutsche geben kann, die keinem Bundesstaate angehören. Vgl. oben § 3 Anm. 4 und § 9 des Schutzgebietsgesetzes.

Hier handelt es sich nur um die Regelung der Zuständigkeit für den Fall, daß eine Vormundschaft eingeleitet werden soll. Die Frage dagegen, ob über Deutsche, die im Inlande weder Wohnsitz noch Aufenthalt haben, also im Auslande sich aufhalten, die Anordnung einer Vormundschaft durch ein inländisches Gericht erforderlich ist, bestimmt sich nach deutschem bürgerlichen Recht, sowie nach § 47 dieses Gesetzes.

5. Die letzte Sondervorschrift — **Abs. 3** — geht davon aus, daß für die Bestimmung des Wohnsitzes eines Minderjährigen nach § 11 BGB. zunächst der Familienstand desselben maßgebend ist und daher, falls dieser nicht ermittelt werden kann, aus praktischen Gründen der Fundort des Minderjährigen für die Zuständigkeit des Vormundschaftsgerichts maßgebend sein soll, in Übereinstimmung mit preußischem und sächsischem Vormundschaftsrecht. Die Vorschrift ist Ausführungsbestimmung zu § 1773 Abs. 2 BGB., wonach ein Minderjähriger auch dann, wenn sein Familienstand nicht zu „ermitteln" ist, einen Vormund erhält. Ist der Familienstand „bestritten", so ist einstweilen ein Pfleger zu bestellen, §§ 1593, 1909 BGB. Die Ermittlungen hat das Gericht anzustellen, in dessen Bezirke der Minderjährige aufgefunden wird. Das „Auffinden" ist nicht wörtlich zu nehmen; es sind alle Fälle nach Abs. 3 zu behandeln, in denen der Familienstand nicht zu ermitteln ist. Dorner § 36 Anm. 10c (S. 204). — Kann der Fundort nicht genau festgestellt werden, wie das z. B. der Fall sein kann bei einem Findelkind, „welches in einem rollenden Eisenbahnwagen zu nicht mehr genau festzustellender Zeit gefunden ist" (Jastrow, § 5 Anm. 3), so findet § 5 Anwendung. Vgl. § 5 Anm. 1b.

6. Betreffs Vormundschaft über Ausländer vgl. § 47.

7. Das Vormundschaftsgericht hat von Amts wegen seine Zuständigkeit zu prüfen und event. Ermittlungen über die Tatsachen anzustellen, welche die Zuständigkeit begründen sollen. Im Falle der Ungewißheit findet § 5 Anwendung, desgl. im Falle des Streites; bei mehrfacher Zuständigkeit entscheidet Prävention nach § 4.

§ 37.

Soll jemand nach § 1909 des Bürgerlichen Gesetzbuchs einen Pfleger erhalten, so ist, wenn bei einem inländischen Gericht eine Vormundschaft über ihn anhängig ist, für die Pflegschaft dieses Gericht zuständig. Im übrigen finden auf die Pflegschaft die Vorschriften des § 36 Anwendung.

Für die Pflegschaft über einen Ausländer, für den bei einem inländischen Gericht eine Vormundschaft nicht anhängig ist und der im Inlande weder Wohnsitz noch Aufenthalt hat, ist das Gericht zuständig, in dessen Bezirke das Bedürfnis der Fürsorge hervortritt.

---

1. Die **§§ 37 bis 42** betreffen die Zuständigkeit für die Pflegschaft. Die einmal begründete Zuständigkeit erstreckt sich auf alle in Gemäßheit der §§ 1909 bis 1921 BGB. in Ansehung der betreffenden Pflegschaft dem Gericht obliegenden Verrichtungen.

Die Zuständigkeit ist für die einzelnen Pflegschaftsfälle gesondert geregelt. Die systematische Anordnung der Bestimmungen entspricht den §§ 1909 bis 1914 BGB.

2. In **§ 37 Abs.** 1 wird zunächst der Fall des § 1909 BGB. behandelt; letzterer lautet:

Wer unter elterlicher Gewalt oder unter Vormundschaft steht, erhält für Angelegenheiten, an deren Besorgung der Gewalthaber oder der Vormund verhindert ist, einen Pfleger. Er erhält insbesondere einen Pfleger zur Verwaltung des Vermögens, das er von Todes wegen erwirbt oder das ihm unter Lebenden von einem Dritten unentgeltlich zugewendet wird, wenn der Erblasser durch letztwillige Verfügung, der Dritte bei der Zuwendung bestimmt hat, daß dem Gewalthaber oder dem Vormunde die Verwaltung nicht zustehen soll.

Tritt das Bedürfnis einer Pflegschaft ein, so hat der Gewalthaber oder der Vormund dem Vormundschaftsgericht unverzüglich Anzeige zu machen.

Die Pflegschaft ist auch dann anzuordnen, wenn die Voraussetzungen für die Anordnung einer Vormundschaft vorliegen, ein Vormund aber noch nicht bestellt ist.

3. Im allgemeinen richtet sich gemäß Abs. 1 auch in den Fällen der Pflegschaft die Zuständigkeit nach § 36, so daß in dieser Hinsicht kein Unterschied zwischen Vormundschaft und Pflegschaft besteht; nur der einzige namhaft gemachte Fall macht eine Ausnahme.

Über die Frage, wann eine Vormundschaft „anhängig" ist, vgl. § 36 Anm. 3 a. E. Ist eine Vormundschaft nicht anhängig, so ist für die Pflegschaft dasjenige Gericht zuständig, welches für die Anordnung der Vormundschaft über den Pflegling zuständig sein würde. Fuchs § 37 Anm. 3.

4. Die Vorschrift des **Abs.** 2 bildet eine Ergänzung der nach vorstehendem sich ergebenden allgemeinen Regel hinsichtlich eines Ausländers, die insbesondere mit Rücksicht auf das in Anm. 1, 2 zu § 47 Gesagte sich unter Umständen als notwendig erweisen wird. Das trifft namentlich dann zu, wenn sich die im Ausland angeordnete Vormundschaft oder Pflegschaft nach dem dortigen Rechte nicht auf das im Inlande d. h. also in Deutschland befindliche Vermögen erstreckt, wie dies z. B. nach dem Rechte der Ver. Staaten von Nordamerika der Fall ist. Vgl. KG. 23. Juli 1902 in Rechtspr.d.OLG. 5 S. 100 unter b. Denkschr. S. 44. — Auf die Pflegschaft über einen Ausländer findet die in Anm. 1 b, 3 zu § 47 angeführte Vorschrift des Art. 23 des Einf.Ges.z.BGB. und, soweit es sich um Minderjährige handelt, auch das in Anm. 1 a daselbst erwähnte internationale Abkommen ebenfalls Anwendung.

§ 38.

Auf die Zuständigkeit für die Pflegschaft über einen Gebrechlichen finden die Vorschriften des § 36 Abs. 1, 2 und des § 37 Abs. 2 entsprechende Anwendung.

1. Die materiell-rechtliche Voraussetzung für den Paragraphen findet sich in § 1910 BGB.

a) Dieser § 1910 BGB. lautet:

Ein Volljähriger, der nicht unter Vormundschaft steht, kann einen Pfleger für seine Person und sein Vermögen erhalten, wenn er infolge körperlicher

Gebrechen, insbesondere weil er taub, blind oder stumm ist, seine Angelegenheiten nicht zu besorgen vermag.

Vermag ein Volljähriger, der nicht unter Vormundschaft steht, infolge geistiger oder körperlicher Gebrechen einzelne seiner Angelegenheiten oder einen bestimmten Kreis seiner Angelegenheiten, insbesondere seine Vermögensangelegenheiten, nicht zu besorgen, so kann er für diese Angelegenheiten einen Pfleger erhalten.

Die Pflegschaft darf nur mit Einwilligung des Gebrechlichen angeordnet werden, es sei denn, daß eine Verständigung mit ihm nicht möglich ist.

b) Der Abs. 1 des § 1910 BGB. bezieht sich nur auf körperlich Gebrechliche und für deren Person und Vermögen anzuordnende allgemeine Pflegschaften; wegen geistiger Gebrechen kann überhaupt eine allgemeine Pflegschaft nicht stattfinden, es muß vielmehr nach voraufgegangener Entmündigung Vormundschaft eintreten. Der Abs. 2 betrifft eine Pflegschaft, die sich auf einzelne Angelegenheiten oder einen bestimmten Kreis derselben beschränkt. Insoweit als es sich nur um eine solche handelt, kann sie sowohl wegen körperlicher als auch geistiger Gebrechen angeordnet werden; ist eine allgemeine Vertretung nötig, so muß für geistig Gebrechliche eine Vormundschaft und kann für körperlich Gebrechliche eine allgemeine Pflegschaft eintreten. Betreffs der Voraussetzung für die Einleitung der Pflegschaft ist zwischen völlig und teilweise geistig Gebrechlichen nicht unterschieden. KG. 4. September 1900 in Zus.d.RJAmts 1 S. 133; 18. November 1901 in Johow 23 S. A 16 Nr. 5; vgl. ZentrBl. 1 S. 559, Rechtspr. d.OLG. 1 S. 317 Nr. 197. Ebenso Harnier in DJZ. 5 S. 336 f.

Wenn nach Abs. 3 des § 1910 eine Pflegschaft nur mit Einwilligung des Gebrechlichen angeordnet werden darf, so ist dies mit der Einschränkung zu verstehen, daß, wenn ein Geisteskranker einen Pfleger erhalten soll, es der Einwilligung desselben nicht bedarf, weil sie rechtlich unmöglich ist. KG. in Johow 19 S. 47 (nach Jahrb.d.D.R. 2 § 1910 BGB. unter 5b).

2. Durch den Hinweis auf den § 37 Abs. 2 ist klargestellt, daß die Vorschrift auch auf Ausländer unter den in der angeführten Bestimmung erwähnten Voraussetzungen Anwendung finden soll.

§ 39.

Für die Pflegschaft über einen Abwesenden ist das Gericht zuständig, in dessen Bezirke der Abwesende seinen Wohnsitz hat.

Hat der Abwesende im Inlande keinen Wohnsitz, so finden die Vorschriften des § 36 Abs. 2 und des § 37 Abs. 2 entsprechende Anwendung.

---

1. Die Vorschrift des § 39 hat den § 1911 BGB. im Auge.

a) Dieser § 1911 BGB. lautet:

Ein abwesender Volljähriger, dessen Aufenthalt unbekannt ist, erhält für seine Vermögensangelegenheiten, soweit sie der Fürsorge bedürfen, einen Abwesenheitspfleger. Ein solcher Pfleger ist ihm insbesondere auch dann zu bestellen, wenn er durch Erteilung eines Auftrags oder einer Vollmacht Fürsorge

getroffen hat, aber Umstände eingetreten sind, die zum Widerrufe des Auftrags oder der Vollmacht Anlaß geben.

Das gleiche gilt von einem Abwesenden, dessen Aufenthalt bekannt, der aber an der Rückkehr und der Besorgung seiner Vermögensangelegenheiten verhindert ist.

b) Voraussetzungen für die Anordnung einer Abwesenheitspflegschaft sind danach: Abwesenheit, d. h. Abwesenheit vom Wohnsitze, Unbekanntheit des Aufenthalts und Bedürfnis der Fürsorge, Abs. 1, — oder: Abwesenheit bei Bekanntheit des Aufenthalts, aber Behindertsein an der Rückkehr und der Besorgung der Vermögensangelegenheiten, Abs. 2. Aus Abs. 1 Satz 2 und Abs. 2 des § 39 ergibt sich, daß ein Bedürfnis für die Anordnung einer Abwesenheitspflegschaft nicht vorliegt, wenn der Abwesende durch Auftrag oder Vollmacht Fürsorge getroffen hat oder zu treffen in der Lage ist. Welche Umstände geeignet sind, den Auftrag oder die Vollmacht zu widerrufen, hat das Gericht nach bestem Ermessen zu entscheiden; vornehmlich ist an den Fall zu denken, daß der Beauftragte oder Bevollmächtigte selbst wieder zur Besorgung der Angelegenheit außer stande ist. Selbstverständlich hat in solchen Fällen, in welchen ein Widerruf des Auftrags oder der Vollmacht angezeigt ist, der Widerruf selbst nicht durch das Vormundschaftsgericht, sondern in Gemäßheit des Prinzips der Selbständigkeit des Vormunds durch den bestellten Pfleger, als den gesetzlichen Vertreter des Abwesenden, zu erfolgen.

Die Voraussetzung für die Abwesenheitspflegschaft ist nur gegeben, wenn die Angelegenheiten des Abwesenden der Fürsorge bedürfen; sie ist nicht gegeben, wenn die Abwesenheitspflegschaft lediglich zur Durchführung fremder Interessen, namentlich eines Gläubigers, dienen soll. KG. 15. Januar 1900 in Johow 19 S. 45, 29. Oktober 1900 in Rechtspr.d.OLG. 2 S. 141 Nr. 80b, 30. Juni 1902, das. 5 S. 364 unter c. Der § 57 Ziff. 3 spricht nicht dagegen. A. M. Rausnitz § 39 Anm. 9.

Eine Abwesenheitspflegschaft ist nicht mehr einzuleiten, wenn der Abwesende für tot erklärt ist; KG. 30. Juni 1902 in Rechtspr.d.OLG. 5 S. 364 unter c.

Eine Abwesenheitspflegschaft hat nur für Volljährige statt; für minderjährige Abwesende genügt elterliche Gewalt oder Vormundschaft.

c) Inhalt der Abwesenheitspflegschaft ist die Fürsorge für Vermögensangelegenheiten; sie erstreckt sich also nicht auf Ehe- und Statussachen.

2. Hierher gehört auch die Güterpflege gemäß § 334 StrPO. und § 361 der Militär-StrGO., wonach ein Beschluß des Strafrichters, durch den in den zulässigen Fällen (§ 332 StrPO. bzw. § 360 Mil.StrGO.), das im Deutschen Reiche befindliche Vermögen eines Abwesenden mit Beschlag belegt werden kann, derjenigen Behörde mitzuteilen ist, welche für die Einleitung einer Vormundschaft über Abwesende zuständig ist; die letztere hat eine Güterpflege einzuleiten. Diese Güterpflege ist eine Abwesenheitspflegschaft (RG. 11 S. 188) mit dem Unterschied, daß auch der abwesende Minderjährige, selbst wenn er einen Vormund hat, einen Pfleger erhält. Vgl. Planck, BGB., § 1911 Anm. 8b. A. M. Silberschmidt im Arch.f.bürgerl.Recht 15 S. 135 (nach Jahrb.d.D.R. 1904 Bd. 2 zu § 1911 BGB. unter 4a). Die Güterpflege ist trotz bestehender Generalvollmacht einzuleiten und beizubehalten. OLG. Colmar 10. August 1901 in Rechtspr.d.OLG. 3 S. 250 Nr. 66.

3. Zu Abs. 1. Das Gericht, in dessen Bezirk der Abwesende seinen Wohnsitz — vgl. § 36 Anm. 2 — hat, ist zuständig, einerlei ob der Abwesende Inländer oder

Ausländer ist und ob das Bedürfnis der Fürsorge in diesem oder in einem anderen Bezirke hervortritt.

4. Zu **Abs.** 2 gilt das zu den dort angezogenen Stellen der §§ 36, 37 Gesagte auch hier, namentlich das über die Feststellung, daß der Abwesende keinen Wohnsitz habe, in Anm. 2 zu § 36 Bemerkte. Wegen Abwesenheitspflegschaft über einen Verschollenen vgl. ferner Bayer.O.LG. 22. Januar 1903 in Rechtspr.d.OLG. 6 S. 305 unter d. Hiernach führt die im § 39 vorgeschriebene entsprechende Anwendung des § 36 Abs. 2 zu dem Ergebnisse, daß zur Anordnung der Pflegschaft für einen nach Aufgebung des inländischen Wohnsitzes Verschollenen das Gericht des letzten inländischen Wohnsitzes zuständig ist, wenn der Verschollene bei dem Beginne der Verschollenheit ein Deutscher war.

Der Hinweis auf § 37 Abs. 2 zeigt, daß der ganze Paragraph auch für Ausländer gilt. Vgl. zu letzterem Punkte OLG. Karlsruhe 28. Dezember 1901 in Rechtspr.d.OLG. 4 S. 117 unter e und unten § 47. Vgl. ferner § 88 Anm. 1 Abs. 2.

5. Als entscheidender Zeitpunkt für die Anordnung der Pflegschaft hat derjenige zu gelten, zu welchem das Bedürfnis der Fürsorge hervortritt. Kenntnis der Notwendigkeit wird natürlich vorausgesetzt; vgl. § 49.

6. Wegen Beendigung bzw. Aufhebung der Abwesenheitspflegschaft vgl. § 1921 BGB.

7. Einen besonderen Fall der Abwesenheitspflegschaft — nämlich für das Auseinandersetzungsverfahren — behandelt § 88.

§ 40.

Für die Pflegschaft über eine Leibesfrucht ist das Gericht zuständig, welches für die Vormundschaft zuständig sein würde, falls das Kind zu der Zeit, zu welcher das Bedürfnis der Fürsorge hervortritt, geboren wäre.

---

1. Es kommt hier § 1912 BGB. in Betracht.

a) Dieser § 1912 BGB. lautet:

Eine Leibesfrucht erhält zur Wahrung ihrer künftigen Rechte, soweit diese einer Fürsorge bedürfen, einen Pfleger. Die Fürsorge steht jedoch dem Vater oder der Mutter zu, wenn das Kind, falls es bereits geboren wäre, unter elterlicher Gewalt stehen würde.

b) Es handelt sich hier im Gegensatz zu § 41 um die Pflegschaft über eine bereits erzeugte aber noch ungeborene Leibesfrucht (nasciturus), einerlei ob ehelich oder unehelich. Voraussetzung der Anordnung ist a) Vorhandensein einer Leibesfrucht, b) Schutzbedürfnis hinsichtlich der Wahrung ihrer zukünftigen Rechte, c) Fehlen der elterlichen Gewalt, falls das Kind schon jetzt geboren wäre. Unter den „künftigen Rechten" sind nur diejenigen zu verstehen, welche das Gesetz an anderen Stellen als solche anerkennt; der § 1912 BGB. hat in dieser Richtung keine Bedeutung. Zu diesen künftigen Rechten des nasciturus gehört z. B. nicht der Unterhaltsanspruch des unehelichen Kindes, wie er im § 1708 BGB. gegen den Vater gegeben ist; es kann daher zu dessen Verfolgung vor der Geburt, etwa im Wege des Arrests, ein Pfleger nicht bestellt werden. KG. 20. Mai 1901 in Zus.d.RJAmts 2 S. 116 f., Johow 22 S. A 30 Nr. 7, Rechtspr.d.OLG. 3 S. 427 unter d.

2. Für die **Zuständigkeit** ist § 36 maßgebend: es ist also zunächst das Gericht zuständig, in dessen Bezirke das Kind seinen Wohnsitz haben würde, falls es geboren wäre. Ob die Bestimmung des § 36 Abs. 1 Satz 2 zur Anwendung gelangen könne, ist streitig; dafür Schneider § 40 Anm. 2, dagegen Fuchs § 40 Anm. 2, Rausnitz § 40 Anm. 3. Es ist kein Grund ersichtlich, aus dem die Anwendung nicht statthaben könne.

3. Entscheidend für die Anordnung der Pflegschaft ist der **Zeitpunkt**, zu welchem das Bedürfnis der Fürsorge hervortritt.

4. Wegen **Beendigung** bzw. Aufhebung der Pflegschaft vgl. § 1918 Abs. 2 bzw. § 1919 BGB.

§ 41.

Wird im Falle des § 1913 des Bürgerlichen Gesetzbuchs die Anordnung einer Pflegschaft für den bei einer Angelegenheit Beteiligten erforderlich, so ist das Gericht zuständig, in dessen Bezirke das Bedürfnis der Fürsorge hervortritt.

---

1. Der in Bezug genommene § 1913 BGB. lautet:

Ist unbekannt oder ungewiß, wer bei einer Angelegenheit der Beteiligte ist, so kann dem Beteiligten für diese Angelegenheit, soweit eine Fürsorge erforderlich ist, ein Pfleger bestellt werden. Insbesondere kann einem Nacherben, der noch nicht erzeugt ist oder dessen Persönlichkeit erst durch ein künftiges Ereignis bestimmt wird, für die Zeit bis zum Eintritte der Nacherbfolge ein Pfleger bestellt werden.

2. Der hierher gehörige Hauptfall ist die Deszendenzpflegschaft, d. h. die Pflegschaft für eine zukünftige noch nicht erzeugte Deszendenz. Eine solche Pflegschaft ist nur zur Wahrung ausnahmsweise vom Gesetz anerkannter künftiger Rechte der Deszendenz zulässig; ganz allgemein ist sie nicht zulässig, so z. B. nicht zum Abschluß eines Kaufvertrags zugunsten der künftigen Deszendenz. KG. 15. Oktober 1900 in Johow 20 S. A 241 Nr. 63, Rechtspr.d.OLG. 2 S. 35 Nr. 20. Dagegen wohl zur Wahrung erbrechtlicher Ansprüche, KG. 11. Februar 1901 in Rechtspr.d.OLG. 2 S. 316 Nr. 138b.

3. Es muß ein nachgewiesenes Bedürfnis der Fürsorge vorliegen, auch für die Deszendenzpflegschaft; KG. 4. März 1901 in Rechtspr.d.OLG. 2 S. 346 Nr. 148. Es muß sich ferner um ein Interesse der unbekannten oder ungewissen Beteiligten handeln, nicht um die eines Dritten, etwa eines Gläubigers; KG. 8. Oktober 1900 in Rechtspr.d.OLG. 1 S. 385 Nr. 236, OLG. Rostock 15. Januar 1901, das. 2 S. 474, Nr. 184b.

4. Der § 1913 BGB. hat die Fürsorge für die Angelegenheiten einer noch nicht erzeugten Person nicht, wie im § 1912 Satz 2 die Wahrung der künftigen Rechte einer Leibesfrucht, dem Vater oder der Mutter übertragen, wenn die noch nicht erzeugte Person, falls sie bereits geboren wäre, unter elterlicher Gewalt stehen würde. Eine analoge Anwendung des § 1912 Satz 2 BGB. — vgl. bei § 40 — findet daher nicht statt. Bayer.OLG. 3. Januar 1902 in Zus.d.RJAmts 3 S. 6 ff.; ZentrBl. 2 S. 828.

5. Wegen des Begriffs „Beteiligter" vgl. § 6 Anm. 4a.

§ 42.

Für die Pflegschaft zum Zwecke der Verwaltung und Verwendung eines durch öffentliche Sammlung zusammengebrachten Vermögens ist das Gericht des Ortes zuständig, an welchem bisher die Verwaltung geführt wurde.

---

1. Der in Betracht kommende § 1914 BGB. lautet:

Ist durch öffentliche Sammlung Vermögen für einen vorübergehenden Zweck zusammengebracht worden, so kann zum Zwecke der Verwaltung und Verwendung des Vermögens ein Pfleger bestellt werden, wenn die zu der Verwaltung und Verwendung berufenen Personen weggefallen sind.

2. Ob der Fall des § 1914 BGB., daß die zur Verwaltung und Verwendung berufenen Personen weggefallen sind, bereits eingetreten ist, wenn von mehreren Berufenen einer weggefallen ist, ist nach Lage des Einzelfalles zu beurteilen.

Grobe Pflichtverletzungen der Verwalter begründen den Fall der Pflegschaft nach § 1914 BGB. nicht; dagegen ist nicht ausgeschlossen, daß die Anordnung einer Pflegschaft nach § 1913 BGB. (vgl. § 41) für die unbekannten Beteiligten, welche Beiträge geleistet haben, behufs Wahrung ihrer Regreßansprüche in Frage kommen kann. Schultheis, der deutsche Vormundschaftsrichter, S. 227 Anm. 12 (nach Jahrb.d.D.R. 1. Jahrg. Bd. 2 Anm. 4 zu § 1914 BGB.

§ 43.

Die Zuständigkeit für eine Verrichtung des Vormundschaftsgerichts, die nicht eine Vormundschaft oder eine Pflegschaft betrifft, bestimmt sich, soweit sich nicht aus dem Gesetz ein anderes ergibt, nach den Vorschriften des § 36 Abs. 1, 2; maßgebend ist für jede einzelne Angelegenheit der Zeitpunkt, in welchem das Gericht mit ihr befaßt wird.

Ist für die Person, in Ansehung deren die Verrichtung des Vormundschaftsgerichts erforderlich wird, eine Vormundschaft oder eine Pflegschaft anhängig oder ist der Mutter, unter deren elterlicher Gewalt sie steht, ein Beistand bestellt, so ist das Gericht zuständig, bei welchem die Vormundschaft, Pflegschaft oder Beistandschaft anhängig ist.

---

1. Die **§§ 43 und 44** enthalten Bestimmungen über die örtliche Zuständigkeit für solche Verrichtungen des Vormundschaftsgerichts, die nicht eine Vormundschaft oder Pflegschaft betreffen. Eine begriffliche Zusammenfassung derselben ist nicht angängig; es handelt sich in der Hauptsache um Verrichtungen obervormundschaftlicher Art, die das Gesetz auch bei bestehender elterlicher Gewalt erfordert, u. zw. zahlreicher erfordert als das frühere Recht, da der vormundschaftliche Charakter der elterlichen Gewalt nach dem BGB. stärker als im früheren Rechte hervortritt. Hierher gehört die nach den Vorschriften über das Elternrecht erforderliche Tätigkeit des Vormundschaftsgerichts insbesondere in Ansehung eines Rechtsgeschäfts, das der Inhaber der elterlichen Gewalt für das Kind abgeschlossen hat, und in bezug auf die Sicherung des geistigen und leiblichen Wohls oder des Vermögens des Kindes, soweit dies durch den Inhaber der elterlichen Gewalt gefährdet wird. Es gehört hierher in den Fällen, in denen für die Mutter als Inhaberin der elterlichen Gewalt ein Beistand erfordert wird, die Bestellung und Beaufsichtigung des Beistandes; ferner im Falle der Verweigerung der elterlichen Einwilligung zur Eheschließung deren Ersetzung. Im einzelnen s. die §§ 3, 112, 113, 1308, 1314, 1484, 1491, 1492, 1493, 1595, 1612, 1629, 1630, 1631, 1635 bis 1637, 1639, 1640, 1642 bis 1645, 1647, 1653, 1662, 1665 bis 1673, 1677, 1685 bis 1695, 1714, 1727, 1728, 1729, 1740, 1750, 1751, 1760, 1761, 1846, 2282, 2347 BGB. — Hierher gehört ferner die Tätigkeit des Vormundschaftsgerichts in Ansehung der Anordnung der Zwangserziehung außer den Fällen der §§ 1666, 1838 BGB. in Gemäßheit des Art. 135 Einf.Ges.z.BGB. Sodann die Verrichtungen in Ansehung der Genehmigung zur Entlassung eines Staatsangehörigen, der unter elterlicher Gewalt oder Vormundschaft steht, aus der Staatsangehörigkeit; § 14a Ges. über die Erwerbung und den Verlust der Bundes- und Staatsangehörigkeit v. 1. Juni 1870 bzw. Art. 41 Ziff. II Einf.Ges.z.BGB. —

Wegen etwaiger Zweifel über die sachliche Zuständigkeit in einzelnen Streitfällen, z. B. denen nach § 1635 BGB., sei nochmals auf die Vorbemerkung zu diesem Abschnitt unter 3 hingewiesen.

Der § 43 gibt die allgemeine Regel über die örtliche Zuständigkeit in diesen Fällen an, § 44 sieht für mehrere Fälle im Interesse einer prompten Rechtspflege eine konkurrierende Zuständigkeit eines anderen als des regelmäßig berufenen Gerichts vor.

2. Der § 43 spricht in **Abs. 1** die Regel aus, daß auch in allen diesen Angelegenheiten gemäß § 36 Abs. 1, 2 der Wohnsitz des Kindes, der in der Regel zugleich der Wohnsitz des Inhabers der elterlichen Gewalt sein wird, für die Zuständigkeit entscheidend sein soll.

3. Der **Abs. 2** enthält eine durchaus praktische Ausnahme von der Regel des Abs. 1. Ist eine Vormundschaft, Pflegschaft oder Beistandschaft bereits anhängig, so soll das für diese zuständige Gericht auch für die Verrichtung zuständig sein, die sonstwie in einer Angelegenheit der bevormundeten 2c. Person erforderlich wird. Es ist also zunächst festzustellen, ob eine solche Vormundschaft 2c. besteht. Dabei kommt es aber nicht etwa auf das Bestehen einer die Sorge für die Person des Mündels betreffenden Pflegschaft an; der § 43 Abs. 2 setzt vielmehr nur das Bestehen einer Pflegschaft irgend welcher Art voraus. KG. 18. Januar 1904 in Johow 27 S. A 161 Nr. 45.

Besonderer Erwähnung ist hier neben- und gleichberechtigt mit der Vormundschaft und Pflegschaft auch der Beistandschaft getan. Die Zuständigkeit für Bestellung und Beaufsichtigung der Beistandschaft richtet sich zunächst nach der Regel des Abs. 1: ist dann die Beistandschaft bestellt, so greift für sie gemäß Abs. 2 das gleiche Platz, wie für die Vormundschaft und Pflegschaft, daß nämlich das Gericht, welches die Beistandschaft angeordnet hat, für alle weiteren Verfügungen, welche durch die Beistandschaft erforderlich werden, zuständig bleibt, z. B. für die Entscheidung, ob der Mutter die Sorge für die Person des Kindes entzogen werden soll (§§ 1666, 1686 BGB.). Der Grund liegt darin, daß es sich bei der Beistandschaft nicht um eine Reihe getrennter Verrichtungen, sondern wie bei der Vormundschaft und Pflegschaft um eine andauernde und einheitliche Tätigkeit des Gerichts handelt (§§ 1687 ff. BGB.). Denkschr. S. 45. — Vgl. RG. 30. Juli 1900 in ZentrBl. 1 S. 292 Nr. 84 wegen Beurteilung der Zuständigkeit nach § 43 für Erteilung eines Zeugnisses nach § 1314 BGB.

4. Maßgebend für die Zuständigkeit in jeder einzelnen Angelegenheit soll der Zeitpunkt sein, in welchem das Gericht mit der Angelegenheit „befaßt" wird. Das geschieht bei Antragssachen schon mit dem Eingang des Antrags, sonst wenn das Gericht Kenntnis von Umständen erhält, die sein Einschreiten von Amts wegen veranlassen müssen. Vgl. § 4 Anm. 3. Im übrigen gilt hier entsprechend, was in Anm. 2c zu § 36 gesagt ist. Hat einmal ein Vormundschaftsgericht auf Grund des § 43 eine Tätigkeit entfaltet, dann bleibt es für die Erledigung der Angelegenheit auch weiterhin zuständig; hat z. B. das Vormundschaftsgericht Einleitung zu einem Verfahren getroffen, dem Vater die Vertretung des Kindes zu entziehen (§ 1630 BGB.), so bleibt es zuständig, auch wenn nunmehr der Vater durch eine Änderung seines Wohnsitzes auch den des Kindes verlegt. — Selbstverständlich steht nichts im Wege, aus wichtigen Gründen die Angelegenheit an ein anderes Gericht abzugeben, worüber § 46. Vgl. dort namentlich KG. 8. Dezember 1902 in Johow 25 S. A 190 Nr. 50.

§ 44.

Für die in den §§ 1665, 1846 des Bürgerlichen Gesetzbuchs und im Artikel 23 Abs. 2 des Einführungsgesetzes zum Bürgerlichen Gesetzbuche bezeichneten Maßregeln ist auch das Gericht zuständig, in dessen Bezirke das Bedürfnis der Fürsorge hervortritt. Das Gericht soll, wenn eine Vormundschaft, Pflegschaft oder Beistandschaft anhängig ist, von den angeordneten Maßregeln dem nach § 43 Abs. 2 zuständigen Gerichte Mitteilung machen.

---

1. Die angeführten gesetzlichen Bestimmungen lauten:

§ 1665 BGB. Ist der Vater verhindert, die elterliche Gewalt auszuüben, so hat das Vormundschaftsgericht, sofern nicht die elterliche Gewalt nach § 1685 von der Mutter ausgeübt wird, die im Interesse des Kindes erforderlichen Maßregeln zu treffen.

§ 1846 BGB. Ist ein Vormund noch nicht bestellt oder ist der Vormund an der Erfüllung seiner Pflichten verhindert, so hat das Vormundschaftsgericht die im Interesse des Mündels erforderlichen Maßregeln zu treffen.

Art. 23 Einf.Ges.z.BGB. Eine Vormundschaft oder eine Pflegschaft kann im Inland auch über einen Ausländer, sofern der Staat, dem er angehört, die Fürsorge nicht übernimmt, angeordnet werden, wenn der Ausländer nach den Gesetzen dieses Staates der Fürsorge bedarf oder im Inland entmündigt ist.

Das deutsche Vormundschaftsgericht kann vorläufige Maßregeln treffen, solange eine Vormundschaft oder Pflegschaft nicht angeordnet ist.

2. Die hier vorgesehene Zuständigkeit ist keine ausschließliche, auch keine subsidiäre, vielmehr eine mit der aus § 43 konkurrierende („auch" zuständig). Neben § 44 bleiben die Zuständigkeitsregeln des § 43, und soweit die zu treffende Maßregel in der Anordnung einer Pflegschaft besteht, die für die Pflegschaft geltenden Zuständigkeitsvorschriften anwendbar. Jedes der zuständigen Gerichte hat selbständig nach Maßgabe der §§ 1665, 1846 BGB., Art. 23 Einf.Ges.z.BGB. zu ermessen, ob es eine Maßregel zu treffen hat oder nicht. Hier scheint im Gegensatz zu § 43 (vgl. Anm. 3 daselbst) die vorherige Ermittlung über das Bestehen einer Vormundschaft rc.

nicht gerechtfertigt, wie sich aus der Anzeigepflicht (§ 44 Satz 2) ergibt. Eventuell kommen §§ 4, 5 zur Anwendung. Fuchs § 44 Anm. 3.

3. Wegen der Ausländer vgl. § 47.

§ 45.

Wird in einer Angelegenheit, welche die persönlichen Rechtsbeziehungen der Ehegatten zueinander oder das eheliche Güterrecht betrifft, eine Verrichtung des Vormundschaftsgerichts erforderlich, so ist das Gericht zuständig, in dessen Bezirke der Mann seinen Wohnsitz oder in Ermanglung eines inländischen Wohnsitzes seinen Aufenthalt hat.

Ist der Mann ein Deutscher und hat er im Inlande weder Wohnsitz noch Aufenthalt, so finden die Vorschriften des § 36 Abs. 2 entsprechende Anwendung.

Hat der Mann die Reichsangehörigkeit verloren, die Frau sie aber behalten, so ist, wenn der Mann im Inlande weder Wohnsitz noch Aufenthalt hat, das Gericht zuständig, in dessen Bezirke die Frau ihren Wohnsitz oder in Ermanglung eines inländischen Wohnsitzes ihren Aufenthalt hat; hat sie im Inlande weder Wohnsitz noch Aufenthalt, so finden die Vorschriften des § 36 Abs. 2 entsprechende Anwendung.

Für die Zuständigkeit ist in Ansehung jeder einzelnen Angelegenheit der Zeitpunkt maßgebend, in welchem das Gericht mit ihr befaßt wird.

---

1. In den Angelegenheiten, für welche der § 45 die Zuständigkeit regelt, handelt es sich im wesentlichen um die Befugnis, der Frau die ihr von dem Manne entzogene Schlüsselgewalt wiederzugeben, sowie um die Befugnis, die Zustimmung des einen Ehegatten zu Rechtsgeschäften des anderen Ehegatten zu ersetzen; zu vgl. § 1336 Abs. 2, § 1337 Abs. 1 Satz 2, § 1357 Abs. 2, § 1358 Abs. 1, §§ 1379, 1402, § 1437 Abs. 2, §§ 1447, 1451, § 1508 Abs. 2, § 1519 Abs. 2, § 1549 BGB., Art. 14, 15 Einf.Ges z.BGB. — Soweit es sich um Fälle aus dem ehelichen Güterrecht handelt, herrscht in betreff einiger Meinungsverschiedenheit darüber, ob die Zuständigkeit sich nach § 45 oder nach § 43 bzw. § 36 zu richten habe. Jastrow, § 45 Anm. 2, vertritt die Ansicht, daß hierher, unter § 45, nur Verrichtungen innerhalb des bestehenden Güterrechts zu rechnen seien, daß dagegen die bei Neubegründung oder Veränderung von Güterrechtsverhältnissen erforderliche vormundschaftsgerichtliche Genehmigung den Zuständigkeitsregeln der §§ 36, 43 folge. So auch Birkenbihl § 45 Anm. 1 a. E. A. M. Fuchs § 45 Anm. 1. Dorner, § 45 Anm. 2, rechnet wieder die Fälle der §§ 1314, 1484, 1487, § 1491 Abs. 3, § 1492 Abs. 3, §§ 1493, 1669 BGB. hierher, während Rausnitz, § 45 Anm. 1, sie unter § 43 zählt. M. E. ist ausschlaggebend der Umstand, ob Ehegatten die Beteiligten sind oder nicht. Handelt es sich nicht um solche, sondern etwa um einen überlebenden Ehegatten und Abkömmlinge, so greift nicht § 45, sondern § 43 oder § 36 Platz. Überall spricht der § 45 nur von dem Manne oder der Frau. Das Reichsgericht, 30. Juli 1900, — vgl. ZentrBl. 1 S. 292 Nr. 84 — beurteilt z. B. die Zuständigkeit für die Ausstellung eines Zeugnisses nach § 1314 BGB. nach § 43. — Vgl. im allgemeinen hierzu Jastrow, die Verrichtungen des Vormundschaftsgerichts bei güterrechtlichen Streitigkeiten unter Eheleuten, in ZfDZPr. 25 S. 128 ff.

2. In **Abs. 1** wird die Regel nach dem die ganze Zuständigkeitsfrage in Vormundschaftssachen beherrschenden Gesichtspunkte des Wohnsitzes formuliert; nach dem Grundsatze, daß in der Ehe die Frau dem Manne zu folgen habe, wird der Wohnsitz bzw. Aufenthalt des letzteren für maßgebend erklärt; das selbst dann, wenn die Frau nach § 10 Abs. 2 BGB. einen selbständigen inländischen Wohnsitz hat. Fuchs § 45 Anm. 2. In Ermanglung eines Wohnsitzes heißt hier ebenfalls soviel wie bei nicht ermitteltem Wohnsitz; vgl. § 36 Anm. 2b.

3. Der **Abs. 2** regelt einen Ausnahmefall. Hier soll also, wenn die Voraussetzungen zutreffen — vgl. Anm. 6 — das Gericht durch die Landesjustizverwaltung event. durch den Reichskanzler bestimmt werden. Vgl. § 36 Anm. 4. Der letzte inländische Wohnsitz des Mannes entscheidet auch hier, selbst wenn die Frau seinen Wohnsitz nicht teilt und nach § 10 Abs. 1 BGB. einen selbständigen Wohnsitz im Inlande hat. Fuchs § 45 Anm. 2, Schneider § 45 Anm. 6.

4. Zu **Abs. 3.** Hier wird ebenfalls ein Ausnahmefall behandelt. Die Reichsangehörigkeit erlischt durch den Verlust der Staatsangehörigkeit. Die Staatsangehörigkeit geht verloren a) durch Entlassung auf Antrag, b) durch Ausspruch der Behörde, c) durch zehnjährigen Aufenthalt im Auslande, d) bei unehelichen Kindern durch eine den gesetzlichen Bestimmungen gemäß erfolgte Legitimation, wenn der Vater einem anderen Staate angehört als die Mutter, e) bei einer Reichsangehörigen durch Verheiratung mit dem Angehörigen eines anderen Bundesstaates oder mit einem Ausländer (§§ 1, 13 Ges. betr. die Erwerbung und den Verlust der (Bundes-) Reichs- und Staatsangehörigkeit vom 1. Juni 1870). Der Fall des Abs. 3 kann namentlich auch eintreten in den Fällen zu a, wenn für die Ehefrau eine Ausnahme bei der Entlassung gemacht ist, bzw. zu b, sowie zu c, wenn die Frau sich nicht bei dem Ehemann im Auslande befunden hat (§§ 19, 20, 21 a. a. O.).

Der Fall, daß der Mann Ausländer ist und im Inlande weder Wohnsitz noch Aufenthalt hat, ist absichtlich nicht berücksichtigt (vgl. dazu Art. 23 Einf.Ges.z.BGB.), sondern es ist nur auf die reichsangehörig gebliebene Frau Rücksicht genommen; dadurch rechtfertigt sich auch, daß deren Verhältnisse maßgebend für die Vorschrift erachtet worden sind. Denkschrift S. 46.

5. Zu **Abs. 4.** Wegen des Ausdrucks „mit einer Angelegenheit befaßt sein" vgl. § 43 Anm. 4. Ist das zuständige Gericht einmal mit der Angelegenheit befaßt, so bleibt diese bei ihm anhängig, es sei denn, daß die Abgabe der Angelegenheit an ein anderes Vormundschaftsgericht stattfände. Vgl. § 46 Anm. 2.

6. Begriff, Begründung und Aufhebung des Wohnsitzes: siehe die §§ 7 bis 11 BGB. In betreff der Feststellung, ob der Mann eines Wohnsitzes ermangelt, vgl. § 36 Anm. 2b.

§ 46.

Das Vormundschaftsgericht kann die Vormundschaft aus wichtigen Gründen an ein anderes Vormundschaftsgericht abgeben, wenn sich dieses zur Übernahme der Vormundschaft bereit erklärt; nach der Bestellung des Vormundes ist jedoch dessen Zustimmung erforderlich.

Einigen sich die Gerichte nicht oder verweigert der Vormund oder, wenn mehrere Vormünder die Vormundschaft gemeinschaftlich führen,

einer von ihnen seine Zustimmung, so entscheidet das gemeinschaftliche obere Gericht. Eine Anfechtung der Entscheidung findet nicht statt.

Diese Vorschriften finden auf die Pflegschaft und die im § 43 bezeichneten Angelegenheiten entsprechende Anwendung.

---

1. Im allgemeinen besteht der Grundsatz, daß, wenn einmal die Zuständigkeit eines Gerichts begründet ist, sie durch den späteren Wegfall der Umstände, auf denen sie beruht, nicht berührt wird. Vgl. § 36 Anm. 2c. Es bedarf vielmehr zu einem Wechsel der Obervormundschaft einer besonderen Verfügung, durch welche die Vormundschaft an ein anderes Gericht abgegeben wird. Diese Regelung vermeidet die Nachteile, die eine Änderung der Obervormundschaft sowie der damit oft verbundene Eintritt eines neuen Vormunds für die Stetigkeit der Verwaltung mit sich bringt. Was in dieser Beziehung der § 46 bestimmt, war im allgemeinen bereits für Preußen geltendes Recht; nur weicht er hiervon insoweit ab, als er die Entscheidungen gemäß Abs. 2 nicht dem Oberlandesgerichte bzw. dem Justizminister (§ 9 der Preuß. Vormundschaftsordnung) überträgt, sondern die im § 5 für die Entscheidungen von Streitigkeiten über die örtliche Zuständigkeit gegebenen Vorschriften zur Anwendung bringt. Das auch für den Fall, daß landesgesetzlich andere als gerichtliche Behörden für die Vormundschaft zuständig sind, § 194 Abs. 2. — Anders im Falle des § 47.

2. Es können abgegeben werden sowohl Vormundschaften (Abs. 1), als auch Pflegschaften und Angelegenheiten der in § 43 bezeichneten Art (Abs. 3), und damit auch Geschäfte, wie sie §§ 44, 45 im Auge haben. Die abzugebende Vormundschaft bzw. Pflegschaft muß bereits angeordnet sein (§ 1774 BGB.) bzw. vor der Abgabe angeordnet werden. Bayer.OLG 20. Februar 1900 und OLG. Karlsruhe 4. Oktober 1900 (nach Soergel 1900/01 S. 622 unter 9). A. M. Fuchs § 46 Anm. 2a. Der Vormund bzw. Pfleger braucht indessen noch nicht bestellt zu sein; argum. e contr. aus Abs. 1 Halbsatz 2, vgl. Anm. 3c. Über das Verhältnis von Anordnung der Vormundschaft und Bestellung des Vormunds vgl. OLG. Karlsruhe a. a. O. und OLG. Colmar 11. August 1900 im ZentrBl. 1 S. 549 Nr. 324. Keinenfalls kann aber eine Angelegenheit im voraus abgegeben werden, ehe das an sich zuständige Gericht mit ihr befaßt worden ist, vielmehr nur von Fall zu Fall erfolgen, nachdem die Angelegenheit an das zuständige Vormundschaftsgericht gebracht ist. KG. 8. Dezember 1902 in Johow 25 S. A 190 Nr. 50.

3. Die Voraussetzungen für die Abgabe sind folgende:

a) es muß ein wichtiger Grund für die Abgabe sprechen. Was ein solch wichtiger Grund ist, hat das Gericht pflichtgemäß zu ermessen. Soweit es sich um Vormundschaften und Pflegschaften handelt, steht das Interesse des Mündels im Vordergrunde und dabei geht die Fürsorge für die Person der für das Vermögen vor. RG. 20. April 1900 im ZentrBl. 2 S. 425. Aber auch das Interesse des Vormunds oder die größere Zweckmäßigkeit, Einfachheit, geringere Kostspieligkeit der Geschäftsführung durch Vormund oder Vormundschaftsgericht können in Betracht gezogen werden und, falls sie überwiegend sind, ausschlaggebend sein. Bayer.OLG. 3. Dezember 1900 im „Recht“ 5 S. 208 Nr. 689, 20. Februar 1901 in Rechtspr.d.OLG. 2 S. 261 Nr. 127b, 17. November 1902 (nach Soergel 1903 S. 545 unter § 46 Ziffer 2). Zahlreiche Entscheidungen sprechen sich dafür aus, daß Wohnsitz oder Aufenthalt des Mündels oder Vormunds oder der Mündelmutter allein, oder der Wechsel, oder die mangelnde Garantie für die Stabilität in dieser Beziehung allein nicht ausreichen, um einen wichtigen Grund im Sinne des § 46 Abs. 1 abzugeben. Bayer.O.LG. 10. März, 3. Dezember 1900, 5. Februar, 29. April 1901 (nach Soergel 1900/01 S. 622 unter m bis p), 17. Februar 1902 (daselbst 1902 S. 472 unter § 46 Ziff. 3), 26. Januar 1903 (daselbst 1903 S. 545 unter § 46 Ziff. 5). Ferner OLG. Jena 24. März 1900 in Rechtspr.d.OLG. 1 S. 120 Nr. 66. Hier ist richtig ausgeführt, daß die Meinung nicht berechtigt sei, ein Gericht vermöge die Obliegenheiten des Vormundschaftsgerichts nicht zu erfüllen, wenn der Mündel in einem anderen Gerichtsbezirke wohne oder sich aufhalte. Schon aus § 36 ergebe sich, daß der Gesetzgeber sie nicht teile. Es müssen also besondere Umstände noch hinzukommen. — Andererseits ist als wichtiger Grund der Aufenthaltswechsel der Mutter betrachtet worden, wenn sich Anhaltspunkte dafür ergaben, daß der Aufenthalt ein dauernder sein würde, vom KG. 21. Mai 1902, im „Recht" 6 S. 373 Nr. 790. Es findet sich auch ausgesprochen, daß die Vormundschaft am zweckmäßigsten und einfachsten bei jenem Gericht geführt werde, in dessen Bezirke Mündel und Vormund ihren Aufenthalt und Wohnsitz haben. Bayer.O.LG. 22. August 1901, 11. November 1902 (nach Soergel 1902 S. 472, 1903 S. 545). — Kein wichtiger Grund, wenn sich der Mündel in einem anderen Bezirke mehrere Jahre in der Lehre oder in einer Heilanstalt befindet. OLG. Rostock 5. November 1900, OLG. Karlsruhe 13. Mai 1901 (nach Warneyer 1 S. 273 unter § 46 Ziff. 8, 9). Letztere Entscheidung s. auch Rechtspr.d.OLG. 2 S. 443 Nr. 174 b.

Als wichtiger Grund ist z. B. die Pflegebedürftigkeit des Mündels durch die uneheliche Mutter angesehen worden. OLG. Stuttgart 22. Dezember 1902 (nach Warneyer 2 S. 470 unter § 46 Nr. 2). Einen weiteren wichtigen Grund vgl. § 36 Anm. 3.

Dagegen kann der Umstand, daß der an sich zuständige Richter von der Ausübung des Richteramts ausgeschlossen ist oder daß derselbe wegen Befangenheit sich der Ausübung seines Amtes enthält, nicht als wichtiger Grund im Sinne des § 46 gelten. In solchen Fällen liegt eine rechtliche Verhinderung des Richters an der Ausübung seines Amtes vor, wobei der § 5 Satz 2 eingreift.

Die Feststellung der Umstände, welche die Abgabe rechtfertigen sollen, ist Sache des Gerichts, welches abzugeben beabsichtigt.

b) Es muß das Vormundschaftsgericht, an welches abgegeben werden soll, sich bereit erklären. Die Ablehnung der Übernahme steht aber nicht in der reinen Willkür des angegangenen Gerichts; es muß die Gründe für die Abgabe in pflichtmäßige Erwägung nehmen. Es kann z. B. die Übernahme einer Vormundschaft nicht mit der Begründung ablehnen, daß der bestellte Vormund nicht zur Führung des Amtes geeignet erscheine. RG. 20. April 1901 im ZentrBl. 2 S. 425 Nr. 119. Es kann sie auch nicht von der vorherigen Enthebung des entfernt wohnenden Vormunds durch das bisherige Gericht abhängig machen. Bayer.O.LG. 7. Oktober 1902 und 15. April 1903 (nach Soergel 1903 S. 545 unter § 46 Ziffer 1). Es muß auch von der Tatsache ausgehen, daß die Vormundschaft oder Pflegschaft bei dem abgebenden Gericht anhängig ist und hat nicht zu prüfen, ob die Voraussetzungen für die Anordnung bestehen. Bayer.O.LG. 20. April 1903 (nach Soergel 1903 S. 545 unter § 46 Ziff. 4). Dagegen kann es wohl verlangen, daß, bevor es um seine Bereiterklärung angegangen wird, die Voraussetzungen für die Abgabe von dem abgebenden Gerichte klargestellt werden; vgl. Anm. a a. E. und c. —

c) Sofern ein Vormund oder Pfleger bereits bestellt ist (vgl. dazu Anm. 2), ist dessen Zustimmung erforderlich; die bloße Anhörung des Vormunds oder Pflegers genügt nicht. Diese Zustimmung einzuholen, liegt dem Gericht ob, welches abzugeben beabsichtigt: erst nach Einholung der Zustimmung kann das Gericht der Abgabe näher treten. Bayer.O.LG. 18. April 1900 und 4. Juli 1900 (nach Soergel 1900/01 S. 620 unter § 46 b und d). Daß aber auch beim Ableben eines Vormunds zunächst ein neuer Vormund bestellt und auch dessen Zustimmung eingeholt werden müsse, ehe eine Überweisung einer Vormundschaft an ein anderes Gericht statthaben könne — Bayer.O.LG. 4. Juli 1900 in Seuff.Bl.f.RA. 65 S. 523 (nach Soergel 1900/01 S. 622 unter r) — ist mit Rücksicht darauf, daß schon vor Bestellung eines Vormunds die Vormundschaft abgegeben werden kann (Anm. 2), nicht als richtig anzuerkennen. Die Ansicht wäre nur gerechtfertigt, wenn das Erfordernis der Zustimmung des Vormunds allein zur Wahrung der Mündelinteressen aufgestellt wäre. das ist aber nicht anzunehmen. Aus den Materialien des Gesetzes ergibt sich nichts über diesen Punkt. Die Vorschrift ist aber wohl, wie Birkenbihl, § 46 Anm. 4c, bemerkt, mit Rücksicht darauf getroffen, daß die Abgabe der Vormundschaft an ein anderes Gericht für den bereits ernannten Vormund eine Erschwerung der Vormundschaftsführung gegenüber dem bestehenden Zustande bedeuten könnte, der gegenüber ihm ein Ablehnungsrecht zugestanden hätte bzw. ein Entlassungsanspruch zusteht (§ 1786 Ziff. 5, § 1889 BGB.) — Die Frage der Abgabe und Übernahme der Vormundschaft ist zunächst unabhängig von den persönlichen Verhältnissen und dem Wohnorte des Vormundes zu beantworten; erst wenn — weil vom Standpunkte des Interesses des Mündels aus gerechtfertigt — die Abgabe an das andere Gericht erfolgt ist, hat letzteres zu prüfen und zu entscheiden, sei es infolge Antrages des Vormunds auf Entlassung (§ 1786 Ziff. 5, § 1889 BGB.), sei es ohne solche Anregung von Amts wegen, ob die Bestellung eines anderen Vormunds veranlaßt ist. Bayer.O.LG. 10. April 1901 in Rechtspr.d.OLG. 2 S. 443 Nr. 174b.

Die Zustimmung des Vormunds bzw. Pflegers braucht keine ausdrückliche und formelle zu sein; es genügt, daß er nicht widerspricht. Noch weniger bedarf es eines Antrags des Vormunds auf Abgabe bzw. Übernahme. Bayer.O.LG. 11. März 1901 (nach Soergel 1900/01 S. 620 unter § 46 bei c). Es erscheint indessen sehr unpraktisch, ohne vorherige Anhörung des Vormunds zu verfahren; vgl. Anm. 4.

Dem Falle, daß nur ein Vormund ernannt ist, steht derjenige gleich, daß mehrere Vormünder mit verschiedenen Wirkungskreisen ernannt sind (§ 1797 Abs. 2 BGB.). Jeder muß für sich zustimmen. Birkenbihl § 46 Anm. 4c, Fuchs § 46 Anm. 2e, Keidel S. 47, 48.

4. **Zu Abs. 2.** Mangels Einigung der beteiligten Faktoren soll das gemeinschaftliche obere Gericht entscheiden. Welches Gericht darunter zu verstehen ist, vgl. § 5 Anm. 1c. Nach dem Wortlaute des Abs. 1 sollte man annehmen, es müsse die Initiative zum Wechsel des Vormundschaftsgerichts stets von demjenigen Gericht ausgehen, welches die Vormundschaft usw. „abgeben" will. Das ist indessen nicht der Fall; auch das Gericht, an welches die Vormundschaft übergehen soll, kann die Abgabe anregen. Es ist nun einerlei, von welcher Seite das Verlangen auf die Abgabe gestellt wird, das obere Gericht kann erst angerufen werden, nachdem das eine Vormundschaftsgericht das andere darüber gehört hat, ob es zu dem Wechsel bereit sei und letzteres sich darüber geäußert hat. Bayer.O.LG. 17. Juni 1903 (nach Soergel 1903 S. 545 unter § 46 Ziff. 6). Ist ein Vormund bestellt, so muß auch

er vorher gehört sein, sonst kann das obere Gericht nur unter dem event. Vorbehalt seiner Zustimmung für die Abgabe entscheiden. Wenn aber weiter das Bayer.O.LG. (8. Januar 1902 in der Samml. d. Entsch. d. Bayer.O.LG. 3 S. 13, nach Soergel 1902 S. 472 unter § 46 Ziff. 4) ausgesprochen hat, eine Entscheidung des gemeinschaftlichen oberen Gerichts gemäß § 46 könne nicht erfolgen (d. h. doch wohl „überhaupt nicht statthaben"), wenn die Gerichte über die Abgabe und Übernahme der Vormundschaft sich nicht einigen und der Vormund seine Zustimmung zur Abgabe verweigert, — so kann dem nicht zugestimmt werden. Es ist nicht einzusehen, warum nicht auch bei dem Zusammentreffen von Dissens der Gerichte und Weigerung des Vormunds in den Wechsel eine Entscheidung im Sinne eines der drei Faktoren sollte ergehen können; der Wortlaut des Abs. 2 schließt die Zulässigkeit der Entscheidung nicht aus. Vgl. noch Bayer.O.LG. 22. und 29. April 1901 a. a. O. 2 S. 223 und 245 (nach Soergel 1900/01 S. 622 unter s), wo auch jene Ansicht vertreten zu sein scheint. — Herrscht Meinungsverschiedenheit zwischen mehreren Vormündern, die eine Vormundschaft gemeinschaftlich führen, so soll, entgegen der Regel (§ 1797 Abs. 1 BGB.), sofort das gemeinschaftliche obere Gericht entscheiden; das Vormundschaftsgericht ist gewissermaßen Partei.

Es ist zunächst Sache der beteiligten Gerichte, die Entscheidung des gemeinschaftlichen oberen Gerichts herbeizuführen und letzteres kann auch auf Grund des § 46 Abs. 2 die Entscheidung dann treffen, wenn es, etwa irrigerweise, auf Grund des § 5 angerufen worden wäre. Vgl. § 5 Anm. 1b. Es kann aber auch der Vormund, Pfleger und jeder Beteiligte, ja zufolge des Offizialprinzips — vgl. § 12 Anm. 1 und 2a — jedermann die Anregung zur Beschlußfassung der Vormundschaftsgerichte und dadurch bei etwa sich herausstellendem Dissens der letzteren den Anstoß zum weiteren Verfahren geben. Ergibt sich keine Meinungsverschiedenheit der in Betracht kommenden Vormundschaftsgerichte unter sich bzw. mit dem Vormunde gemäß Abs. 2, so ist es auch unmöglich, das gemeinschaftliche obere Gericht zu einer Entscheidung zu veranlassen. Deswegen kann unter solchen Voraussetzungen auch der Mündel nicht sein Verlangen nach dem Wechsel des Vormundschaftsgerichts auf dem hier bezeichneten Wege durchsetzen. Und ebensowenig kann dies der Vormund, wenn die Vormundschaftsgerichte der übereinstimmenden Meinung sind, es bei dem bestehenden Zustande zu belassen. Ihm ist die Möglichkeit, die Entscheidung des gemeinschaftlichen oberen Gerichts anzurufen, nur dann gegeben, wenn trotz seiner verweigerten Zustimmung die Vormundschaft abgegeben werden soll oder abgegeben worden ist. Das Verfahren des § 46 Abs. 2 hat nicht den Charakter des Beschwerdeverfahrens, schließt aber auch innerhalb seines Rahmens jede Beschwerde aus. Vgl. auch OLG. Jena 24. März 1900 in Rechtspr.d.OLG. 1 S. 120 Nr. 60. Schultzenstein in ZfDZPr. 25 S. 189ff. (200 unter 7) scheint jedem Beteiligten ein Beschwerderecht einräumen zu wollen.

Ein Beschwerdeverfahren kann in Ansehung der Abgabe bzw. Übernahme einer Vormundschaft rc. nur in dem Sinne vorkommen, daß ein Vormundschaftsgericht einen in dieser Richtung gestellten Antrag zurückweist oder nicht erledigt. In letzterem Falle findet die Aufsichts-, in jenem die sachliche Beschwerde an das im Instanzenzuge vorgesetzte Gericht statt nach Maßgabe des vorliegenden Gesetzes, ohne Besonderheiten. Gegenstand der Beschwerde und Entscheidung kann dann aber nicht die Abgabe selbst sein, sondern nur die Begründetheit der Weigerung des angegangenen Gerichts, wegen der Abgabe mit einem anderen Gerichte in Verbindung zu treten.

Dronke § 46 Anm. 4, Birkenbihl § 46 Anm. 7b. Die Verpflichtung des anderen Vormundschaftsgerichts zur Abgabe bzw. Übernahme der Angelegenheit bleibt durch diese Entscheidung unberührt. Wird der gestellte Antrag im Beschwerdeverfahren als sachlich begründet erachtet, so schließt sich erst ein Verfahren behufs Abgabe im Sinne des § 46, event. dessen Abs. 2 an. Die Legitimation zu dieser Beschwerde ist nicht nach Maßgabe des § 20 beschränkt. Die Frage nämlich, ob die Vormundschaft von einem Gericht an ein anderes abzugeben sei, kann an sich als eine, die Sorge für die Person des Mündels betreffende Angelegenheit, die Ablehnung, mit dem anderen Gerichte wegen Übernahme der Sache in Verbindung zu treten, als eine die Sorge für die Person des Mündels betreffende Entscheidung darstellen. Soweit in dem Antrag bzw. der Beschwerde dieser Gesichtspunkt zur Geltung kommt, ist demnach die Zulässigkeit der Beschwerde auch nach § 57 Nr. 9 zu beurteilen. KG. 4. Februar 1901 in Rechtspr.d.OLG. 2 S. 347 Nr. 148b. Vgl. dagegen § 59 Anm. 1a. Über die Beschwerde mehrerer Vormünder oder Pfleger vgl. § 58.

5. Die Vorschrift des § 46 paßt ihrer Natur und ihrem Wortlaute nach nur auf inländische Gerichte, da nur für diese ein gemeinschaftliches oberes Gericht besteht; will daher ein ausländisches Gericht eine im Inlande geführte Vormundschaft gegen den Willen des inländischen Gerichts übernehmen, so bleibt nur der im § 19 gegebene Beschwerdeweg übrig. KG. 11. Februar 1901 in Johow 21 S. A 203 Nr. 52, Rechtspr.d.OLG. 2 S. 260. Nausnitz § 47 Anm. 8; Weißler § 47 Anm. 2.

Wegen des gemeinschaftlichen oberen Gerichts vgl. § 5 Anm. 1c. Das dort Gesagte trifft auch hier zu mit der Maßgabe, daß hier die §§ 194, 195 eingreifen, und zwar wenn für die dem Vormundsgericht obliegenden Verrichtungen andere als gerichtliche Behörden zuständig sind; vgl. § 35 Anm. 2.

Für die Feststellung, welches Gericht das gemeinschaftliche obere Gericht ist, kommt neben den Vormundschaftsgerichten auch der Wohnsitz des Vormundes in Betracht, wenn dessen Zustimmung ersetzt werden soll.

6. Die Abgabe kann nicht bloß an jedes andere Amtsgericht des deutschen Reiches, sondern auch an einen Familienrat oder an eine gemäß Ausführung des Art. 147 Einf.Ges.z.BGB. landesgesetzlich eingesetzte nicht gerichtliche Behörde erfolgen; vgl. § 35 Anm. 2. Desgleichen an einen deutschen Konsul bzw. an ein Bezirksgericht in den Schutzgebieten. — Wegen der Abgabe an ausländische Gerichte bzw. Behörden vgl. § 47.

7. Mit Abgabe der Angelegenheit gehen alle gesetzlichen Befugnisse und Obliegenheiten des Vormundschaftsgerichts an die übernehmende Behörde über. Bayer.O.LG. 9. Juli 1901 in Samml. 2 S. 516 (nach Soergel 1900/01 S. 623 unter v). Die letztere kann die Angelegenheit unter denselben Voraussetzungen des § 46 weitergeben.

§ 47.

Ist über einen Deutschen, der im Auslande seinen Wohnsitz oder Aufenthalt hat, die nach den Vorschriften des Bürgerlichen Gesetzbuchs erforderliche Vormundschaft im Ausland angeordnet, so kann die Anordnung der Vormundschaft im Inland unterbleiben, wenn dies im Interesse des Mündels liegt.

Hat ein Deutscher, über den im Inland eine Vormundschaft angeordnet ist, im Auslande seinen Wohnsitz oder Aufenthalt, so kann das

Gericht, bei welchem die Vormundschaft anhängig ist, sie an den ausländischen Staat abgeben, wenn dies im Interesse des Mündels liegt, der Vormund seine Zustimmung erteilt. und der ausländische Staat sich zur Übernahme bereit erklärt. Verweigert der Vormund oder, wenn mehrere Vormünder die Vormundschaft gemeinschaftlich führen, einer von ihnen seine Zustimmung, so entscheidet an Stelle des Gerichts, bei welchem die Vormundschaft anhängig ist, das im Instanzenzuge vorgeordnete Gericht. Eine Anfechtung der Entscheidung findet nicht statt.

Diese Vorschriften gelten auch für die Pflegschaft.

---

1. Soweit in Vormundschaftssachen bei Anordnung von obervormundschaftlichen Maßregeln das Ausland in Betracht kommt, kann es sich um Deutsche im Ausland oder um Ausländer im Inland oder um Ausländer, die im Inlande weder Wohnsitz noch Aufenthalt haben, handeln. —

a) In dieser Hinsicht kommt in erster Linie zur Anwendung das Abkommen über das internationale Privatrecht zur Regelung der Vormundschaft über Minderjährige vom 12. Juni 1902 (RGBl. 1904 S. 240) zwischen Deutschland, Österreich-Ungarn, Belgien, Spanien, Frankreich, Italien, Luxemburg, Niederlande, Portugal, Rumänien, Schweden, Schweiz für die europäischen Gebiete der Vertragsstaaten. Danach bestimmt sich die Vormundschaft über einen Minderjährigen nach dem Gebiete des Staates, dem er angehört (Gesetz des Heimatstaats). — Sieht das Gesetz des Heimatstaats für den Fall, daß der Minderjährige seinen gewöhnlichen Aufenthalt im Auslande hat, die Anordnung einer Vormundschaft im Heimatlande nicht vor, so kann der von dem Heimatstaate des Minderjährigen ermächtigte diplomatische oder konsularische Vertreter gemäß dem Gesetze dieses Staates die Fürsorge übernehmen, sofern der Staat, in dessen Gebiete der Minderjährige seinen gewöhnlichen Aufenthalt hat, dem nicht widerspricht. — Falls eine Vormundschaft in dieser Weise nicht angeordnet wird, so ist für die Anordnung und Führung der Vormundschaft über einen Minderjährigen, der seinen gewöhnlichen Aufenthalt im Auslande hat, das Gesetz des Aufenthaltsorts maßgebend; gleichwohl kann auch in diesem Falle in der vorgeschriebenen Weise eine Vormundschaft noch angeordnet werden. In allen Fällen bestimmen sich der Zeitpunkt und die Gründe für Beginn und Beendigung der Vormundschaft nach dem Gesetze des Heimatstaats. — Die vormundschaftliche Verwaltung erstreckt sich auf die Person sowie auf das gesamte Vermögen, ausgenommen solche Grundstücke, welche nach dem Gesetze der belegenen Sache einer besonderen Güterordnung unterliegen (z. B. Fideikommisse, Lehen). Das Abkommen bezieht sich nur auf Minderjährige, die Angehörige eines Vertragsstaats sind und ihren gewöhnlichen Aufenthalt im Gebiete eines dieser Staaten haben. Außerdem bestimmt das Abkommen noch für alle Minderjährige, die Angehörige eines Vertragsstaats sind, daß, solange eine Vormundschaft nicht angeordnet ist, sowie in allen dringenden Fällen, die zuständigen Ortsbehörden die Maßregeln treffen können, die zum Schutze der Person und der Interessen eines minderjährigen Ausländers erforderlich sind. Endlich ist wechselseitige Benachrichtigung über die Notwendigkeit bzw. über die Anordnung einer Vormundschaft vereinbart.

b) Soweit das vorstehende Abkommen nicht Platz greift, bleibt das bisherige Recht in Kraft. Danach ist zu unterscheiden:

α) Deutsche im Auslande. Hierzu sagt die Denkschr. S. 46, 47: „Die

Grundsätze des internationalen Privatrechts, wie sie im Einf.Ges.z.BGB. enthalten sind, gehen augenscheinlich davon aus, daß über die Voraussetzungen, unter denen für einen Deutschen eine Vormundschaft oder Pflegschaft einzuleiten ist, das einheimische Recht auch dann entscheidet, wenn der Deutsche seinen Wohnsitz oder Aufenthalt im Auslande hat. Dadurch wird aber keineswegs der Frage vorgegriffen, ob nicht unter Umständen die für einen Deutschen im Ausland angeordnete Vormundschaft oder Pflegschaft im Inland als wirksam und genügend anzuerkennen ist. In der Tat erscheint es nicht zweckmäßig, für die eines vormundschaftlichen Schutzes bedürftigen Inländer, die im Auslande wohnen oder sich aufhalten und dort des Schutzes bereits teilhaftig geworden sind, unbedingt an der Einleitung einer inländischen Vormundschaft oder Pflegschaft festzuhalten. Gerade die Interessen des Mündels werden in derartigen Fällen nicht selten fordern, daß die Vormundschaft oder Pflegschaft im Auslande geführt wird, namentlich dann, wenn sich dort der Mittelpunkt nicht nur der persönlichen, sondern auch der vermögensrechtlichen Beziehungen des Mündels befindet."

Danach muß grundsätzlich über einen Deutschen im Auslande, sofern die allgemeinen Voraussetzungen vorliegen, im Inlande eine Vormundschaft oder Pflegschaft angeordnet und geführt werden, selbst wenn eine solche im Auslande in ausreichender, d. h. in einer den Anforderungen des BGB. entsprechenden, Weise angeordnet sein sollte. Nur dann, wenn es im Interesse des Mündels liegt, und dies Interesse ist allein maßgebend, kann die Anordnung im Inland unterbleiben (§ 47 Abs. 1). — Die Zuständigkeit richtet sich nach §§ 36 ff. Vgl. Bayer.OLG. 25. Januar 1902 im „Recht" 6 S. 126 Nr. 557.

β) Ausländer in Deutschland. Maßgebend ist der Art. 23 Einf.Ges.z. BGB.:

Eine Vormundschaft oder eine Pflegschaft kann im Inland auch über einen Ausländer, sofern der Staat, dem er angehört, die Fürsorge nicht übernimmt, angeordnet werden, wenn der Ausländer nach den Gesetzen dieses Staates der Fürsorge bedarf oder im Inland entmündigt ist.

Das deutsche Vormundschaftsgericht kann vorläufige Maßregeln treffen, solange eine Vormundschaft oder Pflegschaft nicht angeordnet ist.

Ob danach die Voraussetzungen für die Zulässigkeit der Anordnung vorliegen, ist von dem inländischen Gericht hier selbstverständlich ebenso zu prüfen wie bei allen sonstigen Anlässen, und das Gericht wird daher eintretendenfalls von Amts wegen (§ 12) die Ermittlungen herbeiführen müssen, welche erforderlich sind, um festzustellen, daß der ausländische Staat die Fürsorge nicht übernimmt. Denkschr. S. 43. Es genügt in dieser Beziehung nicht, daß der fremde Staat sich um seine Angehörigen nicht kümmert; er muß vielmehr auf gegebene Anregung an den Tag gelegt haben, daß er die Vormundschaft nicht übernehmen wollte. KG. 23. Februar 1903 in Rechtspr.d.OLG. 6 S. 309 unter g und 7. Dezember 1903 in Johow 27 S. A 164; OLG. Rostock, 6. Mai und 13. Oktober 1902 in Rechtspr.d.OLG. 5 S. 443 unter g.

Das gilt auch für die Anordnung der Zwangserziehung eines Ausländers gemäß Art. 135 Einf.Ges.z.BGB.; KG. 2. Dezember 1901 in Johow 23 S. A 40 Nr. 10.

Die Zuständigkeit richtet sich nach § 36 Abs. 1, § 37 Abs. 1, § 38, § 39 Abs. 1, §§ 40, 41, 42. Soweit sich nach diesen Vorschriften die Zuständigkeit eines inländischen Gerichts nicht begründen läßt, wird auch kein Bedürfnis für die Anordnung einer Vormundschaft oder Pflegschaft im Inlande gegeben sein. Für die Frage der

Zuständigkeit des inländischen Gerichts nach § 36 Abs. 1 ist der Zeitpunkt maßgebend, in welchem die Anordnung der Vormundschaft im Inland erforderlich wird.

γ) Ausländer, die im Inlande weder Wohnsitz noch Aufenthalt haben. Hier kann es sich nur um Pflegschaften der in den §§ 37 bis 44 bemerkten Art oder um vorläufige Maßregeln — vgl. Art. 23 Abs. 2 Einf.Ges.z.BGB. (s. Anm. β) — handeln. Die Voraussetzungen für die Anordnung sind die in Anm. β erörterten; wegen der Zuständigkeit vgl. die §§ 37 bis 47, namentlich § 37 Abs. 2, § 38, § 39 Abs. 2. — Vgl. hierzu OLG. Karlsruhe 28. Dezember 1901 in Rechtspr.d.OLG. 4 S. 117 unter e, KG. 23. Juli 1902 in RJA. 3 S. 113ff., Rechtspr.d.OLG. 5 S. 100 unter b. — Über das Verhältnis der vorläufigen Vormundschaft zu den in Art. 23 Abs. 2 Einf.Ges.z.BGB. erwähnten vorläufigen Maßregeln vgl. insbesondere KG. 25. Febr. 1901 in Johow 21 S. A 209 Nr. 53.

2. Was die Abgabe einer im Inland anhängigen Vormundschaft oder Pflegschaft an das Ausland anlangt, so kommen die in Anm. 1 erörterten Grundsätze mit der für Deutsche aus § 47 Abs. 2 sich ergebenden Modifikation zur entsprechenden Anwendung.

a) Handelt es sich um einen Deutschen, der im Inlande weder Wohnsitz noch Aufenthalt hat, so kann das deutsche Vormundschaftsgericht die Fürsorge unter den in § 47 Abs. 2 Satz 1 angegebenen drei Voraussetzungen abgeben. Verweigert der Vormund oder bei mehreren Vormündern einer von ihnen seine Zustimmung, so entscheidet an Stelle des Vormundschaftsgerichts, bei welchem die Vormundschaft anhängig ist, das diesem im Instanzenzuge vorgeordnete Gericht, also das Landgericht über die Abgabe. Das Landgericht, und nicht das Amtsgericht, entscheidet auch, wenn andere als gerichtliche Behörden zuständig sind — §§ 194, 195 —, weil das Amtsgericht diesen Behörden nicht „im Instanzenzuge" vorgeordnet ist. Vgl. § 195.

b) Wenn es sich dagegen um einen Ausländer handelt, so muß auf Ersuchen des Heimatstaats die Vormundschaft oder Pflegschaft abgegeben werden, einerlei, ob der Ausländer seit seiner Geburt Ausländer war oder zunächst Deutscher, der die inländische Staats- und Reichsangehörigkeit verloren hat. Über eine Vermutung in Ansehung eines solchen Verlustes nach Abwesenheit von 10 bzw. 15 Jahren vgl. OLG. Karlsruhe 28. Dezember 1901 in Rechtspr.d.OLG. 4 S. 117.

Aus dem Verlangen des Heimatstaats nach Abgabe ist die Erfüllung der Vorbedingung für die Abgabe nach Art. 23 Abs. 1 Einf.Ges.z.BGB. (vgl. Anm. 1 b β) zu entnehmen, nämlich die Übernahme der Fürsorge durch den Heimatstaat. Der das Vormundschaftsrecht des BGB. beherrschende Grundsatz der Staatsangehörigkeit ist ebenso wie die daraus abgeleiteten Sätze, daß ein im Ausland wohnhafter Deutscher in Deutschland zu bevormunden und für hier wohnhafte Ausländer ein entsprechendes Recht ihres Heimatstaats anzuerkennen sei, aus Art. 23 Einf.Ges.z.BGB. und § 47 zu entnehmen. Einigen sich das inländische Vormundschaftsgericht und die ausländische Behörde nicht, so findet nicht § 46 Abs. 2 Anwendung, der nur auf inländische Gerichte paßt, es bleibt vielmehr für die ausländische Behörde nur der Weg der Beschwerde und weiteren Beschwerde gemäß §§ 19, 27. Vgl. KG. 11. Februar 1901 in Zus.d.RJAmts 2 S. 55ff., Johow 21 S. A 203 Nr. 52, Rechtspr.d.OLG. 2 S. 260 Nr. 127, ZentrBl. 2 S. 38 Nr. 12; KG. 25. Februar 1901 in Johow 21 S. A 209 Nr. 53. Vgl. ferner KG. 23. Februar 1903 in Rechtspr.d.OLG. 6 S. 309 unter g.

3. Die Übernahme einer im Auslande anhängigen Vormundschaft oder Pflegschaft durch ein deutsches Vormundschaftsgericht entscheidet sich nach denselben Grundsätzen. Wird sie vom Auslande angeboten, und handelt es sich dabei um einen Deutschen, so muß sie das inländische Gericht grundsätzlich annehmen, es darf sie nach dem Prinzip des § 47 nur ablehnen, wenn es im Interesse des Mündels liegt. Sollte es sie ablehnen und die ausländische Behörde, was nach deren Ersuchen um Übernahme vielleicht zu vermuten ist, fernerhin die Fürsorge nicht beibehalten wollen, so ist das deutsche Gericht erst recht gezwungen, nunmehr selbständig die Vormundschaft bzw. Pflegschaft anzuordnen. — Entsprechendes ergibt sich aber auch aus Art. 23 Einf.Ges.z.BGB. in Ansehung der Ausländer, die im Inlande ihren Wohnsitz oder Aufenthalt haben.

§ 48.

Wird bei einem Standesbeamten der Tod einer Person, die ein minderjähriges Kind hinterlassen hat, oder die Geburt eines ehelichen Kindes nach dem Tode des Vaters oder die Geburt eines unehelichen Kindes oder die Auffindung eines Minderjährigen, dessen Familienstand nicht zu ermitteln ist, angezeigt oder wird vor einem Standesbeamten von einer Frau, die ein minderjähriges eheliches Kind hat, eine Ehe geschlossen, so hat der Standesbeamte hiervon dem Vormundschaftsgericht Anzeige zu machen.

---

1. Die **§§ 48 bis 50** behandeln die Pflicht der Standesbeamten (§ 48), der Gemeindewaisenräte (§ 49) und der Gerichte (§ 50), in den bezeichneten Fällen, die nach dem BGB. zur Einleitung einer Vormundschaft oder Pflegschaft Anlaß bieten, dem Vormundschaftsgericht Anzeige über den Sachverhalt zu machen.

Nach verschiedenen Landesgesetzen (für Preußen, Baden) bestand daneben eine Pflicht der Verwandten und sonstigen Angehörigen des Mündels, das Vormundschaftsgericht in solchen Fällen zu benachrichtigen. Ein Antrag, diese Verpflichtung ins Gesetz aufzunehmen, wurde in der Reichstagskommission abgelehnt. Vgl. Kom.Ber. S. 42. Der Entwurf hatte ein Bedürfnis hierfür nicht anerkannt. Der Landesgesetzgebung steht es nicht zu, Privatpersonen die Anzeigepflicht aufzuerlegen. Für gewisse Personen besteht indessen nach dem BGB. eine beschränkte Anzeigepflicht; vgl. §§ 1799, 1894, § 1909 Abs. 2 BGB. Siehe ferner §§ 1669, 1845 BGB. Ein Recht zur Anzeige für jedermann ergibt sich schon aus der nach § 1774 BGB. bestehenden Verpflichtung des Vormundschaftsgerichts, die Vormundschaft von Amts wegen anzuordnen. Ein Recht, die Einleitung zu verlangen und dieses auch im Beschwerdeweg zu verfolgen, ist an bestimmte Voraussetzungen geknüpft, vgl. § 57 Nr. 1.

2. Die Fälle, auf welche die Anzeigepflicht der Standesbeamten gemäß § 48 sich bezieht, sind folgende:

a) Tod einer Person, die ein minderjähriges Kind hinterlassen hat. Vgl. §§ 1640, 1687, 1773, 1909 BGB.

b) Die Geburt eines ehelichen Kindes nach dem Tode des Vaters. Vgl. §§ 1591, 1687, 1773 BGB.

c) Die Geburt eines unehelichen Kindes. Vgl. §§ 1707, 1773 BGB.

d) Auffindung eines Minderjährigen, dessen Familienstand nicht zu ermitteln ist. Vgl. § 1773 Abs. 2 BGB.

e) Eheschließung einer Frau, die ein minderjähriges eheliches Kind hat. Vgl. §§ 1697, 1773 BGB.

Auf Grund der Anzeige hat das Vormundschaftsgericht nach Lage des einzelnen Falles zu prüfen, welche Art der von Amts wegen zu treffenden Fürsorge-Anordnungen am Platze ist.

3. Durch die Vorschrift des § 48, wonach der Standesbeamte die ihm obliegenden Anzeigen dem Vormundschaftsgerichte zu erstatten hat, werden die Aufsichtsbehörden nicht gehindert, die Standesbeamten anzuweisen, daß sie die Anzeigen durch Vermittlung des Gemeindewaisenrats dem Gerichte zugehen lassen. Der Gemeindewaisenrat kann alsdann bei der Weitergabe der Anzeigen zugleich die Personen vorschlagen, die er zum Vormund, Gegenvormund oder Pfleger für geeignet hält (§ 1849 BGB.). Denkschr. S. 47. Vgl. § 49.

4. Unter dem Vormundschaftsgericht, an welches die Anzeige zu erstatten ist, ist das nach §§ 36 ff. zuständige Vormundschaftsgericht zu verstehen. Hält das Gericht sich nicht für zuständig, so hat es die Sache an das zuständige Gericht weiterzugeben. Etwa entstehende Streitigkeit oder Ungewißheit über die Zuständigkeit ist nach § 5 zu beseitigen.

§ 49.

Erlangt der Gemeindewaisenrat von einem Falle Kenntnis, in welchem ein Vormund, ein Gegenvormund oder ein Pfleger zu bestellen ist, so hat er dem Vormundschaftsgericht Anzeige zu machen. Zugleich soll er die Person vorschlagen, die sich zum Vormunde, Gegenvormund oder Pfleger eignet.

---

1. Die Stellung des Gemeindewaisenrats wird vom BGB. aufgefaßt als die eines Hilfsorgans der Obervormundschaft, u. zw. nicht nur im Verhältnisse zu demjenigen Vormundschaftsgericht, in dessen Bezirke die betreffende Gemeinde liegt, sondern im Verhältnisse zu allen Vormundschaftsgerichten, welchen obervormundschaftliche Funktionen in Ansehung der in der Gemeinde sich aufhaltenden Mündel zustehen. Mot. IV S. 1225 zu § 1725.

2. Der unter Anm. 1 gekennzeichneten Stellung entsprechend hat das BGB. in § 1675 schon den Gemeindewaisenrat verpflichtet, dem Vormundschaftsgericht Anzeige zu erstatten, wenn ein Fall zu seiner Kenntnis gelangt, in welchem das Vormundschaftsgericht zum Einschreiten berufen ist, also eine Anzeigepflicht auferlegt, die weiter reicht als die des § 49, welche eine Ergänzung zu § 1849 BGB. ist. Fälle, in denen das Vormundschaftsgericht zum Einschreiten berufen ist, liegen vor bei Verhinderung des Vaters in Ausübung der elterlichen Gewalt, wenn gleichzeitig die Mutter die elterliche Gewalt nach § 1685 BGB. nicht ausübt, bei Verletzung des geistigen oder leiblichen Wohls des Kindes oder des Rechts desselben auf Unterhaltsgewährung, bei Gefährdung des Kindesvermögens, insbesondere auch, wenn der Vater den Anordnungen bei Zuwendungen an das Kind nicht nachkommt, §§ 1665 bis 1670 und §§ 1639, 1640 BGB. Auch der Fall des § 1687 Ziff. 3 kann in Frage kommen.

Vgl. ferner §§ 1630, 1796 BGB. Weitere Anzeigepflicht des Gemeindewaisenrats siehe in den §§ 1849 bis 1851 BGB.

3. Der Gemeindewaisenrat hat unter eigener Verantwortlichkeit zu prüfen, ob ein Fall vorliegt, von dem er Anzeige zu machen hat. Etwaige Beschwerden über ihn gehen nicht an das Vormundschaftsgericht.

Es ist selbstverständlich, daß das Vormundschaftsgericht nicht die Anzeige des Gemeindewaisenrats abzuwarten, sondern auch ohne dieselbe einzuschreiten hat, sobald es nur auf irgend eine Weise von der Notwendigkeit dazu unterrichtet ist.

4. Wegen des Vormundschaftsgerichts vgl. § 48 Anm. 4.

§ 50.

Wird die Anordnung einer Vormundschaft oder einer Pflegschaft infolge eines gerichtlichen Verfahrens erforderlich, so hat das Gericht das zuständige Vormundschaftsgericht hiervon zu benachrichtigen.

1. Unter „Gericht" ist jedes Gericht, einerlei welcher Art und Ordnung, zu verstehen.

2. Es handelt sich bloß um die Fälle, in denen die Anordnung einer Vormundschaft oder Pflegschaft erforderlich wird; für andere Fälle besteht eine Anzeigepflicht nicht.

Die Anzeigepflicht tritt hauptsächlich ein im Verfahren in Ehesachen (§ 627 Abs. 3, § 630 ZPO.), im Verfahren, welches die Feststellung des Rechtsverhältnisses zwischen Eltern und Kindern zum Gegenstande hat (§§ 640 ff. ZPO.), in Entmündigungssachen (§§ 657, 674, 683 u. a. ZPO.), im Aufgebotsverfahren zum Zwecke der Todeserklärung (§§ 960 ff. ZPO.), wenn die elterliche Gewalt des Vaters verwirkt, oder die Vertretung des Kindes dem Vater entzogen wird und die Mutter die elterliche Gewalt nicht ausübt.

§ 51.

Eine Verfügung, durch die von dem Vormundschaftsgerichte festgestellt wird, daß der Vater oder die Mutter auf längere Zeit an der Ausübung der elterlichen Gewalt tatsächlich verhindert ist, tritt mit der Bestellung des Vormundes in Wirksamkeit; hat jedoch während der Verhinderung des Vaters die Mutter die elterliche Gewalt auszuüben, so wird die Verfügung mit der Bekanntmachung an die Mutter wirksam.

Eine Verfügung, durch die von dem Vormundschaftsgerichte festgestellt wird, daß der Grund für das Ruhen der elterlichen Gewalt des Vaters oder der Mutter nicht mehr besteht, wird mit der Bekanntmachung an den Vater oder an die Mutter wirksam.

1. Die §§ 51 bis 53 behandeln den Beginn der Wirksamkeit gewisser vormundschaftsgerichtlicher Verfügungen, die sich zum Teil als Ausnahmen von der Regel des § 16 Abs. 1 (vgl. § 16 Anm. 2a) darstellen; soweit dies nicht der Fall, ist die ausdrückliche Hervorhebung des Gegensatzes oder der praktischen Bedeutung der einzelnen Vorschriften wegen erfolgt. Vgl. z. B. Anm. 3 a. E.

2. Der § 51 hat die Fälle der vorübergehenden tatsächlichen Verhinderung in der Ausübung der elterlichen Gewalt nach den §§ 1677, 1686 BGB. im Auge. Diese lauten:

§ 1677. Die elterliche Gewalt des Vaters ruht, wenn von dem Vormundschaftsgerichte festgestellt wird, daß der Vater auf längere Zeit an der Ausübung der elterlichen Gewalt tatsächlich verhindert ist.

Das Ruhen endigt, wenn von dem Vormundschaftsgerichte festgestellt wird, daß der Grund nicht mehr besteht.

§ 1686. Auf die elterliche Gewalt der Mutter finden die für die elterliche Gewalt des Vaters geltenden Vorschriften Anwendung, soweit sich nicht aus den §§ 1687 bis 1697 ein anderes ergibt.

Die §§ 1687 bis 1697 ergeben nichts Abweichendes, das hier in Betracht käme.

3. Die im § 51 erwähnten Feststellungsverfügungen gehören zu den Verrichtungen des Vormundschaftsgerichts der in § 43 bezeichneten Art (vgl. Anm. 1 daselbst). Vgl. dazu die §§ 1665, 1685 BGB.

Eine Verfügung, die gemäß den §§ 1677, 1686 BGB. feststellt, daß der Vater oder die Mutter auf längere Zeit an der Ausübung der elterlichen Gewalt tatsächlich verhindert ist, kann, wenn die allgemeine Vorschrift des § 16 Abs. 1 auf sie Anwendung findet, erst mit dem Zeitpunkt in Wirksamkeit treten, in welchem sie dem Vater oder der Mutter bekannt gemacht wird. Diese Bekanntmachung wäre aber häufig nur im Wege öffentlicher Zustellung ausführbar oder doch mit großem Zeitverluste verbunden, daher die Ausnahmebestimmung des § 51. Dabei macht es keinen Unterschied, ob die Ausübung der elterlichen Gewalt kraft Gesetzes auf die Mutter übergeht (§ 1685 Abs. 1 BGB.) oder ob ihr das Vormundschaftsgericht gleichzeitig mit der Verfügung, welche die Verhinderung des Vaters feststellt, die Ausübung überträgt (§ 1685 Abs. 2 BGB.).

Die Vorschrift des Abs. 2 läßt sich vielleicht, sagt die Denkschr. S. 48, schon aus der Regel des § 16 Abs. 1 herleiten; es empfiehlt sich indessen, im Anschluß an die auf den Beginn des Ruhens der elterlichen Gewalt bezügliche Vorschrift des Abs. 1 auch hinsichtlich der Beendigung eine ausdrückliche Bestimmung zu treffen.

§ 52.

Eine Verfügung, durch die ein Volljähriger unter vorläufige Vormundschaft gestellt wird, tritt, wenn die Entmündigung wegen Geisteskrankheit beantragt ist, mit der Bestellung des Vormundes, wenn die Entmündigung wegen Geistesschwäche, wegen Verschwendung oder wegen Trunksucht beantragt ist, mit der Bekanntmachung an den zu Entmündigenden, eine Verfügung, durch die eine vorläufige Vormundschaft aufgehoben wird, tritt mit der Bekanntmachung an den Mündel in Wirksamkeit.

---

1. Der Fall, für den dieser Paragraph Vorkehrung trifft, ist enthalten in § 1906 BGB.: Ein Volljähriger, dessen Entmündigung beantragt ist, kann unter vorläufige Vormundschaft gestellt werden, wenn das Vormundschaftsgericht es zur Abwendung einer erheblichen Gefährdung der Person oder des Vermögens des Volljährigen für erforderlich erachtet.

2. Eine Ausnahme von § 16 Abs. 1 enthält der § 52 nur, wenn eine Entmündigung wegen Geisteskrankheit beantragt ist. Hier soll die Verfügung, durch welche die vorläufige Vormundschaft angeordnet wird, mit der Bestellung des Vormunds wirksam werden, d. h. also mit dem Bestellungsakt (§ 1789 BGB.), während es auf die Aushändigung der Bestallung nicht ankommt. Wenn Dorner, § 52 Anm. 2a, und im Anschluß an ihn Birkenbihl, § 52 Anm. 1bα, die Ansicht aussprechen, daß die Bekanntmachung an den zu Entmündigenden nicht geboten sei, so scheint mir dies nicht zutreffend, da dem zu Entmündigenden gegen die Verfügung die sofortige Beschwerde zusteht (§ 60 Ziff. 5) und diese eine voraufgehende Bekanntmachung gemäß § 22 Abs. 1 erfordert.

Soweit es sich um Geistesschwäche, Verschwendung oder Trunksucht handelt, liegt in der Vorschrift des § 52 keine Ausnahme von § 16 Abs. 1 vor; aber die Stellung unter vorläufige Vormundschaft hat nach § 114 BGB. eine Beschränkung der Geschäftsfähigkeit zur Folge und wegen der damit zusammenhängenden besonderen praktischen Bedeutung der Wirksamkeit der in Rede stehenden Verfügung ist daher für sämtliche in Betracht kommende Fälle eine ausdrückliche Vorschrift mit aufgenommen worden, der zufolge der § 52 im Hinblick auf § 60 Ziffer 5 und § 29 Abs. 2 eine Ausnahme von § 26 Satz 1 enthält. Vgl. KG. 10. November 1902 in Zus.d.RJAmts 3 S. 172ff.

Eine Verfügung, durch die eine vorläufige Vormundschaft aufgehoben wird, tritt mit der Bekanntmachung an den Mündel in Wirksamkeit, gleichviel ob die Aufhebung deshalb erfolgt, weil der Mündel des vorläufigen vormundschaftlichen Schutzes nicht mehr bedarf, oder deshalb, weil die vorläufige Vormundschaft nicht hätte angeordnet werden dürfen. KG. 10. November 1902 in Zus.d.RJAmts 3 S. 172, Johow 25 S. A 188 Nr. 49, ZentrBl. 3 S. 663 Nr. 118.

Der Beginn der Wirksamkeit des Entmündigungsbeschlusses ist in der ZPO. geregelt; vgl. §§ 661, 683 ZPO.

3. Wegen der Beschwerde gegen die in § 52 an erster Stelle bezeichnete Verfügung vgl. § 60 Nr. 5: betreffend Beschwerde wegen Aufhebung einer vorläufigen Vormundschaft: § 57 Nr. 2. Wegen Unzulässigkeit einer weiteren Beschwerde des bisherigen Vormunds gegen den dem Mündel bekanntgemachten Beschluß, durch welchen das Beschwerdegericht die vom Vormundschaftsgericht angeordnete vorläufige Vormundschaft aufgehoben hat, vgl. KG. 10. November 1902, s. oben Anm. 2.

4. In betreff der Wirksamkeit der während der vorläufigen Vormundschaft von oder gegenüber dem Volljährigen vorgenommenen Rechtsgeschäfte vgl. § 61. Die Wirksamkeit der Rechtsgeschäfte des Vormunds richtet sich nach § 32. Vgl. auch § 115 Abs. 2 BGB.

5. Auch ein Ausländer kann im Inlande nach deutschen Gesetzen entmündigt werden, wenn er seinen Wohnsitz oder, falls er keinen Wohnsitz hat, seinen Aufenthalt im Inlande hat (Art. 8 Einf.Ges.z.BGB.). Der Ausländer kann dann auch unter vorläufige Vormundschaft gestellt werden nach den Grundsätzen des Art. 23 Einf.Ges.z.BGB. Vgl. darüber KG. 25. Februar 1901 in Johow 21 S. A 209 Nr. 53 und das oben bei § 47 Gesagte.

6. In bezug auf den Fall der Pflegschaft sagt die Denkschrift S. 48:

„Über den Zeitpunkt, in welchem die eine Pflegschaft aufhebende Verfügung in Kraft tritt, enthält der Entwurf keine Bestimmung. Da die Pflegschaft keinen Einfluß auf die Geschäftsfähigkeit hat, sondern nur eine Vertretungsmacht des Pflegers schafft, so stellt sich ihre Aufhebung als Entziehung dieser Vertretungsmacht dar. Die betreffende Verfügung wendet sich somit ausschließlich gegen den Pfleger und wird folgeweise nach § 15 Abs. 1 (§ 16 Abs. 1 des Gesetzes) mit der Bekanntmachung an ihn wirksam. Zu einer hiervon abweichenden Regelung liegt keine Veranlassung vor."

§ 53.

Eine Verfügung, durch die auf Antrag die Ermächtigung oder die Zustimmung eines anderen zu einem Rechtsgeschäft ersetzt oder dem Manne die im § 1358 Abs. 1 des Bürgerlichen Gesetzbuchs vorgesehene Ermächtigung zur Kündigung erteilt oder durch welche die Beschränkung oder die Ausschließung der nach § 1357 des Bürgerlichen Gesetzbuchs der Frau zustehenden Rechte aufgehoben wird, tritt erst mit der Rechtskraft in Wirksamkeit. Das gleiche gilt von einer Verfügung, durch die auf Antrag des Kindes die Zustimmung der Mutter zur Ehelichkeitserklärung ihres Kindes ersetzt wird.

Bei Gefahr im Verzuge kann das Gericht die sofortige Wirksamkeit der Verfügung anordnen. Die Verfügung tritt mit der Bekanntmachung an den Antragsteller in Wirksamkeit.

---

1. In **Abs. 1** werden vier Gruppen von Verfügungen unterschieden:

a) Verfügungen, durch die auf Antrag die Ermächtigung oder die Zustimmung eines anderen zu einem Rechtsgeschäft ersetzt wird. Hierher gehören die Fälle der §§ 113, 1304, 1308, 1337, § 1358 Abs. 2, §§ 1379, 1402, 1447, 1451, 1487, 1519, 1525, 1549, 1550 BGB. Ob auch die Fälle der §§ 1629, 1639, 1690, 1691, 1797, 1798, 1803, 1810, 1812, 1813, 1824, 1825, 1917 BGB. hierher gehören, ist streitig. Können sich z. B. mehrere Vormünder oder Pfleger über ein vorzunehmendes Rechtsgeschäft nicht einigen, so wird nach der Ansicht des KG. durch die Verfügung, mit welcher das Vormundschaftsgericht einer der verschiedenen Meinungen beitritt (§ 1797 Abs. 1, § 1915 BGB.), die Zustimmung desjenigen oder derjenigen Vormünder oder Pfleger ersetzt, welche der vom Vormundschaftsgericht nicht gebilligten Meinung waren. Eine solche Verfügung soll demnach zu den in § 53 bezeichneten gehören. KG. 16. März 1903 in Zus.d.RJAmts 3 S. 221, Johow 26 S. A 18 Nr. 4, Rechtspr.d.OLG. 7 S. 208. Das scheint mir nicht richtig. Diese Fälle gehören unter § 58; vgl. allerdings § 82 Abs. 2.

Vgl. ferner hierzu Jastrow: Die Verrichtungen des Vormundschaftsgerichts bei güterrechtlichen Streitigkeiten unter Eheleuten (s. §§ 1379, 1402 BGB.) in ZfDZPr. 25 S. 128ff., 256.

„Auf Antrag" ist im weiteren, oben § 18 Anm. 2a erörterten Sinne, d. h. also mit der Maßgabe zu verstehen, daß auch solche Verfügungen hierher gehören, für welche nach dem Sprachgebrauch des BGB. zwar ein Antrag nicht Vorbedingung für eine Maßnahme des Vormundschaftsgerichts ist, sondern nur tatsächliche Veranlassung. So auch Fuchs § 53 Anm. 1 I S. 157, Rausnitz § 53 Anm. 2.

b) Verfügungen, durch welche dem Manne die in § 1358 Abs. 1 BGB. vorgesehene Ermächtigung zur Kündigung erteilt wird. Dieser § 1358 Abs. 1 BGB. lautet:

§ 1358 Abs. 1. Hat sich die Frau einem Dritten gegenüber zu einer von ihr in Person zu bewirkenden Leistung verpflichtet, so kann der Mann das Rechtsverhältnis ohne Einhaltung einer Kündigungsfrist kündigen, wenn er auf seinen Antrag von dem Vormundschaftsgerichte dazu ermächtigt worden ist. Das Vormundschaftsgericht hat die Ermächtigung zu erteilen, wenn sich ergibt, daß die Tätigkeit der Frau die ehelichen Interessen beeinträchtigt.

c) Verfügungen, durch welche die Beschränkung oder Ausschließung der nach § 1357 BGB. der Frau zustehenden Rechte aufgehoben wird. Der § 1357 BGB. lautet:

§ 1357. Die Frau ist berechtigt, innerhalb ihres häuslichen Wirkungskreises die Geschäfte des Mannes für ihn zu besorgen und ihn zu vertreten. Rechtsgeschäfte, die sie innerhalb dieses Wirkungskreises vornimmt, gelten als im Namen des Mannes vorgenommen, wenn nicht aus den Umständen sich ein anderes ergibt.

Der Mann kann das Recht der Frau beschränken oder ausschließen. Stellt sich die Beschränkung oder die Ausschließung als Mißbrauch des Rechtes des Mannes dar, so kann sie auf Antrag der Frau durch das Vormundschaftsgericht aufgehoben werden. Dritten gegenüber ist die Beschränkung oder die Ausschließung nur nach Maßgabe des § 1435 wirksam.

„Nach Maßgabe des § 1435 wirksam“ heißt soviel wie „wenn die Beschränkung oder die Ausschließung in das Güterrechtsregister des zuständigen Amtsgerichts eingetragen oder dem Dritten bekannt war“.

d) Verfügungen, durch die auf Antrag des Kindes die Zustimmung der Mutter zur Ehelichkeitserklärung ihres Kindes ersetzt wird. Die Vorschrift bezieht sich auf § 1727 BGB., wonach die von der Mutter verweigerte Zustimmung durch das Vormundschaftsgericht ersetzt werden kann, „wenn das Unterbleiben der Ehelichkeitserklärung dem Kinde zu unverhältnismäßigem Nachteile gereichen würde“. Vgl. dazu § 55 Abs. 2

2. Die Bekanntmachung dieser Verfügungen folgt den allgemeinen Regeln des § 16. Die Wirksamkeit derselben soll dagegen erst mit der Rechtskraft eintreten. Die Rechtfertigung hierfür liegt darin, daß allen diesen Verfügungen gemeinsam ist, daß sie, nachdem sie einmal in Wirksamkeit getreten sind und damit die Vornahme der betreffenden Handlung, d. h. des Rechtsgeschäfts, ermöglicht bzw. der vorgenommenen Handlung die erforderliche obervormundschaftliche Sanktion erteilt haben, nicht mehr rückgängig gemacht werden können, ohne die Rechtssicherheit zu gefährden. Auf dieser Rücksicht beruhen die Grundsätze des § 32 und des § 55 Abs. 2. Vgl. auch § 62, § 82 Abs. 2. Soll dem gegenüber den Beteiligten die Möglichkeit gewahrt bleiben, die Aufhebung der im § 53 Abs. 1 bezeichneten Verfügungen im Wege der Beschwerde herbeizuführen (s. Anm. 3), so läßt sich dies nur durch eine Vorschrift erreichen, welche die Wirksamkeit der Verfügung bis zur Rechtskraft hinausschiebt. Denkschrift S. 49. Über Rechtskraft &c. vgl. § 16 Anm. 2. —

Die Wirksamkeit einer ablehnenden Verfügung folgt den gewöhnlichen Regeln; Rausnitz § 53 Anm. 3.

3. Zu **Abs. 2.** Da die Verfügungen der in Abs. 1 bezeichneten Art erst mit der Rechtskraft wirksam werden, so unterliegen sie gemäß § 60 Abs. 1 Ziff. 6 nicht der gewöhnlichen, sondern der sofortigen Beschwerde und können demgemäß — vgl. § 18 Abs. 2 — von dem Gericht, das sie erlassen hat, nicht mehr geändert werden. Auf die Beschwerde finden die gewöhnlichen Bestimmungen Anwendung;

nur soll nach Abs. 2 entgegen dem § 26 das Beschwerdegericht nicht ohne weiteres, sondern nur bei Gefahr im Verzuge die sofortige Wirksamkeit der Verfügung, durch welche es dem Antrage stattgibt, anordnen. Für dringende Fälle diese Befugnis dem Gerichte zu erteilen, war aber notwendig, weil bei ausnahmsloser Durchführung des Abs. 1 der Zweck, dem die Verfügungen dienen sollen, unter Umständen vereitelt werden würde.

Diese Verfügung, welche die sofortige Wirksamkeit anordnet, tritt erst mit der Bekanntmachung an den Antragsteller in Wirksamkeit; sie unterliegt auch nur der gewöhnlichen Beschwerde. Fuchs § 53 Anm. 9.

Wird geltend gemacht, daß ein Fall, in dem das Gesetz die Ersetzung der Zustimmung zuläßt, nicht vorliege, so soll nach einer Entscheidung des OLG. Jena — Bl.f.R.inThür. 49 S. 90ff. (nach Soergel 1902 S. 473) — eine Verfügung des Amtsgerichts, durch welche die Zustimmung eines anderen zu einem Rechtsgeschäft ersetzt wird, mit der einfachen Beschwerde anfechtbar sein.

§ 54.

Liegen nach dem Ermessen des Vormundschaftsgerichts die Voraussetzungen vor, unter denen der Vormund, der Pfleger oder der Beistand zur Sicherheitsleistung angehalten werden kann, so ist das Gericht befugt, das Grundbuchamt um die Eintragung einer Sicherungshypothek an Grundstücken des Vormundes, des Pflegers oder des Beistandes zu ersuchen. Der Vormund, der Pfleger oder der Beistand soll soweit tunlich vorher gehört werden. Die Hypothek entsteht mit der Eintragung.

Diese Vorschriften finden auf die Eintragung eines Pfandrechts an einem im Schiffsregister eingetragenen Schiffe entsprechende Anwendung.

1. Die hier gegebene Befugnis ist eine Weiterbildung der §§ 1844, 1897 BGB., nach welchen das Vormundschaftsgericht „aus besonderen Gründen (die von der Ehrenhaftigkeit und Zuverlässigkeit des Vormunds ganz unabhängig sind, KG. 25. Januar 1901 in Rechtspr.d.OLG. 4 S. 115 unter c) den Vormund anhalten kann, für das seiner Verwaltung unterliegende Vermögen Sicherheit zu leisten" und „die Art und den Umfang der Sicherheitsleistung nach seinem Ermessen bestimmen kann". Auch kann das Vormundschaftsgericht, „solange das Amt des Vormundes dauert, jederzeit die Erhöhung, Minderung oder Aufhebung der Sicherheit anordnen". „Bei der Bestellung, Änderung oder Aufhebung der Sicherheit wird die Mitwirkung des Mündels durch die Anordnung des Vormundschaftsgerichts ersetzt. — Die Kosten der Sicherheitsleistung sowie der Änderung oder der Aufhebung fallen dem Mündel zur Last". Entsprechendes gilt auch für die Pflegschaft und die Beistandschaft nach § 1915 Abs. 1, § 1693 BGB. — Als geeignete Form der Sicherheitsleistung kommt namentlich die Bestellung einer Hypothek an Grundstücken des Vormunds usw. in Betracht. Eine solche Hypothek würde nach allgemeinen Grundsätzen nur eingetragen werden können, wenn der Vormund usw. die Eintragung bewilligt hat oder im Falle seiner Weigerung zu der Bewilligung verurteilt worden ist. Dem Interesse des Mündels wird jedoch hierdurch nicht genügt, da eine Verzögerung der Eintragung den Erfolg leicht vereiteln kann. Deswegen die Befugnis. Denkschr. S. 49

Auf die elterliche Gewalt findet der § 54 keine Anwendung. Hier ist, wenn der Vater oder die Mutter auf die Bestellung einer Sicherungshypothek nicht freiwillig eingehen wollen und das Vormundschaftsgericht eine andere Sicherung nicht ausreichend hält, nur die Entziehung der Vermögensverwaltung als Zwangsmittel möglich; §§ 1668, 1670 bis 1672, 1686 BGB.

2. Das Ersuchen des Vormundschaftsgerichts macht die im § 873 BGB. vorgesehene Einwilligung der Beteiligten überflüssig, ersetzt den Antrag und die Eintragungsbewilligung, sowie etwa erforderliche Erklärungen Dritter (§§ 13, 19, 29, 39 GBO.). Die übrigen allgemeinen Voraussetzungen der Eintragung (§§ 5, 6, 16 bis 18, 38, 40 bis 44, 48 GBO.) dagegen müssen vorhanden sein und der Inhalt des Ersuchens muß den §§ 16, 28, 48 GBO. entsprechen. — Die Hypothek entsteht mit der Eintragung. Die Erteilung eines Hypothekenbriefs ist ausgeschlossen (§§ 873, 1185 BGB.).

3. Durch die Vorschrift, daß der Vormund, Pfleger oder Beistand vor Erlaß des Ersuchens tunlichst gehört werden soll, erhalten diese Personen die Gelegenheit, auf Grund des § 1786 Abs. 1 Nr. 6, § 1889, § 1915 Abs. 1, § 1693 BGB. die Übernahme des Amtes abzulehnen oder ihre Entlassung zu fordern und dadurch die Eintragung der Hypothek zu vermeiden. Die Vorschrift ist nur Ordnungsvorschrift, ein Verstoß dagegen daher ohne Belang für den Bestand der Hypothek, aber geeignet, einen Beschwerdegrund abzugeben, da das Recht des Vormunds gehört zu werden, „beeinträchtigt“ ist. Vgl. § 12 Anm. 2c α, § 20 Anm. 2a α a. E.

Daneben hat die Reichstagskommission in Übereinstimmung mit den Bundesratsvertretern es für selbstverständlich anerkannt, daß den genannten Personen, auch wenn sie gehört sind, auf Grund des § 20 gegen die Verfügung des Vormundschaftsgerichts die Beschwerde zustehe. Kom.Ber. S. 42 unter Nr. 7.

4. Auf die Erhöhung der Sicherungshypothek findet das in Anm. 1, 2, 3 Gesagte entsprechende Anwendung, da sich dieselbe als ein neues Verfahren behufs Sicherheitsleistung darstellt, dagegen nicht auf die Minderung oder Aufhebung derselben. Das Ersuchen des Vormundschaftsgerichts genügt nicht zur vollständigen oder teilweisen Löschung. Eine solche Regelung, sagt die Denkschrift (S. 49), wäre mit den Vorschriften des BGB. über den Erwerb der Hypothek durch den Eigentümer des belasteten Grundstücks unvereinbar. Das Vormundschaftsgericht erteilt vielmehr Löschungsbewilligung, soweit es die Sicherheit aufzugeben für angemessen erachtet. Übrigens wird die Einwilligung des Mündels, die nach allgemeinen Grundsätzen für die Löschung oder für die Umschreibung der Hypothek auf den Namen des Vormundes erforderlich ist, zufolge § 1844 Abs. 2 BGB. durch die Einwilligung des Vormundschaftsgerichts ersetzt. Fuchs § 54 Anm. 12.

5. Gemäß Abs. 2 finden die Vorschriften des Abs. 1 und damit auch die Bemerkungen in den Anm. 1 bis 4 auf die Eintragung eines Pfandrechts an einem im Schiffsregister eingetragenen Schiffe entsprechende Anwendung. Vgl. dazu § 110.

§ 55.

Eine Verfügung, durch welche die Genehmigung zu einem Rechtsgeschäft erteilt oder verweigert wird, kann von dem Vormundschaftsgericht

insoweit nicht mehr geändert werden, als die Genehmigung oder deren Verweigerung einem Dritten gegenüber wirksam geworden ist.

Eine Verfügung, durch welche die Zustimmung zu einer Ehelichkeitserklärung ersetzt wird, kann nicht mehr geändert werden, wenn die Ehelichkeitserklärung erfolgt ist.

---

1. **Zu Abs. 1.** Im Gegensatze zu § 53, der die Genehmigung des Vormundschaftsgerichts als Ersatz der Zustimmung gewisser Personen zu Rechtshandlungen behandelt, hat der § 55 die Fälle im Auge, in denen die Genehmigung des Vormundschaftsgerichts zu einem Rechtsgeschäft bestimmungsgemäß von vornherein integrierender Bestandteil des Rechtsgeschäfts, damit dieses perfekt werde, anzusehen ist. Fälle dieser Art ergeben namentlich die §§ 1643, 1819 bis 1822, 1915, 1693 BGB. Ob die Fälle der §§ 1493, 1639, 1642, 1669, 1740, 1761, 1803, 1810, 1811, 1845, 1897, 1915 BGB. auch hierher zu rechnen sind, ist streitig. Birkenbihl § 55 Anm. 2a, Dronke § 55 Anm. 2, 3, rechnen sie alle hierher, während Fuchs § 55 Anm. 1b und Rausnitz § 55 Anm. 2 — unter sich abweichend — nur einige davon unter den § 55 fallen lassen wollen. — Hierzu Schmid, Die vormundschaftsgerichtliche Genehmigung, deren Erklärung gegenüber dem Vormund und Wirksamkeit gegenüber dem Dritten, im ZentrBl. 3 S. 266ff.

2. Die vormundschaftsgerichtliche Genehmigung kann, wie sich aus den §§ 1829 bis 1831 BGB. ergibt, sowohl vor als nach der Vornahme des Rechtsgeschäfts erteilt werden. Sie kann nur dem Vormunde gegenüber vom Vormundschaftsgericht erklärt werden (§ 1828 BGB.). Ist ihm dieselbe mitgeteilt, so äußert sie ihre Wirksamkeit zunächst nicht weiter, als daß sie den Vormund berechtigt, den genehmigten Rechtsakt zur Ausführung zu bringen. Eine Verpflichtung erwächst für den Vormund daraus nicht. Dem anderen Teile gegenüber wird die vormundschaftsgerichtliche Genehmigung erst und nur dann wirksam, wenn sie ihm von dem Vormund mitgeteilt worden ist. Eine unmittelbare Mitteilung durch das Gericht setzt dieselbe ihm gegenüber nicht in Wirksamkeit. KG. 29. Februar 1904 in Johow 27 S. A 172 Nr. 49, Bayer.OLG. 28. November 1901 in Rechtspr.d.OLG. 4 S. 114 unter b; vgl. auch KG. 3. März 1902 in Johow 24 S. A 11 Nr. 4.

Die Rechtsnatur der vormundschaftsgerichtlichen Genehmigung ist bestritten. Für ihren Charakter als rechtsgeschäftliche Willenserklärung Mot. 4 S. 1153, RG. 25 S. 282ff.; dagegen als obrigkeitliche Anordnung aufgefaßt in Prot. 4 S. 799ff. und vom KG. 13. Januar 1902 in Johow 23 S. A 173 Nr. 48.

3. Ist die Genehmigung oder Verweigerung auf die in Anm. 2 bemerkte Weise einem Dritten gegenüber einmal wirksam geworden, so kann sie insoweit als dies geschehen vom Vormundschaftsgericht nicht mehr geändert werden. Diese Bestimmung ist eine Ausnahme von § 18 Abs. 1, der dem Gericht eine nachträgliche Änderung seiner Verfügungen gestattet; sie wird ergänzt durch den § 62, der die Befugnisse des Beschwerdegerichts der gleichen Einschränkung unterwirft. Vgl. auch § 63. Von dem Eintritte der Rechtskraft läßt sich die Wirksamkeit der in Rede stehenden Verfügungen nicht abhängig machen; eine derartige Regelung würde den Rechtsverkehr mit dem Mündel in hohem Grade erschweren. Daher bleibt nichts anderes übrig, als hier von dem Satze auszugehen, daß die Rechtslage Dritter, wie sie sich einmal auf Grund der Erteilung oder Verweigerung der Genehmigung gestaltet hat, auch für die Zukunft nicht mehr beseitigt werden kann. Denkschr. S. 50. Auf derselben Rücksichtnahme

beruht auch § 53. Aus der Rechtsprechung vgl. KG. 13. Januar 1902 in Johow 23 S. A 173 Nr. 48, 3. März 1902 daselbst 24 S. A 11 Nr. 4, 24. November 1902 daselbst 25 S. A 17 Nr. 6, 29. Februar 1904 daselbst 27 S. A 172 Nr. 49.

4. **Zu Abs. 2.** Hier handelt es sich um die Ersetzung der Zustimmung der Mutter eines unehelichen Kindes zu dessen Ehelichkeitserklärung nach §§ 1726, 1727 BGB. Dazu vgl. § 53 Abs. 1 Satz 2 und die Anmerkungen daselbst.

§ 56.

Die Volljährigkeitserklärung soll nur auf Antrag des Minderjährigen oder desjenigen gesetzlichen Vertreters des Minderjährigen erfolgen, welchem die Sorge für die Person zusteht.

Die Verfügung, durch welche der Minderjährige für volljährig erklärt wird, tritt erst mit der Rechtskraft in Wirksamkeit.

1. Die materiellrechtlichen Voraussetzungen für die Volljährigkeitserklärung enthalten die §§ 3 bis 5 BGB. Deren Vorschriften werden in Ansehung des Verfahrens ergänzt durch § 56 bzw. § 196.

2. Nach **Abs. 1** soll die Volljährigkeitserklärung nur auf Antrag erfolgen. Die Vorschrift ist indessen nur instruktionell. Das Verfahren ist deswegen kein Antragsverfahren im Sinne des § 18 Abs. 1 Halbsatz 2, § 20 Abs. 2, deren Bestimmungen daher keine Anwendung finden, sondern ein Offizialverfahren. Vgl. § 18 Anm. 2a, § 12 Anm. 2a, § 20 Anm. 3. Ist eine Volljährigkeitserklärung ohne Antrag erfolgt, so ist sie darum nicht unwirksam; sie ist nur mit der Beschwerde und weiteren Beschwerde anfechtbar. Rausnitz § 56 Anm. 1. Antragsberechtigt in diesem Sinne ist

a) der Minderjährige. Er kann also den Antrag selbständig stellen. Erforderlich ist, daß er 18 Jahre alt ist, § 3 BGB.

b) derjenige gesetzliche Vertreter des Minderjährigen, welchem die Sorge für die Person zusteht, d. h. also entweder der Inhaber der elterlichen Gewalt oder der Vormund oder auch in einzelnen Fällen der Pfleger. Ist die Vertretungsmacht in Ansehung der Sorge für die Person und der Sorge für das Vermögen geteilt, so gebührt das Antragsrecht nur dem mit jener Vertretungsmacht Ausgestatteten. Steht einer Person die Sorge für die Person des Minderjährigen, nicht aber die Vertretungsmacht zu, z. B. unter Umständen der Mutter, so ist sie nicht antragsberechtigt. Schneider § 56 Anm. 4.

3. Die Volljährigkeitserklärung erfordert die Einwilligung gewisser Personen; vgl. § 4 BGB. Ist z. B. der Antrag (Anm. 2) von dem Minderjährigen gestellt, so ist noch die Einwilligung nach § 4 Abs. 2 BGB. erforderlich; geht er von dem gesetzlichen Vertreter aus, so ist die Einwilligung des Minderjährigen und unter Umständen des Gewalthabers (§ 4 Abs. 1, 2 BGB.) notwendig. Welche Einwilligungen notwendig sind, bestimmt sich nach dem Zeitpunkt des Erlasses der Volljährigkeitserklärung. Die zur Feststellung dessen erforderlichen Ermittlungen hat das Vormundschaftsgericht von Amts wegen zu veranstalten (§ 12). Desgleichen zur Feststellung, ob durch die Volljährigkeitserklärung das Beste des Minderjährigen befördert wird, § 5 BGB.

4. Die Vorschrift des **Abs. 2** beruht auf denselben Erwägungen, wie die der §§ 53, 55, 62; auf demselben Standpunkt steht § 678 Abs. 3 ZPO. Vgl. nament-

lich § 53 und die Anmerkungen daselbst. Die Verfügung unterliegt, da sie erst mit der Rechtskraft wirksam wird, der sofortigen Beschwerde (§ 60 Abs. 1 Ziff. 6) und kann, wenn einmal erlassen, infolgedessen vom Vormundschaftsgerichte nicht mehr geändert werden (§ 18 Abs. 2); auch das Beschwerdegericht, das die Verfügung etwa abändert, kann nicht die sofortige Wirksamkeit seiner Verfügung anordnen, § 26 Satz 2 und Anm. 2 daselbst.

Die Bekanntmachung der Verfügung und die Beschwerdeberechtigung folgen den gewöhnlichen Regeln; vgl. §§ 16, 20 ff. Einen besonderen Fall der Beschwerde s. KG. 9. Juni 1902 in Zus.d.RJAmts 3 S. 111. Ein selbständiges Beschwerderecht ist dem Minderjährigen durch § 59 eingeräumt.

5. Durch die Volljährigkeitserklärung erlangt der Minderjährige die rechtliche Stellung eines Volljährigen (§ 3 Abs. 2 BGB.) und daher volle Geschäftsfähigkeit. Es greift deshalb § 32 Platz; vgl. Anm. 1a daselbst.

6. Ausnahme von § 56 siehe § 196.

7. Auf eine Verfügung, durch welche der Antrag auf Volljährigkeitserklärung abgelehnt wird, findet § 56 Abs. 2 keine Anwendung.

§ 57.

Die Beschwerde steht, unbeschadet der Vorschriften des § 20, zu:

1. gegen eine Verfügung, durch welche die Anordnung einer Vormundschaft abgelehnt oder eine Vormundschaft aufgehoben wird, jedem, der ein rechtliches Interesse an der Änderung der Verfügung hat, sowie dem Ehegatten, den Verwandten und Verschwägerten des Mündels, es sei denn, daß die Verfügung eine vorläufige Vormundschaft betrifft;
2. gegen eine Verfügung, durch welche die Anordnung einer vorläufigen Vormundschaft abgelehnt oder eine solche Vormundschaft aufgehoben wird, denjenigen, welche den Antrag auf Entmündigung zu stellen berechtigt sind;
3. gegen eine Verfügung, durch welche die Anordnung einer Pflegschaft abgelehnt oder eine Pflegschaft aufgehoben wird, jedem, der ein rechtliches Interesse an der Änderung der Verfügung hat, in den Fällen der §§ 1909, 1910 des Bürgerlichen Gesetzbuchs auch dem Ehegatten sowie den Verwandten und Verschwägerten des Pflegebefohlenen; diese Vorschrift gilt jedoch im Falle des § 1910 nur dann, wenn eine Verständigung mit dem Pflegebefohlenen nicht möglich ist;
4. gegen eine Verfügung, durch welche die Einsetzung eines Familienrats abgelehnt oder der Familienrat aufgehoben wird, dem Ehegatten sowie den Verwandten und Verschwägerten des Mündels;
5. gegen eine Verfügung, durch die in den Fällen des § 1687 Nr. 1, 3 des Bürgerlichen Gesetzbuchs die Bestellung eines Beistandes der Mutter abgelehnt oder die Bestellung aufgehoben wird, dem Ehegatten sowie den Verwandten und Verschwägerten des Kindes;
6. gegen eine Verfügung, durch die ein Antrag des Gegenvormundes oder des Beistandes zurückgewiesen wird, gegen den gesetzlichen

Vertreter wegen pflichtwidrigen Verhaltens einzuschreiten oder den Vormund oder den Pfleger aus einem der im § 1886 des Bürgerlichen Gesetzbuchs bezeichneten Gründe zu entlassen, dem Antragsteller;

7. gegen eine Verfügung, durch die dem Vormund oder dem Pfleger eine Vergütung bewilligt wird, dem Gegenvormunde;
8. gegen eine Verfügung, durch welche die Anordnung einer der in den §§ 1665 bis 1667 des Bürgerlichen Gesetzbuchs vorgesehenen Maßregeln abgelehnt oder eine solche Maßregel aufgehoben wird, den Verwandten und Verschwägerten des Kindes;
9. gegen eine Verfügung, die eine Entscheidung über eine die Sorge für die Person des Kindes oder des Mündels betreffende Angelegenheit enthält, jedem, der ein berechtigtes Interesse hat, diese Angelegenheit wahrzunehmen.

Die Vorschrift des Abs. 1 Nr. 9 findet auf die sofortige Beschwerde keine Anwendung.

1. Die **§§ 57 bis 64** haben die Beschwerde in Vormundschaftssachen zum Gegenstande. Der § 20, wonach die Beschwerde jedem zusteht, dessen Recht durch die Verfügung beeinträchtigt wird, leistet für die Vormundschaftssachen dem praktischen Bedürfnisse nicht vollständig Genüge. In den §§ 57 bis 59 sind deshalb für die Befugnis zur Erhebung der Beschwerde einzelne besondere Bestimmungen getroffen, die gegenüber der Regel des § 20 insoweit Erleichterungen enthalten. Diese Erleichterungen gelten auch für die weitere Beschwerde, d. h. also jeder, dem ein Beschwerderecht nach §§ 57 bis 59 zusteht, kann dies auch mit der weiteren Beschwerde verfolgen, soweit nach den allgemeinen Grundsätzen des § 27 die weitere Beschwerde überhaupt zulässig ist; vgl. § 63. Noch weiter zu gehen und in Vormundschaftssachen eine allgemeine Popularbeschwerde einzuführen, hat die Reichstagskommission abgelehnt. Kom.Ber. S. 21 bis 24, 42 bis 44. Der § 60 behandelt die sofortige Beschwerde, § 61 die Wirkung der Beschwerde bei vorläufiger Vormundschaft, § 62 die Unabänderlichkeit gewisser Verfügungen auch im Beschwerdeverfahren, § 63 die weitere Beschwerde und § 64 die Beschwerde eines Familienratsmitglieds. —

Vgl. Schultzenstein, Beschwerderecht in Vormundschaftssachen in ZfDZPr. 25 S. 189 ff.

2. Der § 57 bezieht sich nur auf die materielle *subjektive Berechtigung* zur Beschwerdeführung. Er gesteht sie jeder der in den Nr. 1 bis 9 bezeichneten Personen zu, unbeschadet der Vorschriften des § 20, d. h. *neben* den gemäß § 20 zur Beschwerde Berechtigten sollen die hier Bezeichneten ohne die Voraussetzungen des § 20 ebenfalls zur Beschwerde berechtigt sein und zwar im *eigenen* Namen, wenngleich meistens im Interesse des Mündels, während die Befugnis einer Person, deren Recht durch eine Verfügung beeinträchtigt ist, ihrerseits Beschwerde zu führen, außerdem weiterbesteht. — Im übrigen bleiben die allgemeinen Vorschriften über die Beschwerde und weitere Beschwerde, §§ 19 bis 30, soweit sich nicht noch aus den §§ 58 bis 64 ein anderes ergibt, unberührt. Vgl. auch KG. 17. Dezember 1900, Rechtspr.d.OLG. 2 S. 264 unter f. Das gilt auch insbesondere in Ansehung der *formellen Ausübung des Beschwerderechts*. Soweit einem Minderjährigen auch in den Fällen des § 57 ein Beschwerderecht zusteht, kann er dasselbe nicht persönlich wahrnehmen, sondern bedarf der Mitwirkung seines gesetzlichen Vertreters (vgl. § 111 BGB.), die Fälle des § 59 allein ausgenommen. KG. 10. November 1902, Johow 25 S. A 184 Nr. 47. So auch Fuchs § 57 Anm. 6. Vgl. a zu Nr. 1 a. E.

a) Zu Nr. 1: Wann die Anordnung einer Vormundschaft erforderlich ist, also nicht abgelehnt werden darf, ergeben die §§ 1773, 1896 BGB., wann die Vormundschaft aufgehoben werden kann bzw. muß, die §§ 1882 bis 1884, 1897 BGB. Die Fälle, in denen die Vormundschaft infolge Eintritts einer bestimmten Tatsache ohne Aufhebungsverfügung endigt, gehören natürlich nicht hierher. Die Ablehnung der Anordnung könnte z. B. in den Fällen des § 50 vorkommen; dgl. die Aufhebung einer Vormundschaft z. B. nach Wiederaufhebung der Entmündigung (§ 678 Abs. 3, § 685 ZPO.).

Wegen des Begriffs „rechtliches Interesse" vgl. § 34 Anm. 2a. Das rechtliche Interesse muß dargetan, nicht bloß glaubhaft gemacht sein; ob dies der Fall, entscheidet das freie Ermessen des Gerichts.

Die Personen, welchen hier ein Beschwerderecht gegeben ist, gehören nicht zu denjenigen, welche nach den §§ 48 ff. dazu verpflichtet sind, davon Anzeige zu erstatten, wenn die Einleitung einer Vormundschaft erforderlich wird. Hier wird aber mittelbar ein Recht derselben, die Einleitung usw. zu verlangen, gegeben. Die Ehegatten, Verwandten und Verschwägerten brauchen kein rechtliches Interesse an der Änderung der angefochtenen Verfügung darzulegen.

Den Ausdruck Verwandte und Verschwägerte gebraucht der § 1847 BGB., um diejenigen Personen zu bezeichnen, aus welchen das Vormundschaftsgericht vor einer von ihm zu treffenden Entscheidung behufs Anhörung auswählen soll. Dieser Personenkreis ist absichtlich nicht fest umschrieben, es ist vielmehr dem freien gewissenhaften Ermessen des Vormundschaftsgerichts freigestellt, auch über den engeren Verwandtenkreis hinübergreifend, diejenigen zu hören, bei welchen es die reinste verwandtschaftliche Gesinnung gegen den Mündel oder die meiste Sachkenntnis voraussetzen darf. Entsprechend darf hier der Ausdruck „Verwandte und Verschwägerte" in demselben weiteren Sinne für die Legitimation zur Beschwerde aufgefaßt werden. Welche Personen zu den Verwandten und Verschwägerten gehören, ergibt sich aus den §§ 1589, 1590 BGB. Das Verwandtschafts- oder Schwägerschaftsverhältnis muß festgestellt werden. Ist der Verwandte oder Verschwägerte, der Beschwerde führen will, geschäftsunfähig oder in der Geschäftsfähigkeit beschränkt, so muß sein gesetzlicher Vertreter das Beschwerderecht für ihn wahrnehmen. Fuchs § 57 Anm. 15, Rausnitz § 57 Anm. 3, Schneider § 57 Anm. 7. A. M. Dorner: er hält, § 57 Anm. 6, minderjährige Verwandte und Verschwägerte nicht eher zur Beschwerde berechtigt, als sie es auch in eigenen Angelegenheiten wären (§ 59 Abs. 2). So auch Birkenbihl § 57 Anm. 2.

In betreff der vorläufigen Vormundschaft vgl. unter b.

b) Zu Nr. 2: Die Anordnung einer vorläufigen Vormundschaft kann in allen Fällen stattfinden, in denen eine Entmündigung beantragt ist, wenn das Vormundschaftsgericht es zur Abwendung einer erheblichen Gefährdung der Person oder des Vermögens des zu Entmündigenden für erforderlich erachtet (§ 1906 BGB.), einerlei ob es sich um Entmündigung wegen Geisteskrankheit, Geistesschwäche, Verschwendung oder Trunksucht (§ 6 BGB.) handelt. Vgl. § 52. Ist das Entmündigungsverfahren eingeleitet, so hat das Vormundschaftsgericht nicht zu prüfen, ob der Einleitungsbeschluß zu Recht besteht, sondern nur, ob die Fürsorgemaßregeln angezeigt sind; KG. 25. Februar 1901 in Johow 21 S. A 209 Nr. 53. Eine vorläufige Vormundschaft ist von dem Vormundschaftsgericht aufzuheben, wenn der Mündel des vorläufigen vormundschaftlichen Schutzes nicht mehr bedürftig ist (§ 1908 Abs. 3 BGB.).

Die Berechtigung, den Entmündigungsantrag zu stellen und damit auch die Berechtigung zur Beschwerde in den Fällen des § 57 Nr. 2 ergibt sich aus den §§ 646, 680 ZPO. In allen Fällen kann der Antrag von dem Ehegatten, einem Verwandten oder demjenigen gesetzlichen Vertreter des zu Entmündigenden gestellt werden, welchem die Sorge für die Person zusteht. Gegen eine Person, die unter elterlicher Gewalt oder unter Vormundschaft steht, kann der Antrag von einem Verwandten nicht gestellt werden. Gegen eine Ehefrau kann der Antrag von einem Verwandten nur gestellt werden, wenn auf Aufhebung der ehelichen Gemeinschaft erkannt ist oder wenn der Ehemann die Ehefrau verlassen hat oder wenn der Ehemann zur Stellung des Antrags dauernd außerstande oder sein Aufenthalt dauernd unbekannt ist (§ 646 ZPO.). Zum Antrag auf Entmündigung wegen Geisteskrankheit oder Geistesschwäche (§ 6 Nr. 1 BGB.), nicht aber zum Antrag auf Entmündigung wegen Verschwendung oder Trunksucht (§ 6 Nr. 2, 3 BGB.) ist auch die Staatsanwaltschaft berechtigt (§ 646 Abs. 2, § 680 Abs. 4 ZPO.), daher auch nur in jenen Fällen zur Beschwerde gemäß § 57 Nr. 2. Soweit es sich um Entmündigung wegen Verschwendung oder Trunksucht handelt, bleiben die landesgesetzlichen Vorschriften, nach welchen eine Gemeinde oder ein der Gemeinde gleichstehender Verband oder ein Armenverband den Antrag stellen kann, unberührt (§ 680 Abs. 5 ZPO.).

Die Verfügung, durch die eine vorläufige Vormundschaft aufgehoben wird, tritt mit der Bekanntmachung an den Mündel in Wirksamkeit (§ 52). Mit diesem Augenblick hört der Vormund auf, gesetzlicher Vertreter zu sein, und ein Beschwerderecht gegen die Aufhebung steht ihm von da ab nicht mehr zu. KG. 10. November 1902 in Zus.d.RJAmts 3 S. 172 ff., Johow 25 S. A 188 Nr. 49, Rechtspr.d.OLG. 6 S. 107 Nr. 18.

Für das Beschwerderecht ist es einerlei, ob der Beschwerdeführer auch den Entmündigungsantrag gestellt hat; es kommt nur darauf an, daß er das Recht dazu hatte. Fuchs § 57 Anm. 20.

Hier handelt es sich nur um Verfügungen, durch welche die Anordnung einer vorläufigen Vormundschaft *abgelehnt* oder eine solche Vormundschaft *aufgehoben* wird. Gegen eine Verfügung, durch welche eine solche Vormundschaft *angeordnet* wird, findet die gewöhnliche Beschwerde des § 20 und zwar als sofortige Beschwerde (§ 60 Nr. 5) statt.

Wegen des Eintritts der Wirksamkeit der verschiedenen hier in Betracht kommenden Verfügungen vgl. § 52, und wegen ihrer Wirkungen auf die inzwischen vorgenommenen Rechtsgeschäfte vgl. §§ 32, 61.

c) Zu Nr. 3: Die Vorschrift gilt für alle Fälle der Pflegschaft. Über letztere vgl. §§ 1909 bis 1921 BGB.; die §§ 1909, 1910 siehe oben bei §§ 37, 38.

Dem *Ehegatten* insbesondere ist in dem Falle des § 1910 ein Beschwerderecht gegeben, weil, wenn der Ehemann nach § 1910 zur Besorgung seiner Vermögensangelegenheiten einen Pfleger erhalten hat, die Frau gemäß § 1418 Nr. 4 BGB. auf Aufhebung der Verwaltung und Nutznießung desselben an ihrem eingebrachten Gute klagen kann. Hier bedarf es für den Ehegatten usw. *nur in den Fällen* der §§ 1909, 1910 nicht der Darlegung des rechtlichen Interesses. Die ganze Vorschrift der Nr. 3 *gilt* aber *nicht*, wenn eine Verständigung mit dem Pflegebefohlenen möglich ist, weil nach § 1910 Abs. 3 eine Pflegschaft in dem unterstellten Falle überhaupt nur mit Einwilligung des Gebrechlichen angeordnet werden darf, es sei denn, daß eine Verständigung mit ihm nicht möglich ist. — Die Übergehung eines zur Pflegschaft Berufenen gibt ein Beschwerderecht: KG. 28. April 1902 in Rechtspr. d.OLG. 5 S. 201 unter b.

Wegen des Begriffs „rechtliches Interesse" vgl. § 34 Anm. 2a. Das rechtliche Interesse muß nach dem Ermessen des Gerichts dargetan, nicht bloß glaubhaft gemacht sein. Wird der Antrag einer unterstützungspflichtigen Armenpflege auf Anordnung einer Pflegschaft abgelehnt, die es ermöglichen soll, daß der unterstützungsberechtigte Pflegling zu bisherigen Bedingungen in einer Anstalt verbleibt, so hat sie ein rechtliches Interesse an der Änderung der Verfügung im Sinne der Nr. 3 des § 57 auf Grund des Rechtsverhältnisses, das zwischen ihr und dem von ihr nach dem Gesetz über den Unterstützungswohnsitz zu Unterstützenden besteht. OLG. Hamburg 1. Juni 1900 im ZentrBl. 1 S. 496 Nr. 126. Die Aufhebung einer Nachlaßverwaltung, die auf Antrag des Erben vom Nachlaßgericht verfügt ist, kann von dem Erben eines mit einem Vermächtnis Bedachten mit der Beschwerde nach § 57 Ziff. 3 angefochten werden. OLG. Jena 11. Juni 1903 im ZentrBl. 4 S. 341 Nr. 313.

Hier handelt es sich ebenfalls nur um den Fall, daß die Anordnung einer Pflegschaft abgelehnt oder eine Pflegschaft aufgehoben wird. Gegen eine Verfügung, durch welche eine Pflegschaft angeordnet wird, findet die gewöhnliche Beschwerde nach den Grundsätzen des § 20 statt.

Wegen des Ausdrucks „Verwandte und Verschwägerte" vgl. oben unter **a.**

Dorner, § 57 Anm. 12, und Fuchs, § 57 Anm. 26, gestehen dem Gegenvormunde eine Beschwerde gegen die Verfügung, durch welche ein Familienrat aufgehoben wird, selbst dann nicht zu, wenn die Einsetzung des Familienrats nach BGB. § 1859 Abs. 1 auf seinen Antrag erfolgt war.

d) Zu Nr. 4: Diese Nummer hat die §§ 1858, 1859, 1879, 1880 BGB. im Auge, welche die Voraussetzungen enthalten, unter denen ein Familienrat von dem Vormundschaftsgericht eingesetzt oder aufgehoben werden soll. In § 1859 sind die Antragsberechtigten genannt und unter ihnen ist der Ehegatte nicht aufgeführt; ohne die Vorschrift der Nummer 4 stände also diesem ein Beschwerderecht gegen den die Einsetzung eines Familienrats ablehnenden Bescheid nicht zu; Entsprechendes gilt für die Verwandten und Verschwägerten (vgl. oben bei **a**). Dagegen brauchte der Gegenvormund hier nicht besonders aufgeführt zu werden. Vgl. § 20 Anm. 3. A. M. Rausnitz § 57 Anm. 14. Die Beschwerde gegen eine Verfügung, durch welche die Einsetzung eines Familienrats abgelehnt wird, ist die einfache, die gegen eine Verfügung, durch welche ein Familienrat aufgehoben wird, die sofortige; § 60 Nr. 4. Wegen des Beginns der Frist im letzteren Falle s. § 60 Abs. 2.

Neben der Beschwerde aus Nr. 4 bleibt das Beschwerderecht der Familienratsmitglieder wegen Aufhebung des Familienrats aus § 20 bestehen. Fuchs § 57 Anm. 29. A. M. Dorner § 57 Anm. 12, insoweit es sich um Familienratsmitglieder handelt, die mit dem Mündel weder verwandt noch verschwägert sind (§ 1867 BGB.).

e) Zu Nr. 5: Die angeführte Gesetzesstelle: § 1687 Nr. 1, 3 BGB. lautet:

Das Vormundschaftsgericht hat der Mutter einen Beistand zu bestellen:
1. wenn der Vater die Bestellung nach Maßgabe des § 1777 angeordnet hat;
3. wenn das Vormundschaftsgericht aus besonderen Gründen, insbesondere wegen des Umfanges oder der Schwierigkeit der Vermögensverwaltung, oder in den

Fällen der §§ 1666. 1667 die Bestellung im Interesse des Kindes für nötig **erachtet**.

Die §§ 1666, 1667 BGB. verpflichten das Vormundschaftsgericht, wenn der Vater das geistige oder leibliche Wohl des Kindes bzw. das Vermögen gefährdet, Maßregeln zur Abwehr der Gefahr zu treffen; siehe unten bei h. — Wegen des Ausdrucks „Verwandte und Verschwägerte" vgl. oben bei a.

Die Mutter ist hier als Beschwerdeberechtigte nicht erwähnt. Ihr steht nach § 1687 Nr. 2 BGB. ein Antragsrecht in Ansehung der Bestellung eines Beistands zu und darum auch gemäß § 20 Abs. 2 ein selbständiges Beschwerderecht im Falle der Zurückweisung ihres Antrags.

Die Beschwerde in den Fällen der Nr. 5 ist die einfache.

f) Zu Nr. 6: Das Vormundschaftsgericht hat gegen den gesetzlichen Vertreter wegen pflichtwidrigen Verhaltens von Amts wegen einzuschreiten. Ferner hat es den Vormund oder den Pfleger (§ 1915 BGB.) unter gewissen Voraussetzungen zu entlassen. In letzterer Beziehung sagt der § 1886 BGB.:

Das Vormundschaftsgericht hat den Vormund zu entlassen, wenn die Fortführung des Amtes, insbesondere wegen pflichtwidrigen Verhaltens des Vormundes, das Interesse des Mündels gefährden würde oder wenn in der Person des Vormundes einer der im § 1781 bestimmten Gründe vorliegt.

Damit das Vormundschaftsgericht vorgehe, bedarf es in den bezeichneten Fällen keines Antrags. Unterläßt es das Vormundschaftsgericht, vorzugehen, so wäre ohne die Vorschrift Nr. 6 der einzige Beschwerdeberechtigte der in seinem Rechte beeinträchtigte Mündel (§ 20), der aber in vielen Fällen sein Beschwerderecht nicht selbständig ausüben kann, sondern durch seinen gesetzlichen Vertreter ausüben muß (vgl. § 59 und oben eingangs von Anm. 2 und unter a), der aber selbst hierbei als derjenige beteiligt ist, gegen den das Vormundschaftsgericht einschreiten soll. In vielen Fällen würde es also an einer zur Beschwerde berechtigten Person fehlen. Gegenvormund und Beistand haben aber nach §§ 1799, 1689 BGB. die Pflicht zur Überwachung des Vormunds bzw. der Mutter und zur Erstattung von Anzeigen etwaiger Pflichtwidrigkeiten derselben. Deshalb ist ihnen hier ein Beschwerderecht beigelegt. Fuchs Anm. 34 bis 37. Ein Beschwerderecht steht ihnen aber nur zu, wenn sie auch die Antragsteller waren; OLG. Karlsruhe 7. Juni 1901 in Rechtspr.d.OLG. 2 S. 37 unter c.

g) Zu Nr. 7: Nach § 1836 BGB. kann das Vormundschaftsgericht dem Vormund eine angemessene Vergütung bewilligen; es soll sie nur bewilligen, wenn das Vermögen des Mündels sowie der Umfang und die Bedeutung der vormundschaftlichen Geschäfte es rechtfertigen. Vorher sollen der Vormund und Gegenvormund gehört werden. Auch hier gilt das unter f a. E. Gesagte. — Entsprechendes gilt nach § 1915 BGB. für die Pflegschaft. — Wie für die erste Bewilligung der Vergütung, so gilt die Vorschrift auch für etwaige spätere Erhöhungen der Vergütung; nicht natürlich im Falle der Herabsetzung oder Entziehung derselben. — Das Beschwerderecht anderer Personen nach § 20, z. B. des Nacherben, bleibt durch die Vorschrift unberührt.

h) Zu Nr. 8: Die §§ 1665 bis 1667 BGB. lauten:

§ 1665. Ist der Vater verhindert, die elterliche Gewalt auszuüben, so hat das Vormundschaftsgericht, sofern nicht die elterliche Gewalt nach § 1685 von der Mutter ausgeübt wird, die im Interesse des Kindes erforderlichen Maßregeln zu treffen.

§ 1666. Wird das geistige oder leibliche Wohl des Kindes dadurch gefährdet, daß der Vater das Recht der Sorge für die Person des Kindes mißbraucht, das Kind vernachlässigt oder sich eines ehrlosen oder unsittlichen Verhaltens schuldig macht, so hat das Vormundschaftsgericht die zur Abwendung der Gefahr erforderlichen Maßregeln zu treffen. Das Vormundschaftsgericht kann insbesondere anordnen, daß das Kind zum Zwecke der Erziehung in einer geeigneten Familie oder in einer Erziehungsanstalt oder einer Besserungsanstalt untergebracht wird.

Hat der Vater das Recht des Kindes auf Gewährung des Unterhalts verletzt und ist für die Zukunft eine erhebliche Gefährdung des Unterhalts zu besorgen, so kann dem Vater auch die Vermögensverwaltung sowie die Nutznießung entzogen werden.

§ 1667. Wird das Vermögen des Kindes dadurch gefährdet, daß der Vater die mit der Vermögensverwaltung oder die mit der Nutznießung verbundenen Pflichten verletzt oder daß er in Vermögensverfall gerät, so hat das Vormundschaftsgericht die zur Abwendung der Gefahr erforderlichen Maßregeln zu treffen.

Das Vormundschaftsgericht kann insbesondere anordnen, daß der Vater ein Verzeichnis des Vermögens einreicht und über seine Verwaltung Rechnung legt. Der Vater hat das Verzeichnis mit der Versicherung der Richtigkeit und Vollständigkeit zu versehen. Ist das eingereichte Verzeichnis ungenügend, so findet die Vorschrift des § 1640 Abs. 2 Satz 1 Anwendung. Das Vormundschaftsgericht kann auch, wenn Wertpapiere, Kostbarkeiten oder Buchforderungen gegen das Reich oder einen Bundesstaat zu dem Vermögen des Kindes gehören, dem Vater die gleichen Verpflichtungen auferlegen, welche nach den §§ 1814 bis 1816, 1818 einem Vormund obliegen; die Vorschriften der §§ 1819, 1820 finden entsprechende Anwendung.

Die Kosten der angeordneten Maßregeln fallen dem Vater zur Last.

Wegen des Ausdrucks „Verwandte und Verschwägerte" vgl. unter a. Zu denselben gehören auch der Vater und die Mutter, einerlei, wer von ihnen die Rechte der elterlichen Gewalt ausübt. Übt sie z. B. die Mutter aus, so steht dem Vater gegen eine die Mutter betreffende ablehnende Verfügung das Beschwerderecht zu. Birkenbihl § 57 Anm. 9, Fuchs § 57 Anm. 42, Schneider § 57 Anm. 23.

i) Zu Nr. 9 und Abs. 2: *α*) Diese Nummer wie auch Abs. 2 sind von der Reichstagskommission eingefügt worden. Aus dem Kom.Ber. S. 42 ff., bzw. S. 21 ff. geht hervor, daß die Kommission im Einverständnisse mit den Bundesratsvertretern mit der Vorschrift den Zweck verfolgt hat, in den die Person des Kindes oder Mündels berührenden Angelegenheiten, insbesondere auch, wenn es sich um dessen religiöse Erziehung handelt, das Beschwerderecht in dem weitesten Umfange aufrecht zu erhalten, wie es Doktrin und Praxis für das preußische Vormundschaftsrecht zugelassen hatten (vgl. z. B. Entscheidung des KG. v. 3. Mai 1886 in Johow 6 S. 3). Hiernach soll in den gedachten Angelegenheiten jedem ein Beschwerderecht zustehen, der überhaupt ein berechtigtes Interesse (vgl. § 34 Note 2a) an diesen Angelegenheiten hat, z. B. den Mitgliedern des Familienrats bzw. dem Vormundschaftsrichter als Vorsitzenden desselben, soweit es sich um Beschlüsse des Familienrats handelt. Als besonders Berufene sind in dem Kom.Ber. (S. 43) erwähnt: der zuständige Pfarrer, der Lokalschulinspektor in betreff der religiösen Erziehung des Mündels; ferner in ähnlicher

Beziehung die Armenverwaltungen, die Schulgemeinden, die freiwilligen Vereine zur Förderung des Wohls der Jugend, insbesondere der Waisen u. a. m.

β) Es muß sich um eine Verfügung handeln, die eine Entscheidung über eine die Sorge für die Person des Kindes oder Mündels betreffende Angelegenheit enthält. Der Kreis dieser Angelegenheiten ist durch die für das Anwendungsgebiet des § 57 Ziff. 9 maßgebenden §§ 1631 bis 1633, 1800 BGB. bestimmt. KG. 30. April 1900 in Zus.d.RJAmts 1 S. 43 ff., Johow 20 S. A 136 Nr. 36, Rechtspr.d.OLG. 1 S. 190 Nr. 107. Nach Bayer.OLG. 7. April 1900 in Rechtspr.d.OLG. 1 S. 76 Nr. 38 gehören hierher nur solche Angelegenheiten, bei denen es sich unmittelbar um die Wahrnehmung der Sorge für die Person handelt; vgl. dazu § 59 Anm. 1a.

Als Fälle aus der Rechtsprechung seien angeführt: Der in einem Prozesse zwischen einem minderjährigen unehelichen Kinde und dessen Vater über die Unterhaltspflicht des letzteren geschlossene Vergleich ist eine nur die Sorge für das Vermögen des Kindes betreffende Angelegenheit und gegen die die Genehmigung des Vergleichs versagende Verfügung des Vormundschaftsgerichts steht dem unehelichen Vater das Beschwerderecht aus § 57 Ziff. 9 nicht zu; vgl. § 20 Anm. 2aα. KG. 30. April 1900 (s. vorstehend). — Die religiöse Erziehung des Kindes bzw. Mündels ist eine die Sorge für die Person betreffende Angelegenheit; die beharrliche Weigerung der Mutter, den durch Art. 134 Einf.Ges.z.BGB. aufrecht erhaltenen landesgesetzlichen Bestimmungen über die religiöse Erziehung nachzukommen, ist ein „besonderer Grund" zur Bestellung eines Beistandes für die Mutter im Interesse des Kindes gemäß § 1687 Nr. 3, § 1666 BGB.; der Gemeindewaisenrat hat nach BGB. das Recht und die Pflicht, darüber zu wachen, daß den in seinem Bezirke (vgl. KG. 17. März 1902 in Frankf.Rundschau 36. Jahrg. S. 77 Nr. 6) sich aufhaltenden Mündeln bzw. unter elterlicher Gewalt stehenden Kindern die nötige Erziehung und Pflege zuteil werde, und er hat dem Vormundschaftsgericht Anzeige zu erstatten, wenn ein Fall zu seiner Kenntnis kommt, in welchem das Vormundschaftsgericht zum Einschreiten berufen ist (§§ 1850, 1675 BGB.) und demgemäß auch in einschlägigen Fällen ein Beschwerderecht gemäß § 57 Ziff. 9. KG. 9. Juli 1900 in Zus.d.RJAmts 1 S. 87 ff., Johow 20 S. A 139 Nr. 37, Rechtspr.d.OLG. 1 S. 282 Nr. 171. — Die Entscheidung über Aufenthalt und Beschäftigung, namentlich im Dienstverhältnis, des Kindes bzw. Mündels ist eine die Sorge für die Person desselben betreffende Angelegenheit; aber der Dienstherr hat kein berechtigtes Interesse im Sinne des § 57 Nr. 9 in der Frage, ob das Dienstverhältnis wegen der durch dasselbe verursachten Gefährdung der Sittlichkeit der Minderjährigen gelöst werden soll, die persönliche Angelegenheit der letzteren wahrzunehmen und sich in die Sorge für deren Person einzumischen. Bayer.OLG. 20. September 1900 in Zus.d.RJAmts 1 S. 137 ff., Johow 20 S. D 10 Nr. 2, Rechtspr.d.OLG. 1 S. 384 Nr. 235, Seuff.Arch. 56 S. 164 Nr. 95. — Die gerichtliche Auswahl und Bestellung eines Vormundes kann selbst dann, wenn sie nur behufs Wahrnehmung der Sorge für das Vermögen des Mündels erfolgt ist, eine Unzuträglichkeit für das persönliche Wohl des Mündels enthalten, namentlich wenn der Vormund nicht dem religiösen Bekenntnisse des Mündels angehört, und es ist daher auch in einem solchen Falle unbedenklich, den Verwandten ein berechtigtes Interesse zuzuerkennen, in Wahrnehmung dieser Angelegenheit gegen die Bestellung Beschwerde zu führen. KG. 13. Mai 1901 in Zus.d.RJAmts 2 S. 113 ff., Johow 22 S. A 213 Nr. 53, Rechtspr.d.OLG. 3 S. 308 Nr. 79, „Recht" 5 S. 432 Nr. 1681. Dagegen Bayer.OLG. 7. April 1900, vgl. vorstehend und § 59 Anm. 1a. Beschwerderecht des Ehemanns einer entmündigten Frau bezüglich der Auswahl des Vormunds; KG. 28. September 1903 in Rechtspr.d.OLG. 7 S. 339 (nach Soergel 1903 S. 547 § 57[5]. — Gegen die Anordnung des Vormundschaftsgerichts, daß ein Kind getrennt von seinen Eltern zu erziehen sei, steht dem Ortsarmenverbande des Unterstützungswohnsitzes des Kindes die Beschwerde zu. KG. 21. September 1903 in Johow 26 S. A 183 Nr. 53; OLG. Hamburg 2. April 1902 in Johow 24 S. D 6 Nr. 3; vgl. dagegen 12. November 1902 in Rechtspr.d.OLG. 5 S. 438 unter c, Seuff.Arch. 58 S. 301 Nr. 160. — Daß die Frage, ob die Vormundschaft von einem Gericht an ein anderes abzugeben ist, sich als eine die Sorge für die Person des Mündels betreffende Angelegenheit, die Ablehnung der Anregung, mit dem anderen Gerichte wegen Übernahme der Sache in Verbindung zu treten, als eine die Sorge für die Person des Mündels betreffende Entscheidung darstellen kann, ist bereits oben § 46 Anm. 4 a. E. erwähnt. Wird der im Interesse der Sorge für die Person des Mündels erfolgten Anregung keine Folge gegeben, so steht den Verwandten des letzteren aus § 57 Ziff. 9 ein Beschwerderecht zu. KG. 4. Februar 1901 in Rechtspr.d.OLG. 2 S. 347 unter b. — Das Vormundschaftsgericht hat bei seiner Entscheidung über den Antrag des gesetzlichen Vertreters auf Genehmigung zur Beantragung der Entlassung aus der inländischen Staatsangehörigkeit nur das Wohl des Minderjährigen, nicht öffentliche, insbesondere militärische Interessen zu berücksichtigen. Hieraus folgt, daß die Verwaltungsbehörde mangels Beeinträchtigung ihres eigenen Rechts (das sich auf die Wahrnehmung der militärischen Interessen — §§ 15, 17 Ges. v. 1. Juni 1870 — erstreckt) zu einer Beschwerde gegen die bezügliche Verfügung des Vormundschaftsgerichts nicht berechtigt ist. OLG. Colmar 20. April 1901 im „Recht" 5 S. 358 Nr. 1374. — Beschwerderecht der Geschwister eines Mündels aus § 57 Nr. 9 gegen die Unterbringung des Mündels in eine Irrenanstalt: Bayer.OLG. 13. August 1902 im „Recht" 6 S. 483 Nr. 2213.

γ) Die Beschwerdeberechtigung auf Grund des § 57 Nr. 9 setzt voraus, daß die Beschwerde im Interesse des Minderjährigen, nicht in dem des Beschwerdeführers eingelegt wird. OLG. Colmar 20. April 1901 im „Recht" 5 S. 358 Nr. 1374.

δ) Nach Abs. 2 findet die Vorschrift der Ziffer 9 auf die sofortige Beschwerde keine Anwendung. Das hat die Bedeutung, daß soweit in Vormundschaftssachen die sofortige Beschwerde stattfindet — § 60 —, für die erleichterte Beschwerdeberechtigung nach § 57 Ziffer 9 kein Raum ist. Soweit indessen neben der sofortigen Beschwerde die allgemeine Beschwerdeberechtigung aus § 20 unberührt bleibt, greift auch die erleichterte Beschwerdeberechtigung aus § 57 Ziffer 9 Platz. Von Bedeutung ist dies nur für das Verhältnis dieser Ziffer 9 zu § 60 Ziffer 1. Nach der letzteren Vorschrift kann wegen Übergehung bei der Berufung als Vormund ꝛc. nur der Berufene mittels sofortiger Beschwerde vorgehen; damit ist aber das erleichterte Beschwerderecht aus § 57 Ziffer 9 gegen die Auswahl des Vormunds schlechthin, soweit hier die Voraussetzungen der Ziffer 9 vorliegen (vgl. unter β), nicht ausgeschlossen. OLG. Jena 28. Mai 1903 im ZentrBl. 4 S. 95 Nr. 71. — Vgl. § 60 Anm. 2.

§ 58.

Führen mehrere Vormünder oder Pfleger die Vormundschaft oder die Pflegschaft gemeinschaftlich, so kann jeder von ihnen für den Mündel das Beschwerderecht selbständig ausüben.

Diese Vorschrift findet in den Fällen der §§ 1629, 1798 des Bürgerlichen Gesetzbuchs entsprechende Anwendung.

---

1. **Zu Abs. 1.** Der Regel nach soll nur ein Vormund bzw. ein Pfleger bestellt werden (§§ 1775, 1915 BGB.). Bestellt das Vormundschaftsgericht mehrere Vormünder bzw. Pfleger, so kann es die Führung der Vormundschaft bzw. Pflegschaft nach bestimmten Wirkungskreisen teilen. Innerhalb des ihm überwiesenen Wirkungskreises ist jeder Vormund bzw. Pfleger selbständig (§ 1797 Abs. 2, § 1915 BGB.). Für diesen Fall gilt nichts Besonderes; jeder Vormund bzw. Pfleger übt das Beschwerderecht in Ansehung der in seinen Wirkungskreis fallenden Angelegenheiten selbständig aus.

Mehrere Vormünder bzw. Pfleger sollen aber in der Regel die Vormundschaft gemeinschaftlich führen. Bei einer Meinungsverschiedenheit unter ihnen entscheidet, soweit nicht bei der Bestellung ein anderes bestimmt wird, das Vormundschaftsgericht (§ 1797 Abs. 1, § 1915 BGB.). Sollte nun bei einer weiteren Meinungsverschiedenheit über die Ausübung des Beschwerderechts gegen diese Entscheidung des Vormundschaftsgerichts das letztere wieder zu entscheiden haben, so würde es gewissermaßen in eigener Sache entscheiden. Deshalb ist durch § 58 Abs. 1 jeder Vormund bzw. Pfleger auch in einem solchen Falle selbständig und unabhängig in bezug auf die Ausübung des Beschwerderechts gestellt. Vgl. hierzu § 53 Anm. 1a.

Vgl. § 82, wo eine entsprechende Vorschrift für mehrere Testamentsvollstrecker gegeben ist.

2. **Zu Abs. 2.** Die §§ 1629, 1798 BGB. lauten:

§ 1629. Steht die Sorge für die Person oder die Sorge für das Vermögen des Kindes einem Pfleger zu, so entscheidet bei einer Meinungsverschiedenheit zwischen dem Vater und dem Pfleger über die Vornahme einer sowohl die Person als das Vermögen des Kindes betreffenden Handlung das Vormundschaftsgericht.

§ 1798. Steht die Sorge für die Person und die Sorge für das Vermögen des Mündels verschiedenen Vormündern zu, so entscheidet bei einer Meinungsverschiedenheit über die Vornahme einer sowohl die Person als das Vermögen des Mündels betreffenden Handlung das Vormundschaftsgericht.

In den §§ 1629, 1798 BGB. handelt es sich nur um spezielle Anwendungen des in Anm. 1 Gesagten. Steht die Sorge für die Person des Mündels und die Sorge für das Vermögen des Mündels verschiedenen Personen zu, so ist jede dieser Personen in seinem Pflichtenkreis selbständig, auch soweit es sich um Ausübung des Beschwerderechts handelt. Es gibt aber Fälle, die sowohl auf dem einen wie auf dem anderen Gebiete liegen; so z. B. wenn es sich um Bestimmung des für Unterhalt und Erziehung eines Kindes zu machenden Aufwandes handelt. Über eine hier zutage tretende Meinungsverschiedenheit entscheidet zunächst das Vormundschaftsgericht. Gegen dessen Entscheidung kann dann gemäß § 58 jede mit der Sorge für den Mündel betraute Person selbständig das Beschwerderecht wahrnehmen. Daneben kann diejenige von ihnen, der die Sorge für die Person des Kindes bzw. Mündels anvertraut ist, das Beschwerderecht nach § 57 Ziffer 9 ausüben. Bayer.ObLG. 6. Februar 1902 im ZentrBl. 2 S. 884 Nr. 227, „Recht" 6 S. 150 Nr. 687. Und endlich kann auch das Kind bzw. der Mündel selbst unter den Voraussetzungen des § 59 Beschwerde führen.

§ 59.

Ein unter elterlicher Gewalt stehendes Kind oder ein unter Vormundschaft stehender Mündel kann in allen seine Person betreffenden Angelegenheiten ohne Mitwirkung seines gesetzlichen Vertreters das Beschwerderecht ausüben. Das gleiche gilt in Angelegenheiten, in denen der Mündel vor einer Entscheidung des Vormundschaftsgerichts gehört werden soll.

Diese Vorschriften finden auf Personen, die geschäftsunfähig sind oder nicht das vierzehnte Lebensjahr vollendet haben, keine Anwendung.

---

1. Ein unter elterlicher Gewalt stehendes Kind wird durch den Gewalthaber, den Vater bzw. die Mutter (§§ 1626, 1627, 1630, 1684, 1701; §§ 1719 ff.; §§ 1736, 1757 BGB.), ein Mündel durch den Vormund (§ 1793 BGB.) vertreten und, soweit der Gewalthaber oder der Vormund verhindert ist (§§ 1630, 1795 BGB.), durch einen Pfleger (§ 1909 BGB.); diese Vertretung umfaßt auch das Beschwerdeverfahren. Zu ihren Gunsten ist nun durch § 59 in allen ihre Person betreffenden und diesen in Abs. 1 Satz 2 gleichgestellten Angelegenheiten unter der aus Abs. 2 sich ergebenden Beschränkung ein eigenes selbständiges Beschwerderecht vorgesehen.

a) Als Angelegenheiten, welche „die Person" des unter elterlicher Gewalt stehenden Kindes bzw. des Mündels betreffen, führt die Denkschrift (S. 51) beispielsweise an: wenn dem Kinde oder Mündel gegenüber ein Antrag auf Ersetzung der Einwilligung zur Eheschließung oder der Genehmigung einer anfechtbaren Ehe oder auf Abänderung der von den Eltern hinsichtlich der Gewährung des Unterhalts getroffenen Bestimmung zurückgewiesen, die Unterbringung in eine Erziehungs- oder Besserungsanstalt angeordnet, die Volljährigkeitserklärung ausgesprochen oder abgelehnt worden ist (§§ 3, 1308, § 1337 Abs. 1, §§ 1612, 1666, 1838 BGB.); ebenso ist die minderjährige Ehefrau nach § 59 in der Lage, gegen eine Verfügung, durch welche das Vormundschaftsgericht den Antrag auf Wiederherstellung der Schlüsselgewalt zurückgewiesen hat (§ 1357 Abs. 2 BGB.), selbständig die Beschwerde einzulegen. — Vgl. ferner § 68.

Zu den persönlichen Angelegenheiten eines unter elterlicher Gewalt oder unter Vormundschaft Stehenden im Sinne des § 59 ist nach KG., 30. Juni 1902 in Johow 24 S. A 148 Nr. 43, Rechtspr.d.OLG. 5 S. 444 unter h, die Sorge für die Erziehung eines Abkömmlings zu rechnen, so daß eine wegen Geistesschwäche entmündigte verwitwete Mutter in einer die Erziehung ihres minderjährigen Kindes betreffenden Angelegenheit ohne Mitwirkung ihres Vormundes, der in der Sache nichts veranlassen will, über das Vormundschaftsgericht Beschwerde führen kann. Dagegen KG. 10. November 1902 in Zus.d.RJAmts 1 S. 171 ff.; Rechtspr.d.OLG. 6 S. 299 unter g; ZentrBl. 3 S. 662 Nr. 117. — Betrifft eine Angelegenheit sowohl die Person als auch das Vermögen des Kindes bzw. Mündels — vgl. § 58 Anm. 2 —, so gehört sie ebenfalls hierher. Der Kreis der Angelegenheiten, welche „die Person" des Kindes bzw. Mündels betreffen, ist, nach Fuchs § 59 Anm. 3, Rausnitz § 59 Anm. 4, Schultzenstein in ZfDZPr. 25 S. 212, umfassender als derjenige, welcher bloß „die Sorge für die Person" desselben betreffen. Das Bayer.O.LG., 7. April 1900 in Rechtspr.d.OLG. 1 S. 76, Seuff.Arch. 56 S. 116 Nr. 67, zählt nur diejenigen hierher, bei denen es sich „unmittelbar" um die Wahrnehmung der Sorge für die Person handelt, so daß die vom Mündel beantragte Entlassung des Vormunds wegen angeblicher Pflichtwidrigkeiten bzw. Abgabe der Vormundschaft an ein anderes Vormundschaftsgericht nicht zu den seine Person betreffenden Angelegenheiten gehören würde, so daß ein entmündigter Verschwender oder Trunksüchtiger ein Beschwerderecht insoweit nicht hat. Vgl. dagegen die Rechtsprechung bei § 57 Ziffer 9.

Die Verteidigung gegen einen Entmündigungsantrag ist eine die Person des Mündels betreffende Angelegenheit, die dazu erforderliche Gewährung eines Kostenvorschusses an einen mit der Anfechtungsklage beauftragten Rechtsanwalt betrifft sowohl die Person als auch das Vermögen des Mündels. Gegen die Verweigerung der Genehmigung zur Zahlung eines solchen Vorschusses seitens des Vormundschaftsgerichts steht sowohl dem Rechtsanwalt aus § 57 Nr. 9 als dem Mündel aus § 59 Satz 1 ein Beschwerderecht zu. Bayer.O.LG. 20. November 1903 in Seuff.Arch. 59 S. 212 Nr. 115.

b) Die Fälle, in denen der Mündel vor der Entscheidung des Vormundschaftsgerichts gehört werden soll, sind im § 1827 BGB. aufgeführt. Das selbständige Beschwerderecht ist hier nicht davon abhängig, daß etwa die Anhörung tatsächlich unterblieben ist; es ist vielmehr selbst dann zugelassen, wenn der Mündel bei seiner Anhörung der Verfügung zugestimmt, seine Überzeugung aber nachträglich geändert hat. Denkschr. S. 51. So auch Fuchs § 59 Anm. 4. A. M. Ebert-Dubek, § 59 Anm. 4, nach denen gerade diese Unterlassung die Legitimation zur Beschwerde begründet.

2. Nach Abs. 2 sollen die Vorschriften des Abs. 1 auf Personen, welche geschäftsunfähig sind oder nicht das vierzehnte Lebensjahr vollendet haben, keine Anwendung finden; d. h. diese Personen sollen kein selbständiges Beschwerderecht haben. Wer zu den geschäftsunfähigen Personen gehört, ergibt sich aus § 104 BGB. Vgl. KG. 10. November 1902 in Johow 25 S. A 184 Nr. 47.

3. Durch das in § 59 aufgestellte Beschwerderecht des Kindes bzw. Mündels wird das gleiche Recht des elterlichen Gewalthabers, des Vormunds oder Pflegers nicht berührt; auch ein Verzicht des einen Teils auf Beschwerde berührt das Beschwerderecht des anderen nicht.

4. Aus der selbständigen Beschwerdeberechtigung des Kindes bzw. Mündels ist nicht zurückzuschließen auf die Notwendigkeit, daß ihm alle Verfügungen in Angelegenheiten der in § 59 Abs. 1 bezeichneten Art auch bekannt gemacht werden müßten. Vgl. § 16 Anm. 2b. Es handelt sich im Falle des § 59 nicht um zwei materiell verschiedene Beschwerdeberechtigungen, sondern um zwei verschiedene Personen, die das eine materielle Beschwerderecht des Mündels unabhängig voneinander ausüben können. Fuchs § 59 Anm. 6. A. M. Rausnitz § 59 Anm. 6.

§ 60.

Die sofortige Beschwerde findet statt:

1. gegen eine Verfügung, durch die ein als Vormund, Pfleger, Gegenvormund, Beistand oder Mitglied des Familienrats Berufener übergangen wird;
2. gegen eine Verfügung, durch welche die Weigerung, eine Vormundschaft, Pflegschaft, Gegenvormundschaft oder Beistandschaft zu übernehmen, zurückgewiesen wird;

3. gegen eine Verfügung, durch die ein Vormund, Pfleger, Gegenvormund oder Beistand gegen seinen Willen entlassen wird;
4. gegen eine Verfügung, durch die der Familienrat aufgehoben oder ein Mitglied des Familienrats gegen seinen Willen entlassen wird;
5. gegen eine Verfügung, durch die ein Volljähriger unter vorläufige Vormundschaft gestellt wird;
6. gegen Verfügungen, die erst mit der Rechtskraft wirksam werden.

Die Frist beginnt in den Fällen des Abs. 1 Nr. 1 mit dem Zeitpunkt, in welchem der Beschwerdeführer von seiner Übergehung Kenntnis erlangt, im Falle der Aufhebung des Familienrats mit dem Zeitpunkt, in welchem das Vormundschaftsgericht die bisherigen Mitglieder von der Aufhebung in Kenntnis setzt.

---

1. Bei den unter Nr. 1 bis 5 bezeichneten Verfügungen erscheint eine zeitliche Beschränkung der Beschwerde deshalb geboten, weil sie die Grundlage für die gesamte vormundschaftliche Verwaltung oder doch für die Tätigkeit des einzelnen Vormundes, Pflegers oder Beistandes bilden. Was aber die Nr. 6 betrifft, so liegt es in der Natur der Sache, daß gegen Verfügungen, deren Wirksamkeit erst mit der Rechtskraft eintritt, lediglich die sofortige Beschwerde zulässig ist. Denkschr. S. 51.

a) Zu Nr. 1: Für diese Fälle (§§ 1694, 1776, 1778, § 1792 Abs. 4, §§ 1861, 1897 bis 1900, 1915 bis 1917 BGB.) ist die Regel des § 22 Abs. 1, daß die Beschwerdefrist mit dem Zeitpunkt, in welchem die Verfügung dem Beschwerdeführer bekannt gemacht worden ist, beginnt, nicht ausreichend. Denn dem Übergangenen wird, sofern er nicht seine Ernennung zum Vormunde, Pfleger usw. bei dem Vormundschaftsgerichte selbst beantragt hatte, die Verfügung, durch welche er übergangen und ein anderer an seiner Stelle ernannt ist, in der Regel nicht bekannt gemacht werden (vgl. § 18 der Preußischen Vormundschaftsordnung). Deshalb die Vorschrift in Abs. 2. — Das Beschwerderecht aus Ziffer 1 ist nicht nur gegen die erste Übergehung gegeben, sondern auch gegen jede weitere Übergehung, so daß die Versäumung der Frist bei der ersten Übergehung die spätere Beschwerdeberechtigung nicht beseitigt. KG. 28. April 1902 in Rechtspr.d.OLG. 5 S. 201f.

b) Zu Nr. 2: Vgl. §§ 1786 bis 1788, § 1915 Abs. 1, § 1792 Abs. 4, § 1694 BGB.

c) Zu Nr. 3: Vgl. §§ 1886 bis 1888, § 1915 Abs. 1, §§ 1895, 1694 BGB.

d) Zu Nr. 4: Was den Fall der *Aufhebung des Familienrats* anlangt, so ergeben sich ähnliche Schwierigkeiten wie bei Nr. 1. Nach § 1879, § 1881 Abs. 2 BGB. werden von der die Aufhebung aussprechenden Verfügung nur die bisherigen Mitglieder des Familienrats, der Vormund und der Gegenvormund in Kenntnis gesetzt, während die Beschwerdeberechtigung in Ansehung dieser Verfügung sich noch über den in § 57 Ziff. 4 bezeichneten Personenkreis erstreckt. Wegen des Beginns der Beschwerdefrist siehe Abs. 2. — Wegen *Entlassung eines Mitgliedes des Familienrats* gegen seinen Willen vgl. § 1878 Abs. 2 BGB. Diese Entlassung kann nur durch das dem Vormundschaftsgericht im Instanzenwege vorgeordnete Gericht erfolgen. Wegen des Beschwerdegerichts und des Ausschlusses einer weiteren Beschwerde vgl. § 64.

e) Zu Nr. 5: Hierzu vgl. § 52 und in betreff des Falls der Wiederaufhebung der Verfügung § 61.

f) Zu Nr. 6: Diese Fälle finden sich in § 53 Abs. 1 und § 56 Abs. 2. —

2. Durch die Vorschriften des § 60 wird die Beschwerde**berechtigung** außer nach § 57 Nr. 9 (vgl. Abs. 2 und Anm 2 i δ daselbst) in keiner Weise berührt. Wem ein Beschwerderecht zusteht, bestimmt sich nach den §§ 20, 57 bis 59, 61, 63. Vgl. KG. 22. September 1902 in Rechtspr.d.OLG. 6 S. 298 unter f, ZentrBl. 3 S. 804 Nr. 450.

3. Auf die sofortige Beschwerde des § 60 finden die allgemeinen Bestimmungen über die Beschwerde und weitere Beschwerde, §§ 19 bis 30, sowie die §§ 61 bis 64 Anwendung. Namentlich sind für die Vorschriften § 18 Abs. 2, § 26, § 29 Abs. 2, und wegen der Frist, soweit nicht § 60 Abs. 2 ein anderes bestimmt, § 16 Abs. 2, § 22 zu beachten. Vgl. hierzu KG. 17. Dezember 1900 in Zus.d.RJAmts 2 S. 1ff.

§ 61.

Wird eine Verfügung, durch die ein Volljähriger unter vorläufige Vormundschaft gestellt ist, von dem Beschwerdegericht aufgehoben, so kann die Wirksamkeit der von oder gegenüber dem Volljährigen vorgenommenen Rechtsgeschäfte nicht auf Grund der aufgehobenen Verfügung in Frage gestellt werden.

---

1. Vgl. hierzu § 52, § 57 Abs. 1 Ziff. 2, § 60 Abs. 1 Ziff. 5 und die Anmerkungen dazu. Die in § 61 bezeichnete Verfügung kann, wie sich aus § 18 Abs. 2 in Verbindung mit § 60 Abs. 1 Nr. 5 ergibt, vom Vormundschaftsgerichte nicht mehr geändert werden. Letzteres kann nur die vorläufige Vormundschaft auf Grund des § 1908 Abs. 3 BGB. aufheben, wenn der Mündel des vorläufigen vormundschaftlichen Schutzes nicht mehr bedürftig ist (Schneider § 61 Anm. 2), also auf Grund veränderter Umstände (vgl. § 18 Anm. 5) auf diesem Wege denselben Zustand herbeiführen, als wenn es die Verfügung aufgehoben hätte. Das Beschwerdegericht kann nur auf sofortige Beschwerde aufheben (§ 60 Nr. 5). Gegen eine solche **aufhebende** Verfügung des Beschwerdegerichts findet die einfache weitere Beschwerde statt — KG. 7. Mai 1903 in Rechtspr.d.OLG. 7 S. 207 (nach Soergel 1903 S. 547 bei § 60) — während die bestätigende Entscheidung des Beschwerdegerichts nur mit der sofortigen weiteren Beschwerde anfechtbar wäre (§ 60 Nr. 5, § 29 Abs. 2).

2. Die Wirksamkeit der in § 61 bezeichneten Verfügung tritt gemäß § 52 ein. Ist die Wirksamkeit der Verfügung einmal eingetreten, so soll auch die Wirksamkeit der von oder gegenüber dem unter vorläufige Vormundschaft gestellten Volljährigen vorgenommenen Rechtsgeschäfte nicht auf Grund der aufgehobenen Verfügung in Frage gestellt werden. Die Vorschrift ist materiell-rechtlichen Inhalts und entspricht den Bestimmungen, die im § 115 Abs. 1 Satz 1, Abs. 2 BGB. für den Fall der Aufhebung eines ungerechtfertigten Entmündigungsbeschlusses sowie für den Fall einer auf Grund des § 1908 daselbst eintretenden Beendigung der vorläufigen Vormundschaft getroffen sind. Hier ist aber ebenso wie bei § 115 BGB. nicht ausgeschlossen, daß die Wirksamkeit solcher Rechtsgeschäfte auf Grund anderer Umstände, insbesondere in-

folge eines der in den § 104 Nr. 2 oder § 105 Abs. 2 BGB. bezeichneten Tatumstände, nicht eintritt.

Daß die Aufhebung der Verfügung (bzw. der vorläufigen Vormundschaft) durch das Beschwerdegericht auf die Wirksamkeit der inzwischen von dem (vorläufigen) Vormunde vorgenommenen Rechtsgeschäfte ohne Einfluß ist (vgl. § 115 Abs. 1 Satz 2 BGB.), ergibt sich schon aus dem allgemeinen Grundsatze des § 32 und brauchte daher hier nicht nochmals besonders hervorgehoben zu werden. Vgl. Denkschr. S. 52.

§ 62.

Soweit eine Verfügung nach § 55 von dem Vormundschaftsgerichte nicht mehr geändert werden kann, ist auch das Beschwerdegericht nicht berechtigt, sie zu ändern.

---

1. Die Vorschrift ist die konsequente Durchführung des im § 55 bereits zum Ausdruck gelangten Gedankens, daß die Rechtslage Dritter, wie sie sich einmal auf Grund der Erteilung oder Verweigerung der Genehmigung gestaltet hat, auch für die Zukunft nicht mehr beseitigt werden kann. Deshalb also auch für das Beschwerdegericht die Ausnahme von § 18 Abs. 1.

2. Durch die Vorschrift des § 62 soll das Beschwerderecht gegen eine Verfügung der im § 55 bezeichneten Art an sich nicht beseitigt werden. Soweit aber eine solche Verfügung bereits Wirksamkeit gegen Dritte erlangt hat — vgl. dazu die Anm. zu § 55 —, soll sie (außer von dem Vormundschaftsgericht auch) von dem Beschwerdegericht nicht mehr geändert werden können. Insoweit dies der Fall, wäre also eine Beschwerde überhaupt gegenstandslos; deswegen ist sie gegebenenfalls nicht als unbegründet, sondern als unzulässig zu verwerfen. KG. 24. Februar 1904 in Johow 27 S. A 172 Nr. 49; vgl. auch KG. 13. Januar 1902 in Johow 23 S. A 173 Nr. 48, 3. März 1902 Bd. 24 S. A 11 Nr. 4 daselbst. Hat das Beschwerdegericht im Widerspruch mit § 62 eine abändernde Entscheidung erlassen, etwa weil ihm die Wirksamkeit der Verfügung bzw. die erfolgte Ehelichkeitserklärung nicht bekannt war, so ist diese Entscheidung hinfällig und ohne alle Wirkung. Sich nach dieser Richtung von Amts wegen Kenntnis zu verschaffen, soll zwar das Recht, aber nicht die Pflicht des Beschwerdegerichts sein, wie Schultzenstein in ZfDZPr. 25 S. 189 ff. (205/206) und im Anschluß an ihn Fuchs, § 62 Anm. 3, behaupten. Ich bin der Meinung, daß dem Beschwerdegericht mindestens die Pflicht obliegt, durch Anhörung des Beschwerdegegners einer bedeutungslosen Entscheidung vorzubeugen.

§ 63.

Auf die weitere Beschwerde finden die Vorschriften der §§ 57 bis 62 entsprechende Anwendung.

---

1. Die allgemeinen Vorschriften über die weitere Beschwerde (§§ 27 bis 29) finden natürlich ebenfalls Anwendung, soweit sie nicht in den §§ 57 bis 62 abgeändert sind, und mittelbar unter entsprechendem Vorbehalt, nach § 29 Abs. 4 auch die Vorschriften über die Beschwerde (§§ 20 bis 26).

2. Für das Recht der in den §§ 57 bis 59 bezeichneten Personen zur weiteren Beschwerde ist es gleichgültig, ob sie auch die erste Beschwerde eingelegt haben oder nicht. Im Falle des § 59 genügt es, wenn das Kind bzw. der Mündel zur Zeit der Einlegung der Beschwerde vierzehn Jahre alt und geschäftsfähig war. Für die Ausübung des erleichterten Beschwerderechts nach § 57 Nr. 1 bis 9 auch in der dritten Instanz wird vorausgesetzt, daß die Entscheidung der zweiten Instanz den in den bezeichneten Stellen angegebenen Inhalt hatte, während der Inhalt der Entscheidung erster Instanz insoweit ohne Bedeutung ist. Dagegen herrscht Meinungsverschiedenheit darüber, ob auch die weitere Beschwerde als sofortige nur dann statthabe, wenn die Entscheidung des Beschwerdegerichts des in § 60 bezeichneten Inhalts gewesen, oder ob entsprechend der Regel des § 29 Abs. 3 gegen jede Entscheidung des Beschwerdegerichts, welche auf sofortige Beschwerde ergangen sei, einerlei welches Inhalts sie sei, auch wieder nur die sofortige weitere Beschwerde gegeben wäre. Für ersteres Dorner § 63 Anm. 2c, Fuchs § 63 Anm. 3. Für letzteres Rausnitz § 63 Anm. 3, dem ich mich anschließe, indem ein Grund, von der allgemeinen Regel des § 29 Abs. 3 abgehen zu müssen, nicht ersichtlich ist. So auch KG. 17. Dezember 1900 in Johow 21 S. A 3 Nr. 1, 25 S. A 188 Nr. 49.

3. Wegen des zuständigen Gerichts für die weitere Beschwerde vgl. §§ 28, 199. In Preußen ist es das Kammergericht in Berlin, in Bayern das Oberste Landesgericht in München.

§ 64.

Gegen eine Verfügung, durch die über die Entlassung eines Mitglieds des Familienrats von dem Gerichte, welches dem Vormundschaftsgericht im Instanzenzuge vorgeordnet ist, entschieden wird, findet die Beschwerde an das Oberlandesgericht statt. Die weitere Beschwerde ist ausgeschlossen.

---

1. Die Vorschrift bildet eine Ausnahme von § 19 Abs. 2 und hat den Fall des § 1878 Abs. 2 BGB. im Auge, welcher lautet:

Ein Mitglied (des Familienrats) kann gegen seinen Willen nur durch das dem Vormundschaftsgericht im Instanzenzuge vorgeordnete Gericht entlassen werden.

Vgl. § 19 Note 4. — Diese Bestimmung des § 1878 ist aber keine Ausnahme von § 35, wonach die Verrichtungen des Vormundschaftsgerichts grundsätzlich den Amtsgerichten übertragen sind, weil nicht das Landgericht an Stelle des Amtsgerichts tritt; vielmehr tritt nach § 1872 BGB. der Familienrat an die Stelle des letzteren mit dessen Rechten und Pflichten und, da nach § 1860 BGB. der Vormundschaftsrichter Mitglied (Vorsitzender) des Familienrats ist, so konnte man dem Amtsgericht nicht die Entscheidung in quasi eigener Sache übertragen. — Die Vorschrift gilt auch im Falle des § 195.

2. Die Beschwerde ist die *sofortige*, § 60 Ziff. 4. Zuständig für die Beschwerde ist in Preußen das Kammergericht in Berlin, in Bayern das Oberste Landesgericht in München, § 199 Abs. 2.

Dritter Abschnitt.

Annahme an Kindes Statt.

Für die Annahme an Kindes Statt (§ 1741 bis 1772 BGB.) kann der Richter freiwilliger Gerichtsbarkeit in dreifacher Beziehung in Frage kommen. Er kann als beurkundender Richter bei dem Annahmevertrage der Einwilligungserklärung bzw. der Wiederaufhebung des Verhältnisses (§ 1748 Abs. 3, § 1750 Abs. 2, § 1770 BGB.), oder als Vormundschaftsrichter in betreff der Genehmigung des Vertrags, falls der Annehmende oder Anzunehmende bzw. Angenommene in der Geschäftsfähigkeit beschränkt ist (§§ 1751, 1770 BGB.), oder als Richter, der über die Bestätigung der Annahme bzw. Wiederaufhebung zu befinden hat (§§ 1741, 1770 BGB.), in Tätigkeit treten. Die folgenden Vorschriften beziehen sich nur auf die letztere und behandeln die sachliche und örtliche Zuständigkeit der Gerichte (§§ 65, 66), den Beginn der Wirksamkeit und die Unabänderlichkeit des Bestätigungsbeschlusses (§ 67) sowie die Rechtsmittel (§ 68).

§ 65.

Die Bestätigung des Vertrags, durch welchen jemand an Kindes Statt angenommen oder das durch die Annahme an Kindes Statt begründete Rechtsverhältnis wieder aufgehoben wird, gehört zur Zuständigkeit der Amtsgerichte.

1. Nach den §§ 1741, 1770 BGB. bedarf der Vertrag, durch den die Annahme an Kindes Statt begründet, bzw. das durch die Annahme an Kindes Statt begründete Rechtsverhältnis wieder aufgehoben wird, der Bestätigung durch das zuständige Gericht. Welche Gerichte zuständig sein sollen, sagt das BGB. nicht. Die in § 65 erfolgte Übertragung der sachlichen Zuständigkeit auf die Amtsgerichte entspricht dem früheren preußischen und bayerischen Rechte.

2. Bei seiner diesbezüglichen Tätigkeit hat das Gericht davon auszugehen, daß das BGB. die Annahme an Kindes Statt nicht als Gnadensache behandelt. Die Bestätigung hat hiernach nicht den Zweck, wie nach gemeinem Recht die causae cognitio bei der Arrogation, den Vertrag von dem Gesichtspunkte des Wohles der Vertragschließenden aus zu prüfen und gewissermaßen die Willenserklärungen derselben zu ergänzen, sondern den Abschluß ungültiger Adoptionen wegen der daraus im Verhältnisse zu dritten Personen sich ergebenden großen praktischen Unzuträglichkeiten und Verwicklungen, namentlich im öffentlichen Interesse, möglichst zu verhüten. Die Tätigkeit des Gerichts beschränkt sich demnach auf die Prüfung der gesetzlichen Voraussetzungen. Sind diese vorhanden, so darf die Bestätigung nicht versagt werden (§ 1754 Abs. 2 BGB.). Die „Bestätigung" ist also keine „Genehmigung"; nur bei letzterer ist auch die Zweckmäßigkeit der Maßregel zu prüfen. Die Bestätigung ist zwar auch eins der Erfordernisse der Annahme an Kindes Statt: aber sie spricht nur aus, daß die übrigen Erfordernisse vorhanden sind. Geht in dieser Beziehung das bestätigende Gericht fehl, fehlt ein wesentliches Erfordernis, so ist die Annahme trotz der Bestätigung nichtig. — Die drei in der Vorbemerkung bezeichneten richterlichen Funktionen können in der Person des bestätigenden

Richters — vgl. über die örtliche Zuständigkeit § 66 — zusammentreffen, sie brauchen es aber nicht; treffen sie zusammen, so ist es ratsam, sie geschäftlich möglichst zu trennen. — Das Gericht hat außerdem natürlich seine Zuständigkeit von Amts wegen zu prüfen.

3. Der Mangel sachlicher Zuständigkeit bewirkt Nichtigkeit der Bestätigung. Die sachliche Zuständigkeit der Amtsgerichte kann durch die Landesgesetzgebung nicht allgemein ausgeschlossen oder eingeschränkt werden; insbesondere bezieht sich der Vorbehalt des Art. 147 Einf.Ges.z.BGB. nicht auf die sachliche Zuständigkeit in Ansehung der Bestätigung, sondern nur auf diejenige in Ansehung von Vormundschafts- und Nachlaßsachen. Dagegen sind durch § 189 Abweichungen zugelassen. Dorner § 65 Anm. 5.

§ 66.

Für die Bestätigung ist das Gericht zuständig, in dessen Bezirke der Annehmende zu der Zeit, zu welcher der Antrag auf Bestätigung eingereicht oder nach Maßgabe des § 1753 Abs. 2 des Bürgerlichen Gesetzbuchs das Gericht oder der Notar mit der Einreichung betraut wird, seinen Wohnsitz oder in Ermanglung eines inländischen Wohnsitzes seinen Aufenthalt hat.

Ist der Annehmende ein Deutscher und hat er im Inlande weder Wohnsitz noch Aufenthalt, so ist das Gericht zuständig, in dessen Bezirke der Annehmende seinen letzten inländischen Wohnsitz hatte. In Ermanglung eines solchen Wohnsitzes wird das zuständige Gericht, falls der Annehmende einem Bundesstaat angehört, von der Landesjustizverwaltung, anderenfalls von dem Reichskanzler bestimmt.

1. Der § 66 behandelt die örtliche Zuständigkeit für die Bestätigung des im § 65 bezeichneten Vertrags. Hier vor allem ist zu beachten, daß es sich in diesem Abschnitte nur um die Funktionen des Bestätigungsrichters, nicht dagegen um die des Vormundschaftsrichters und des beurkundenden Richters handelt. Die Zuständigkeit der letzteren wird durch die Bestimmung in § 66 in keiner Weise berührt und bestimmt sich nach ihren eigenen Regeln.

2. Zu Abs. 1. Die örtliche Zuständigkeit für die Bestätigung des in § 65 bezeichneten Vertrages bestimmt sich nach dem Wohnsitz bzw. Aufenthalt des Annehmenden. Die Vorschrift entspricht, abgesehen von der maßgebenden Person, der in § 36 Abs. 1. Was über Wohnsitz bzw. Aufenthalt in Anm. 2b zu § 36 gesagt ist, gilt entsprechend auch hier. Für den § 66 Abs. 1 kommt es nicht darauf an, ob der Annehmende ein Deutscher oder ein Ausländer ist.

Entscheidend für die Zuständigkeit ist der Zeitpunkt, zu welchem der Antrag auf Bestätigung entweder eingereicht ist, d. h. bei dem zuständigen Gericht eingereicht ist, oder nach Maßgabe des § 1753 Abs. 2 BGB. das Gericht oder der Notar mit der Einreichung betraut wird. Der § 1753 BGB. lautet:

Die Bestätigung des Annahmevertrags kann nicht nach dem Tode des Kindes erfolgen.

Nach dem Tode des Annehmenden ist die Bestätigung nur zulässig, wenn der Annehmende oder das Kind den Antrag auf Bestätigung bei dem zuständigen Gericht eingereicht oder bei oder nach der gerichtlichen oder notariellen Beurkundung des Vertrags das Gericht oder den Notar mit der Einreichung betraut hat.

Die nach dem Tode des Annehmenden erfolgte Bestätigung hat die gleiche Wirkung, wie wenn sie vor dem Tode erfolgt wäre.

Die zweite Alternative betrifft also den Fall, daß der Annehmende zwar nach der gerichtlichen oder notariellen Beurkundung, aber vor der Einreichung des Vertrags gestorben ist. Beachtenswert erscheint, daß eine der Vorschrift des § 71, § 100 Abs. 2 (§ 15 GBO.), §§ 129, 159, 161 entsprechende Bestimmung, wonach der Notar, welcher den Annahmevertrag beurkundet hat, im Zweifel als ermächtigt gilt, namens der Vertragschließenden den Antrag auf Bestätigung einzureichen, für die Annahme an Kindes Statt nicht vorgesehen ist. Vgl. dazu Kom.Ber. S. 13 unter b. Für das beurkundende Gericht fehlt es überhaupt an einer entsprechenden Vorschrift. „Demgemäß wird das Gericht oder der Notar im Anschluß an die Beurkundung des Annahmevertrags (§ 1750 BGB.) die Erklärung der Vertragschließenden darüber, ob sie die Bestätigung des Vertrags beantragen und das Gericht oder den Notar mit der Einreichung dieses Antrages bei dem zuständigen Gerichte betrauen, zu erheben und bejahendenfalls zu beurkunden haben. Der Zeitpunkt dieser Beurkundung ist dann der im Sinne des § 66 Abs. 1 entscheidende.“ So Dorner § 66 Anm. 2. Dorner geht hier insofern zu weit, als er eine gerichtliche oder notarielle Beurkundung des Auftrags zur Einreichung des Vertrags verlangt; es genügt, daß dieser Auftrag überhaupt bestand.

3. **Zu Abs. 2.** Die Vorschrift in Abs. 2 entspricht der in Abs. 2 des § 36 für die Vormundschaften gegebenen Bestimmung. Es kann daher auf das in Anm. 4 zu § 36 Gesagte verwiesen werden.

4. Die Annahme an Kindes Statt durch einen Ausländer, der im Inlande weder Wohnsitz noch Aufenthalt hat, ist von dem Gesetze nicht berücksichtigt. Ein praktisches Bedürfnis in dieser Richtung ist selbst dann zu verneinen, wenn angenommen werden sollte, daß nach den Grundsätzen des internationalen Privatrechts (zu vgl. Art. 22 des Einf.Ges.z.BGB.) die Mitwirkung deutscher Gerichte bei der Annahme an Kindes Statt durch einen Ausländer nicht ohne weiteres ausgeschlossen sei. Denkschrift S. 53.

5. Der Mangel örtlicher Zuständigkeit ist ohne Einfluß auf die Wirksamkeit und Gültigkeit der Bestätigung. Die Vorschrift des § 1741 Abs. 2 BGB.: „Der (Annahme-) Vertrag bedarf der Bestätigung durch das zuständige Gericht“ steht infolge Aufnahme des § 7 ins Gesetz dem nicht entgegen.

Das Gericht hat seine örtliche Zuständigkeit von Amts wegen zu prüfen. Ein Beschluß, durch den wegen örtlicher Unzuständigkeit abgelehnt wird, in eine sachliche Prüfung einzutreten, fällt nicht unter § 68 Abs. 2 Satz 1; gegen ihn findet vielmehr die fristlose Beschwerde nach § 19 statt. OLG. Dresden 7. Januar 1902 in Seuff.Arch. 57 S. 176 (nach Soergel 1902 S. 474). Erfolgt Abweisung des Bestätigungsantrags auf Grund sachlicher Prüfung, dann findet sofortige Beschwerde statt; § 68 Abs. 2 Satz 1.

§ 67.

Der Beschluß, durch den die Bestätigung erteilt wird, tritt mit der Bekanntmachung an den Annehmenden in Wirksamkeit.

Ist die Bestätigung noch nach dem Tode des Annehmenden zulässig, so tritt der Beschluß, unbeschadet der Vorschriften des § 1753 Abs. 3 und des § 1770 des Bürgerlichen Gesetzbuchs, mit der Bekanntmachung an das Kind in Wirksamkeit; wird nach dem Tode des Kindes das zwischen den übrigen Beteiligten bestehende Rechtsverhältnis durch Vertrag aufgehoben, so tritt der Beschluß, durch welchen die Aufhebung nach dem Tode des Annehmenden bestätigt wird, mit der Bekanntmachung an die übrigen Beteiligten in Wirksamkeit.

Das Gericht ist zu einer Änderung des Beschlusses nicht befugt.

---

1. Im § 67 handelt es sich um den Beginn der Wirksamkeit des bestätigenden Beschlusses, und zwar sowohl des Beschlusses über die Annahme an Kindes Statt als auch des Beschlusses über die Wiederaufhebung des durch sie begründeten Rechtsverhältnisses. Für den Beginn der Wirksamkeit des die Bestätigung versagenden Beschlusses ist nichts Besonderes vorgesehen; für ihn gelten also die allgemeinen Regeln des § 16. Für die Art seiner Bekanntmachung kommt indessen in Betracht, ob gegen ihn die sofortige Beschwerde (§ 68 Abs. 2) oder die einfache Beschwerde (vgl. § 66 Anm. 5) gegeben ist.

2. Der § 67 bildet eine Ergänzung der §§ 1754, 1770 BGB. Nach deren Vorschrift tritt die Annahme an Kindes Statt und die Wiederaufhebung des durch die Annahme begründeten Rechtsverhältnisses mit der Bestätigung des entsprechenden Vertrags in Kraft. Ergänzend bestimmt nun § 67, wann der Bestätigungsbeschluß in Wirksamkeit tritt. Es sind drei Fälle zu unterscheiden:

a) Lebt der Annehmende noch, so soll der Bestätigungsbeschluß mit der Bekanntmachung an ihn in Wirksamkeit treten, einerlei ob es sich um einen Annahmevertrag oder Aufhebungsvertrag handelt, einerlei ob das Kind noch lebt oder nicht. Im letzteren Falle kann es sich allerdings nicht mehr um die Bestätigung eines Annahmevertrags handeln (§ 1753 Abs. 1 BGB., s. bei § 66 Anm. 2). Es genügt also hier, im Gegensatze zur Regel des § 16 (vgl. daselbst Anm. 2b) die Bekanntmachung an den Annehmenden allein, um die Wirksamkeit für alle Beteiligten eintreten zu lassen. Die Bekanntmachung an die letzteren hat zwar nicht zu unterbleiben, sie ist aber nicht Vorbedingung für die Wirksamkeit. — Meinungsverschiedenheit besteht darüber, ob, wenn ein Ehepaar gemeinschaftlich ein Kind angenommen hat (§ 1749 BGB.), die Wirksamkeit mit der ersten Bekanntmachung (Rausnitz § 67 Anm. 2a) oder erst mit der an beide Ehegatten erfolgten Bekanntmachung (Dorner § 67 Anm. 3, Fuchs § 67 Anm. 2, Schultze-Görlitz § 67 Anm. 1) eintritt. Der letzteren Meinung ist zuzustimmen, denn der Annehmende ist das Ehepaar. — Der Fall, daß der Bestätigungsbeschluß über den Annahmevertrag zwar noch bei Lebzeiten des Kindes gefaßt (§ 1753 Abs. 1 BGB.), aber erst nach dem Tode desselben an den Annehmenden bekannt gemacht worden ist, ist nicht ausdrücklich geregelt. M. E. wird der Beschluß nicht wirksam werden können, denn die Wirksamkeit der in § 1753

Abs. 1 BGB. negierten Bestätigung setzt sich zusammen aus dem Bestätigungsbeschluß und seiner Bekanntmachung.

b) Lebt der Annehmende nicht mehr, aber noch das Kind, so tritt die Wirksamkeit der Beschlüsse, soweit sie überhaupt noch zulässig sind (§ 1753 Abs. 2, § 1770 BGB.), mit der Bekanntmachung an das Kind ein, ebenfalls mit Wirkung für alle Beteiligten. Das über die Bekanntmachung unter a weiter Gesagte gilt hier auch. — Hierbei ergibt sich aus allgemeinen Grundsätzen, daß, wenn das Kind in der Geschäftsfähigkeit beschränkt ist, nicht die Bekanntmachung an das Kind selbst, sondern die Bekanntmachung an den gesetzlichen Vertreter entscheidet. Zwar kann der Vertrag über die Annahme oder über die Wiederaufhebung der Annahme, sofern das Kind das vierzehnte Lebensjahr vollendet hat, nur von diesem selbst und nicht von seinem gesetzlichen Vertreter geschlossen werden, aber das Kind bedarf, falls es in der Geschäftsfähigkeit beschränkt ist, zum Abschlusse des Vertrags doch immer der Zustimmung des gesetzlichen Vertreters. Denkschr. S. 53.

Die Vorschriften des § 1753 Abs. 3 (s. § 66 Anm. 2) und des § 1770 BGB. sollen hierbei unberührt bleiben; d. h. die Bestätigung hat die gleiche Wirkung, als wenn sie vor dem Tode des Annehmenden erfolgt wäre.

c) Wenn nach dem Tode des Kindes gemäß § 1769 BGB. das zwischen den sonstigen Beteiligten bestehende Rechtsverhältnis aufgehoben wird und die Bestätigung erst nach dem Tode des Annehmenden erfolgt (§ 1753 Abs. 2, § 1770 BGB.), so läßt § 67 Abs. 2 Halbsatz 2 den Bestätigungsbeschluß erst wirksam werden, wenn er den sämtlichen Beteiligten bekannt gemacht ist. Diese Beteiligten sind die sämtlichen Abkömmlinge des Kindes, auf welche sich die Wirkungen der Annahme erstrecken (§ 1762 BGB.). War der Annahmevertrag von einem Ehepaar geschlossen, so gehört nach dem Tode eines Ehegatten der andere Ehegatte ebenfalls zu den Beteiligten.

3. Wegen der Form der Bekanntmachungen vgl. § 16.

4. Zu **Abs. 3.** Die Vorschrift des Abs. 3 bildet eine Ausnahme von § 18 Abs. 1. Über den Zeitpunkt, von welchem ab die Änderung des Beschlusses nicht mehr statthaft erscheint, vgl. insbesondere § 18 Anm. 1a. Der Zeitpunkt ist derjenige, in welchem der Beschluß an einen derjenigen, für die er bestimmt ist, bekannt gemacht ist, wenn auch die Wirksamkeit in einzelnen Fällen (vgl. Anm. 2a, b) an eine bestimmte Bekanntmachung geknüpft ist. Ebenso im Resultat Dorner § 67 Anm. 10, Fuchs § 67 Anm. 7. A. M. Rausnitz § 67 Anm. 5; dazu vgl. § 18 Anm. 1a. Die Vorschrift ist im Interesse der Rechtssicherheit, namentlich der Sicherheit für die Rechtsstellung des Kindes getroffen, ein Interesse, dem auch schon das Erfordernis der Bestätigung des Vertrages und die Bestimmung in § 68 Abs. 1 dient. Sie beruht auf ähnlichen Gründen wie die Vorschriften in den §§ 32, 55, 62.

§ 68.

Gegen den Beschluß, durch welchen die Bestätigung erteilt wird, findet kein Rechtsmittel statt.

Gegen den Beschluß, durch welchen die Bestätigung versagt wird, findet die sofortige Beschwerde statt. Die Beschwerde steht jedem der Vertragschließenden zu, auch wenn der Antrag auf Bestätigung von ihm

nicht gestellt war. Die Vorschriften des § 22 Abs. 2, des § 24 Abs. 3 und des § 26 Satz 2 finden keine Anwendung.

---

1. Zu **Abs. 1.** Die Vorschrift, daß gegen den bestätigenden Beschluß kein Rechtsmittel stattfinde, beruht auf demselben Grunde, wie die des § 67 Abs. 3 (vgl. daselbst Anm. 4). Die Annahme an Kindes Statt wie die Wiederaufhebung tritt mit der Bestätigung in Kraft (§ 1754 Abs. 1, § 1770 BGB.); da liegt es im Interesse der Rechtssicherheit, daß die einmal erteilte Bestätigung nicht mehr in Frage gestellt werden kann.

2. Zu **Abs. 2.** Unter dem Beschluß, durch welchen die Bestätigung versagt wird, ist hier ein auf sachlicher Prüfung beruhender Beschluß, im Gegensatz zu dem in Anm. 5 Abs. 2 zu § 66 bezeichneten, zu verstehen. Ein solcher Beschluß ist nur dann gerechtfertigt, wenn ein gesetzliches Erfordernis der Annahme oder Wiederaufhebung fehlt (§ 1754 Abs. 2, § 1770 BGB.). Vgl. § 65 Anm. 2 und die in Anm. 5 Abs. 2 zu § 66 angezogene Entscheidung.

a) Der vorgedachte Unterschied mehrerer Arten abweisender Beschlüsse ist auch von Bedeutung für die Art der Bekanntmachung des Beschlusses, die den gewöhnlichen Regeln des § 16 folgt. Vgl. § 67 Anm. 1.

b) Einer Begründung bedarf reichsgesetzlich weder der die Bestätigung erteilende noch der sie versagende Beschluß (vgl. § 25 Anm. 1). Im letzteren Falle wird aber die Angabe der fehlenden gesetzlichen Voraussetzung nicht zu umgehen sein.

c) Die hier getroffene Regelung, daß nur die sofortige Beschwerde zulässig sein soll, war schon deshalb geboten, weil das BGB. (§ 1754 Abs. 2, § 1770) bestimmt, daß der Vertrag, durch den jemand an Kindes Statt angenommen oder durch den das durch die Annahme begründete Rechtsverhältnis wieder aufgehoben wird, seine Kraft verliert, wenn die Bestätigung endgültig versagt ist. Die Wirkung, die hiernach das BGB. mit der endgültigen Ablehnung der Bestätigung verbindet, führt auch von selbst dahin, das Beschwerderecht gegenüber dem ablehnenden Beschlusse jedem der Vertragschließenden einzuräumen, ohne Rücksicht darauf, von wem die Bestätigung beantragt worden war. Die dahin gehende Bestimmung (Satz 2) stellt zugleich außer Zweifel, daß der Antrag eines Vertragschließenden genügt, um den Bestätigungsbeschluß zu erlassen. Ein Antrag aller Vertragschließenden braucht nicht verlangt zu werden, da sie an den Vertrag bis zur endgültigen Versagung der Bestätigung gleichmäßig gebunden sind (§ 1754 BGB.). Denkschr. S. 54.

3. Der Schlußsatz des Abs. 2, welcher dem Beschwerdegericht die Befugnis (§ 24 Abs. 3, § 26 Satz 2), vor seiner Entscheidung einstweilige Anordnungen zu treffen oder seiner Entscheidung sofortige Wirksamkeit beizulegen, nimmt, hat den Zweck, die Möglichkeit einer wiederholten Änderung der Rechtsstellung des Kindes auszuschließen. Denselben Zweck verfolgt auch die Versagung der Wiedereinsetzung in den vorigen Stand bei Versäumung der Beschwerdefrist (§ 22 Abs. 2). — Auch dem Amtsgericht steht die Befugnis, den die Bestätigung versagenden Beschluß wieder zu ändern, nicht zu, da er der sofortigen Beschwerde unterliegt. Vgl. hierzu § 67 Abs. 3 und Anm. 4 daselbst.

Vierter Abschnitt.

Personenstand.

Das Gesetz über die Beurkundung des Personenstandes und die Eheschließung v. 6. Februar 1875 (RGBl. S. 23) hat gewisse Verrichtungen: die Entscheidung über den Antrag eines Beteiligten, den Standesbeamten zur Vornahme einer von diesem abgelehnten Amtshandlung anzuweisen (§ 11 Abs. 3), die Aufbewahrung der Nebenregister (§ 14 Abs. 2), sowie die Entscheidung darüber, ob die Berichtigung einer Eintragung im Standesregister erfolgen soll (§§ 65, 66), den Gerichten erster Instanz mit der Maßgabe übertragen, daß für das Verfahren in den Fällen der §§ 11, 66, soweit nicht die Landesgesetze ein anderes vorschreiben, die für Sachen der nichtstreitigen Gerichtsbarkeit geltenden Vorschriften maßgebend sind. Weiterhin hat das Gesetz in § 84 der Zentralbehörde des einzelnen Bundesstaates zu bestimmen überlassen, welche Gerichte in jedem Bundesstaate als Gerichte erster Instanz zuständig sein sollen. Auf Grund dieser Vorschrift waren die nach den §§ 11, 65 ff. dem Gericht erster Instanz obliegenden Verrichtungen in Preußen, der bayerischen Pfalz, Elsaß-Lothr. und Waldeck den Landgerichten, in den übrigen Teilen des Reichs den Amtsgerichten zugewiesen. Die Aufbewahrung des Nebenregisters war dagegen, abgesehen von dem Bezirke des preuß. OLG. zu Köln, der bayerischen Pfalz und Elsaß-Lothr., wo auch in dieser Hinsicht die Landgerichte zuständig waren, überall den Amtsgerichten übertragen.

Nach Durchführung der einheitlichen Gerichtsorganisation fehlt es an einem Grunde für eine derartig verschiedene Ordnung der Dinge und es wird daher in den folgenden Vorschriften diese Verschiedenheit in bezug auf die Zuständigkeit beseitigt (§ 69). Daran anschließend wird das Verfahren betreffend die Anfechtung der Entscheidung im Falle des § 66 des Personenstandsgesetzes und die Wirksamkeit der letzteren geordnet (§ 70) und schließlich für die Notare unter gewissen Voraussetzungen ein vermutetes Antragsrecht in bezug auf Eintragung eines Randvermerks im Standesregister aufgestellt (§ 71) —, Angelegenheiten, für welche bisher die Landesgesetzgebung vollständig freie Hand hatte.

§ 69.

Für die nach dem Gesetz über die Beurkundung des Personenstandes und die Eheschließung vom 6. Februar 1875 (Reichs-Gesetzbl. S. 23) dem Gericht erster Instanz obliegenden Verrichtungen sind die Amtsgerichte zuständig.

---

1. Wegen der Verrichtungen, welche nach dem Personenstandsgesetze dem Gericht erster Instanz obliegen, vgl. die Vorbemerkung. Es handelt sich um drei: a) Anweisung an den Standesbeamten zur Vornahme einer Amtshandlung (§ 11), b) Aufbewahrung der Nebenregister (§ 14), c) Anordnung einer Berichtigung der Standesregister (§§ 65, 66). — Vgl. außerdem § 167 Abs. 2, § 191 Abs. 1 dieses Gesetzes in Verbindung mit § 1718, § 1720 Abs. 2 BGB. mit § 26 des Personenstandsgesetzes.

2. Der § 69 handelt nur von der sachlichen Zuständigkeit und überträgt sie in Ansehung der in Anm. 1 bezeichneten Verrichtungen auf die Amtsgerichte. Soweit es sich um die Aufbewahrung der Nebenregister handelt, wird aber durch § 197 den Landesjustizverwaltungen vorbehalten, zu bestimmen, daß die Aufbewahrung bei den Landgerichten erfolgen soll.

Was die örtliche Zuständigkeit anlangt, so bestimmt § 11 Abs. 3 des Personenstandsgesetzes, daß für die Entscheidung über den Antrag, den Standesbeamten zur Vornahme einer Amtshandlung anzuweisen, das Gericht erster Instanz, in dessen Bezirke der Standesbeamte seinen Amtssitz hat, zuständig sein solle. Welche Behörde in jedem Bundesstaate unter der Bezeichnung „Gericht erster Instanz" zu verstehen sei, sollte gemäß § 84 daselbst von der Zentralbehörde des Bundesstaates bekannt gemacht werden. Nachdem nun durch § 69 allgemein die Amtsgerichte als die Gerichte erster Instanz reichsgesetzlich bezeichnet sind, ist in Ansehung dieser Verrichtung das Amtsgericht örtlich zuständig, in dessen Bezirke der Standesbeamte seinen Amtssitz hat. — In Ansehung der beiden anderen Verrichtungen fehlte es aber an einer entsprechenden Vorschrift über die örtliche Zuständigkeit; insoweit hatte sich die auch hier vorgesehene Bekanntmachung der Zentralbehörden nach § 84 des Personenstandes zugleich auf die örtliche Zuständigkeitsbestimmung zu erstrecken. Dabei hat es sein Bewenden behalten mit der Maßgabe, daß, da die sachliche Zuständigkeit durch § 69 auf die Amtsgerichte übertragen ist, die Bekanntmachung der Zentralbehörden gemäß § 84 des Personenstandsgesetzes sich nur auf die örtliche Zuständigkeit beziehen kann, ausgenommen wieder die Bestimmung hinsichtlich der Aufbewahrung der Nebenregister, hinsichtlich derer also die Bestimmung der sachlichen und örtlichen Zuständigkeit, mit der Beschränkung auf Amtsgerichte oder Landgerichte, in der Hand der Landesverwaltungen liegt.

3. In Ansehung des Verfahrens, welches die Gerichte bei Erledigung der ihnen obliegenden Verrichtungen zu beobachten haben, ist folgendes zu bemerken:

a) Was die mit der Aufbewahrung der Nebenregister zusammenhängenden Geschäfte anlangt, so bestimmt die auf Grund des § 83 des Personenstandsgesetzes ergangene Bekanntmachung des Bundesrats v. 25. März 1899 (RGBl. S. 225) in Ausführung der §§ 14, 15 des Personenstandsgesetzes im § 24, daß die Beischreibung und Beglaubigung nachträglicher Eintragungen im Nebenregister (§ 14 Abs. 3 Satz 2) sowie die Erteilung von Auszügen aus dem Nebenregister (§ 15 Abs. 2) von dem Gerichtsschreiber des Gerichts zu bewirken ist, von dem das Nebenregister aufbewahrt wird.

b) Handelt es sich darum, den Standesbeamten zu einer von ihm abgelehnten Amtshandlung anzuhalten, so ist hierzu nicht die Behörde, welche über ihn die Aufsicht führt, sondern wie bemerkt das Amtsgericht zuständig, in dessen Bezirke der Standesbeamte seinen Amtssitz hat. Das Verfahren und die Beschwerdeführung in einer solchen Angelegenheit sollte sich gemäß § 11 des Personenstandsgesetzes (den Wortlaut s. bei § 186), soweit nicht die Landesgesetzgebung ein anderes bestimme, nach den Vorschriften regeln, welche in Sachen der freiw. Ger. gelten. Durch § 186 ist den Landesgesetzen die Befugnis gegeben, regelnd einzugreifen, so daß sich das Verfahren nunmehr lediglich nach den Vorschriften dieses Gesetzes und den etwa auf Grund des § 200 Abs. 1 erlassenen Ausführungs- und Ergänzungsvorschriften richtet.

Das Gericht entscheidet nur auf Antrag der Beteiligten (§ 11 Abs. 3 des Personenstandsgesetzes), denen somit ein Antragsrecht beigelegt ist, soweit sie es nicht schon ohnehin haben sollten. Das hat zur Folge, daß das Gericht seine abweisende Verfügung nur nach Maßgabe des § 18 Abs. 1 Halbsatz 2 ändern kann (vgl. hierüber weiter unten bei der Beschwerde). — Eine Amtshandlung gilt als abgelehnt vom Standesbeamten, nicht nur dann, wenn er die Vornahme schlechthin verweigert, sondern auch schon dann, wenn er sie nur so, wie sie beantragt ist, verweigert, oder sie an ungerechtfertigte Bedingungen knüpft. KG. 17. Dezember 1900 in Johow 21 S. A 49 Nr. 11, Rechtspr.d.OLG. 3 S. 18. Es ist keine ungerechtfertigte Weigerung des Standesbeamten, die Eintragung eines Vornamens, für den eine deutsche und eine fremdsprachliche (polnische) Form besteht, nur in deutscher Form nach Maßgabe der geltenden Verwaltungsvorschriften vornehmen zu wollen, wenn er nach Maßgabe dieser Vorschriften die fremdsprachliche Form durch einen in Klammern zu setzenden Zusatz vermerkte. KG. 11. Juni 1900 in Johow 20 S. A 252 Nr. 66. S. auch KG. 17. Februar 1902 in Rechtspr.d.OLG. 4 S. 297 Nr. 68a, 11. Juli 1902 daselbst 5 S. 340b. — Es ist nicht ungerechtfertigt, die Vornahme einer Eheschließung und den Erlaß einer Anweisung an den Standesbeamten zu verweigern, falls die im § 1315 Abs. 2 BGB. aufgestellten Erfordernisse fehlen; KG. 27. Oktober 1902 in Rechtspr.d.OLG. 5 S. 413 Nr. 76. — Auf Grund ausländischen Urteils ohne inländisches Vollstreckungsurteil kann der Standesbeamte keinen Vermerk im Standesregister bewirken und kann zu einem solchen nicht angehalten werden; OLG. Dresden 25. November 1902 in Rechtspr.d.OLG. 6 S. 18 Nr. 4, KG. 26. Oktober 1903 in Johow 26 S. A 194. — Erkennt ein Minderjähriger bei der Anzeige der Geburt eines unehelichen Kindes seine Vaterschaft an, so kann der Standesbeamte die Beurkundung nicht wegen Minderjährigkeit des Anzeigenden ablehnen; der Standesbeamte kann also zur Beurkundung und Eintragung angewiesen werden; Bayer.O.LG. 6. August 1901 in Johow 23 S. D 12 Nr. 5, Rechtspr.d.OLG. 3 S. 397 Nr. 101.

Das Amtsgericht hat hier ebenso wie in anderen A.d.fr.Ger., gemäß § 12 von Amts wegen die erforderlichen Ermittlungen anzustellen, um zu einer sachgemäßen Entscheidung zu gelangen, wenn dies auch, abweichend von § 66, im § 11 des Personenstandsgesetzes nicht zum Ausdrucke gekommen ist; denn es muß, wenn es sich z. B. um die Anweisung zu einer Eintragung handelt, prüfen, ob die gesetzlichen Voraussetzungen für die Vornahme der Eintragung vorliegen. Deswegen hat das Gericht, wenn bei ihm beantragt ist, den Standesbeamten zum Vermerke der durch einen Adoptionsvertrag begründeten Veränderung der Standesrechte des angenommenen Kindes im Geburtsregister anzuweisen, den Vertrag auf seine formellen Erfordernisse und auf seine materielle Wirksamkeit zu prüfen. KG. 8. Juli 1901 in Johow 22 S. A 250 Nr. 61, Rechtspr.d.OLG. 4 S. 107. Vgl. auch OLG. Hamburg 9. März 1903 in Rechtspr.d.OLG. 6 S. 289 unter c (vgl. auch § 70 Anm. 3). Nur im Berichtigungsverfahren ist dem Gericht die Befugnis gegeben, die Beteiligten auf den Prozeßweg zu verweisen und seine eigene Entscheidung auszusetzen (§ 66 Abs. 2 des Personenstandsgesetzes); vgl. § 70 Anm. 1 und 3.

Als Beschwerde gegen die Entscheidungen des Amtsgerichts ist in diesem Verfahren die einfache fristlose Beschwerde und weitere Beschwerde nach den Regeln der §§ 19ff. gegeben. Der Befugnis zur Abänderung seiner erlassenen Verfügung steht also in soweit nichts im Wege; vgl. § 20 Abs. 2. OLG. Dresden 25. November 1902 in Rechtspr.d.OLG. 6 S. 19, Seuff.Arch. 58 Nr. 204. Beschwerdeberechtigt ist auch hier nur der, dessen Recht beeinträchtigt ist (§ 20). Dazu gehört nicht der Standesbeamte als solcher, sondern die ihm vorgesetzte Aufsichtsbehörde; vgl. § 20 Anm. 2aβ und 2c nebst den dort angezogenen Entscheidungen.

c) Über das Berichtigungsverfahren (§ 66 des Personenstandsgesetzes) vgl. bei § 70.

§ 70.

Gegen eine Verfügung, durch die angeordnet wird, daß eine Eintragung in dem Standesregister zu berichtigen ist, findet die sofortige Beschwerde statt. Die Verfügung tritt erst mit der Rechtskraft in Wirksamkeit.

---

1. Nach § 65 des Personenstandsgesetzes kann die Berichtigung einer Eintragung in dem Standesregister nur auf Grund gerichtlicher Anordnung erfolgen. Sie geschieht durch Beischreibung eines Vermerkes am Rande der zu berichtigenden Eintragung. Die Aufsichtsbehörde hat, wenn ein Antrag auf Berichtigung gestellt wird, oder wenn sie eine solche von Amts wegen für erforderlich erachtet, gemäß § 66 daselbst, die Beteiligten zu hören und geeignetenfalls eine Aufforderung durch ein öffentliches Blatt zu erlassen. Die abgeschlossenen Verhandlungen hat sie demnächst dem Amtsgericht vorzulegen. Dieses kann noch weitere tatsächliche Aufklärungen veranlassen und geeignetenfalls den Antragsteller auf den Prozeßweg verweisen (vgl. hierzu § 127 und § 186 Anm. 3). Im übrigen finden die für Sachen der nichtstreitigen Gerichtsbarkeit geltenden Vorschriften Anwendung, d. h. also, nachdem durch § 186 die in dem angezogenen § 66 des Personenstandsgesetzes (vgl. dessen Wortlaut bei § 186) der Landesgesetzgebung nachgelassene Befugnis, anderweitige Vorschriften zu erlassen, beseitigt ist, lediglich die Bestimmungen des vorliegenden Gesetzes und etwaige auf Grund des § 200 ergangene landesgesetzliche Ergänzungs- und Ausführungsvorschriften.

2. Nicht jede neue Eintragung im Standesregister, durch welche zu einer bereits bestehenden Eintragung ein rechtlich erheblicher Umstand vermerkt wird, der die eingetragenen Standesrechte verändert, ist eine Berichtigung im Sinne dieses Verfahrens. So handelt es sich nicht um eine Berichtigung, wenn die Eintragung von Vorgängen der im § 26 des Personenstandsgesetzes (den Wortlaut vgl. bei § 71) bezeichneten oder anderer Art verlangt wird, die in die Zeit nach der Einschreibung fallen. Solche Eintragungen hat der Standesbeamte aus eigener Entschließung vorzunehmen. Verweigert er die Vornahme, so liegt ein Fall der in Anm. 3b zu § 69 behandelten Art vor; das Amtsgericht kann um Anweisung des Standesbeamten zur Vornahme der Eintragung angegangen werden und es findet das dort angegebene Verfahren mit einfacher Beschwerde statt. OLG. Dresden 25. November 1902 bei Soergel 1903 S. 548. Die Berichtigung bezweckt vielmehr zwar Abänderung, aber sachlich nur Übereinstimmung des Registereintrags mit dem unveränderten, aber mangelhaft beurkundeten Willen (nicht der Erklärung) der erklärenden Person. Deswegen ist bei einer nur irrtümlichen Anmeldung eines falschen Vornamens eines Kindes zum Geburtsregister der Antrag auf Eintragung der richtigen Namen im Berichtigungsverfahren zu erledigen. (Anders wenn eine Willensänderung in Ansehung der

Namensgebung vorläge). OLG. Darmstadt 22. April 1899 in DJZ. 5 (1900) S. 280. Natürlich unterliegen nicht bloß irrtümlich herbeigeführte Unrichtigkeiten, sondern auch absichtlich veranlaßte unrichtige Eintragungen dem Berichtigungsverfahren. KG. 14. Januar 1901 in Rechtspr.d.OLG. 2 S. 178 Nr. 98. — Auch wenn eine Eintragung völlig einer abgegebenen Erklärung entsprechend bewirkt ist, diese Erklärung aber inhaltlich unrichtig war und demgemäß das Standesregister die nämliche Unrichtigkeit aufweist, wie die Erklärung, greift das Berichtigungsverfahren ein; KG. 24. Juni 1901 in Rechtspr.d.OLG. 3 S. 399. Auch den Berichtigungsvermerken selbst und den nachträglichen Eintragungen gemäß § 26 Personenstandsgesetzes gegenüber findet das Berichtigungsverfahren statt; KG. a. a. O.; dgl. auch der gesetzmäßigen Ergänzung unvollständiger Eintragungen; KG. 25. Mai 1903 in Johow 26 S. A 37 Nr. 11. — Das Berichtigungsverfahren hat den Zweck, eine im Standesregister eingetragene Tatsache richtig zu stellen, nicht aber ein rechtliches Verhältnis ohne Widerspruch mit dem Registerinhalte selbständig zu konstatieren, z. B. daß das Kind, dessen Geburt von einer Ehefrau beurkundet und eingetragen ist, unehelich sei. KG. 20. Januar 1902 in Rechtspr.d.OLG. 4 S. 300 unter c. — Nach einem Beschlusse des OLG. Dresden — (ohne Datum, nach Soergel 1900/01 S. 626) — soll im Berichtigungsverfahren einem Kinde ein anderer Name beigelegt werden können, wenn der Vater dem Kinde einen gegen die guten Sitten verstoßenden Vornamen gegeben und der Standesbeamte die Ablehnung der Eintragung zu Unrecht unterlassen hat. — Offenbare Schreibfehler brauchen nicht im Berichtigungsverfahren beseitigt zu werden; sie kann der Standesbeamte mit Genehmigung der Aufsichtsbehörde mittels besonders zu vollziehenden Vermerks am Rande der Eintragung beseitigen; § 18 der Bekanntmachung des Bundesrats vom 25. März 1899 (RGBl. S. 225). — Fälle von Berichtigungen: Löschung eines eingetragenen Adelsprädikats, KG. 13. August 1902 in Rechtspr.d.OLG. 5 S. 341 unter c, 23. Januar 1902 in Johow 23 S. 191. Berichtigung bzw. Ablehnung einer solchen bei Vornamen und Familiennamen mit polnischer Schreibweise: KG. 11. Juli 1902 in Rechtspr.d.OLG. 5 S. 340 unter b, 18. November 1901 in Johow 23 S. A 60 Nr. 16, 2. April 1904 das. 27 S. A 24 Nr. 11, ferner vgl. hierzu die in Anm. 3b zu § 69 angezogenen Entscheidungen. Eintragung der Geburt des ehelichen Kindes einer Witwe ohne Name und Todestag des Mannes: KG. 5. Mai 1905 in Johow 24 S. 171.

3. Nachdem die Vorverhandlungen von dem Aufsichtsbeamten bei dem Amtsgericht eingegangen sind, hat letzteres nach § 12 zu prüfen, ob die gesetzlichen Voraussetzungen für eine Berichtigung vorliegen. Hierbei ist der in der Literatur aufgestellte Satz, daß Grund für eine Berichtigung dann gegeben sei, wenn die Eintragung zur Zeit ihrer Bewirkung dem tatsächlichen Sachverhalt nicht entsprach (Hinschius, Komm. z.Personenstandsges. 3. Aufl. S. 192) nicht zu verwerten. Es hat vielmehr das Berichtigungsverfahren den Zweck, daß der Berichtigungsvermerk ein nach den Gesetzen sich als richtig ergebendes tatsächliches Verhältnis klarstellt. Danach genügt z. B. nicht der bloß tatsächlich lange Zeit durchgeführte Gebrauch eines Namens, um eine Berichtigung der angeblich mangelhaften Eintragung begründet erscheinen zu lassen; es muß vielmehr der Nachweis erbracht werden, daß das Recht zum Gebrauch des Namens für den Antragsteller besteht. KG. 15. April 1901 in Rechtspr.d.OLG. 3 S. 19. Wie keine Eintragung auf Grund materiell unwirksamen Adoptionsvertrags (vgl. § 69 Anm. 3b), so Löschung der auf Grund eines solchen bewirkten Eintragung im Berichtigungsverfahren; OLG. Hamburg 9. März 1903 in Rechtspr.d.OLG. 6 S. 289

unter c. — Ist ein Berichtigungsantrag von der Aufsichtsbehörde von Amts wegen gestellt, so liegt dem Gericht nicht ob, zu prüfen, ob der Antrag auch im öffentlichen Interesse geboten war. KG. 10. Dezember 1900 in Johow 21 S. A 53 Nr. 12. — Im übrigen hat das Gericht selbständig nach § 12 Ermittlungen anzustellen und sich zunächst auch der Entscheidung etwa streitiger Rechtsverhältnisse zu unterziehen; im letzteren Falle kann es aber auch gemäß § 66 Abs. 2 die Beteiligten auf den Prozeßweg verweisen. Vgl. dazu § 127 Anm. 2.

4. Führt die Prüfung zur Anordnung einer Berichtigung, so ist die Verfügung (Beschluß) dahin zu fassen, daß die Beischreibung eines Vermerks, nicht dagegen die Streichung des unrichtigen Teils der Eintragung, aufgegeben wird. KG. 3. Juni 1901 bei Johow 22 S. A 45 Nr. 10. Die Verfügung ist den Beteiligten, vor allem dem Antragsteller und stets der Aufsichtsbehörde nach Maßgabe des § 16 unter Berücksichtigung des Umstands, daß gegen sie nur die sofortige Beschwerde (§ 22 in Verbindung mit § 16 Abs. 2 Satz 1 und Abs. 3) stattfindet, bekannt zu machen.

5. Da gegen die Verfügung nur die sofortige Beschwerde gegeben ist, so ist sie nach § 18 Abs. 2 nicht mehr abänderbar, soweit das Gericht erster Instanz in Betracht kommt: sie könnte aber gemäß § 26 von dem Beschwerdegericht vor ihrer Rechtskraft in Wirksamkeit gesetzt werden. Das ist aber durch Satz 2 des § 70 abgeschnitten, damit nicht die Berichtigung vorzeitig erfolgt und die Stetigkeit der Verhältnisse möglichst gewahrt bleibt.

6. Gegen die Verfügung ist die sofortige und sofortige weitere Beschwerde nach § 20 gegeben. Zu den Beschwerdeberechtigten gehört stets die Aufsichtsbehörde; KG. 14. Januar 1901 bei Johow 21 S. A 181 Nr. 45, 30. Juli 1901 in Zus.d.RJAmts 2 S. 158, 30. Juni 1902 in Rechtspr.d.OLG. 5 S. 444 unter i, Bayer.OLG. 14. September 1901 in Rechtspr.d.OLG. 3 S. 398. Dagegen steht dem Standesbeamten selbst nicht ein sachliches Beschwerderecht zu, selbst wenn die Vornahme der angeordneten Amtshandlung eine Verletzung der Amtspflichten des Standesbeamten enthalten würde; in diesem Falle steht ihm nur ein Beschwerderecht im Aufsichtswege zu. KG. 25. April 1904 in Johow 27 S. A 31 Nr. 10.

7. Erst nachdem die Rechtskraft eingetreten ist, übersendet das Gericht die Verfügung mit dem Attest der Rechtskraft (§ 31) an den Standesbeamten. Josef, Lehrb. S. 299. A. M. Keidel S. 73, der annimmt, der Standesbeamte habe die Rechtskraft zu prüfen.

8. Gegen eine die Berichtigung ablehnende Verfügung findet die einfache fristlose Beschwerde nach den gewöhnlichen Regeln §§ 19 ff. statt.

§ 71.

Sind Vorgänge, die auf Antrag eines Beteiligten in dem Standesregister am Rande einer Eintragung zu vermerken sind, von einem Notar beurkundet, so gilt dieser als ermächtigt, im Namen des Beteiligten, dessen Erklärung beurkundet ist, die Eintragung des Vermerkes in das Standesregister zu beantragen.

---

1. Der Paragraph hat den § 26 des Personenstandsgesetzes im Auge, welcher lautet:

Wenn die Feststellung der Abstammung eines Kindes erst nach Ein-

tragung des Geburtsfalles erfolgt oder die Standesrechte durch Legitimation, Annahme an Kindes Statt oder in anderer Weise eine Veränderung erleiden, so ist dieser Vorgang, sofern er durch öffentliche Urkunden nachgewiesen wird, auf Antrag eines Beteiligten am Rande der über den Geburtsfall vorgenommenen Eintragung zu vermerken.

2. Über die Zuständigkeit der Notare zur Beurkundung dieser Vorgänge vgl. § 1720 Abs. 2, §§ 1750, 1770 BGB. bzw. Art. 141 Einf.Ges.z.BGB. und unten § 167 Abs. 2. Was die Legitimation und Ehelichkeitserklärung anlangt, vgl. § 1730 BGB.

3. Der beurkundende Notar braucht keine Vollmacht nachzuweisen, auch nicht, wenn sie nach § 13 gefordert werden sollte. Die Vollmacht wird ersetzt durch die Urkunde, auch wenn in ihr ein Auftrag, die Eintragung zu beantragen, nicht ausdrücklich beurkundet ist; letztere ist daher, soweit sie nicht ohnehin die Unterlage des Antrags bildet, mit diesem vorzulegen. — Eine entsprechende Vorschrift findet sich in § 15 GBO. und ist im Gesetze selbst auch für andere ähnlich liegende Fälle — vgl. §§ 100, 129, 159, 161 — vorgesehen. Nach der Fassung der Vorschriften, die sich als Ausnahmevorschriften charakterisieren, muß also der Notar in anderen als den besonders genannten Fällen seine Vollmacht nachweisen. Vgl. Anm. 3f zu § 13.

Die Vermutung gilt auch nur für die erste Instanz, trotz § 20 Abs. 2; im Falle daß der Notar die Beschwerde und weitere Beschwerde einlegt, hat er daher seine Bevollmächtigung nachzuweisen; seine Begünstigung geht nur dahin, daß er unter gewisser Voraussetzung die Beschwerdeschrift für die weitere Beschwerde ohne Zuziehung eines Rechtsanwalts einreichen kann und Vergünstigungen sind nicht ausdehnend auszulegen; vgl. §§ 29, 124, 129. Über die in dieser Beziehung bestehende Streitfrage vgl. § 13 Anm. 3f.

4. Die vermutete Vollmacht bezieht sich nur auf die Beantragung von Randvermerken der in § 26 des Personenstandsgesetzes bezeichneten Art, nicht dagegen auf etwaige Berichtigungsanträge. Den Unterschied s. in Anm. 2 zu § 70.

Fünfter Abschnitt.

Nachlaß- und Teilungssachen.

1. Das BGB. steht nicht auf dem Boden der obligatorischen gerichtlichen Nachlaßbehandlung. In wesentlicher Übereinstimmung mit dem Gemeinen, dem Preußischen und dem Sächsischen Rechte geht es vielmehr von dem Grundsatze aus, daß die Nachlaßregulierung Sache der Beteiligten ist und ein amtliches Einschreiten in Ansehung eines Nachlasses überhaupt nur in besonderen Fällen stattzufinden habe. In diesen wie in vielen anderen Fällen der mannigfaltigsten Art setzt dann das BGB. die Mitwirkung eines Nachlaßgerichts voraus in derselben Weise, wie bei Erledigung der Vormundschaftssachen die Mitwirkung des Vormundschaftsgerichts vorausgesetzt wird (vgl. Vorbemerkung zum zweiten Abschnitt). Alle diese Angelegenheiten, deren Erledigung somit dem Nachlaßgericht obliegt, faßt das Gesetz unter dem Ausdrucke „Nachlaßsachen" zusammen. Damit ist ihre Charakterisierung als solche der fr. Ger. und ihre Übertragung durch Reichsgesetz auf die Gerichte im Sinne des § 1 dieses

Gesetzes erfolgt, so daß die allgemeinen Vorschriften des ersten Abschnitts auf diese Nachlaßsachen Anwendung zu finden haben. Vgl. § 1 Anm. 1 b, c, d.

„Nachlaßsachen" in diesem Sinne sind die in §§ 83, 1342, 1484, 1491, 1492, 1495, 1507, 1549, 1557, 1597, 1795, 1945, 1953, 1955, 1956, 1957, 1960, 1961, 1962, 1964, 1983, 1993 bis 1996, 1999, 2001 bis 2006, 2010, 2061, 2081, 2146, 2151, 2153 bis 2155, 2192, 2193, 2198, 2199, 2200, 2202, 2216, 2224, 2226 bis 2228, 2259, 2260, 2264, 2281, 2300, 2353, 2368, 2384, 2385 BGB. bezeichneten Verrichtungen. Es gehört ferner hierher die Ausstellung der in den §§ 37, 38 GBO. und der in dem § 11 des Gesetzes betreffend das Reichsschuldbuch v. 31. Mai 1891 (RGBl. S. 321) erwähnten Zeugnisse bzw. Bescheinigungen. Endlich hat das vorliegende Gesetz selbst die „Teilungssachen" der §§ 86 ff., 99 als Nachlaßsachen im Sinne des fünften Abschnitts charakterisiert, sowie die in den §§ 88, 97 dem Nachlaßgericht an Stelle des Vormundschaftsgerichts zugewiesenen Angelegenheiten.

Unter „Teilungssachen" sind hier die Angelegenheiten in betreff der Auseinandersetzung wegen eines Nachlasses (§§ 86 bis 98) oder einer ehelichen Gütergemeinschaft oder einer fortgesetzten Gütergemeinschaft (§ 99) zu verstehen. Die Übertragung dieser Angelegenheiten auf das Nachlaßgericht ist in den §§ 86, 99 dieses Gesetzes erfolgt. Auf die Teilung anderer gemeinschaftlicher Vermögensmassen finden die Vorschriften keine Anwendung.

2. Im übrigen ordnet der fünfte Abschnitt die Angelegenheiten wie folgt: Zuständigkeit (§§ 72 bis 74), Nachlaßpflegschaft (§§ 75, 76), Inventarfrist (§ 77), Akteneinsicht im Falle des § 1964 BGB., Einsicht gerichtlicher Verfügungen u. a. (§ 78), Offenbarungseid des Erben (§ 79), Fristbestimmung bei Wahlvermächtnissen (§ 80), Testamentsvollstrecker (§§ 81, 82), Ablieferungszwang bei Testamenten (§ 83), Erbschein und gerichtliche Zeugnisse nach den §§ 1507, 2368 BGB. bzw. §§ 37, 38 GBO. (§§ 84, 85), Erbauseinandersetzung (§§ 86 bis 98), Auseinandersetzung in Ansehung eines ehelichen Gesamtguts (§ 99).

§ 72.

Für die dem Nachlaßgericht obliegenden Verrichtungen sind die Amtsgerichte zuständig.

---

1. Wegen der dem Nachlaßgericht obliegenden Verrichtungen s. Vorbemerkung; dgl. wegen ihres Charakters als A.d.fr.Ger.

2. Wie in der Vorbemerkung erwähnt, setzt das BGB. das Bestehen und die Mitwirkung eines Nachlaßgerichts voraus, ohne die Frage zu entscheiden, welches Gericht die Obliegenheiten dieses Nachlaßgerichts zu erfüllen habe. Indem der § 72 sie den Amtsgerichten überträgt und damit deren sachliche Zuständigkeit begründet, folgt er dem im größten Teile Deutschlands bis dahin geltenden Rechte. Es sind indessen folgende Ausnahmen von dieser Zuständigkeit zugelassen:

a) Gemäß § 189 in Verbindung mit den Art. 57, 58 Einf.Ges.z.BGB. finden in Ansehung der Landesherren und der Mitglieder der landesherrlichen und der denselben gleichgestellten Familien die Hausverfassungen oder die Landesgesetze und in Ansehung der Mitglieder der vormals reichsständischen und derselben gleichgestellten Häuser die Landesgesetze und nach Maßgabe der Landesgesetze die Hausverfassungen Anwendung.

b) Gemäß Art. 147, 148 in Verbindung mit Art. 3 Einf.Ges.z.BGB. und § 185 sind die Landesgesetzgebungen in der Lage, für die dem Nachlaßgericht obliegenden Verrichtungen andere als gerichtliche Behörden für zuständig zu erklären, sei es im ganzen, sei es für einzelne Verrichtungen. Von der sachlichen Zuständigkeit des Amtsgerichts kann indessen nicht ausgenommen werden die Abnahme des im § 2006 BGB. vorgeschriebenen Offenbarungseides über die Vollständigkeit des Nachlaßinventars (vgl. § 79). Es haben im übrigen von dem Vorbehalte Gebrauch gemacht:

Baden, Gesetz die freiw. Ger. und das Notariat betreffend, v. 17. Juni 1899. Zuständig sind die Notare; den Amtsgerichten bleiben gewisse Geschäfte vorbehalten.

Bayern, Ausf.Ges.z.BGB. v. 9. Juni 1899, Notariatsgesetz von demselben Tage. Grundsätzlich sind die Amtsgerichte zuständig, daneben die Notare und die Bürgermeister für gewisse Angelegenheiten.

Elsaß-Lothr. Ausf.Ges.z.RGes. betr. die A.d.fr.Ger. v. 6. November 1899. Grundsätzlich sind die Amtsgerichte zuständig, nur für die Teilungssachen die Notare. Letzteren kann auch die Aufnahme des Nachlaßverzeichnisses übertragen werden.

Hessen, Gesetz, das Notariat betr., v. 15. März 1899. Gesetz zur Ausführung des Gesetzes über die A.d.fr.Ger. v. 18. Juli 1899. Grundsätzlich sind die Amtsgerichte zuständig. Daneben die Notare für die Teilungssachen.

Mecklenb.-Schwerin und Meckl.-Strelitz wie in Anm. 2c zu § 35 für Vormundschaftssachen angegeben.

Preußen, Gesetz über die freiw. Ger. v. 21. September 1899. Grundsätzlich sind die Amtsgerichte zuständig. Den Notaren kann die Auseinandersetzung übertragen werden.

Reuß j. L., Gesetz zur Ausf. des RGes. über die A.d.fr.Ger. v. 10. August 1899. Wie in Preußen.

Sachsen, Gesetz zur Ausführung einiger mit dem BGB. zusammenhängender Reichsgesetze, v. 15. Juni 1900. Die Ortsgerichtspersonen sind zuständig für Sicherung des Nachlasses, Aufnahme von Inventarien.

Sachsen-Meiningen, Gesetz über die freiw. Ger. v. 15. August 1899. Wie in Preußen.

Württemberg. Ausf.Ges.z.BGB. und dessen Nebengesetzen v. 28. Juli 1899. Das in Anm. 2c zu § 35 bezeichnete Vormundschaftsgericht ist zugleich Nachlaßgericht.

Im übrigen ist wohl ausnahmslos in allen Bundesstaaten Polizei- und Gemeindebehörden, wie Bürgermeistern, Ortsvorstehern, Dorf- oder Gemeindegerichten, die Zuständigkeit zur Sicherung des Nachlasses beigelegt.

3. In den Bezirken der Konsulargerichte sind die Konsuln, in den Schutzgebieten die Bezirksrichter zuständig (vgl. § 1 Anm. 3). — Eine beschränkte Zuständigkeit, nämlich soweit es sich um die Sicherung von Akten u. dgl. handelt, kommt nach RGes. auch den Militärbehörden zu; Ges. betr. die freiw. Ger. und andere Rechtsangelegenheiten in Heer und Marine, v. 28. Mai 1901 (RGBl. S. 185) § 7. Für die Beamten ist meist landesgesetzlich, so in Baden, Bayern, Hessen, Preußen, eine entsprechende Zuständigkeit festgestellt. — S. ferner Seemannsordnung v. 2. Juni 1902 (RGBl. S. 175) § 65.

§ 73.

Die örtliche Zuständigkeit bestimmt sich nach dem Wohnsitze, den der Erblasser zur Zeit des Erbfalls hatte; in Ermanglung eines inländischen Wohnsitzes ist das Gericht zuständig, in dessen Bezirke der Erblasser zur Zeit des Erbfalls seinen Aufenthalt hatte.

Ist der Erblasser ein Deutscher und hatte er zur Zeit des Erbfalls im Inlande weder Wohnsitz noch Aufenthalt, so ist das Gericht zuständig, in dessen Bezirke der Erblasser seinen letzten inländischen Wohnsitz hatte. In Ermanglung eines solchen Wohnsitzes wird das zuständige Amtsgericht, falls der Erblasser zur Zeit des Erbfalls einem Bundesstaat angehörte, von der Landesjustizverwaltung, anderenfalls von dem Reichskanzler bestimmt.

Ist der Erblasser ein Ausländer und hatte er zur Zeit des Erbfalls im Inlande weder Wohnsitz noch Aufenthalt, so ist jedes Gericht, in dessen Bezirke sich Nachlaßgegenstände befinden, in Ansehung aller im Inlande befindlichen Nachlaßgegenstände zuständig. Die Vorschriften des § 2369 Abs. 2 des Bürgerlichen Gesetzbuchs finden Anwendung.

---

1. Die **§§ 73, 74** stellen für die Nachlaß- und Teilungssachen die Grundsätze über die örtliche Zuständigkeit auf. Der § 73 regelt die Zuständigkeit für sämtliche Verrichtungen, der § 74 nur für eine einzelne Art der Tätigkeit. Das nach § 73 zuständige Nachlaßgericht ist selbstverständlich zuständig auch für die im § 74 bezeichneten Maßnahmen.

2. Der **§ 73** gibt in Abs. 1 die allgemeine Regel für die örtliche Zuständigkeit, und in Abs. 2 und 3 Sondervorschriften für Fälle, in denen die regelmäßigen Voraussetzungen für die Zuständigkeit gemäß Abs. 1 fehlen.

a) Der **Abs. 1**, der dem § 36 Satz 1 nachgebildet ist, gilt für Deutsche wie für Ausländer ohne Unterschied. — Die Zuständigkeit soll sich nach dem inländischen Wohnsitze event. Aufenthalte des Erblassers bestimmen. Begriff, Begründung und Aufhebung des Wohnsitzes wiederum bestimmen sich nach den §§ 7 bis 11 BGB. bzw. § 3 dieses Gesetzes. Vgl. hierzu das zu § 3 und in Anm. 2b zu § 36 Gesagte. — Entscheidend soll der Zeitpunkt des Erbfalls sein. Dieser Zeitpunkt ist der des Todes des Erblassers (§ 1922 BGB.). Bei der Todeserklärung ist der nach Vorschrift des § 18 Abs. 2 BGB. im Urteile festzustellende Zeitpunkt maßgebend: § 970 ZPO. Ist im Urteil die Todeszeit nur dem Tage nach festgestellt, so gilt das Ende des Tages als Zeitpunkt des Todes (§ 18 Abs. 3 BGB.).

b) Der **Abs. 2**, der dem Abs. 2 des § 36 entspricht, gilt nur für deutsche Erblasser und nur für den Fall, daß eine Zuständigkeit nach Abs. 1 nicht begründet ist. Über den Grund der Übertragung der Befugnis der Bestimmung der Zuständigkeit auf den Reichskanzler vgl. § 3 Anm. 4.

c) Der **Abs. 3** gilt nur für Ausländer und ebenfalls nur unter der Voraussetzung, daß die Zuständigkeit eines Nachlaßgerichts gemäß Abs. 1 nicht begründet ist. Für die Frage, ob das letztere der Fall, ist hier anders als nach Abs. 2, der letzte inländische Wohnsitz ohne Bedeutung: vgl. hierzu § 74 Anm. 2 und 3. Hier ist neben Mangel eines Wohnsitzes oder Aufenthalts nur Voraussetzung, daß sich irgend ein Nachlaßgegenstand im Bezirke des Nachlaßgerichts befindet. Welcher Ort als derjenige zu gelten hat, an welchem Rechte, Forderungen, Ansprüche sich befinden, bestimmt sich nach allgemeinen Regeln, sowie nach § 2369 Abs. 2 BGB. Letzterer lautet:

Ein Gegenstand, für den von einer deutschen Behörde ein zur Eintragung des Berechtigten bestimmtes Buch oder Register geführt wird, gilt als im Inlande befindlich. Ein Anspruch gilt als im Inlande befindlich, wenn für die Klage ein deutsches Gericht zuständig ist.

Die hiernach begründete Zuständigkeit erstreckt sich auf alle im Inlande befindlichen Gegenstände, auch wenn sie sich in einem anderen Bezirke befinden, und auf alle Verrichtungen, die einem Nachlaßgerichte obliegen, namentlich auch auf Ausstellung eines Erbscheins für alle diese Gegenstände. Vgl. § 2369 Abs. 1 BGB.

Vgl. hierzu ferner § 74 Anm. 2.

3. Soweit es sich um den Nachlaß eines Ausländers handelt, ist sowohl im Falle des Abs. 1 wie in dem des Abs. 3 für eine etwaige Tätigkeit des Nachlaßgerichts Voraussetzung, daß der Nachlaß des Ausländers überhaupt dem inländischen Rechte unterliegt. Ob letzteres der Fall, richtet sich nach dem internationalen Privatrechte, in erster Linie nach etwaigen vom Reiche oder einem einzelnen Bundesstaate mit fremdländischen Staaten abgeschlossenen Staatsverträgen. Vgl. ferner Art. 25 bis 31 Einf.Ges.z.BGB.

4. Das in Anm. 7 zu § 36 vom Vormundschaftsgericht Gesagte gilt auch von dem Nachlaßgerichte. In Ansehung des in mehreren Bezirken zerstreuten Nachlasses eines Ausländers muß es notwendigerweise infolge der Vorschrift des Abs. 3 zu mehrfacher Zuständigkeit kommen; daß in diesem Falle, wie alle anderen Kommentare behaupten, die Zuständigkeit erst mit dem Zeitpunkt begründet werde, in welchem das Nachlaßgericht mit der Sache befaßt werde, kann nicht als richtig zugegeben werden. — Soweit eine mehrfache Zuständigkeit besteht, kann nur in der durch die §§ 4, 5 bezeichneten Weise die ausschließliche Zuständigkeit herbeigeführt werden; eine Abgabe an ein anderes Nachlaßgericht, entsprechend der Abgabe einer Vormundschaft gemäß § 46, findet nicht statt, außer wenn es sich um eine Nachlaßpflegschaft handelt (§ 75).

5. Über die Wirksamkeit der von einem unzuständigen Nachlaßgerichte vorgenommenen Handlungen vgl. § 7 und das dazu Gesagte.

§ 74.

Für die Sicherung des Nachlasses ist jedes Amtsgericht zuständig, in dessen Bezirke das Bedürfnis der Fürsorge hervortritt. Das Gericht soll von den angeordneten Maßregeln dem nach § 73 zuständigen Nachlaßgerichte Mitteilung machen.

---

1. In betreff der Verpflichtung des Nachlaßgerichts, von Amts wegen Sicherungsmaßregeln zu treffen, ergibt sich folgendes:

a) Zunächst bestimmt das BGB.:

§ 1960. Bis zur Annahme der Erbschaft hat das Nachlaßgericht für die Sicherung des Nachlasses zu sorgen, soweit ein Bedürfnis besteht. Das gleiche gilt, wenn der Erbe unbekannt oder wenn ungewiß ist, ob er die Erbschaft angenommen hat.

Das Nachlaßgericht kann insbesondere die Anlegung von Siegeln, die Hinterlegung von Geld, Wertpapieren und Kostbarkeiten sowie die Aufnahme eines Nachlaßverzeichnisses anordnen und für denjenigen, welcher Erbe wird, einen Pfleger (Nachlaßpfleger) bestellen.

Die Vorschrift des § 1958 findet auf den Nachlaßpfleger keine Anwendung.

§ 1961. Das Nachlaßgericht hat in den Fällen des § 1960 Abs. 1 einen Nachlaßpfleger zu bestellen, wenn die Bestellung zum Zwecke der gerichtlichen Geltendmachung eines Anspruchs, der sich gegen den Nachlaß richtet, von dem Berechtigten beantragt wird.

Der in § 1960 Abs. 3 BGB. angeführte § 1958 lautet:

Vor der Annahme der Erbschaft kann ein Anspruch, der sich gegen den Nachlaß richtet, nicht gegen den Erben gerichtlich geltend gemacht werden.

b) Außerdem bleiben gemäß Art. 140 Einf.Ges.z.BGB. die landesgesetzlichen Vorschriften unberührt, nach welchen das Nachlaßgericht auch unter anderen als den im § 1960 Abs. 1 BGB. bezeichneten Voraussetzungen die Anfertigung eines Nachlaßverzeichnisses sowie bis zu dessen Vollendung die erforderlichen Sicherungsmaßregeln, insbesondere die Anlegung von Siegeln von Amts wegen anordnen kann oder soll. Dieser Vorbehalt ist insbesondere mit Rücksicht auf württembergische Verhältnisse gemacht (vgl. Mot. zum Einf.Ges.z.BGB. S. 230 f.). Die durch Art. 140 aufrecht erhaltenen landesgesetzlichen Vorschriften legen der Nachlaßbehörde die Fürsorgepflicht namentlich für den Fall auf, daß ein bestimmter Erbe minderjährig oder aus einem anderen Grunde nicht voll geschäftsfähig oder abwesend ist. Da für alle diese Fälle aber die Vorschriften des Vormundschaftsrechts ausreichen — vgl. §§ 1683, 1893 BGB. (vgl. ferner die §§ 673, 675, § 1424 Abs. 2 BGB.) —, so hat z. B. Preußen (Art. 79 Ausf.Ges.z.BGB.) diese Vorschriften außer Kraft gesetzt. Dagegen haben Baden (Rechtspolizeigesetz § 46), Sachsen-Weimar (Ausf.Ges.z.BGB. § 237) und Württemberg (Ausf.-Ges.z.BGB. Art. 89) von dem Vorbehalt Gebrauch gemacht.

c) Da die Sicherung im öffentlichen Interesse von Amts wegen erfolgt, so ist ein privates Verbot derselben durch den Erblasser, z. B. der Siegelung, ohne Bedeutung für das Gericht. Mot. 5 S. 542 ff., 294. — Maßgebend für die Beantwortung der Bedürfnisfrage ist das Interesse des Nachlasses, nicht das eines am Nachlasse beteiligten Dritten, z. B. eines Gläubigers. KG. 10. Juni 1901 in Johow 22 S. A 71 Nr. 16.

2. Die Sicherungsmaßregeln finden auch Anwendung, wenn der Erblasser ein Ausländer ist und ganz abgesehen von der Reziprozität; denn sie regeln nicht die „Beerbung" (Art. 25 Einf.Ges.z.BGB.) und dienen nicht nur zur Sicherung der ausländischen Erbbeteiligten, sondern auch dem Interesse der inländischen Nachlaßgläubiger rc. OLG. Karlsruhe 29. Mai 1901 im „Recht" 5 S. 312 Nr. 1197.

3. Die Vorschrift des § 74 beruht auf der Erwägung, daß Sicherungsmaßregeln ohne allen Verzug vorgenommen werden müssen und stellt sich als Ausnahme von der Regel des § 73 dar. Das nach § 74 zuständige Amtsgericht tritt neben das nach § 73 zuständige Nachlaßgericht; durch seine Tätigkeit auf Grund des § 74 wird das in Funktion tretende Amtsgericht an sich nicht zuständig als Nachlaßgericht für den gesamten Nachlaß, kann es aber werden, u. zw. dann, wenn es bei mehrfacher Zuständigkeit auf Zuvorkommen ankommt, z. B. in dem in Anm. 4 zu § 73 bemerkten Falle. — Daß die Bestellung einer Nachlaßpflegschaft im Falle des

§ 1961 BGB. (vgl. Anm. 1) auch nach § 74 angängig sei, wird verneint vom OLG. Rostock 15. Januar 1901 in Rechtspr.d.OLG. 2 S. 474.

Für die Zuständigkeitsfrage kommt auch an dieser Stelle das in Anm. 2a und b und Anm. 3 zu § 72 Gesagte in Betracht. Dazu vgl. dann die §§ 194, 195.

Beim Tode eines Ausländers, der im Inlande seinen Wohnsitz gehabt hat, ist die Frage, welche Behörde (ein deutsches Gericht oder eine ausländische Behörde) die Funktionen des Nachlaßgerichts wahrzunehmen hat, und welche Obliegenheiten dem Nachlaßgericht in dieser Beziehung zustehen, nach dem für den betreffenden Nachlaß geltenden materiellen Rechte, nicht schlechthin nach dem des letzten Wohnsitzes zu entscheiden. Das deutsche Gericht, in dessen Bezirke sich der Nachlaß befindet, ist aber jedenfalls zu dessen Sicherung befugt. Auch hat es den deswegen ergehenden Ersuchen der ausländischen Gerichtsbehörden innerhalb seiner Zuständigkeit grundsätzlich zu entsprechen. KG. 29. Dezember 1902 in Johow 25 S. A 241 Nr. 60.

4. Es ist selbstverständlich, daß das Gericht das Bedürfnis der Fürsorge, von dem seine Zuständigkeit abhängt, von Amts wegen prüfen und event. die erforderlichen Ermittlungen anstellen muß. Dazu vgl. KG. 10. Juni 1901 in Rechtspr.d.OLG. 3 S. 251; OLG. Rostock 20. Mai 1902 in 4 S. 420 daselbst; Bayer.O.LG. 22. März 1902 in 5 S. 229 daselbst. Die Verfügung, in welcher die Sicherungsmaßregeln angeordnet werden, würde der Regel des § 16 entsprechend mit der Bekanntmachung an den, für den sie ihrem Inhalte nach bestimmt ist, wirksam werden. Etwaigen bekannten Erben und Besitzern von Nachlaßgegenständen ist sie daher bekannt zu machen. Im übrigen ist sie, was die Mehrheit der in § 1960 Abs. 2 BGB. (vgl. Anm. 1) bezeichneten Sicherungsmaßregeln anlangt, der Vollstreckung fähig (vgl. § 16 Anm. 2c). Letztere erfolgt nach den Landesgesetzen. — Den Erben steht gegen die Anordnung der Maßregeln die einfache (fristenlose) Beschwerde zu, weil sie in ihrem Rechte, selbständig ohne behördliche Fürsorge den Nachlaß zu ordnen, beeinträchtigt sind (§ 20); dagegen ist die Frage, ob ein Bedürfnis im Sinne des BGB. § 1960 besteht, der weiteren Beschwerde entrückt, weil tatsächlicher Art. OLG. Karlsruhe 29. Mai 1901 im „Recht" 5 S. 312 Nr. 1197. Vgl. § 75 Anm. 1. Wegen der Nachlaßverwaltung vgl. § 76.

5. Wegen der Fürsorge für den Nachlaß eines Erblassers, der vor dem 1. Januar 1900 gestorben ist, vgl. § 189 Anm. 3.

§ 75.

Auf die Nachlaßpflegschaft finden die für Vormundschaftssachen geltenden Vorschriften dieses Gesetzes Anwendung. Unberührt bleiben die Vorschriften über die Zuständigkeit des Nachlaßgerichts; das Nachlaßgericht kann jedoch die Pflegschaft nach Maßgabe des § 46 an ein anderes Nachlaßgericht abgeben.

1. Der Sinn des § 75 ist, daß die Vorschriften des zweiten Abschnitts, soweit sie sich nicht auf die Zuständigkeit (§§ 35 bis 47) für welche die §§ 73, 74 maßgebend bleiben, sondern auf das Verfahren beziehen, auch bei der Nachlaßpflegschaft Platz greifen. Das trifft auch auf die Bestimmungen über das Beschwerderecht zu, namentlich auf § 57 Nr. 3, wonach gegen eine Verfügung, durch welche die Anordnung einer (Nachlaß-)

Pflegschaft abgelehnt oder aufgehoben wird, jedem, der ein rechtliches Interesse an der Änderung der Verfügung hat, die einfache (fristlose) Beschwerde zustehen soll. Es entspricht das, wie die Denkschrift (S. 56) bemerkt, dem Standpunkte des BGB., welches die Nachlaßpflegschaft den sonstigen Pflegschaften (§§ 1915 ff. BGB.) mit der Maßgabe gleichstellt, daß an die Stelle des Vormundschaftsgerichts das Nachlaßgericht tritt (§ 1962 BGB.). Wann eine Nachlaßpflegschaft zu bestellen ist, siehe § 74 Anm. 1 (§ 1961 BGB.).

2. Wegen des Schlußsatzes vgl. § 46. Die hier gegebene Befugnis gewinnt dann Bedeutung, wenn es sich um eine Pflegschaft für eine Erbschaft handelt, die in der Hauptsache aus Grundstücken besteht, und die Grundstücke nicht im Bezirke des Gerichts liegen, in welchem der Erblasser seinen letzten Wohnsitz hatte. An ein „anderes Nachlaßgericht" soll heißen „an ein anderes Amtsgericht, oder an eine andere nach Maßgabe der bei § 72 erörterten Zuständigkeitsvorschriften an Stelle des Amtsgerichts zuständige Behörde", welche dadurch zum Nachlaßgericht wird.

§ 76.

Gegen eine Verfügung, durch die dem Antrage des Erben, die Nachlaßverwaltung anzuordnen, stattgegeben wird, ist die Beschwerde unzulässig.

Gegen eine Verfügung, durch die dem Antrag eines Nachlaßgläubigers, die Nachlaßverwaltung anzuordnen, stattgegeben wird, findet die sofortige Beschwerde statt. Die Beschwerde steht nur dem Erben, bei Miterben jedem Erben, sowie dem Testamentsvollstrecker zu, welcher zur Verwaltung des Nachlasses berechtigt ist.

1. Unter Nachlaßverwaltung versteht das BGB. (§ 1975) die „Nachlaßpflegschaft zum Zwecke der Befriedigung der Nachlaßgläubiger". Nachlaßgläubiger ist derjenige, dem gegenüber eine Nachlaßverbindlichkeit begründet ist. Zu den Nachlaßverbindlichkeiten gehören außer den vom Erblasser herrührenden Schulden die den Erben als solchen treffenden Verbindlichkeiten, insbesondere die Verbindlichkeiten aus Pflichtteilsrechten, Vermächtnissen und Auflagen, aus der Beerdigung und der in § 1969 BGB. erwähnten Unterhaltspflicht. Vgl. §§ 1967 bis 1969 BGB.

Für den Fall, daß eine Nachlaßverwaltung angeordnet (oder ein Nachlaßkonkurs eröffnet) wird, beschränkt sich die Haftung des Erben für die Nachlaßverbindlichkeiten auf den Nachlaß (§§ 1967, 1975 BGB.). Für sie als einer Unterart der Nachlaßpflegschaft finden daher die für letztere und mittelbar auch die für die Vormundschaften gegebenen Vorschriften des BGB. — mit gewissen aus § 1981 Abs. 3 und § 1987 BGB. sich ergebenden Abweichungen — ebenfalls Anwendung. Was insbesondere die nach § 1987 BGB. dem Nachlaßverwalter gebührende Vergütung betrifft, so ergibt sich aus den §§ 1915, 1962 BGB. in Verbindung mit § 1836 Abs. 1 Satz 2 daselbst, daß diese Vergütung von dem Nachlaßgerichte festzusetzen ist und daß es daher einer besonderen den Prozeßweg ausschließenden Vorschrift, wie sie für andere Fälle der § 165 Abs. 2 dieses Gesetzes enthält, nicht bedarf. Denkschr. S. 57. — Auch die Vorschriften dieses Gesetzes über die Nachlaßpflegschaft bzw. für Vormundschaftssachen finden auf die Nachlaßverwaltung Anwendung (§ 75).

2. Die Anordnung der Nachlaßverwaltung findet nur auf Antrag statt; es kommen dafür nach dem BGB. zwei Anträge in Betracht:

a) Die Anordnung ist, sofern eine den Kosten entsprechende Masse vorhanden ist (§ 1982 BGB.), bedingungslos zu treffen, wenn der Erbe sie beantragt, es sei denn, daß der Erbe bereits die Beschränkung seiner Haftung verloren hat (§ 2013 BGB.). In diesem Falle ist nach Abs. 1 ohne Rücksicht auf das Interesse der Gläubiger die Anordnung unanfechtbar.

Sind mehrere Erben vorhanden, so kann nach § 2062 BGB. die Anordnung einer Nachlaßverwaltung von den Erben nur gemeinschaftlich beantragt werden. Ist dieser Vorschrift entgegen auf den Antrag nur eines oder einzelner von ihnen die Nachlaßverwaltung angeordnet, so steht selbstverständlich den übrigen Miterben das Anfechtungsrecht zu.

Die Vorschrift des Abs. 1 bildet eine Ausnahme von § 19 Abs. 1. Sie ist damit begründet, daß es im Interesse der Rechtssicherheit unvereinbar wäre, wenn die Rechtmäßigkeit einer Verfügung, durch welche eine Nachlaßverwaltung angeordnet ist, von den Beteiligten jederzeit im Wege der Einlegung eines Rechtsmittels in Frage gestellt werden könnte. Denkschr. S. 56. Also dieselben Erwägungen, die für die Vorschriften der §§ 32, 55, 62, § 67 Abs. 3, § 68 Abs. 1 maßgebend gewesen sind.

Gegen eine Verfügung, durch die der Antrag eines Erben, die Nachlaßverwaltung anzuordnen, abgelehnt wird, steht dem Antragsteller, und nur diesem (§ 20 Abs. 2), die einfache (fristlose) Beschwerde zu.

b) Auf Antrag eines Nachlaßgläubigers ist die Nachlaßverwaltung anzuordnen, wenn Grund zu der Annahme besteht, daß die Befriedigung der Nachlaßgläubiger aus dem Nachlasse durch das Verhalten oder die Vermögenslage des Erben gefährdet wird und seit der Annahme der Erbschaft noch nicht zwei Jahre verstrichen sind. Auch hier gilt der Vorbehalt wegen der Kosten. (§ 1981 Abs. 2, § 1982 BGB.)

In diesem Falle sind nur die in Abs. 2 ausdrücklich genannten Personen zur sofortigen Beschwerde berechtigt; den Nachlaßgläubigern, insbesondere denjenigen, welche den Antrag nicht mitgestellt haben, ist die Beschwerde versagt. Den Erben, und zwar jedem Erben für sich, aber ist auch in diesem Falle das Beschwerderecht mit Rücksicht auf die weitreichenden Folgen, welche nach § 1984 BGB. mit der Nachlaßverwaltung für sie verbunden sind, vorbehalten.

Die Frist für die Einlegung der sofortigen Beschwerde im Falle des Abs. 2 beginnt — obgleich das Nachlaßgericht die Anordnung der Nachlaßverwaltung gemäß § 1983 BGB. durch das für seine Bekanntmachungen bestimmte Blatt zu veröffentlichen hat — nach der Regel des § 22 Abs. 1 mit dem Zeitpunkt, in welchem dem Beschwerdeführer die Verfügung gemäß § 16 Abs. 2, 3 bekannt gemacht worden ist.

Gegen eine Verfügung, durch die der Antrag eines Nachlaßgläubigers, die Nachlaßverwaltung anzuordnen, abgelehnt wird, steht dem Antragsteller, und nur diesem (§ 20 Abs. 2), die fristlose Beschwerde zu.

3. Dem Testamentsvollstrecker soll das Beschwerderecht nach Abs. 2 nur zustehen, wenn er zur Verwaltung des Nachlasses berechtigt ist. Wann dies der Fall ist, ergeben die §§ 2205 bis 2210 BGB. Führen mehrere Testamentsvollstrecker das Amt gemeinschaftlich, so steht jedem von ihnen selbständig die Beschwerde zu; vgl. dazu § 75, § 58 Abs. 1 und Anm. 2 daselbst. So auch übereinstimmend

Dorner § 76 Anm. 4e, Fuchs § 76 Anm. 2b. A. M. Dronke § 76 Anm. 1, Rausnitz § 76 Anm. 24.

4. Darüber, ob die Voraussetzungen der beantragten Nachlaßverwaltung vorliegen, hat der Richter von Amts wegen die erforderlichen Ermittlungen anzustellen. KG. 6. Juni 1900 in Bl.f.Rechtspfl. im Bez. des KG. 1900 (nach Soergel 1900/01 S. 602). Einen besonderen Fall Bayer.O.LG. 24. Oktober 1902 im „Recht" 6 S. 590 Nr. 2696.

§ 77.

Gegen eine Verfügung, durch die dem Erben eine Inventarfrist bestimmt wird, findet die sofortige Beschwerde statt.

Das gleiche gilt von einer Verfügung, durch die über die Bestimmung einer neuen Inventarfrist oder über den Antrag des Erben, die Inventarfrist zu verlängern, entschieden wird.

In den Fällen der Abs. 1, 2 beginnt die Frist zur Einlegung der Beschwerde für jeden Nachlaßgläubiger mit dem Zeitpunkt, in welchem die Verfügung demjenigen Nachlaßgläubiger bekannt gemacht wird, welcher den Antrag auf die Bestimmung der Inventarfrist gestellt hat.

---

1. Der § 77 bringt einige Verfahrensvorschriften über Inventarerrichtung durch den Erben als Ergänzung zu den im BGB. 5. Buch 2. Abschnitt 2. Titel unter IV „Inventarerrichtung. Unbeschränkte Haftung des Erben" in den §§ 1993 bis 2013 gegebenen mit einer Anzahl von Verfahrensvorschriften durchsetzten Bestimmungen. Nach den hier in Betracht kommenden Vorschriften des BGB. hat das Nachlaßgericht dem Erben auf Antrag eines Nachlaßgläubigers (wegen des Begriffs vgl. § 76 Anm. 1) zur Errichtung des Inventars eine Frist (Inventarfrist) zu bestimmen, nach deren Ablauf der Erbe für die Nachlaßverbindlichkeiten unbeschränkt haftet, wenn nicht vorher das Inventar errichtet wird. Unter gewissen Voraussetzungen ist dem Erben auf seinen Antrag eine neue Inventarfrist zu bestimmen; auch kann das Nachlaßgericht ihm eine neue Frist setzen im Falle der Unvollständigkeit des eingereichten Inventars, sofern nicht für die letztere betrügliche Absicht vorliegt. Endlich kann das Nachlaßgericht auf Antrag des Erben die bestimmte Frist nach seinem Ermessen verlängern.

2. Auf die Verfügung über den Antrag, dem Erben eine Inventarfrist zu bestimmen, kommen die allgemeinen Vorschriften des ersten Abschnitts zur Anwendung, namentlich auch diejenigen über die Bekanntmachung und Wirksamkeit (§ 16), die Abänderbarkeit (vgl. Anm. 4) und die Beschwerde und sofortige Beschwerde, und in letzter Hinsicht insbesondere die Vorschrift des § 20 Abs. 2 — soweit nicht in § 77 ein anderes bestimmt ist (§ 1). Daher findet z. B. gegen eine Verfügung, durch die der Antrag auf Bestimmung einer Inventarfrist zurückgewiesen wird, die einfache (fristlose) Beschwerde statt und beschwerdeberechtigt in diesem Falle ist nach § 20 Abs. 2 nur der Antragsteller. Anders, wenn es sich um den Antrag auf Bestimmung einer n e u e n oder V e r l ä n g e r u n g der alten Inventarfrist handelt; hier steht nur die sofortige Beschwerde zu — § 77 Abs. 2, wo es heißt: „entschieden wird", wo also nicht unterschieden wird, ob dem Antrag stattgegeben ist oder nicht (vgl. Anm. 4). Beschwerdeberechtigt ist letzterenfalls auch wieder nur der Antragsteller

(§ 20 Abs. 2). — Was insbesondere den Abs. 3 anlangt, so enthält er eine Ausnahmebestimmung von § 22 Abs. 1; es genügt die Bekanntmachung an den Antragsteller, um die Beschwerdefrist für alle Nachlaßgläubiger — nicht dagegen für den Erben, für den die Bekanntmachung an ihn selbst der entscheidende Zeitpunkt ist (§ 22 Abs. 1, § 16 Abs. 2) — in Lauf zu bringen, das selbst dann, wenn der Antrag nur von einem Nachlaßgläubiger gestellt war. Diese Regelung der Frist entspricht auch dem Standpunkt des BGB. (§ 1994), daß die Wirkungen der auf Antrag eines Gläubigers bestimmten Inventarfrist für alle Gläubiger eintreten.

3. Die zeitliche Beschränkung des Beschwerderechts dadurch, daß in den Fällen des Abs. 1 und 2 nur die sofortige Beschwerde zugelassen sein soll, ist eingeführt, um für die Beantwortung der Frage, ob der Erbe den Nachlaßgläubigern nur mit dem Nachlasse oder mit seinem ganzen Vermögen haftet, möglichst bald eine sichere Grundlage zu schaffen.

4. Da gegen die Verfügung, durch welche dem Erben eine Inventarfrist bestimmt wird, die sofortige Beschwerde stattfindet, so ist gemäß § 18 Abs. 2 der Richter nicht befugt, die einmal erlassene Verfügung zurückzunehmen, es sei denn aus einem nach ihrer Bekanntmachung eingetretenen Umstande, soweit das Gesetz eine solche Aufhebung selbst nach Eintritt der Rechtskraft der Verfügung zuläßt. Vgl. § 18 Anm. 5. Die Bestimmung einer Inventarfrist kann aber nicht zurückgenommen werden, wenn der Erbe ausschlägt — einerlei ob rechtzeitig oder nach Ablauf der gesetzten bzw. verlängerten Inventarfrist — oder die Versäumung der Inventarfrist ansicht. OLG. Braunschweig 19. Juli 1901 in Seuff.Arch. 57 S. 187 Nr. 105.

§ 78.

Hat das Nachlaßgericht nach § 1964 des Bürgerlichen Gesetzbuchs festgestellt, daß ein anderer Erbe als der Fiskus nicht vorhanden ist, so steht die Einsicht der dieser Feststellung vorausgegangenen Ermittlungen jedem zu, der ein berechtigtes Interesse glaubhaft macht. Das gleiche gilt von der Einsicht einer Verfügung, welche die Bestimmung einer Inventarfrist oder die Ernennung oder die Entlassung eines Testamentsvollstreckers betrifft, eines Protokolls über die Leistung des im § 79 bezeichneten Eides sowie von der Einsicht eines Erbscheins und eines der in den §§ 1507, 2368 des Bürgerlichen Gesetzbuchs und den §§ 37, 38 der Grundbuchordnung vorgesehenen gerichtlichen Zeugnisse.

Von den Schriftstücken, deren Einsicht gestattet ist, kann eine Abschrift gefordert werden; die Abschrift ist auf Verlangen zu beglaubigen.

---

1. Der Paragraph trifft für die in ihm namentlich aufgeführten Angelegenheiten Bestimmungen, welche von den allgemeinen Vorschriften über Akteneinsicht ꝛc. in § 34 abweichen; die Gestattung der Einsichtnahme ist nicht dem richterlichen Ermessen anheimgegeben, sondern nur von der Glaubhaftmachung eines berechtigten Interesses abhängig. Ist die Glaubhaftmachung erfolgt, so muß der Richter die Einsicht gestatten. Vgl. hierzu § 34 und die Anmerkungen dazu, sowie wegen Glaubhaftmachung § 15 Anm. 6.

In ähnlicher Weise hat bereits das BGB. das Recht auf Einsicht gewisser bei dem Nachlaßgericht abgegebener Erklärungen oder eingereichter Schriftstücke gewährt; vgl. § 1342 Abs. 2, §§ 1597, 1599, § 1953 Abs. 3, §§ 1957, 2010, 2081, 2146, 2228, 2264, 2384 BGB.

2. Der Paragraph hat nur einzelne Teile von Akten im Auge und die von ihm gewährte Berechtigung bezieht sich nur auf diese Teile. Im einzelnen kommen in Betracht:

a) Die Einsicht der Ermittlungen, welche der nach § 1964 BGB. zu treffenden Feststellung durch das Nachlaßgericht, daß ein anderer Erbe als der Fiskus nicht vorhanden ist, vorausgegangen sind (Satz 1). Der angezogene § 1964 BGB. lautet:

Wird der Erbe nicht innerhalb einer den Umständen entsprechenden Frist ermittelt, so hat das Nachlaßgericht festzustellen, daß ein anderer Erbe als der Fiskus nicht vorhanden ist.

Die Feststellung begründet die Vermutung, daß der Fiskus gesetzlicher Erbe sei.

Die Vorschrift entspricht den Bestimmungen, die in den Schlußsätzen der §§ 1953, 1957 BGB. getroffen sind.

Der Feststellung durch das Nachlaßgericht hat ein Feststellungsverfahren nach Maßgabe des § 1965 BGB. vorauszugehen.

Die Vorschrift des § 78 hat auch Geltung, wenn gemäß Art. 138 Einf.Ges.z.BGB. an Stelle des Fiskus als gesetzlicher Erbe eine Körperschaft, Stiftung oder Anstalt des öffentlichen Rechts tritt.

b) Die Einsicht einer Verfügung, welche die Bestimmung einer Inventarfrist betrifft (Satz 2). Dazu vgl. § 77 und die dort in Anm. 1 bezeichneten Vorschriften des BGB. Hier bezieht sich das Recht auf Einsicht nur auf die Verfügung, nicht auf den sonstigen Akteninhalt.

c) Die Einsicht der Verfügung, welche die Ernennung oder die Entlassung eines Testamentsvollstreckers betrifft (Satz 2). Dazu vgl. § 81. Auch hier handelt es sich nur um die Einsicht der Verfügung.

d) Die Einsicht eines Protokolls über die Leistung des im § 79 bezeichneten Eides (Satz 2). Desgleichen besteht hier der Anspruch nur soweit es sich um dieses Protokoll handelt.

e) Die Einsicht eines Erbscheins, aber nicht der voraufgegangenen Verhandlungen (Satz 2). Vgl. dazu die §§ 84, 85. — Auf Erbbescheinigungen des alten Rechts bezieht sich die Vorschrift nicht; für sie gilt nur der § 34; RG. 16. Dezember 1901 in Rechtspr.d.OLG. 5 S. 199 Nr. 39. Vgl. § 84 Anm. 1g, § 85 Anm. 3.

f) Die Einsicht eines der in den §§ 1507, 2368 BGB. vorgesehenen gerichtlichen Zeugnisse (Satz 2). Diese §§ 1507, 2368 BGB. lauten:

§ 1507. Das Nachlaßgericht hat dem überlebenden Ehegatten auf Antrag ein Zeugnis über die Fortsetzung der Gütergemeinschaft zu erteilen. Die Vorschriften über den Erbschein finden entsprechende Anwendung.

§ 2368. Einem Testamentsvollstrecker hat das Nachlaßgericht auf Antrag ein Zeugnis über die Ernennung zu erteilen. Ist der Testamentsvollstrecker in der Verwaltung des Nachlasses beschränkt oder hat der Erblasser angeordnet, daß der Testamentsvollstrecker in der Eingehung von Verbindlichkeiten für den Nachlaß nicht beschränkt sein soll, so ist dies in dem Zeugnis anzugeben.

Ist die Ernennung nicht in einer dem Nachlaßgerichte vorliegenden öffentlichen Urkunde enthalten, so soll vor der Erteilung des Zeugnisses der Erbe wenn tunlich über die Gültigkeit der Ernennung gehört werden.

Die Vorschriften über den Erbschein finden auf das Zeugnis entsprechende Anwendung; mit der Beendigung des Amtes des Testamentsvollstreckers wird das Zeugnis kraftlos.

Wegen der zur entsprechenden Anwendung kommenden Vorschriften über den Erbschein vgl. §§ 84, 85.

g) Die Einsicht eines der in den §§ 37, 38 GBO. vorgesehenen gerichtlichen Zeugnisse (Abs. 1 a. E.). Diese §§ 37, 38 GBO. lauten:

§ 37. Soll bei einer zu einem Nachlasse gehörenden Hypothek, Grundschuld oder Rentenschuld einer von mehreren Erben als neuer Gläubiger eingetragen werden, so genügt zum Nachweise der Erbfolge und der Eintragungsbewilligung der Erben ein Zeugnis des Nachlaßgerichts.

Das Zeugnis darf nur ausgestellt werden, wenn die Voraussetzungen für die Erteilung eines Erbscheins vorliegen und die Erklärungen der Erben vor dem Nachlaßgerichte zu Protokoll gegeben oder durch öffentliche oder öffentlich beglaubigte Urkunden nachgewiesen sind.

§ 38. Die Vorschriften des § 37 finden entsprechende Anwendung, wenn bei einer Hypothek, Grundschuld oder Rentenschuld, die zu dem Gesamtgut einer ehelichen Gütergemeinschaft oder einer fortgesetzten Gütergemeinschaft gehört, ein Beteiligter, auf den das Recht bei der Auseinandersetzung übertragen ist, als neuer Gläubiger eingetragen werden soll.

Auch hierzu vgl. die §§ 84, 85.

3. Soweit das Recht zur Einsichtnahme besteht, besteht nach Abs. 2 auch der Anspruch auf Abschriftserteilung, ohne daß noch einmal ein berechtigtes Interesse an der Abschriftserteilung glaubhaft gemacht werden müßte. Kann Abschrift gefordert werden, so muß auch die Abschrift auf Verlangen beglaubigt werden. Anders dagegen, soweit Ausfertigung verlangt wird; darüber vgl. § 85.

§ 79.

Verlangt ein Nachlaßgläubiger von dem Erben die Leistung des im § 2006 des Bürgerlichen Gesetzbuchs vorgesehenen Offenbarungseids, so kann die Bestimmung des Termins zur Leistung des Eides sowohl von dem Nachlaßgläubiger als von dem Erben beantragt werden. Zu dem Termine sind beide Teile zu laden. Die Anwesenheit des Gläubigers ist nicht erforderlich.

---

1. Nach § 2006 BGB. hat der Erbe auf Verlangen eines Nachlaßgläubigers (wegen des Begriffs vgl. § 76 Anm. 1) vor dem Nachlaßgerichte den Offenbarungseid dahin zu leisten:

„daß er nach bestem Wissen die Nachlaßgegenstände so vollständig angegeben habe, als er dazu imstande sei".

Der Erbe kann vor der Leistung des Eides das Inventar vervollständigen.

Eine wiederholte Leistung des Eides kann derselbe Gläubiger oder ein anderer Gläubiger nur verlangen, wenn Grund zu der Annahme besteht, daß dem Erben nach der Eidesleistung weitere Nachlaßgegenstände bekannt geworden sind (§ 2006 Abs. 3 BGB.). Die Eidesleistung kann überhaupt nicht verlangt werden, wenn der Erbe die Erbschaft rechtswirksam ausgeschlagen hat: KG. 15. Oktober 1900 in Johow 20 S. A 256 Nr. 67.

2. Die Abnahme des Eides ist durch § 2006 grundsätzlich dem Nachlaßgerichte übertragen. Sind zufolge landesgesetzlicher Vorschriften auf Grund des Art. 147 Abs. 1 Einf.Ges.z.BGB. für die dem Nachlaßgericht obliegenden Verrichtungen andere als gerichtliche Behörden zuständig, so erstreckt sich deren Zuständigkeit gemäß Art. 147 Abs. 2 l. c. doch nicht auf die Abnahme dieses Offenbarungseides; die Vorschriften der §§ 194, 195 greifen daher hier nicht ein. Es ist vielmehr in diesem Falle das Amtsgericht zuständig, in dessen Bezirke die Nachlaßbehörde ihren Sitz hat. Vgl. § 72 Anm. 2b.

3. Dadurch, daß die Abnahme des Eides durch § 2006 BGB. dem Nachlaßgericht übertragen ist, wird sie zu einer durch Reichsgesetz den Gerichten übertragenen A.d.fr.Ger. Das Verlangen, daß der Erbe den Eid leiste, steht jedem Nachlaßgläubiger zu, nicht bloß demjenigen, auf dessen Antrag dem Erben eine Frist zur Errichtung des Inventars gesetzt ist (vgl. § 77). Der Gläubiger richtet sein Verlangen an den Erben und es kann dann sowohl ersterer als auch letzterer den Antrag auf Bestimmung eines Termins zur Leistung des Eides bei dem zuständigen Gerichte stellen. Zur Begründung ist weder die Beibringung eines vollstreckbaren Titels noch die Darlegung erforderlich, daß das Inventar nicht mit der erforderlichen Sorgfalt aufgestellt ist, wie dies in den Fällen der §§ 259, 260 BGB. der Fall. Dagegen hat der Antragsteller seine Nachlaßforderung glaubhaft zu machen, soweit dies nicht etwa schon bei seinem Antrag auf Bestimmung einer Inventarfrist geschehen sein sollte. Wird Wiederholung der Eidesleistung verlangt, so ist auch der Grund für die in Anm. 1 Abs. 2 erwähnte Annahme glaubhaft zu machen.

4. Ist der Antrag bei Gericht eingegangen, so setzt letzteres von Amts wegen Termin zur Eidesleistung an und ladet den Erben und den beantragenden Nachlaßgläubiger. Wegen der Form der Ladung vgl. § 15 Anm. 4. A. M. Rausnitz, § 79 Anm. 4, der die Meinung ausspricht, das Gesetz gebrauche den Ausdruck „laden", um zu bezeichnen, daß, obwohl die Voraussetzungen des § 16 Abs. 2 Satz 1 nicht vorliegen, die Ladung stets durch Zustellung nach den für die Zustellung von Amts wegen geltenden Vorschriften der ZPO. (vgl. § 16 Anm. 3 und Anlage 5) oder durch Bekanntmachung zu Protokoll gemäß § 16 Abs. 3 erfolgen müsse.

Andere Nachlaßgläubiger außer dem beantragenden sind nicht zu laden, da die Wirkungen der Eidesweigerung bzw. des ungehorsamen Ausbleibens im Termin — unbeschränkte Haftung des Erben — nur dem Gläubiger gegenüber eintreten, der den Antrag gestellt hat (§ 2006 Abs. 3 BGB.).

5. Das Verfahren im Termin richtet sich gemäß der allgemeinen Bestimmung des § 15 nach den §§ 478 bis 484 ZPO. (s. Anl. 4c); wegen Zuziehung eines Gerichtsschreibers und Aufnahme eines Protokolls vgl. § 8 Anm. 4 und § 15 Anm. 3.

Erscheint der Erbe im Termin und ist er bereit, den Eid zu leisten, so ist der Eid abzunehmen, auch wenn der Gläubiger nicht erschienen ist. Erscheint der Erbe und verweigert er den Eid, so ist dies dem Gläubiger mitzuteilen. Ist der Erbe nicht voll geschäftsfähig, so ist nach allgemeinen Grundsätzen sein gesetzlicher Vertreter berufen, für ihn im Termin aufzutreten, den Eid zu leisten oder zu verweigern. Die Verweigerung des Eides kann natürlich auch durch einen anderen Vertreter (§ 13) sowie außerterminlich mittels schriftlicher Eingabe ans Gericht (§ 130) erklärt werden.

Erscheint der Erbe oder sein Vertreter nicht, oder kommt es im Termin, ohne daß eine Eidesweigerung festzustellen ist, nicht zur Eidesleistung, etwa weil der Erbe Einwendungen macht (Rausnitz § 79 Anm. 5), so hat dies an sich keine Folgen und das Gericht hat von Amts wegen nichts weiter zu tun, als dem etwa nicht erschienenen Gläubiger Nachricht zu geben. Will der letztere die in § 2006 Abs. 2 BGB. vorgesehenen Folgen — unbeschränkte Haftung des Erben — herbeiführen, so muß er einen neuen Termin beantragen und erst, wenn in diesem der Erbe oder sein gesetzlicher Vertreter nicht erscheint, treten die Wirkungen ein, es sei denn, daß ein Grund vorliegt, durch den das Nichterscheinen in diesem Termine genügend entschuldigt wird. — Die Folgen der Eidesweigerung und des Nichterscheinens im Termine sind im § 2006 BGB. unmittelbar an diese Tatsachen geknüpft. Im Prozeßwege oder mittels der in A.d.fr.Ger. den Gerichten zustehenden Zwangsgewalt kann weder das Erscheinen im Termine noch die Eidesleistung erzwungen werden. Wird die Eidesleistung verweigert, so ist der Versuch, sie im Wege der freiw. Ger. zu erlangen fehlgeschlagen und erübrigt dem Antragsteller nur, seinen Anspruch im Rechswege zu verfolgen. Bayer.OLG. 27. März 1903 in Rechtspr.d.OLG. 6 S. 484 unter d; „Recht" 7 S. 211 Nr. 1143. Auch steht es nicht dem Richer der freiw. Ger. sondern dem Prozeßrichter zu, darüber zu befinden, ob der Termin entschuldbar versäumt ist oder nicht und ob, bei Meinungsverschiedenheit der Beteiligten, der Termin zur Eidesleistung zu wiederholen ist oder nicht. OLG. Rostock 5. November 1901 in Rechtspr. d.OLG. 4 S. 118 Nr. 31, Seuff.Arch. 57 S. 67.

§ 80.

Gegen eine Verfügung, durch die nach den §§ 2151, 2153 bis 2155, 2192, 2193 und dem § 2198 Abs. 2 des Bürgerlichen Gesetzbuchs dem Beschwerten oder einem Dritten eine Frist zur Erklärung bestimmt wird, findet die sofortige Beschwerde statt.

---

1. Die angeführten Vorschriften des BGB. lauten:

§ 2151. Der Erblasser kann mehrere mit einem Vermächtnis in der Weise bedenken, daß der Beschwerte oder ein Dritter zu bestimmen hat, wer von den mehreren das Vermächtnis erhalten soll.

Die Bestimmung des Beschwerten erfolgt durch Erklärung gegenüber demjenigen, welcher das Vermächtnis erhalten soll; die Bestimmung des Dritten erfolgt durch Erklärung gegenüber dem Beschwerten.

Kann der Beschwerte oder der Dritte die Bestimmung nicht treffen, so sind die Bedachten Gesamtgläubiger. Das gleiche gilt, wenn das Nachlaßgericht dem Beschwerten oder dem Dritten auf Antrag eines der Beteiligten eine Frist zur Abgabe der Erklärung bestimmt hat und die Frist verstrichen ist, sofern nicht vorher die Erklärung erfolgt. Der Bedachte, der das Vermächtnis erhält, ist im Zweifel nicht zur Teilung verpflichtet.

§ 2153. Der Erblasser kann mehrere mit einem Vermächtnis in der Weise bedenken, daß der Beschwerte oder ein Dritter zu bestimmen hat, was jeder von dem vermachten Gegenstand erhalten soll. Die Bestimmung erfolgt nach § 2151 Abs. 2.

Kann der Beschwerte oder der Dritte die Bestimmung nicht treffen, so sind die Bedachten zu gleichen Teilen berechtigt. Die Vorschrift des § 2151 Abs. 3 Satz 2 findet entsprechende Anwendung.

§ 2154. Der Erblasser kann ein Vermächtnis in der Art anordnen, daß der Bedachte von mehreren Gegenständen nur den einen oder den anderen erhalten soll. Ist in einem solchen Falle die Wahl einem Dritten übertragen, so erfolgt sie durch Erklärung gegenüber dem Beschwerten.

Kann der Dritte die Wahl nicht treffen, so geht das Wahlrecht auf den Beschwerten über. Die Vorschrift des § 2151 Abs. 3 Satz 2 findet entsprechende Anwendung.

§ 2155. Hat der Erblasser die vermachte Sache nur der Gattung nach bestimmt, so ist eine den Verhältnissen des Bedachten entsprechende Sache zu leisten.

Ist die Bestimmung der Sache dem Bedachten oder einem Dritten übertragen, so finden die nach § 2154 für die Wahl des Dritten geltenden Vorschriften Anwendung.

Entspricht die von dem Bedachten oder dem Dritten getroffene Bestimmung den Verhältnissen des Bedachten offenbar nicht, so hat der Beschwerte so zu leisten, wie wenn der Erblasser über die Bestimmung der Sache keine Anordnung getroffen hätte.

§ 2192. Auf eine Auflage finden die für letztwillige Zuwendungen geltenden Vorschriften der §§ 2065, 2147, 2148, 2154 bis 2156, 2161, 2171, 2181 entsprechende Anwendung.

§ 2193. Der Erblasser kann bei der Anordnung einer Auflage, deren Zweck er bestimmt hat, die Bestimmung der Person, an welche die Leistung erfolgen soll, dem Beschwerten oder einem Dritten überlassen.

Steht die Bestimmung dem Beschwerten zu, so kann ihm, wenn er zur Vollziehung der Auflage rechtskräftig verurteilt ist, von dem Kläger eine angemessene Frist zur Vollziehung bestimmt werden; nach dem Ablaufe der Frist ist der Kläger berechtigt, die Bestimmung zu treffen, wenn nicht die Vollziehung rechtzeitig erfolgt.

Steht die Bestimmung einem Dritten zu, so erfolgt sie durch Erklärung gegenüber dem Beschwerten. Kann der Dritte die Bestimmung nicht treffen, so geht das Bestimmungsrecht auf den Beschwerten über. Die Vorschrift des § 2151 Abs. 3 Satz 2 findet entsprechende Anwendung; zu den Beteiligten im Sinne dieser Vorschrift gehören der Beschwerte und diejenigen, welche die Vollziehung der Auflage zu verlangen berechtigt sind.

§ 2198. Der Erblasser kann die Bestimmung der Person des Testamentsvollstreckers einem Dritten überlassen. Die Bestimmung erfolgt durch Erklärung gegenüber dem Nachlaßgerichte; die Erklärung ist in öffentlich beglaubigter Form abzugeben.

Das Bestimmungsrecht des Dritten erlischt mit dem Ablauf einer ihm auf Antrag eines der Beteiligten von dem Nachlaßgerichte bestimmten Frist.

2. Den vorbezeichneten Vorschriften liegt gemeinsam der Gedanke zugrunde, daß die Beteiligten ein berechtigtes Interesse daran haben, innerhalb eines angemessenen Zeitraums Gewißheit zu erhalten. Dieser Zweck würde vereitelt werden, wenn die Verfügung, durch welche das Nachlaßgericht dem Beschwerten oder einem Dritten auf Antrag eine Frist zur Erklärung setzt, jederzeit wieder abgeändert werden könnte. Durch die Stellung der Verfügung unter die sofortige Beschwerde und sofortige weitere Beschwerde (§§ 22, 29) ist dieselbe gemäß § 18 Abs. 2 der Abänderung entzogen.

3. Für die Bekanntmachung der die Frist bestimmenden Verfügung, den Beginn der Wirksamkeit, die Zulässigkeit der Abänderung, die Beschwerde rc. gilt nichts Besonderes; vgl. insbesondere §§ 16, 18, 20, 22, 24, 26, 29.

4. Auch in betreff der Verfügung, durch welche der Antrag, eine Frist zu bestimmen, abgelehnt wird, gelten die allgemeinen Regeln.

§ 81.

Gegen eine Verfügung, durch die von dem Nachlaßgericht ein Testamentsvollstrecker ernannt oder einem zum Testamentsvollstrecker Ernannten eine Frist zur Erklärung über die Annahme des Amtes bestimmt wird, findet die sofortige Beschwerde statt.

Das gleiche gilt von einer Verfügung, durch die ein Testamentsvollstrecker gegen seinen Willen entlassen wird.

---

1. Die im § 81 bezeichneten drei Verfügungen des Nachlaßgerichts können ergehen auf Grund der §§ 2200 bzw. 2202 bzw. 2227 BGB. Hinsichtlich der Anfechtung der Verfügung, durch welche einem zum Testamentsvollstrecker Ernannten eine Frist zur Erklärung über die Annahme des Amtes bestimmt ist, macht es keinen Unterschied, auf welcher der vier Bestimmungen in den §§ 2197 bis 2200 BGB. die Ernennung selbst beruht.

2. Hier gilt das in Anm. 3 zu § 80 Gesagte ebenfalls. Auch das in Anm. 4 daselbst Bemerkte findet entsprechend Anwendung.

3. Der Vorschrift liegt die Absicht zugrunde, möglichst bald feste Rechtsverhältnisse zu schaffen, wie dies z. B. auch bei den Vorschriften der §§ 76, 77 der Fall gewesen.

§ 82.

Führen mehrere Testamentsvollstrecker das Amt gemeinschaftlich, so steht gegen eine Verfügung, durch die das Nachlaßgericht Anordnungen des Erblassers für die Verwaltung des Nachlasses außer Kraft setzt oder bei einer Meinungsverschiedenheit zwischen den Testamentsvollstreckern entscheidet, jedem Testamentsvollstrecker die Beschwerde selbständig zu.

Auf eine Verfügung, durch die bei einer Meinungsverschiedenheit zwischen den Testamentsvollstreckern über die Vornahme eines Rechts-

geschäfts das Nachlaßgericht entscheidet, finden die Vorschriften des § 53 und des § 60 Abs. 1 Nr. 6 entsprechende Anwendung.

---

1. Der Paragraph hat die in den §§ 2216 und 2224 BGB. vorgesehenen Entscheidungen des Nachlaßgerichts im Auge. Diese Bestimmungen lauten wie folgt:

§ 2216. Der Testamentsvollstrecker ist zur ordnungsmäßigen Verwaltung des Nachlasses verpflichtet.

Anordnungen, die der Erblasser für die Verwaltung durch letztwillige Verfügung getroffen hat, sind von dem Testamentsvollstrecker zu befolgen. Sie können jedoch auf Antrag des Testamentsvollstreckers oder eines anderen Beteiligten von dem Nachlaßgericht außer Kraft gesetzt werden, wenn ihre Befolgung den Nachlaß erheblich gefährden würde. Das Gericht soll vor der Entscheidung soweit tunlich die Beteiligten hören.

§ 2224. Mehrere Testamentsvollstrecker führen das Amt gemeinschaftlich; bei einer Meinungsverschiedenheit entscheidet das Nachlaßgericht. Fällt einer von ihnen weg, so führen die übrigen das Amt allein. Der Erblasser kann abweichende Anordnungen treffen.

Jeder Testamentsvollstrecker ist berechtigt, ohne Zustimmung der anderen Testamentsvollstrecker diejenigen Maßregeln zu treffen, welche zur Erhaltung eines der gemeinschaftlichen Verwaltung unterliegenden Nachlaßgegenstandes notwendig sind.

2. Die in Abs. 1 für den Fall der Entscheidung einer Meinungsverschiedenheit zwischen mehreren Testamentsvollstreckern gegebene Vorschrift entspricht der in § 58 für mehrere Vormünder getroffenen. Das dort namentlich in Anm. 1 Abs. 2 Gesagte kann entsprechend auch hier Geltung beanspruchen. Auf die dort dargelegte Erwägung läuft am letzten Ende auch die Vorschrift hinaus, die hier über das selbständige Beschwerderecht jedes der mehreren Testamentsvollstrecker gegen eine Verfügung getroffen ist, durch welche das Nachlaßgericht Anordnungen des Erblassers bezeichneten Inhalts außer Kraft setzt.

3. Die Selbständigkeit der Testamentsvollstrecker in Ansehung des Beschwerderechts greift Platz, einerlei um welche Meinungsverschiedenheit es sich handelt. Vgl. z. B. § 76 Abs. 2 und Anm. 3 daselbst. Die Vorschrift des Abs. 2 berührt diese Selbständigkeit gar nicht, hat vielmehr nur die Wirksamkeit einer Verfügung über die Entscheidung einer solchen Meinungsverschiedenheit — und auch nur einer Meinungsverschiedenheit über die Vornahme eines Rechtsgeschäfts — und die Art der Beschwerde zum Inhalt.

4. Abgesehen von den aus Abs. 2 sich ergebenden Abweichungen gelten die allgemeinen Bestimmungen unverändert, namentlich für die Bekanntmachung, Beginn der Wirksamkeit, Zulässigkeit der Änderung der in Frage stehenden Verfügungen, der Beschwerde bzw. der Frist für die sofortige Beschwerde 2c.; vgl. insbesondere die §§ 16 18, 20, 22, 24, 26, 29.

§ 83.

Das Nachlaßgericht kann im Falle des § 2259 Abs. 1 des Bürgerlichen Gesetzbuchs den Besitzer des Testaments durch Ordnungsstrafen zur Ablieferung des Testaments anhalten.

Besteht Grund zu der Annahme, daß jemand ein Testament im Besitze hat, zu dessen Ablieferung er nach § 2259 Abs. 1 des Bürgerlichen Gesetzbuchs verpflichtet ist, so kann er von dem Nachlaßgerichte zur Leistung des Offenbarungseids angehalten werden; die Vorschriften des § 883 Abs. 2, 3, des § 900 Abs. 1 und der §§ 901, 902, 904 bis 910, 912, 913 der Zivilprozeßordnung finden entsprechende Anwendung.

---

1. Der Paragraph ist von der Kommission des Reichstags eingefügt worden mit Rücksicht auf den Umstand, daß der angezogene § 2259 Abs. 1 BGB. zwar jeden, der „ein Testament, das nicht in amtliche Verwahrung gebracht ist, in Besitz hat", verpflichtet, „es unverzüglich, nachdem er von dem Tode des Erblassers Kenntnis erlangt hat, an das Nachlaßgericht abzuliefern", aber nicht den Weg angibt, wie diese Ablieferung zu erzwingen ist. Es handelt sich natürlich nur um die Ablieferungspflicht von Privatpersonen, nicht um die von Behörden und Notaren; bezüglich dieser bestimmen § 2259 Abs. 2 und § 2261 BGB. Fuchs § 83 Anm. 2.

Die Ablieferungspflicht erstreckt sich auf alle Arten von Testamenten, auf holographische Testamente (§ 2231 Ziff. 2; vgl. dazu § 2248 BGB.), Nottestamente vor drei Zeugen (§ 2250 Abs. 2, § 2251 BGB.), Militärtestamente (§ 44 des Reichs-Militärgesetzes v. 2. Mai 1874 (RGBl. S. 45); vgl. dazu Art. 44 Einf.Ges.z.BGB.). Die Ablieferungspflicht erstreckt sich auch auf Erbverträge, die nicht in amtlicher Verwahrung sind, § 2300 BGB.; auf sie ist § 83 auch anwendbar, wenn sie auch nicht neben den Testamenten genannt sind. Schneider § 83 Anm. 1.

2. In betreff der Ordnungsstrafen siehe § 33. Für die Anwendung der Vorschrift des Abs. 1 ist natürlich Voraussetzung, daß der Besitz feststeht. Ist das nicht der Fall, so wird in Erwägung zu ziehen sein, ob von der Vorschrift des Abs. 2 Gebrauch zu machen sei. Fuchs § 83 Anm. 3.

3. Aus der Fassung des **Abs.** 2 ergibt sich, daß der Antragsteller die Tatsachen, auf welche er seine Annahme stützt, nicht im technischen Sinne des Gesetzes glaubhaft zu machen braucht; es genügt, wenn er ausreichende Gründe darlegt, welche auch für das Nachlaßgericht die Annahme ergeben. Weist dann das Gericht den Antrag ab, so steht dagegen die Beschwerde offen.

4. Die in Abs. 2 erwähnten Vorschriften der ZPO. lauten:

§ 883 Abs. 2. Wird die herauszugebende Sache nicht vorgefunden, so ist der Schuldner verpflichtet, auf Antrag des Gläubigers den Offenbarungseid dahin zu leisten:

daß er die Sache nicht besitze, auch nicht wisse, wo die Sache sich befinde.

Abs. 3. Das Gericht kann eine der Lage der Sache entsprechende Änderung der vorstehenden Eidesnorm beschließen.

§ 900 Abs. 1. Das Verfahren beginnt mit der Ladung des Schuldners zur Leistung des Offenbarungseides.

§ 901. Gegen den Schuldner, welcher in dem zur Leistung des Offenbarungseides bestimmten Termine nicht erscheint oder die Leistung des Eides ohne Grund verweigert, hat das Gericht zur Erzwingung der Eidesleistung auf Antrag die Haft anzuordnen.

§ 902. Der verhaftete Schuldner kann zu jeder Zeit bei dem Amtsgerichte des Haftorts beantragen, ihm den Eid abzunehmen. Dem Antrag ist ohne Verzug stattzugeben.

Nach Leistung des Eides wird der Schuldner aus der Haft entlassen und der Gläubiger hiervon in Kenntnis gesetzt.

§ 904. Die Haft ist unstatthaft:

1. gegen Mitglieder einer deutschen gesetzgebenden Versammlung während der Sitzungsperiode, sofern nicht die Versammlung die Vollstreckung genehmigt;
2. gegen Militärpersonen, welche zu einem mobilen Truppenteil oder zur Besatzung eines in Dienst gestellten Kriegsfahrzeuges gehören;
3. gegen den Schiffer, die Schiffsmannschaft und alle übrigen auf einem Seeschiff angestellten Personen, wenn das Schiff zum Abgehen fertig (segelfertig) ist.

§ 905. Die Haft wird unterbrochen:

1. gegen Mitglieder einer deutschen gesetzgebenden Versammlung für die Dauer der Sitzungsperiode, wenn die Versammlung die Freilassung verlangt;
2. gegen Militärpersonen, welche zu einem mobilen Truppenteil oder auf ein in Dienst gestelltes Kriegsfahrzeug einberufen werden, für die Dauer dieser Verhältnisse.

§ 906. Gegen einen Schuldner, dessen Gesundheit durch die Vollstreckung der Haft einer nahen und erheblichen Gefahr ausgesetzt wird, darf, solange dieser Zustand dauert, die Haft nicht vollstreckt werden.

§ 907. Die Haft wird in einem Raume vollstreckt, in welchem nicht zugleich Untersuchungs- oder Strafgefangene sich befinden.

§ 908. Das Gericht hat bei Anordnung der Haft einen Haftbefehl zu erlassen, in welchem der Gläubiger, der Schuldner und der Grund der Verhaftung zu bezeichnen sind.

§ 909. Die Verhaftung des Schuldners erfolgt durch einen Gerichtsvollzieher. Der Haftbefehl muß bei der Verhaftung dem Schuldner vorgezeigt und auf Begehren abschriftlich mitgeteilt werden.

§ 910. Vor der Verhaftung eines Beamten, eines Geistlichen oder eines Lehrers an öffentlichen Unterrichtsanstalten ist der vorgesetzten Dienstbehörde von dem Gerichtsvollzieher Anzeige zu machen. Die Verhaftung darf erst erfolgen, nachdem die vorgesetzte Behörde für die dienstliche Vertretung des Schuldners gesorgt hat. Die Behörde ist verpflichtet, ohne Verzug die erforderlichen Anordnungen zu treffen und den Gerichtsvollzieher hiervon in Kenntnis zu setzen.

§ 912. Soll die Haft gegen eine dem aktiven Heere oder der aktiven Marine angehörende Militärperson vollstreckt werden, so hat das Gericht die vorgesetzte Militärbehörde um die Vollstreckung zu ersuchen.

§ 913. Die Haft darf die Dauer von sechs Monaten nicht übersteigen. Nach Ablauf der sechs Monate wird der Schuldner von Amts wegen aus der Haft entlassen.

5. Das Verfahren bei der Abnahme des Offenbarungseides richtet sich gemäß § 15 nach den §§ 478 bis 484 ZPO., vgl. Anlage 4c.

6. Wenn auf Grund des Vorbehalts in Art. 147 Einf.Ges.z.BGB. andere als gerichtliche Behörden für die Verrichtungen des Nachlaßgerichts zuständig sind, so sind diese auch für die Maßnahmen des § 83 im Prinzip zuständig, da die Einschränkung in Abs. 2 des gedachten Art. 147 hier nicht eingreift. In der Regel sind jedoch die hier in Frage kommenden Maßnahmen den Gerichten vorbehalten. So z. B. in Württemberg (Ausf.Ges.z.BGB. Art. 73 Ziff. 4). Vgl. § 72 Anm. 2b, § 79; ferner § 163.

7. Das Verfahren ist ein Offizialverfahren. Das Nachlaßgericht hat, um vorzugehen, nicht erst den Antrag oder die Anregung von anderer Seite abzuwarten. Ob das Gericht vorgehen will, steht in seinem pflichtmäßigen Ermessen. Die Vorschriften in Abs. 1 und 2 des § 83 sind „Kann"-Bestimmungen; deshalb erhebt sich hinsichtlich des Beschwerderechts auch hier die in § 20 Anm. 2a gegen Ende und in § 34 Anm. 3a erörterte Streitfrage.

§ 84.

Gegen einen Beschluß, durch den ein Erbschein für kraftlos erklärt wird, findet die Beschwerde nicht statt. Das gleiche gilt von einem Beschlusse, durch den eines der in den §§ 1507, 2368 des Bürgerlichen Gesetzbuchs und den §§ 37, 38 der Grundbuchordnung vorgesehenen gerichtlichen Zeugnisse für kraftlos erklärt wird.

---

1. **Zu Satz 1. a)** Der Erbschein ist ein von dem Nachlaßgericht dem Erben auf Antrag erteiltes Zeugnis über das Erbrecht und, wenn der Erbe nur zu einem Teile der Erbschaft berufen ist, über die Größe des Erbteils sowie gegebenenfalls über etwaige durch Einsetzung eines Nacherben oder Ernennung eines Testamentsvollstreckers angeordnete Beschränkungen des Erben (§§ 2353, 2363 bis 2365 BGB.). Er kann sowohl dem gesetzlichen als dem eingesetzten Erben erteilt werden. Es wird vermutet, daß demjenigen, welcher im Erbschein als Erbe bezeichnet ist, das im Erbschein angegebene Erbrecht zustehe und daß er nicht durch andere als die angegebenen Anordnungen beschränkt sei; auch schützt der Erbschein jeden, der mit dem im Erbschein als Erben Bezeichneten rechtsgeschäftlich verkehrt (§§ 2365 bis 2367 BGB.).

b) Wer die Erteilung des Erbscheins beantragt, hat gewisse Angaben zu machen und deren Richtigkeit nachzuweisen, auch auf Erfordern vor Gericht oder einem Notar an Eides Statt zu versichern, daß ihm nichts bekannt sei, was der Richtigkeit seiner Angaben entgegensteht. Vgl. dazu § 168 Anm. 5. Im übrigen aber hat das Nachlaßgericht unter Benutzung der von dem Antragsteller angegebenen Beweismittel von Amts wegen die zur Feststellung der Tatsachen erforderlichen Ermittlungen zu veranstalten und die geeignet erscheinenden Beweise aufzunehmen (§§ 2354 bis 2356 BGB.).

c) Wenn das Nachlaßgericht die zur Begründung des Antrags erforderlichen Tatsachen für festgestellt erachtet, aber auch nur dann, ist der Erbschein zu erteilen. Damit ist die Tätigkeit des Nachlaßgerichts im allgemeinen vorläufig beendet. Derjenige, welcher den Erbschein für unrichtig hält und durch die Ausstellung eines unrichtigen Erbscheins in seinem Rechte beeinträchtigt sein würde (§ 20), kann aber gegen die Ausstellung Beschwerde erheben; namentlich steht dem wirklichen Erben die

Beschwerde zu, wenn der Erbschein für einen Nichterben ausgestellt ist (§ 20 Anm. 2b) Ist die Beschwerde begründet, so ist mit ihr allerdings nicht eine inhaltliche Abänderung des alten Erbscheines oder die Neuausstellung eines anderen zu erreichen, sondern nur, daß der ausgestellte Erbschein eingezogen oder für kraftlos erklärt werde. OLG. Jena 14. Mai 1902 in Rechtspr.d.OLG. 5 S. 353 unter k, Bayer.O.LG. 30. Mai 1902 in Seuff.Arch. 58 S. 328 Nr. 175. Aber auch ohne Beschwerde eines Interessenten und ohne Anregung von außen hat das Nachlaßgericht auf die Richtigkeit des erteilten Erbscheins von Amts wegen zu achten. Jeder Behauptung, daß der Erbschein unrichtig sei, hat das Nachlaßgericht von Amts wegen nachzugehen und im Falle ihrer Bestätigung den Erbschein einzuziehen oder für kraftlos zu erklären, KG. 23. Dezember 1901 in DJZ. 7 (1902) S. 250. Auch ohne jede Anregung kann das Nachlaßgericht, wenn ihm Zweifel über die Richtigkeit des Erbscheins kommen, Ermittlungen veranstalten und es hat im Falle der Bestätigung den Erbschein einzuziehen bzw. für kraftlos zu erklären. Vgl. § 2361 BGB.

d) Unrichtigkeit des Erbscheins im Sinne des unter c Gesagten bzw. des § 2361 BGB. ist anzunehmen, sowohl wenn er sich bei seiner Nachprüfung aus Rechtsgründen als unrichtig erweist — KG. 16. August 1901 in Rechtspr.d.OLG. 3 S. 259 unter f —, als auch, wenn die Ermittlungen des Nachlaßgerichts ergeben, daß das im Erbschein bezeugte Erbrecht überhaupt nicht oder nicht in dem bezeugten Umfange besteht oder wenn in dem Erbscheine Beschränkungen des Erbrechts fehlen. Bayer.O.LG. 22. November 1901 in Zus.d.RJAmts 3 S. 8, ZentrBl. 2 S. 768 Nr. 197. Die Ermittlungen können aber auch dahin führen, daß das Nachlaßgericht nach Erschöpfung aller ihm zu Gebote stehenden Beweise oder sonstigen Erkenntnismittel nur zu der Feststellung gelangt, daß das im Erbscheine bezeugte Erbrecht nicht mehr als nachgewiesen anzusehen ist, daß ein non liquet vorliegt. Auch in diesem Falle ist der Erbschein als unrichtig im Sinne des § 2361 BGB. anzusehen, denn auch hier widerspricht er dem Grundsatze (§ 2359 BGB.), daß nur der ausgewiesene Erbe die Rechtsvorteile dieses provisorischen Zeugnisses genießen soll. OLG. Jena 27. Februar 1901 in Zus.d.RJAmts 2 S. 63, Johow 22 S. D 12 Nr. 5, Rechtspr. d.OLG. 2 S. 256 Nr. 126, ZentrBl. 2 S. 45 Nr. 15.

e) Die E i n z i e h u n g des Erbscheins erfolgt in der Weise, daß das Nachlaßgericht dem Besitzer des Scheins durch Beschluß aufgibt, den Erbschein an das Nachlaßgericht abzuliefern. Dieser Beschluß ist im Sinne des § 19 eine Verfügung und mit der Beschwerde anfechtbar (vgl. § 19 Anm. 2c). Erfolgt daraufhin die Ablieferung nicht freiwillig, so kann der Beschluß im Wege des in allen Bundesstaaten landesgesetzlich geregelten Vollstreckungsverfahrens in Sachen der freiw. Ger. durchgeführt werden. Vgl. die unter d zuletzt angezogene Entsch.d.OLG. Jena. Mit der Einziehung wird der Erbschein kraftlos (§ 2361 Abs. 1 BGB.). — Diese Einziehung ist nur als ein instruktionell vorgeschriebener Versuch anzusehen, die Wirkungen des Erbscheins auf einfachere Weise zu beseitigen, als durch die Kraftloserklärung. Sie kann unterbleiben, wenn sie voraussichtlich keinen Erfolg hat. OLG. Jena a. a. O.; KG. 9. Dezbr. 1901 in Rechtspr.d.OLG. 4 S. 126.

Fällt der Versuch der Einziehung erfolglos aus oder unterbleibt er unter den eben erwähnten Umständen, und kann der Erbschein sonst nicht sofort erlangt werden, so hat das Nachlaßgericht ihn durch Beschluß für k r a f t l o s z u e r k l ä r e n. Dieser Beschluß ist nach den für die öffentliche Zustellung einer Ladung geltenden Vorschriften der ZPO. (§ 204) bekannt zu machen. Mit dem Ablauf eines Monats nach der letzten Einrückung des Beschlusses in die öffentlichen Blätter wird die Kraftloserklärung wirksam (§ 2361 Abs. 2 BGB.).

f) Gegen diesen Beschluß der Kraftloserklärung findet nach § 84 Satz 1, als Ausnahme von § 19, die Beschwerde nicht statt. Es ist das bestimmt worden, um zu verhindern, daß der Beschluß, nachdem er einmal veröffentlicht worden ist, von dem Beschwerdegericht etwa wieder aufgehoben werde. Es erschien aber auch nicht angängig, die Bekanntmachung des Beschlusses bis zur Rechtskraft hinauszuschieben und zu dem Ende die Anfechtung im Wege der sofortigen Beschwerde zu gestatten, da der wirkliche Erbe ein dringendes Interesse daran hat, daß die Veröffentlichung des Beschlusses, der den falschen Erbschein für kraftlos erklärt, so bald als möglich herbeigeführt werde. Andererseits kann sich die Partei, welcher der für kraftlos erklärte Erbschein erteilt war, einen neuen Erbschein ausstellen lassen, wenn sich ergibt, daß die Kraftloserklärung zu Unrecht erfolgt ist. Denkschr. S. 59.

g) Die Einziehung und Kraftloserklärung gemäß § 2361 BGB. findet nur auf unrichtige Erbscheine des neuen Rechts, nicht dagegen auf Erbbescheinigungen des alten Rechts Anwendung. KG. 18. März 1901 in Rechtspr.d.OLG. 2 S. 378 unter d. Vgl. § 78 Anm. 2e, § 85 Anm. 3.

2. **Zu Satz** 2. Die bezeichneten Gesetzesstellen s. bei § 78 Anm. 2. Auf die in den §§ 1507, 2368 BGB. erwähnten Zeugnisse sollen nach den Gesetzesstellen selbst die Vorschriften des BGB. über den Erbschein entsprechende Anwendung finden. Ihre gleichmäßige Behandlung mit dem letzteren in Ansehung des in § 84 geregelten Punktes ist daher lediglich konsequent. Einer formellen Kraftloserklärung des Zeugnisses über die Ernennung des Testamentsvollstreckers bedarf es nicht, wenn das Amt beendigt ist, weil es mit diesem Zeitpunkt, gemäß § 2368 Abs. 3 BGB., ohne weiteres kraftlos wird. Schneider § 84 Anm. 4.

Die in den §§ 37, 38 GBO. bezeichneten Zeugnisse sind berufen, in gewisser Beziehung den Erbschein zu vertreten; daß auf sie die Vorschriften über den Erbschein entsprechende Anwendung finden sollen, namentlich also die in Anm. 1 erörterten über Einziehung und Kraftloserklärung, ist allerdings nirgends gesagt. Mit Recht heben daher Dorner, § 84 Anm. 4b, und im Anschluß an ihn Fuchs, § 84 Anm. 2 Abs. 2, im Gegensatz zur Denkschr. S. 59, der die erste Auflage gefolgt war, hervor, daß mangels einer solchen ausdrücklichen Vorschrift die Anwendung jener Vorschriften nicht angängig sei. Unter den im § 84 bezeichneten Beschlüsse, durch den ein solches Zeugnis für kraftlos erklärt werde, könne daher nur eine nach § 18 erfolgende aufhebende Verfügung verstanden werden. Für den Ausschluß der Beschwerde macht dies keinen Unterschied.

3. Nach § 99 GBO. kann durch Landesgesetz bestimmt werden, daß die Vorschriften der §§ 37, 38 GBO. entsprechende Anwendung finden, wenn bei einem zum Nachlaß oder zu dem Gesamtgut einer ehelichen Gütergemeinschaft oder einer fortgesetzten Gütergemeinschaft gehörenden Grundstücke oder Erbbaurecht einer von den Beteiligten als Eigentümer oder Erbbauberechtigter eingetragen werden soll. Vgl. dazu Art. 143 Abs. 1 Einf.Ges.z.BGB. Mit Bezug hierauf sagt die Denkschr. (S. 59), daß, wenn die Landesgesetzgebung von dieser Befugnis Gebrauch mache, auf die Kraftloserklärung solcher Zeugnisse die Vorschrift des § 84 selbstverständlich gleichfalls Anwendung finde. Das ist dann mit der in Anm. 2 Abs. 2 als richtig zugestandenen Maßgabe zu verstehen.

§ 85.

Wer ein rechtliches Interesse glaubhaft macht, kann verlangen, daß ihm von dem Gericht eine Ausfertigung des Erbscheins erteilt werde. Das gleiche gilt in Ansehung der im § 84 Satz 2 bezeichneten Zeugnisse sowie in Ansehung der gerichtlichen Verfügungen, die sich auf die Ernennung oder die Entlassung eines Testamentsvollstreckers beziehen.

1. Vgl. in betreff des Ausdrucks „rechtliches Interesse" § 34 Anm. 2a, der Glaubhaftmachung § 15 Anm. 6 und wegen der Stellung des Richters gegenüber dem durch § 85 gewährleisteten Recht § 78 Anm. 1 und § 34 Anm. 4.

Schon in § 78 ist in Ansehung der im § 84 Satz 2 bezeichneten Zeugnisse ein Recht gewährt. Der Unterschied zwischen jener und der hier in § 85 in Rede stehenden Vorschrift besteht darin, daß dort die Befugnis, Einsicht in gewisse Schriftstücke nehmen zu dürfen und beglaubigte Abschrift zu verlangen, hier dagegen das Recht auf Ausfertigung gegeben ist und daß die Befugnis dort an die Glaubhaftmachung eines „berechtigten", hier an die eines „rechtlichen" Interesses geknüpft ist. Hier kommen dann noch die gerichtlichen Verfügungen hinzu, die sich auf die Ernennung oder die Entlassung eines Testamentsvollstreckers beziehen (§ 2200, § 2202 Abs. 3, § 2227 BGB.), nicht dagegen auf andere, etwa die Verwaltungstätigkeit des Testamentsvollstreckers betreffende Verfügungen.

2. Unter Ausfertigung versteht das Gesetz in Übereinstimmung mit dem herrschenden Sprachgebrauche solche Abschriften und Auszüge aus gerichtlichen Protokollen und Verfügungen, welche bestimmt sind, die bei den Gerichtsakten verbleibende Urschrift im Verkehre zu ersetzen. Ihre Vorlegung hat dieselben Wirkungen, wie die Beibringung der Urschrift, während die Beibringung einer gewöhnlichen beglaubigten Abschrift vielfach nicht genügt. Ihrer Form nach ist die Ausfertigung eine besondere Art der beglaubigten Abschrift, von dieser dadurch unterschieden, daß an Stelle der üblichen „Beglaubigungs"formel der „Ausfertigungs"vermerk tritt. Das Nähere über Zuständigkeit und Form der Ausfertigung ergeben die Landesgesetze, außer § 182 des vorliegenden Gesetzes.

Gerade mit Rücksicht auf die angegebene Verwendbarkeit der Ausfertigung dient die Vorschrift des § 85 der Sicherheit und Erleichterung des Rechtsverkehrs. Sie ist namentlich für den Verkehr mit dem Grundbuchamte von Bedeutung; aber auch in anderen Fällen wird sie zur Anwendung kommen können, so wenn ein Anspruch im Wege der Klage gegen die Erben des Verpflichteten durchgeführt werden soll oder wenn ein Nachlaßschuldner sich darüber Aufschluß erholen will, ob ein Testamentsvollstrecker vorhanden ist und wer das Amt inne hat, Denkschr. S. 60. Wegen der Befugnis des Nachlaßgerichts, in einem Auseinandersetzungsverfahren von Amts wegen eine Ausfertigung eines Erbscheins herbeizuschaffen, vgl. § 87 Anm. 3.

3. Auf Erbbescheinigungen des alten Rechts bezieht sich der § 85 nicht; s. § 78 Anm. 2e. Vgl. auch § 84 Anm. 1g.

4. Von der Erteilung der „Ausfertigung" eines Erbscheins ist wohl zu unterscheiden die „Erteilung eines Erbscheins" selbst (§ 2353 BGB.), d. h. der urschrift-

liche Erlaß des Zeugnisses über das Erbrecht. Diese Erteilung eines Erbscheins zu verlangen, steht nicht jedem zu, der etwa ein rechtliches Interesse glaubhaft macht, sondern nur bestimmten Personen und zwar dem Erben bzw. Miterben (§§ 2354, 2355, 2357 BGB.), dem Erwerber eines Erbteils (§ 2033 BGB., Johow 22 S. A 58ff.), jedem Gläubiger eines solchen Berechtigten (§ 792 ZPO.), dem Testamentsvollstrecker (Johow a. a. O.), dem gesetzlichen Vertreter eines Antragsberechtigten sowie dem Ehemann als Verwalter des Frauenguts (Johow a. a. O.). Vgl. Neumann, BGB. § 2353 Anm. 2 bis 5. — Wegen Erteilung eines Erbscheins nach einem Erblasser, der vor dem 1. Januar 1900 gestorben ist, vgl. § 189 Anm. 3.

§ 86.

Hinterläßt ein Erblasser mehrere Erben, so hat das Nachlaßgericht auf Antrag die Auseinandersetzung in Ansehung des Nachlasses zwischen den Beteiligten zu vermitteln, sofern nicht ein zur Bewirkung der Auseinandersetzung berechtigter Testamentsvollstrecker vorhanden ist.

Antragsberechtigt ist jeder Miterbe, der Erwerber eines Erbteils sowie derjenige, welchem ein Pfandrecht oder ein Nießbrauch an einem Erbteile zusteht.

---

1. In den §§ 86 bis 98 gibt das Gesetz Vorschriften über die Auseinandersetzung der Miterben durch Vermittlung des Nachlaßgerichts.

Um die Nachlaßteilungen zu erleichtern, hatten die älteren Rechte verschiedene Wege eingeschlagen.

Das gemeine Recht räumte dem Prozeßrichter in bezug auf die Erbteilung ebenso wie hinsichtlich der Teilung sonstiger Gemeinschaften eine besonders freie Stellung ein, indem es nicht nur die Art der Teilung seinem Ermessen überließ, sondern ihm auch die Befugnis gewährte, zum Vollzuge der von ihm gewählten Art unmittelbar durch seinen Spruch Rechte zu begründen, zu übertragen und aufzuheben. Die Teilung erfolgte durch konstitutives Teilungsurteil.

Auf dem Boden des gemeinen Rechtes stand im wesentlichen auch der Code civil. Er hatte (Art. 815 ff.) für Teilungen ein eigenartiges Verfahren vorgesehen, das sich aus Handlungen der streitigen und der freiw. Ger. zusammensetzt. In der preuß. Rheinprovinz und in Elsaß-Lothr. war jedoch dieses Verfahren beseitigt worden, weil es mit der Einführung der ZPO. seinen Zusammenhang verloren hatte. Nach dem preuß. Gesetze über das Teilungsverfahren im Geltungsbereiche des rhein. Rechtes v. 22. Mai 1887 und dem elsaß-lothr. Teilungsgesetze v. 14. Juni 1888 hatte das Prozeßgericht nur über Streitpunkte, die sich bei der Teilung ergeben, zu entscheiden; dagegen erfolgte die Auseinandersetzung selbst in einem Verfahren der freiw. Ger. vor dem Amtsgericht und einem von diesem beauftragten Notar. Die bezeichneten Gesetze gingen davon aus, daß es der Geschäftsgewandtheit des Notars in der Regel gelingen würde, eine gütliche Einigung zu erzielen, falls die Parteien in dem für die Vornahme der Teilung anberaumten Termin erscheinen. Um aber die Parteien zum Erscheinen zu veranlassen, wurde den Vereinbarungen, welche die erschienenen Beteiligten mit Bezug auf die Teilung treffen, in größerem oder geringerem Umfange Wirksamkeit gegenüber den Ausgebliebenen beigelegt.

Auch in den Gebieten des preuß.ALR. sowie nach dem bayerischen Rechte fand für Nachlaßteilungen ein Vermittlungsverfahren vor dem Amtsgerichte statt (zu vgl. preuß.AGO. T. I Tit. 46). Mit der Terminsversäumnis waren aber dort keine privatrechtlichen Nachteile verbunden, vielmehr blieb gegen die nicht erschienene Partei nötigenfalls nur der Weg der Klage. In Württemberg wurde die Nachlaßteilung, wenn die Beteiligten sie nicht selbst vornehmen, von Amts wegen durch das Waisengericht unter Zuziehung eines Notars vermittelt. Denkschr. S. 60.

Das BGB. geht, wie bereits in der Vorbemerkung zu diesem (5.) Abschnitt erwähnt, in Übereinstimmung mit den älteren Rechten von dem Grundsatze aus, daß die Nachlaßregulierung Sache der Beteiligten ist. Einigen sich die Beteiligten, so bedarf der Teilungsvertrag keiner besonderen Form, insbesondere nicht der Schriftlichkeit oder der Beurkundung durch das Gericht oder einer sonst hierzu berufenen Behörde, soweit solches nicht nach allgemeinen Regeln, etwa wegen Übertragung von Eigentum an Grundstücken oder von Hypotheken erforderlich ist (§§ 313, 1154 BGB.). Aber auch solchenfalls stellt sich die Mitwirkung der Behörde als ein Akt der freiw. Ger. dar, der, wie ein anderer obligatorischer Vertrag, selbstverständlich lediglich persönliche Rechte und Pflichten der Beteiligten auf Erfüllung schafft. — Einigen sich die Beteiligten nicht, so hat jeder von ihnen einen Rechtsanspruch auf die vom Gesetz selbst bestimmte Art der Teilung. In dieser Beziehung ordnet das BGB. die Erbauseinandersetzung im wesentlichen den für die regelmäßige Gemeinschaft geltenden Grundsätzen unter (§§ 2042 ff. in Verbindung mit den §§ 749 bis 758 BGB.). Danach kann zunächst Teilung in Natur und, wenn diese ausgeschlossen ist, Verkauf der gemeinschaftlichen Gegenstände nach den Vorschriften über den Pfandverkauf, bei Grundstücken durch Zwangsversteigerung, und Teilung des Erlöses verlangt werden. Um einen solchen Verkauf durchzusetzen, bedarf es keines vollstreckbaren Titels (§ 1233 BGB., §§ 180 ff. (181) des Gesetzes über die Zwangsversteigerung :c. v. 24. März 1897); ein etwaiger Widerspruch eines Mitbeteiligten ist im Wege der Klage geltend zu machen (§ 771 ZPO.). — Im übrigen aber hat bei Meinungsverschiedenheiten das Prozeßgericht zu entscheiden. Hierbei ist das Gericht an die eben erwähnten Teilungsgrundsätze, auf welche jeder Beteiligte einen Rechtsanspruch hat, ebenfalls gebunden. Die Aufstellung dieses Prinzips bedeutet einen vollständigen Bruch mit dem oben erwähnten gemeinrechtlichen Systeme. Es war danach ausgeschlossen, dem Gericht eine ähnliche Verfügungsmacht über die Teilungsmasse zu übertragen, wie sie sich im gemeinen Rechte fand, ganz abgesehen davon, daß eine Regelung in Gemäßheit des diesem Rechte eigenen Adjudikationssystems wegen der inneren Fehler desselben ebensowenig ratsam, wie wegen der großen Schwierigkeiten, dasselbe in den Rahmen der ZPO. einzufügen, geeignet erschien; dabei war in Rechnung gezogen, daß, auch wenn das letztere unter Aufstellung besonderer Verfahrensvorschriften gelungen wäre, dem Richter immer noch eine anomale, schwer lösbare Aufgabe geblieben wäre. Das Prozeßverfahren ist vielmehr das gewöhnliche in der ZPO. geordnete; das Urteil ist kein konstitutives, sondern ein gewöhnliches, obligatorisches, das in Ansehung der Vollstreckung den allgemeinen Grundsätzen unterliegt. Vgl. auch Mot. II S. 881 ff.

Aus den oben mitgeteilten rechtsgeschichtlichen Vorgängen erschien indessen das Bedürfnis für ein weiteres besonderes gerichtliches Verfahren behufs Vermittlung der

Erbauseinandersetzung nachgewiesen. Erfahrungsgemäß haben die bezeichneten Verfahren, falls nicht etwa die Beteiligten ihre Mitwirkung von vornherein versagten, in zahlreichen Fällen zu einer gütlichen Einigung geführt. Demgemäß hat auch das vorliegende Gesetz in den §§ 86 bis 98 ein solches Verfahren eingeführt, dabei das bewährte rheinpreußische und elsaß-lothringische Recht zugrunde legend und dem Nachlaßgerichte bzw. der an dessen Stelle berufenen Behörde (Art. 147 Einf.Ges.z.BGB.) die Vermittlerrolle zuweisend. Hierbei geht es einerseits nicht soweit, vorzuschreiben, daß die Vermittlung von Amts wegen zu betreiben sei (es läßt nur diese Eigentümlichkeit, wo sie bestand, unberührt, § 192), andererseits weiter, als das preuß.ALR. und das bayerische Recht, indem es dem Vermittlungsverfahren ein Versäumnisverfahren einfügt, welches in Zusammenfassung der entsprechenden Vorschriften des rheinpreußischen und des elsaß-lothringischen Gesetzes gegen den Ausbleibenden privatrechtliche Nachteile vorsieht. Der Zweck der Vorschriften ist, dafür zu sorgen, daß den Erbteilungsinteressenten, sofern ein zur Auseinandersetzung berechtigter Testamentsvollstrecker nicht vorhanden ist, auf Antrag die Vermittlung der Teilung durch eine Behörde gesichert ist, und das Vermittlungsverfahren so zu gestalten, daß es zu einer endgültigen Auseinandersetzung führt. Diese ist eine unter Leitung und Mitwirkung des Nachlaßgerichts bewirkte Liquidation der unter den Miterben bestehenden Gemeinschaft zur gesamten Hand (§§ 2032 ff. BGB.). Sie endigt mit der von dem Nachlaßgericht zu beurkundenden und zu bestätigenden Vereinbarung, die mit der Rechtskraft des Bestätigungsbeschlusses vollstreckbar ist. Soweit Streitpunkte übrig bleiben, sind sie im Prozeßwege zu erledigen.

2. Der **§ 86** regelt die formellen Voraussetzungen für die Einleitung des in den §§ 86 bis 98 geordneten Auseinandersetzungsverfahrens. Diese Voraussetzungen sind:

a) Eine Mehrheit von Erben. Zu den Erben gehören natürlich nicht die Nachlaßgläubiger, insbesondere nicht die Vermächtnisnehmer und die aus einer Auflage Berechtigten; ebensowenig die Pflichtteilsberechtigten, sofern die Zuwendung nicht als Erbeinsetzung zu betrachten ist (§ 1967 Abs. 2, § 2304 BGB.), der Nacherbe. Zwischen diesen und dem Alleinerben findet ein Verfahren der in Rede stehenden Art nicht statt. Es muß selbstverständlich den Erben die Verfügung über den Nachlaß zustehen, also z. B. nicht Nachlaßverwaltung angeordnet oder Nachlaßkonkurs eröffnet sein (§ 1984 BGB., §§ 6, 7 KO.). OLG. Colmar 5. März 1902 in Rechtspr.d.OLG. 4 S. 430 unter d, „Recht" 6 S. 150 Nr. 695.

b) Der Antrag eines Antragsberechtigten. Antragsberechtigt ist gemäß Abs. 2:

α) jeder Miterbe, solange er seinen Erbteil nicht veräußert hat (Anm. β);

β) der Erwerber eines Erbteils, also eines Anteils eines Miterben (§ 1922 Abs. 2 BGB.) u. zw. sowohl der erste wie jeder weitere Erwerber (§ 2033 Abs. 1, § 2037 BGB.);

γ) derjenige, dem ein Pfandrecht an einem Erbteil zusteht, mit der Maßgabe, daß die Aufhebung der Gemeinschaft vor dem Eintritt der Verkaufsberechtigung, d. h. also vor der Fälligkeit der Pfandforderung (§ 1228 Abs. 2 BGB.) nur von dem Pfandgläubiger und dem Miterben gemeinschaftlich verlangt werden kann (§ 1258 Abs. 2 BGB.). Auch derjenige, welcher ein Pfändungspfandrecht nach den §§ 859, 804 ZPO. erlangt hat, gehört hierher, sofern sein Schuldtitel nicht bloß vorläufig vollstreckbar ist (§§ 2042, 751 BGB.). Danach ist der Arrestgläubiger ebenfalls nicht antragsberechtigt. Ebert und Dudek § 86 Anm. 4, Fuchs § 86 Anm. 1cγ;

δ) derjenige, dem ein Nießbrauch an einem Erbteile zusteht, hier mit der Maßgabe, daß die Aufhebung der Gemeinschaft nur von dem Miterben und dem Nießbraucher gemeinschaftlich verlangt werden kann (§ 1066 Abs. 2 BGB.);

ε) an Stelle der nach α bis δ Berechtigten sind nach allgemeinen Grundsätzen die gesetzlichen oder rechtsgeschäftlich bestellten Vertreter antragsberechtigt. Inwieweit, falls eine Ehefrau zu den Miterben gehört, der Ehemann antragsberechtigt ist, entscheidet sich nach den Grundsätzen des für die Ehe geltenden ehelichen Güterrechts.

ζ) Nicht antragsberechtigt nach dem Vorstehenden und nach Abs. 2 sind die Nachlaßgläubiger (vgl. oben unter a); ebensowenig Testamentsvollstrecker, Nachlaßpfleger, Nachlaßverwalter, Nacherben.

c) Fehlen eines zur Bewirkung der Auseinandersetzung berechtigten Testamentsvollstreckers. Jedem Testamentsvollstrecker steht diese Befugnis im Zweifel zu (§§ 2204, 2208, 2209 BGB.). Ist der Testamentsvollstrecker selbst in der Sache beteiligt, z. B. als Miterbe, so muß er als unfähig zur Vornahme der Erbteilung erachtet werden, es sei denn, daß der Erblasser ein anderes bestimmt habe. KG. 10. März 1902 in Zus.d.RJAmts 3 S. 101, Rechtspr.d.OLG. 4 S. 435 Nr. 105, ZentrBl. 3 S. 83 Nr. 28.

3. Es können der Auseinandersetzung zivilrechtliche Hindernisse entgegenstehen; es kann nämlich a) das jedem Miterben zustehende Recht, jederzeit die Auseinandersetzung verlangen zu können, durch Vereinbarung der Beteiligten ausgeschlossen werden (§ 2042 in Verbindung mit den §§ 749 bis 751 BGB.); b) die Auseinandersetzung ausgeschlossen sein, weil die Erbteile wegen der zu erwartenden Geburt eines Miterben, wegen noch ausstehender Entscheidung über eine Ehelichkeitserklärung, über die Bestätigung einer Annahme an Kindes Statt oder über die Genehmigung einer vom Erblasser errichteten Stiftung unbestimmt sind (§ 2043 BGB.); c) der Erblasser durch letztwillige Verfügung die Auseinandersetzung ganz oder teilweise bzw. auf Zeit ausgeschlossen haben (§§ 2044, 2048 BGB.), d) jeder Miterbe verlangen, daß die Auseinandersetzung bis zur Beendigung des nach § 1970 BGB. zulässigen Aufgebotsverfahrens (Aufgebot der Nachlaßgläubiger) oder bis zum Ablaufe der im § 2061 BGB. bestimmten Frist zur Anmeldung von Nachlaßforderungen (zufolge öffentlicher Aufforderung eines Miterben) aufgeschoben werde (§ 2045 BGB.).

Für Einleitung und Durchführung des Verfahrens haben diese Hindernisse nicht die gleiche Bedeutung: vgl. darüber § 87 Anm. 3.

4. Der Antrag ist ebensowenig ein Rechtsgeschäft, was Rausnitz in ZfDZPr. 25 S. 165 ff. (171) behauptet, wie die Einlegung der Beschwerde (vgl. § 21 Anm. 3a). Er ist eine Verfahrenshandlung, die eine Rechtshandlung darstellt. Aus dieser ihrer Bedeutung folgt, daß in ihr klar zum Ausdrucke gebracht sein muß, daß sie den Willen des Antragstellers enthält. Dies geschieht durch Unterschrift, die bekundet, daß das Niedergeschriebene die zum Abschlusse gelangte Erklärung des Unterschreibenden ist. Anträge von Geschäftsunfähigen und in der Geschäftsfähigkeit beschränkten Personen erscheinen unzulässig. Wegen der Antragsberechtigung eines Ehemanns vgl. Anm. 2ε.

Über Form und Inhalt des Antrags, sowie über dessen Behandlung vgl. bei § 87.

5. Es bedarf eines Antrags nicht, wenn nach Landesgesetz auf Grund des Vorbehalts in § 192 das Nachlaßgericht bzw. die an seine Stelle tretende andere Behörde (Anm. 8) die Auseinandersetzung von Amts wegen zu vermitteln hat.

6. Gegenstand des Verfahrens ist ein Nachlaß, d. h. objektiv die Gesamtheit der einzelnen Stücke oder Bestandteile des Vermögens des Erblassers (§ 1922 BGB.), u. zw. sowohl der aktiven wie passiven, ohne Rücksicht auf die zu dem Erben bestehende subjektive Beziehung. Mot. IV S. 603. Es ist indessen nicht erforderlich, daß die Gemeinschaft vollständig aufgelöst wird. Nicht ausgeschlossen ist, daß die Auseinandersetzung lediglich gegenüber dem eine solche verlangenden Miterben geschieht; die übrigen Miterben setzen alsdann die Erbengemeinschaft unter sich fort. Allerdings müssen sich dann sämtliche Beteiligte am Verfahren beteiligen. Die Auseinandersetzung vollzieht sich dann in der Weise, daß sich der Antragsteller mit der Gesamtheit der anderen Erben und zugleich mit jedem einzelnen von ihnen auseinandersetzt. KG. 7. Oktober 1901 in Johow 23 S. A 74 Nr. 19, Rechtspr.d.OLG. 4 S. 119c. Auch kann sich das Verfahren auf einen Teil eines Nachlasses beschränken. OLG. Darmstadt 14. Juli 1903 im ZentrBl. 4 S. 343 Nr. 314. Vgl. auch § 95 Satz 2 und Anm. 4 daselbst. Dagegen findet ein Verfahren gemäß §§ 86 ff. nicht statt, wenn ein überlebender Ehegatte beantragt, die Auseinandersetzung mit seinen minderjährigen Kindern in die Wege zu leiten, weil er eine neue Ehe eingehen will (§ 1669 BGB.), es sei denn, daß die gegenteilige Absicht klar erhellt; ein solcher Antrag ist lediglich als ein Gesuch um Beurkundung des Auseinandersetzungsvertrags durch das Gericht anzusehen. KG. 6. April 1904 in Johow 27 S. A 159 Nr. 44.

7. Wer zu den am Verfahren Beteiligten gehört, ergibt sich aus den Vorschriften des BGB. Der Kreis der Beteiligten deckt sich nicht mit dem der Antragsberechtigten (Abs. 2): jener ist weiter. Die letzteren gehören aber stets dazu. Sodann gehört dahin der Nacherbe, wenn die Miterben bei der Teilung über ein zur Erbschaft gehöriges Grundstück Verfügungen treffen, da anderenfalls bei Eintritt der Nacherbfolge diese Verfügungen insoweit unwirksam wären, als sie das Recht des Nacherben vereiteln oder beeinträchtigen würden (§ 2113 Abs. 1 BGB.). Denkschr. S. 61. Nicht dazu gehören Nachlaßgläubiger, Vermächtnisnehmer, Pflichtteilsberechtigte, die nicht Erben sind, und nicht die persönlichen Gläubiger der Miterben.

8. Die Zuständigkeit des Nachlaßgerichts bestimmt sich nach allgemeinen Regeln. An Stelle des Nachlaßgerichts oder für einzelne Verrichtungen neben dasselbe kann gemäß landesgesetzlicher Bestimmung eine andere Behörde oder ein Notar treten. Vgl. § 193. Dieser Vorbehalt bezieht sich nur auf die Zuständigkeit; zu einer abweichenden Regelung des Verfahrens ist die Landesgesetzgebung nicht befugt.

9. Wegen des Verfahrens, wenn der Erblasser vor dem 1. Januar 1900 gestorben ist, vgl. § 189 Anm. 3.

§ 87.

In dem Antrage sollen die Beteiligten und die Teilungsmasse bezeichnet werden.

Hält das Gericht vor der Verhandlung mit den Beteiligten eine weitere Aufklärung für angemessen, so hat es den Antragsteller zur Er-

gänzung des Antrags, insbesondere zur Angabe der den einzelnen Beteiligten in Ansehung des Nachlasses zustehenden Ansprüche, zu veranlassen. Es kann dem Antragsteller auch die Beschaffung der Unterlagen aufgeben.

---

1. Für den Antrag ist eine besondere Form nicht vorgeschrieben; er kann also privatschriftlich oder zu Protokoll des Gerichtsschreibers des Nachlaßgerichts oder eines jeden Amtsgerichts gestellt werden; § 11. Tritt an die Stelle des Nachlaßgerichts nach Landesrecht eine andere Behörde oder ein Notar, so findet reichsgesetzlich der § 11 keine Anwendung auf diese Behörden bzw. diesen Beamten; vgl. § 11 Anm. 5.

2. Der **Abs. 1** bezeichnet als Inhalt des Antrags die Angabe

a) der Beteiligten. Vgl. darüber § 86 Anm. 7. Sie sind, damit nicht weitere Rückfrage stattfinden muß (Abs. 2, Anm. 3) insoweit nach Namen, Stand, Wohnort rc. zu bezeichnen, als notwendig ist, damit die Ladung bewirkt, auch über etwaige Bestellung eines Pflegers Beschluß gefaßt werden kann (§§ 88, 89). Auch das Verhältnis der einzelnen Beteiligten zur Angelegenheit, z. B. darüber, ob sie als Miterben, Erwerber eines Erbteils rc. und aus welchen Rechtsgründen beteiligt sind, ist anzugeben, damit das Gericht in den Stand gesetzt ist, zu beurteilen, inwieweit sie zum Verfahren zuzuziehen sind;

b) der Teilungsmasse. Diese ist so genau zu bezeichnen, daß das Gericht über seine Zuständigkeit entscheiden kann, d. h. also es ist ihre Herkunft genau anzugeben. Die örtliche Zuständigkeit des Gerichts bestimmt sich nach dem Wohnsitze, den der Erblasser zur Zeit des Erbfalls hatte, rc. (§ 73); deshalb sind alle diejenigen Angaben erforderlich, welche hiernach ausschlaggebend sein können, wie Namen des Erblassers, Zeit des Todes, Wohnort. Eine inventarmäßige Bezeichnung der einzelnen zur Teilungsmasse gehörigen Gegenstände ist in diesem Stadium nicht erforderlich. Sie kann auch von dem Gericht nicht gefordert werden und erweist sich unter Umständen für das Verfahren überhaupt als überflüssig. Auch wenn die Nachlaßmasse nur aus Forderungen an Miterben besteht, so greift das Verfahren nach den §§ 86 ff. doch Platz. OLG. Zweibrücken 18. Mai 1904 (nach Soergel 1904 S. 517 unter 3).

c) Sonstige Angaben braucht der Antrag also nicht zu enthalten. Namentlich ist nicht erforderlich die Angabe, daß ein zur Auseinandersetzung berechtigter Testamentsvollstrecker nicht vorhanden sei oder daß etwaige zivilrechtliche Hindernisse der Auseinandersetzung nicht entgegenständen (§ 86 Anm. 2c, 3). Ist in dieser Richtung eine Angabe nicht gemacht, so darf das Gericht bei Einleitung des Verfahrens zunächst davon ausgehen, daß Anstände dieser Art nicht vorliegen. Vgl. jedoch Anm. 3.

3. Ist der Antrag bei Gericht eingegangen, so hat dieses a) seine Zuständigkeit (§§ 72, 73), b) das Vorhandensein der formellen Voraussetzungen des Verfahrens (§ 86 und Anm. 2 daselbst sowie vorstehend Anm. 2c), c) die Zulässigkeit der Auseinandersetzung (§ 86 Anm. 3) von Amts wegen zu prüfen.

Der Abs. 1 enthält eine Ordnungsvorschrift: Bedenken gegen den Antrag, auch wenn sie diese Punkte betreffen, Unvollständigkeiten in den Angaben oder der Mangel ausreichender Nachweise berechtigen das Gericht nicht ohne weiteres, den Antrag abzuweisen. Es kann auch z. B. fraglich sein, ob in dem Antrag eines überlebenden Ehegatten, die Auseinandersetzung mit seinen minderjährigen Kindern in die Wege zu leiten, als ein Antrag auf Einleitung des gerichtlichen Auseinandersetzungsverfahrens gemäß §§ 86 ff. oder als ein Gesuch auf Beurkundung des Auseinandersetzungsvertrags anzusehen ist; erhellt ersteres nicht klar und deutlich, so ist im Zweifel letzteres anzunehmen. KG. 6. April 1904 in Johow 27 S. A 155 Nr. 44. Das Gericht hat vielmehr in Erfüllung der ihm auch im Antragsverfahren nach § 12 allgemein obliegenden Verpflichtung (vgl. § 12 Anm. 1, 2; KG. 16. Dezember 1901 in Johow 23 S. A 197) zunächst von Amts wegen die zur Feststellung der Tatsachen erforderlichen Ermittlungen zu veranstalten und die geeignet erscheinenden Beweise aufzunehmen. Soweit es sich um die Ergänzung vermißter tatsächlicher Angaben handelt, die nicht auf Grund von Gerichtsnotorietät vorgenommen werden kann, z. B. in betreff der beteiligten Personen und der den einzelnen Beteiligten in Ansehung des Nachlasses zustehenden Ansprüche, liegt es in der Natur der Dinge, ist aber in § 87 Abs. 2 Satz 1 auch noch einmal ausdrücklich vorgeschrieben, daß das Nachlaßgericht die Vervollständigung von dem Antragsteller beanspruchen kann und muß. Unterlagen des Antrags und seiner Angaben, z. B. die Sterbeurkunde des Erblassers, letztwillige Verfügungen u. dgl. ist dagegen das Gericht häufig selbst zu beschaffen in der Lage, indessen nicht verpflichtet; nach § 87 Abs. 2 Satz 2 kann es vielmehr die Beschaffung der erforderlichen Unterlagen dem Antragsteller aufgeben. Ob das Gericht das eine oder andere tun soll, unterliegt seinem Ermessen und ist abhängig davon, welche Unterlagen erforderlich sind. Die Erteilung eines Erbscheins z. B. kann nur von einem Miterben beantragt (hier von dem Gesichtspunkt ausgegangen, daß es sich nur um die Auseinandersetzung unter Miterben, § 86, handelt), nicht dagegen vom Nachlaßgericht von Amts wegen vorgenommen werden; vgl. § 85 Anm. 4. Die Ausfertigung eines bereits erteilten Erbscheines dagegen, desgleichen eines Testaments oder die Abschrift eines Inventars kann auch von Amts wegen beschafft werden. Vgl. auch KG. 16. Dezember 1901 in Johow 23 S. A 197 Nr. 55. Rausnitz § 87 Anm. 3. Auch ist das mit der Auseinandersetzung befaßte Nachlaßgericht nicht berechtigt, ein Nachlaßinventar aufzunehmen, wenn ein Beteiligter widerspricht, oder auf Antrag eines Erben die Einreichung eines Inventars von den übrigen Erben zu erzwingen. KG. 16. Dezember 1901 in Johow 23 S. A 197 Nr. 55.

Im übrigen steht nichts im Wege, daß das Gericht die Prüfung aller für die Durchführung des Auseinandersetzungsverfahrens notwendigen Grundlagen überhaupt bis zu dem Termin (§ 91) vertagen kann; selbst die erforderlichen Unterlagen brauchen zunächst nicht vorhanden zu sein (vgl. § 89 Schlußsatz). Nur ist festzuhalten, daß, wenn ein notwendiges Erfordernis fehlt, eine irgendwie geartete Versäumnisfolge nicht eintreten und das Gericht in dem anberaumten Termine, sofern nicht alle Beteiligten erschienen sind und zugestimmt haben, weder eine vorläufige Vereinbarung noch die definitive Auseinandersetzung beurkunden und bestätigen kann (§§ 91, 93). Vom praktischen Standpunkt aus ist es deshalb bei umfangreicheren Sachen im allgemeinen richtiger, alle erforderlichen Grundlagen des Verfahrens vorher festzustellen und zu beschaffen und erst, wenn sie vorhanden sind, den Termin anzuberaumen (§ 89), wenn sie aber fehlen bzw. auf Erfordern nicht beigebracht werden, den Antrag zurückzuweisen.

In dieser Beziehung haben die in Abs. 1 dieser Anmerkung erwähnten Punkte a bis c für die Zulässigkeit der Einleitung des Verfahrens (vgl. § 89 Anm. 1) nicht die gleiche Bedeutung. Bei mangelnder Zuständigkeit (Punkt a) ist der Antrag zurückzuweisen, obgleich gemäß § 7 die trotz örtlicher Unzuständigkeit vorgenommene Auseinandersetzung nicht unwirksam sein würde. — Fehlt eine der unter b erwähnten formellen Voraussetzungen, so ist ebenfalls der Antrag zurückzuweisen. Streitig ist hier die Frage, ob der Antrag auch dann schon ohne weiteres, d. h. also ohne Termin, abgewiesen werden müsse, wenn dem Gericht gegenüber schon im voraus das Erbrecht und damit die Antragsberechtigung des Antragstellers von einem Mitbeteiligten bestritten wird. Das OLG. Jena 1. Dezember 1900 in Zus.d.RJAmts 1 S. 182, Johow 21 S. D 10, Rechtspr.d.OLG. 2 S. 36, Seuff.Arch. 56 S. 382 Nr. 214, das KG. 6. August 1901 in Rechtspr.d.OLG. 3 S. 310 und das OLG. Colmar 5. März 1902 in Rechtspr.d.OLG. 4 S. 430 haben die Frage bejaht, Jastrow in ZfDZPr. 28 S. 488 und Josef Lehrb. S. 319 unter 2 dagegen sie verneint. Der ersteren Ansicht ist beizutreten. Die Bestimmungen der §§ 86 ff. wollen nur diejenigen binden, deren Eigenschaften als Antragsberechtigte und Beteiligte feststehen; nur zwischen solchen kann das Verfahren stattfinden. Steht aber einmal diese Eigenschaft fest, so kann sich ein Beteiligter nicht durch eine dem Nachlaßgericht gegenüber im voraus abgegebene Erklärung, sich auf eine gütliche Auseinandersetzung nicht einlassen zu wollen, der Einleitung des Verfahrens durch Anberaumung des Termins und der vermittelnden Tätigkeit des Gerichts entziehen. Bayer.O.LG. 25. Juni 1903 in Zus.d.RJAmts 4 S. 14, Johow 27 S. A 291 Nr. 4, Seuff.Arch. 58 S. 483 Nr. 255. Deswegen kann auch die in dem Beschluß des KG. v. 28. April 1902 — Johow 24 S. A 189 Nr. 54, Rechtspr.d.OLG. 6 S. 484. — ausgesprochene Ansicht, daß, wenn ein Beteiligter schon gegen den Antrag Widerspruch erhoben habe, das Nachlaßgericht die Einleitung des Verfahrens von der Beibringung des Nachweises abhängig machen könne, daß die Gründe des Widerspruchs im Prozeßverfahren beseitigt seien, in dieser Allgemeinheit nicht als richtig anerkannt werden. Sie ist nur richtig für den Fall, daß der Widerspruch die Bestreitung eines Rechts zum Gegenstande hat, nicht aber dann, wenn der Widerspruch lediglich mit dem Willen, sich auf das Verfahren nicht einlassen zu wollen, begründet wird. Ein Widerspruch der letzteren Art ist zwar dann, und nur dann, wenn er in einem Termine vorgebracht wird, ein wirksames und dauerndes Hindernis für den Fortgang des Verfahrens (vgl. § 91 Anm. 1c), nicht aber für die Einleitung. — Was die unter c mit Hinweis auf § 86 Anm. 3 bezeichneten zivilrechtlichen Hindernisse der Auseinandersetzung anlangt, so weichen sie unter sich in ihrer Bedeutung für die Einleitung des Verfahrens voneinander ab. Die Unbestimmtheit der Erbteile (§ 86 Anm. 3 unter c) ist ein absolutes Hindernis der Auseinandersetzung; liegt sie vor, so ist der Antrag also ohne weiteres abzuweisen. Umgekehrt steht eine vertragsmäßige Ausschließung der Auseinandersetzung (§ 86 Anm. 3 unter a) der Anberaumung des Termins niemals entgegen. Beruft sich ein Beteiligter auf eine solche im voraus, so liegt ein Streit über die Zulässigkeit der Auseinandersetzung vor und der Antrag ist allerdings, da das Nachlaßgericht nur zur Vermittlung, nicht zur Entscheidung berufen ist, zurückzuweisen. Entsprechendes gilt für den Fall unter d der Anm. 3 zu § 86. Ob das gleiche in dem Falle unter e daselbst, also wenn testamentarisch die Auseinandersetzung verboten ist, anzunehmen sei, ist streitig. Planck, BGB. § 2044 Anm. 2, ist der Meinung, daß die Erben, wenn sie einig sind, das Teilungsverbot des Erblassers beseitigen können. Brettner dagegen, im „Recht" 4 (1900) S. 224 unter IV, ist gegenteiliger Ansicht und verlangt vorherige Entscheidung im Prozeßwege darüber, ob ein nach § 2044 bzw. § 749 Abs. 2 BGB. eine Abweichung von der Testamentsbestimmung rechtfertigender wichtiger Grund vorliegt. Ich schließe mich der ersten Ansicht an, weil die testamentarische Anordnung die Beteiligten nur in ähnlicher Weise binden soll, wie eine unter ihnen getroffene Vereinbarung (vgl. oben) und ihre Wirkung nur eine obligatorische ist. Mot. V S. 689 f. Danach stände also zunächst trotz eines solchen Verbots der Anberaumung eines Termins nichts entgegen und es wäre zu verfahren wie bei einer vertragsmäßigen Ausschließung der Auseinandersetzung.

4. Wird der Antrag auf Auseinandersetzung zurückgewiesen, so steht dem Antragsteller und nur diesem die einfache Beschwerde zu (§ 20 Abs. 2). Birkenbihl § 87 Anm. 7, Fuchs § 87 Anm. 7. A. M. Dronke, § 87 Anm. 3, der auch den übrigen Beteiligten ein Beschwerderecht einräumt, weil sie alle gemäß § 86 ein Recht auf Vermittlung hätten. Es handelt sich aber nicht um das Recht auf Vermittlung, sondern um das Recht auf Zulassung eines von ihnen nicht gestellten Antrags. — Wird der Antrag gegen den Widerspruch eines Beteiligten zugelassen, so ist dieser beschwerdeberechtigt, weil schon in seiner Einbeziehung in ein Verfahren, das ihm gewisse Pflichten auferlegt und ihn bei deren Versäumung mit Nachteilen bedroht, gegen seinen Willen eine Beeinträchtigung seiner Rechte liegen kann und wei. die Ladung als eine Verfügung im Sinne des Gesetzes (vgl. § 19 Anm. 2d), zu betrachten ist. Vgl. OLG. Jena 1. Dezember 1900 a. a. O. (Anm. 3). Wird der Antrag zugelassen, trotzdem er nach Anm. 3 hätte zurückgewiesen werden müssen, z. B. weil das Erbrecht des Antragstellers schon im voraus bestritten war, so liegt eine Gesetzesverletzung durch falsche Anwendung des § 86 vor und es ist auch die weitere Beschwerde (§ 27) zulässig. OLG. Jena 1. Dezember 1900 a. a. O. (Anm. 3).

5. Die Zurücknahme des Antrags hält Rausnitz, ZfDZPr. 25 S. 165 ff. (172) und mit ihm Fuchs, § 87 Anm. 8, nur solange für zulässig, bis die Ladung der übrigen Beteiligten zum Verhandlungstermin nach § 89 erfolgt sei. Mit der Ladung werde unter den Beteiligten ein Rechtsverhältnis begründet, auf Grund dessen sie die Fortsetzung des Verfahrens verlangen könnten, auch wenn der Antragsteller es nicht fortsetzen wolle. Das Recht beginne, nachdem der Zwang eingetreten sei und das geschehe mit der Ladung. M. E. ist der entscheidende Zeitpunkt für die Zulässigkeit der Zurücknahme des Antrags der Beginn des Termins, wenn auch nur ein anderer Beteiligter als der Antragsteller erschienen ist, andernfalls, d. h. wenn kein anderer Beteiligter erschienen ist, die Bekanntmachung gemäß § 91 Abs. 2. Erst mit diesem Zeitpunkt beginnt für die Beteiligten außer dem Antragsteller eine Berechtigung bzw. Verpflichtung materiellen Inhalts, wenngleich ein Beschwerderecht schon gegen die Einbeziehung in das Verfahren überhaupt und den in der Ladung liegenden Zwang besteht. Vgl. Anm. 4.

§ 88.

Einem abwesenden Beteiligten kann, wenn die Voraussetzungen der Abwesenheitspflegschaft vorliegen und eine Pflegschaft über ihn nicht bereits anhängig ist, für das Auseinandersetzungsverfahren von dem Nachlaßgericht ein Pfleger bestellt werden. Für die Pflegschaft tritt an die Stelle des Vormundschaftsgerichts das Nachlaßgericht.

---

1. Für das Vorgehen des Nachlaßgerichts müssen drei Voraussetzungen vorliegen: a) es muß sich um einen abwesenden Beteiligten handeln, b) es müssen die Voraussetzungen der Abwesenheitspflegschaft vorliegen und c) es darf noch keine Pflegschaft über den abwesenden Beteiligten anhängig sein. — Die Voraussetzungen der Abwesenheitspflegschaft stellt § 1911 BGB. auf. Das Nähere vgl. in den An-

merkungen zu § 39. Über den Begriff des Beteiligten vgl. § 86 Anm. 7 und § 87 Anm. 2a.

Ob der abwesende Beteiligte Inländer oder Ausländer ist, ist einerlei. Fuchs § 88 Anm. 1. Die Anhängigkeit einer Pflegschaft hindert nur dann die Bestellung eines Pflegers durch das Nachlaßgericht, wenn die Pflegschaft bei einem inländischen Gericht anhängig ist. Dorner § 88 Anm. 2c, Fuchs a. a. O. Ist ein im Auslande geborener, seit langen Jahren nach einem anderen ausländischen Staate Ausgewanderter beteiligt, der seitdem keine Nachrichten mehr von sich gegeben hat, so ist eine Pflegschaft einzuleiten. Es kann nicht nach Art. 23 Einf.Ges.z.BGB. verlangt werden, daß zuvor zu erkundigen ist, ob der ausländische Staat, dem der Verschollene etwa angehört, die Fürsorge ablehnt. ZentrBl. 1 S. 978 Nr. 235.

2. Ob ausreichende Gründe für die Bestellung eines Pflegers durch das Nachlaßgericht vorliegen oder nicht, hat dieses nach freiem Ermessen zu entscheiden. Stellt es die Voraussetzungen fest, so kann es trotzdem, statt selbst einen Pfleger zu bestellen, das zuständige Vormundschaftsgericht veranlassen, die Bestellung vorzunehmen.

3. Die Pflegschaft, welche das Nachlaßgericht anordnet, tritt nur für das Auseinandersetzungsverfahren ein. Ist das Verfahren erledigt, so tritt die ordentliche Zuständigkeit des Vormundschaftsgericht in Kraft. Ihm ist gemäß § 50 Nachricht zu geben. Dieses hat sodann, je nachdem ein Bedürfnis für eine Pflegschaft von ihm anerkannt wird, oder nicht, darüber zu befinden, ob es eine neue Pflegschaft einleiten will oder nicht. Die von dem Nachlaßgericht bestellte Pflegschaft ist mit Beendigung des Auseinandersetzungsverfahrens aufzuheben; § 1919 BGB. — Liegen die Voraussetzungen des § 1921 BGB. — wenn der Abwesende nicht mehr an der Besorgung seiner Vermögensangelegenheiten verhindert, gestorben oder für tot erklärt ist — vor, so ist die Pflegschaft auch schon vor Erledigung des Verfahrens aufzuheben.

4. Für die Einleitung und Dauer der nach § 88 anzuordnenden Pflegschaft tritt das Nachlaßgericht an die Stelle des Vormundschaftsgerichts, also vollständig, so daß es auch an Stelle des letzteren über die erforderlichen Genehmigungen — § 1915, § 1822 Nr. 2 BGB. — zu beschließen hat. Da der Pfleger nur „für das Auseinandersetzungsverfahren" bestellt wird, so gehören andere Angelegenheiten nicht zu seinem Geschäftskreis. Fuchs § 88 Anm. 5. A. M. Keidel S. 89.

Wenn nach Landesrecht die Auseinandersetzung einem Notar übertragen werden kann, so ist dieser niemals zuständig für die Bestellung des Pflegers. Hierfür bleibt vielmehr stets das Nachlaßgericht zuständig.

§ 89.

Das Gericht hat den Antragsteller und die übrigen Beteiligten, diese unter Mitteilung des Antrags, zu einem Verhandlungstermine zu laden. Die Ladung durch öffentliche Zustellung ist unzulässig. Die Ladung soll den Hinweis darauf enthalten, daß ungeachtet des Ausbleibens eines Beteiligten über die Auseinandersetzung verhandelt werden würde und daß, falls der Termin vertagt oder ein neuer Termin zur Fortsetzung der Verhandlung anberaumt werden sollte, die Ladung zu dem neuen Termin unterbleiben könne. Sind Unterlagen für die Auseinander-

setzung vorhanden, so ist in der Ladung zu bemerken, daß die Unterlagen auf der Gerichtsschreiberei eingesehen werden können.

---

1. Eine förmliche Eröffnung des Verfahrens findet nicht statt. Das Gericht setzt vielmehr, wenn es den Antrag für ausreichend hält, bzw. nach den erforderlichen Aufklärungen einen Termin zur Verhandlung an und erläßt unter Beobachtung des § 89 die Ladung.

2. Zu laden sind der Antragsteller und alle Beteiligte (vgl. dazu § 86 Anm. 7 und § 86 Anm. 2a) bzw. deren gesetzliche Vertreter oder Bevollmächtigte (vgl. § 13).

3. Die Ladung erfolgt gemäß § 16 Abs. 2 Satz 1 oder Abs. 3, da mit ihr eine Frist beginnt (§ 90 Abs. 1). Ebenso die meisten Kommentare; auch Rausnitz § 89 Anm. 10, der noch in ZfDZPr. 25 S. 173 mit der Begründung, daß § 16 sich lediglich auf die Bekanntmachung von gerichtlichen Verfügungen beziehe, die Ladung aber keine Verfügung im Sinne dieses Gesetzes sei, die Landesgesetze und den § 16 nur event. zur Anwendung kommen lassen wollte. Vgl. dagegen § 19 Anm. 2d. — Wegen der Ladung von Bevollmächtigten insbesondere vgl. § 16 Anm. 2b und 3aα.

Die Ladung durch öffentliche Zustellung ist unzulässig; wird sie in dieser Form vorgenommen, so ist sie unverbindlich und es treten Versäumnisfolgen nicht ein. Ist ein Abwesender beteiligt, so kommt § 88 zur Anwendung. Hiergegen nimmt Jastrow, § 89 Anm. 2, an, daß ein Abwesender mit unbekanntem Aufenthalt ausscheide und eine Auseinandersetzung nur zwischen den übrigen stattfinde.

4. Die Vorschrift über den Inhalt der Ladung ist instruktionell („soll"), soweit es sich um den Hinweis in Satz 3 des § 89 handelt. Unterlassung dieses Hinweises macht die Ladung noch nicht zu einer unverbindlichen; es können, auch wenn der Hinweis mangelt, die Versäumnisfolgen eintreten. So auch Schneider § 89 Anm. 6. A. M. Fuchs § 89 Anm. 4. Die Androhung kann nur zur Ausführung kommen, wenn der Verhandlungstermin abgehalten worden ist, d. h. also, wenn auch nur ein Beteiligter anwesend war (vgl. § 91). — Der Vermerk über die Unterlagen — vgl. Schlußsatz von § 89 — dagegen ist wesentlich für die Ladung. Unterlassung dieses Vermerks macht die Ladung zu einer ordnungswidrigen, so daß die Durchführung des Verhandlungstermins, sofern nicht alle Beteiligten erschienen sind und entweder ausdrücklich oder stillschweigend auf Geltendmachung dieses Mangels verzichtet haben, nicht erfolgen kann und Versäumnisfolgen nicht eintreten können. So auch Schneider § 89 Anm. 8.

5. Mit der Ladung ist der Antrag, sowie etwaige Ergänzungen und Nachträge, mitzuteilen, natürlich abschriftlich. Allgemein wird eine auszugsweise Mitteilung für ausreichend gehalten.

6. Schon gegen die Ladung kann Beschwerde erhoben werden. Vgl. § 19 Anm. 2d.

§ 90.

Die Frist zwischen der Ladung und dem Termine muß mindestens zwei Wochen betragen.

Diese Vorschrift findet auf eine Vertagung sowie auf einen Termin zur Fortsetzung der Verhandlung keine Anwendung. In diesen Fällen

kann die Ladung der zu dem früheren Termine geladenen Beteiligten durch die Verkündung des neuen Termins ersetzt werden.

1. **Zu Abs. 1.** Die Frist zwischen der Ladung, d. h. der Zustellung der Ladung (vgl. § 89 Anm. 3) und dem Termine — Ladungsfrist — muß nach Abs. 1 mindestens zwei Wochen betragen. Wegen der Berechnung vgl. § 17 und Anlage 6.

Ist die Mindestfrist nicht gewahrt, so kann, falls auch nur ein Beteiligter ausbleibt, der Termin nicht abgehalten werden. Heilung des Mangels kann nur eintreten, wenn alle Beteiligten, einschließlich des Antragstellers, erscheinen und sich auf die Verhandlung einlassen. Sie tritt auch ein, wenn trotz des Mangels eine Bestätigung der im Termin beurkundeten Vereinbarung (§ 91) oder Auseinandersetzung (§ 93) stattfindet und der Bestätigungsbeschluß rechtskräftig geworden ist (§§ 96, 97).

Streitig ist, ob eine Abkürzung der Frist von den Beteiligten mit der Wirkung vereinbart werden kann, daß die Versäumnisfolgen eintreten, wenn nur die vereinbarte Frist gewahrt ist. Dafür Fuchs, § 90 Anm. 1, mit der Begründung, daß durch die Vereinbarung die kürzere Frist an die Stelle der längeren gesetzt sei und folglich die Wahrung dieser kürzeren der Wahrung der längeren Frist vollkommen gleichstehen müsse. Dagegen Birkenbihl § 90 Anm. 1, Schneider § 90 Anm. 1. Erachtet man die Vereinbarung für zulässig, so wird man auch den Verzicht eines einzelnen Beteiligten — natürlich mit Beschränkung der Wirkung auf ihn allein — für zulässig halten müssen. Ich halte beides für angängig. Dem Richter würde, um ihn zur Anberaumung eines näheren Termins zu veranlassen, der urkundliche Nachweis der Vereinbarung bzw. des Verzichts zu erbringen sein.

2. **Zu Abs. 2.** Die Frist des Abs. 1 braucht nicht gewahrt zu werden im Falle, daß eine Vertagung der Verhandlung, d. h. eine im Termine aber vor Beginn der Verhandlung vorgenommene Verlegung des Termins, vorgenommen wird, sowie im Falle einer Fortsetzung der Verhandlung, d. h. einer Verlegung des Termins nach Eintritt in die Verhandlung. Zu dem neuen Termine brauchen weder die in dem verlegten Termin erschienenen noch auch die nicht erschienenen Beteiligten, sofern sie nur geladen waren, von neuem in der Form des § 16 Abs. 2 Satz 1 geladen zu werden; für alle zum früheren Termin *Geladenen* genügt die Verkündung des Termins.

Das alles gilt aber nicht, wenn der Termin verlegt wird, bevor er begonnen hat. In einem solchen Falle muß eine neue Ladung unter Wahrung der in Abs. 1 bezeichneten Frist und in der Form, wie in Anm. 3 zu § 89 bemerkt, erfolgen.

§ 91.

Treffen die erschienenen Beteiligten vor der Auseinandersetzung eine Vereinbarung über vorbereitende Maßregeln, insbesondere über die Art der Teilung, so hat das Gericht die Vereinbarung zu beurkunden. Das gleiche gilt, wenn nur ein Beteiligter erschienen ist, in Ansehung der von diesem gemachten Vorschläge.

Sind die Beteiligten sämtlich erschienen, so hat das Gericht die von ihnen getroffene Vereinbarung zu bestätigen. Dasselbe gilt, wenn die nicht erschienenen Beteiligten ihre Zustimmung zu gerichtlichem Protokoll oder in einer öffentlich beglaubigten Urkunde erteilen.

Ist ein Beteiligter nicht erschienen, so hat das Gericht, sofern er nicht nach Abs. 2 Satz 2 zugestimmt hat, ihm den Inhalt der Urkunde, soweit dieser ihn betrifft, bekannt zu machen und ihn gleichzeitig zu benachrichtigen, daß er die Urkunde auf der Gerichtsschreiberei einsehen und eine Abschrift der Urkunde fordern könne. Die Bekanntmachung muß den Hinweis darauf enthalten, daß, wenn der Beteiligte nicht innerhalb einer von dem Gerichte zu bestimmenden Frist die Anberaumung eines neuen Termins beantrage oder wenn er in dem neuen Termine nicht erscheine, sein Einverständnis mit dem Inhalte der Urkunde angenommen werden würde. Beantragt der Beteiligte rechtzeitig die Anberaumung eines neuen Termins und erscheint er in diesem Termine, so ist die Verhandlung fortzusetzen. Anderenfalls hat das Gericht die Vereinbarung zu bestätigen.

---

1. Die **§§ 91, 93** enthalten die näheren Vorschriften darüber, in welcher Weise sich die Vermittlung im Verhandlungstermine vollzieht; die Grundzüge sind folgende:

a) Kommt im Verhandlungstermine, — der übrigens nicht öffentlich ist (§ 8 Anm. 4) — zwischen den erschienenen Beteiligten eine Einigung über die Auseinandersetzung zustande, so hat das Gericht — nach Maßgabe der Vorschriften des zehnten Abschnitts — die Auseinandersetzung zu beurkunden (§ 93 Abs. 1). In gleicher Weise ist zu verfahren, wenn die erschienenen Beteiligten vor der endgültigen Auseinandersetzung eine Vereinbarung über vorbereitende Maßregeln treffen, welche die Durchführung des Auseinandersetzungsverfahrens ermöglichen sollen (§ 91). Eine solche Vereinbarung vor der eigentlichen Auseinandersetzung überhaupt, vor oder in dem Verhandlungstermine, zu treffen und eventl. beurkunden zu lassen, wird häufiger vorkommen. Es handelt sich bei solchen Vereinbarungen beispielsweise darum, ob Nachlaßgegenstände zum Zwecke der Besichtigung, der Abschätzung oder des Verkaufs herauszugeben seien, ferner darum, in welcher Art die Teilung vorzunehmen sei, insbesondere darum, inwieweit Teilung in Natur oder im Wege des Verkaufs der Nachlaßsachen oder durch Übernahme derselben seitens eines Miterben etwa gegen Zahlung einer Nachlaßverbindlichkeit erfolgen soll, ob Lose gebildet und gezogen werden sollen (§ 94), ob ein besonderer Auseinandersetzungsplan (§ 93) anzufertigen ist u. dgl. mehr. Diese Vorverhandlungen können unter Umständen eine Reihe von Terminen in Anspruch nehmen und eine einmalige oder öftere Beurkundung gemäß § 91 Abs. 1 erforderlich machen; es ist aber auch durchaus nicht ausgeschlossen, daß es ohne derartige besondere vorausgehende Vereinbarungen, wenigstens ohne besondere Beurkundung solcher Einigungen abgeht, es wird vielmehr in vielen Fällen zutreffen, daß die einschlägigen Vorfragen im Verhandlungstermine, einschließlich der etwaigen Aufstellung eines Planes, der Losebildung und Loseziehung, zusammen mit der Auseinandersetzung selbst erledigt werden können. Ist letzteres der Fall, dann erledigt sich auch das ganze Verfahren in dem einen Termine; andernfalls teilt es sich in zwei Abschnitte: über die vorausgehenden Vereinbarungen und über die Auseinandersetzung selbst.

b) Sowohl etwaige Vereinbarungen über vorbereitende Maßregeln, soweit sie nach § 91 besonders beurkundet sind, als auch die beurkundete Auseinandersetzung selbst sind zu bestätigen (§ 91 Abs. 1, § 93 Satz 2). Die Form der Beurkundung richtet sich nach den Vorschriften des zehnten Abschnitts (§§ 167 ff.), da es sich um ein Rechtsgeschäft handelt, mit der Maßgabe, daß auch für die Beurkundung der Nachlaßrichter zuständig ist. Dorner, § 91 Anm. 4, und Fuchs, § 91 Anm. 9, sind der Ansicht, daß für die gesamte Tätigkeit des Gerichts, einschließlich der Beurkundung, die allgemeinen Vorschriften des ersten Abschnitts maßgebend seien, und daß, wo diese von denen des zehnten Abschnitts, wie z. B. in bezug auf den Begriff des Beteiligten (vgl. § 6 mit § 168 Satz 2) abweichen, die letzteren zurückstehen müssen. Ebenso Schneider § 91 Anm. 4. Das ist im allgemeinen, vorbehaltlich des über die Form der Beurkundung Gesagten, richtig. Mit Jastrow, § 91 Anm. 3, bin ich jedoch der Ansicht, daß Ausschließungsgründe sowohl nach § 6 als auch nach den §§ 170, 171 zu beachten sind. Die Bestätigungen ergehen in Form von Beschlüssen (vgl. § 96, § 65 Anm. 2). Beide Arten von Bestätigungsbeschlüssen, die nach § 16 Abs. 2 zuzustellen sind, sind der Rechtskraft fähig und mittels der sofortigen Beschwerde anfechtbar (§§ 96, 97), sind in gleicher Weise verbindlich wie eine vertragsmäßige Vereinbarung oder Auseinandersetzung und aus ihnen findet nach dem Eintritt der Rechtskraft des Bestätigungsbeschlusses die Zwangsvollstreckung statt (§§ 97, 98).

Ergeht ein Bestätigungsbeschluß über Vorvereinbarungen, so schiebt sich dieser zwischen die Verhandlungen über die letzteren und diejenigen über die Auseinandersetzung selbst. Das ist aber nicht dahin zu verstehen, daß unter allen Umständen zunächst die Rechtskraft jenes Beschlusses abgewartet werden müßte, ehe in den Verhandlungen fortgefahren werden könnte. Nur die definitive Auseinandersetzung kann nicht vor der rechtskräftigen Erledigung der Vereinbarungen zustande kommen; alles andere aber bleibt im Fluß und kann seinen Fortgang nehmen.

Letzteres ist selbst dann der Fall, wenn gemäß § 95 einzelne Streitpunkte ausgesondert und zum Austrage im Prozeßwege verwiesen werden müssen. Nur wenn diese Streitpunkte präjudiziell für die ganze Auseinandersetzung sind, wird eine vollständige Aussetzung des Verfahrens stattfinden müssen.

c) Das Verfahren bietet keine Schwierigkeiten, wenn alle Beteiligten dabei mitwirken, oder in den einzelnen Stadien des Verfahrens ihre Zustimmung zu dem Geschehenen zu gerichtlichem Protokoll oder in einer öffentlich beglaubigten Urkunde erteilen; hierdurch wird ihre Mitwirkung, sowohl in den Fällen des § 91 wie für die definitive Auseinandersetzung nach § 93, ersetzt.

Nur für den Fall, daß der eine oder andere Beteiligte untätig bleibt, mußte das Gesetz in der Richtung Fürsorge treffen, daß nicht durch diese Untätigkeit das Endziel des Verfahrens, die definitive Auseinandersetzung, vereitelt wird. Als Untätigkeit in diesem Sinne ist es aber nicht aufzufassen, wenn ein im Termin erschienener Beteiligter eine Erklärung zur Sache verweigert. In einem solchen Falle kann das Schweigen nicht als Zustimmung angesehen werden, es ist vielmehr als Widerspruch gegen die Durchführung des Verfahrens aufzufassen. Denkschr. S. 64. Dorner § 91 Anm. 6, Schneider § 91 Anm. 11.

Widerspricht ein Beteiligter ausdrücklich, so hat das die im § 95 (siehe bei b a. E.) erwähnte Folge, d. h. es hat Aussetzung oder Aufhebung des ganzen Verfahrens einzutreten, weil der Widerspruch gegen das Auseinandersetzungsverfahren überhaupt oder gegen präjudizielle Punkte sich richtet, oder es müssen, wenn sich der Widerspruch nur auf Einzelheiten bezieht, die Streitpunkte zum Prozeßwege verwiesen werden. Ein einmal im Termin erklärter Widerspruch hat für das ganze Verfahren zu gelten, so daß der Widersprechende nicht nötig hat, in späteren etwa anberaumten Terminen zu erscheinen und seinen Widerspruch von neuem geltend zu machen. Das Gericht hat überhaupt davon Abstand zu nehmen, weitere Termine in der Sache anzuberaumen und abzuhalten, wenn der Widerspruch sich gegen das ganze Verfahren richtet; denn gegen den Widerspruch auch nur eines erschienenen Beteiligten — vgl. § 87 Anm. 3 — kann weder eine Vereinbarung zustande kommen, noch als zustande gekommen angenommen werden (§ 91 Abs. 2). Ein Überstimmen eines erschienenen Beteiligten ist dem Gesetze fremd. Rausnitz in ZfDZPr. 25 S. 165 ff. (176), Fuchs § 91 Anm. 2. Anders, wenn ein vorschriftsmäßig zum Verfahren zugezogener Beteiligter bei den Verhandlungen ausbleibt. Hier bringt das Gesetz durch Einführung von Versäumnisfolgen (siehe § 86 Anm. 1) für die meisten Rechtsgebiete eine einschneidende Neuerung. In den Gebieten des Preuß.ALR. und des Bayerischen Rechts waren mit der Terminsversäumnis privatrechtliche Nachteile nicht verbunden; vielmehr blieb gegen die nicht erschienene Partei nötigenfalls nur der Weg der Klage. Nach dem rheinpreußischen Gesetze v. 22. Mai 1887 wurde gegen den ausgebliebenen Beteiligten angenommen, daß er mit der Vornahme der Auseinandersetzung einverstanden sei; auf den Inhalt der von den erschienenen Beteiligten vereinbarten Auseinandersetzung erstreckte sich diese Annahme des Einverständnisses nur insoweit, als dadurch eine von den gesetzlichen Vorschriften abweichende Art der Teilung vorgesehen wurde, was den Ausgebliebenen nicht hinderte, zur Wahrung seiner Rechte, soweit er sie für verletzt hielt, den Rechtsweg zu beschreiten. Das elsaß-lothr. Gesetz v. 14. Juni 1888 ließ hingegen zwar die rechtskräftig bestätigte Auseinandersetzungsurkunde für den Ausgebliebenen auch ihrem Inhalte nach wirksam werden, gestattete aber eine Abweichung von den gesetzlichen Vorschriften über die Art der Teilung nur, wenn alle Beteiligten erscheinen und zustimmen. Vgl. Denkschr. S. 60 bis 63. Das Gesetz faßt diese beiden letzteren Vorschriften zusammen, indem es sowohl eine rechtskräftig bestätigte Vereinbarung über die Art der Teilung oder über sonstige vorbereitende Maßregeln, als auch die rechtskräftig bestätigte Auseinandersetzung für alle ordnungsmäßig zugezogenen Beteiligten mit Einschluß der Ausgebliebenen in gleicher Weise verbindlich erklärt wie eine vertragsmäßige Vereinbarung oder Auseinandersetzung (§§ 91, 93, § 97 Abs. 1). Daneben wird aber dem Ausgebliebenen die Möglichkeit nicht versagt, den Eintritt dieser Folgen von sich abzuwenden, indem ihm vor der Bestätigung von den Vereinbarungen bzw. der Auseinandersetzung in bestimmter Form und unter Androhung der Nachteile (§ 91 Abs. 3, § 93 Abs. 2) Mitteilung gemacht und ihm Gelegenheit gegeben wird, in einem neuen Termine der Vereinbarung bzw. Auseinandersetzung zu widersprechen. Ja gegen die Versäumung dieser Tätigkeit ist ihm noch einmal die Wiedereinsetzung in den vorigen Stand gegeben (§ 92, § 93 Abs. 2) und gegen die Beschlüsse selbst kann er sogar noch angehen, wenn die Vorschriften über das Verfahren verletzt sind (§ 96).

d) In dem Verhandlungstermine wird eine zustande gekommene Vereinbarung immer beurkundet, ohne Rücksicht auf die Anzahl der erschienenen Beteiligten, eine Bestätigung findet aber nur statt, wenn alle Beteiligte erschienen und einverstanden waren oder, soweit sie nicht anwesend waren, ihre Zustimmung in der Form des Abs. 2 erklärt haben oder gemäß Abs. 3 als zustimmend angesehen werden. Es liegt eben im Begriffe der Erbauseinandersetzung, daß sie ohne Zuziehung und Gehör sämtlicher Miterben nicht geschehen kann. RG. 10. November 1903 in Jur.Woch. 1904 S. 61. Soweit Bevormundete beteiligt sind, hat die Genehmigung des Vormundschaftsgerichts der Bestätigung vorauszugehen; desgleichen bei öffentlichen Korporationen die Genehmigung der Aufsichtsbehörde.

2. Aus **Abs. 1 Satz** 2 geht hervor, daß es ein einziger Beteiligter unter Umständen in der Hand haben kann, das Verfahren zu Ende zu führen, dann nämlich, wenn die übrigen Beteiligten untätig bleiben; dieser einzige Beteiligte braucht nicht der Antragsteller zu sein. Es können in dieser Beziehung die Rollen wechseln. Ein früher Erschienener kann in einem späteren Termine ausbleiben; dann muß das Gericht ihm gegenüber wieder nach Abs. 3 verfahren, selbstverständlich nur dann, wenn in dem Termine, in dem er ausgeblieben ist, ein neues Abkommen getroffen wird — etwa unter Mitwirkung eines Beteiligten, der in einem früheren Termine ausgeblieben war —, welches von demjenigen abweicht, dem er vorher seine Zustimmung gegeben hat.

3. Welchen Inhalts die Vereinbarungen, die Vorschläge des etwa allein erschienenen Beteiligten, die Auseinandersetzung, deren Hauptinhalt wieder durch den Auseinandersetzungsplan (§ 93, vgl. daselbst Anm. 2) bestimmt wird, seien, unterliegt nicht der Prüfung des Nachlaßrichters, soweit er nicht etwa an Stelle des Vormundschaftsrichters tritt (§ 88, § 97 Abs. 2). Er hat nicht die Rechte der Ausgebliebenen wahrzunehmen, für welche die Versäumnisfolgen vorgesehen sind, die soweit gehen, daß die Ausgebliebenen die Beschwerde nicht auf die Behauptung gründen können, sie seien benachteiligt (§ 96). Immerhin bleiben die Vorvereinbarungen und die Auseinandersetzung, wenn auch vom Nachlaßrichter vermittelt, doch eigene Rechtshandlungen der Beteiligten, welche wegen Bedrohung, Betrugs und Irrtums angefochten werden können und dem das Vertragsrecht des BGB. beherrschenden Gedanken, daß ein Rechtsgeschäft, welches gegen die guten Sitten verstößt, nichtig ist (§ 138 BGB.), unterliegen. Es würde diesem Grundsatze sowohl, wie überhaupt dem nobile officium des Richters widerstreiten, würde er die Vermittlung von Vorschlägen übernehmen und durchführen, welche in diesen Richtungen anfechtbar oder unbillig wären. Vgl. auch Rausnitz in ZfDZPr. 25 S. 165ff. (175). A. M. Jastrow § 91 Anm. 13.

4. Für die Zustimmung (**Abs. 2 Satz 2**) wird nur eine öffentlich beglaubigte Urkunde (§ 129 BGB.) verlangt; vgl. § 167 Abs. 2, § 183. Wegen des gerichtlichen Protokolls vgl. § 11 Anm. 2 a. E.

5. Dem Ausbleiben ist gleich zu achten, wenn sich ein Erschienener vorzeitig aus dem Verhandlungstermine freiwillig entfernt, ohne eine Erklärung abgegeben zu haben. Entfernt er sich, nachdem er der Verhandlung überhaupt oder der vorgeschlagenen Auseinandersetzung widersprochen hat, so kann er nicht als nichterschienen im Sinne des § 91 angesehen werden. Vgl. oben Anm. 1c. Auch dann kann ein Beteiligter nicht als ausgeblieben angesehen werden, wenn er trotz Anordnung seines persönlichen Erscheinens nicht persönlich, sondern durch einen Bevollmächtigten erschienen ist. Vgl. Anm. 6. Ebenso Schneider § 91 Anm. 11, Fuchs § 91 Anm. 13, Rausnitz in ZfDZPr. 25 S. 165ff. (181). Vgl. § 13 Anm. 2bγ. Weigert sich ein Beteiligter, die aufgenommene Urkunde durch Unterschrift zu vollziehen, so sind seine Erklärungen wirkungslos; der weigernde Beteiligte muß als der getroffenen Vereinbarung widersprechend angesehen werden. Vgl. bei § 181.

Desgleichen gilt als nicht erschienen, wer auf Grund des § 8 des Gesetzes (bzw. § 178 GVG.) zur Aufrechterhaltung der Ordnung entfernt wird. So alle Kommentare. A. M. Rausnitz § 91 Anm. 4 und in ZfDZPr. 25 S. 165ff. (178) und Josef,

Lehrb. S. 334. Beide wollen den wegen Ungebühr Entfernten als erschienen und als widersprechend behandelt wissen.

6. Die Beteiligten können sich im Termine gemäß § 13 durch Bevollmächtigte vertreten lassen. Vgl. Anm. 5. Die Erfordernisse der Bevollmächtigung für das Auseinandersetzungsverfahren bestimmen sich ausschließlich nach dem § 13. Bayer.O.LG. 2. Januar 1904 in Sammlung der Entsch. des Bayer.O.LG. 5 S. 1; Seuff.Arch. 59 S. 253; „Recht" 8 S. 143. Die einstweilige Zulassung nicht legitimierter Vertreter, wie dies § 89 ZPO. gestattet, erscheint jedoch nicht angängig, da die Vorschriften der ZPO. nur insoweit angewendet werden dürfen, als dies ausdrücklich im Gesetze vorgesehen ist. Vgl. Kom.Ber. S. 51.

7. Die Bekanntmachung (Abs. 3) ist durch Zustellung — § 16 Abs. 2 — zu bewirken. Ist ihr Inhalt nicht vollständig im Sinne des Abs. 3, so kann die Versäumnisfolge nicht eintreten.

8. Geschäftsunfähige oder in der Geschäftsfähigkeit beschränkte Personen können in dem Termin (vgl. § 13 Anm. 3c) nicht für sich mitwirken. Versäumnisfolgen treten gegen derartige Personen als solche nicht ein, weil ihr Einverständnis allein nicht zur Vereinbarung führen kann. Dagegen müssen sie die infolge Untätigkeit ihres gesetzlichen Vertreters gegen diesen eintretenden Versäumnisfolgen gegen sich gelten lassen. Bedarf der letztere zur Vereinbarung der Genehmigung des Vormundschaftsgerichts oder Gegenvormunds, so darf auch im Falle der wegen Säumnis des Vertreters fingierten Zustimmung des letzteren das Nachlaßgericht die Vereinbarung nicht bestätigen, ehe jene Genehmigung erteilt ist. Kausnitz § 91 Anm. 14 und in ZfDZPr. 25 S. 165 ff. (180); Schneider § 91 Anm. 14. Auch Birkenbihl § 91 Vorbem. 1c, Fuchs § 91 Anm. 7.

9. Nach der Tendenz, die dem Verfahren innewohnt, wie insbesondere auch gemäß den Versäumnisfolgen, welche einen ausgebliebenen Beteiligten nach § 91 Abs. 3 treffen, hat ein solcher Ausgebliebener nur die Möglichkeit, einen etwaigen Widerspruch, wenn er rechtswirksam sein soll, in einem Termin vorzubringen; ein außerhalb eines solchen etwa schriftlich eingereichter Widerspruch wird nicht beachtet. Vgl. dazu § 87 Anm. 3.

10. Bei der Bestätigung ist, zum Unterschied von der Genehmigung, nur die formelle Richtigkeit des Verfahrens und der Vereinbarung zu prüfen. (S. § 65 Anm. 2, § 91 Anm. 1b.) Ergibt sich diese, so ist die Bestätigung nicht zu versagen; vgl. jedoch Anm. 3. Zur formellen Richtigkeit einer Vereinbarung gehört auch, daß eine etwa dafür erforderliche Genehmigung beigebracht ist.

Gegen die Versagung der Bestätigung findet die einfache, gegen den Bestätigungsbeschluß dagegen die sofortige Beschwerde statt; §§ 19, 96.

§ 92.

War im Falle des § 91 der Beteiligte ohne sein Verschulden verhindert, die Anberaumung eines neuen Termins rechtzeitig zu beantragen oder in dem neuen Termine zu erscheinen, so ist ihm auf Antrag von dem Gerichte die Wiedereinsetzung in den vorigen Stand zu erteilen, wenn er binnen zwei Wochen nach der Beseitigung des Hindernisses die

Anberaumung eines neuen Termins beantragt und die Tatsachen, welche die Wiedereinsetzung begründen, glaubhaft macht. Eine Versäumung, die in dem Verschulden eines Vertreters ihren Grund hat, wird als eine unverschuldete nicht angesehen. Nach dem Ablauf eines Jahres, von dem Ende der versäumten Frist an gerechnet, kann die Wiedereinsetzung nicht mehr beantragt werden.

---

1. Der § 92 entspricht dem § 22 Abs. 2 — vgl. dort die Anmerkung 4. Er findet auch im Falle des § 93 Anwendung.

2. Die Entscheidung erfolgt durch Beschluß, der, wenn er dem Antrag stattgibt, das Verfahren in das Stadium zurückversetzt, in dem es sich vor der Versäumnis befand. Rausnitz § 92 Anm. 2. Einen etwa ergangenen Bestätigungsbeschluß kann das Gericht, trotz erteilter Wiedereinsetzung, zwar nicht aufheben oder ändern (vgl. § 18 Abs. 2 und § 96), aber der Bestätigungsbeschluß wird infolge der Wiedereinsetzung wirkungslos.

3. Gegen die Entscheidung, einerlei ob sie dem Antrag auf Wiedereinsetzung stattgibt oder nicht, findet die sofortige Beschwerde statt (§ 96); sie ist daher gemäß § 16 Abs. 2 Satz 1 bzw. Abs. 3 bekannt zu machen. Gegen die Versäumung der sofortigen Beschwerde ist nochmals Wiedereinsetzung gemäß § 22 Abs. 2 zulässig. Rausnitz § 92 Anm. 3.

4. Wird die Wiedereinsetzung gewährt, so ist neuer Termin anzuberaumen, zu dem alle Beteiligten zu laden sind. Für diese Ladung bedarf es der Einhaltung der Ladungsfrist (vgl. § 90 Abs. 1) nicht, da es sich um die Fortsetzung bzw. Wiederholung der nach § 91 stattgehabten Verhandlung handelt. So auch Schultze-Görlitz § 92 Anm. 2. A. M. Rausnitz § 92 Anm. 2, der der Verhandlung in dem neuen Termin den Charakter der fortgesetzten Verhandlung (vgl. § 90 Abs. 2) abspricht und daher Ladung gemäß der Vorschrift des § 89 für erforderlich erachtet.

§ 93.

Sobald nach Lage der Sache die Auseinandersetzung stattfinden kann, hat das Gericht einen Auseinandersetzungsplan anzufertigen. Sind die erschienenen Beteiligten mit dem Inhalte des Planes einverstanden, so hat das Gericht die Auseinandersetzung zu beurkunden. Sind die Beteiligten sämtlich erschienen, so hat das Gericht die Auseinandersetzung zu bestätigen; dasselbe gilt, wenn die nicht erschienenen Beteiligten ihre Zustimmung zu gerichtlichem Protokoll oder in einer öffentlich beglaubigten Urkunde erteilen.

Ist ein Beteiligter nicht erschienen, so hat das Gericht nach § 91 Abs. 3 zu verfahren. Die Vorschriften des § 92 finden entsprechende Anwendung.

---

1. Aus der Fassung des § 93 geht hervor, daß die ganze Auseinandersetzung mit allen Vorfragen in einem einzigen Termin und zwar im ersten erledigt werden kann. Das hängt von der Lage des Einzelfalles, der mehr oder minder guten

Vorbereitung, der Einfachheit der Verhältnisse, dem Umstande, ob alle Beteiligte anwesend sind oder nicht und ähnlichem ab. Sind nicht sämtliche Beteiligte erschienen, so kann, wenn auch im übrigen die Auseinandersetzung mit den Erschienenen vollständig vereinbart und beurkundet werden kann (§ 93 Abs. 1 Satz 2), doch nicht die beurkundete Auseinandersetzung bestätigt werden, es muß vielmehr nun erst mit dieser Auseinandersetzung ebenso verfahren werden, wie mit einer Vereinbarung über eine vorbereitende Maßregel (Satz 3 und Abs. 2 Satz 1).

2. Wenn in Abs. 1 Satz 1 gesagt ist, das Gericht habe einen Auseinandersetzungsplan anzufertigen, so ist das nicht wörtlich dahin zu verstehen, als müsse ein besonderer Plan aufgestellt werden. In einfachen Sachen wird sich das erübrigen der Plan ergibt sich ohne weiteres aus der beurkundeten Auseinandersetzung, der er einverleibt werden kann (vgl. § 91 Anm. 1a). — Dabei ist es ein überflüssiger Streit, ob das Gericht, wie Abs. 1 Satz 1 sagt, den Plan aufstellt, d. h. selbständig aufstellt, oder ob er nach den Intentionen der Beteiligten aufzustellen ist; denn der Plan enthält den Hauptbestandteil der Auseinandersetzung und über ihn müssen die Beteiligten einverstanden sein, sei es, daß sie sämtlich erschienen waren und ausdrücklich ihre Zustimmung gaben, sei es, daß einzelne Beteiligte nicht erschienen waren und entweder ihre Zustimmung nach Maßgabe des Abs. 1 Satz 3 Halbsatz 2 erklärten oder aber ihre Zustimmung gemäß Abs. 3 Satz 1 in Verbindung mit § 91 Abs. 3 als Versäumnisfolge angenommen wird. Sind sie aber nicht damit einverstanden, so muß das Gericht eben den von ihm aufgestellten Plan nach den Absichten der Beteiligten wieder ändern. Vgl. § 91 Anm. 1d. Vgl. auch Jastrow, Zeitschr.f.bürgerl. Recht 13 S. 340. A. M. Rausnitz, ZfDZPr. 25 S. 165ff. (177), der die Ansicht vertritt, das Gericht bestimme allein und ganz unabhängig von den Anträgen einzelner Beteiligter den Inhalt des Verteilungsplans, womit der Gefahr vorgebeugt sei, daß ungerechtfertigte Vorschläge eines oder mehrerer Beteiligter — abgesehen von einer gemäß § 91 getroffenen Vereinbarung — jemals zur Überstimmung eines Nichterschienenen führen könnte.

Wegen des Inhalts des Auseinandersetzungsplans vgl. § 91 Anm. 3.

3. Die Beurkundung der Auseinandersetzung findet hier nach den in § 91 Anm. 1b angegebenen Grundsätzen statt.

Wegen der Bestätigung vgl. § 91 Anm. 10. Eine Bestätigung darf nicht erfolgen und damit der Vorteil des § 98 erlangt werden, wenn die Beteiligten unter dem Scheine, die Vermittlung des Gerichts nachzusuchen, lediglich ihre Auseinandersetzung haben beurkunden lassen. OLG. Colmar 28. April 1902 in Rechtspr.d.OLG. 5 S. 288 unter c, Josef, Lehrbuch S. 346.

4. Hier gilt das in den Anmerkungen zu § 91 und § 92 Gesagte entsprechend.

5. Gegen die Ablehnung der Beurkundung und ebenso der Bestätigung findet die einfache, gegen den Bestätigungsbeschluß die sofortige (§ 96) Beschwerde statt.

§ 94.

Ist vereinbart, daß eine Verteilung durch das Los geschehen soll, so wird das Los, sofern nicht ein anderes bestimmt ist, für die nicht erschienenen Beteiligten von einem durch das Gericht zu bestellenden Vertreter gezogen.

---

1. Ob eine Verteilung durch das Los stattfinden soll, ist eine Vorfrage, die

event. nach § 91 Abs. 3 bzw. § 92 zu erledigen ist. Es entscheidet darüber die ausdrückliche oder nach den eben bezeichneten Vorschriften herbeigeführte fingierte Vereinbarung, denn für die Art der Teilung sind in erster Linie die Vereinbarungen der Beteiligten maßgebend, da die Vorschriften der §§ 752, 753 BGB. (vgl. dazu § 2042 BGB.) nur dispositiv sind. Mot. II S. 881, 882, Denkschr. z. BGB. S. 87 ff., Bayer. O.LG. 13. September 1900 in Rechtspr. d. OLG. 1 S. 309 ff. Nr. 192. Wenn ein Beteiligter untätig geblieben ist, kann also das Nachlaßgericht nicht etwa mit Rücksicht auf § 752 Satz 2 BGB. eine Vereinbarung, daß die Verteilung durch das Los geschehen soll, sowie die Losbildung für unzulässig halten und etwa deren Beurkundung und Bestätigung verweigern.

2. Ist die Vereinbarung und Losbildung rechtskräftig und ist in der Vereinbarung über die Losziehung nichts Gegenteiliges bestimmt, so darf das Gericht für etwa im Termine zur Losziehung ausgebliebene Beteiligte Vertreter bestellen, die an Stelle jener das Los ziehen. Es wird also vorausgesetzt, daß nach der Vereinbarung die Beteiligten selbst die Lose ziehen sollten. Ist aber ein anderer Modus der Losziehung als durch die Beteiligten selbst vereinbart, so findet § 94 nicht Anwendung. Ist über die Art und Weise der Losziehung in der Vereinbarung gar nichts gesagt, so ist anzunehmen, daß jeder Beteiligte sein Los selbst ziehen sollte. Für mehrere ausgebliebene Beteiligte kann ein gemeinsamer Vertreter bestellt werden. Der Vertreter kann auch aus den erschienenen Beteiligten genommen werden.

3. Der Vertreter ist zu nichts anderem als der Losziehung ermächtigt, also nicht etwa zur Abgabe irgend einer Erklärung. Der Nichterschienene ist an die Losziehung gebunden; Einwendungen gegen die Person des Vertreters und Anfechtungen der Losziehung wegen des Verhaltens des Vertreters bei der Losziehung kann der Vertretene nicht geltend machen. Schneider § 94 Anm. 3. Durch die Vorschrift sollen die Weiterungen vermieden werden, die mit der Zwangsvollstreckung behufs Herbeiführung der Losziehung auf Grund der rechtskräftigen Vereinbarung (§ 98) verbunden sein würden.

§ 95.

Ergeben sich bei den Verhandlungen Streitpunkte, so ist ein Protokoll darüber aufzunehmen und das Verfahren bis zur Erledigung der Streitpunkte auszusetzen. Soweit bezüglich der unstreitigen Punkte die Aufnahme einer Urkunde ausführbar ist, hat das Gericht nach den §§ 91, 93 zu verfahren.

---

1. Streitpunkte können sich in mannigfachster Art und Bedeutung ergeben. Gerade die gütliche Beilegung von Streitigkeiten soll das Hauptbestreben des Richters ausmachen und gerade weil von der vermittelnden Tätigkeit des Richters eine solche Beilegung in vielen Fällen erhofft wird, ist der Erscheinungszwang mit Versäumnisfolgen für den Fall des Ausbleibens (§§ 91, 93) eingeführt worden. Ein Richter würde daher seine Aufgabe vollständig verkennen, wenn er ohne ernstliche Versuche, eine Einigung zu erzielen, sich beim Auftauchen von Streitpunkten auf die Aufnahme eines Protokolls darüber begnügen und das Verfahren aussetzen würde.

Zur Entscheidung eines Streitpunktes ist allerdings der Teilungsrichter niemals berufen. Sind z. B. in einem Testament mehrere „zu Erben eingesetzt“, ist aber jedem derselben eine bestimmte Geldsumme „vermacht“, und es entsteht nun Streit darüber, wie der Nachlaßüberschuß zu verteilen sei, so hat nicht das Nachlaßgericht, sondern der Prozeßrichter zu entscheiden. OLG. Darmstadt 14. Juli 1903 im ZentrBl. 4 S. 343.

2. Sind bestimmte Streitpunkte nicht zu vergleichen, so ist über sie ein Protokoll aufzunehmen und insoweit das Verfahren bis nach Erledigung des Rechtsstreits auszusetzen.

Die Form des Protokolls ist die gewöhnliche, vgl. § 11 Anm. 4; die für Beurkundung von Rechtsgeschäften vorgeschriebene Form ist nicht erforderlich. Rausnitz § 95 Anm. 1. A. M. Dorner § 95 Anm. 3, Fuchs § 95 Anm. 3, welche die Beobachtung der Formen der §§ 176, 177 verlangen, sich damit aber mit ihren eigenen Ansichten über das Verhältnis der Vorschriften des ersten und zehnten Abschnitts zu denen über das Auseinandersetzungsverfahren in Widerspruch setzen. Vgl. § 91 Anm. 1 b.

3. Eine Frist für die Erledigung der Streitpunkte bzw. Erhebung der Klage kann das Nachlaßgericht nicht bestimmen. Stellt es nach Ablauf einer angemessen erscheinenden Frist fest, daß der Rechtsweg nicht beschritten ist, so wird es den Teilungsantrag für erledigt betrachten und die Akten weglegen dürfen.

4. Soweit unstreitige Punkte vorhanden sind und die Aufnahme einer Urkunde darüber ausführbar ist, d. h. also ein Widerspruch eines Beteiligten in einem Termin nicht erfolgt — vgl. § 91 Anm. 1 c —, ist die Urkunde aufzunehmen. Es hat sich dann ein Verfahren gemäß den §§ 91, 93 anzuschließen. Auf diese Weise kann eine Auseinandersetzung über einen Teil eines Nachlasses zustande kommen. Vgl. § 86 Anm. 6. — Vgl. im übrigen die Anmerkungen zu § 91.

§ 96.

Gegen den Beschluß, durch welchen eine vorgängige Vereinbarung oder eine Auseinandersetzung bestätigt, sowie gegen den Beschluß, durch welchen über den Antrag auf Wiedereinsetzung in den vorigen Stand entschieden wird, findet die sofortige Beschwerde statt. Die Beschwerde gegen den Bestätigungsbeschluß kann nur darauf gegründet werden, daß die Vorschriften über das Verfahren nicht beobachtet seien.

1. Zu Satz 1. Gegen den Beschluß, durch welchen über den Antrag auf Wiedereinsetzung „entschieden“ wird, ohne Unterschied also, ob die Wiedereinsetzung erteilt oder versagt wird, findet die sofortige Beschwerde und infolgedessen auch die sofortige weitere Beschwerde (§ 27, § 29 Abs. 3) statt. Dasselbe ist der Fall bei einem Beschlusse, durch den eine vorgängige Vereinbarung oder eine Auseinandersetzung „bestätigt“ wird. In allen übrigen Fällen, also auch dann, wenn eine vorläufige Vereinbarung oder eine Auseinandersetzung nicht bestätigt wird, ist die einfache Beschwerde gegeben.

Je nachdem das eine oder andere der Fall ist, richtet sich auch die Art der Bekanntmachung der Beschlüsse bzw. Verfügungen. Vgl. dazu §§ 16, 22. Die

Befugnis des Gerichts, die einmal erlassene Bestätigung zu ändern, ist ausgeschlossen; § 18 Abs. 2.

2. **Zu Satz 2.** Aus Satz 2 geht hervor, daß gegen die Bestätigungsbeschlüsse materiell-rechtliche Einwendungen im Beschwerdeverfahren nicht geltend gemacht werden können; für sie bleibt nur der Klageweg übrig. Anders, wenn die Bestätigung versagt wird.

Als Vorschriften des Verfahrens, die hier besonders in Betracht kommen, haben die der §§ 89, 90, 91, 93, 94 zu gelten: aber auch solche des ersten Abschnitts gehören hierher.

Beschwerdeberechtigt sind nur Beteiligte u. zw. jeder Beteiligte nur insofern, als ihm gegenüber Vorschriften des Verfahrens verletzt sein sollen. A. M. Rausnitz, ZfDZPr. 25 S. 165ff. (186), der auch jeden Dritten, z. B. den Erben, der seinen Erbteil veräußert hat, für beschwerdeberechtigt hält, selbstverständlich, wenn sein Recht beeinträchtigt wäre (§ 20 Abs. 1).

Wird auf die sofortige Beschwerde eines einzelnen Beteiligten der Bestätigungsbeschluß aufgehoben, so wird die Bestätigung für alle Beteiligte hinfällig, nicht aber werden auch die Vereinbarungen über vorbereitende Maßregeln oder die Auseinandersetzung hinfällig, soweit sie nicht von dem Verstoß gegen die Verfahrensvorschriften betroffen worden sind. Dronke § 96 Anm. 1, Birkenbihl § 96 Anm. 1, Fuchs § 96 Anm. 6.

§ 97.

Eine vorgängige Vereinbarung sowie eine Auseinandersetzung ist nach dem Eintritte der Rechtskraft des Bestätigungsbeschlusses für alle Beteiligten in gleicher Weise verbindlich wie eine vertragsmäßige Vereinbarung oder Auseinandersetzung.

Bedarf ein Beteiligter zur Vereinbarung oder zur Auseinandersetzung der Genehmigung des Vormundschaftsgerichts, so ist, wenn er im Inlande keinen Vormund, Pfleger oder Beistand hat, für die Erteilung oder die Verweigerung der Genehmigung an Stelle des Vormundschaftsgerichts das Nachlaßgericht zuständig.

1. **Zu Abs. 1.** Die Rechtskraft eines Bestätigungsbeschlusses tritt entweder nach rechtskräftiger Zurückweisung der etwa dagegen eingelegten sofortigen Beschwerde oder sofortigen weiteren Beschwerde oder nach Ablauf der Beschwerdefrist, falls Beschwerde nicht eingelegt ist, ein. Mit der Rechtskraft des Bestätigungsbeschlusses soll gemäß Abs. 1 die Verbindlichkeit der in ihm bestätigten Vereinbarung oder Auseinandersetzung eintreten, d. h. also die Wirksamkeit des Bestätigungsbeschlusses tritt in Abweichung von der Regel des § 16 nicht schon mit der Bekanntmachung, sondern erst mit der Rechtskraft ein. Vgl. dazu §§ 16, 22, 24, 26, 29.

2. Da der Bestätigungsbeschluß nichts anderes ist, als die bloße förmliche Erklärung des Nachlaßgerichts, daß die Vorschriften über das Verfahren beobachtet seien (vgl. § 91 Anm. 10), so ist er keine Verfügung im Sinne des § 16 Anm. 2 c γ, der an sich eine materiell-rechtliche Bedeutung zukommt. Das findet seinen Ausdruck

in der Bestimmung des Abs. 1, daß mit seiner Rechtskraft die in ihm bestätigte Vereinbarung oder Auseinandersetzung verbindlich werden soll. Diese Verbindlichkeit tritt naturgemäß nur für diejenigen ein, welche an dieser Vereinbarung oder Auseinandersetzung teilgenommen haben, oder nach Maßgabe der Vorschriften über das Versäumnisverfahren so angesehen werden, als hätten sie teilgenommen. Nur mit dieser Beschränkung ist der Ausdruck „alle Beteiligte" in Abs. 1 zu verstehen. — Es soll, ganz konsequent, die Verbindlichkeit den Charakter einer vertragsmäßigen haben. Daraus ergibt sich, daß sie nicht besteht, wenn die Vereinbarung oder die Auseinandersetzung gegen ein Verbotsgesetz oder die guten Sitten verstoßen würde [Rausnitz ZfDZPr. 25 S. 165ff. (186)] und daß sie daher wie andere vertragsmäßige Verbindlichkeiten angefochten werden kann z. B. wegen Betrugs, Irrtums, Drohung gemäß §§ 119ff. BGB. (vgl. § 91 Anm. 3). Die Anfechtung kann aber nur im Wege der Klage, nicht in dem der Beschwerde gegen den Bestätigungsbeschluß, erfolgen. — Aus dem vertragsmäßigen folgt der obligatorische Charakter der Verbindlichkeit. Dingliche Beziehungen werden unter den Beteiligten nicht hergestellt. So erwirbt z. B. ein Miterbe das Eigentum an dem ihm durch die Auseinandersetzung überwiesenen Fahrnis oder am Nachlaßgrundstück erst durch Übergabe oder durch Auflassung und Eintragung. Der Berechtigte ist aber, um die Erfüllung zu erzwingen, nicht auf den Prozeßweg verwiesen; vielmehr findet nach § 98 aus der bestätigten Auseinandersetzung die Zwangsvollstreckung ohne weiteres statt. Josef, Lehrb. S. 344.

3. **Zu Abs. 2.** Der Abs. 2 ist auf Veranlassung des Rheinischen Notariatsvereins von der Reichstagskommission eingefügt worden. Er enthält eine Zweckmäßigkeitsvorschrift, die zur Beschleunigung des Verfahrens beiträgt, aber nicht soweit geht, wie ihr Vorbild in § 17 Abs. 1 des Rheinpreußischen Teilungsgesetzes v. 22. Mai 1887, welcher in allen Fällen notwendig werdender vormundschaftsgerichtlicher Genehmigung an Stelle des Vormundschaftsgerichts das Nachlaßgericht setzt. Hier ist bloß der Fall herausgehoben, daß ein Beteiligter im Inlande keinen Vormund rc. hat. Gemeint ist damit nicht der Fall, daß etwa der Vormund noch nicht bestellt oder der gewesene gestorben sei und noch keinen Nachfolger erhalten habe; in diesen Fällen hätte das Vormundschaftsgericht zunächst abzuhelfen. Es ist vielmehr nach dem Kom.Ber. (S. 51, 52) an den Fall gedacht worden, daß der Beteiligte, einerlei ob Inländer oder Ausländer, im Auslande bevormundet oder sonst gesetzlich vertreten wird. An die Stelle der oft schwierig oder gar nicht zu erlangenden vormundschaftsgerichtlichen Entscheidung soll in einem solchen Falle die des Nachlaßgerichts, d. h. des mit der Vermittlung der Auseinandersetzung befaßten Nachlaßgerichts, treten. Es könnte aber dem Wortlaute der Bestimmung nach auch der Fall unterstellt werden, daß zwar der Beteiligte im Inlande ein Vormundschaftsgericht hat, daß aber der Vormund rc. im Auslande wohnt. Aber dieser Fall fällt nicht unter die Vorschrift; denn das Nachlaßgericht ist zu nichts anderem zuständig als zur Entscheidung über die Erteilung oder Versagung der Bestätigung an Stelle des Vormundschaftsgerichts. Ist ein solches im Inlande vorhanden, so bedarf es der Vorschrift nicht. — Für die Entscheidung sowohl des Nachlaßgerichts als auch des Vormundschaftsgerichts ist gleichmäßige Vorbedingung, daß der Beteiligte im vorausgegangenen Verfahren ordnungsmäßig vertreten bzw. ordnungsmäßig zugezogen war. Der Entscheidung muß geradeso wie bei der regelmäßigen Vormundschaft rc. die Genehmigung des Vormunds rc. vorausgehen (vgl. § 91 Anm. 1d); die Genehmigung wird nur dem Vormund rc. gegenüber erteilt (§ 1829 Abs. 1 BGB.). Hat ein Vor-

mund voraufgehend gar nicht mitgewirkt, so liegt ein Fall des Abs. 2 gar nicht vor und das Nachlaßgericht kann nicht eintreten.

Ist eine Nachlaßauseinandersetzung nicht durch Vermittlung in einem Verfahren nach § 86 ff. durch das Nachlaßgericht herbeigeführt, sondern durch gütliche Vereinbarung, also Vertrag, so findet der § 97 Abs. 2 keine Anwendung, mag auch das Nachlaßgericht in mißverständlicher Anwendung der §§ 86 ff. (vgl. § 93 Anm. 3) die Auseinandersetzung bestätigt haben. OLG. Colmar 28. April 1902 in Rechtspr. d. OLG. 5 S. 288 unter c.

§ 98.

Aus einer vorgängigen Vereinbarung sowie aus einer Auseinandersetzung findet nach dem Eintritte der Rechtskraft des Bestätigungsbeschlusses die Zwangsvollstreckung statt. Die Vorschriften der §§ 795, 797 der Zivilprozeßordnung finden Anwendung.

1. Wegen Eintritts der Rechtskraft vgl. § 97 Anm. 1.

2. Der Paragraph bringt zum Ausdruck, daß die Bestätigungsbeschlüsse nicht den Charakter der konstitutiven Teilungsurteile des Gemeinen Rechts haben, durch welche, und zwar unmittelbar durch den Spruch, zum Vollzuge der erkannten Teilungsart Rechte der Beteiligten übertragen, aufgehoben und geschaffen wurden. Vgl. § 86 Anm. 1. Die Beschlüsse haben nur obligatorische Kraft und unterliegen in Ansehung der Vollstreckung den allgemeinen Grundsätzen; es bedarf zu der letzteren nur keines voraufgegangenen Urteils; vgl. § 97 Anm. 2 a. E. Die Zwangsvollstreckung selbst ist kein Akt der freiw. Ger. mehr; sie erfolgt im Parteiauftrage nach den Vorschriften der ZPO. Jastrow § 98 Anm. 3.

3. Die §§ 795, 797 ZPO. lauten:

§ 795. Auf die Zwangsvollstreckung aus den in dem vorstehenden Paragraphen erwähnten Schuldtiteln finden die Bestimmungen der §§ 724—793 entsprechende Anwendung, soweit nicht in den §§ 796—800 abweichende Vorschriften enthalten sind.

§ 797. Die vollstreckbare Ausfertigung gerichtlicher Urkunden wird von dem Gerichtsschreiber des Gerichts erteilt, welches die Urkunde aufgenommen hat.

Die vollstreckbare Ausfertigung notarieller Urkunden wird von dem Notar erteilt, welcher die Urkunde verwahrt. Befindet sich die Urkunde in der Verwahrung einer Behörde, so hat diese die vollstreckbare Ausfertigung zu erteilen.

Die Entscheidung über Einwendungen, welche die Zulässigkeit der Vollstreckungsklausel betreffen, sowie die Entscheidung über Erteilung einer weiteren vollstreckbaren Ausfertigung erfolgt bei gerichtlichen Urkunden von dem im ersten Absatze bezeichneten Gerichte, bei notariellen Urkunden von dem Amtsgerichte, in dessen Bezirke der im zweiten Absatze bezeichnete Notar oder die daselbst bezeichnete Behörde den Amtssitz hat.

Auf die Geltendmachung von Einwendungen, welche den Anspruch selbst betreffen, findet die beschränkende Vorschrift des § 767 Abs. 2 keine Anwendung.

Für Klagen auf Erteilung der Vollstreckungsklausel, sowie für Klagen, durch welche die den Anspruch selbst betreffenden Einwendungen geltend gemacht werden oder der bei der Erteilung der Vollstreckungsklausel als bewiesen angenommene Eintritt der Voraussetzung für die Erteilung der Vollstreckungsklausel bestritten wird, ist das Gericht, bei welchem der Schuldner im Deutschen Reiche seinen allgemeinen Gerichtsstand hat, und in Ermanglung eines solchen das Gericht zuständig, bei welchem in Gemäßheit des § 23 gegen den Schuldner Klage erhoben werden kann.

Die in § 795 bezeichneten §§ 724 bis 793 ZPO. enthalten allgemeine Vorschriften über Vorbereitung und Durchführung der Zwangsvollstreckung.

4. In der Reichstagskommission war der Antrag gestellt, aber abgelehnt worden, auf die im § 98 erwähnten Bestätigungsbeschlüsse die Vorschriften des § 779, jetzt § 894, ZPO. Anwendung finden zu lassen. Dieser § 894 handelt von der Wirkung der Verurteilung zur Abgabe einer Willenserklärung und fingiert das rechtskräftige Urteil als Abgabe der Erklärung. Bei Erörterung des Antrags erklärte ein Bundesratsvertreter, ohne Widerspruch zu finden, daß, soweit die Teilungsverhandlungen eine Eigentumsübertragung an Grundstücken beträfen, der § 925 des BGB. eine bei gleichzeitiger Anwesenheit aller Beteiligten vor dem Grundbuchamt abgegebene Auflassungserklärung erfordere. Nach Art. 143 des Einf.Ges.z.BGB. könne jedoch die Landesgesetzgebung bestimmen, daß die Auflassung auch vor dem Nachlaßgericht erfolge, und im Zusammenhange damit gewähre der § 99 der GBO. der Landesgesetzgebung die Möglichkeit, vorzusehen, daß zum Nachweise der Erbfolge und der Auflassungserklärungen der Erben ein Zeugnis des Nachlaßgerichts genüge. Werde durch die Landesgesetzgebung das Nachlaßgericht zur Entgegennahme von Auflassungserklärungen der Erben für zuständig erklärt, so könne auch die Auflassung als Teil der Auseinandersetzung vor dem Nachlaßgerichte mit der Wirkung erfolgen, daß die Zustimmung eines nicht erschienenen Beteiligten zu der Auflassung gemäß §§ 87, 89, 93 des Entw., jetzt §§ 91, 93, § 97 Abs. 1 des Gesetzes, durch die rechtskräftige Bestätigung der Auseinandersetzung ersetzt werde. Kom.Ber. S. 52 unter 9.

§ 99.

Nach der Beendigung einer ehelichen Gütergemeinschaft oder einer fortgesetzten Gütergemeinschaft finden auf die Auseinandersetzung in Ansehung des Gesamtguts die Vorschriften der §§ 86 bis 98 entsprechende Anwendung.

Für die Auseinandersetzung ist, falls ein Anteil an dem Gesamtgute zu einem Nachlasse gehört, das Amtsgericht zuständig, welches für die Auseinandersetzung in Ansehung des Nachlasses zuständig ist. Im übrigen ist das Amtsgericht zuständig, in dessen Bezirke der Ehemann oder bei fortgesetzter Gütergemeinschaft der überlebende Ehegatte zur Zeit der Beendigung der Gütergemeinschaft seinen Wohnsitz oder in Ermanglung eines inländischen Wohnsitzes seinen Aufenthalt hatte. Hatte der Ehemann oder der Ehegatte zu der bezeichneten Zeit im Inlande weder Wohnsitz noch Aufenthalt, so finden die Vorschriften des § 73 Abs. 2 entsprechende Anwendung.

---

1. Die Anwendbarkeit der §§ 86 bis 98 ist auf die Auseinandersetzung der beiden in Abs. 1 speziell angegebenen Gemeinschaften beschränkt, sie ist also

ausgeschlossen bei dem gesetzlichen Güterrecht, weil eine Auseinandersetzung nicht stattfindet. Sie ist bei dem System der Gütertrennung selbstverständlich auch nicht möglich. Es handelt sich nur um die formelle Anwendung der §§ 86 bis 98. Materiell kommen in Betracht die §§ 1471 ff. BGB. (Allgemeine Gütergemeinschaft), §§ 1546 ff. BGB. (Errungenschaftsgemeinschaft), §§ 1549 ff. BGB. (Fahrnisgemeinschaft), §§ 1497 ff. BGB. (Fortgesetzte Gütergemeinschaft).

2. In betreff der Zuständigkeitsfrage (Abs. 2) vgl. die §§ 36, 45 und wegen der Zuständigkeit des Nachlaßgerichts § 73.

Der entscheidende Moment für die Zuständigkeit ist die Beendigung der ehelichen Gütergemeinschaft bzw. der fortgesetzten Gütergemeinschaft.

3. Im Anschluß an Art. 141 Einf.Ges.z.BGB. sieht § 193 vor, daß die landesgesetzlichen Vorschriften unberührt bleiben, nach welchen für die hier in Frage stehende Vermittlung andere als gerichtliche Behörden zuständig sind. Der Vorbehalt bezieht sich nur auf die Zuständigkeit.

Sechster Abschnitt.

Schiffspfandrecht.

1. Die Überschrift des Abschnitts sagt zuviel; denn es handelt sich in dem Abschnitte nicht um das Schiffspfandrecht überhaupt, sondern nur um das Verfahren bei Eintragung von Pfandrechten an Schiffen, die im Schiffsregister eingetragen sind. Die materiellrechtlichen Vorschriften über das Pfandrecht an Schiffen, eingetragenen wie nicht eingetragenen, dagegen enthalten das BGB. in den §§ 1204 bis 1272 und ferner die in Anm. 2 angegebenen Gesetze. Letztere in Verbindung mit den Vorschriften des vorliegenden Gesetzes über Eintragungen in das Handelsregister regeln dann ferner das Verfahren bei Eintragungen in die Schiffsregister, die nicht ein Schiffspfandrecht betreffen.

2. Welche Schiffe in das Schiffsregister einzutragen sind, richtet sich:

a) für Seeschiffe nach dem Gesetz, betr. das Flaggenrecht der Kauffahrteischiffe v. 22. Juni 1899 (RGBl. S. 319) und dem den § 26 desselben abändernden Gesetze v. 29. Mai 1901 (RGBl. S. 184). Danach sind einzutragen: die zum Erwerbe durch die Seefahrt bestimmten Schiffe (Kauffahrteischiffe) von mehr als 50 Kubikmeter Brutto-Raumgehalt mit Einschluß der Lotsen-, Hochseefischerei-, Bergungs- und Schleppfahrzeuge, wenn sie im ausschließlichen Eigentum von Reichsangehörigen und diesen gleichgeachteten Handelsgesellschaften stehen; dgl. seegehende Lustyachten, Schulschiffe sowie solche Seefahrzeuge, welche für Rechnung von auswärtigen Staaten oder deren Angehörigen im Inlande erbaut sind, wenn sie von dem Rechte zur Führung der Reichsflagge Gebrauch machen. Durch Kaiserliche Verordnung mit Zustimmung des Bundesrats kann die Geltung der Vorschriften auch auf andere nicht zum Erwerbe durch die Seefahrt bestimmte Seefahrzeuge erstreckt werden. In gleicher Weise kann die Anwendung der Vorschriften auch auf Binnenschiffe, die ausschließlich auf ausländischen Gewässern verkehren, ausgedehnt werden. — Vgl. ferner § 27 in Verbindung mit § 7 des Gesetzes betr. die Rechtsverhältnisse der deutschen Schutzgebiete v. 15. März 1888 — § 10 des Schutzgebietsgesetzes in der Fassung v. 10. September 1900 (RGBl. S. 813).

b) Für Binnenschiffe (abgesehen von solchen wie unter a gegen Ende genannten) nach dem Gesetze, betr. die privatrechtlichen Verhältnisse der Binnenschiffahrt v. 15. Juni 1895 (RGBl. S. 301), in der Fassung v. 20. Mai 1898 (RGBl. S. 709, 868). Hiernach sind einzutragen solche vom Schiffseigner zur Schiffahrt auf Flüssen oder sonstigen Binnengewässern bestimmte und verwendete Schiffe, deren Tragfähigkeit, wenn sie Dampfschiffe oder andere mit eigener Triebkraft versehene Schiffe sind, 15000 Kilogramm, sonst 20000 Kilogramm beträgt. Schiffe von geringerer Tragfähigkeit sind ebenfalls einzutragen, wenn die Landesregierungen solches bestimmen (§§ 119, 128).

3. Der Zweck, welchem das Schiffsregister für Seeschiffe in erster Linie dient, nämlich die Feststellung der Voraussetzungen für das Recht zur Führung der Reichsflagge und die Anerkennung dieses Rechts durch Erteilung eines Zertifikats der Registerbehörde, kommt zwar für Binnenschiffe nicht in Betracht. Für beide Arten von Schiffen hat aber die Registrierung der Schiffe den Vorteil, für diejenigen Personen, welche Fracht- oder Versicherungsverträge abschließen oder Ansprüche als Schiffsgläubiger geltend machen wollen, ein zuverlässiges und allgemein zugängliches Mittel zur Auskunft über die tatsächlichen und rechtlichen Verhältnisse der einzelnen Schiffe zu schaffen. Allerdings ist der Übergang des Eigentums an einem registrierten Schiffe von der Eintragung in das Register nicht abhängig gemacht; er ist nur bei Vermeidung von Ordnungsstrafen von dem Erwerber zur Eintragung anzumelden. Vgl. § 111 Anm. 1. Dagegen hat das BGB. die Einrichtung des Schiffsregisters für die Verpfändung der in das Register eingetragenen Schiffe verwertet, indem es in den §§ 1259 bis 1271 besondere Vorschriften für das Pfandrecht an einem im Schiffsregister eingetragenen Schiffe gibt, die sowohl für See- als Binnenschiffe gelten. Zur Bestellung eines solchen Pfandrechts erfordert das BGB. (§ 1260) die Einigung des Eigentümers des Schiffes und des Gläubigers darüber, daß dem Gläubiger das Pfandrecht zustehen soll und die Eintragung des Pfandrechts in das Schiffsregister. Daneben wird dem Register in Ansehung des Pfandrechts in beschränktem Maße öffentlicher Glaube beigelegt (§ 1262 BGB.). Kommt demgemäß dem Schiffsregister, namentlich in Hinsicht auf die Feststellung des Eigentums an dem Schiffe, nicht das Maß von Zuverlässigkeit zu, welches dem Grundbuch beiwohnt, so ergeben doch diese Vorschriften des BGB. eine gewisse Verwandtschaft des Schiffspfandrechts mit der Hypothek. Daraus entnimmt das vorliegende Gesetz die Rechtfertigung, das Verfahren für die auf das Schiffspfandrecht bezüglichen Eintragungen in dem 6. Abschnitte tunlichst den Vorschriften anzupassen, welche nach der GBO. (§§ 13 bis 55, 71 bis 88) für Eintragungen in das Grundbuch gelten. Unberücksichtigt sind wegen ihrer geringen praktischen Bedeutung für die Führung des Schiffsregisters geblieben der § 48 (Eintragung gemeinschaftlicher Rechte) und § 52 (Eintragung eines Vorerben bzw. Nacherben); ihre entsprechende Anwendung ist eintretendenfalls der Praxis überlassen. Vgl. Denkschr. S. 67.

Für das Schiffspfandrecht kommt übrigens noch in Betracht, daß die eingetragenen Schiffe trotz der Eintragung, ebenso wie alle nicht eingetragenen und im Bau begriffenen Schiffe (wegen dieser vgl. weiter unten) die Eigenschaft von beweglichen Sachen behalten. Demgemäß finden auf dieses Pfandrecht an sich auch die für das Pfandrecht an beweglichen Sachen geltenden Vorschriften der §§ 1204 bis 1258 Anwendung; die Anwendung ist jedoch insoweit ausgeschlossen, als sich daraus, daß der Pfandgläubiger nicht den Besitz des Schiffes erlangt, Abweichungen ergeben (§ 1266 BGB.). Erwerb und Veräußerung eines registrierten Schiffes vollziehen sich hiernach ebenfalls nach den für bewegliche Sachen gegebenen Vorschriften (§ 929 BGB., § 474 HGB., Art. 6 Einf.Ges.z.HGB.; vgl. § 435 Abs. 2 BGB.). Nur in Ansehung der Zwangsvollstreckung, die nur durch Zwangsversteigerung — nicht durch Zwangsverwaltung oder Zwangseintragung einer Forderung — erfolgen kann, gelten eingetragene Schiffe — nicht Schiffsparten (§ 858 ZPO.) — als Gegenstände des unbeweglichen Vermögens (§§ 864, 865, § 870 Abs. 2 ZPO.; §§ 162 bis 171 des Zwangsversteigerungsgesetzes v. 24. März 1897, RGBl. S. 97). Vgl. wegen des Arrestpfandrechts § 931 ZPO.; ferner wegen des Aufgebotsverfahrens zum Zwecke der Ausschließung von Schiffsgläubigern auf Grund des § 765 ZPO. und § 110 des Binnenschiffahrtsgesetzes die §§ 1002, 1024 ZPO. — Im Bau begriffene Schiffe gelten ebenso wie die nicht eingetragenen Schiffe in jeder Beziehung als bewegliche Sachen; vgl. indessen Art. 20 Einf.Ges.z.HGB., wonach die landesgesetzlichen Vorschriften, nach welchen ein Pfandrecht an einem solchen Schiffe ohne Übergabe des Schiffes durch Eintragung in ein besonderes Register bestellt werden kann, sowie die landesgesetzlichen Vorschriften über die Zwangsversteigerung eines solches Schiffes unberührt gelassen sind.

Neben dem vertragsmäßigen Pfandrecht kennt unser Recht — §§ 754 ff. HGB., §§ 102 ff. Binnenschiffahrtsgesetzes — das gesetzliche Pfandrecht der Schiffsgläubiger (vgl. auch § 647 BGB.), das ohne Eintragung im Schiffsregister entsteht. Da diese gesetzlichen Pfandrechte der Schiffsgläubiger allen anderen Pfandrechten vorgehen, zum Teil sogar ohne Rücksicht auf deren Entstehungszeit (§ 776 HGB., § 109 Binnenschiffahrtsgesetzes) — ein Vorzug, an dem auch das durch Verbodmung entstandene teilnimmt, obwohl es sich hierbei an sich um eine vertragsmäßige Verpfändung des Schiffes handelt (§ 754 Nr. 6 HGB.) —, so kommt dem vertragsmäßigen Schiffspfandrecht und somit den Vorschriften des sechsten Abschnitts eine verhältnismäßig geringe praktische Bedeutung zu. Vgl. Josef, Lehrb. S. 350 ff., Knitschky, „Das vertragsmäßige Schiffspfandrecht" in Gruchot 45 S. 782 ff.

4. Die Schiffsregister für Seeschiffe werden von den Amtsgerichten geführt. Durch Anordnung der Landesjustizverwaltung kann die Führung des Registers für mehrere Amtsgerichtsbezirke Einem Amtsgericht übertragen werden. Unberührt bleiben die landesgesetzlichen Vorschriften, nach welchen die Schiffsregister von anderen Behörden als den Gerichten geführt werden (§§ 4, 27 des Flaggenrechtsgesetzes). Die Schiffsregister für solche Binnenschiffe, die ausschließlich auf ausländischen Gewässern verkehren (vgl. Anm. 2a), werden bei den durch den Reichskanzler bestimmten deutschen Konsulaten geführt (§ 26a Flaggenrechtsgesetzes bzw. Ges. v. 29. Mai 1901, RGBl. S. 184). — Das Schiffsregister für Binnenschiffe (abgesehen von den eben genannten) wird bei dem zur Führung der Handelsregister zuständigen Gerichte, d. h. also dem Amtsgerichte geführt; die Landesregierungen sind befugt, die Führung des Registers für die Bezirke mehrerer Gerichte einem von diesen zu übertragen oder mit derselben da, wo die Führung der Register für Seeschiffe anderen Behörden obliegt, die letzteren zu betrauen (§ 120 Binnenschiffahrtsgesetzes, § 8 HGB., S. 125 unten).

Infolge dieser Übertragung der Führung der Schiffsregister durch Reichsgesetz auf die Gerichte gehören die damit zusammenhängenden Geschäfte zu den durch Reichsgesetz den Gerichten übertragenen A.d.fr.Ger., so daß die Vorschriften des ersten Abschnitts auch hier anwendbar sind (vgl. § 1 Anm. 1d).

Über die Einrichtung der Register enthalten die Reichsgesetze keine besonderen Vorschriften; in dieser Beziehung greifen ergänzend die Landesgesetzgebungen auf Grund des § 200 des vorliegenden Gesetzes ein.

5. Der Inhalt des Abschnitts gliedert sich wie folgt: Voraussetzungen der Eintragungen (§§ 100 bis 112), Formen der Eintragungen (§§ 113 bis 118), Berichtigung unrichtiger Eintragungen von Amts wegen (§ 119), Vermerk der Eintragungen auf den Schiffsurkunden (§ 120), Bekanntmachung der Eintragungen (§ 121), Beschwerde (§§ 122 bis 124).

§ 100.

In Ansehung eines Pfandrechts an einem im Schiffsregister eingetragenen Schiffe soll, soweit nicht das Gesetz ein anderes vorschreibt, eine Eintragung nur auf Antrag erfolgen. Der Zeitpunkt, in welchem der Antrag bei der Registerbehörde eingeht, soll auf dem Antrage genau vermerkt werden.

Antragsberechtigt ist jeder, dessen Recht von der Eintragung betroffen wird oder zu dessen Gunsten die Eintragung erfolgen soll. Die Vorschriften der §§ 14 bis 18 der Grundbuchordnung finden entsprechende Anwendung.

---

1. Der Paragraph entspricht dem § 13 GBO.

2. Unter Eintragung sind alle Arten von Eintragungen zu verstehen, welche sich auf Schiffspfandrechte beziehen können, sowohl solche, welche die Bestellung, wie die Löschung oder die Änderung z. B. Rangänderung betreffen, sowohl endgültige, wie vorläufige, als Vormerkungen oder Widersprüche.

Was diese Eintragungen im einzelnen anlangt, so hebt das BGB. Bestellung, Löschung, Bestimmung des Rangverhältnisses und Eintragung eines Widerspruchs gegen die Richtigkeit des Schiffsregisters im Falle unrichtiger Löschung (§§ 1260, 1262, 1267, 1261, 1263) hervor. Im übrigen enthält § 1263 Abs. 1 die allgemeine Bestimmung, daß die Berichtigung des Registers nach den für die Berichtigung des Grundbuchs geltenden Vorschriften der §§ 894, 895, 897, 898 verlangt werden kann, wenn der Inhalt des Schiffsregisters in Ansehung eines Pfandrechts mit der wirklichen Rechtslage nicht im Einklange steht.

Nicht erwähnt ist in den §§ 1259 bis 1272 BGB. die Eintragung von Vormerkungen. Das Gesetz selbst setzt jedoch (vgl. Abs. 2 in Verbindung mit § 18 GBO., § 103) die Zulässigkeit der Eintragung einer Vormerkung oder eines Widerspruchs auf Grund einer einstweiligen Verfügung oder eines vorläufig vollstreckbaren Urteils voraus. Wann diese verlangt werden können, bestimmt sich nach materiellem Rechte. Vgl. z. B. § 1263 BGB. Die Vormerkung dient zur Sicherung des Anspruchs auf Einräumung, Änderung oder Aufhebung eines Schiffspfandrechts oder eines Rechts an einem solchen (§§ 883 ff. BGB.); der Widerspruch dagegen ist bestimmt, denjenigen, dessen Recht nicht oder nicht richtig eingetragen oder durch eine Eintragung beeinträchtigt ist, gegen die mit dem öffentlichen Glauben des Schiffsregisters verbundenen Gefahren zu sichern (§§ 892 ff. BGB.). Je nach Lage der Sache wird also das eine oder andere zu wählen sein. Bei Erlaß der einstweiligen Verfügung unterliegt die Wahl dem zweckdienlichen Ermessen des Gerichts, das auch das Gericht sein kann, in dessen Bezirk der Heimatshafen oder Heimatsort des Schiffes sich befindet (§§ 938, 942 ZPO.); bei einem vorläufig vollstreckbaren Urteil, welches den Schuldner zur Abgabe einer Willenserklärung verurteilt, auf Grund deren eine Eintragung im Schiffsregister erfolgen soll, dagegen gilt die Eintragung einer Vormerkung oder eines Widerspruchs als bewilligt (§ 895 ZPO. an Stelle des bisherigen § 658). In beiden Fällen bedarf es nicht mehr der weiteren Bewilligung des Schuldners. Die Eintragung erfolgt auf Antrag; im Falle der Anordnung einer einstweiligen Verfügung ist aber auch gemäß § 941 ZPO. das Gericht befugt, selbst die Registerbehörde um die Eintragung zu ersuchen, worauf dann nach § 110 die Eintragung auf Grund dieses Ersuchens erfolgt. Vgl. § 18 Preuß. Ausf.Ges.z.ZPO. v. 24. März 1879.

Im Anschluß an die §§ 54, 71, 76 GBO. sieht das Gesetz noch weitere Fälle der Eintragung einer Vormerkung oder eines Widerspruchs in den §§ 119, 122, 123 vor.

Für das Grundbuchrecht hat das KG. 29. Oktober 1900 und 3. November 1902 — Johow 21 S. A 165, Rechtspr.d.OLG. 2 S. 46ff. und Johow 25 S. A 147f. — ausgesprochen, daß das, was schon nach dem Gesetze gilt, nicht buchungspflichtig und deshalb, mag es auch noch besonders verabredet sein, wie alles Nichtbuchungspflichtige auch nicht buchungsfähig sei. A. M. KG. 3. Juni 1901 in Jur.Monatsschrift für Posen und Westpreußen 4 S. 137 (nach Soergel 1900/01 S. 555 unter i).

3. Die Eintragung soll nur auf Antrag erfolgen, soweit nicht das Gesetz ein anderes vorschreibt. Das ist der Fall in § 110 (Eintragung auf Ersuchen einer Behörde; vgl. oben Anm. 2 sowie § 54 Abs. 2), §§ 116, 118, 119, § 123 Abs. 2 (Eintragung von Amts wegen), §§ 122, 123 (Eintragung auf Anweisung des Beschwerdegerichts). Ferner § 18 GBO. (unten Anm. 7). — Die Vorschrift ist nur eine Ordnungs-(Soll-)Vorschrift; fehlt ein Antrag oder ist er von einer anderen als der dazu berechtigten Person gestellt, so steht dies dem Eintritt der Rechtswirksamkeit der trotzdem geschehenen Eintragung nicht entgegen, sofern nur die materiellrechtlichen Erfordernisse der Eintragung vorliegen.

4. Über die Form der Anträge vgl. §§ 106, 107, 108, über einige Voraussetzungen § 107 Abs. 2, §§ 111, 112, über die Zurücknahme § 109. — Als regelmäßige Grundlage für den Antrag muß die Eintragungsbewilligung vorliegen; darüber § 101. Inhaltlich muß sich der Antrag mit der Bewilligung decken, nicht mehr, nicht weniger und nichts anderes als diese verlangen.

Der Antrag soll präsentiert werden, weil der Zeitpunkt des Eingangs der Anträge maßgebend ist für die Reihenfolge der Eintragungen (§ 114) und diese wieder für das Rangverhältnis unter mehreren Rechten (§ 1261 in Verbindung mit § 879 BGB.). Auch die vor der Registerbehörde zu Protokoll erklärten Anträge müssen präsentiert werden. Streitig ist, ob die Präsentation nur im Amtslokal oder auch anderswo vorgenommen werden dürfe. Mehrere gleichzeitig vorgelegte Anträge gelten als gleichzeitige, ohne Rücksicht auf die Reihenfolge, in der sie geöffnet worden sind.

5. Der **Abs.** 2 legt die Antragsberechtigung jedem bei, dessen Recht von der Eintragung betroffen wird oder zu dessen Gunsten die Eintragung erfolgen soll. Im Gegensatze zu dem letzteren ist der erstere der durch die Eintragung an seinem Rechte verlierende Teil, der sogenannte Passivbeteiligte. KG. 18. November 1901

in Zus.d.RJAmts 3 S. 40, Johow 23 S. A 115 Nr. 27. Bei Bestellung eines Schiffspfandrechts ist also antragsberechtigt der Schiffseigentümer und der Gläubiger, bei der Abtretung Zedent und Zessionar. Die Fassung schließt sich den Vorschriften des § 885 Abs. 1 Satz 1, der §§ 886, 894 und des § 899 Abs. 2 Satz 1 BGB. an. Antragsberechtigt kann auch ein mittelbar Beteiligter sein. Daß insbesondere die Löschung eines nicht entstandenen oder erloschenen Rechts von einem nachstehenden Berechtigten beantragt werden kann, um das in Wirklichkeit bestehende Rangverhältnis seines Rechts im Register ersichtlich zu machen, unterliegt nach § 894 BGB., der gemäß § 1263 das. auf die Berichtigung des Schiffsregisters Anwendung findet, keinem Zweifel. Aus den angeführten Vorschriften des BGB. ergibt sich ferner, daß derjenige, dessen Recht von der Eintragung betroffen wird, je nach der Verschiedenheit der Fälle der wirklich Berechtigte oder, wie bei Anträgen auf Berichtigung des Registers, nur der buchmäßig Berechtigte ist. Vgl. Denkschr. z. Entw. der GBO. S. 22.

Bei der Frage, wie mit Bezug auf die zum Zwecke der Berichtigung des Schiffsregisters herbeizuführenden Eintragungen der Kreis der Antragsberechtigten zu bestimmen ist, geht das Gesetz, wie die Denkschrift (S. 66) sagt, davon aus, daß auch demjenigen, auf welchen eine durch ein Schiffspfandrecht gesicherte Forderung übertragen ist, sowie jedem, der ein Recht an einer solchen Forderung erworben hat, oder zu dessen Gunsten eine auf die Pfandforderung sich beziehende Verfügungsbeschränkung besteht, die Befugnis zukommen müsse, sein Recht im Wege der Berichtigung des Registers eintragen zu lassen. Hierdurch erhalten die genannten Beteiligten die Möglichkeit, sich gegen eine Löschung des Pfandrechts und damit gegen die Gefahren zu sichern, welche zufolge der Vorschrift des § 1262 BGB. aus der Löschung für sie entstehen können.

6. Von mehreren Antragsberechtigten ist jeder für sich allein berechtigt.

7. Die §§ 14 bis 18 GBO. lauten:

§ 14. Die Berichtigung des Grundbuchs durch Eintragung eines Berechtigten darf auch von demjenigen beantragt werden, welcher auf Grund eines gegen den Berechtigten vollstreckbaren Titels eine Eintragung in das Grundbuch verlangen kann, sofern die Zulässigkeit dieser Eintragung von der vorgängigen Berichtigung des Grundbuchs abhängt.

§ 15. Ist die zu einer Eintragung erforderliche Erklärung von einem Notar beurkundet oder beglaubigt, so gilt dieser als ermächtigt, im Namen eines Antragsberechtigten die Eintragung zu beantragen.

§ 16. Einem Eintragungsantrage, dessen Erledigung an einen Vorbehalt geknüpft wird, soll nicht stattgegeben werden.

Werden mehrere Eintragungen beantragt, so kann von dem Antragsteller bestimmt werden, daß die eine Eintragung nicht ohne die andere erfolgen soll.

§ 17. Werden mehrere Eintragungen beantragt, durch die dasselbe Recht betroffen wird, so darf die später beantragte Eintragung nicht vor der Erledigung des früher gestellten Antrags erfolgen.

§ 18. Steht einer beantragten Eintragung ein Hindernis entgegen, so hat das Grundbuchamt entweder den Antrag unter Angabe der Gründe zurückzuweisen oder dem Antragsteller eine angemessene Frist zur Hebung des Hindernisses zu bestimmen. Im letzteren Falle ist der Antrag nach dem Ablaufe der Frist zurückzuweisen, wenn nicht inzwischen die Hebung des Hindernisses nachgewiesen ist.

Wird vor der Erledigung des Antrags eine andere Eintragung beantragt, durch die dasselbe Recht betroffen wird, so ist zugunsten des früher gestellten Antrags von Amts wegen eine Vormerkung oder ein Widerspruch einzutragen; die Eintragung gilt im Sinne des § 17 als Erledigung dieses Antrags. Die Vormerkung oder der Widerspruch wird von Amts wegen gelöscht, wenn der früher gestellte Antrag zurückgewiesen wird.

8. Über die Bedeutung des Antrags für das Rangverhältnis vgl. § 114.

§ 101.

Eine Eintragung erfolgt, wenn derjenige sie bewilligt, dessen Recht von ihr betroffen wird.

---

1. Der Paragraph ist gleichlautend mit § 19 GBO. Aus der Anpassung des sechsten Abschnitts an die GBO. im allgemeinen (vgl. Vorbemerkung unter 3) rechtfertigt sich, hierher zu setzen, was die Denkschrift zum Entwurfe der letzteren (S. 24) über das Verhältnis der Eintragungsbewilligung zur Einigung der Beteiligten und zum Antrage sagt: „Als Unterlage des Eintragungsantrags verlangt der Entwurf die Bewilligung desjenigen, dessen Recht von der Eintragung betroffen wird. Das Liegenschaftsrecht des BGB. stellt zwar für die Fälle, in welchen die Eintragung Erfordernis der Rechtsänderung ist, neben der Eintragung teils die Einigung der Beteiligten über den Eintritt der Rechtsänderung (vgl. §§ 873, 877, § 880 Abs. 2, § 1116 Abs. 2, 3, § 1180) teils die einseitige, dem Grundbuchamt oder einem anderen gegenüber abzugebende Erklärung des Berechtigten (§§ 875, 928, § 1132 Abs. 2, § 1168 Abs. 2, § 1188 Abs. 1, § 1195, § 1196 Abs. 2) als weiteres gleich wesentliches Erfordernis auf. Allein zur Erleichterung des Grundbuchverkehrs, insbesondere zur Vereinfachung der Buchführung, empfiehlt es sich, die Eintragung nicht von dem Nachweise der Einigung abhängig zu machen, sondern nach dem Vorgange der Preuß. Gesetzgebung von der Regel auszugehen, daß statt der Einigung die Bewilligung desjenigen erforderlich und genügend ist, dessen Recht von der Eintragung betroffen wird. Wer hiernach die Eintragung zu bewilligen hat, muß im einzelnen Falle mit Rücksicht auf den Gegenstand der beantragten Eintragung an der Hand der Vorschriften des BGB. bestimmt werden. Handelt es sich um Änderungen des Inhalts eines Rechts an einem Grundstücke, so ist die Bewilligung des Berechtigten und des Eigentümers erforderlich, da hier sowohl das Recht an dem Grundstück als auch das Eigentum selbst von der Eintragung betroffen wird. Dies gilt insbesondere für die Fälle, in denen eine Buchhypothek in eine Briefhypothek oder eine Briefhypothek in eine Buchhypothek, eine Sicherungshypothek in eine gewöhnliche Hypothek, eine gewöhnliche Hypothek in eine Sicherungshypothek, eine Hypothek in eine Grundschuld, eine Grundschuld in eine Hypothek umgewandelt oder in denen an die Stelle der Forderung, für welche die Hypothek besteht, eine andere Forderung gesetzt werden soll (vgl. §§ 1116, 1180, 1186, 1198 BGB.)".

Mit Rücksicht auf § 1260 BGB., der zur Bestellung des Pfandrechts an einem im Schiffsregister eingetragenen Schiffe ebenfalls die Einigung des Schiffseigentümers und des Gläubigers verlangt, darf diese Darlegung auch für das Schiffspfandrecht entsprechend gelten, so daß es also zur Eintragung des Pfandrechts nicht des Nachweises der Einigung gegenüber der Registerbehörde bedarf; die bloße Bewilligung des Passivbeteiligten (vgl. Anm. 2 bzw. Anm. 5 zu § 100) genügt. KG. 4. März 1901 in Johow 21 S. A 306 Nr. 77. Diese Bewilligung ist demnach eine abstrakte rechtsgeschäftliche Willenserklärung, die für den formellen Registerverkehr jeden Eintragungsantrag ohne Rücksicht auf seine materielle Unterlage ausreichend begründet und das Registergericht von der Verpflichtung befreit, zu prüfen, ob die materiellen Erfordernisse der einzutragenden Rechtsänderung vorliegen. Vgl. Willenbücher GBO. § 19 Anm. 1. A. M. RG. 54 S. 378, wonach die Eintragungsbewilligung identisch mit der materiellrechtlichen Einigungsofferte des Passivbeteiligten ist. Dagegen Fuchs, Grundbuchrecht 2 S. 216 Anm. 3. Vgl. auch Schroeder im „Recht" 1901 S. 14f. und die dort weiter angegebene Literatur. Im übrigen bemerkt in dieser Beziehung die Denkschrift (S. 67) noch folgendes:

„Der bisherige (durch Art. 12 Nr. XXI Einf.Ges.z.HGB. v. 10. Mai 1897 aufgehobene) § 131 Abs. 2 des Ges., betr. die privatrechtl. Verhältnisse der Binnenschiffahrt, bestimmte, daß die Eintragung eines Pfandrechts in das Schiffsregister nur auf Grund der Bewilligung desjenigen stattfindet, welcher als Eigentümer in das Register eingetragen ist. Die Aufnahme einer solchen Bestimmung erübrigt sich durch die allgemeine Vorschrift des § 107 Abs. 1 des Entw. (jetzt § 111 Abs. 1 des Gesetzes), derzufolge eine Eintragung nur erfolgen soll, wenn derjenige, dessen Recht durch sie betroffen wird, als der Berechtigte eingetragen ist. Aus dieser Vorschrift ist andererseits zu entnehmen, daß die Registerbehörde bei der Führung des Registers denjenigen, welcher als der Berechtigte eingetragen ist, als den wirklich Berechtigten ansehen darf, solange sich nicht besondere Anstände ergeben (zu vgl. das Lübeckische Ges. v. 20. Januar 1882 § 2, das Hamburgische Ges. v. 27. April 1885 § 3 und das Bremische Ges. v. 15. Dezember 1887 § 3)".

2. Derjenige, dessen Recht von der Eintragung betroffen wird, ist der Passivbeteiligte; vgl. § 100 Anm. 5. Wenn die Rechte mehrerer betroffen werden, so ist die Bewilligung aller erforderlich. Die Eintragungsbewilligung muß von dem wirklich Berechtigten, der zugleich eingetragen sein muß, ausgehen, § 111. Über den Inhalt der Bewilligung vgl. § 106.

3. Der § 101 enthält die Regel; Ausnahmen sind enthalten in den §§ 102, 103, 104, 105, nach denen die Bewilligung in gewissen Fällen nicht erforderlich ist.

Ersetzt wird die Bewilligung durch einstweilige Verfügung oder vollstreckbares Urteil (§§ 894, 895 ZPO.). Vgl. hierzu § 100 Anm. 2. Ein Anspruch auf Verurteilung zur Bewilligung besteht nach § 1263 Abs. 1 BGB.; siehe diesen bei § 102 Anm. 1.

Ein Zwangspfandrecht an einem eingetragenen Schiff gibt es nicht (§ 870 Abs. 2 ZPO.), infolgedessen auch nicht eine Ersetzung der Bewilligung in dieser Richtung durch den vollstreckbaren Titel wegen einer persönlichen Forderung. Über das Arrestpfandrecht vgl. § 931 ZPO.

§ 102.

Zur Berichtigung des Schiffsregisters bedarf es der Bewilligung desjenigen, dessen Recht von der Berichtigung betroffen wird, nicht, wenn

die Unrichtigkeit nachgewiesen wird. Dies gilt insbesondere für die Eintragung oder Löschung einer Verfügungsbeschränkung.

---

1. Der Paragraph entspricht dem § 22 Abs. 1 GBO. und bildet eine Ausnahme von der Regel des § 101. Er enthält die Ausführungsvorschrift für § 1263 BGB., welcher lautet:

Steht der Inhalt des Schiffsregisters in Ansehung eines Pfandrechts mit der wirklichen Rechtslage nicht im Einklange, so kann die Berichtigung des Registers nach den für die Berichtigung des Grundbuchs geltenden Vorschriften der §§ 894, 895, 897, 898 verlangt werden.

Ist ein Pfandrecht mit Unrecht gelöscht worden, so kann ein Widerspruch gegen die Richtigkeit des Schiffsregisters nach § 899 Abs. 2 eingetragen werden. Solange der Widerspruch eingetragen ist, gilt im Falle der Veräußerung oder Belastung des Schiffes dem Erwerber gegenüber das gleiche, wie wenn das Pfandrecht eingetragen wäre.

Es handelt sich hier also, im Gegensatze zu § 119, um solche Unrichtigkeiten des Schiffsregisters in Ansehung eines Pfandrechts, welche nicht auf ein Versehen der eintragenden Registerbehörde zurückzuführen sind, sondern zufolge von Rechtsänderungen, die sich außerhalb des Registers vollzogen, nachträglich tatsächlich eingestellt haben, oder welche durch sonstige Gründe, z. B. einen sachlich nicht zutreffenden Erbschein, von vornherein hervorgerufen worden sind. In diesen Fällen ist gemäß den bezeichneten §§ 894, 895, 897, 898 BGB. die Berichtigung des Schiffsregisters dem Betreiben der Beteiligten, deren Rechte nicht oder nicht richtig eingetragen oder durch die Eintragung einer nicht bestehenden Belastung oder Beschränkung beeinträchtigt sind, überlassen. Diese haben gegen diejenigen, deren Rechte durch die Berichtigung betroffen werden, — wer diese sind, vgl. § 100 Anm. 5 — einen unverjährbaren (§ 898 BGB.), eventuell im Rechtswege durchzuführenden Anspruch auf Zustimmung zu der Berichtigung. Die letztere ist dann zu beantragen.

2. Zu denen, welche hiernach berechtigt sind, ihr Recht im Wege der Berichtigung des Registers eintragen zu lassen, gehört auch derjenige, auf welchen eine durch ein Schiffspfandrecht gesicherte Forderung übertragen ist, sowie jeder, der ein Recht an einer solchen Forderung erworben hat oder zu dessen Gunsten eine auf die Pfandforderung sich beziehende Verfügungsbeschränkung besteht (§§ 102, 104, 105, 115, 118). Vgl. Denkschrift S. 66 und oben § 100 Note 5. Zu den Verfügungsbeschränkungen (vgl. Satz 2) gehören namentlich die durch einstweilige Verfügung (§ 938 ZPO.) oder durch Arrestpfändung (§ 931 ZPO.) begründeten, die Konkurseröffnung, Veräußerungsverbote (§§ 135, 136, 2211 BGB.). Fuchs § 102 Anm. 5.

3. Der Nachweis liegt dem Antragsteller (§ 100 Abs. 2) ob. Über die Form der Nachweise vgl. § 107. Der Nachweis hat durch öffentliche Urkunden zu erfolgen, § 107 Abs. 2. Glaubhaftmachung der Unrichtigkeit genügt nicht. Auf die Behauptung, daß diejenigen Urkunden, auf Grund deren die Eintragung erfolgt ist, bei der Eintragung falsch ausgelegt seien, kann der Nachweis der Unrichtigkeit nicht gestützt werden. KG. 10. März 1903 in Johow 26 S. A 80 Nr. 24.

§ 103.

Ist eine Vormerkung oder ein Widerspruch auf Grund einer einstweiligen Verfügung eingetragen, so bedarf es zur Löschung nicht der Bewilligung des Berechtigten, wenn die einstweilige Verfügung durch eine vollstreckbare Entscheidung aufgehoben ist. Diese Vorschrift findet entsprechende Anwendung, wenn auf Grund eines vorläufig vollstreckbaren Urteils nach den Vorschriften der Zivilprozeßordnung eine Vormerkung oder ein Widerspruch eingetragen ist.

---

1. Es handelt sich hier im Gegensatze z. B. zu § 18 GBO. und den §§ 119, 122, 123 nur um solche Vormerkungen und Widersprüche, die auf Grund einer einstweiligen Verfügung oder eines vorläufig vollstreckbaren Urteils eingetragen worden sind. Vgl. darüber § 100 Anm. 2. Die Vorschrift bezieht sich also nicht auf Fälle, in denen die Vormerkung oder der Widerspruch auf Grund der Bewilligung des Berechtigten hin eingetragen ist.

2. Der Paragraph ist gleichlautend mit § 25 GBO. und bildet ebenfalls eine Ausnahme von der Regel des § 101, die übrigens selbstverständlich erscheint, indem eine eingetragene Vormerkung bzw. ein eingetragener Widerspruch ohne weiteres die Berechtigung verlieren muß, wenn die gerichtliche Anordnung, auf der sie oder er beruht — einstweilige Verfügung (Satz 1) oder vorläufig vollstreckbares Urteil (Satz 2) — wegfällt. Ihre Löschung muß daher auch ohne Einwilligung des auf Grund einer solch weggefallenen Anordnung eingetragenen Berechtigten erfolgen können auf Grund der vorgelegten Entscheidung, deren Prüfung der Registerbehörde obliegt; entsprechend bedurfte es zu ihrer Eintragung auch nicht der besonderen Bewilligung des Schuldners. Vgl. § 100 Anm. 2, ferner § 123 und § 18 GBO. (oben § 100 Anm. 7).

3. Zur Herbeiführung der Löschung bedarf es des Löschungsantrags; Ausnahme § 122. Das Prozeßgericht ist nur zu dem Ersuchen um Eintragung auf Grund der einstweiligen Verfügung, nicht auch zu dem Ersuchen um Löschung der Eintragung zuständig; vgl. § 941 ZPO.

§ 104.

Soll die Übertragung einer Forderung, für die ein Pfandrecht am Schiffe eingetragen ist oder für die ein solches Pfandrecht als Pfand haftet, eingetragen werden, so genügt es, wenn an Stelle der Eintragungsbewilligung die Abtretungserklärung des bisherigen Gläubigers vorgelegt wird.

Diese Vorschrift findet entsprechende Anwendung, wenn eine Belastung der Forderung eingetragen werden soll.

---

1. Vgl. hierzu § 26 GBO. Zum Übergang der Forderung bedarf es nicht der Eintragung. Er vollzieht sich gemäß §§ 398 ff. BGB. außerhalb des Schiffs-

registers durch formfreien Vertrag zwischen dem bisherigen und dem neuen Gläubiger. Mit der Übertragung der Forderung geht das Pfandrecht auf den neuen Gläubiger über. Das Pfandrecht kann nicht ohne die Forderung übertragen werden. Wird bei der Übertragung der Forderung der Übergang des Pfandrechts ausgeschlossen, so erlischt das Pfandrecht; §§ 1266, 1250 BGB. Die Abtretungserklärung wird ersetzt durch einen gerichtlichen Überweisungsbeschluß (§ 836 ZPO.) und in den Fällen des Übergangs der Forderung kraft Gesetzes durch das nach § 107 Abs. 2 durch öffentliche Urkunden nachzuweisende Anerkenntnis des Übergangs der Forderung seitens des bisherigen Forderungsberechtigten. Vgl. § 1155 Satz 2 BGB. Fuchs § 104 Anm. 1.

2. Soll die Eintragung des Übergangs erfolgen, so kann der erforderliche Antrag sowohl von dem bisherigen, wie von dem neuen Gläubiger gestellt werden, wie dies der (mit dem ganzen zehnten Abschnitt) aufgehobene § 132 des Gesetzes betreffend die privatrechtlichen Verhältnisse der Binnenschiffahrt v. 15. Juni 1895 ausdrücklich erklärte und sich aus § 100 Abs. 2 ergibt; vgl. daselbst Anm. 5.

3. Die beizubringende Abtretungserklärung hat der bisherige Gläubiger auf Verlangen dem neuen Gläubiger in öffentlich beglaubigter Form auszustellen; § 403 BGB. Über das Bedürfnis dieser Form vgl. § 107. Vgl. oben Anm. 1.

4. Unter Belastung der Forderung (Abs. 2) ist z. B. Nießbrauch oder Pfandrecht zu verstehen. Die Belastung einer Forderung erfolgt ebenfalls außerhalb des Schiffsregisters nach den für die Übertragung des Rechts geltenden Vorschriften. Zur Eintragung bedarf es also nicht der Eintragungsbewilligung des eingetragenen Berechtigten, sondern nur der Belastungserklärung, letzterer in der erforderlichen Form (§ 107).

§ 105.

Ein Pfandrecht am Schiffe darf nur mit Zustimmung des eingetragenen Eigentümers, ein das Pfandrecht belastendes Recht nur mit Zustimmung des eingetragenen Pfandgläubigers gelöscht werden. Für eine Löschung, die zur Berichtigung des Schiffsregisters erfolgen soll, ist die Zustimmung nicht erforderlich, wenn die Unrichtigkeit des Registers nachgewiesen wird.

---

1. Der Paragraph entspricht dem § 27 GBO. Er enthält in Satz 1, wonach zur Löschung eines Pfandrechts die Zustimmung des Pfandgläubigers, zur Löschung eines das Pfandrecht belastenden Rechts die Zustimmung des Inhabers des belastenden Rechtes nicht genügt, eine Ausnahme von dem Grundsatz des § 102 im Sinne des § 101, denn das Recht des eingetragenen Eigentümers bzw. des eingetragenen Pfandgläubigers, also desjenigen, dem die belastete Sache bzw. das belastete Recht zusteht, wird durch die Löschung des belastenden Rechts stets betroffen. Die gleiche Bestimmung in § 27 GBO. ist mit Rücksicht darauf getroffen, daß nach dem BGB. (§§ 1063, 1068, 1256, 1273) das belastende Recht, wenn es mit dem belasteten in derselben Person zusammentrifft, als nicht erloschen gilt, soweit derjenige, dem das belastete Recht zusteht, ein rechtliches Interesse an der Fortdauer des Pfandrechts oder Nießbrauchs hat. — Der Satz 2 setzt dann wieder den Grundsatz des § 102 im übrigen in bezug auf die in Rede stehenden Löschungen außer Zweifel. Erfolgt die

Löschung zur Berichtigung des Schiffsregisters, weil z. B. das Pfandrecht durch Verzicht des Gläubigers, durch Erlöschen der Forderung, der Nießbrauch durch Tod des Nießbrauchers erloschen, und das Schiffsregister somit unrichtig geworden ist, so ist die Zustimmung des Eigentümers bzw. Pfandgläubigers nicht erforderlich.

2. Wegen der Form der Zustimmung (Satz 1) bzw. der Nachweise (Satz 2) vgl. § 107 und § 102.

Daß der Löschungsantrag nicht auf die Personen des Eigentümers bzw. Berechtigten beschränkt ist, ergibt sich aus dem Wortlaut ohne weiteres; vgl. im übrigen § 100 Abs. 2.

§ 106.

In der Eintragungsbewilligung oder, wenn eine solche nicht erforderlich ist, in dem Eintragungsantrage sind der Name und die Ordnungsnummer, unter welcher das Schiff im Schiffsregister eingetragen ist, sowie die einzutragenden Geldbeträge in Reichswährung anzugeben.

---

1. Die Vorschrift entspricht dem § 28 GBO.

2. Über die Fälle, in denen eine Einwilligung nicht erforderlich ist, vgl. § 101 Anm. 3. Was über den Eintragungsantrag hier gesagt ist, gilt auch für das Ersuchen einer Behörde und die Anweisung des Beschwerdegerichts (vgl. § 100 Anm. 3).

3. Die Eintragung der Schiffe nach Name und Ordnungsnummer im Schiffsregister ist für Binnenschiffe vorgeschrieben im § 125 des Gesetzes betreffend die privatrechtlichen Verhältnisse der Binnenschiffahrt v. 15. Juni 1895, in betreff der Seeschiffe im § 7 des Flaggenrechtsgesetzes (vgl. Vorbemerkung zu diesem Abschnitte unter 2 a).

4. Es muß, wenn die Forderung verzinslich ist, auch der Zinssatz angegeben werden, wie sich aus der in Anm. 5 angezogenen Bestimmung über den Inhalt der Eintragung ergibt.

Daß der Geldbetrag genau angegeben werden muß, hat seine Bedeutung nicht bloß für die Eintragung selbst, sondern besonders für die Haftung des Schiffes nach § 1264 und namentlich § 1271 BGB.

5. Die weiteren Angaben, welche in der Eintragung angegeben werden müssen, sind die Bezeichnung des Gläubigers, der Geldbetrag der Forderung und, wenn die Forderung verzinslich ist, der Zinssatz. Zur näheren Bezeichnung der Forderung kann in der Eintragung auf die Eintragungsbewilligung Bezug genommen werden; § 1260 Abs. 2 BGB. Im übrigen ergibt sich der notwendige Inhalt der Vermerke aus den Bestimmungen für die einzelnen Fälle, z. B. für das Rangverhältnis aus §§ 1261, 879, 880, 881, 1151 BGB., für Pfandrechte aus Schuldverschreibungen auf den Inhaber, aus einem Wechsel 2c. aus § 1270 BGB., für die Maximalhypothek aus § 1271 BGB. Inwieweit die sogenannte Goldklausel eintragungsfähig ist, vgl. KG. 21. März 1901 in Johow 21 S. A 322 Nr. 81, RG. 50 S. 148, KG. 22. September 1902 in Johow 25 S. A 155 Nr. 40, Zus. d. RJ.-Amts 3 S. 197.

6. Der Paragraph enthält eine zwingende Vorschrift. Fehlt die Angabe, so ist nach § 18 GBO. — vgl. § 100 und Anm. 7 daselbst — zu verfahren. Ist die Eintragung trotzdem erfolgt, so ist sie jedoch nicht unwirksam; Fuchs § 106 Anm. 2.

§ 107.

Eine Eintragung soll nur erfolgen, wenn die Eintragungsbewilligung oder die sonstigen zu der Eintragung erforderlichen Erklärungen vor der Registerbehörde zu Protokoll gegeben oder durch öffentliche oder öffentlich beglaubigte Urkunden nachgewiesen werden.

Andere Voraussetzungen der Eintragung bedürfen, soweit sie nicht bei der Registerbehörde offenkundig sind, des Nachweises durch öffentliche Urkunden. Die Vorschriften der §§ 33 bis 38 der Grundbuchordnung finden entsprechende Anwendung.

---

1. Der Paragraph entspricht dem § 29 GBO. und enthält in Abs. 1, wie aus dem Worte „soll" zu entnehmen ist, nur eine Ordnungsvorschrift; auch Abs. 2 ist in diesem Sinne aufzufassen. Wird ihr nicht genügt, so ist gemäß § 18 GBO. — vgl. § 100 Anm. 7 — zu verfahren. Eine trotz etwa nicht ordnungsmäßigen Nachweises vorgenommene Eintragung ist aber nicht unwirksam.

2. Der Paragraph unterscheidet zwischen „Eintragungsbewilligungen und sonstigen zu der Eintragung erforderlichen Erklärungen" einerseits (Abs. 1) und „anderen Voraussetzungen der Eintragung" andererseits (Abs. 2).

Unter jenen hat man also neben der Eintragungsbewilligung (§ 101) rechtsgeschäftliche Erklärungen zu verstehen, welche zu der Eintragung erforderlich sind. Dahin gehören z. B. die in §§ 104, 105 erwähnten Abtretungs- bzw. Zustimmungserklärungen. Unter gewissen Voraussetzungen fällt der Eintragungsantrag und die Vollmacht zur Stellung eines solchen nicht hierunter; vgl. § 108.

Unter den „anderen Voraussetzungen" sind also Voraussetzungen zu verstehen, die nicht Erklärungen sind. Hierher gehören z. B. der Nachweis der Unrichtigkeit des Registers (§ 102), die Beibringung einer vollstreckbaren Entscheidung, eines vorläufig vollstreckbaren Urteils (§ 103), eines Erbscheins, der Nachweis der Bestellung eines gesetzlichen Vertreters.

3. Für die Erklärungen einschließlich der Eintragungsbewilligungen genügt die Form der protokollarischen Aufnahme durch die Registerbehörde (Anm. 4) oder öffentliche oder öffentlich beglaubigte Urkunden (Abs. 1); für die „anderen Voraussetzungen" wird dagegen der Nachweis mittels öffentlicher Urkunden verlangt, so daß die anderen Formen des Nachweises nicht genügen (Abs. 2).

4. Die Registerbehörden sind aus der Vorbemerkung unter 4 zu ersehen. Eine Erklärung wird vor der Registerbehörde zu Protokoll gegeben dadurch, daß die Registerbehörde selbst, also, sofern das Amtsgericht die Registerbehörde ist, der Amtsrichter, nicht der Gerichtsschreiber, das Protokoll aufnimmt. Für die Form der Beurkundung sind in diesem Falle, da es sich um rechtsgeschäftliche Erklärungen handelt, die Vorschriften der §§ 167 ff. maßgebend. Sofern nach Landesrecht andere als gerichtliche Behörden die Registerbehörden bilden, richtet sich die Form der protokollarischen Aufnahme sowohl wie die Bezeichnung des zuständigen Beamten nach Landesrecht. — Öffentliche Urkunden sind solche Urkunden, welche von einer öffentlichen Behörde oder einer mit öffentlichem Glauben versehenen Person (Urkundsperson innerhalb ihrer Amts- oder Geschäftszuständigkeit in der vorgeschriebenen

Form ausgestellt sind. § 415 ZPO. Wer als öffentliche Behörde oder Urkundsperson in diesem Sinne zu gelten hat, regelt sich nach dem zur Zeit und am Orte der Ausstellung geltenden öffentlichen Rechte. Wegen der öffentlich beglaubigten Urkunden vgl. § 129 BGB. und unten § 167 Abs. 2, § 183. — Offenkundig ist bei der Registerbehörde eine Tatsache, die dem Beamten in dieser seiner Eigenschaft amtlich bekannt geworden ist. Offenkundigkeit ist z. B. auch dann anzunehmen, wenn der Registerrichter zugleich Nachlaßrichter ist und in seiner letzteren Eigenschaft Kenntnis, etwa von einem Erbschein, hat. Befinden sich solche Nachweise in anderen Akten derselben Behörde, so kann auf diese Bezug genommen werden. RG. 48 S. 399.

5. Die Eintragungsbewilligungen oder sonstigen zu einer Eintragung erforderlichen Erklärungen, welche eine Behörde als Partei, z. B. als Vertreterin des Fiskus, abgibt, bedürfen, wenn sie formgerecht ausgestellt sind, nicht nochmals der in Abs. 1 vorgeschriebenen Form; sie gelten als öffentliche Urkunden.

6. Die §§ 33 bis 38 GBO. lauten:

§ 33. Der Nachweis, daß der Vorstand einer Aktiengesellschaft aus den im Handelsregister eingetragenen Personen besteht, wird durch ein Zeugnis des Gerichts über die Eintragung geführt.

Das gleiche gilt von dem Nachweise der Befugnis zur Vertretung einer offenen Handelsgesellschaft, einer Kommanditgesellschaft, einer Kommanditgesellschaft auf Aktien oder einer Gesellschaft mit beschränkter Haftung.

§ 34. Der Nachweis, daß zwischen Ehegatten Gütertrennung oder ein vertragsmäßiges Güterrecht besteht oder daß ein Gegenstand zum Vorbehaltsgut eines Ehegatten gehört, wird durch ein Zeugnis des Gerichts über die Eintragung des güterrechtlichen Verhältnisses im Güterrechtsregister geführt.

§ 35. Ist in den Fällen der §§ 33, 34 das Grundbuchamt zugleich das Registergericht, so genügt statt des Zeugnisses die Bezugnahme auf das Register.

§ 36. Der Nachweis der Erbfolge kann nur durch einen Erbschein geführt werden. Beruht jedoch die Erbfolge auf einer Verfügung von Todes wegen, die in einer öffentlichen Urkunde enthalten ist, so genügt es, wenn an Stelle des Erbscheins die Verfügung und das Protokoll über die Eröffnung der Verfügung vorgelegt werden; erachtet das Grundbuchamt die Erbfolge durch diese Urkunden nicht für nachgewiesen, so kann es die Vorlegung eines Erbscheins verlangen.

Das Bestehen der fortgesetzten Gütergemeinschaft sowie die Befugnis eines Testamentsvollstreckers zur Verfügung über einen Nachlaßgegenstand ist nur auf Grund der in den §§ 1507, 2368 des Bürgerlichen Gesetzbuchs vorgesehenen Zeugnisse als nachgewiesen anzunehmen; auf den Nachweis der Befugnis des Testamentsvollstreckers finden jedoch die Vorschriften des Abs. 1, Satz 2 entsprechende Anwendung.

§ 37. Soll bei einer zu einem Nachlasse gehörenden Hypothek, Grundschuld oder Rentenschuld einer von mehreren Erben als neuer Gläubiger eingetragen werden, so genügt zum Nachweise der Erbfolge und der Eintragungsbewilligung der Erben ein Zeugnis des Nachlaßgerichts.

Das Zeugnis darf nur ausgestellt werden, wenn die Voraussetzungen für die Erteilung eines Erbscheins vorliegen und die Erklärungen der Erben vor dem Nachlaßgerichte zu Protokoll gegeben oder durch öffentliche oder öffentlich beglaubigte Urkunden nachgewiesen sind.

§ 38. Die Vorschriften des § 37 finden entsprechende Anwendung, wenn bei einer Hypothek, Grundschuld oder Rentenschuld, die zu dem Gesamtgut einer ehelichen Gütergemeinschaft oder einer fortgesetzten Gütergemeinschaft gehört, ein Beteiligter, auf den das Recht bei der Auseinandersetzung übertragen ist, als neuer Gläubiger eingetragen werden soll.

§ 108.

Für den Eintragungsantrag sowie für die Vollmacht zur Stellung eines solchen gelten die Vorschriften des § 107 Abs. 1 nur, wenn durch den Antrag zugleich eine zu der Eintragung erforderliche Erklärung ersetzt werden soll.

---

1. Der Paragraph entspricht dem § 30 GBO. und wiederholt mit anderen Worten, was der § 33 der Preußischen GBO. zum Ausdrucke brachte, indem er vorschreibt, daß schriftliche Anträge, welchen die beglaubigten Urkunden beiliegen, in denen die Beteiligten die beantragte Eintragung oder Löschung schon bewilligt haben, keiner besonderen Beglaubigung bedürften. Unter den Beteiligten sind diejenigen zu verstehen, deren Recht von der Eintragung betroffen wird (vgl. § 101). Danach bedarf der Eintragungsantrag so lange keiner Form, als er nichts weiter bedeutet, als das Begleitschreiben derjenigen Urkunden, in denen alle diejenigen Erklärungen oder sonstigen Nachweise enthalten sind, welche zur Eintragung erforderlich sind. In diesem Falle müssen diese Urkunden den Erfordernissen des § 107 entsprechen und der Antrag muß sich mit der Bewilligung decken. Fehlt es aber in den dem Antrage beigefügten Urkunden an einer Erklärung und wird diese Erklärung mit dem Antrage verbunden, so bedarf dieses Schriftstück ebenfalls, ebensogut wie alle anderen Erklärungen, der Form des § 107. — Für den Eintragungsantrag einer Behörde gilt auch hier das in § 107 Anm. 5 Gesagte.

2. Die Vollmacht folgt den Regeln, die für den Eintragungsantrag gegeben sind. Kann nach dem in Anm. 1 Bemerkten der letztere formlos gestellt werden, dann bedarf es auch für die Vollmacht keiner besonderen Form; andernfalls ist für die Vollmacht die für den Antrag vorgeschriebene Form des § 107 Abs. 1 erforderlich.

Hier handelt es sich nur um solche Vollmachten, die auf Rechtsgeschäften beruhen, nicht um die auf Gesetz oder organisatorischer Bestimmung beruhenden Vertretungsbefugnisse, welch letztere durch öffentliche Urkunden nachzuweisen sind. OLG. Colmar 12. Januar 1903 in Rechtspr.d.OLG. 6 S. 102 unter b.

Wegen der vermuteten Vollmacht des Notars vgl. § 15 GBO. (oben § 100 Anm. 7) und § 13 Anm. 3f.

§ 109.

Erklärungen, durch die ein Eintragungsantrag zurückgenommen oder eine zur Stellung des Eintragungsantrags erteilte Vollmacht widerrufen wird, bedürfen der im § 107 Abs. 1 vorgeschriebenen Form.

---

1. Die Vorschrift ist gleichlautend mit § 32 GBO. und im Interesse der Rechtssicherheit erlassen. Selbst wenn der Eintragungsantrag sowie die Vollmacht zur Stellung eines solchen im Falle des § 108 keiner Form bedurften, so bedarf doch die Zurücknahme des Antrags bzw. der Widerruf der Vollmacht der in § 107 Abs. 1 vorgeschriebenen Form. Für den Nachweis der Kraftloserklärung einer Vollmachtsurkunde (§ 176 BGB.) — ein Fall, der vorliegend kaum jemals praktisch werden dürfte — würde § 107 Abs. 2 maßgebend sein. — Wird von einer Behörde deren Ersuchen um Eintragung (§ 110) zurückgenommen, so ist die Zurücknahme in derselben Form abzufassen wie das Ersuchen. Willenbücher, Liegenschaftsrecht rc. Anm. 1 zu § 32 GBO.

Der Zurücknahme des Antrags muß nachträgliche Einschränkung desselben gleichgeachtet werden.

2. Berechtigt zur Zurücknahme des Eintragungsantrags ist nur der Antragsteller selbst, bei einem durch einen Bevollmächtigten (Notar) gestellten Antrage auch der Vertretene. Haben mehrere den Antrag gestellt, so können sie ihn auch nur gemeinsam zurücknehmen. KG. in Johow 2 S. 118, 4 S. 177. So Willenbücher, Liegenschaftsrecht rc. Anm. 2 zu § 32 GBO., Rausnitz § 109 Anm. 2, Schultze-Görlitz § 109 Anm. 2. A. M. mit Dorner, § 109 Anm. 2, der mehrfache Unterscheidungen macht, Birkenbihl § 109 Anm. 2, Fuchs § 109 Anm. 3, 4.

3. Es ist nicht gesagt, bis zu welchem Zeitpunkt ein Eintragungsantrag noch zurückgenommen werden kann. Aus der Natur der Sache folgt, daß das so lange geschehen kann, als der Antrag noch nicht erledigt, d. h. also die Eintragung noch nicht erfolgt ist.

§ 110.

In den Fällen, in denen nach gesetzlicher Vorschrift eine Behörde befugt ist, die Registerbehörde um eine Eintragung zu ersuchen, erfolgt die Eintragung auf Grund des Ersuchens der Behörde.

1. Die Bestimmung entspricht dem § 39 GBO. Hier ist nur an ein Ersuchen gedacht, das die Behörde in Ausübung ihrer obrigkeitlichen Befugnisse und in Erfüllung ihrer obrigkeitlichen Aufgabe stellt. In einem solchen Falle bedarf es nicht des Nachweises der Eintragungsbewilligung oder der sonstigen zu der Eintragung erforderlichen Erklärungen nach den §§ 104, 105, § 107 Abs. 1; diese, wie auch der Antrag (§ 100), werden durch das behördliche Ersuchen ersetzt. Die übrigen allgemeinen Voraussetzungen der Eintragung, insbesondere auch die der zuvor erfolgten Eintragung des Berechtigten im Sinne des § 111, müssen aber auch bei dem Ersuchen einer Behörde gegeben sein. — Das Ersuchen muß den Erfordernissen des § 106 genügen.

Stellt eine Behörde als Partei, z. B. als Vertreterin des Fiskus, Anträge, so trifft der § 110 nicht zu. Hierüber vgl. § 107 Anm. 5, § 108 Anm. 2.

2. Die behördliche Befugnis kann auf reichs- und landesgesetzlicher Vorschrift beruhen. Hierher gehörige Fälle: vgl. §§ 54, 122, 123; ferner Ersuchen des Prozeßgerichts auf Grund einer einstweiligen Verfügung § 941, § 942 Abs. 2 ZPO., des Vollstreckungsgerichts nach den §§ 130, 162, 169 Zwangsversteigerungsgesetzes und andere.

3. Die Registerbehörde (Vorbemerkung zu diesem Abschnitte unter 4) hat nur die gesetzliche Befugnis der Behörde zu dem von ihr vorgelegten Ersuchen, die Form des Ersuchens und die allgemeinen Voraussetzungen, insbesondere die Zulässigkeit der begehrten Eintragung zu prüfen. Willenbücher, Liegenschaftsrecht ꝛc. Anm. 3 zu § 39 GBO.

Gegen die Ablehnung des Ersuchens findet Beschwerde statt; sie steht allein der ersuchenden Behörde zu.

§ 111.

Eine Eintragung soll nur erfolgen, wenn derjenige, dessen Recht durch sie betroffen wird, als der Berechtigte eingetragen ist.

Ist derjenige, dessen Recht durch eine Eintragung betroffen wird, Erbe des eingetragenen Berechtigten, so findet die Vorschrift des Abs. 1 keine Anwendung, wenn die Übertragung oder die Aufhebung des Rechtes eingetragen werden soll oder wenn der Eintragungsantrag durch die Bewilligung des Erblassers oder eines Nachlaßpflegers oder durch einen gegen den Erblasser oder den Nachlaßpfleger vollstreckbaren Titel begründet wird. Das gleiche gilt für eine Eintragung auf Grund der Bewilligung eines Testamentsvollstreckers oder auf Grund eines gegen diesen vollstreckbaren Titels, sofern die Bewilligung oder der Titel gegen den Erben wirksam ist.

1. **Abs. 1** ist gleichlautend mit § 40 Abs. 1 GBO. und enthält eine auf die Gültigkeit der Eintragung einflußlose Ordnungsvorschrift, deren Nichtbeachtung die Eintragung nicht unwirksam macht. Die Vorschrift bezieht sich auf Eintragungen jeder Art, soweit sie Schiffspfandrechte betreffen.

2. Abweichend von den Bestimmungen des Grundbuchrechts ist die Wirksamkeit der Pfandbestellung an einem im Schiffsregister eingetragenen Schiffe schlechthin davon abhängig, daß dem Verpfänder das Eigentum an dem Schiffe zusteht. Die Angabe des Schiffseigentümers im Register dient im wesentlichen dem öffentlich-rechtl. Zwecke, für den internat. Verkehr über das Eigentumsverhältnis Auskunft zu geben. Sie ist dagegen nicht bestimmt, das Eigentum mit Rücksicht auf die privatrechtl. Verhältnisse des Schiffes festzustellen und bietet demgemäß in dieser Hinsicht auch nicht das Maß von Zuverlässigkeit, welches dem Grundbuch beiwohnt. Vgl. Denkschr. z. Entw. des BGB. S. 153, 154. Vgl. auch Vorbemerkung zu diesem Abschnitt unter 3.

Es kann nun sowohl der Fall eintreten, daß der verpfändende Eigentümer unrichtigerweise nicht als Eigentümer im Schiffsregister eingetragen ist, als auch der, daß der verpfändende Nichteigentümer zu Unrecht als Eigentümer eingetragen ist. Den hieraus unter Umständen erwachsenden Schwierigkeiten begegnete der durch Art. 12 Einf.Ges. z. HGB. aufgehobene § 131 Abs. 2 des Gesetzes betr. die privatrechtl. Verhältnisse der Binnenschiffahrt v. 15. Juni 1895 durch die Bestimmung, daß die Eintragung der Verpfändung nur auf Grund der Bewilligung desjenigen stattfinde, welcher als Eigentümer des Schiffes in das Register eingetragen ist. Da nun als Eigentümer nur eingetragen wird, wer sein Recht glaubhaft gemacht hat, so war immerhin einige Gewähr für die Richtigkeit der Angaben des Registers gegeben. Eine derartige Bestimmung hat aber weder das BGB. noch das vorliegende Gesetz aufgenommen; die Denkschrift zu letzterem (S. 67, vgl. oben § 101 Anm. 1 a. E.) hält dieselbe vielmehr für überflüssig wegen der in Abs. 1 des § 111 aufgenommenen allgemeinen Vorschrift.

Wegen des von der Eintragung „Betroffenen" vgl. § 100 Anm. 5.

3. Wie schon in Anm. 1 zu § 104 bemerkt, ist die Abtretung der Pfandforderung und des Pfandrechts oder eine sonstige Änderung in Ansehung des Pfandrechts unabhängig von der Eintragung im Schiffsregister. Wenn aber eine solche Rechtsänderung eingetragen werden soll, dann muß zuvor der Berechtigte, Eigentümer oder Pfandgläubiger, eingetragen sein oder gleichzeitig eingetragen werden, und es bietet somit zunächst die Vorschrift des Abs. 1 dem eingetragenen Berechtigten einen Schutz dagegen, daß ein anderer unbefugterweise über sein Recht verfügt. Ist andererseits der Berechtigte, welcher die Eintragung einer Rechtsänderung bewilligt hat, nicht eingetragen, so bildet, da seine Eintragung vorher herbeigeführt worden sein muß, diese Notwendigkeit andererseits für den Antragsteller eine Garantie, daß er es mit dem wirklich Berechtigten zu tun hat. Die Eintragung herbeizuführen, ist letzterenfalls Sache des Antragstellers bzw. der ersuchenden Behörde (§ 100 bzw. § 110). Soweit es sich hierbei um einen etwa zu überwindenden Widerstand des Schuldners handelt, gewähren §§ 792, 896 ZPO. und, soweit es sich um den Widerstand eines Dritten handelt, der als Berechtigter eingetragen ist, gewähren § 256 daselbst durch die Feststellungsklage und ein gemäß § 14 GBO. (vgl. oben § 100) anschließender Berichtigungsantrag (§§ 100 bis 102) die erforderlichen Mittel.

4. Die Vorschrift des Abs. 1 gilt auch dann, wenn eine Eintragung zum Zwecke der Berichtigung des Schiffsregisters erfolgen soll. Die Rechtslage ist hier dieselbe, wie in dem Falle, daß der nicht eingetragene Berechtigte eine Rechtsänderung bewilligt hat, da nach den §§ 1263, 895 BGB. derjenige, dessen Recht von der Berichtigung betroffen wird, auf Verlangen des durch die Unrichtigkeit des Schiffsregisters Beeinträchtigten verpflichtet ist, sein Recht eintragen zu lassen.

5. Nach der Denkschrift (S. 67) ist die Vorschrift andererseits gegeben, um der Registerbehörde die Legitimationsprüfung dahin zu erleichtern, daß sie denjenigen, welcher als der Berechtigte eingetragen ist, als den wirklich Berechtigten ansehen darf, solange sich nicht besondere Anstände ergeben.

6. Der Abs. 2 entspricht dem § 41 GBO. und enthält eine Ausnahme von der Regel des Abs. 1 in dem Sinne, daß es der vorherigen Eintragung des Erben für die angegebenen Fälle nicht bedarf. Die Vorschrift gilt für jede Art von Erben, auch für Erbeserben. RG. 53 S. 298, KG. 23. März 1903 in Johow 26 S. A 96 Nr. 29. Wegen Vorerben und Nacherben vgl. KG. 16. Februar 1903 in Rechtspr.d.OLG. 6 S. 320, 3. November 1902 daselbst S. 327, Zus.d.RJAmts 3 S. 202, 250. Vgl. ferner „Recht" 1901 S. 423f. Diese Abweichung von der Regel erleichtert insbesondere dann die Lage desjenigen, welcher zu einer Eintragung berechtigt ist, wenn aus irgend einem Grunde die Person des Erben noch nicht feststeht, jedoch die Bewilligung des eingetragenen Erblassers oder eines Nachlaßpflegers oder ein gegen den Erblasser oder Nachlaßpfleger vollstreckbarer Titel vorliegt und damit der Eintragungsantrag begründet wird. — Die Vorschrift gilt nur für Erben, nicht für andere Rechtsnachfolger: Erbschaftskäufer (§ 2033 BGB., KG. 30. Dezember 1901 in Rechtspr.d.OLG. 4 S. 189 unter f), den überlebenden Ehegatten und die Kinder,

welche die Gütergemeinschaft fortsetzen (KG. 21. Mai 1902, daselbst 5 S. 300 unter i, 14. März 1904 in Johow 27 S. A 258 Nr. 74, OLG. Hamburg 24. November 1902, daselbst 6 S. 11 Nr. 3a), Vermächtnisnehmer (§§ 2174, 2176 BGB.).

7. Als Nachlaßpfleger (§§ 1960 ff. BGB.) ist auch der Nachlaßverwalter (§§ 1975 ff. BGB.) anzusehen; beiden ist der Testamentsvollstrecker nur unter der angegebenen Beschränkung gleichgestellt, weil der letztere nur unter gewissen Voraussetzungen und innerhalb gewisser Grenzen (vgl. §§ 2205 bis 2209, 2213 BGB.) über den Nachlaß verfügen kann.

8. Entsprechende Anwendung der beiden in Abs. 2 aufgestellten Ausnahmebestimmungen in anderen, vom Wortlaut des Gesetzes nicht umfaßten Fällen der Rechtsnachfolge ist unzulässig. So Willenbücher, Liegenschaftsrecht ꝛc. Anm. 5 zu § 41 GBO. unter Berufung auf KG. in Johow 20 S. A 300, 21 S. A 283, 25 S. A 159, 26 S. A 151, Rechtspr.d.OLG. 5 S. 300. Die Vorschrift gilt insbesondere dann nicht, wenn das Pfandrecht nicht übertragen oder aufgehoben, sondern nur inhaltlich geändert werden soll (KG. 28. September 1903 in Johow 27 S. A 125 Nr. 36) oder wenn Erben ein Pfandrecht erst bestellen wollen (KG. 22. Februar 1904 in Johow 27 S. A 263 Nr. 76).

§ 112.

Bei einem Pfandrechte für die Forderung aus einer Schuldverschreibung auf den Inhaber, aus einem Wechsel oder einem anderen Papiere, das durch Indossament übertragen werden kann, soll eine Eintragung nur erfolgen, wenn die Urkunde vorgelegt wird.

Diese Vorschrift findet keine Anwendung, wenn eine Eintragung auf Grund der Bewilligung eines nach den §§ 1189, 1270 des Bürgerlichen Gesetzbuchs bestellten Vertreters oder auf Grund einer gegen diesen erlassenen gerichtlichen Entscheidung bewirkt werden soll.

---

1. Der Paragraph entspricht im wesentlichen dem § 44 GBO. bis auf die Bestimmung des letzteren, daß die Eintragung auf der Urkunde zu vermerken ist. Über letzteres unten § 120 Abs. 2.

2. **Zu Abs. 1.** Pfandrechte für Forderungen der in Abs. 1 bezeichneten Art sind nach Maßgabe des in Anm. 4 abgedruckten § 1270 BGB. zulässig. Außer Erfüllung der allgemeinen für jede Eintragung erforderlichen Voraussetzungen ist hier zur besonderen Bedingung gemacht, daß die Urkunde über die Forderung vorgelegt wird. Eine dem Hypothekenbrief entsprechende Urkunde über das Pfandrecht wird bei Schiffspfandrechten überhaupt nicht ausgestellt; ein solcher Brief wird aber nach Grundbuchrecht auch nicht bei Hypotheken aus Forderungen der bezeichneten Art erteilt; hier vertritt die Schuldurkunde mit dem Vermerk im Verkehre den Hypothekenbrief.

Die Vorschrift des Abs. 1 ist nur instruktionell; ihre Verletzung macht die Eintragung also nicht unwirksam.

Die Bestimmung bezieht sich nur auf bestehende, also bereits eingetragene „Pfandrechte", d. h. also daß nur bei späteren Rechtsänderungen an einem bereits eingetragenen Pfandrecht, nicht dagegen bei der ersten Eintragung eines Pfandrechts der bezeichneten Art die Vorlegung der Schuldurkunden erforderlich ist. OLG. Colmar 19. Dezember 1902 in Rechtspr.d.OLG. 6 S. 105 unter e.

3. Die Vorlegung der Schuldurkunde kann selbstverständlich dann nicht gefordert werden, wenn ihre Vernichtung bewiesen oder wenn sie für kraftlos erklärt ist. Rausnitz, § 112 Anm. 3, hält es nicht für richtig, daß der bloße Beweis der Vernichtung von der Vorlegung befreien soll, weil sonst die Registerbehörde mit einer ihr nicht aufzubürdenden Prüfungspflicht belastet würde.

4. Zu Abs. 2. Die Vorlegung der Urkunde über die Forderung ist nach Abs. 2 nicht nötig, wenn für den „jeweiligen" Gläubiger ein Vertreter bestellt, dessen Eintragung im Register erforderlich ist. Ist das der Fall, so kann dieser Vertreter jederzeit entweder Eintragungen bewilligen oder zur Bewilligung verurteilt werden.

Die hier interessierenden Paragraphen des BGB. lauten wie folgt:

§ 1187. Für die Forderung aus einer Schuldverschreibung auf den Inhaber, aus einem Wechsel oder aus einem anderen Papiere, das durch Indossament übertragen werden kann, kann nur eine Sicherungshypothek bestellt werden. Die Hypothek gilt als Sicherungshypothek, auch wenn sie im Grundbuche nicht als solche bezeichnet ist. Die Vorschrift des § 1154 Abs. 3 findet keine Anwendung.

§ 1188. Zur Bestellung einer Hypothek für die Forderung aus einer Schuldverschreibung auf den Inhaber genügt die Erklärung des Eigentümers gegenüber dem Grundbuchamte, daß er die Hypothek bestelle, und die Eintragung in das Grundbuch; die Vorschrift des § 878 findet Anwendung.

Die Ausschließung des Gläubigers mit seinem Rechte nach § 1170 ist nur zulässig, wenn die im § 801 bezeichnete Vorlegungsfrist verstrichen ist. Ist innerhalb der Frist die Schuldverschreibung vorgelegt, oder der Anspruch aus der Urkunde gerichtlich geltend gemacht worden, so kann die Ausschließung erst erfolgen, wenn die Verjährung eingetreten ist.

§ 1189. Bei einer Hypothek der im § 1187 bezeichneten Art kann für den jeweiligen Gläubiger ein Vertreter mit der Befugnis bestellt werden, mit Wirkung für und gegen jeden späteren Gläubiger bestimmte Verfügungen über die Hypothek zu treffen und den Gläubiger bei der Geltendmachung der Hypothek zu vertreten. Zur Bestellung des Vertreters ist die Eintragung in das Grundbuch erforderlich.

Ist der Eigentümer berechtigt, von dem Gläubiger eine Verfügung zu verlangen, zu welcher der Vertreter befugt ist, so kann er die Vornahme der Verfügung von dem Vertreter verlangen.

§ 1270. Auf das Pfandrecht für die Forderung aus einer Schuldverschreibung auf den Inhaber, aus einem Wechsel oder aus einem anderen Papiere, das durch Indossament übertragen werden kann, finden die Vorschriften des § 1189, auf das Pfandrecht für die Forderung aus einer Schuldverschreibung auf den Inhaber finden auch die Vorschriften des § 1188 entsprechende Anwendung.

§ 113.

Jede Eintragung soll den Tag, an welchem sie erfolgt ist, angeben und mit der Unterschrift des zuständigen Beamten versehen werden.

---

1. Der Paragraph ist dem § 45 GBO. entsprechend; die Vorschrift ist instruktionell, so daß auch eine Eintragung ohne Datum und Unterschrift gültig ist. Weder auf

den Tag der Eintragungsverfügung, noch den Tag der Eintragungsunterzeichnung, noch auf die Unterzeichnung des Eintragungsvermerks kommt es an, sondern nur auf die Eintragung selbst und den Tag dieser; §§ 1260, 1261 in Verbindung mit den §§ 879 bis 881 BGB. An die Eintragung als solche knüpft sich die materielle und formelle Wirksamkeit. Vgl. § 16 Anm. 2a a. E. Hätte die Wirksamkeit der Eintragung von der Unterzeichnung abhängig gemacht werden sollen, so hätte vorgeschrieben werden müssen, daß der Tag der Unterzeichnung beizufügen sei. Die Unterzeichnung gewährleistet nur die Echtheit des Eintragungsvermerkes. Die unterlassene Datierung kann aber, z. B. im Falle des § 879 Abs. 1 Satz 2 in Verbindung mit § 1261 BGB., materielle Bedeutung haben. Vgl. Willenbücher, Liegenschaftsrecht ꝛc., Anm. 1, 2 zu § 45 GBO. Vgl. „Recht" 1900 S. 279 f.

2. Die Bestimmung darüber, von wem die Eintragungsvermerke zu unterzeichnen sind, ist dem Landesrecht überlassen. Nach preuß. Recht, Art. 29 Abs. 3 Pr.FGG., sind sie von dem Registerrichter und dem Gerichtsschreiber zu unterzeichnen.

§ 114.

Die Eintragungen erhalten diejenige Reihenfolge, welche der Zeitfolge der Anträge entspricht; sind die Anträge gleichzeitig gestellt, so ist, wenn unter den Eintragungen ein Rangverhältnis besteht, im Schiffsregister zu vermerken, daß die Eintragungen gleichen Rang haben.

Diese Vorschriften finden insoweit keine Anwendung, als das Rangverhältnis von den Antragstellern abweichend bestimmt ist.

1. Der Paragraph entspricht dem § 46 GBO. unter Berücksichtigung des Umstandes, daß es sich bei ihm nur um Pfandrechte, nicht um andere Rechte, die in verschiedenen Abteilungen einzutragen sind, handelt.

2. Das Rangverhältnis der an einem Schiffe bestellten Pfandrechte bestimmt sich gemäß § 1261 BGB. nach den für die Rangbestimmung, die Rangänderung und den Rangvorbehalt in bezug auf Rechte an Grundstücken in den §§ 879 bis 881 und in § 1151 BGB. gegebenen Vorschriften. Im Anschluß daran, daß das Rangverhältnis zunächst sich nach der Reihenfolge der Eintragungen bestimmt, ordnet der § 114 das Verfahren, in welcher Reihenfolge diese Eintragungen zu bewirken sind. Die Vorschrift bezieht sich auf alle Eintragungen in Ansehung der Pfandrechte, namentlich auch auf Verfügungsbeschränkungen an solchen.

Bei der Entscheidung über das Alter eines Antrags sind die §§ 17, 18 GBO. — siehe oben § 100 und Anm. 7 daselbst — zu berücksichtigen.

§ 115.

Die Löschung eines Rechtes oder einer Verfügungsbeschränkung erfolgt durch Eintragung eines Löschungsvermerkes.

Die Vorschrift entspricht dem § 47 Abs. 1 GBO. Der Löschungsvermerk muß den Erfordernissen des § 113 entsprechen, er darf also nicht nur darin bestehen, daß der eingetragene Vermerk etwa durchstrichen wird. Es können aber die Landesjustizverwaltungen anordnen, daß neben dem Löschungsvermerke noch in anderer Weise die Löschung ersichtlich gemacht wird, z. B. durch Unterstreichen oder Durchstreichen.

§ 116.

Werden mehrere Schiffe mit einem Pfandrechte belastet, so ist auf dem Blatte jedes Schiffes die Mitbelastung der übrigen von Amts wegen erkennbar zu machen. Das gleiche gilt, wenn mit einem an einem Schiffe bestehenden Pfandrechte nachträglich noch ein anderes Schiff belastet wird. Soweit eine Mitbelastung erlischt, ist dies von Amts wegen zu vermerken.

---

1. Der Paragraph entspricht dem § 49 GBO.

2. Liegt eine Gesamtbelastung vor, so haftet jedes Schiff für die ganze Forderung; das Pfandrecht erlischt aber mit der Forderung, für die es besteht (§§ 1266, 1222, 1252 BGB.). Es liegt daher im Interesse der Rechtssicherheit, einerseits die Mitbelastung und andererseits die Löschung derselben von Amts wegen bemerkbar zu machen.

3. Die Art, wie die Mitbelastung kenntlich zu machen ist, ist der Regelung durch die Landesgesetzgebung überlassen, insbesondere auch für den Fall, wenn die mehreren Schiffe in die Register verschiedener Registerbehörden eingetragen sind.

§ 117.

Bei der Eintragung eines Pfandrechts für Teilschuldverschreibungen auf den Inhaber genügt es, wenn der Gesamtbetrag der Forderungen unter Angabe der Anzahl, des Betrags und der Bezeichnung der Teile eingetragen wird.

Die Vorschrift entspricht dem § 51 Abs. 1 GBO. Sie bedeutet, daß nicht für jede Teilforderung, für welche eine Teilschuldverschreibung ausgestellt ist, ein besonderes Pfandrecht eingetragen werden müsse. Sie hat ihr Vorbild in § 20 des Preuß. Gesetzes, betr. das Pfandrecht an Privateisenbahnen, v. 19. August 1895. Sie ergänzt den § 1260 Abs. 2 BGB., lautend:

> In der Eintragung müssen der Gläubiger, der Geldbetrag der Forderung und, wenn die Forderung verzinslich ist, der Zinssatz angegeben werden. Zur näheren Bezeichnung der Forderung kann auf die Eintragungsbewilligung Bezug genommen werden

soweit es sich um die Angabe des Geldbetrages der Forderung handelt, läßt ihn aber im übrigen unberührt. — Vgl. dazu § 112. — Wegen der Schuldverschreibungen auf den Inhaber vgl. die §§ 793 ff., 1187, 1270 BGB.

§ 118.

Ist ein Testamentsvollstrecker ernannt, so ist dies bei der Eintragung des Erben des Gläubigers von Amts wegen miteinzutragen, es sei denn,

daß das eingetragene Recht der Verwaltung des Testamentsvollstreckers nicht unterliegt.

---

1. Die Vorschrift, welche dem § 53 GBO. entspricht, beruht auf der Erwägung, daß nach § 2211 Abs. 1 BGB. der Erbe über einen der Verwaltung des Testamentsvollstreckers unterliegenden Nachlaßgegenstand nicht verfügen kann. Der Zweck dieser Bestimmung bringt es daher mit sich, die Ernennung eines Testamentsvollstreckers im Register für Dritte erkennbar zu machen. Da aber das Verfügungsrecht des Erben nur insoweit ausgeschlossen ist, als die Verwaltungsbefugnis des Testamentsvollstreckers reicht, so findet die Bestimmung keine Anwendung bei Rechten, die der Verwaltung des Testamentsvollstreckers nicht unterliegen. Über Testamentsvollstrecker §§ 2197 ff. BGB.

2. Die Vorschrift ist im öffentlichen Interesse erlassen. Die Registerbehörde hat daher, wenn die Eintragung eines Erben beantragt wird, von Amts wegen zu beachten, ob ein Testamentsvollstrecker ernannt und ob seine Verwaltung beschränkt ist. Dabei kann sie sich zunächst an die über die Erbfolge vorgelegten Urkunden halten (§§ 2208, 2364, 2368 BGB.); weitere Feststellungen, insbesondere auch im Falle des § 2208 BGB., in Gemäßheit des § 12 hat sie nur in Zweifelsfällen vorzunehmen. Vgl. auch § 107 und Anm. 4 und 7 daselbst.

3. Erforderlich ist nur die Eintragung, daß ein Testamentsvollstrecker ernannt ist; die Beifügung des Namens ist nicht notwendig. Ob die Eintragung schon vor der Annahme des Amtes geschehen könne, ist streitig. Dafür Dorner § 118 Anm. 2, Fuchs § 118 Anm. 2. A. M. Schneider § 118 Anm. 4.

4. Wegen Eintragung eines Nacherben (§ 52 GBO.) vgl. oben Vorbemerkung zu diesem Abschnitt unter 3.

§ 119.

Ergibt sich, daß die Registerbehörde unter Verletzung gesetzlicher Vorschriften eine Eintragung vorgenommen hat, durch die das Schiffsregister unrichtig geworden ist, so ist von Amts wegen ein Widerspruch einzutragen. Erweist sich eine Eintragung nach ihrem Inhalt als unzulässig, so ist sie von Amts wegen zu löschen.

---

1. Der Paragraph entspricht dem § 54 Abs. 1 GBO. und enthält nähere Bestimmungen über die den Behörden der freiw. Ger. nach § 18 allgemein beigelegte Befugnis, ihre eigenen Verfügungen, soweit sie dieselben nachträglich für ungerechtfertigt erachten, zu ändern. In Ansehung der vorgenommenen Eintragungen in die Schiffsregister soll diesen Behörden diese Befugnis nur in dem in § 119 bemerkten Umfange und der dort vorgesehenen Art zustehen. Daß diese Behörden diejenigen Verfügungen, durch welche eine Eintragung angeordnet wird, vor Bewirkung der letzteren jederzeit noch ändern können, ist bereits in Anm. 4 zu § 18 bemerkt. Hier handelt es sich um die Befugnis zur Änderung einer Eintragung selbst; und in diesem Sinne ist die Eintragung die eigentliche Verfügung. Die Befugnis gestaltet sich verschieden, je nachdem ein Fall des Satzes 1 oder 2 vorliegt.

2. In **Satz 1** handelt es sich um den Fall, daß die Registerbehörde unter

Verletzung gesetzlicher Vorschriften eine Eintragung vorgenommen hat. Unter gesetzlicher Vorschrift ist jede Rechtsnorm, einerlei ob Verfahrensvorschrift (§§ 100 ff.) oder materiellrechtlichen Inhalts, zu verstehen.

Die Verletzung der gesetzlichen Vorschrift muß durch die Registerbehörde stattgefunden haben und die Folge muß Unrichtigkeit des Registers sein. Ist das Register unrichtig geworden, d. h. stimmt sein Inhalt mit der wirklichen Rechtslage nicht überein, weil ohne Verletzung gesetzlicher Vorschriften durch die Registerbehörde bei der Eintragung die Eintragung etwa auf Grund unrichtiger Urkunden (§ 107) vorgenommen worden ist, so liegt nicht der Fall des § 119 vor. Ebensowenig, wenn eine ordnungsmäßig und ohne Verletzung gesetzlicher Vorschriften vorgenommene Eintragung durch nachfolgende Umstände nicht mehr die wirkliche Rechtslage wiedergibt.

Nur wenn die Unrichtigkeit auf die Registerbehörde zurückzuführen ist, ist gemäß Satz 1 von Amts wegen ein Widerspruch einzutragen; andernfalls ist es Sache der Beteiligten, nach Maßgabe des § 1263 in Verbindung mit den §§ 894, 895, 897, 898, § 899 Abs. 2 BGB. und der §§ 102 ff. die Berichtigung des Registers herbeizuführen.

Die Registerbehörde hat nur die Befugnis, einen Widerspruch einzutragen, dagegen nicht das Recht, die Berichtigung selbst von Amts wegen vorzunehmen. Diese weiter zu betreiben, ist nunmehr Sache der Beteiligten ebenfalls nach den vorgedachten Vorschriften. — Dieser Widerspruch ist eine vorläufige Eintragung zum Schutze gegen einen Erwerb auf Grund des guten Glaubens des öffentlichen Buchs (§§ 892, 899, 1263 BGB.). KG. 16. Februar 1903 in Johow 26 S. A 77 Nr. 23. Dem Schiffsregister kommt aber nach den §§ 1262, 1263 BGB. nur bei der Löschung eines Pfandrechts öffentlicher Glaube zu. Deshalb hat die Vorschrift des Satzes 1 auch nur insoweit praktische Bedeutung. Hat die Registerbehörde eine andere Eintragung als eine Löschung unter Verletzung gesetzlicher Vorschriften vorgenommen, so könnte ebensogut wie bei unrichtigen Eintragungen im Handelsregister die Löschung vorgenommen werden, da ihr kein öffentlicher Glaube zukommt. Schneider § 119 Anm. 4. Der Widerspruch hat den Charakter einer Eintragung im Sinne der Anm. 1. Die Eintragung eines weiteren Widerspruchs gegen einen eingetragenen Widerspruch ist indessen für unzulässig zu erachten; auch im Wege der Beschwerde kann der eingetragene Widerspruch weder durch Eintragung eines solch neuen Widerspruchs noch durch Löschung beseitigt werden. Mangels einer Einigung der Beteiligten ist die Beseitigung also nur im Prozeßwege möglich. KG. 17. September 1900 in Johow 20 S. A 217, 19. November 1900, daselbst 21 S. A 147, Rechtspr.d.OLG. 2 S. 59. Auch gegen eine Vormerkung kann ein Widerspruch nicht eingetragen werden. KG. 28. Januar 1901 in Johow 21 S. A 286 Nr. 71; desgleichen nicht gegen den Zwangsversteigerungsvermerk, KG. 16. Februar 1903 in Johow 26 S. A 77 Nr. 23.

3. Der Satz 2 bezieht sich auf inhaltlich unzulässige Eintragungen; es kommt also die Verletzung von Formvorschriften nicht in Betracht. Schneider § 119 Anm. 6. Mit der Vorschrift sollen solche Rechte getroffen werden, welche an sich der Buchung nicht zugänglich sind. KG. 16. Februar 1903 in Johow 26 S. A 77 Nr. 23. Auch unwirksame und völlig bedeutungslose Eintragungen sind in diesem Sinne unzulässige Eintragungen. KG. 30. Juni 1902 in Rechtspr.d.OLG. 5 S. 434 unter g. Einige Fälle unzulässiger Eintragungen vgl. in Anm. 2.

4. Sowohl in den Fällen der Anm. 2 wie denen der Anm. 3 kann die Eintragung des Widerspruchs bzw. der Löschung auch auf Antrag des von der Eintragung Betroffenen erfolgen. In einem Antrage auf Löschung (Satz 2) ist ein Antrag auf Eintragung eines Widerspruchs (Satz 1) als stillschweigend enthalten anzusehen. KG. 16. Februar 1903 in Johow 26 S. A 77 Nr. 23.

5. Die Vorschrift des § 119 bezieht sich nur auf das Schiffspfandrecht. Schneider § 119 Anm. 1. A. M. Fuchs, § 119 Anm. 1aα, der auch die Eintragung des Schiffseigners darunter fallen läßt.

Die Vorschrift bezieht sich auch nur auf die in § 119 speziell genannten Fälle. In allen anderen Fällen unrichtiger Eintragungen muß das Berichtigungsverfahren (§ 102) stattfinden. Rausnitz § 119 Anm. 7.

§ 120.

Jede Eintragung ist baldtunlichst auf dem Schiffszertifikat oder dem Schiffsbriefe zu vermerken.

Wird eine Urkunde über die Pfandforderung vorgelegt, so ist die Eintragung auch auf dieser Urkunde unter kurzer Bezeichnung des Inhalts der Eintragungen, welche dem Pfandrecht im Range vorgehen oder gleichstehen, zu vermerken. Der Vermerk ist mit Unterschrift und Siegel zu versehen.

---

1. **Zu Abs. 1.** Schiffszertifikat ist die bei Seeschiffen, Schiffsbrief die bei Binnenschiffen von der Registerbehörde über die Eintragung eines Schiffs im Schiffsregister erteilte Urkunde, in welche der vollständige Inhalt der Eintragung aufzunehmen ist. Treten Veränderungen in den eingetragenen Tatsachen oder Rechtsverhältnissen ein, so ist dies unter Einreichung des Schiffszertifikats bzw. Schiffsbriefs anzumelden, im Register einzutragen und auf dem Zertifikat bzw. Briefe zu vermerken. Die zur Anmeldung Verpflichteten können zur Befolgung ihrer Obliegenheiten von der Registerbehörde durch Ordnungsstrafen nach Maßgabe der Vorschriften angehalten werden, welche für die Verhängung von Ordnungsstrafen in betreff der Anmeldungen zum Handelsregister — §§ 132 bis 139 — gelten. Flaggenrechtsgesetz v. 22. Juni 1899 §§ 10 bis 15, Binnenschiffahrtsgesetz v. 15. Juni 1895 §§ 125 bis 127.

Diese Vorschriften gelten auch für die Vermerkung einer Eintragung in Ansehung eines Schiffspfandrechts auf dem Zertifikat bzw. dem Briefe. Durch den vorgesehenen Vermerk werden diese Urkunden hinsichtlich der Schiffspfandrechte mit dem Inhalte des Registers in Einklang erhalten und die Behörden, insbesondere die Konsuln, sind dann imstande, die Pfandgläubiger von allen für sie wichtigen Vorkommnissen zu benachrichtigen. Ältere Partikularrechte machten die Eintragung des Pfandrechts in das Schiffsregister davon abhängig, daß der Antragsteller das Zertifikat einreichte oder wenigstens nachwies, daß der deutsche Konsul des Hafens, in welchem sich das Schiff befand, das Pfandrecht auf dem Zertifikat vermerkt hatte. Durch eine derartige Regelung wird aber die Bestellung von Pfandrechten an den in See befindlichen Schiffen unmöglich gemacht oder doch erschwert. Deswegen macht das Gesetz die Eintragung des Pfandrechts und der damit etwa vorkommenden Veränderungen nicht von der Vorlegung der Schiffsurkunden abhängig, sondern schreibt nur vor, daß die Eintragung „baldtunlichst" darauf zu vermerken sei. Die Registerbehörde hat demnach zu dem oben erwähnten Zwecke die Vorlegung der Schiffsurkunde zu veranlassen, aber die Eintragung auch schon vorher vorzunehmen.

Die Herbeiführung des Vermerks auf den bezeichneten Urkunden ist unter Berücksichtigung der §§ 2, 194 selbstverständlich auch mittels Rechtshilfe tunlich, indem die Registerbehörde, bei welcher die Eintragung in das Register erfolgt, eine andere Registerbehörde oder einen deutschen Konsul ersuchen kann, den Vermerk auf die Schiffsurkunde zu setzen.

2. **Zu Abs. 2.** Aus der Fassung des Abs. 2 geht hervor, daß es sich nicht um eine Urkunde über das Pfandrecht, also eine Urkunde handelt, die mit dem Hypothekenbriefe in Parallele zu stellen wäre; eine solche wird überhaupt über ein Schiffspfandrecht nicht ausgestellt. Gemeint ist vielmehr die Urkunde über die Pfandforderung, die Schuld- und Pfandverschreibung. Auf diese Urkunde soll die Eintragung nur vermerkt werden, wenn sie vorgelegt wird. Ein Zwang zur Vorlegung findet nur in den Fällen des § 112 statt.

3. Die Einrichtung der Schiffszertifikate ist durch Bekanntm. des Reichskanzlers v. 10. November 1899 bestimmt, die der Schiffsbriefe richtet sich nach Landesrecht (preuß. JMVerf. v. 11. Dezember 1899, JMBl. S. 753). Die Form der Eintragungen, die ein Pfandrecht betreffen, auf einer Schiffsurkunde (Abs. 1) wird durch Landesrecht bestimmt. Nach der bezeichneten JMVerf. sind diese Eintragungen unter dem Siegel oder dem Stempel des Amtsgerichts und unter der Unterschrift des Richters zu vermerken. Nach preuß. JMVerf. v. 24. Januar und 6. April 1900 genügt als Siegel nicht das Aufkleben eines mit dem Farbstempel bereits versehenen Papierstückes mittels Oblate, das Siegel muß vielmehr aus einem besonderen mit dem Papier zu verbindenden Stoffe (Lack, Oblate) hergestellt sein, der den Eindruck des Siegelzeichens aufzunehmen imstande ist.

Die Form des Vermerkes auf einer Urkunde über die Pfandforderung (Abs. 2) richtet sich zunächst nach der Vorschrift des Abs. 2 Satz 2, im weiteren aber nach Landesrecht. Nach der eben bezeichneten preuß. JMVerf. (§ 5) ist hier die Unterschrift des Richters und des Gerichtsschreibers vorgesehen. Wegen des Siegels gilt das vorher Gesagte.

§ 121.

Jede Eintragung soll dem Antragsteller und dem eingetragenen Eigentümer sowie im übrigen allen aus dem Schiffsregister ersichtlichen Personen bekannt gemacht werden, zu deren Gunsten die Eintragung erfolgt ist oder deren Recht durch sie betroffen wird. Auf die Bekanntmachung kann verzichtet werden.

---

1. Der Paragraph entspricht dem § 55 GBO. und ist eine bloße Ordnungsvorschrift, deren Nichtbeachtung ohne Bedeutung ist.

2. Wegen der Bekanntmachung an mehrere Beteiligte und Bevollmächtigte vgl. § 16 Anm. 2b. Derjenige, dessen Recht durch die Eintragung betroffen ist, ist der sog. Passivbeteiligte: vgl. § 100 Anm. 5.

3. Wegen der Form der Bekanntmachung vgl. § 16 Abs. 2 Satz 2 und Abs. 3.

4. Der Verzicht auf die Bekanntmachung kann formlos erklärt werden. Vgl. auch § 11.

§ 122.

Die Beschwerde gegen eine Eintragung ist unzulässig. Im Wege der Beschwerde kann jedoch verlangt werden, daß die Registerbehörde angewiesen wird, nach § 119 einen Widerspruch einzutragen oder eine Löschung vorzunehmen.

---

1. Der Paragraph entspricht dem § 71 Abs. 2 GBO. und bildet eine Ausnahme von § 19 Abs. 1, wonach ganz allgemein gegen die Verfügungen der Registerbehörde die Beschwerde stattfindet. Aus der Bestimmung ergibt sich, daß Entscheidungen der Registerbehörde, durch die ein Antrag zurückgewiesen wird, unbeschränkt der Beschwerde unterliegen. Vgl. hierüber § 20 Abs. 2 und Anm. 2 daselbst.

2. Die Ausnahme, daß die Beschwerde gegen eine Eintragung unzulässig sein soll, ist mit Rücksicht auf die Rechtsstellung, welche durch die Eintragung für Dritte geschaffen wird, getroffen worden. Durch die Eintragung wird für die davon betroffenen Interessenten in gewissem Umfange formelles Recht geschaffen; ihre Änderung darf daher auch nur mit Einwilligung dessen erfolgen, dessen Recht davon betroffen würde. Demgemäß muß auch die einseitige Beschwerde versagt sein. Wenn dagegen die Voraussetzungen gegeben sind, unter denen nach § 119 die Registerbehörde selbst eine Eintragung von Amts wegen verbessern — also einen Widerspruch eintragen oder eine Löschung vornehmen — kann und soll, da muß auch dasselbe im Wege der Beschwerde erreicht werden können. Vgl. Denkschr. z. Entw. der GBO. S. 41. Die Worte „nach § 119" bedeuten daher, wie Schwarze, die Deutsche GBO., für die entsprechende Vorschrift des § 71 GBO. treffend bemerkt, nicht eine Verallgemeinerung des § 119 für das Beschwerdeverfahren, sondern nur, daß für die beiden Spezialfälle des § 119 eine Eintragung im Wege der Beschwerde erfolgen kann, im übrigen aber Eintragungen im Wege der Beschwerde nicht stattfinden. Vgl. dazu § 119 und die Anmerkungen daselbst, namentlich Anm. 4.

§ 123.

Das Beschwerdegericht kann vor der Entscheidung durch eine einstweilige Anordnung der Registerbehörde aufgeben, eine Vormerkung oder einen Widerspruch einzutragen.

Die Vormerkung oder der Widerspruch wird von Amts wegen gelöscht, wenn die Beschwerde zurückgenommen oder zurückgewiesen wird.

1. Die Vorschrift entspricht dem § 76 GBO. und enthält eine besondere Anwendung des § 24 Abs. 3. Sie ist erlassen, damit die Möglichkeit gegeben ist, etwaige Nachteile abzuwenden, welche den Beschwerdeführer treffen könnten, wenn in der Zwischenzeit bis zur Entscheidung über die Beschwerde Eintragungen erfolgten; denn

die Beschwerde hat keine aufschiebende Wirkung und durch ihre Einlegung wird daher die Eintragung auf Grund späterer Anträge nicht gehindert. OLG. Colmar 12. April 1902 in Rechtspr.d.OLG. 4 S. 496 unter b.

Die einstweilige „Anordnung" hat nicht den Charakter einer einstweiligen Verfügung (§§ 935, 940 ZPO.), denn sie beruht lediglich auf dem Amtsermessen und ist deshalb der Anfechtung entzogen. RG. 35 S. 341. Sie ist zu empfehlen, wenn die Beschwerde von vornherein begründet erscheint, die Entscheidung aber nicht alsbald ergehen kann. Willenbücher, Liegenschaftsrecht rc. Anm. 2 zu § 76 GBO.

2. Von den beiden Rechtsbehelfen ist je nach Verschiedenheit der Fälle der eine oder andere anzuordnen. Eine Vormerkung wird einzutragen sein, wenn die Beschwerde sich gegen die Zurückweisung eines Antrags auf Eintragung einer Rechtsänderung richtet, es sich also darum handelt, für den Beschwerdeführer die Stelle für eine künftige Eintragung zu sichern; die Eintragung eines Widerspruchs dagegen ist am Platze, wenn die Zurückweisung des Antrags auf Berichtigung des Registers oder eine von der Registerbehörde vorgenommene unrichtige Eintragung den Gegenstand der Beschwerde bildet, also in den Fällen der §§ 102 und 119. Vgl. Denkschrift zum Entw. der GBO. S. 42. Vgl. § 100 Note 2.

3. Die Mitteilung der einstweiligen Anordnung an den Beschwerdeführer ist nicht vorgeschrieben. Dagegen ist die auf Grund der Anordnung erfolgte Eintragung gemäß § 121 bekannt zu machen.

4. In den Fällen des Abs. 2 bedarf es also nicht erst noch der entsprechenden Anordnung des Beschwerdegerichts.

§ 124.

Bei der Einlegung der weiteren Beschwerde durch Einreichung einer Beschwerdeschrift bedarf es der Zuziehung eines Rechtsanwalts nicht, wenn die Beschwerde von dem Notar eingelegt wird, der die zu der Eintragung erforderliche Erklärung beurkundet oder beglaubigt und im Namen eines Antragsberechtigten den Eintragungsantrag gestellt hat. Die Vorschrift des § 29 Abs. 1 Satz 3 bleibt unberührt.

1. Über die weitere Beschwerde vgl. die §§ 27 bis 30.

2. In der ersten Auflage war die Ansicht ausgesprochen, daß der § 124 neben der allgemeinen Vorschrift des § 29 Abs. 1 Satz 3 überflüssig sei. Die Ansicht erscheint nicht richtig; der § 124 geht weiter als § 29 Abs. 1 Satz 3, indem er dem Notar die Befreiung von der Assistenz des Rechtsanwalts auch dann gewährt, wenn er die weitere Beschwerde im Namen eines anderen Beteiligten eingelegt hat, als desjenigen, für den er den Eintragungsantrag gestellt hat. Fuchs § 124 Anm. 1, Jastrow § 124 Anm. 2.

3. Die Vergünstigung für die Notare erstreckt sich auf die Befreiung von der Zuziehung eines Rechtsanwalts nur für den speziell angegebenen Fall. Treffen die Voraussetzungen nicht alle zu, so bedarf es auch für den Notar der Unterzeichnung durch einen Rechtsanwalt. Vgl. darüber besonders § 29 Anm. 3b, c.

Wegen der Notwendigkeit einer Vollmacht für den Notar zur Beschwerde, wenngleich es der Unterzeichnung der weiteren Beschwerde durch einen Rechtsanwalt nicht bedarf, vgl. § 29 Anm. 3c und § 13 Anm. 3f und § 71 Anm. 3.

Siebenter Abschnitt.

Handelssachen.

Der Abschnitt gliedert sich wie folgt: Zuständigkeit für die Führung des Handelsregisters (§ 125), Verfahren bei der Registerführung (§§ 126 bis 131), Ordnungsstrafverfahren (§§ 132 bis 140), Beseitigung einer zu Unrecht erfolgten Eintragung von Amts wegen (§§ 141 bis 144), Zuständigkeit für die Ernennung von Liquidatoren, Revisoren, Anordnung zur Vorlegung einer Bilanz, zur Berufung einer Generalversammlung und ähnlicher Verrichtungen, auch aus dem Gebiete des Seerechts — sowie Verfahren in diesen Angelegenheiten (§§ 145, 146), Ausdehnung von Vorschriften der vorauferwähnten Art auf Genossenschaftssachen und Angelegenheiten der Gesellschaften mit beschränkter Haftung (§§ 147, 148), Dispache (§§ 145, 146).

Aus diesen Bestimmungen ergibt sich zugleich, was im Sinne der folgenden Vorschriften und dieses Gesetzes überhaupt unter Handelssachen zu verstehen ist. Der hier maßgebende Begriff der „Handelssachen" weicht demnach sowohl von dem materiellrechtlichen wie zivilprozeßrechtlichen (§ 101 GVG.) wesentlich ab. Von praktischer Bedeutung ist dies insoweit, als für die Entscheidung über die Beschwerde in Handelssachen — und damit sind nur die Handelssachen im Sinne dieses Gesetzes und Abschnitts gemeint — die Kammern für Handelssachen zuständig sind (§ 30 und Anm. 2 daselbst). Josef, Lehrb. S. 356 f. — Zu den Handelssachen im Sinne dieses Gesetzes und Abschnitts gehören aber auch die Angelegenheiten der Versicherungsvereine auf Gegenseitigkeit nach dem Gesetz über die privaten Versicherungsunternehmungen v. 12. Mai 1901 (RGBl. S. 139, vgl. daselbst § 30); KG. 7. Juli 1902 in Johow 24 S. A 209. — Vgl. hierzu § 145 Anm. 2. — Siehe auch oben § 30 Anm. 2.

§ 125.

Für die Führung des Handelsregisters sind die Amtsgerichte zuständig.

Durch Anordnung der Landesjustizverwaltung kann die Führung des Registers für mehrere Amtsgerichtsbezirke einem Amtsgericht übertragen werden.

---

1. Die Handelsregister sind behördlich geführte Bücher über Kaufleute und Handelsgesellschaften. Einzutragen sind die Firmen, Geschäftsinhaber, Prokuristen, Vertreter, bei Gesellschaften der Hauptinhalt des Gesellschaftsvertrags. Die auf Grund von Anmeldungen vorzunehmenden Eintragungen sind keine Anordnungen der Registerbehörde, sondern Beurkundungen, die, von gewissen Ausnahmen abgesehen, keine konstitutive Wirkung haben (vgl. indessen Cosack Handelsrecht S. 47 f., Dorner § 126 Anm. 3a) und nicht den öffentlichen Glauben der Eintragungen in das Grundbuch beanspruchen, sondern nur gemäß § 15 HGB. eine gewisse Rechtsvermutung begründen. RG. 41 S. 22.

2. In den meisten Bundesstaaten, namentlich in Preußen, waren die Amtsgerichte auch bisher schon zuständig. Für Bayern, Elsaß-Lothringen, Sachsen-

Koburg, Bremen und einen Teil von Hamburg dagegen bringt die Vorschrift eine Neuerung; hier lag die Registerführung den Landgerichten oder den Vorsitzenden der Kammern für Handelssachen ob. Das HGB. hat, ähnlich wie das BGB. in betreff des Nachlaßgerichts (vgl. Vorbemerkung zum fünften Abschnitt), nur bestimmt, daß das Handelsregister von den Gerichten geführt werde (§ 8), ohne zu entscheiden, von welchen Gerichten. Mit dieser Vorschrift hat aber das HGB. die Führung des Handelsregisters sachlich den Gerichten übertragen, so daß dieselbe zu den durch Reichsgesetz den Gerichten übertragenen Angelegenheiten der freiw. Ger. gehört und daß mithin auf alle damit zusammenhängenden Geschäfte die Allgemeinen Bestimmungen des ersten Abschnitts Anwendung finden, soweit nicht (§ 1) ein anderes bestimmt ist. Der Landesgesetzgebung steht es nicht mehr zu, die Führung des Handelsregisters abweichend von Abs. 1 anderen als gerichtlichen Behörden zu übertragen, auch nicht abweichend von Abs. 2 andere Gerichte für zuständig zu erklären.

3. Aus Abs. 1 in Verbindung mit dem § 10 Abs. 2 des Gesetzes, betr. die Erwerbs- und Wirtschaftsgenossenschaften v. 1. Mai 1889, dem § 7 des Gesetzes, betr. die Gesellschaften mit beschr. Haftung v. 20. April 1892, dem § 9 Abs. 1 des Gesetzes, betr. das Urheberrecht an Mustern und Modellen v. 11. Januar 1876, dem § 54 des Börsengesetzes v. 22. Juni 1896 und dem § 120 Abs. 1 des Gesetzes, betr. die privatrechtlichen Verhältnisse der Binnenschiffahrt v. 15. Juni 1895 ergibt sich, daß die Amtsgerichte auch das Genossenschafts-, das Muster-, das Börsen- und — vorbehaltlich gewisser Ausnahmen — das Register für Binnenschiffe zu führen haben. Der § 4 des Flaggenrechtsgesetzes überträgt die Führung des Registers für Seeschiffe unmittelbar den Amtsgerichten. Die sachliche Zuständigkeit zur Führung der Schiffsregister kann landesgesetzlich abweichend geordnet werden. Vgl. Vorbemerkung zum 6. Abschnitt unter 4.

4. Welches Amtsgericht im einzelnen Falle örtlich zuständig ist, ergibt sich aus den einzelnen Veranlassungen, welche eine Eintragung in das Register notwendig machen. Die Vorschriften darüber finden sich in den bezeichneten Gesetzen, z. B. §§ 29, 13, 106, 161, 195, 320 HGB., §§ 10, 14 Genossenschaftsgesetzes, §§ 7, 12 des Gesetzes betreffend die Gesellschaften mit beschränkter Haftung, § 9 des Gesetzes betreffend das Urheberrecht an Mustern und Modellen, § 55 des Börsengesetzes, § 122 des Binnenschiffahrtsgesetzes, § 6 des Flaggenrechtsgesetzes.

5. Die mehreren Amtsgerichtsbezirke, für welche nach Abs. 2 die Registerführung einem Amtsgericht übertragen werden kann, brauchen nicht in demselben Landgerichts- oder Oberlandesgerichtsbezirke zu liegen. An dem Instanzenzuge für Beschwerden gegen Verfügungen eines solchen Registergerichts (§ 19 Abs. 2, § 30) wird dadurch nichts geändert. So auch Rausnitz § 125 Anm. 18. A. M. Dorner § 125 Anm. 3, Schneider § 125 Anm. 5, welche die Landesgesetzgebungen für berechtigt erklären, auf Grund des § 200 Abs. 1 auch ein anderes Landgericht als das dem zum Registergericht ernannten Amtsgericht vorgeordneten als Beschwerdegericht zu bestimmen. — Wegen der Kondominatsgerichte vgl. § 28 Anm. 1.

6. Das Gesetz ordnet die Registerführung keineswegs erschöpfend. Eine Reihe von Vorschriften, namentlich über die in das Register einzutragenden Tatsachen und Rechtsverhältnisse, über die Bekanntmachungen, Einsichtsnahme, Abschrifterteilungen u. dgl. enthalten das HGB. und die in Anm. 3, 4 erwähnten Gesetze. Im übrigen bleibt der Landesgesetzgebung die Befugnis, die Vorschriften des Gesetzes zu ergänzen, insbesondere hinsichtlich der Einrichtung der Register (vgl. § 200 Abs. 1). Ein

Antrag, diese Einrichtung durch ein vom Bundesrat aufzustellendes Muster zu vereinheitlichen, wurde in der Reichstagskommission abgelehnt. Vgl. Kom.Ber. S. 54. Sämtliche Bundesstaaten haben Ausführungsbestimmungen in diesem Sinne erlassen.

§ 126.

Die Organe des Handelsstandes sind verpflichtet, die Registergerichte behufs der Verhütung unrichtiger Eintragungen sowie behufs der Berichtigung und Vervollständigung des Handelsregisters zu unterstützen; sie sind berechtigt, Anträge zu diesem Zwecke bei den Registergerichten zu stellen und gegen Verfügungen, durch die über solche Anträge entschieden wird, das Rechtsmittel der Beschwerde zu erheben.

Die näheren Bestimmungen werden von den Landesregierungen getroffen.

---

1. Die allgemeine Vorschrift des § 12, wonach das Gericht die zur Feststellung der Tatsachen erforderlichen Ermittlungen zu veranstalten und die geeignet erscheinenden Beweise aufzunehmen hat, gilt auch für das Verfahren der Registergerichte. Selbstverständlich ist für die Frage, inwieweit es in diesem Verfahren besonderer Ermittlungen bedarf, der Zweck des Handelsregisters zu berücksichtigen. Da dieser zunächst in der Beurkundung der von den Beteiligten abgegebenen Erklärungen besteht (vgl. § 125 Anm. 1, § 127 Anm. 2), so ergibt sich von selbst, daß nicht schlechthin in jedem Falle eine vorgängige Feststellung des den Erklärungen zu Grunde liegenden Sachverhältnisses erforderlich ist. Jedenfalls ist gegenüber der Vorschrift des § 12 kein Bedürfnis mehr für die vielfach als lästig empfundenen Bestimmungen einzelner Landesgesetze und Ausführungsverordnungen vorhanden, wonach der zu einer Eintragung erforderliche Nachweis von Tatsachen regelmäßig durch öffentliche Urkunden erbracht werden soll. Denkschr. S. 69. In der Regel wird sich der Registerrichter mit den Angaben der Anmeldenden begnügen dürfen und ist nur dann, wenn er Zweifel an der Richtigkeit dieser Angaben hegt, zur Verhütung unrichtiger Eintragungen, die ihm obliegt, zur näheren Prüfung der Angaben und event. zu weiteren Feststellungen berechtigt und verpflichtet (arg. aus §§ 126, 127, 140, 142, 144). OLG. Darmstadt 22. November 1901 in Rechtspr.d.OLG. 4 S. 98f. Dagegen RG.Str.S. 18 S. 179.

2. In der in Anm. 1 bezeichneten Aufgabe der Registergerichte sollen die Organe des Handelsstandes die letzteren unterstützen. Diese Unterstützung ist ihnen zur Pflicht gemacht. Sie haben ihre Funktionen von Amts wegen auszuüben und nicht erst die Ersuchen der Gerichte abzuwarten. Ihre Verpflichtung ist eine öffentlichrechtliche; deren Verletzung hat keine zivilrechtliche Verantwortlichkeit zur Folge. Ob Unterlassungen zu einem Einschreiten der Aufsichtsbehörde führen können, richtet sich nach den Landesgesetzen. — Die Pflichten und Rechte der Organe des Handelsstandes beziehen sich nur auf die in § 126 angegebenen Zwecke und Register, nämlich die Handelsregister; auf die anderen Register erstrecken sie sich nicht. Rausnitz § 126 Anm. 2. Über die Stellung der Organe des Handelsstandes zu den Registergerichten vgl. „Recht" 7 (1903) S. 221 ff.

Die Unterstützung der Registergerichte durch die Organe des Handelsstandes kann z. B. darin bestehen, daß diese das Gericht von einem Sachverhalte in Kenntnis setzen, der dem Registergerichte zu einem Einschreiten gemäß § 132 Anlaß gibt bzw. daß sie bei der Aufklärung eines Sachverhältnisses mitwirken (vgl. §§ 134, 135), daß sie Anträge stellen, um das Registergericht zu dem ihm obliegenden Vorgehen zu veranlassen (vgl. §§ 132, 140, 141, 142, 144, 147).

Den Organen des Handelsstandes steht auch, wenn über ihre Anträge „entschieden" ist — also nicht bloß dann, wenn dieselben zurückgewiesen sind —, das Recht der Beschwerde und weiteren Beschwerde gegen die Verfügungen des Registergerichts zu, ohne daß es einer Beeinträchtigung ihres Rechtes bedarf; vgl. § 20 Anm. 2c und 3, § 29 Anm. 3c *α*.

3. Unter Organen des Handelsstandes sind die Handelskammern und andere ähnliche kaufmännische Korporationen (Ältesten der Kaufmannschaft, Kommerzkollegien) zu verstehen. Errichtung, Stellung, Zusammensetzung und Tätigkeit derselben ist landesrechtlicher Regelung vorbehalten (vgl. Preuß. Gesetz über die Handelskammern v. $\frac{\text{24. Februar 1870}}{\text{19. August 1897}}$, GS. 1897 S. 355, woselbst die gleiche Verpflichtung der Handelskammern, wie in § 126 ausgesprochen ist).

§ 127.

Das Registergericht kann, wenn eine von ihm zu erlassende Verfügung von der Beurteilung eines streitigen Rechtsverhältnisses abhängig ist, die Verfügung aussetzen, bis über das Verhältnis im Wege des Rechtsstreits entschieden ist. Es kann, wenn der Rechtsstreit nicht anhängig ist, einem der Beteiligten eine Frist zur Erhebung der Klage bestimmen.

---

1. Die dem Registergericht obliegenden Entscheidungen hängen nicht selten von der Beurteilung streitiger Rechtsverhältnisse ab. Ein streitiges Rechtsverhältnis im Sinne des § 127 liegt aber nur vor, wenn es sich um ein Rechtsverhältnis handelt, in betreff dessen der Rechtsweg zulässig ist und mehrere Beteiligte vorhanden sind. Rausnitz § 127 Anm. 3. Fälle dieser Art: wenn ein Kaufmann eine bereits für einen anderen eingetragene Firma anmeldet und gegen den Widerspruch des letzteren behauptet, daß dieser nicht berechtigt sei, die Firma zu gebrauchen; desgleichen wenn der Erwerber des Geschäfts die Firma des früheren Inhabers weiterführt und in dem auf dessen Veranlassung eingeleiteten Ordnungsstrafverfahren geltend macht, er habe zugleich mit dem Geschäfte die Firma erworben. Vgl. dazu § 37 HGB. und unten § 140, auch § 144. Ferner § 142 Anm. 6.

2. Die Entscheidung über ein derartiges streitiges Rechtsverhältnis steht grundsätzlich dem Registerrichter zu und er ist in erster Linie zu der Entscheidung auch verpflichtet; denn nach § 127 „kann" er aussetzen. Ob er aussetzen soll, hängt von der gesamten Tat- und Rechtslage ab, die er pflichtmäßig zu erwägen hat, und durch die die Aussetzung sachlich gerechtfertigt sein muß. Der unbescheinigte Protest eines Beteiligten rechtfertigt die Aussetzungsanordnung nicht. Es kann von der Aussetzungsbefugnis überhaupt nur in Fällen Gebrauch gemacht werden, in denen nicht eine sofortige Entscheidung durch die Verhältnisse nötig wird. So kann das Register-

gericht in einem Falle, in welchem ein zur Eintragung angemeldeter Beschluß der Generalversammlung einer Aktiengesellschaft im Prozeßweg als ungültig angefochten ist, die Verfügung über die Eintragung des Beschlusses gemäß § 127 bis zur Erledigung des Prozesses nur mit der in der Entscheidung zu begründenden Erwägung aussetzen, daß nach dem Streitstoffe berechtigte Zweifel an der Gültigkeit des Beschlusses beständen und daß die alsbaldige Eintragung wesentliche Interessen verletzen könnte. Die Verfügung über die Eintragung des angemeldeten Ersatzes des alleinigen Vorstehers einer Aktiengesellschaft durch eine andere Person kann, da insoweit eine sofortige Entscheidung geboten ist, überhaupt nicht auf Grund des § 127 ausgesetzt werden. KG. 18. März 1901 in Johow 21 S. A 240ff. Vgl. dazu § 144. — Vgl. dazu Josef, Die Einwirkung des Hervortretens streitiger Rechtsverhältnisse auf die Tätigkeit des Gerichts der freiw. Ger., im ZentrBl. 3 S. 589ff.

3. Für die Entscheidung, ob das Gericht aussetzen soll oder nicht, ist es ohne Belang, ob über das Rechtsverhältnis bereits ein Rechtsstreit anhängig ist, oder nicht. Die Tatsache allein, daß Klage erhoben ist, vermag die Aussetzung noch nicht zu rechtfertigen. Vielmehr bedarf es der Prüfung, ob die Klage auch in tatsächlicher und rechtlicher Hinsicht dergestalt begründet ist, daß mit ihrem Obsieg gerechnet werden muß. KG. 18. März 1901 in Johow 21 S. A 240ff.

Die Entscheidung selbst ist aber verschieden, je nachdem ein Rechtsstreit bereits anhängig ist, oder nicht. — Ist der Rechtsstreit noch nicht anhängig, so wird das Gericht einem der Beteiligten — u. zw. wohl in der Regel demjenigen, dessen Verhalten am wenigsten gerechtfertigt erscheint — eine Frist zur Erhebung der Klage bestimmen. Zwangsmittel, um die Erhebung auch wirklich durchzusetzen, stehen dem Gericht nicht zur Seite. Wird die Klage innerhalb der oder der zunächst angesetzten oder einer verlängerten Frist nicht erhoben, so bleibt dem Registergericht nichts weiter übrig, als selbst zu entscheiden. Wird die Klage erhoben, so verfährt das Gericht so, als ob der Rechtsstreit schon bei Erlaß der Aussetzungsverfügung anhängig gewesen wäre. — Ist der Rechtsstreit schon bei Erlaß der Aussetzungsverfügung anhängig, so kann das Gericht abwarten, bis das Verhältnis im Rechtsstreit endgültig entschieden ist; es ist aber nicht dazu verpflichtet. Es kann vielmehr jederzeit seine Verfügung aufheben und selbst entscheiden, wie sich u. a. auch aus dem unten Anm. 5 erwähnten Umstande ergibt. Zwangsmittel, um die Beteiligten zu einem beschleunigten Betriebe des Prozesses anzuhalten, hat das Registergericht natürlich nicht.

4. Die Aussetzungsverfügung ist nach § 16 bekannt zu machen und dabei für den Fall, daß eine Frist zur Erhebung der Klage bestimmt wird, die für diesen Fall gegebene besondere Vorschrift (Satz 2) zu beachten.

Gegen die Aussetzungsverfügung ist, wie aus der in Anm. 2, 3 erwähnten KG.-Entscheidung zu entnehmen, die einfache fristlose Beschwerde und weitere Beschwerde zulässig.

5. Die Entscheidungen des Prozeßgerichts sind für das Registergericht nicht bindend. Josef, ZfDZPr. 30 S. 98ff. (123). Ausnahmen bilden die in § 16 HGB. erwähnten. Dieser § 16 HGB. lautet:

Ist durch eine rechtskräftige oder vollstreckbare Entscheidung des Prozeßgerichts die Verpflichtung zur Mitwirkung bei einer Anmeldung zum Handelsregister oder ein Rechtsverhältnis, bezüglich dessen eine Eintragung zu erfolgen hat, gegen einen von mehreren bei der Vornahme der Anmeldung Beteiligten festgestellt, so genügt zur Eintragung die Anmeldung der übrigen Beteiligten. Wird die Entscheidung, auf Grund deren die Eintragung erfolgt ist, aufgehoben, so ist dies auf Antrag eines der Beteiligten in das Handelsregister einzutragen.

Ist durch eine rechtskräftige oder vollstreckbare Entscheidung des Prozeßgerichts die Vornahme einer Eintragung für unzulässig erklärt, so darf die Eintragung nicht gegen den Widerspruch desjenigen erfolgen, welcher die Entscheidung erwirkt hat.

Der Grundsatz, daß zur Eintragung der Antrag eines Beteiligten erforderlich ist, wird durch diesen § 16 HGB. also nicht aufgegeben. Es soll nur in Fällen, in denen zur Eintragung mehrere mitwirken müssen, der Antrag eines von ihnen genügen, wenn der Antrag der übrigen durch eine Entscheidung des Prozeßrichters ersetzt wird. Wer ohne zur Mitwirkung bei der Anmeldung berufen zu sein, an einer Eintragung sonst Interesse hat, z. B. der Pächter eines Handelsgeschäfts, dem sich der Inhaber der Firma zur Erteilung der Prokura verpflichtet hat, oder der Kaufmann, der mit dem Inhaber einer ähnlich lautenden Firma vereinbart hat, daß dieser seine Firma ändere, kann die Eintragung auf Grund des § 16 nicht herbeiführen. — Für den dem Falle in § 16 Abs. 2 entgegengesetzten Fall, daß ein Widerspruch gegen eine Eintragung für unbegründet erklärt wird, ist der Entscheidung des Prozeßgerichts keine bindende Wirkung gegenüber dem Registergericht verliehen; denn sonst würden es die Parteien, da ihre Behauptungen und Erklärungen für den Ausgang des Zivilprozesses maßgebend sind, in der Hand haben, unzulässige Eintragungen durch beiderseitiges Einverständnis herbeizuführen. In dieser Beziehung ist es bei dem tatsächlichen Einflusse bewenden geblieben, den eine Prozeßentscheidung für den Registerrichter haben wird. Denkschr. zum Entw. des HGB. zu § 16 S. 29 ff.

§ 128.

Die Anmeldungen zur Eintragung in das Handelsregister sowie die zur Aufbewahrung bei dem Gerichte bestimmten Zeichnungen von Unterschriften können zum Protokolle des Gerichtsschreibers des Registergerichts erfolgen.

---

1. Welche Tatsachen zur Eintragung in das Handels- und Genossenschaftsregister anzumelden, bzw. welche Zeichnungen zur Aufbewahrung bei Gericht bestimmt sind, schreiben das HGB. und die anderen in Betracht kommenden Gesetze (§ 125 Anm. 3) bei Regelung der einzelnen Rechtsverhältnisse, auf welche sich die Eintragungen beziehen, vor, z. B.: Firma und deren Änderung §§ 29, 31, Zweigniederlassung § 13, Konkurseröffnung § 32, Prokura § 53 HGB. usw. Nur soweit in diesen Gesetzen Eintragungen angeordnet sind, sind sie zulässig. Landesgesetzliche Ergänzungsvorschriften in dieser Richtung sind ausgeschlossen. Manche Tatsachen, deren Eintragung in einzelnen Landesgesetzen angeordnet war, unterliegen daher nicht mehr der Eintragung, z. B. Beschränkungen der Geschäftsfähigkeit, Handlungsvollmachten. Was die Einwilligung des Ehemanns in den Handelsbetrieb seiner Frau und die Rücknahme dieser Einwilligung, sowie die Eheverträge anlangt, so ist nicht die Eintragung im Handelsregister, sondern im Güterrechtsregister vorgesehen; vgl. §§ 1405, 1435, 1452, 1519, 1549 BGB. und weiter Art. 4 Einf.Ges.z.HGB. — Auf die Eintragungen im

Schiffs-, Muster- und Börsenregister findet § 128 keine Anwendung, weil weder die für diese geltenden Spezialgesetze eine dem § 128 entsprechende Vorschrift haben, noch auch das vorliegende Gesetz die Anwendung des § 128 vorschreibt. Dorner § 128 Anm. 4, Fuchs § 128 Anm. 4, Rausnitz § 128 Anm. 13. A. M. Schneider § 128 Anm. 2.

Landesgesetzliche Ausführungsbestimmungen dürften Anordnungen treffen, daß durch geeignete Vermerke Handelsregister und Güterrechtsregister aufeinander verweisen. Wegen der letzteren und der Vereinsregister vgl. die §§ 159, 161.

2. Nach § 12 HGB. sind die Anmeldungen und Zeichnungen persönlich oder durch einen mit öffentlicher oder öffentlich beglaubigter Vollmacht versehenen Bevollmächtigten bei dem Gerichte zu bewirken oder in öffentlich beglaubigter Form (§ 129 BGB. unten, § 167 Abs. 2, § 183, § 191 Abs. 2) einzureichen. Wählt der Verpflichtete die erstere Form, so läßt § 128 die Erklärung zum Protokolle des Gerichtsschreibers genügen. Es muß aber der Gerichtsschreiber des Registergerichts sein, weil es wünschenswert erscheint, daß schon bei der Entgegennahme der Anmeldungen ihre Zulässigkeit an der Hand des Registers geprüft werden kann, um überflüssige Weiterungen zu vermeiden. So ist also der § 128 eine Ergänzung des § 12 HGB. Vgl. § 11 und Anm. 1c, 2, 4 daselbst. — Natürlich kann auch der Richter die Anmeldung zum eigenen Protokoll entgegennehmen.

§ 129.

Ist die zu einer Eintragung erforderliche Erklärung von einem Notar beurkundet oder beglaubigt, so gilt dieser als ermächtigt, im Namen des zur Anmeldung Verpflichteten die Eintragung zu beantragen. Die Vorschriften des § 124 finden entsprechende Anwendung.

---

1. Die Vorschrift lehnt sich an § 15 GBO. (siehe oben § 100 Anm. 7) an. Sie gilt auch für die übrigen Register (§§ 100, 147, 159, 161); vgl. auch § 71. — Über ihre Tragweite, insbesondere auch das Beschwerderecht des Notars und seine Befreiung vom Anwaltszwang (vgl. letzten Satz in Verbindung mit § 124), siehe Anm. 3f zu § 13, Anm. 3 zu § 71 und § 124. Vgl. auch § 161.

2. Was unter der „zu einer Eintragung erforderlichen Erklärung“ im Sinne des § 129 zu verstehen ist, ist streitig. Rausnitz, § 129 Anm. 1, hält nur eine Art von Erklärung für erforderlich, nämlich die Anmeldung des oder der zur Anmeldung Verpflichteten. Von den übrigen Kommentatoren nehmen einige gerade die Anmeldung als nicht gemeint aus und wollen die Vorschrift dahin verstanden wissen, daß der Notar dann als ermächtigt zur Anmeldung behufs Eintragung gilt, wenn er die der Anmeldung als Unterlage dienenden Urkunden (Gesellschaftsvertrag, Versammlungsbeschluß §§ 195, 234, 259, 277 HGB.) aufgenommen habe (Weißler § 129 Anm. 1, Ebert-Dudek § 129 Anm. 1). Andere — Birkenbihl § 129 Anm. 1, Dorner § 129 Anm. 2, Fuchs § 129 Anm. 1, Schultze-Görlitz § 129 Anm. 1 — rechnen hierher sowohl die Anmeldung wie die etwa erforderlichen Bewilligungen; letztgenannter hält in solchem Falle den Notar nur dann für ermächtigt, wenn er alle Erklärungen beurkundet oder beglaubigt hat. Mir scheint die Ansicht von Rausnitz richtig zu sein, denn die Anmeldung allein ist vorgeschrieben. Der Sinn

des § 129 ist folgender: Nach § 12 HGB. sind die Anmeldungen zur Eintragung in das Handelsregister . . . in öffentlich beglaubigter Form einzureichen. Hat der Notar die Anmeldung beurkundet oder beglaubigt, so bedarf es einer Vollmacht nicht, weder in der von ihm beurkundeten oder beglaubigten Anmeldung noch in einer besonderen Urkunde; er kann dann unter Vorlegung der den Erfordernissen des § 12 HGB. entsprechenden Anmeldung die Anmeldung formlos beantragen. Vgl. OLG. Hamburg 8. September 1900 in Johow 20 S. D 31 Nr. 9. Dabei genügt es nicht, wenn er die Schriftstücke nur „zur gefälligen weiteren Veranlassung" überreicht; er muß vielmehr im Namen des oder der Beteiligten ein bestimmtes Verlangen stellen, wenn er auch nicht gerade den Ausdruck „Antrag" gebraucht. KG. 24. Juli 1900 in Rechtspr.d.OLG. 1 S. 266 Nr. 163.

Welchen Inhalt weitere zur Eintragung erforderliche Erklärungen haben, inwieweit noch Erklärungen Dritter hinzukommen müssen, und welcher Form diese letzteren bedürfen, richtet sich nach den einzelnen einzutragenden Tatsachen und Rechtsverhältnissen. Vgl. § 125 Anm. 1, § 128 Anm. 1. — Vgl. dazu OLG. Rostock 21. Oktober 1901 in Rechtspr.d.OLG. 3 S. 368 unter c (unten § 161 Anm. 3).

§ 130.

Jede Eintragung soll den Tag, an welchem sie erfolgt ist, angeben und mit der Unterschrift des zuständigen Beamten versehen werden.

Jede Eintragung soll demjenigen, welcher sie beantragt hat, bekannt gemacht werden. Auf die Bekanntmachung kann verzichtet werden.

1. Der Abs. 1 ist gleichlautend mit § 113: vgl. die Anmerkungen zu demselben. Die Angabe des Tages der Eintragung ist namentlich für solche Fälle von Bedeutung, in denen das HGB. mit der Eintragung als solcher bestimmte Rechtswirkungen verbindet; so § 2 (ein gewerbliches Unternehmen gilt als Handelsgewerbe im Sinne des HGB., wenn die Firma des Unternehmers in das Handelsregister eingetragen ist), §§ 123, 200 (Wirksamkeit der offenen Handelsgesellschaft, der Aktiengesellschaft); ferner § 13 des Gesetzes betreffend die Erwerbs- und Wirtschaftsgenossenschaften (wonach vor der Eintragung in das Genossenschaftsregister ihres Sitzes die Genossenschaft die Rechte einer eingetragenen Genossenschaft nicht hat) u. a. — Vgl. Note 3.

2. Die Vorschrift des Abs. 2 ist instruktionell („soll"). Die Bekanntmachung erfolgt nach § 16 Abs. 2 Satz 2, Abs. 3. Gegenstand der Bekanntmachung ist die Eintragung. Der Verzicht auf die Bekanntmachung kann formlos erklärt werden.

3. Die Verpflichtung des Gerichts zur Bekanntmachung durch den Reichsanzeiger und mindestens ein anderes Blatt (§§ 10, 11 HGB.) wird durch Abs. 2 nicht berührt. Die Eintragung einer Tatsache im Handelsregister allein (Note 1) begründet im Gegensatze zur Eintragung im Grundbuche (§§ 891, 892, 893 BGB.) nicht die im § 15 HGB. Dritten gegenüber beigelegte Wirkung; hier muß die öffentliche Bekanntmachung hinzutreten. Der Bekanntmachung gemäß Abs. 2 kommt insoweit natürlich keinerlei Bedeutung zu. — Eine Vorschrift (§ 128 des Entwurfs), wonach die Landesjustizverwaltungen befugt sein sollten, den Registergerichten Anweisungen bezüglich der für die Bekanntmachung der Eintragungen zu bestimmenden Blätter zu erteilen (vgl. Art. 14 Abs. 3 des Allgem.Dtschn.HGB.),

war schon bei Beratung des HGB. (vgl. Denkschrift zum Entwurfe desselben S. 24) vorgesehen, ist aber von der Reichstagskommission gestrichen worden.

4. Auf das Genossenschafts-, Vereins-, Güterrechtsregister findet der § 130 ebenfalls Anwendung (§§ 147, 159, 161), nicht aber auf Schiffs-, Muster- und Börsenregister. Vgl. § 128 Anm. 1.

§ 131.

Die Eintragung einer Zweigniederlassung ist von Amts wegen dem Registergerichte der Hauptniederlassung mitzuteilen und in dessen Register zu vermerken. Das gleiche gilt, wenn die Zweigniederlassung aufgehoben wird.

---

1. Die Eintragung von Zweigniederlassungen ist im HGB. (§ 13, bzw. für Aktiengesellschaften § 201 in Verbindung mit § 195, und Kommanditgesellschaften auf Aktien § 320) nur insoweit geregelt, als es sich um die Eintragung in das Register der Zweigniederlassung selbst handelt; dagegen ist nichts darüber bestimmt, daß die erfolgte Eintragung auch in dem Register der Hauptniederlassung zu vermerken sei. Diese Vorschrift ist hier nachgeholt.

Es ist selbstverständlich, daß die Errichtung einer Zweigniederlassung, die sich in dem Bezirke des Registergerichts, aber an einem anderen Orte als die Hauptniederlassung befindet, bei diesem Gerichte zur Eintragung anzumelden ist (§ 13 Abs. 1 in Verbindung mit § 29 HGB., wonach auch der Ort der Niederlassung angemeldet und eingetragen werden muß). So auch Dorner § 131 Anm. 1. A. M. Rausnitz § 131 Anm. 1.

2. Die Vorschriften über den Eintragungszwang in Ansehung von Zweigniederlassungen (§ 13 HGB.) kommen auch zur Anwendung, wenn sich die Hauptniederlassung im Auslande befindet, vorbehaltlich von Abweichungen, die etwa das ausländische Recht erforderlich macht. Z. B. kann der § 13 Abs. 2 HGB., wonach eine Eintragung bei dem Gerichte der Zweigniederlassung nicht stattfindet, bevor nachgewiesen ist, daß die Eintragung bei dem Gerichte der Hauptniederlassung geschehen ist, keine Anwendung finden, wenn dem ausländischen Rechte die durch das deutsche Recht vorgeschriebene Eintragung der Hauptniederlassung unbekannt ist. Vgl. Denkschrift zum Entw. des HGB. S. 26. — In solchen Fällen kann selbstverständlich auch die Vorschrift des § 131 nicht in Wirksamkeit treten.

3. Die Pflicht zur Mitteilung, welche dem Gericht der Zweigniederlassung obliegt, beschränkt sich auf die im § 131 bezeichneten Punkte: Eintragung und Löschung. Eine Pflicht des Gerichts der Hauptniederlassung, Mitteilungen in dieser Richtung an die Gerichte etwaiger Zweigniederlassungen zu machen, besteht nicht; vgl. dagegen § 158 des Genossenschaftsgesetzes. Das Registergericht einer Zweigniederlassung ist nicht schlechthin verpflichtet, die in das Register der Hauptniederlassung bewirkte Eintragung in sein Register zu übernehmen. Es hat vielmehr grundsätzlich jede Anmeldung nach Maßgabe ihres Inhalts selbständig zu prüfen. KG. 18. November 1901 in Zus.d.RJAmts 3 S. 20, Johow 23 S. A 89 Nr. 22, ZentrBl. 2 S. 777 Nr. 201.

Die Form des in das Register der Hauptniederlassung aufzunehmenden Vermerks richtet sich nach Landesrecht.

§ 132.

Sobald das Registergericht von einem sein Einschreiten nach den §§ 14, 319 und dem § 325 Nr. 9 des Handelsgesetzbuchs rechtfertigenden Sachverhalte glaubhafte Kenntnis erhält, hat es dem Beteiligten unter Androhung einer Ordnungsstrafe aufzugeben, innerhalb einer bestimmten Frist seiner gesetzlichen Verpflichtung nachzukommen oder die Unterlassung mittels Einspruchs gegen die Verfügung zu rechtfertigen.

Die Beschwerde gegen diese Verfügung ist unzulässig.

---

1. Die **§§ 132 bis 139** regeln das Ordnungsstrafverfahren, mittels dessen das Registergericht nach den §§ 14, 319 und dem § 325 Nr. 9 HGB. die Erfüllung gewisser gesetzlicher Verpflichtungen, insbesondere zur Vornahme von Anmeldungen zum Handelsregister, zu erzwingen hat. Das Verfahren schließt sich dem in Preußen, Bayern u. einigen anderen Bundesstaaten geltend gewesenen an, wonach eine Ordnungsstrafe nicht ohne vorherige Androhung eintritt und über den Einspruch mündlich zu verhandeln ist. Denkschr. S. 71. Die §§ 132 bis 139 sind demnach Ausführungsvorschriften zu den §§ 14, 319 und dem § 325 Nr. 9 HGB. Diese schreiben folgendes vor:

§ 14: Wer verpflichtet ist, eine Anmeldung, eine Zeichnung der Unterschrift oder eine Einreichung von Schriftstücken zum Handelsregister vorzunehmen, ist hierzu von dem Registergerichte durch Ordnungsstrafen anzuhalten. Die einzelne Strafe darf den Betrag von dreihundert Mark nicht übersteigen.

§ 319: Die Mitglieder des Vorstandes oder die Liquidatoren (einer Aktiengesellschaft) sind zur Befolgung der im § 240 Abs. 1 (Berufung einer Generalversammlung und Anzeige durch den Vorstand davon, wenn bei Aufstellung einer Jahres- oder Zwischenbilanz ein Verlust in Höhe der Hälfte des Grundkapitals sich ergibt), im § 246 Abs. 1 (Überwachung der Geschäftsführung durch den Aufsichtsrat, insbesondere Einziehung von Berichten des Vorstandes, Einsicht der Bücher und der Kassen- und Wertpapierbestände, Prüfung der Jahresrechnung, Bilanzen, Gewinnverteilung und Berichterstattung darüber an die Generalversammlung), im § 260 Abs. 2 (Pflicht des Vorstandes, in den ersten drei Monaten des Geschäftsjahrs, für das verflossene Geschäftsjahr eine Bilanz, eine Gewinn- und Verlustrechnung sowie einen Bericht dem Aufsichtsrat und mit dessen Bemerkungen der Generalversammlung zu erstatten), im § 263 Abs. 1 (Auslegung dieser eben aus § 260 Abs. 2 bezeichneten Vorlagen im Geschäftsraume der Gesellschaft zur Einsicht der Aktionäre mindestens zwei Wochen vor dem Tage der Generalversammlung), im § 267 Abs. 1, 2 (Pflicht des Vorstandes, den Revisoren, sofern solche bestellt sind, die Einsicht der Bücher und Schriften der Gesellschaft und die Untersuchung der Gesellschaftskasse und Bestände an Wertpapieren und Waren zu gestatten: Einreichung eines Berichts über diese Prüfung an das Registergericht durch die Revisoren und Vorlegung desselben an die nächste Generalversammlung durch den Vorstand, von Zweigniederlassungen abgesehen), im § 272 Abs. 4 (Bekanntmachung der Erhebung einer Klage, betreffend Anfechtung eines Beschlusses der Generalversammlung wegen Verletzung des Gesetzes oder des Gesellschaftsvertrages, in den Gesellschaftsblättern durch den Vorstand), im § 299 (Pflicht der Liquidatoren, für den Beginn der Liquidation und weiterhin für jedes Jahr eine Bilanz aufzustellen und die eben aus den §§ 260, 263, 267 erwähnten

Pflichten zu erfüllen) und im § 302 Abs. 2 (Abgabe der Bücher und Papiere der Gesellschaft an einem von dem Gerichte [vgl. § 145 dieses Gesetzes] zu bestimmenden sicheren Orte zur Aufbewahrung auf die Dauer von zehn Jahren) enthaltenden Vorschriften von dem im § 195 bezeichneten Gerichte (Registergericht) durch Ordnungsstrafen anzuhalten. Die Höhe der Ordnungsstrafe bestimmt sich nach § 14 Satz 2 (vgl. vorstehend).

In betreff der im § 195 Abs. 1 (Anmeldung der Gesellschaft von sämtlichen Gründern und Mitgliedern des Vorstandes und des Aufsichtsrats zur Eintragung in das Handelsregister), im § 277 Abs. 1 (Anmeldung der Abänderung des Gesellschaftsvertrags durch den Vorstand), im § 280 Abs. 1 (Anmeldung des Beschlusses über Erhöhung des Grundkapitals durch sämtliche Mitglieder des Vorstandes und des Aufsichtsrats), im § 284 Abs. 1 (Anmeldung der erfolgten Erhöhung des Grundkapitals durch dieselben), im § 304 Abs. 3 (Anmeldung eines Beschlusses der Generalversammlung betreffend die Übernahme des Vermögens einer Aktiengesellschaft durch das Reich, einen Bundesstaat oder einen Kommunalverband und betreffend Auflösung der Gesellschaft durch den Vorstand) sowie im § 305 Abs. 2 (Anmeldung der erfolgten Erhöhung des Grundkapitals bei Übernahme des Vermögens einer Aktiengesellschaft durch eine andere oder eine Kommanditgesellschaft auf Aktien und Beifügung des Vertrags über die Vermögensübertragung) vorgesehenen Anmeldungen zum Handelsregister findet, soweit es sich um die Anmeldungen zum Handelsregister des Sitzes der Gesellschaft handelt, eine Verhängung von Ordnungsstrafen nach § 14 (vgl. vorstehend) nicht statt.

§ 325 Nr. 9: Die den Vorstand der Aktiengesellschaft betreffenden Vorschriften:

9. Über die strafrechtliche Verantwortlichkeit und über die Verhängung von Ordnungsstrafen

finden auf die persönlich haftenden Gesellschafter (einer Kommanditgesellschaft auf Aktien) entsprechende Anwendung.

Das Verfahren nach den §§ 132 ff. ist demnach auf die hier aufgezählten Fälle beschränkt und auf die anmeldungspflichtigen Akte, nicht auf Einzelhandlungen präparatorischen Charakters, wie die Beibringung eines Erbscheins. Marcus in DJZ. 8 (1903) S. 269 f. Welche Akte anmeldepflichtig sind, ergeben die verschiedenen Gesetze z. B. § 29 HGB.

2. Sobald das Registergericht von einem sein Einschreiten nach den unter 1 gedachten Vorschriften rechtfertigenden Sachverhalte, d. h. also von einer Verzögerung oder Vernachlässigung der den danach Verpflichteten obliegenden Verrichtungen, glaubhafte Kenntnis erhält, hat das Registergericht vorzugehen. Das Gericht ist also nicht verpflichtet, ohne jede Veranlassung Ermittlungen anzustellen. Glaubt es aber einen gewissen Anhalt dafür zu haben, daß sein Einschreiten erforderlich ist, so ist es nach § 12 zu weiteren Ermittlungen für verpflichtet zu erachten. Rausnitz § 132 Anm. 4. Auf welchem Wege das Gericht Kenntnis erhält, ist gleichgültig; die Kenntnis muß nur nach seinem Ermessen glaubhaft sein. Glaubhaftmachung im Sinne des § 15 ist nicht erforderlich. Mitteilungen der Organe des Handelsstandes (§ 126) dürften nicht immer genügen. KG. 5. Oktober 1903 in Zus.d.RJAmts 4 S. 28, Johow 27 S. A 56 Nr. 19. Es ist auch nicht angängig, die Angaben des mit Ordnungsstrafen Bedrohten, wenn sie nicht für ausreichend gehalten werden, ohne weiteres der Entscheidung zugrunde zu legen. Es sind viel-

mehr gemäß § 12 die erheblichen Tatsachen objektiv festzustellen. KG. 10. Dezember 1900 in Johow 21 S. A 68 Nr. 15. Einen Anlaß zum Einschreiten im Ordnungsstrafverfahren bietet der Umstand nicht, daß bei der Firma eines Einzelkaufmanns eine unrichtige Standesbezeichnung des Firmeninhabers eingetragen ist. KG. 28. September 1903 in Rechtspr.d.OLG. 7 S. 342 (nach Soergel 1903 S. 551). Wird dem Registerrichter der Verkauf eines Geschäfts mit Firma bekannt, so ist ein Anlaß zum Verfahren gegeben gegen den Verkäufer behufs Eintragung des Übergangs der Firma, selbst wenn sich der Käufer (der neue Inhaber der Firma) mit der Fortführung derselben Firma durch den Verkäufer einverstanden erklärt. Die Handelsregistereinrichtung ist, weil publici juris, der Parteidisposition entrückt. OLG. Karlsruhe 2. Juli 1902 im „Recht" 6 (1902) S. 436 Nr. 2028. Es ist auch insbesondere Aufgabe des Gerichts, etwa hervorgetretene Widersprüche in den Angaben der Auskunfterteilenden aufzuklären — KG. 5. Oktober 1903 a. a. O. —, wobei es dann zur Anwendung des § 127 kommen kann.

3. Liegen die Voraussetzungen nach Anm. 2 vor, so hat das Gericht dem Beteiligten unter Androhung einer Ordnungsstrafe die im § 132 bezeichnete Auflage zu machen. Nur auf diesem Wege kann das Registergericht z. B. auf die Eintragung einer Firma hinwirken. Dagegen ist es nicht befugt, unter Abstandnahme von dem Ordnungsstrafverfahren den betreffenden Gewerbetreibenden zur Eintragung seiner Firma anzuweisen. Auch das Beschwerdegericht ist dazu nicht befugt; es ist vielmehr nur in der Lage, die Einleitung des Zwangsverfahrens nach § 132 ff. anzuordnen. KG. 2. Juli 1900 in Rechtspr.d.OLG. 1 S. 356 Nr. 220.

4. Der Beteiligte im Sinne des § 132 ist der zur Anmeldung Verpflichtete. Verpflichtet sind aber nur physische Personen; deswegen kann sich das Ordnungsstrafverfahren nicht etwa gegen den Vorstand einer Gesellschaft als solchen, sondern nur gegen dessen sämtliche Mitglieder richten. KG. 5. Oktober 1903 in Zus.d.RJAmts 4 S. 31, ZentrBl. 4 S. 541. RG. 11. Januar 1904 Bd. 56 S. 425 Nr. 104. KG. 6. Januar 1902 und 28. April 1902 in Rechtspr.d.OLG. 4 S. 463 unter c und d. — Auch im Beschwerdeverfahren gilt dies; die Beschwerdeführung ist nicht eine Angelegenheit der Gesellschaft rc., sondern der Geschäftsführer. Bayer. OLG. 11. Dezember 1900 in Samml.v.Entsch.d.Bayer.OLG. 1 S. 658. Es nützt deshalb auch die im Ordnungsstrafverfahren von einem der zur Anmeldung Verpflichteten erfolgreich durchgeführte Beschwerde den anderen nichts; Bayer.OLG. 7. Dezember 1900 in Seuff.Arch. 56 S. 485 Nr. 271.

5. Die Verfügung, welche das Gericht gemäß § 132 zu erlassen hat, muß sich genau den Vorschriften des Gesetzes anpassen. Bei dem Einschreiten gegen eine Person wegen Gebrauchs einer ihr nicht zustehenden Firma (vgl. § 140 Nr. 1) z. B. hat daher die unter Androhung einer Ordnungsstrafe zu erlassende Aufforderung dahin zu lauten: „sich des Gebrauchs der Firma . . . zu enthalten oder binnen einer Frist von . . . den Gebrauch der Firma mittels Einspruchs gegen die Verfügung zu rechtfertigen". Unzulässig ist also die weitergehende Aufforderung, binnen zwei Wochen das Firmenschild mit der angeblich unzulässigen Firma zu entfernen, und weiterhin den Gebrauch der Firma . . . zu unterlassen. Nur für den Einspruch ist nämlich eine Frist zu gewähren und zur Aufforderung, das Firmenschild zu entfernen, ist das Registergericht überhaupt nicht zuständig. KG. 30. Juni 1902 in Rechtspr.d.OLG. 5 S. 274.

6. In dem hier geordneten Ordnungsstrafverfahren darf die einzelne Strafe den Betrag von 300 Mark nicht übersteigen; § 14 HGB. (s. Anm. 1), nicht § 33 oben (s. Anm. 1 daselbst).

7. Die Verfügung ist, da mit ihr der Lauf einer Frist beginnt, nach Maßgabe der für einen solchen Fall getroffenen Vorschriften des § 16 Abs. 2 Satz 1, Abs. 3 bekannt zu machen.

Wegen der Fristberechnung vgl. § 17. Solange die Frist noch nicht abgelaufen ist, kann sie auf Antrag oder von Amts wegen gemäß § 18 verlängert werden; später, wie aus § 133 hervorgeht, nicht mehr. Rausnitz § 132 Anm. 7.

8. Nach Abs. 2 ist die Beschwerde gegen eine Verfügung des Registergerichts im Sinne des § 132 unzulässig; es gibt für den Beteiligten nur Befolgung der Verfügung oder Einspruch. Erst der Beschluß, durch den das Gericht ausspricht, daß der Verpflichtete der Verfügung nicht nachgekommen sei, oder durch den der erhobene Einspruch verworfen wird, ist mittels sofortiger Beschwerde anfechtbar. Hat ein Verpflichteter auf die Strafandrohung hin angemeldet, es wird diese Anmeldung aber nicht für ausreichend erachtet, z. B. weil die angemeldete Firma nicht eintragungsfähig sei, so ist der gegen diesen Beschluß eingelegte „Einspruch" als Beschwerde zu behandeln und als solche zulässig. KG. 14. Dezember 1903 in Johow 27 S. A 216 Nr. 63.

Liegt nach der Ansicht des Registergerichts kein sein Einschreiten rechtfertigender Sachverhalt vor, oder hält es, event. nach eigenen Ermittlungen, die ihm gewordene Kenntnis für unzuverlässig — Anm. 2 —, und lehnt das Registergericht hierauf einen Antrag, der ein Einschreiten im Sinne des § 132 verlangt, ab, so ist hiergegen Beschwerde nach allgemeinen Grundsätzen — § 20, § 126 — zulässig. Vgl. die in Anm. 2 erwähnten Entscheidungen. Rausnitz § 132 Anm. 9.

9. Das Gericht ist gemäß § 18 befugt, seine Verfügung von Amts wegen oder auf Antrag zu ändern, oder aufzuheben u. zw. sowohl vor als nach eingelegtem Einspruch (§§ 134, 135). So auch Fuchs § 132 Anm. 4, Rausnitz § 132 Anm. 9. Insbesondere ist aber die Aufhebung der Verfügung auch auszusprechen — wie sich aus der Fassung des § 134 Abs. 1 ergibt —, wenn rechtzeitig Einspruch erhoben ist und es sich ohne weiteres ergibt, daß die Unterlassung der Anmeldung und mithin der Einspruch gerechtfertigt war. Vgl. § 133 Anm. 1 b und f, § 134 Anm. 2. Die Aufhebung erfolgt natürlich durch besonderen bekannt zu gebenden Beschluß.

§ 133.

Wird innerhalb der bestimmten Frist weder der gesetzlichen Verpflichtung genügt noch Einspruch erhoben, so ist die angedrohte Strafe festzusetzen und zugleich die frühere Verfügung unter Androhung einer erneuten Ordnungsstrafe zu wiederholen.

In gleicher Weise ist fortzufahren, bis der gesetzlichen Verpflichtung genügt oder Einspruch erhoben wird.

---

1. Ist gemäß § 132 eine Aufforderung an den Verpflichteten ordnungsgemäß ergangen, so können folgende Fälle eintreten:

a) Der Aufgeforderte kommt rechtzeitig seiner Verpflichtung nach. Dann erledigt sich die Verfügung formlos ohne weiteres.

b) Er erhebt rechtzeitig Einspruch. Vgl. dazu § 134. Dann folgt ein Verfahren nach den §§ 134, 135, es sei denn, daß sich sofort die Begründetheit des Einspruchs ergibt, in welchem Falle sofort Aufhebung der Verfügung erfolgt, oder wenigstens erfolgen kann und erfolgen sollte. Vgl. § 132 Anm. 9, und unten unter f, ferner § 134 Anm. 2.

c) Er tut weder das eine, noch das andere (§ 133). Dann setzt das Gericht die angedrohte Strafe durch Beschluß (§ 139) fest und erläßt eine neue Verfügung gleichen Inhalts wie die erste. Beschluß und Verfügung kann es miteinander verbinden. Sie sind nach § 16 Abs. 2 Satz 2, Abs. 3 bekannt zu machen und zwar der Beschluß, weil gegen ihn nach § 139 die sofortige Beschwerde stattfindet, die Verfügung, weil sie eine Fristbestimmung enthalten muß. Diese neue Fristbestimmung, wie auch die neue Strafandrohung, welche in der wiederholten Verfügung enthalten sein müssen, können anders, als in der ersten Verfügung bemessen werden; die Strafandrohung darf nur nicht 300 Mark übersteigen (§ 14 HGB., nicht § 33). Von der Festsetzung der Strafe in der angedrohten Höhe kann das Gericht nicht absehen; die Strafe nimmt hier den Charakter einer Ungehorsamsstrafe an (Kom.Ber. S. 56). Es kommt gar nicht darauf an, ob der Beteiligte sachlich im Rechte ist oder nicht; in eine Prüfung nach dieser Richtung hat das Gericht gar nicht einzutreten. Hierauf kann auch die gegen eine auf Grund des § 133 erfolgte Straffestsetzung eingelegte sofortige Beschwerde gemäß § 139 Abs. 2 nicht gestützt werden. KG. 8. Juli 1901 in Rechtspr.d.OLG. 5 S. 275 unter c. Vgl. auch daselbst 4 S. 464 Anm. 1. Vgl. § 139. Dem Aufgeforderten bleibt gegen die Versäumung nur die Wiedereinsetzung in den früheren Stand (§ 137), bzw. gegen die Festsetzung der Ordnungsstrafe die sofortige Beschwerde (§ 139). Die Strafe kann daher auch erst nach Ablauf der für diese Beschwerde gegebenen Frist (§ 22) vollstreckt werden. Die Beschwerde gegen den die Strafe festsetzenden Beschluß hat aufschiebende Wirkung (§ 24 Abs. 1). — Es ist nicht ausgeschlossen, daß diese festgesetzte Strafe im Falle eines späteren begründeten Einspruchs aufgehoben werden kann (§ 136).

d) Er erhebt nach wiederholter Verfügung, also nach voraufgegangener Straffestsetzung, aber rechtzeitig innerhalb der ihm von neuem gestellten Frist, Einspruch. Dann findet ebenfalls das Verfahren gemäß dem § 134 statt; das Gericht ist aber auch dann noch nach § 136 befugt, den voraufgegangenen Straffestsetzungsbeschluß zugunsten des Aufgeforderten zu ändern oder ganz aufzuheben unter der doppelten Voraussetzung, daß der Einspruch sich als begründet erweist und es sonstige Umstände, etwa weil der Aufgeforderte im guten Glauben die gemachte Auflage unterlassen hat, rechtfertigen. Dieser § 136 ist von der Reichstagskommission eingefügt worden als Korrektiv gegen die absolut bindende Vorschrift des § 133. (Vgl. Kom.Ber. S. 56.)

e) Er kommt nach wiederholter Verfügung, also (wie vorbemerkt) nach voraufgegangener Straffestsetzung der Verpflichtung nach. Was in diesem Falle zu geschehen hat, ist im Gesetze nicht zum Ausdrucke gelangt. Es ergibt sich aber von selbst, daß nunmehr die Angelegenheit als solche erledigt ist. Die voraufgegangene Straffestsetzung kann das Gericht aber nicht, wie im Falle zu d, aufheben oder ändern. Denn es zeigt sich dann gerade, daß ein begründeter Einspruch nicht erhoben werden konnte; wenigstens kann, weil ein weiteres Verfahren nicht folgt, nicht erkannt werden, ob die Versäumung entschuldbar war. Außerdem unterliegt der Straffestsetzungsbeschluß der sofortigen Beschwerde (§ 139) und kann daher gemäß § 18 Abs. 2 ohne besondere hier nicht vorliegende Vorschrift von dem beschließenden Gerichte nicht abgeändert werden. Es bleibt also hier nur der Beschwerdeweg.

f) Er erhebt zwar nach Ablauf der Einspruchsfrist, aber vor Erlaß des Straffestsetzungsbeschlusses und vor der wiederholten Verfügung Einspruch. Auch für diesen Fall ist im Gesetze nichts vorgesehen. Hier kann das Gericht nicht von der Festsetzung der Strafe absehen. Insoweit behält es bei dem unter c Gesagten sein Bewenden. Aber diese festgesetzte Strafe kann später, wenn der Einspruch sich als begründet erweist, aufgehoben oder herabgesetzt werden; § 136. Nach dem Wortlaute des § 134 — „Wird rechtzeitig Widerspruch erhoben" — wäre hier weiter der Einspruch unbeachtet zu lassen, die Strafe festzusetzen und eine neue Verfügung im Sinne des § 132 zu erlassen. Daß solches zu geschehen habe, als sei ein Einspruch gar nicht erhoben, ist auch die Meinung von Dorner § 133 Anm. 1c, Fuchs § 133 Anm. 7b, Schneider § 133 Anm. 3. Das kann aber nicht die Absicht des Gesetzes sein; denn es handelt sich hier nicht, wie im Strafverfahren bzw. wie im Verfahren nach § 140 (vgl. daselbst), um einen Einspruch etwa gegen einen Strafbefehl als Repressivmaßregel. Es soll vielmehr eine vom Gesetze vorgeschriebene Handlung zwangsweise durchgeführt werden; deswegen ist auch auf nicht rechtzeitigen Einspruch hin das weitere Verfahren gemäß § 134 einzuleiten. In diesem Verfahren kann der Aufgeforderte nicht schlechter gestellt sein, als wenn er den Einspruch noch später, erst nach erneuter Verfügung, erhoben hätte. Es muß ihm daher die Vergünstigung des § 136 (oben bei d) auch hier gewährt sein. Das ist auch die Absicht bei Einfügung des § 136 gewesen. Vgl. Kom.Ber. S. 56.

g) Er kommt nach Ablauf der Frist, aber (wie bei f) vor Erlaß der erneuten Verfügung der Auflage nach. In diesem Falle muß das Gericht die Ungehorsamsstrafe festsetzen und dem Betroffenen überlassen im Wege der sofortigen Beschwerde zu zeigen, daß seine Unterlassung entschuldigt war. Zu einer Aufhebung seiner die Strafe androhenden Verfügung nach § 18 Abs. 1 wird es aber nicht gelangen; denn, wenn auch diese Verfügung nicht der sofortigen Beschwerde unterliegt und demnach nicht (vgl. § 18 Abs. 2) der Befugnis zur Abänderung entzogen ist, so setzt doch § 18 Abs. 1 voraus, daß das Gericht sich nachträglich überzeugt, seine Verfügung sei ungerechtfertigt gewesen. Das dürfte aber nicht der Fall sein, wenn der Verpflichtete dadurch, daß er die Auflage erfüllt, eingesteht, die Aufforderung sei angebracht gewesen. Vgl. § 132 Note 4.

h) Den weiteren Fall, daß er nach wiederholter Verfügung im Sinne des § 132 Einspruch erhebt, vgl. bei § 136.

2. Das in **Abs.** 2 vorgesehene Verfahren kann ohne Beschränkung fortgesetzt werden; nur darf die einzelne angedrohte und festgesetzte Strafe den Betrag von 300 Mark nicht übersteigen (§ 14 HGB., nicht § 33). Eine Umwandlung der Geldstrafe in Freiheitsstrafe ist nicht vorgesehen und findet daher nicht statt; ebensowenig die Anwendung anderer Zwangsmittel.

3. Wird ein rechtzeitig eingelegter Einspruch zurückgenommen, was gesetzlich als zulässig erachtet werden muß, so hat dies die Wirkung, daß die Sache so angesehen werden muß, als sei der Einspruch nicht eingelegt. KG. 8. Juli 1901 in Rechtspr.d.OLG. 5 S. 275 unter d.

4. Jedesmal mit der Straffestsetzung ist zugleich die Verurteilung in die entstandenen Kosten auszusprechen, § 138; vgl. aber auch die Note daselbst.

§ 134.

Wird rechtzeitig Einspruch erhoben, so hat das Gericht, wenn sich der Einspruch nicht ohne weiteres als begründet ergibt, zur Erörterung der Sache den Beteiligten zu einem Termine zu laden.

Das Gericht kann, auch wenn der Beteiligte nicht erscheint, nach Lage der Sache entscheiden.

---

1. Für den Einspruch ist keine besondere Form vorgeschrieben; er kann demnach schriftlich oder zu Protokoll des Gerichtsschreibers des Registergerichts oder eines anderen Amtsgerichts erhoben werden; § 11.

Rechtzeitig ist der Einspruch erhoben, wenn er innerhalb der erstmals festgesetzten oder der verlängerten Frist bei dem Registergericht eingegangen ist. Vgl. dazu für den Fall, daß der Einspruch zu Protokoll eines Gerichtsschreibers erklärt ist, der nicht der Gerichtsschreiber des Registergerichts ist, § 11 Anm. 2. Wegen der Fristenberechnung vgl. § 17. Gegen die Versäumung der Frist findet Wiedereinsetzung in den vorigen Stand nach Maßgabe des § 22 Abs. 2 statt; vgl. § 137.

Der Einspruch braucht bei seiner Erhebung nicht begründet zu werden; es genügt die bloße Einspruchserklärung. Die Rechtfertigung bleibt der Erörterung im Termine anheimgestellt.

2. Ergibt sich der rechtzeitig erhobene Einspruch ohne weiteres als ganz oder teilweise begründet, so ist, wie die Fassung des § 134 Abs. 1 ergibt, die erlassene Verfügung auch ohne Verhandlung in einem Termine (vgl. § 135 Abs. 1) wieder aufzuheben oder zu ändern. Vgl. auch § 132 Anm. 9. Ein solches Aufhebungs- bzw. Änderungsrecht ergibt sich auch aus § 18 Abs. 1. Der § 18 Abs. 2 steht dem nicht entgegen, denn nicht die Verfügung aus § 132 unterliegt der sofortigen Beschwerde, sondern nur der zufolge Ungehorsams gegen dieselbe zu erlassende Straffestsetzungsbeschluß; § 132 Abs. 2 und Anm. 8 daselbst, § 139. — Wird der Einspruch von dem Registergericht als begründet anerkannt, und demgemäß vor Abhaltung des Termins zur Erörterung der Sache die strafandrohende Verfügung aufgehoben, so ist gegen diesen Aufhebungsbeschluß die Beschwerde zulässig, z. B. für eine Handelskammer, auf deren Anregung die strafandrohende Verfügung ergangen war. Wird auf eine solche Beschwerde das Registergericht durch das Landgericht angewiesen, dem Ordnungsstrafverfahren seinen Fortgang zu geben, so ist gegen diese landgerichtliche Entscheidung eine weitere Beschwerde seitens des mit der Ordnungsstrafe Bedrohten nicht zulässig. Eine solche weitere Beschwerde würde sachlich darauf hinauskommen, daß die strafandrohende Verfügung angefochten wird. Der § 132 Abs. 2 schließt aber eine Beschwerde gegen die strafandrohende Verfügung aus. Damit wird zugleich eine Beschwerde des Beteiligten gegen die weiteren gesetzlich gerechtfertigten Akte des Ordnungsstrafverfahrens ausgeschlossen, welche bis zum Erlasse der materiellen Entscheidung (§ 135) vorgenommen werden, insbesondere gegen die Verfügung, wonach ein Termin zur Erörterung der Sache gemäß § 134 anberaumt wird. Auf einen landgerichtlichen Beschluß des bezeichneten Inhalts hat also das

Registergericht die Verpflichtung, das Verfahren so fortzusetzen, wie dies geboten gewesen wäre, wenn es seine strafandrohende Verfügung nicht aufgehoben hätte. KG. 22. April 1901 in Johow 22 S. A 8 Nr. 2. Vgl. dazu die in Anm. 1 zu § 135 mitgeteilte Entscheidung des KG. v. 29. Mai 1901.

3. Erscheint der Einspruch nicht ohne weiteres gerechtfertigt, so ist das Gericht zu dem weiteren Verfahren verpflichtet; es muß also Termin ansetzen. Sollte es aber anderweitig doch zu der Überzeugung gelangen, daß seine Verfügung aus § 132 ungerechtfertigt war — z. B. auf Grund eingezogener Erkundigungen bei der Handelskammer in einem der in § 127 Note 1 mitgeteilten Fälle (vgl. dazu § 132 Note 1) —, so hat es die unter 2 erwähnte Befugnis ebenfalls.

4. Die Ladung zum Termine hat gemäß § 16 Abs. 2 Satz 2 bzw. Abs. 3 zu erfolgen. Ist der Einspruch durch einen Bevollmächtigten erfolgt, so ist dieser zu laden. Birkenbihl § 134 Anm. 3, Fuchs § 134 Anm. 4.

5. Der Termin ist nicht öffentlich, wie alle Verhandlungen in Angelegenheiten der freiwilligen Gerichtsbarkeit nicht öffentlich sind. Vgl. § 8 Anm. 4a.

Erscheint der Beteiligte, welcher Einspruch eingelegt hat, in dem Termine nicht, so soll dies nach Abs. 2 nicht ohne weiteres die Verwerfung des Einspruchs zur Folge haben. Das Gericht hat vielmehr auch in diesem Falle nach Lage der Sache zu entscheiden, sofern es nicht eine Vertagung der Verhandlung für angezeigt erachtet. Denkschr. S. 72.

Erscheint der Beteiligte, so vollzieht sich die Erörterung im Termine nach preußischem und bayerischem Muster in Form mündlicher Verhandlung.

In beiden Fällen hat das Gericht gegebenenfalls auch eine Beweisaufnahme zu veranlassen (vgl. §§ 12, 15) oder zu einer anderen Art der erforderlichen Feststellungen und Ermittlungen, z. B. durch die Organe des Handelsstandes (§ 126) oder die Polizeiorgane, zu schreiten.

6. Wegen der Beistände und Vertreter im Termine bzw. Anordnung des persönlichen Erscheinens vgl. § 13.

7. Wegen der Zurücknahme des Einspruchs s. § 133 Anm. 3.

§ 135.

Wird der Einspruch für begründet erachtet, so ist die erlassene Verfügung aufzuheben.

Anderenfalls hat das Gericht den Einspruch zu verwerfen und die angedrohte Strafe festzusetzen. Das Gericht kann, wenn die Umstände es rechtfertigen, von der Festsetzung einer Strafe absehen oder eine geringere als die angedrohte Strafe festsetzen.

Im Falle der Verwerfung des Einspruchs hat das Gericht zugleich eine erneute Verfügung nach § 132 zu erlassen. Die in dieser Verfügung bestimmte Frist beginnt mit dem Eintritte der Rechtskraft der Verwerfung des Einspruchs.

---

1. Wird der Einspruch für begründet erachtet (Abs. 1), so ist die erlassene Verfügung durch Beschluß aufzuheben; dieser ist entweder nach § 16 Abs. 3 oder Abs. 2 Satz 2 bekannt zu machen, da gegen ihn nur einfache Beschwerde statt-

findet. Fuchs § 135 Anm. 1. — Hat auf eine solche Beschwerde, etwa der Handelskammer, gegen die Aufhebung der strafandrohenden Verfügung nach Abhaltung des Termins das Beschwerdegericht den Einspruch für unbegründet erachtet, so hat das Beschwerdegericht selbst den Einspruch zu verwerfen und über die Straffestsetzung (im Sinne des Abs. 2) zu entscheiden. Gegen einen solchen landgerichtlichen Beschluß, der über den Einspruch sachlich entscheidet, steht dem mit der Ordnungsstrafe Bedrohten die sofortige weitere Beschwerde (§ 139) zu. KG. 29. Mai 1901 in Johow 22 S. A 12 Nr. 3; „Recht" 5 (1901) S. 516 Nr. 2087. Vgl. dazu die in Anm. 2 zu § 134 mitgeteilte Entscheidung des KG. v. 22. April 1901.

2. Wird der Einspruch für unbegründet erachtet (Abs. 2, 3), so hat das Registergericht

a) den Einspruch zu verwerfen und die angedrohte Strafe festzusetzen (Abs. 2 Satz 1). Das ist die Regel. In diesem Falle ist der Beteiligte zugleich in die Kosten des Verfahrens zu verurteilen (§ 138). Das Gericht hat auch die Befugnis, wenn die Umstände es rechtfertigen, von der Festsetzung einer Strafe abzusehen oder eine geringere als die angedrohte Strafe (aber keine höhere) festzusetzen. Als Umstand, der es rechtfertigt, von dieser Befugnis Gebrauch zu machen, ist es anzusehen, wenn sich ergibt, daß der Beteiligte, welcher gegen die ihm gemachte Auflage einen unbegründeten Widerspruch erhebt, sich hierbei in gutem Glauben befindet und infolgedessen die Erfüllung der ihm gemachten Auflage aus entschuldbaren Gründen unterläßt. Denkschr. S. 72. Wird von der Festsetzung einer Strafe abgesehen, so ist auch keine Verurteilung in die Kosten auszusprechen; vgl. § 138. Die Verwerfung des Einspruchs und die Entscheidung über die Straffestsetzung sind miteinander zu verbinden; es ist unzulässig, sich auf die Verwerfung des Einspruchs zu beschränken und die Entscheidung über die Straffestsetzung vorzubehalten. Ist diese letztere Entscheidung unterblieben, so muß sie behufs Ergänzung des unvollständigen Beschlusses nachträglich getroffen werden. KG. 28. Dezember 1903 in Johow 27 S. A 72 Nr. 23, Rechtspr.d.OLG. 8 S. 376, Seuff.Arch. 59 S. 382.

Dieser Beschluß, durch welchen der Einspruch verworfen und über die Festsetzung einer Strafe entschieden wird, ist der Rechtskraft fähig und der sofortigen Beschwerde unterworfen (§ 139). Deshalb bedarf der Beschluß der Bekanntmachung nach § 16 Abs. 2 Satz 1, Abs. 3. Er ist, was die Strafe angeht, nicht vor Eintritt der Rechtskraft vollstreckbar und die Beschwerde hat insoweit aufschiebende Wirkung (vgl. § 24 Abs. 1).

b) zugleich eine erneute Verfügung nach § 132 zu erlassen (Abs. 3). Diese Verfügung kann mit dem Beschluß unter a verbunden werden. Die in ihr zu bestimmende neue Frist läuft aber erst vom Eintritte der Rechtskraft des Beschlusses unter a, beginnt also — sofern Anfechtung nicht stattfindet — zwei Wochen nach Bekanntmachung gemäß § 16 Abs. 2 Satz 1, Abs. 3. — Wegen der Fristberechnung vgl. § 17.

§ 136.

Wird im Falle des § 133 gegen die wiederholte Verfügung Einspruch erhoben und dieser für begründet erachtet, so kann das Gericht,

wenn die Umstände es rechtfertigen, zugleich die früher festgesetzte Strafe aufheben oder an deren Stelle eine geringere Strafe festsetzen.

Der Paragraph ist von der Reichstagskommission eingefügt. Die Absicht dabei war, die Zulässigkeit des Einspruchs zwar nach Ablauf der Frist, welche in der gemäß § 132 zu erlassenden Verfügung bestimmt wurde, aber bevor die richterliche Strafverfügung erging, zum Ausdruck zu bringen. Vgl. § 133 Note 1f und die dort in bezug genommenen Stellen des Kom.Ber.

Der Unterschied in der Behandlung des Aufgeforderten, der rechtzeitig Einspruch eingelegt hat, nach § 135 und des Aufgeforderten, der gegen die Verfügung nach § 132 im Sinne des § 133 ungehorsam war, nach § 136 ist der, daß im Falle des Abs. 1 des ersteren keine Strafe festgesetzt werden darf, im Falle des letzteren aber eine bereits festgesetzte Strafe wieder aufgehoben werden kann (vgl. die Fälle § 133 Anm. 1c, d, f) und daß im Falle des § 135 Abs. 2 die Befugnis, von der Strafe abzusehen oder eine geringere als die angedrohte Strafe eintreten zu lassen, selbst bei Verwerfung des Einspruchs gegeben ist, während die Befugnis, die Strafe wieder aufzuheben oder zu ermäßigen, im Falle des § 136 davon abhängig gemacht ist, daß der Einspruch für begründet erachtet worden ist.

Der § 136 gibt also in jedem Falle, in dem gegen die wiederholte Verfügung Einspruch erhoben und dieser für begründet erachtet wird, dem Gerichte die Befugnis, wenn die Umstände es rechtfertigen (vgl. § 135 Anm. 2a), die früher festgesetzte Strafe aufzuheben oder zu ermäßigen. Rausnitz § 136 Anm. 4. A. M. die Mehrzahl der anderen Kommentare. Er kommt auch zur Anwendung, wenn der Einspruch erst gegen die dritte oder vierte wiederholte Verfügung erhoben wird. Fuchs § 136 Anm. 2. Birkenbihl § 136 Anm. 2bβ hält dies für zweifelhaft.

Inwieweit die Rückzahlung der bereits gezahlten oder beigetriebenen Ordnungsstrafe erfolgen kann, besagen die Landesgesetze. Vgl. § 33 Anm. 5.

§ 137.

Gegen die Versäumung der Einspruchsfrist ist auf Antrag nach Maßgabe des § 22 Abs. 2 die Wiedereinsetzung in den vorigen Stand zu erteilen.

---

1. Die Wiedereinsetzung ist sowohl gegen die Versäumung der ersten, wie jeder später gesetzten Einspruchsfrist gegeben. Um die Versäumung des Termins kann es sich nicht handeln, weil diese als solche keine Versäumnisfolgen hat.

2. Ist eine Wiedereinsetzung nicht angängig, weil entweder die Versäumung keine unverschuldete war, oder weil die Formen, die § 22 Abs. 2 vorschreibt, nicht gewahrt sind, so kann trotzdem nach Maßgabe des in Anm. 1 zu § 133 Gesagten bzw. des § 136 eine Aufhebung bzw. Änderung der strafandrohenden bzw. straffestsetzenden Verfügung statthaben.

3. Die Wiedereinsetzung ist nicht bei dem Beschwerdegericht (vgl. § 22 Abs. 2), sondern bei dem Registergericht zu beantragen. Gegen die Entscheidung des letzteren findet dann die sofortige — nicht die sofortige weitere — Beschwerde statt. Birkenbihl § 137 Anm. 2, Fuchs § 137 Anm. 2.

4. Da das Gesetz nicht beabsichtigt, eine unverschuldete Fristversäumnis zu bestrafen, so kann es weiterhin auch nicht beabsichtigen, den Beteiligten auf den Weg der Einlegung des Einspruchs unter Nachsuchung der Wiedereinsetzung in den vorigen Stand auch dann zu verweisen, wenn der Beteiligte gar nicht Einspruch einlegen, sondern die gesetzliche Verpflichtung erfüllen will. Bei einer solchen Sachlage muß dem Beteiligten nachgelassen werden, im Beschwerdeweg darzutun, daß ein Fall der Versäumnis nicht vorgelegen habe. KG. 8. Juni 1903 in Johow 26 S. A 75 Nr. 22.

§ 138.

Bei der Festsetzung der Ordnungsstrafe ist der Beteiligte zugleich in die Kosten des Verfahrens zu verurteilen.

Der Paragraph will sagen, daß nur dann, wenn eine Strafe ausgesprochen wird, auch die Kostenverurteilung erfolgen muß und daß, wenn solches nicht geschieht, selbst bei Verwerfung des Einspruchs, die letztere auch unterbleiben muß.

Auch in dem Falle, daß gemäß § 136 eine festgesetzte Ordnungsstrafe aufgehoben wird, muß auch die damit verbunden gewesene Verurteilung in die Kosten aufgehoben werden. So die allgemeine Ansicht. A. M. Dronke § 138 Anm. 2.

§ 139.

Gegen den Beschluß, durch welchen die Ordnungsstrafe festgesetzt oder der Einspruch verworfen wird, findet die sofortige Beschwerde statt.

Ist die Strafe nach Maßgabe des § 133 festgesetzt, so kann die Beschwerde nicht darauf gestützt werden, daß die Verfügung, durch welche die Strafe angedroht worden ist, nicht gerechtfertigt gewesen sei.

1. Im Ordnungsstrafverfahren in Ansehung der Fälle des § 132 gelten in bezug auf das Beschwerdeverfahren die allgemeinen Regeln (vgl. §§ 19ff.) mit den beiden Ausnahmen des § 132 Abs. 2 und des § 139. Nur die in dem letzteren bezeichneten Beschlüsse unterliegen der sofortigen und sofortigen weiteren Beschwerde; im übrigen findet die einfache Beschwerde statt. Selbstverständlich findet auch die sofortige Beschwerde gegen die Entscheidung über den Antrag auf Wiedereinsetzung im Falle des § 137 nach Maßgabe des § 22 Abs. 2 statt.

Auch die allgemeine Regel des § 18 Abs. 2, daß das Gericht zur Änderung eines Beschlusses, der der sofortigen Beschwerde unterliegt, das Gericht nicht befugt sei, greift mit der aus § 136 (vgl. dazu Anm. 9 zu § 132 und 1d, f zu § 133) folgenden Maßgabe Platz.

2. **Zu Abs. 1.** Eine Ordnungsstrafe kann festgesetzt werden, ohne daß ein Einspruch verworfen oder auch nur stattgefunden hat, und ein Einspruch kann verworfen werden, ohne daß eine Ordnungsstrafe festgesetzt wird; wird ein Einspruch verworfen, so ist es Regel, daß gleichzeitig die Festsetzung der Ordnungsstrafe stattfindet (§ 135 Abs. 2). In allen Fällen, wo auch nur eins von beiden erfolgt, soll nach Abs. 1 die sofortige und sofortige weitere Beschwerde (§ 29 Abs. 2) statthaben.

3. Auch hinsichtlich der Legitimation zur Beschwerde gelten die allgemeinen Regeln. Wegen der Befugnis der Organe des Handelsstandes zur Beschwerdeführung vgl. § 126 und Anm. 2 Abs. 3 daselbst. — Das Ordnungsstrafverfahren hat sich nicht gegen eine Gesellschaft als solche zu wenden, sondern gegen die einzelnen Geschäftsführer. Deshalb ist auch die Beschwerdeführung eine persönliche Angelegenheit der letzteren. Legt einer von ihnen im eigenen Namen Beschwerde ein, so nützt dies den anderen nichts. Nicht ausgeschlossen ist, daß ein Geschäftsführer auch als Vertreter der anderen Beschwerde einlegt. Bayer.O.LG. 7. Dezember 1900 in Rechtspr.d.OLG. 4 S. 100 unter e.

4. Die Beschwerde hat nur insoweit aufschiebende Wirkung, als sie sich gegen eine Verfügung richtet, durch die eine Strafe festgesetzt wird (§ 24 Abs. 1, § 135 Abs. 2).

5. **Zu Abs. 2.** Die Vorschrift des Abs. 2 bezieht sich nur auf die Beschwerde gegen eine Straffestsetzung nach Maßgabe des § 133. Hier soll die Beschwerde nicht darauf gestützt werden können, daß die Verfügung, durch welche die Strafe angedroht worden ist, ungerechtfertigt gewesen sei. Es liegt darin eine Disziplinarstrafe für den Ungehorsam, der darin liegt, daß der Aufgeforderte weder der Aufforderung nachgekommen ist noch Einspruch erhoben ist. Deshalb ist in diesem Beschwerdeverfahren jede Erörterung darüber, ob die dem Ordnungsstrafverfahren zugrunde gelegte gesetzliche Verpflichtung mit Recht oder mit Unrecht als bestehend angenommen wurde, unzulässig. KG. 8. Juli 1902 in Rechtspr.d.OLG. 5 S. 275 unter c. Hieraus folgt, daß die sofortige Beschwerde auch dann zurückzuweisen ist, wenn das Beschwerdegericht die Strafandrohung des Registergerichts für sachlich ungerechtfertigt erachtet. Fuchs § 139 Anm. 2. Beschwerdegründe ergeben sich daher nur aus dem Fehlen der formellen Voraussetzungen der Straffestsetzung (z. B. nichtordnungsmäßige Bekanntmachung der Verfügung, unrichtige Fristberechnung); Birkenbihl § 139 Anm. 1a, Fuchs § 139 Anm. 2. Im allgemeinen kann die Beschwerde darauf gestützt werden, daß der Beschwerdeführer die Frist, innerhalb deren er der Anordnung des Registergerichts nachzukommen oder Einspruch zu erheben hatte, nicht schuldhaft versäumt hat. Bayer.O.LG. 25. April 1903 im „Recht" 7 (1903) S. 265 Nr. 1453, KG. 8. Juni 1903 in Johow 26 S. A 75 Nr. 22. — Vgl. dazu Marcus in DJZ. 8 S. 269f.

6. Die Abhaltung eines Termins zur Erörterung der Angelegenheit, wie für die erste Instanz (§ 134), ist für die Beschwerdeinstanzen nicht vorgeschrieben.

§ 140.

Soll nach § 37 Abs. 1 des Handelsgesetzbuchs gegen eine Person eingeschritten werden, die eine ihr nicht zustehende Firma gebraucht, so finden die Vorschriften der §§ 132 bis 139 mit der Maßgabe Anwendung, daß

1. in der nach § 132 zu erlassenden Verfügung dem Beteiligten aufgegeben wird, sich des Gebrauchs der Firma zu enthalten oder binnen bestimmter Frist den Gebrauch der Firma mittels Einspruchs gegen die Verfügung zu rechtfertigen;

2. die Ordnungsstrafe festgesetzt wird, falls kein Einspruch erhoben oder der erhobene Einspruch rechtskräftig verworfen ist und der Beteiligte nach der Bekanntmachung der Verfügung dieser zuwidergehandelt hat.

---

1. Der § 37 Abs. 1 HGB. lautet:

Wer eine nach den Vorschriften dieses Abschnitts (d. i. dritter Abschnitt, Handelsfirma) ihm nicht zustehende Firma gebraucht, ist von dem Registergerichte zur Unterlassung des Gebrauchs der Firma durch Ordnungsstrafen anzuhalten. Die Höhe der Strafen bestimmt sich nach § 14 Satz 2 (d. h. die einzelne Strafe darf den Betrag von 300 Mark nicht übersteigen).

Außerdem kann nach § 37 Abs. 2 HGB. jeder, der durch die unbefugte Firmenführung in seinen Rechten verletzt wird, die Unterlassung der Fortführung der Firma verlangen.

Diese Vorschriften sind aus dem Art. 26 Abs. 2 und dem Art. 27 Abs. 1 des früheren Allgemeinen Deutsch. HGB. entnommen und sind erforderlich neben den auf das gleiche Ziel gerichteten Bestimmungen des § 8 des Gesetzes zur Bekämpfung des unlauteren Wettbewerbs v. 27. Mai 1896 und des § 12 BGB.; denn die Anwendung der Vorschriften des ersteren Gesetzes setzt eine unredliche Absicht voraus und der § 12 BGB. kommt nur insoweit in Betracht, als die unbefugte Führung des Familiennamens eines anderen in einer Firma in Frage steht. Es ist aber nicht in Abrede zu stellen, daß mit diesen Vorschriften die Mißstände, welche mit einer uneingeschränkten Befugnis zur Führung einer beliebigen Firma verbunden sind, die Vorschubleistung für Irrtümer und Täuschungen über die Person des Geschäftsinhabers, nicht ganz vermieden werden. Deshalb beschränkt der dritte Abschnitt HGB. noch in mancher Beziehung die Firmenführung und läßt zutreffendenfalls ohne jene Voraussetzungen ein Untersagungsrecht zu, z. B. wenn die Firma einen Zusatz enthält, durch den die berechtigten Interessen eines anderen verletzt werden (§ 18 Abs. 2, § 30 Abs. 1 HGB.). Vgl. Denkschr. zum HGB. S. 42 f.

2. Die einzige Voraussetzung für das Einschreiten des Registergerichts nach § 37 Abs. 1 HGB. ist der unbefugte Gebrauch einer Firma, d. h. der objektiv unbefugte Gebrauch. Auf ein etwaiges Verschulden des Gebrauchenden kommt es nicht an; sein guter Glaube schützt ihn nicht vor dem Einschreiten des Registergerichts. Birkenbihl § 140 Anm. 2a α, Rausnitz § 140 Anm. 3.

Der Gebrauch einer Firma liegt nicht nur dann vor, wenn die Firma bei dem Abschluß von Handelsgeschäften, bei Abgabe von Unterschriften, bei der Anmeldung zum Handelsregister u. dgl. benutzt wird, sondern auch bei der Bezeichnung von Waren, Geschäftsschildern, Zeitungsannoncen, Rechnungen u. dgl. Alle solche Fälle gehören hierher, wenn der Gebrauch kein befugter ist.

Handelt es sich um die Löschung einer im Register eingetragenen Firma, so findet nicht das hier geordnete Verfahren statt, sondern das nach § 142.

3. Auf das Verfahren finden gemäß § 140 die Vorschriften der §§ 132 bis 139 Anwendung; sie finden nur soweit keine Anwendung, als sich aus den beiden unter Nr. 1 und 2 aufgeführten Bestimmungen ein anderes ergibt. Die letzteren sind einfache Konsequenzen des mit dem Verfahren verfolgten Zweckes. Es ist deshalb im allgemeinen auf die Anmerkungen zu den §§ 132 bis 139 zu verweisen.

Es gilt demgemäß auch hier die Vorschrift des § 132, wonach das Registergericht von Amts wegen einzuschreiten hat, wenn es glaubhafte Kenntnis davon erhält, daß eine Person eine ihr nicht zustehende Firma gebraucht. Vgl. dazu das in Anm. 2 zu § 132 Gesagte. Die Anregung zu einem Einschreiten kann auch von einem Interessenten ausgehen. Der Träger eines Namens, der einem anderen die Benutzung desselben bei der Firmierung gestattet hat, kann aber nicht wegen der Verletzung öffentlich-rechtlicher Vorschriften durch den Gebrauch der betreffenden Firma das Einschreiten des Registergerichts nach §§ 140ff. durch Beschwerde erzwingen. OLG. Jena 19. Juni 1902 im ZentrBl. 3 S. 248 Nr. 52.

4. **Zu Nr. 1.** Die Verfügung muß sich genau den Worten des Gesetzes anpassen. Vgl. § 132 Anm. 5. Verboten werden kann nur der Gebrauch einer Firma als solcher, nicht aber derjenige einzelner Worte aus der Firma, so daß der Gebrauch der Firma in verstümmelter, dem Gesellschaftsvertrag widersprechender Fassung zulässig wäre. KG. 2. März 1903 in Zeitschr. für Aktiengesellschaften 10 S. 208 (nach Soergel 1903 S. 551).

Der Beteiligte, dem die Auflage gemäß § 140 Nr. 1, § 132 gemacht wird, hat gegen die Verfügung nicht die Beschwerde, sondern nur — falls er den Gebrauch nicht unterläßt — den Einspruch.

5. **Zu Nr. 2.** Es ist zu unterscheiden, ob Einspruch eingelegt ist oder nicht.

Im ersteren Falle ist gemäß § 140 in Verbindung mit § 134 Termin zur Erörterung der Sache abzuhalten. Wegen des verschiedenen Zwecks, den die §§ 132 und 140 verfolgen, könnte hier in Frage kommen, ob nur bei rechtzeitig (§ 134) oder auch bei einem nach Ablauf der Frist erfolgten Einspruche noch Termin zur Erörterung anzusetzen oder ob ohne Zulassung einer solchen der Einspruch zu verwerfen ist. Vgl. dazu das in Anm. 1f zu § 133 Gesagte. Es dürfte wohl richtig sein, die beiden Fälle gleichmäßig zu behandeln, soweit eben das Gesetz nicht eine verschiedene Behandlungsweise ausdrücklich vorschreibt. Dabei bleibt eben immer zu berücksichtigen, daß es sich um ein Ordnungsstrafverfahren handelt, dessen eigentlicher Endzweck die Herbeiführung eines dem Gesetze entsprechenden Zustandes ist und daß bei dessen Durchführung dem Betroffenen die Befugnis, seine Berechtigung nachzuweisen, nicht beschränkt sein darf. A. M. Rausnitz § 140 Anm. 9. — Wird der Einspruch verworfen, so hat in dem Beschlusse, der dies ausspricht, das Gericht nicht die Ordnungsstrafe festzusetzen. Es muß erst die Rechtskraft des Beschlusses abgewartet werden und festgestellt sein, daß der Beteiligte „nach der Bekanntmachung der Verfügung“ d. h. der Bekanntmachung der androhenden Verfügung (nicht des Verwerfungsbeschlusses) dieser zuwidergehandelt hat. Zu diesen Feststellungen kann sich der Registerrichter der Organe des Handelsstandes (§ 126) bzw. der Polizeiorgane bedienen. Bei der Entscheidung über die Festsetzung einer Ordnungsstrafe ist § 135 Abs. 2 Satz 2 zu berücksichtigen. Rausnitz § 140 Anm. 12. Gleichzeitig hat das Gericht eine neue Verfügung zu erlassen.

Im anderen Falle, also wenn kein Einspruch eingelegt ist, wird nach Feststellung der Zuwiderhandlung „nach Bekanntmachung der Verfügung“ ebenso wie vorstehend ohne weiteres mit der Festsetzung der Ordnungsstrafe und Erlaß einer neuen Verfügung (§ 133) vorgegangen.

§ 141.

Soll nach § 31 Abs. 2 des Handelsgesetzbuchs das Erlöschen einer Firma von Amts wegen in das Handelsregister eingetragen werden, so hat das Registergericht den eingetragenen Inhaber der Firma oder dessen Rechtsnachfolger von der beabsichtigten Löschung zu benachrichtigen und ihm zugleich eine angemessene Frist zur Geltendmachung eines Widerspruchs zu bestimmen. Die Frist darf nicht weniger als drei Monate betragen.

Sind die bezeichneten Personen oder deren Aufenthalt nicht bekannt, so erfolgt die Benachrichtigung und die Bestimmung der Frist durch Einrückung in diejenigen Blätter, welche für die Bekanntmachungen der Eintragungen in das Handelsregister bestimmt sind. Es kann angeordnet werden, daß die Bekanntmachung noch in andere Blätter eingerückt wird.

Wird Widerspruch erhoben, so entscheidet über ihn das Gericht. Gegen die den Widerspruch zurückweisende Verfügung findet die sofortige Beschwerde statt.

Die Löschung darf nur erfolgen, wenn Widerspruch nicht erhoben oder wenn die den Widerspruch zurückweisende Verfügung rechtskräftig geworden ist.

---

1. Der § 31 HGB. lautet wie folgt:

Eine Änderung der Firma oder ihrer Inhaber sowie die Verlegung der Niederlassung an einen anderen Ort ist nach den Vorschriften des § 29 zur Eintragung in das Handelsregister anzumelden.

Das gleiche gilt, wenn die Firma erlischt. Kann die Anmeldung des Erlöschens einer eingetragenen Firma durch die hierzu Verpflichteten nicht auf dem im § 14 bezeichneten Wege herbeigeführt werden, so hat das Gericht das Erlöschen von Amts wegen einzutragen.

Der herangezogene § 29 HGB. verpflichtet jeden Kaufmann, seine Firma und den Ort seiner Handelsniederlassung bei dem Gericht, in dessen Bezirke sich die Niederlassung befindet, zur Eintragung in das Handelsregister anzumelden.

Den § 14 HGB. siehe in Anm. 1 zu § 132.

Die Vorschrift findet Anwendung sowohl auf die Firma des Einzelkaufmanns als auch auf Gesellschaftsfirmen (§ 6 HGB.).

Der § 31 Abs. 2 HGB. ist an die Stelle des § 1 des Gesetzes, betreffend die Löschung nicht mehr bestehender Firmen und Prokuren im Handelsregister, v. 30. März 1888, getreten. Letzteres ist durch Art. 8 des Einf.Ges.z.HGB. aufgehoben worden; sein, das Verfahren für die in § 1 angeordnete Tätigkeit ordnender § 2 wird durch den § 141 ersetzt.

2. Der § 141 Abs. 1 in Verbindung mit § 31 Abs. 2 und § 14 HGB. will also folgendes sagen: Nach § 14 HGB. ist derjenige, der zur Anmeldung des Erlöschens einer Firma verpflichtet ist, von dem Registergerichte hierzu durch Ordnungsstrafen anzuhalten. Insoweit kommt das Ordnungsstrafverfahren nach §§ 132 ff. zur Anwendung. Kann diese Anmeldung auf dem Wege des Ordnungsstrafverfahrens

nicht herbeigeführt werden (§ 31 Abs. 2 HGB.), dann hat das Registergericht das Erlöschen von Amts wegen einzutragen. Das Verfahren, welches das Gericht hierbei zu beobachten hat, regelt § 141.

Das Verfahren nach § 141 setzt also voraus, daß die Anmeldung des Erlöschens der Firma durch die dazu Verpflichteten im Wege des Ordnungsstrafverfahrens nicht herbeigeführt werden kann. Es ist aber nicht immer erforderlich, daß das Ordnungsstrafverfahren vergeblich durchzuführen versucht worden ist. Dazu wird das Gericht häufig gar nicht in der Lage sein, z. B. weil die Verpflichteten unbekannt sind (Abs. 2) oder vermögenslos und weil darum das Ordnungsstrafverfahren wirkungslos bleiben würde. Inwieweit die Voraussetzung gegeben ist, daß die Anmeldung auf dem Wege des Ordnungsstrafverfahrens nicht herbeigeführt werden kann, unterliegt dem pflichtmäßigen Ermessen des Gerichts, event. nach den gemäß § 12 von Amts wegen vorzunehmenden Ermittlungen und Feststellungen. Desgleichen hat auch das Gericht, event. nach ebensolchen Ermittlungen zu beurteilen, ob die zu löschende Firma wirklich erloschen ist.

3. Liegen die in Anm. 2 erwähnten beiden Voraussetzungen vor, so ist das Gericht verpflichtet vorzugehen. Zu diesem Zweck hat es an den eingetragenen Inhaber der Firma oder dessen Rechtsnachfolger eine Benachrichtigung zu erlassen des Inhalts, daß es beabsichtige, die Firma von Amts wegen zu löschen und daß es zur Geltendmachung eines eventuellen Widerspruchs eine näher zu bezeichnende Frist, die nicht weniger als drei Monate betragen darf, bestimme.

Diese Benachrichtigung ist bekannt zu machen und zwar:

a) wenn der Verpflichtete nach Name und Aufenthalt bekannt ist (Abs. 1), gemäß § 16 Abs. 2 Satz 1, Abs. 3, da mit der Bekanntmachung auch die Frist für den Widerspruch beginnt;

b) wenn der Verpflichtete oder dessen Aufenthalt nicht bekannt ist, gemäß Abs. 2. Diese Bekanntmachung gilt als bewirkt mit Ablauf des Tages, an welchem das letzte derjenigen Blätter erschienen ist, in welches die Benachrichtigung eingerückt gewesen ist (§ 10 Abs. 2 HGB.). So die allgemeine Meinung. A. M. Jastrow, § 141 Anm. 2, der die Frist — nach Analogie von § 16 mit ZPO. § 206 — vom Ablauf eines Monats seit der letzten Einrückung ab berechnet wissen will.

4. Die Frist berechnet sich nach § 17 und beginnt mit dem in Anm. 3 unter a bzw. b bezeichneten Zeitpunkte.

5. Eine Beschwerde gegen diese Benachrichtigung erscheint ausgeschlossen; dafür ist der Widerspruch gegeben. So auch Rausnitz § 141 Anm. 5.

6. Wird binnen der bestimmten Frist kein Widerspruch erhoben, so trägt das Registergericht das Erlöschen der Firma im Register ein.

7. Wird Widerspruch erhoben — und der Widerspruch ist zu berücksichtigen, wenn er vor der Eintragung der Löschung eingeht, sei es auch nach Ablauf der bestimmten Frist — (vgl. Anm. 11, Rausnitz § 141 Anm. 10) —, so entscheidet über ihn das Gericht. Ein Termin zur Erörterung der Sache, wie nach § 134, braucht nicht stattzufinden, doch steht dem nichts entgegen.

Der Widerspruch ist an keine Form gebunden. Er bedarf auch keiner Rechtfertigung (Rausnitz § 141 Anm. 10). Die Entscheidung auf den Widerspruch erfolgt durch Beschluß (Verfügung), in welchem er für begründet anerkannt oder zurückgewiesen wird.

8. Diese Entscheidung ist bekannt zu machen u. zw. gemäß § 16 Abs. 2 Satz 2, Abs. 3, wenn er für begründet erachtet, gemäß § 16 Abs. 2 Satz 1, Abs. 3, wenn er zurückgewiesen wird aus den sich aus Anm. 9 ergebenden Gründen.

9. Gegen die Entscheidung ist Beschwerde zulässig u. zw. die einfache (fristlose), wenn der Widerspruch für begründet erachtet worden ist, die sofortige (§ 22), wenn der Widerspruch zurückgewiesen ist (Abs. 3). Streitig ist, welche weitere Beschwerde, ob die einfache oder die sofortige, stattfindet, wenn die Entscheidung des Beschwerdegerichts von der des Registergerichts (erste Instanz) abweicht. M. E. greift in jedem Falle die sofortige weitere Beschwerde Platz; vgl. § 29 Anm. 5.

10. Wird der Widerspruch endgültig als gerechtfertigt anerkannt, so ist damit die Sache erledigt. Die Löschung unterbleibt. Fuchs, § 141 Anm. 2 b α, hält eine Aufhebung der Verfügung (Benachrichtigung des Abs. 1) für notwendig. Eine Benachrichtigung des Beteiligten, daß von der Löschung Abstand genommen werde, dürfte am Platze sein.

Wird der Widerspruch zurückgewiesen und ist die entsprechende Entscheidung rechtskräftig geworden, so hat die Löschung der Firma von Amts wegen im Register zu erfolgen.

11. Wie bereits in Anm. 7 bemerkt, ist es nicht notwendig, daß der Widerspruch innerhalb der bestimmten Frist erhoben wird. Das geht aus dem Wortlaute von Abs. 3 und 4 hervor, wo nicht von dem „rechtzeitig“ erhobenen Widerspruch (§ 134) die Rede ist. Wird der Widerspruch nicht „rechtzeitig“ erhoben, so hat das Gericht die Befugnis zu löschen. Gegen die einmal erfolgte Löschung gibt es kein Rechtsmittel. Sie ist nur auf dem Wege des § 142 zu beseitigen. A. M. Rausnitz, § 141 Anm. 18, der die einfache Beschwerde für zulässig hält. War die Firma tatsächlich erloschen und deswegen, wenn auch versehentlich, gelöscht worden, so kann sie allerdings auch im Berichtigungsverfahren (§ 142) nicht wieder eingetragen werden. KG. 27. Juni 1904 in Rechtspr.d.OLG. 9 S. 257 (nach Soergel 1904 S. 519).

12. Auf Eintragungen im Genossenschaftsregister findet der § 141 keine Anwendung: § 147.

§ 142.

Ist eine Eintragung in das Handelsregister bewirkt, obgleich sie wegen Mangels einer wesentlichen Voraussetzung unzulässig war, so kann das Registergericht sie von Amts wegen löschen. Die Löschung geschieht durch Eintragung eines Vermerkes.

Das Gericht hat den Beteiligten von der beabsichtigten Löschung zu benachrichtigen und ihm zugleich eine angemessene Frist zur Geltendmachung eines Widerspruchs zu bestimmen.

Auf das weitere Verfahren finden die Vorschriften des § 141 Abs. 3, 4 Anwendung.

---

1. Die §§ **142** bis **144** und § **147** sehen Vorschriften vor, nach denen der Registerrichter befugt sein soll, zu Unrecht erfolgte Eintragungen im Handels- und Genossenschaftsregister unter gewissen Voraussetzungen von Amts wegen zu löschen. Der § 142 stellt die allgemeine Regel auf, § 143 erteilt dem Landgerichte,

welches dem Registergerichte vorgeordnet ist, die entsprechende Berechtigung wie dem letzteren selbst. § 144 enthält besondere Vorschriften über Löschung von nichtigen Aktiengesellschaften, Kommanditgesellschaften auf Aktien oder Gesellschaften mit beschränkter Haftung, die die auch für diese Assoziationsarten geltende allgemeine Regel des § 142 (vgl. § 144 Anm. 1) zugunsten derselben für den Fall, daß es sich um die Nichtigkeit handelt, einschränken, und § 147 dehnt jene Vorschriften auf das Genossenschaftsregister aus.

Die Vorschriften charakterisieren sich als Ausnahmebestimmungen von § 18 Abs. 1, insofern als die Befugnis des Gerichts, eine von ihm erlassene als ungerechtfertigt erkannte Verfügung (Eintragung) nachträglich zu ändern, an bestimmte Voraussetzungen und Verfahrensformen geknüpft wird. Vgl. § 18 Anm. 4.

2. Unter die Vorschrift fällt jede Eintragung in Handelssachen, auch z. B. die Eintragung einer Firma, die den gesetzlichen Vorschriften über die Bildung der Firma nicht entspricht oder sich von einer anderen bereits eingetragenen Firma nicht unterscheidet (§§ 18ff., § 30 HGB.), im Gegensatz zu dem in § 141 behandelten Falle, in welchem es sich um Löschung einer bereits nicht mehr bestehenden Firma handelte. Eine Löschung der letzteren Art kann aber selbst wieder, wenn sie wegen Mangels einer wesentlichen Voraussetzung unzulässig war, auf dem in § 142 vorgeschriebenen Wege aufgehoben (gelöscht) werden. Vgl. § 141 Anm. 11. Weitere Fälle: Steht eine Eintragung, soweit sie den Gegenstand des Unternehmens einer Gesellschaft mit beschr. Haft. betrifft, mit dem Statut, das den Gegenstand in anderer gesetzlich zulässiger Weise bestimmt, in Widerspruch, so ist sie von Amts wegen zu löschen. KG. 18. April 1904 in Zus.d.RJAmts 4 S. 162, Johow 27 S. A 232 Nr. 67. Die Eintragung einer offenen Handelsgesellschaft kann von Amts wegen gelöscht werden, wenn bei den gemäß § 12 veranstalteten Ermittlungen sich herausstellt, daß die Gesellschafter es nicht auf den Betrieb eines Handelsgewerbes, sondern lediglich auf die Verwertung des mit einer weltbekannten Firma (Mumm u. Ko.) gleichlautenden Namens ihrer Firma und deren baldige Veräußerung abgesehen haben. OLG. Colmar 28. Januar 1904 in Rechtspr.d.OLG. 8 S. 378, „Recht" 8 S. 226. Die einmal erfolgte Eintragung der Erhöhung des Grundkapitals einer Aktiengesellschaft kann nicht wegen Nichtigkeit der Zeichnungsscheine gelöscht werden. KG. 26. Juli 1902 im „Recht" 6 (1902) S. 531 Nr. 2454.

3. Als einzige Vorbedingung für das Vorgehen wird gefordert, daß die Eintragung wegen Mangels einer wesentlichen Voraussetzung unzulässig war. Welche Voraussetzungen als „wesentliche" anzusehen sind, ist im Gesetz nicht zum Ausdruck gekommen. Fälle siehe in Anm. 2. Die Voraussetzung muß zur Zeit der Bewirkung der Eintragung bestanden haben, die letztere also damals unstatthaft gewesen sein; die Eintragung muß aber auch noch zur Zeit der Löschung als unzulässig oder wenigstens unnötig sich erweisen. KG. 8. Dezember 1902 in Jur.MSchrift für Posen u. Westpreußen 1903 (nach Soergel 1903 S. 551).

Als nicht ausreichend für ein solches Einschreiten von Amts wegen bezeichnet die Denkschrift (S. 73) den Fall, daß die einer Eintragung zugrunde liegende Anmeldung von dem Beteiligten der Ordnungsvorschrift des § 12 HGB. entgegen weder persönlich bei dem Gerichte bewirkt, noch in öffentlich beglaubigter Form eingereicht war. Mängel des Verfahrens dürften daher überhaupt nicht als wesentliche anzusehen sein. Andererseits bemerkt die Denkschrift, daß Versehen rein äußerlicher Art, z. B. Schreib=

fehler, Eintragungen an falscher Stelle bei einer Firma, selbstverständlich kurzer Hand berichtigt werden könnten.

4. Das Verfahren, welches das Gericht einzuschlagen hat, unterscheidet sich, abgesehen von dem in Anm. 5 behandelten Punkte, von dem des § 141 nur darin, daß die nach letzterem zu setzende Frist mindestens 3 Monate betragen muß, hier aber (vgl. Abs. 2) in das Ermessen des Gerichts gestellt ist und daß der Abs. 2 des § 141 keine Anwendung findet. Ist der Beteiligte oder dessen Aufenthalt unbekannt, so erfolgt die Bekanntmachung durch öffentliche Zustellung nach § 16 Abs. 2 Satz 1. Unbekannten Beteiligten ist ein Pfleger nach § 1913 BGB. zu bestellen. Rausnitz § 142 Anm. 10. Zu Abs. 2, 3 vgl. § 141 Anm. 3 ff.

5. Das Gericht ist nicht verpflichtet, von Amts wegen einzuschreiten. Bei der Entscheidung, ob es von der gesetzlichen Befugnis Gebrauch machen soll, wird sich das Gericht nicht von formalen Gesichtspunkten leiten lassen dürfen, sondern zu erwägen haben, daß unter Umständen schwerwiegende Interessen auf dem Spiele stehen; es wird also die Löschung von Amts wegen nur dann vornehmen, wenn nach seiner Ansicht das Fortbestehen der Eintragung erhebliche Schädigungen Berechtigter zur Folge haben würde (Bayern). So Schneider § 142 Anm. 4. Findet das Registergericht einer Zweigniederlassung, das eine in das Register der Hauptniederlassung bewirkte Eintragung in sein Register übernehmen soll, bei der von ihm selbständig vorzunehmenden Prüfung, daß die Eintragung in das Register der Hauptniederlassung mangels einer wesentlichen Voraussetzung unzulässig war, so hat es bei dem Gerichte der Hauptniederlassung die Löschung von Amts wegen anzuregen. Vgl. Anm. 3 zu § 131 und die dort angezogene Entscheidung des KG.

Wird bei dem Registergericht ein Antrag auf Löschung gestellt, so hat das Gericht darüber pflichtgemäß zu entscheiden. In diesem Falle braucht es, wenn der Antragsteller zugleich der alleinige Beteiligte im Sinne des Abs. 2 ist (vgl. Anm. 6), das Verfahren des § 142 nicht einzuhalten. Ist aber der Antragsteller nicht der Beteiligte in diesem Sinne oder nicht der alleinige Beteiligte, sondern ein anderer, z. B. eine Handelskammer, dann findet das Verfahren gemäß § 142 statt. In beiden Fällen ist gegen eine den Antrag zurückweisende Verfügung die einfache Beschwerde zulässig (anders im Falle der Zurückweisung des Widerspruchs, § 142 Abs. 3, § 141 Abs. 3). Bayer.OLG. 6. August 1902 in Rechtspr.d.OLG. 5 S. 445 unter k, KG. 2. Februar 1903 Bd. 7 S. 211 daselbst. OLG. Hamburg 6. November 1903 in Rechtspr.d.OLG. 8 S. 241 (nach Soergel 1904 S. 519). Das Beschwerdegericht (Kammer für Handelssachen, wo eine solche besteht, § 30) kann dann, zufolge der allgemeinen Vorschriften über die Beschwerde, entweder die Sache selbst erledigen oder sie an das Registergericht zurückverweisen. Wählt die Kammer den ersteren Weg, so muß sie ihrerseits in Gemäßheit des Abs. 2 verfahren; vgl. § 143 Anm. 1.

6. Sind mehrere Beteiligte vorhanden und hat ein Beteiligter Widerspruch gegen die Löschung erhoben, so kann der andere Beteiligte zur Beseitigung des Widerspruchs Klage auf Einwilligung in die Löschung erheben. Es ist davon auszugehen, daß die Löschung einer wegen Mangels einer wesentlichen Voraussetzung unzulässigen Eintragung der Disposition der Parteien nicht unterliegt, vielmehr von Amts wegen vom Registergericht bewirkt wird. Die Parteien können jedoch die Löschung anregen und haben das Recht des Widerspruchs. Dieses Recht wird dem Beteiligten dadurch genommen, daß er verurteilt wird, in die Eintragung der Löschung

zu willigen. OLG. Kiel 8. Februar 1902 in Rechtspr.d.OLG. 6 S. 37 unter g. In solchen Fällen kann es zur Anwendung des § 127 kommen.

§ 143.

Die Löschung einer Eintragung kann gemäß den Vorschriften des § 142 auch von dem Landgerichte verfügt werden, welches dem Registergericht im Instanzenzuge vorgeordnet ist. Die Vorschrift des § 30 Abs. 1 Satz 2 findet Anwendung.

Gegen die einen Widerspruch zurückweisende Verfügung des Landgerichts findet die sofortige Beschwerde an das Oberlandesgericht mit der Maßgabe statt, daß die Vorschriften des § 28 Abs. 2, 3 zur entsprechenden Anwendung kommen. Die weitere Beschwerde ist ausgeschlossen.

---

1. Das Landgericht kann gemäß Abs. 1 einschreiten ohne Antrag und ohne daß eine Entscheidung des Registergerichts über den in Frage stehenden Fall ergangen und gegen diese Entscheidung Beschwerde eingelegt ist (vgl. § 142 Note 5). Das Landgericht kann eben vollständig als Gericht erster Instanz handeln. Zu seinem Vorgehen kann auch die Justizverwaltung den Anstoß geben. Zuständig ist nach § 30 Abs. 1 Satz 2 die Kammer für Handelssachen, wo eine solche besteht. — Neben dieser Funktion als Gericht erster Instanz bleibt die Stellung des Landgerichts als mögliche Beschwerdeinstanz vollständig unberührt. Vgl. § 142 Anm. 5 a. E. Keinenfalls ist aus Abs. 2 des § 143 der Satz abzuleiten, daß das Landgericht auch dann als erste Instanz anzusehen sei, wenn es auf erhobene Beschwerde das Unterbleiben der Löschung angeordnet hat. Entsch.d.Reichsger. 6. Februar 1901 in Jur.Woch. 1901 S. 200 (nach Soergel 1900/01 S. 632).

2. Nimmt das Landgericht Veranlassung, in dieser Art vorzugehen, so ist es, sowohl was die Voraussetzungen als auch das von ihm einzuschlagende Verfahren anlangt, an § 142 gebunden (vgl. § 142 Anm. 4 bis 6 und § 141 Anm. 3ff.). In betreff des Verfahrens gilt dann noch gemäß § 142 Abs. 3 der § 141 Abs. 3, 4.

3. Die sofortige Beschwerde an das Oberlandesgericht (Abs. 2) unterliegt als erste Beschwerde den allgemeinen Vorschriften des ersten Abschnitts; sie kann daher auch auf neue Tatsachen und Beweise gestützt werden (§ 23), denn es handelt sich um die Beschwerde gegen eine Entscheidung erster Instanz. Die Beschwerde unterliegt auch nicht dem Formenzwang des § 29. — Weil die weitere Beschwerde ausgeschlossen worden ist, ist bei der Wichtigkeit der Fragen, um die es sich hier nicht selten handeln wird, für gut befunden worden, wenigstens unter den in § 28 Abs. 2 bezeichneten Voraussetzungen die Entscheidung des Reichsgerichts herbeizuführen (Abs. 2). —

Streitig ist, ob gegen die einem Widerspruch stattgebende Verfügung des Landgerichts ebenfalls eine Beschwerde an das Oberlandesgericht gegeben sei. Dorner, § 143 Anm. 3b, und mit ihm Birkenbihl, § 143 Anm. 2b, bejahen die Frage mit Rücksicht darauf, daß der Satz des § 19 Abs. 1, daß gegen die Verfügungen des Gerichts erster Instanz das Rechtsmittel der Beschwerde stattfinde, unmittelbar auch den vorliegenden Fall treffe, und daß aus § 143 Abs. 2, auch ohne Heranziehung der hier nicht ohne weiteres anwendbaren Vorschriften des GVG., entnommen werden könne, daß nach Absicht des Gesetzes das Oberlandesgericht die für die Entscheidung berufene

Stelle sein solle. Dem ist m. E. zuzustimmen. Auch in § 139 Abs. 1 und § 141 Abs. 3 sind nur die Fälle besonders hervorgehoben, in denen die sofortige Beschwerde gegen die einen Einspruch bzw. Widerspruch verwerfende Verfügung stattfindet ohne daß deswegen die Beschwerde gegen die stattgebende Verfügung damit ausgeschlossen sein sollte.

4. Wegen der Zuständigkeit für die Entscheidung über die Beschwerde vgl. noch § 199 Abs. 1, 2, und § 28 Anm. 1.

§ 144.

Eine in das Handelsregister eingetragene Aktiengesellschaft oder Kommanditgesellschaft auf Aktien kann gemäß den Vorschriften der §§ 142, 143 als nichtig gelöscht werden, wenn die Voraussetzungen vorliegen, unter denen nach den §§ 309, 310 des Handelsgesetzbuchs die Nichtigkeitsklage erhoben werden kann. Das gleiche gilt für eine in das Handelsregister eingetragene Gesellschaft mit beschränkter Haftung, wenn die Voraussetzungen vorliegen, unter denen nach den §§ 75, 76 des Gesetzes, betreffend die Gesellschaften mit beschränkter Haftung, die Nichtigkeitsklage erhoben werden kann.

Ein in das Handelsregister eingetragener Beschluß der Generalversammlung oder Versammlung der Gesellschafter einer der im Abs. 1 bezeichneten Gesellschaften kann gemäß den Vorschriften der §§ 142, 143 als nichtig gelöscht werden, wenn er durch seinen Inhalt zwingende Vorschriften des Gesetzes verletzt und seine Beseitigung im öffentlichen Interesse erforderlich erscheint.

In den Fällen der Abs. 1, 2 soll die nach § 142 Abs. 2 zu bestimmende Frist mindestens drei Monate betragen.

---

1. Der § 144 findet nur dann Anwendung, wenn eine Aktiengesellschaft oder eine Kommanditgesellschaft auf Aktien oder eine Gesellschaft mit beschr. Haftung oder ein Beschluß der Generalversammlung oder der Versammlung der Gesellschafter als nichtig gelöscht werden soll. In Ansehung sonstiger Löschungen von Amts wegen gelten die §§ 142, 143 auch für die bezeichneten Gesellschaften. KG. 18. April 1904 in Zus.d.RJAmts 4 S. 162, Johow 27 S. A 232 Nr. 67.

2. Die **§§ 309, 310 HGB.** lauten:

§ 309. Enthält der Gesellschaftsvertrag nicht die nach § 182 Abs. 2 wesentlichen Bestimmungen (d. i. 1. Firma und Sitz der Gesellschaft, 2. Gegenstand des Unternehmens, 3. Höhe des Grundkapitals und der einzelnen Aktien, 4. Art der Bestellung und Zusammensetzung des Vorstandes, 5. die Form, in der die Berufung der Generalversammlung der Aktionäre geschieht, 6. die Form, in der die von der Gesellschaft ausgehenden Bekanntmachungen erfolgen) oder ist eine dieser Bestimmungen nichtig, so kann jeder Gesellschafter und jedes Mitglied des Vorstandes und des Aufsichtsrats im Wege der Klage beantragen, daß die Gesellschaft für nichtig erklärt werde. Die Vorschriften der §§ 272, 273 (d. i. über Passivlegitimation, Zuständigkeit, Sicherheitsleistung, Wirkung des Urteils u. a.) finden entsprechende Anwendung.

§ 310. Ein Mangel, der die Bestimmungen über die Firma oder den Sitz der Gesellschaft, den Gegenstand des Unternehmens, die Bestellung oder Zusammensetzung des Vorstandes, die Form der Bekanntmachungen der Gesellschaft oder die Form der Berufung der Generalversammlung betrifft, kann durch einen den Vorschriften dieses Gesetzbuchs über eine Änderung des Gesellschaftsvertrags entsprechenden Beschluß der Generalversammlung geheilt werden. Die Berufung der Generalversammlung erfolgt, wenn der Mangel die Bestimmungen über die Form der Berufung betrifft, durch Einrückung in diejenigen Blätter, welche für die Bekanntmachungen der Eintragungen in das Handelsregister des Sitzes der Gesellschaft bestimmt sind.

3. Die **§§ 75 und 76 des Ges., betr. die Gesellschaften mit beschränkter Haftung** v. 20. April 1892 (nach dem Texte v. 20. Mai 1898) lauten:

§ 75. Enthält der Gesellschaftsvertrag nicht die nach § 3 Abs. 1 wesentlichen Bestimmungen (d. h. die oben in § 309 HGB. aus § 182 Abs. 2 unter 1 bis 3 aufgeführten Punkte) oder ist eine dieser Bestimmungen nichtig, so kann jeder Gesellschafter, jeder Geschäftsführer und, wenn ein Aufsichtsrat bestellt ist, jedes Mitglied des Aufsichtsrats im Wege der Klage beantragen, daß die Gesellschaft für nichtig erklärt werde.

Die Vorschriften der §§ 272, 273 des HGB. (s. oben Anm. 2) finden entsprechende Anwendung.

§ 76. Ein Mangel, der die Bestimmungen über die Firma oder den Sitz der Gesellschaft oder den Gegenstand des Unternehmens betrifft, kann durch einstimmigen Beschluß der Gesellschafter geheilt werden.

4. Hiernach führt eine Klage ebenfalls, wenn ihr stattgegeben wird, zur Löschung der betreffenden Eintragung, indem nach § 273 HGB. das ergangene Urteil zum Handelsregister einzureichen und dort einzutragen ist. Allein die Klage kann nur von den genannten Personen angestrengt werden; über die Herbeiführung einer Löschung, die im öffentlichen Interesse notwendig erscheint, ist dagegen im HGB. nichts bestimmt. Der erste Entwurf zum HGB. hatte in dieser Richtung vorgeschlagen, der Staatsbehörde, nämlich dem Staatsanwalt, die Befugnis zur Erhebung der Nichtigkeitsklage — das öffentliche Interesse vorausgesetzt — einzuräumen. Dieser Vorschlag ist aber infolge des Widerspruchs seitens des Handelsstandes nicht weiter verfolgt worden; das gleiche Ziel soll nun auf dem Wege des § 144 in Verbindung mit den §§ 142, 143 durch die Einführung der Löschung von Amts wegen erreicht werden, welche gegen den früheren Vorschlag durch die Entkleidung von den prozessualen Formen zurücksteht. Vgl. Kom.Ber. S. 58.

5. In dem § 144 sind nicht neue Fälle von Nichtigkeit der in Betracht kommenden Assoziationsarten geschaffen, sondern es sollen nur Gesellschaften und Beschlüsse aus dem Register entfernt werden, die ohnehin absolut nichtig sind und trotz der Eintragung nichtig bleiben, solange keine Remedur durch Beschluß der Generalversammlung oder der Gesellschafter (§ 310 HGB., § 76 des Ges. betr. die Gesellsch. mit beschr. Haftg.) eintritt. — Als Beispiele sind im Kom.Ber. (S. 58) erwähnt: wenn aus Versehen eine Aktiengesellschaft in das Handelsregister eingetragen ist, die nach ihrem Statut Aktien von je 100 Mark ausgibt, so ist eine solche Gesellschaft überhaupt keine Aktiengesellschaft und die Aktien sind ungültig; wenn ferner die Generalversammlung einer Aktiengesellschaft eine Statutenänderung beschließt,

wonach der Reservefonds jährlich mit nur einem Prozent dotiert werden oder der Aufsichtsrat jedesmal zwanzig Jahre lang in Funktion bleiben soll, so ist dieser Beschluß nichtig und bleibt nichtig, auch wenn er noch so lange im Handelsregister eingetragen steht.

6. Sämtliche Nichtigkeiten, wegen deren eine Löschung der in Frage stehenden Art möglich ist, können durch Beschluß der Generalversammlungen geheilt werden. Die Androhung der Löschung (Abs. 3) wird daher regelmäßig die Wirkung haben, einen solchen Beschluß herbeizuführen. Daher die gegen § 143 Abs. 2 reichlich bemessene Frist zur Geltendmachung des Widerspruchs. Ist die Heilung erfolgt, dann entfällt selbstverständlich das hier vorgesehene Verfahren. Vgl. Stenographischen Bericht des Reichstags über die Sitzung v. 15. Februar 1898 S. 1060.

7. Die Gründe, aus denen eine Löschung erfolgen darf, sind gegen die in § 142 aufgeführten eingeschränkt. Nur im Gesetz ausdrücklich für wesentlich erklärte Mängel im urkundlichen Inhalte des Gesellschaftsvertrags begründen die Nichtigkeitsklage und danach die Löschung der Gesellschaft von Amts wegen, nicht dagegen die Mängel des Gründungsverfahrens, namentlich auch in bezug auf den Abschluß des Gesellschaftsvertrags. KG. 11. November 1901 in Zus.d.RJAmts 3 S. 16, Johow 23 S. A 100 Nr. 24, ZentrBl. 2 S. 774 Nr. 203. Aus der Bezugnahme auf die §§ 309, 310 HGB. ergibt sich, daß die Löschung einer Aktiengesellschaft auf den Fall des Vorhandenseins der dort bezeichneten wesentlichen Mängel des Gesellschaftsvertrags beschränkt ist, daß also wegen bloßer Ordnungswidrigkeiten des Gründungsvorgangs, z. B. wegen Mangels einer notariellen oder gerichtlichen Beurkundung des Statuts, wegen unvollständiger Zeichnung des Grundkapitals usw. eine Löschung nicht stattfinden kann. Ebenso ist die Löschung eines eingetragenen Beschlusses der Generalversammlung einer Aktiengesellschaft nicht wegen jeder Gesetzes- oder Statutenverletzung zugelassen, sondern nur, wenn durch den Inhalt des Beschlusses zwingende Gesetzesvorschriften verletzt sind, welche also durch Gesetz der Abänderung durch die Beteiligten entzogen sind. Es gilt also nicht die in § 142 Abs. 1 aufgestellte Voraussetzung.

8. Zu diesen Gründen muß bei Beschlüssen (Abs. 2) noch hinzutreten, daß die Beseitigung derselben im öffentlichen Interesse erforderlich erscheint.

9. Ob das Verfahren einzuleiten, also auch im Falle des Abs. 1 ob die Voraussetzungen der Nichtigkeitsklage vorliegen, im Falle des Abs. 2 ob die Beseitigung eines Beschlusses im öffentlichen Interesse liegt und ob zwingende Vorschriften des Gesetzes durch den Beschluß verletzt sind, — alles das unterliegt der pflichtmäßigen Beurteilung des Registergerichts, bzw. des Landgerichts, das gemäß § 143 tätig werden kann (vgl. Abs. 2). In bezug auf Anträge gilt das in § 142 Anm. 5 und § 143 Anm. 1, in betreff des Verfahrens selbst das in Anm. 4 zu § 142 bzw. in Anm. 6 und 7 zu § 141 Gesagte. Ist etwa im Sinne des § 309 HGB., § 75 des Ges. betr. die Gesellsch. mit beschr. Haftg. Klage erhoben, oder wird im Laufe des Verfahrens Klage erhoben, so kann das Registergericht nach § 127 verfahren.

10. Nach erfolgter Löschung einer Gesellschaft tritt das Liquidationsverfahren ein. Die Bestimmungen in dem § 311 HGB. und § 77 des Gesetzes betreffend die Gesellschaften mit beschränkter Haftung sind so gefaßt, daß sie auch auf die

Löschungen von Amts wegen zutreffen. Vgl. Stenogr. Bericht über die Sitzung des Reichstags v. 15. Februar 1898 S. 1060.

§ 145.

Die Amtsgerichte sind zuständig für die nach § 146 Abs. 2, § 147, § 157 Abs. 2, § 166 Abs. 3, § 192 Abs. 3, § 254 Abs. 3, § 266 Abs. 2, § 268 Abs. 2, § 295 Abs. 2, 3, § 302 Abs. 2 bis 4, § 338 Abs. 3, § 524 Abs. 1, 2, § 530 Abs. 1, §§ 590, 685, § 729 Abs. 1, § 884 Nr. 4 des Handelsgesetzbuchs von dem Gerichte zu erledigenden Angelegenheiten.

Ist die Führung des Handelsregisters für mehrere Amtsgerichtsbezirke einem Amtsgericht übertragen worden, so gehören zur Zuständigkeit dieses Amtsgerichts auch die im Abs. 1 bezeichneten Angelegenheiten, mit Ausnahme derjenigen Geschäfte, welche den Gerichten nach § 524 Abs. 1, 2, § 530 Abs. 1, §§ 590, 685, § 729 Abs. 1, § 884 Nr. 4 des Handelsgesetzbuchs obliegen.

---

1. Die in Abs. 1 erwähnten Angelegenheiten sind folgende:

a) § 146 Abs. 2: Ernennung von Liquidatoren einer offenen Handelsgesellschaft auf Antrag;

b) § 147: Abberufung solcher;

c) § 157 Abs. 2: Bestimmung der Person, welche die Bücher und Papiere einer aufgelösten offenen Handelsgesellschaft in Verwahrung zu geben sind;

d) § 166 Abs. 3: Anordnung der Mitteilung einer Bilanz oder sonstiger Aufklärungen, sowie der Vorlegung der Bücher und Papiere einer Kommanditgesellschaft auf Antrag des Kommanditisten;

e) § 192 Abs. 3: Bestellung von Revisoren, welche den Hergang der Gründung einer Aktiengesellschaft im Falle des § 192 Abs. 2 und des § 186 Abs. 2 HGB. zu prüfen haben;

f) § 254 Abs. 3: Ermächtigung der Aktionäre zur Berufung der Generalversammlung und Bestimmung über Führung des Vorsitzes in der Versammlung;

g) § 266 Abs. 2: Ernennung von Revisoren zur Prüfung von Vorgängen bei der Gründung oder der Geschäftsführung auf Antrag von Aktionären, wenn die Generalversammlung die Ernennung abgelehnt hat;

h) § 268 Abs. 2: Bestellung von Vertretern der Minderheit der Generalversammlung einer Aktiengesellschaft zur Führung eines Rechtsstreits gegen die nach den §§ 202 bis 204, 208 aus der Gründung verpflichteten Personen bzw. gegen die Mitglieder des Vorstandes und des Aufsichtsrats;

i) § 295 Abs. 2, 3: Ernennung und Abberufung von Liquidatoren einer Aktiengesellschaft auf Antrag;

k) § 302 Abs. 2 bis 4: Bestimmung des Orts zur Aufbewahrung der Bücher und Papiere einer aufgelösten Aktiengesellschaft, Ermächtigung der Aktionäre und Gläubiger zur Einsichtnahme der Bücher und Papiere und erneute Bestellung von Liquidatoren bei nachträglichem Bedürfnisse;

l) § 338 Abs. 3: Anordnung der Mitteilung der Bilanz oder sonstigen Aufklärungen, sowie der Vorlegung der Bücher und Papiere an den stillen Gesellschafter auf dessen Antrag;

m) § 524 Abs. 1, 2, § 530 Abs. 1, §§ 590, 685, § 729 Abs. 1, § 884 Nr. 4 betreffen das Seerecht: Aufnahme der Verklarung; Feststellung der dringenden Notwendigkeit des Verkaufs eines Schiffes; Bestimmung des Zeitpunkts, über welchen hinaus der Antritt der Reise eines auf Stückgüter angelegten Schiffes nicht verschoben werden darf, auf Antrag; urkundliche Bezeugung der Notwendigkeit der Aufnahme einer Bodmereischuld; Ernennung der Dispacheure für einen einzelnen Fall; Ernennung von Sachverständigen zur Aufnahme von Besichtigungs- und Abschätzungsurkunden und Kostenanschlägen behufs Feststellung eines teilweisen Schadens an einem Schiffe im Falle der Versicherung.

2. Das HGB. hat die hier erwähnten Verrichtungen dem Gerichte übertragen, also die sachliche Zuständigkeit der Gerichte angeordnet, ohne zu entscheiden, welche Gerichte zuständig sein sollten (vgl. § 125 Anm. 1). Durch Reichsgesetz ist die Bestellung der Dispacheure den Amtsgerichten nur für den einzelnen Fall übertragen; § 729 HGB. (vgl. oben Anm. 1 unter m) und § 87 Abs. 2 des Binnenschiffahrtsgesetzes. Wer die Ernennung der ständigen Dispacheure vorzunehmen hat, haben die Landesgesetze zu bestimmen.

Die hier geregelten Fälle der amtsgerichtlichen Zuständigkeit sind nicht analog auszudehnen. Deswegen steht das dem Kommanditisten gegen den Komplementar in § 166 Abs. 3 HGB. (oben Anm. 1 unter d) eingeräumte Kontrollrecht nicht auch dem einzelnen Aktionär der Kommanditgesellschaft auf Aktien zu und das Amtsgericht ist nicht zuständig, in dem hier geordneten Verfahren die in § 166 Abs. 3 HGB. vorgesehenen Anordnungen gegen die Komplementare einer Aktienkommanditgesellschaft zu treffen. „Recht" 1900 S. 285. So ist die Zuständigkeit des Amtsgerichts nach § 338 Abs. 3 (oben Anm. 1 unter l) auf die Anordnung der „Vorlegung" der Bücher ꝛc. beschränkt; mit der Anordnung der „Herausgabe" derselben überschreitet das Amtsgericht seine Zuständigkeit. OLG. Jena (nach Soergel 1902 S. 480). So ist über den Anspruch des vom Gericht ernannten Liquidators einer offenen Handelsgesellschaft (§ 146 Abs. 2 HGB., oben Anm. 1 unter a) gegen die bisherigen Gesellschafter auf Vergütung für seine Tätigkeit oder Ersatz seiner Auslagen im Prozeßwege und nicht vom Registerrichter im Verfahren der freiw. Ger. zu entscheiden. Das letztere Verfahren kann nicht durch Vereinbarung der Beteiligten zulässig gemacht werden. KG. 8. Februar 1904 in Zus.d.RJAmts 4 S. 144, ZentrBl. 5 S. 90, „Recht" 8 S. 413 (nach Soergel 1904 S. 520). Die Feststellung der Reparaturunfähigkeit oder Reparaturunwürdigkeit eines Seeschiffes durch das Amtsgericht ist im Rechtsmittelzuge des vorliegenden Gesetzes ausgeschlossen (§§ 530, 873 HGB.); KG. 30. März 1903 in Johow 26 S. A 9 Nr. 2, Zus.d.RJAmts 3 S. 240, Rechtsp.d.OLG. 7 S. 214 (siehe auch § 146 Anm. 4).

3. Die örtliche Zuständigkeit des einzelnen Amtsgerichts ergibt sich aus den einzelnen angeführten Vorschriften des HGB. und den besonderen Vorschriften des Abs. 2 und, was die Dispache anlangt, abgesehen von der Bestellung eines Dispacheurs für den einzelnen Fall, aus § 149.

4. Wegen Zusammenlegung mehrerer Amtsgerichtsbezirke zu einem Zuständigkeitsbezirke vgl. § 125. Die Zuständigkeit für diejenigen Geschäfte, welche von der Zuständigkeit eines für mehrere Amtsgerichtsbezirke gebildeten gemeinschaftlichen Zu-

ständigkeitsbezirks ausgenommen sind (Abs. 2), richtet sich die örtliche Zuständigkeit lediglich nach den Vorschriften des HGB.

5. Vgl. §§ 4, 16 des Gesetzes, betreffend die gemeinsamen Rechte der Besitzer von Schuldverschreibungen, v. 4. Dezember 1899 (RGBl. S. 691), wonach das Amtsgericht, in dessen Bezirk der Schuldner seinen Wohnsitz oder seine gewerbliche Niederlassung hat, zuständig ist zur Ermächtigung, eine Versammlung der Besitzer zu berufen, bzw. einen gewählten Gläubigervertreter abzuberufen.

§ 146.

Soweit in den im § 145 bezeichneten Angelegenheiten ein Gegner des Antragstellers vorhanden ist, hat ihn das Gericht wenn tunlich zu hören.

Gegen die Verfügung, durch welche über den Antrag entschieden wird, findet die sofortige Beschwerde statt.

Eine Anfechtung der Verfügung, durch welche einem nach § 524 Abs. 1, 2, § 530 Abs. 1, § 685, § 729 Abs. 1, § 884 Nr. 4 des Handelsgesetzbuchs gestellten Antrage stattgegeben wird, ist ausgeschlossen.

---

1. Das Verfahren in den durch den § 145 den Amtsgerichten zugewiesenen Angelegenheiten war von den früheren Gesetzen nicht besonders geregelt. Auch das vorliegende Gesetz beschränkt sich in § 146 auf zwei Bestimmungen und beläßt es im übrigen bei den allgemeinen Grundsätzen des ersten Abschnitts. Hierbei ist es nicht unzweifelhaft, ob für einen Teil der zu erwirkenden Maßregeln es angebracht ist, die richterliche Entscheidung im Prozeßwege oder in einem einfachen Beschlußverfahren ergehen zu lassen, wie z. B. für die Ernennung und Abberufung von Liquidatoren einer offenen Handelsgesellschaft, für die Anordnung der Mitteilung einer Zwischenbilanz an den Kommanditisten oder stillen Gesellschafter usw.

Das Gesetz hat sich im § 146 für das einfachere Beschlußverfahren entschieden, gibt aber hier nur zwei Vorschriften: Anhörung des Gegners (Abs. 1 Anm. 2) und Beschwerderecht (Abs. 2, 3 Anm. 3).

2. **Abs. 1.** Ob ein Gegner des Antragstellers vorhanden ist, ist namentlich danach zu beurteilen, ob die Verfügung einen vorhandenen Streitpunkt erledigen soll. Das ist beispielsweise der Fall, wenn ein Kommanditist oder ein stiller Gesellschafter die Mitteilung einer Zwischenbilanz oder sonstiger Aufklärungen beantragt; hier sind die persönlich haftenden Gesellschafter oder Inhaber des Handelsgeschäfts als Gegner im Sinne des § 146 Abs. 1 anzusehen. Ebenso wird das Gericht, wenn ein Teilhaber einer offenen Handelsgesellschaft die Ernennung oder Abberufung eines Liquidators beantragt, die übrigen Gesellschafter und, wenn sich ein Gesellschafter im Konkurse befindet, an seiner Stelle den Konkursverwalter sowie im Falle des § 135 HGB. den Gläubiger, durch dessen Kündigung die Gesellschaft aufgelöst ist, zu hören haben (vgl. § 146 Abs. 2, 3 HGB.). Handelt es sich um die Ernennung eines Liquidators für eine Aktiengesellschaft, so ist, soweit tunlich, allen Mitgliedern des Vorstandes Gelegenheit zur Äußerung zu geben. Denkschr. S. 76.

Der Gegner ist, wenn tunlich, zu hören, das Gericht ist also verpflichtet zur Anhörung; wenn es sich von dieser Verpflichtung entbunden glaubt, muß es also stichhaltige Gründe angeben können. In betreff etwaiger Beschwerde wegen Verstoßes gegen diese Vorschrift vgl. §§ 19, 20; die Beschwerde erscheint aber überflüssig, weil gegen die Entscheidung selbst, sobald sie ein Recht des Gegners beeinträchtigt, diesem letzteren ein Beschwerderecht gegeben ist und, soweit sie sein Recht nicht beeinträchtigt, ein Nichtanhören eine Schädigung nicht mit sich bringt.

Sind mehrere Gegner vorhanden, z. B. bei einem Antrag auf Ernennung eines Liquidators für eine Aktiengesellschaft, so sind sie sämtlich zu hören, also in dem eben angeführten Falle alle Mitglieder des Vorstandes der Gesellschaft.

In manchen Fällen wird regelmäßig ein Gegner des Antragstellers nicht in Betracht kommen. Soll beispielsweise eine Verklarung abgelegt oder die Notwendigkeit des Verkaufs eines Schiffes oder der Verbodmung festgestellt oder ein Dispacheur ernannt werden, so wird das Gericht dem Verlangen des Antragstellers stattzugeben haben, ohne einen der sonstigen Beteiligten zuzuziehen; eine vorgängige Anhörung der letzteren erscheint hier weder notwendig noch mit der erforderlichen Beschleunigung des Verfahrens vereinbar. Denkschr. S. 76, 77.

Die Form der Anhörung ist nicht vorgeschrieben. Sie kann schriftlich oder in einem Termine geschehen.

Die Entscheidung ergeht in Form eines Beschlusses.

Der Beschluß bedarf der Bekanntmachung gemäß § 16 Abs. 2, Satz 1 Abs. 3, da gegen ihn die sofortige Beschwerde (vgl. § 22) stattfindet (Abs. 2). Soweit ein Gegner des Antragstellers vorhanden ist und die Entscheidung gegen ihn, also zugunsten des Antrags ausfällt, ist auch dem Gegner die Entscheidung in gleicher Weise bekannt zu machen, während, wenn durch die Verfügung der Antrag zurückgewiesen wird, eine Zustellung an den Gegner nicht notwendig ist, weil ihm in diesem Falle ein Beschwerderecht nicht zusteht, indem sein Recht nicht beeinträchtigt wurde. Auch würde ihm in den Fällen, in denen eine Verfügung nur auf Antrag ergehen konnte, ein Beschwerderecht überhaupt nicht zustehen (§ 20).

Wegen des Abänderungsrechts vgl. § 18.

3. **Abs. 2.** Die sofortige Beschwerde findet statt, einerlei ob die Verfügung dem Antrag stattgibt oder ihn abweist. Wegen der sofortigen Beschwerde und der sofortigen weiteren Beschwerde s. § 22 und § 29 Abs. 2. Wegen der Wirksamkeit der Entscheidung des Beschwerdegerichts vgl. § 26. Die zeitliche Beschränkung des Beschwerderechts ist im Interesse der Rechtssicherheit erfolgt, da die fraglichen Angelegenheiten einer schleunigen endgültigen Regelung bedürfen.

4. **Abs. 3.** In den Fällen des Abs. 3, welche alle dem Seerecht angehören, ist dann, wenn dem gestellten Antrage stattgegeben wird, die Beschwerde überhaupt ausgeschlossen. Wird der Antrag abgewiesen, so findet gemäß Abs. 2 die sofortige Beschwerde statt. Der Grund für die Bestimmung des Abs. 3 ist ebenfalls in der Notwendigkeit der besonderen Beschleunigung der in Frage stehenden Angelegenheiten zu suchen. Denkschr. S. 77.

Hat das Amtsgericht dem angebrachten Antrage gemäß die Reparaturunwürdigkeit eines Seeschiffes festgestellt (§ 873 HGB.), so ist eine Anfechtung dieser Entscheidung im Rechtsmittelzuge des Reichsgesetzes über die A.d.fr.Ger. ausgeschlossen. KG. 30. März 1903 (vgl. Anm. 2 a. E. zu § 145).

§ 147.

Die Vorschriften der §§ 127 bis 131, 142, 143 finden auf die Eintragungen in das Genossenschaftsregister entsprechende Anwendung.

Eine in das Genossenschaftsregister eingetragene Genossenschaft kann gemäß den Vorschriften der §§ 142, 143 als nichtig gelöscht werden, wenn die Voraussetzungen vorliegen, unter denen nach den §§ 94, 95 des Gesetzes, betreffend die Erwerbs- und Wirtschaftsgenossenschaften, die Nichtigkeitsklage erhoben werden kann.

Ein in das Genossenschaftsregister eingetragener Beschluß der Generalversammlung einer Genossenschaft kann gemäß den Vorschriften der §§ 142, 143 als nichtig gelöscht werden, wenn er durch seinen Inhalt zwingende Vorschriften des Gesetzes verletzt und seine Beseitigung im öffentlichen Interesse erforderlich erscheint.

In den Fällen der Abs. 2, 3 soll die nach § 142 Abs. 2 zu bestimmende Frist mindestens drei Monate betragen.

---

1. Durch die Vorschriften des § 147 soll tunlichst eine Übereinstimmung des Verfahrens bei Führung des Genossenschaftsregisters und des Handelsregisters herbeigeführt werden. Zu bemerken ist jedoch, daß ein Zwang für eine Genossenschaft, sich eintragen zu lassen, zunächst überhaupt nicht besteht. Das Gesetz macht nur den Erwerb der von ihm den Genossenschaften gewährten Rechte von der Eintragung in das Register abhängig und bestimmt im Einklange hiermit den aus der Nichteintragung sich ergebenden Nachteil lediglich dahin, daß die Genossenschaft vor der Eintragung diese Rechte nicht hat; §§ 1, 10, 13 des Genossenschaftsgesetzes. Die eintragungspflichtigen Akte bestimmen sich daher erst von der Eintragung an, § 160 daselbst. Vgl. KG. 15. Januar 1900 in Seuff.Arch. 56 S. 57 Nr. 32. Soweit hiernach Akte anmeldungspflichtig sind, hat der § 160 Abs. 2 des Genossenschaftsgesetzes bestimmt, daß rücksichtlich des Verfahrens selbst die Vorschriften maßgebend sein sollen, welche zur Erzwingung der im HGB. angeordneten Anmeldungen zum Handelsregister gelten, also die §§ 132 bis 139 dieses Gesetzes. Insoweit ist also die Gleichmäßigkeit in der Führung des Genossenschafts- und des Handelsregisters ohnehin gesichert.

Im übrigen will § 147 zu diesem Zwecke die in ihm bezeichneten Bestimmungen für entsprechend anwendbar erklären. Einer gleichen Erklärung wegen des § 125 bedurfte es nicht, weil bereits der § 10 Abs. 2 des Genossenschaftsgesetzes v. 1. Mai 1889 (neuer Text v. 20. Mai 1898) bestimmt, daß das Genossenschaftsregister bei dem zur Führung des Handelsregisters zuständigen Gerichte geführt wird. Der § 126 ist nicht für entsprechend anwendbar erklärt; eine Mitwirkung der Organe des Handelsstandes bei der Führung des Genossenschaftsregisters im Sinne des § 126 findet demnach nicht statt. Die Vorschriften der §§ 132 bis 139 über das Ordnungsstrafverfahren brauchten nicht für entsprechend anwendbar erklärt zu werden; vgl. oben. Der § 140 dagegen findet keine Anwendung, da eine materielle Bestimmung fehlt, die seine Anwendung erforderlich macht (Rausnitz § 149 Anm. 10). Der § 141 ist nicht für entsprechend anwendbar erklärt; wegen Auflösung einer Genossenschaft, weil die Zahl der Genossen weniger als sieben beträgt, durch Gerichtsbeschluß vgl. § 80 des Genossenschaftsgesetzes. Der § 144 wird durch die Absätze 2, 3, 4 des § 147 ersetzt. Der § 145 findet keine Anwendung; an seine Stelle treten § 45 Abs. 3, § 61, § 83 Abs. 3, 4, § 93 des Genossenschaftsgesetzes. Wegen des § 146 vgl. § 148.

Im übrigen kann im allgemeinen auf die hiernach anwendbaren Paragraphen und die Anmerkungen dazu verwiesen werden.

2. **Zu Abs. 2.** Die dort bezeichneten §§ 94, 95 des Gesetzes, betreffend die Erwerbs- und Wirtschaftsgenossenschaften v. 1. Mai 1889 (in der Fassung v. 20. Mai 1898, RGBl. S. 810) lauten:

§ 94. Enthält das Statut nicht die für dasselbe wesentlichen Bestimmungen oder ist eine dieser Bestimmungen nichtig, so kann jeder Genosse und jedes Mitglied des Vorstandes und des Aufsichtsrats im Wege der Klage beantragen, daß die Genossenschaft für nichtig erklärt werde.

§ 95. Als wesentlich im Sinne des § 94 gelten die in den §§ 6, 7 und 131 bezeichneten Bestimmungen des Statuts mit Ausnahme derjenigen über die Beurkundung der Beschlüsse der Generalversammlung und den Vorsitz in dieser, sowie über die Grundsätze für die Aufstellung und Prüfung der Bilanz.

Ein Mangel, der eine hiernach wesentliche Bestimmung des Statuts betrifft, kann durch einen den Vorschriften dieses Gesetzes über Änderungen des Statuts entsprechenden Beschluß der Generalversammlung geheilt werden.

Die Berufung der Generalversammlung erfolgt, wenn sich der Mangel auf die Bestimmungen über die Form der Berufung bezieht, durch Einrückung in diejenigen öffentlichen Blätter, welche für die Bekanntmachung der Eintragungen in das Genossenschaftsregister des Sitzes der Genossenschaft bestimmt sind.

Betrifft bei einer Genossenschaft mit beschränkter Haftpflicht der Mangel die Bestimmungen über die Haftsumme, so darf durch die zur Heilung des Mangels beschlossenen Bestimmungen der Gesamtbetrag der von den einzelnen Genossen übernommenen Haftung nicht vermindert werden.

3. **Zu Abs. 3.** Hierzu vgl. noch § 144 Anm. 7. Die Löschung eingetragener Generalversammlungsbeschlüsse von Amts wegen ist nicht schon deswegen zulässig, weil sie unter Verletzung der Vorschriften über die Abstimmung zustande gekommen sind. OLG. Rostock, 23. Juni 1904 in Mecklenb. Zeitschr. für Rechtspflege 23 S. 40 (nach Soergel 1904 S. 520).

§ 148.

Die Vorschriften des § 146 Abs. 1, 2 finden auf die nach § 45 Abs. 3, § 61, § 83 Abs. 3, 4, § 93 des Gesetzes, betreffend die Erwerbs- und Wirtschaftsgenossenschaften, und nach § 66 Abs. 2, 3, § 74 des Gesetzes, betreffend die Gesellschaften mit beschränkter Haftung, von dem Registergerichte zu erledigenden Angelegenheiten Anwendung.

Gegen die Verfügung, durch welche der im § 11 des Gesetzes, betreffend die privatrechtlichen Verhältnisse der Binnenschiffahrt, oder der im § 8 des Gesetzes, betreffend die privatrechtlichen Verhältnisse der Flößerei, bezeichnete Antrag auf Beweisaufnahme oder der im § 87 Abs. 2 des ersteren Gesetzes bezeichnete Antrag auf Bestellung eines Dispacheurs zu-

zurückgewiesen wird, findet die sofortige Beschwerde statt. Eine Anfechtung der Verfügung, durch welche einem solchen Antrage stattgegeben wird, ist ausgeschlossen.

---

1. Die bezeichneten Vorschriften des Genossenschaftsgesetzes v. $\frac{1.\ \text{Mai}\ 1889}{20.\ \text{Mai}\ 1898}$ sind folgende:

a) § 45 Abs. 3: Ermächtigung der Genossen zur Berufung einer Generalversammlung oder zur Ankündigung eines Beratungsgegenstandes;

b) § 61: Bestellung eines Revisors für eine Genossenschaft, welche einem Revisionsverbande nicht angehört;

c) § 83 Abs. 3, 4: Ernennung und Abberufung von Liquidatoren auf Antrag des Aufsichtsrats bzw. des zehnten Teiles der Genossen;

d) § 93: Bestimmung der Person, welcher nach Beendigung der Liquidation der Genossenschaft die Bücher und Schriften der aufgelösten Genossenschaft in Verwahrung zu geben sind, sowie Erteilung der Ermächtigung zur Einsicht der Bücher und Schriften.

2. Die Bestimmungen des Gesetzes, betr. die Gesellschaften mit beschränkter Haftung v. $\frac{20.\ \text{April}\ 1892}{20.\ \text{Mai}\ 1898}$:

a) § 66 Abs. 2, 3: Bestellung und Abberufung von Liquidatoren auf Antrag von Gesellschaftern, deren Geschäftsanteile zusammen mindestens dem zehnten Teile des Stammkapitals entsprechen;

b) § 74: Verfügung wegen der Bücher und Schriften entsprechend wie oben unter 1 d.

3. § 11 des Gesetzes, betr. die privatrechtlichen Verhältnisse der Binnenschiffahrt v. $\frac{15.\ \text{Juni}\ 1895}{20.\ \text{Mai}\ 1898}$ bestimmt, daß, wenn Schiff oder Ladung von einem Unfall betroffen wird, der Schiffer berechtigt und auf Verlangen des Schiffseigners oder eines Ladungsbeteiligten verpflichtet ist, vor dem Amtsgerichte eine Beweisaufnahme über den tatsächlichen Hergang, über den Umfang des eingetretenen Schadens und über die zur Abwehr oder Verringerung angewendeten Mittel zu beantragen.

4. § 8 des Gesetzes betr. die privatrechtlichen Verhältnisse der Flößerei v. 15. Juni 1895 bestimmt Entsprechendes für den Fall, daß ein Floß von einem Unfall betroffen wird.

5. § 87 Abs. 2 des unter Anm. 3 genannten Gesetzes bestimmt, daß der Schiffer berechtigt und auf Verlangen eines Beteiligten verpflichtet ist, die Aufstellung der Dispache einem Dispacheur zu übertragen und daß das Amtsgericht auf Antrag eine geeignete Person als Dispacheur zu bestellen hat, sofern nicht ein solcher ein für allemal bestellt ist. Vgl. §§ 149, 150.

6. Wegen Form der Verfügung, Bekanntmachung derselben, Frist für die sofortige Beschwerde, Abänderungsrecht des Gerichts, Wirksamkeit der Verfügung und dgl. vgl. die Anmerkungen zu § 146.

7. Der Schlußsatz enthält eine Ausnahme von § 19 Abs. 1, entspricht aber der Tendenz, welche zu der Vorschrift des § 146 Abs. 3 geführt hat. Vgl. Anm. 4 zu § 146.

§ 149.

Für die Verrichtungen, welche den Gerichten in Ansehung der nach dem Handelsgesetzbuch oder nach dem Gesetze, betreffend die privatrechtlichen Verhältnisse der Binnenschiffahrt, aufzumachenden Dispache obliegen, ist das Amtsgericht des Ortes zuständig, an welchem die Verteilung der Havereischäden zu erfolgen hat.

---

1. Die §§ **149 bis 158** enthalten die Vorschriften über das Verfahren bei der Aufmachung und Feststellung der Dispache. Das Verfahren hierüber war nach Art. 731 Abs. 3 des früher geltenden Handelsgesetzbuchs und nach § 87 Abs. 4 des Binnenschiffahrtsgesetzes v. 15. Juni 1895 den Landesgesetzen vorbehalten. In das HGB. ist jedoch der betreffende Vorbehalt des Art. 731 nicht aufgenommen und der § 87 Abs. 4 des Binnenschiffahrtsgesetzes ist durch Art. 12 des Einf.Ges.z.HGB. aufgehoben worden, indem davon ausgegangen wurde, daß die in Frage kommenden Bestimmungen, soweit ein Bedürfnis dafür anzuerkennen sei, im Wege der Reichsgesetzgebung und zwar in dem hier vorliegenden Gesetze zu treffen sein würden. Mit Bezug hierauf hatte der Reichstag bei der Annahme des HGB. und des Einf.Ges. dazu eine Resolution beschlossen, in der die verbündeten Regierungen ersucht wurden, über das Verfahren bei Aufstellung der Dispache und über die Ausführung derselben in dem Gesetz über die Angelegenheiten der freiwilligen Gerichtsbarkeit Bestimmungen zu treffen und ein beschleunigtes Verfahren ins Auge zu fassen.

Nach dem in den meisten der Bundesseestaaten bestehenden Rechtszustande besaß die Dispache nur das tatsächliche Gewicht eines von einem Sachverständigen abgegebenen Gutachtens. Das Gesetz sieht jedoch ein einfaches, beschleunigtes gerichtliches Verfahren vor, auf Grund dessen die Dispache von dem zuständigen Amtsgerichte, sei es unverändert, sei es nach vorgängiger Berichtigung, bestätigt und hierdurch mit der Wirkung der Vollstreckbarkeit ausgestattet wird. Dieses Bestätigungsverfahren findet aber nur auf die von einem Dispacheur, nicht auf die von dem Schiffer, aufgemachte Dispache Anwendung [nach Seerecht (§ 729 HGB.) wird die Dispache nur von Dispacheuren, nach Binnenschiffahrtsrecht (§ 87 des Binnenschiffahrtsgesetzes) vom Schiffer und event. von einem Dispacheur aufgemacht]. Die Mitwirkung des Gerichts erfolgt nicht von Amts wegen, sondern nur auf Antrag eines Beteiligten, wobei es dem Antragsteller überlassen bleibt, diejenigen Personen zu bezeichnen, welche zu dem Verfahren zugezogen werden sollen, indem es ihm freisteht, von dem Verfahren nur solchen Beteiligten gegenüber Gebrauch zu machen, mit denen eine außergerichtliche Verständigung nicht zu erreichen ist oder gegen die sich eine Zwangsvollstreckung als notwendig erweist. Die Wirkungen der gerichtlich bestätigten Dispache bleiben demgemäß auf die „an dem Verfahren Beteiligten" beschränkt, erstreckt sich also nicht auf alle an der Dispache bzw. der großen Haverei Beteiligten (vgl. § 150 Anm. 3). Ferner geht aus dem Wortlaute des § 149 hervor, daß es sich hier um solche Dispachen handelt, die auf Grund des HGB. oder des Binnenschiffahrtsgesetzes im Inlande aufzumachen sind. Vgl. Denkschr. S. 77 bis 82.

2. Über den Begriff der Dispache, d. i. Aufstellung der Rechnung über die große Haverei, und über den Begriff der letzteren vgl. § 706 Nr. 7, § 700 HGB. und §§ 84, 78 des Binnenschiffahrtsgesetzes. Zum Begriff der Dispache gehört die große Haverei, und eine Rechnung über andere Schäden unterliegt nicht dem hier geordneten Verfahren (vgl. § 153 Abs. 2).

3. Die Verrichtungen, welche den Gerichten in Ansehung einer solchen Dispache obliegen, ergeben sich aus den folgenden Paragraphen. Hier wird nur die örtliche Zuständigkeit geregelt. Als Ort, der diese Zuständigkeit bedingt, ist derjenige bezeichnet, an dem die Verteilung der Havereischäden zu erfolgen hat. Das ist für den Seeverkehr nach § 729 HGB. der Bestimmungsort des Schiffs und, wenn dieser nicht erreicht wird, der Hafen, wo die Reise endet, für den Binnenverkehr nach § 86 des Binnenschiffahrtsgesetzes der Ort, wo die Reise endet.

Die sachliche Zuständigkeit der Amtsgerichte, insbesondere in betreff der Bestellung eines Dispacheurs für den einzelnen Fall, bestimmt für das Seerecht der § 145 dieses Gesetzes und für den Binnenschiffahrtsverkehr der § 87 des Binnenschiffahrtsgesetzes; die Bestellung der ständigen Dispacheure erfolgt durch die nach den Landesgesetzen damit betrauten Organe.

§ 150.

Lehnt der Dispacheur den Auftrag eines Beteiligten zur Aufmachung der Dispache aus dem Grunde ab, weil ein Fall der großen Haverei nicht vorliege, so entscheidet über die Verpflichtung des Dispacheurs auf Antrag des Beteiligten das Gericht. Gegen die Verfügung findet die sofortige Beschwerde statt.

---

1. Der Paragraph bezieht sich nicht auf den nur für die Binnenschiffahrt in Betracht kommenden Fall, daß der Schiffer (vgl. § 87 des Binnenschiffahrtsgesetzes) die Anfertigung der Dispache verweigert; dieser ist immer berechtigt, die Aufstellung einem Dispacheur zu übertragen (vgl. § 148 Note 5).

2. Die Aufmachung der Dispache soll nicht lediglich von dem Ermessen des Dispacheurs abhängig sein; andererseits soll er nicht verpflichtet sein, jeden beliebigen Auftrag zur Aufmachung einer Dispache auszuführen, sondern nur dann, wenn ein Fall der großen Haverei vorliegt. Der Dispache benötigen die Beteiligten in einem solchen Falle zur Geltendmachung ihrer Rechte. Daher ist die Anrufung des Gerichts gegeben, wenn der Dispacheur einen Auftrag ablehnt mit der Motivierung, es läge ein Fall der großen Haverei nicht vor. Es ist auch nicht ausgeschlossen, daß der Dispacheur, wenn er dieser Ansicht ist, die Dispache unter Vorbehalt aufstellt und es den Beteiligten überläßt, ob sie trotz der Zweifel, die hinsichtlich der Voraussetzungen der großen Haverei obwalten, die Dispache anerkennen wollen. Denkschr. S. 79.

Unter Gericht ist das in § 149 bezeichnete Gericht zu verstehen.

3. Wer Beteiligter ist, ergibt sich aus dem Begriff der großen Haverei, § 700 HGB. und § 78 des Binnenschiffahrtsgesetzes. Das Wort Beteiligter bezeichnet nicht immer denselben Personenkreis. An der Dispache beteiligt sind im

allgemeinen die zur gemeinschaftlichen Tragung des durch die große Haverei verursachten Schadens verpflichteten Personen, also Reeder oder Schiffseigentümer, Verfrachter und Eigentümer der Ladung (§ 716 HGB., § 85 Binnenschiffahrtsgesetzes). Am Verfahren beteiligt dagegen nur diejenigen, welche auf Bezeichnung des Antragstellers zum Verfahren zugezogen sind. In den §§ 150, 151, 152 und § 153 Abs. 1 Satz 1 sind darunter alle zu verstehen, die sich aus den eben bezeichneten Gesetzesstellen ergeben; dgl. in § 154. In den übrigen Vorschriften handelt es sich aber nur um die „an dem Verfahren" Beteiligten; vgl. § 155 Anm. 3.

Nur derjenige Beteiligte, der den Auftrag an den Dispacheur erteilt hat, ist legitimiert, den Antrag auf gerichtliche Entscheidung zu stellen. Dorner § 150 Anm. 3b, Fuchs § 150 Anm. 1b;.

Das Gericht schreitet nicht von Amts wegen ein; ist aber der Antrag gestellt, dann greift auch § 12 Platz. Schneider § 150 Anm. 5. Vgl. § 153 Anm. 1.

4. Die Entscheidung des Gerichts hat keine weitere Bedeutung und keinen weiteren Zweck, als die Weigerung des Dispacheurs auf ihre Berechtigung zu prüfen. Weiter reicht die bindende Kraft der Entscheidung niemals; eine Rechtskraft für die von ihr berührten materiellen Streitfragen unter den Haveriegroße-Interessenten beansprucht sie nicht und kann sie nicht beanspruchen. OLG. Hamburg 1. Juni 1900 im „Recht" 4 (1900) S. 331 Nr. 184. Vgl. § 155 Anm. 2.

5. Wegen der sofortigen Beschwerde muß die Entscheidung des Gerichts gemäß § 16 Abs. 2, Satz 1, Abs. 3 bekannt gemacht werden. In betreff der Frist vgl. § 22 und in betreff der sofortigen weiteren Beschwerde § 29.

Die Beschwerde steht, wenn dem Antrag stattgegeben wird, dem Dispacheur offen; wenn der Antrag zurückgewiesen wird, dem Antragsteller und zwar nur diesem (vgl. § 20 Abs. 2).

6. Der § 150 ist lex imperfecta, da Zwangsmittel, um den Dispacheur zur Befolgung der gerichtlichen Entscheidung anzuhalten, im Gesetz nicht vorgesehen sind. Ein öffentlich bestellter Dispacheur würde sich aber schadensersatzpflichtig machen, wenn er der rechtskräftig festgestellten Verpflichtung, die Dispache anzufertigen, nicht nachkommt; auch macht er sich disziplinarisch verantwortlich. Die Landesgesetze haben die Möglichkeit, hier ergänzend einzugreifen (§ 200).

§ 151.

Auf Antrag des Dispacheurs kann das Gericht einem Beteiligten unter Androhung von Ordnungsstrafen aufgeben, dem Dispacheur die in seinem Besitze befindlichen Schriftstücke, zu deren Mitteilung er gesetzlich verpflichtet ist, auszuhändigen. Die einzelne Strafe darf den Betrag von dreihundert Mark nicht übersteigen.

---

1. Nach § 720 Abs. 2 HGB. und § 87 Abs. 3 des Binnenschiffahrtsgesetzes ist jeder Beteiligte (vgl. § 150 Anm. 3) verpflichtet, die zur Aufstellung der Dispache erforderlichen Urkunden, soweit er sie zu seiner Verfügung hat, insbesondere Chartepartien (§ 557 HGB.), Konnossemente (§§ 642 ff. HGB.) und Fakturen bzw. Frachtbriefe (§ 426 HGB.), Ladescheine (§§ 444 ff. HGB.) dem Dispacheur, bzw. dem Schiffer auszuhändigen. Hier ist nun ein Zwangsverfahren vorgesehen, um diese Aushändigung event. zu erzwingen.

2. Das Zwangsverfahren findet nur auf Antrag des Dispacheurs statt, nicht auf Antrag des Schiffers, weil das ganze Bestätigungsverfahren auf die von diesem aufgemachte Dispache sich nicht bezieht (vgl. § 149 Note 1).

3. Wegen der Ordnungsstrafe vgl. § 33. Auf das Verfahren finden die allgemeinen Vorschriften des ersten Abschnitts, nicht diejenigen der §§ 132 bis 139 Anwendung. — Unter Gericht ist das in § 149 bezeichnete Gericht zu verstehen.

§ 152.

Der Dispacheur ist verpflichtet, jedem Beteiligten Einsicht in die Dispache zu gewähren und ihm auf Verlangen eine Abschrift gegen Erstattung der Kosten zu erteilen. Das gleiche gilt, wenn die Dispache nach dem Gesetze, betreffend die privatrechtlichen Verhältnisse der Binnenschiffahrt, von dem Schiffer aufgemacht worden ist, für diesen.

---

1. Die aus § 152 sich ergebende Verpflichtung ist dem Dispacheur und dem Schiffer auferlegt, weil die Beteiligten in der Lage sein müssen, die Dispache näher zu prüfen, um sich entschließen zu können, ob sie sich derselben unterwerfen oder nach Maßgabe der folgenden Vorschriften ein Verfahren über dieselbe herbeiführen wollen. Zu einer solchen Prüfung ist nicht unter allen Umständen eine Mitteilung genügend, die sich bloß auf das Ergebnis der Dispache oder auf einen Auszug aus derselben beschränkt; es gehört vielmehr die Kenntnis sämtlicher Unterlagen dazu. Von der Art und Weise, wie der Dispacheur bzw. der Schiffer dieser Verpflichtung nachkommt, wird es öfters abhängen, ob ein weiteres Verfahren sich erübrigt. Die „Einsicht in die Dispache" braucht der Dispacheur nur in seinen Geschäftsräumen zu gewähren; zu einer Versendung ist er nicht verpflichtet. Dorner § 152 Anm. 2, Fuchs § 152 Anm. 1a, Schneider § 152 Anm. 2.

2. Über die Folgen einer etwaigen Zuwiderhandlung gegen die Verpflichtung aus § 152 vgl. § 150 Anm. 6.

3. Wer Beteiligter ist, siehe § 150 Anm. 3.

§ 153.

Jeder Beteiligte ist befugt, bei dem Gericht eine Verhandlung über die von dem Dispacheur aufgemachte Dispache zu beantragen. In dem Antrage sind diejenigen Beteiligten zu bezeichnen, welche zu dem Verfahren zugezogen werden sollen.

Wird ein Antrag auf gerichtliche Verhandlung gestellt, so hat das Gericht die Dispache und deren Unterlagen von dem Dispacheur einzuziehen und, wenn nicht offensichtlich die Voraussetzungen der großen Haverei fehlen, den Antragsteller sowie die von ihm bezeichneten Beteiligten zu einem Termine zu laden. Mehrere Anträge können von dem Gerichte zum Zwecke der gleichzeitigen Verhandlung verbunden werden.

Die Ladung muß den Hinweis darauf enthalten, daß, wenn der Geladene weder in dem Termin erscheine, noch vorher Widerspruch gegen

die Dispache bei dem Gericht anmelde, sein Einverständnis mit der Dispache angenommen werden würde. In der Ladung ist zu bemerken, daß die Dispache und deren Unterlagen auf der Gerichtsschreiberei eingesehen werden können.

Die Frist zwischen der Ladung und dem Termine muß wenigstens zwei Wochen betragen.

---

1. **Die §§ 153 bis 158** regeln das gerichtliche Verfahren, auf Grund dessen die von dem Dispacheur aufgemachte Dispache von dem nach § 149 zuständigen Amtsgerichte, sei es unverändert, sei es nach vorgängiger Berichtigung bestätigt und hierdurch mit der Wirkung der Vollstreckbarkeit ausgestattet wird. Ein Verfahren dieser Art sollte nach den früheren Gesetzen Preußens und Mecklenburgs in jedem Falle von Amts wegen eingeleitet werden. Zu diesem Zwecke war dort dem Dispacheur die Verpflichtung auferlegt, die Dispache, sobald sie aufgemacht ist, dem Gerichte einzureichen. Dann wurden immer die sämtlichen Beteiligten in das Verfahren hineingezogen, ohne Unterschied, ob sie Einwendungen gegen die Dispache erhoben oder nicht.

2. Nach **§ 153** tritt ein solches Verfahren von Amts wegen nicht ein; es ist vielmehr jedem Beteiligten (vgl. § 150 Anm. 3) überlassen, das Verfahren überhaupt in Gang zu bringen und den Kreis der daran zu Beteiligenden näher zu begrenzen. Das letztere richtet sich danach, mit wem von den übrigen an der großen Haverei Beteiligten eine außergerichtliche Verständigung nicht erreicht werden kann bzw. gegen wen der Antragsteller eine Zwangsvollstreckung für nötig hält. Das Verfahren findet nur zwischen den im Antrage bezeichneten Beteiligten und dem Antragsteller statt und wird nur für das gegenseitige Verhältnis zwischen diesen wirksam (§ 158). Ohne Antrag und sich anknüpfendes Verfahren behält die Dispache den Charakter eines unverbindlichen Sachverständigen-Gutachtens. — Ist der Antrag gestellt, so greift im übrigen § 12 Platz.

3. Unter Gericht ist das in § 149 bezeichnete Gericht zu verstehen.

4. Nur auf eine von einem Dispacheur, nicht auf eine von einem Schiffer, aufgemachte Dispache bezieht sich das Verfahren. Dagegen ist es einerlei, ob es sich um eine Dispache über ein bei der See- oder der Binnenschiffahrt erlittene große Haverei handelt und ob der Dispacheur ständig oder nur für den einzelnen Fall bestellt ist.

5. Eine Frist für den Antrag ist nicht bestimmt.

Auch ist keine Form für den Antrag vorgeschrieben. Derselbe kann also gemäß § 11 gestellt werden.

Werden in dem Antrage nicht einzelne Beteiligte namhaft gemacht, so dürfte sich die Annahme rechtfertigen, es sollten alle Beteiligte zugezogen werden; vor weiterer Verfügung dürfte der Antrag zur Ergänzung zurückzugeben sein.

6. Über die Befugnisse des Gerichts bei Einziehung der Dispache dem Dispacheur gegenüber enthält das Gesetz nichts. Zwangsmittel bei Säumigkeit des Dispacheurs insbesondere sind nicht gegeben. Das nähere werden die Landesgesetze zu bestimmen haben. — Die Einziehung erfolgt ohne daß es nötig wäre, den Antrag auf gerichtliche Verhandlung den übrigen Beteiligten vorher mitzuteilen.

7. Das Gericht hat nur dann, wenn die Voraussetzungen der großen Haverei vorliegen, zum Termine zu laden. Liegen diese Voraussetzungen offensichtlich nicht vor, so muß es den Antrag zurückweisen. Den Grund hierfür siehe § 149 Note 2. Gegen diese Abweisung findet sofortige Beschwerde statt (§ 157 Abs. 1); die abweisende Verfügung ist demnach gemäß § 16 Abs. 2, 3 bekannt zu machen; dgl. die Zustellung der Ladung. — Über das Vorhandensein oder Nichtvorhandensein großer Haverei kann auch noch mit der Widerspruchsklage gestritten werden. OLG. Rostock 7. April 1903 in Mecklenb. Zeitschr. f. Rechtspflege 22 S. 11 (nach Soergel 1903 S. 552).

8. Die Ladung des Dispacheurs zum Termin ist nicht vorgeschrieben, doch kann sie statthaben.

9. Zu Abs. 3 vgl. § 89 und § 91 Abs. 3 und die Anmerkungen dazu.

10. Für die Anmeldung des Widerspruchs ist keine Form vorgeschrieben, daher kann sie gemäß § 11 erfolgen; sie muß aber bis zum Termine bei dem verhandelnden Gericht eingegangen sein.

11. Die Versäumnisfolge besteht darin, daß das Einverständnis mit der Dispache angenommen wird, welche von dem Dispacheur aufgemacht und von dem Gericht eingezogen ist, nicht mit der nach Verhandlung der Sache etwa abgeänderten. Im Gegenteil, wie § 155 Abs. 4 ergibt (vgl. daselbst Anm. 4); wird Widerspruch rechtzeitig angemeldet, so ergibt § 155 Abs. 3 das weitere. Das Einverständnis wird nicht bloß dem Antragsteller gegenüber, sondern „allen am Verfahren Beteiligten" gegenüber angenommen (§ 155 Abs. 2), Fuchs § 153 Anm. 6. — Eine weitere Folge versäumten Widerspruchs vgl. § 157 Abs. 2 und Anm. 2 dazu.

12. Wegen der Fristenberechnung siehe § 17.

13. Die Rechte der an der Dispache Beteiligten, welche aber zu dem Verfahren in Gemäßheit des § 153 nicht zugezogen worden sind, werden von dem ganzen Verfahren nicht berührt (vgl. § 158). Selbst wenn ein Verfahren, unter Nichtbeteiligung ihrerseits, durchgeführt worden ist, so haben sie das Recht, selbst von neuem als Antragsteller aufzutreten und eine andere Dispache durchzusetzen. Vgl. § 155 Anm. 3.

§ 154.

Erachtet das Gericht eine Vervollständigung der Unterlagen der Dispache für notwendig, so hat es die Beibringung der erforderlichen Belege anzuordnen. Die Vorschriften des § 151 finden entsprechende Anwendung.

---

1. Hier kommt der Grundsatz des § 12 wieder zur Geltung (vgl. auch Anm. 3 daselbst). Kraft dieses Grundsatzes ist das Gericht nicht auf die Heranziehung der Belege im engeren Sinne beschränkt, kann vielmehr alle ihm zur Aufklärung der Sache, insbesondere auch darüber, ob die Voraussetzungen der großen Haverei vorliegen, dienlich erscheinenden Schriftstücke von den Beteiligten, nicht bloß von dem Antragsteller, einziehen, soweit diese zur Mitteilung gesetzlich verpflichtet und im Besitze sind (§ 151). — Vgl. § 87 Abs. 2.

2. Für die vervollständigten Unterlagen gilt § 153 Abs. 3 Satz 2 ebenfalls.

§ 155.

In dem Termin ist mit den Erschienenen über die Dispache zu verhandeln.

Wird ein Widerspruch gegen die Dispache nicht erhoben und ist ein solcher auch vorher nicht angemeldet, so hat das Gericht die Dispache gegenüber den an dem Verfahren Beteiligten zu bestätigen.

Liegt ein Widerspruch vor, so haben sich die Beteiligten, deren Rechte durch ihn betroffen werden, zu erklären. Wird der Widerspruch als begründet anerkannt oder kommt anderweit eine Einigung zu stande, so ist die Dispache demgemäß zu berichtigen. Erledigt sich der Widerspruch nicht, so ist die Dispache insoweit zu bestätigen, als sie durch den Widerspruch nicht berührt wird.

Werden durch den Widerspruch die Rechte eines in dem Termine nicht erschienenen Beteiligten betroffen, so wird angenommen, daß dieser den Widerspruch nicht als begründet anerkenne.

---

1. Der Termin ist nicht öffentlich (vgl. § 8 Anm. 4a). Sind die im Antrage bezeichneten Beteiligten nicht alle erschienen, so kann doch der Termin abgehalten werden, sofern nur alle ordnungsmäßig geladen waren; ist letzteres nicht der Fall, so ist neuer Termin anzusetzen und von neuem zu laden. Fuchs § 155 Anm. 1.

2. Die Verhandlung im Termine hat, wie das hier vorgesehene Verfahren überhaupt, nur den Zweck, eine Verständigung der „an dem Verfahren Beteiligten" (vgl. § 149 Anm. 1, § 150 Anm. 3 und unten Anm. 3) zu fördern und möglichst herbeizuführen und, soweit diese erfolgt, die Bestätigung der Dispache zu beschließen (§ 155 Abs. 2, 3) und soweit sie nicht erfolgt, die schleunige Erledigung der verbleibenden Streitpunkte im Prozeßwege zu sichern (§ 156), damit auf der so gewonnenen, nicht mehr bestrittenen Grundlage die Rechte der Beteiligten festgestellt werden können. Keineswegs aber gehört die Entscheidung der in dem Verfahren hervortretenden Streitpunkte zu den Aufgaben des Amtsgerichts; das Verfahren würde sonst ganz aus dem Rahmen einer Angelegenheit der freiwilligen Gerichtsbarkeit heraustreten und sich zu einem von den Formen des Zivilprozesses befreiten Rechtsstreite gestalten. Vgl. Denkschr. S. 81. Vgl. auch § 150 Anm. 4.

3. Wenn von keiner Seite ein Widerspruch vorliegt (**Abs. 2**), so ist die Bestätigung — vgl. dazu § 65 Anm. 2 — durch Beschluß auszusprechen. Dieser ergeht nur zwischen den „am Verfahren Beteiligten" d. h. den von dem Antragsteller aus dem Kreise aller an der großen Haverei und der Dispache Beteiligten ausgewählten und dem Gerichte behufs Heranziehung zum Verfahren besonders bezeichneten Beteiligten, welche von dem Gericht auch wirklich zugezogen, d. h. zu dem Termin unter Beachtung der Vorschriften des § 153 geladen worden sind. Zu diesen „am Verfahren Beteiligten" gehört natürlich auch der Antragsteller selbst, wenn er ordnungsmäßig geladen ist; ihm kommt weiterhin im Verfahren keine besondere Rolle zu. Gegen die nicht zum Verfahren zugezogenen Beteiligten wirkt die bestätigte Dispache nicht (vgl. § 158). Vgl. auch § 150 Anm. 3.

Gegen den Beschluß ist unter Einschränkung nach § 157 die sofortige Beschwerde zulässig: er muß also nach § 16 Abs. 2 Satz 1, Abs. 3 bekannt gemacht werden und kann nicht mehr von dem beschließenden Gerichte geändert werden (§ 18).

4. Liegt Widerspruch vor, so fragt es sich, ob er sich ganz oder teilweise erledigt (Abs. 3) oder inwieweit er sich nicht erledigt (§ 156).

Die Erledigung kann erfolgen dadurch, daß der Widerspruch als begründet anerkannt oder daß er zurückgenommen wird. In beiden Fällen wird die Dispache wieder bestätigt: im ersteren Falle aber mit abgeändertem, dem gebilligten Widerspruch entsprechenden Inhalt und nur für diejenigen, zwischen denen ein Widerspruch nicht weiter vorliegt. Hierbei ist zu beachten, daß, wenn ersteres stattfindet, es im Sinne des Abs. 4 so anzusehen ist, als ob die zum Verfahren ordnungsmäßig zugezogenen, aber nicht erschienenen Beteiligten, sofern sie keinen Widerspruch angemeldet hatten, der Anerkennung des Widerspruchs, soweit dieser ihre Rechte betrifft, sich nicht angeschlossen hätten; denn ihnen war das Präjudiz gestellt, sie seien mit der Dispache in der Gestalt, in der sie ihnen zur Einsicht zur Verfügung gestellt wurde, einverstanden (§ 153 Abs. 3).

Betrifft der Widerspruch mehrere Punkte oder liegen mehrere voneinander abweichende Widersprüche vor, so ist Mangels anderweitiger Einigung die Dispache eventuell nur in betreff einzelner Punkte bzw. zwischen einzelnen Beteiligten zu bestätigen.

5. Nur wenn und soweit der Widerspruch anerkannt wird, ist er für die Berichtigung der Dispache tauglich. Schweigen also die Erschienenen, trotz der ihnen in Abs. 3 auferlegten Erklärungspflicht, so müssen sie, gleich den überhaupt nicht Erschienenen, als solche betrachtet werden, welche den Widerspruch nicht für begründet erachteten, gemäß dem in § 153 Abs. 3 gestellten Präjudiz, vielmehr die Dispache in der vom Dispacheur vorgelegten Gestalt anerkannten.

6. Die Bestätigung der Dispache erfolgt durch Beschluß, der gemäß § 16 Abs. 2 Satz 1, Abs. 3 bekannt zu machen ist, da gegen ihn die sofortige Beschwerde stattfindet (§ 157).

§ 156.

Soweit ein Widerspruch nicht gemäß § 155 Abs. 3 erledigt wird, hat ihn der Widersprechende durch Erhebung der Klage gegen diejenigen an dem Verfahren Beteiligten, deren Rechte durch den Widerspruch betroffen werden, zu verfolgen. Die das Verteilungsverfahren betreffenden Vorschriften der §§ 878, 879 der Zivilprozeßordnung finden mit der Maßgabe entsprechende Anwendung, daß das Gericht einem Beteiligten auf seinen Antrag, wenn erhebliche Gründe glaubhaft gemacht werden, die Frist zur Erhebung der Klage verlängern kann und daß an die Stelle der Ausführung des Verteilungsplans die Bestätigung der Dispache tritt.

Ist der Widerspruch durch rechtskräftiges Urteil oder in anderer Weise erledigt, so wird die Dispache bestätigt, nachdem sie erforderlichen-

falls von dem Amtsgerichte nach Maßgabe der Erledigung der Einwendungen berichtigt ist.

---

1. Ein Widerspruch wird nicht gemäß § 155 Abs. 3 erledigt, wenn ein am Verfahren Beteiligter, dessen Rechte durch den Widerspruch betroffen werden, ihn bekämpft, wenn ein nach § 155 Abs. 3 zur Erklärung Verpflichteter sich nicht erklärt, wenn die Rechte eines im Termine nicht erschienenen Beteiligten von dem Widerspruche betroffen werden. Fuchs § 155 Anm. 3c, Schneider § 156 Anm. 1.

2. Die §§ 878, 879 ZPO. lauten:

§ 878. Der widersprechende Gläubiger muß ohne vorherige Aufforderung binnen einer Frist von einem Monate, welche mit dem Terminstage beginnt, dem Gerichte nachweisen, daß er gegen die beteiligten Gläubiger Klage erhoben habe. Nach fruchtlosem Ablaufe dieser Frist wird die Ausführung des Plans ohne Rücksicht auf den Widerspruch angeordnet.

Die Befugnis des Gläubigers, welcher dem Plane widersprochen hat, ein besseres Recht gegen den Gläubiger, welcher einen Geldbetrag nach dem Plane erhalten hat, im Wege der Klage geltend zu machen, wird durch die Versäumung der Frist und durch die Ausführung des Plans nicht ausgeschlossen.

§ 879. Die Klage ist bei dem Verteilungsgericht und, wenn der Streitgegenstand zur Zuständigkeit der Amtsgerichte nicht gehört, bei dem Landgerichte zu erheben, in dessen Bezirke das Verteilungsgericht seinen Sitz hat.

Das Landgericht ist für sämtliche Klagen zuständig, wenn seine Zuständigkeit nach dem Inhalte der erhobenen und in dem Termine nicht zur Erledigung gelangten Widersprüche auch nur in betreff einer Klage begründet ist, sofern nicht die sämtlichen beteiligten Gläubiger vereinbaren, daß das Verteilungsgericht über alle Widersprüche entscheiden solle.

Diese Vorschriften der §§ 878, 879 ZPO. sollen mit der Maßgabe entsprechende Anwendung finden, daß das Gericht einem Beteiligten auf seinen Antrag, wenn erhebliche Gründe glaubhaft gemacht werden, die Frist zur Erhebung der Klage verlängern kann und daß an die Stelle der Ausführung des Verteilungsplans die Bestätigung der Dispache tritt. Eine Fristverlängerung ist dann nicht mehr möglich, wenn das Gesuch um Verlängerung erst nach dem Ablauf der Frist eingeht. OLG. Karlsruhe 9. Mai 1901 in der Bad. Rechtspraxis 1901 S. 163 (nach Soergel 1900/01 S. 633).

3. In anderer Weise als durch rechtskräftiges Urteil (**Abs.** 2) kann sich der Widerspruch erledigen durch spätere Anerkennung, durch Zurücknahme oder durch Versäumung der Klagefrist. In den beiden letzten Fällen wird die Bestätigung zu erfolgen haben, wie wenn ein Widerspruch überhaupt nicht erhoben worden wäre. Dasselbe findet statt, wenn das rechtskräftige Urteil ihn für unbegründet erklärt. Wird dagegen der Widerspruch durch das Urteil ganz oder in einzelnen Punkten für begründet erklärt, oder erfolgt eine nachträgliche vollständige oder teilweise Anerkennung, so ist vor der Bestätigung eine entsprechende Berichtigung vorzunehmen; denn das Urteil ergeht nur über die Begründetheit oder Unbegründetheit des Widerspruchs, im Gegensatz zu dem über einen Widerspruch im Verteilungsverfahren ergehenden Urteile, welches tunlichst auch den Verteilungsplan anderweitig feststellen kann (vgl. § 880 ZPO.). Die Berichtigung nimmt aber nicht das Prozeßgericht vor, sondern das für die Dispache zuständige Amtsgericht.

§ 157.

Gegen die Verfügung, durch welche ein nach § 153 gestellter Antrag auf gerichtliche Verhandlung zurückgewiesen oder über die Bestätigung der Dispache entschieden wird, findet die sofortige Beschwerde statt.

Einwendungen gegen die Dispache, welche mittels Widerspruchs geltend zu machen sind, können nicht im Wege der Beschwerde geltend gemacht werden.

1. Wegen der sofortigen Beschwerde vgl. § 22 Abs. 1, § 17; ferner § 16 Abs. 1, § 24 Abs. 2, 3.

2. Das Beschwerderecht steht nur den „am Verfahren Beteiligten" zu, da nur deren Rechte durch die bestätigte Dispache beeinträchtigt (§ 20 Abs. 1) werden konnten; denn die nicht am Verfahren Beteiligten werden von der Dispache nicht berührt (§ 158 Abs. 1). So auch Dorner § 157 Anm. 1 b. A. M. Fuchs § 157 Anm. 1 b, Schneider § 157 Anm. 3. Für den Fall der Zurückweisung des Antrags vgl. noch § 20 Abs. 2.

Der Beschluß über die Bestätigung der Dispache ist (mit der Einschränkung nach Abs. 2) mit der sofortigen Beschwerde anfechtbar, einerlei ob die Bestätigung erteilt oder versagt wird.

3. Welche Einwendungen gegen die Dispache mittels Widerspruchs geltend zu machen sind, ist nirgends gesagt. Es sind gemeint die Einwendungen gegen die materielle Richtigkeit derselben wie der einzelnen Rechnungsposten, sodann auch gegen die Richtigkeit der Voraussetzungen des Verfahrens, kurz alle zivilrechtlich möglichen, welche die Beitragsverhältnisse der an der Dispache, nicht bloß am Verfahren, Beteiligten betreffen, während alle Einwendungen, welche das Verfahren selbst betreffen, auch im Wege der Beschwerde weiter verfolgt werden können. Die Einwendung, daß der Schiffer, auf dessen Antrag die Dispache aufgemacht worden ist, wegen des zwischen ihm und der Beschwerdeführerin bestehenden besonderen Vertragsverhältnisses aus einem bestimmten Ansatz in der Dispache keine Rechte gegen die Beschwerdeführerin ableiten könne, kann nur mittels Widerspruchs gegen die Dispache und mittels Klage nach § 156 dieses Gesetzes und § 878 ZPO. verfolgt werden, nicht aber im Wege der Beschwerde. OLG. Karlsruhe 9. Mai 1901 in der Badischen Rechtspraxis 1901 S. 163 (nach Soergel 1900/01 S. 633).

Ist versäumt worden, Einwendungen jener Art in Form des Widerspruchs geltend zu machen, so sind sie verloren, der Beschwerderichter darf sie nicht berücksichtigen und eine Wiedereinsetzung in den vorigen Stand gegen die Versäumnis findet nicht statt.

§ 158.

Die Bestätigung der Dispache ist nur für das gegenseitige Verhältnis der an dem Verfahren Beteiligten wirksam.

Aus der rechtskräftig bestätigten Dispache findet die Zwangsvollstreckung nach den Vorschriften der Zivilprozeßordnung statt.

Für Klagen auf Erteilung der Vollstreckungsklausel sowie für Klagen, durch welche Einwendungen gegen die in der Dispache festgestellten Ansprüche geltend gemacht werden oder die bei der Erteilung der Vollstreckungsklausel als eingetreten angenommene Rechtsnachfolge bestritten wird, ist das Amtsgericht zuständig, welches die Dispache bestätigt hat. Gehört der Anspruch nicht vor die Amtsgerichte, so sind die Klagen bei dem zuständigen Landgerichte zu erheben.

---

1. **Zu Abs. 1.** Wegen des Begriffs der Bestätigung vgl. § 65 Anm. 2. Vgl. ferner § 149 Anm. 1, § 150 Anm. 3. Die am Verfahren nicht beteiligt Gewesenen werden, wie schon öfter hervorgehoben, von der bestätigten Dispache nicht berührt. Ihnen gegenüber können keine Rechte daraus hergeleitet werden; sie selbst können aber auch keine Rechte daraus herleiten. Vgl. ferner § 153 Anm. 13. Wegen des Zeitpunkts der Wirksamkeit vgl. § 16 Abs. 1, § 24.

2. Die Zwangsvollstreckung (**Abs. 2**) findet infolge des Grundsatzes in Abs. 1 auch nur gegen die am Verfahren Beteiligten statt. Die Zwangsvollstreckung findet nach den §§ 724 bis 793 ZPO. statt. Wegen der Zeugnisse über die Rechtskraft vgl. § 31.

3. Wegen der in **Abs.** 3 erwähnten Klagen vgl. §§ 731, 767, 768 ZPO. Hiernach findet auch Anwendung die in § 767 Abs. 2 enthaltene beschränkende Vorschrift, wonach die Geltendmachung von Einwendungen, welche einen durch Urteil festgestellten Anspruch betreffen, nur insoweit zulässig ist, als die Gründe, auf denen sie beruhen, erst nach dem Schlusse derjenigen mündlichen Verhandlung, in welcher sie geltend gemacht werden konnten, entstanden sind. Diese Beschränkung greift aber ausschließlich in Ansehung solcher Einwendungen Platz, zu deren Erledigung das Verfahren vor dem Amtsgerichte bestimmt ist. Unberührt von ihr bleibt daher insbesondere der Einwand, daß der dem Kläger zur Last fallende Havereibeitrag bereits vor der Einleitung des gerichtlichen Verfahrens bezahlt worden sei. Denn der betreffende Beitrag war der Zahlung ungeachtet in die Dispache aufzunehmen; die erfolgte Zahlung berührte daher die Richtigkeit der Dispache nicht. Vgl. Denkschr. S. 81, 82.

Achter Abschnitt.

Vereinssachen. Güterrechtsregister.

Die sachliche und örtliche Zuständigkeit für die Eintragung in das Vereinsregister und in das Güterrechtsregister sind in den §§ 21 ff., 55 ff. bzw. 1558 ff. BGB. geregelt; dasselbe ist dort im wesentlichen in betreff des Verfahrens geschehen. Hier werden nur hinsichtlich des letzteren einige Vorschriften des vorhergehenden Abschnitts über das Verfahren bei Eintragungen in das Handelsregister auf das Vereinsregister und das Güterrechtsregister anwendbar erklärt (§§ 159, 161) und zwei weitere Bestimmungen getroffen (§§ 160, 162). Gemäß Bekanntmachung des Reichskanzlers v. 12. November 1898 (Zentralblatt für das Deutsche Reich 1898 S. 438) sind vom Bundesrat allgemeine Grundsätze über die Einrichtung und Führung beider Register aufgestellt worden. Dazu sind von den einzelnen Bundesstaaten Ergänzungsvorschriften erlassen.

Was die Vereinssachen anlangt, so ist zu bemerken, daß hier nur diejenigen Vereinigungen in Frage kommen, deren Regelung das BGB. getroffen hat, also nur Vereine der im § 21 BGB. bezeichneten Art: Vereine, deren Zweck nicht auf einen wirtschaftlichen Geschäftsbetrieb gerichtet ist; diese erlangen Rechtsfähigkeit durch Eintragung in das Vereinsregister des zuständigen Amtsgerichts. Für Vereinigungen handelsrechtlicher Art, Erwerbs- und Wirtschaftsgenossenschaften und Gesellschaften mit beschränkter Haftung, trifft das Gesetz im vorhergehenden Abschnitte Vorschriften. Nicht in Betracht kommen ferner die dem Versicherungsrecht angehörigen Gesellschaften, deren Regelung im Zusammenhange mit der Ordnung des Versicherungsrechts durch ein besonderes Gesetz erfolgt ist; Gesetz über die privaten Versicherungsunternehmungen v. 12. Mai 1901 (RGBl. S. 139). Danach sind die Angelegenheiten der Versicherungsvereine auf Gegenseitigkeit als Handelssachen im Sinne des vorliegenden Gesetzes zu betrachten; vgl. Vorbemerkung zum siebenten Abschnitte. Endlich scheiden hier alle die Vereinigungen aus, welche einem der landesrechtlichen Regelung (vgl. § 1) vorbehaltenen Sonderrechtsgebiete angehören, wie dem Agrarrechte, Wasserrechte, Forstrechte ꝛc.

§ 159.

Auf die Eintragungen in das Vereinsregister finden die Vorschriften der §§ 127 bis 130, 142, 143, auf das Verfahren bei der Verhängung von Ordnungsstrafen gegen Mitglieder des Vorstandes oder Liquidatoren eines eingetragenen Vereins finden die Vorschriften der §§ 127, 132 bis 139 entsprechende Anwendung.

---

1. Die hier bezeichneten Bestimmungen finden neben den Verfahrensvorschriften der §§ 55 ff. BGB. und zur Ausführung derselben Anwendung. Soweit hier die allgemeinen Vorschriften des ersten Abschnitts in Frage kommen, gelten dieselben nur insoweit, als das BGB. nicht ein anderes bestimmt, z. B. in den §§ 60 und 73 im Verhältnis zu den §§ 19 bis 28 des Gesetzes. Vgl. dazu § 1 und Anm. 1 f das.; insbesondere wegen der Beschwerde § 19 Anm. 1 a. E., § 27 Anm. 4 a und § 28 Anm. 1.

Im übrigen ist im allgemeinen auf die Anmerkungen zu den in dem § 159 bezeichneten Vorschriften zu verweisen.

2. Wenn in Anwendung des § 132 dieses Gesetzes im Ordnungsstrafverfahren vorgegangen werden soll, so ist an Stelle der in diesem Paragraphen bezeichneten Vorschriften des HGB. der § 78 BGB. zu unterstellen. Letzterer schreibt vor:

Das Amtsgericht kann die Mitglieder des Vorstandes (eines eingetragenen Vereins) zur Befolgung der Vorschriften des § 67 Abs. 1 (Anmeldung jeder Änderung des Vorstandes, sowie erneute Bestellung eines Vorstandsmitglieds), des § 71 Abs. 1 (Anmeldung der Änderung der Satzung), des § 72 (Einreichung eines Verzeichnisses der Vereinsmitglieder), des § 74 Abs. 2 (Anmeldung der durch Beschluß der Mitgliederversammlung oder durch Ablauf der für die Dauer des Vereins bestimmten Zeit erfolgten Auflösung des Vereins) und des § 76 (Anmeldung der Liquidatoren und der Bestimmungen über die Art der Beschlußfassung der Liquidatoren) durch Ordnungsstrafen anhalten. Die einzelne Strafe darf den Betrag von dreihundert Mark nicht übersteigen.

In gleicher Weise können die Liquidatoren zur Befolgung der Vorschriften des § 76 angehalten werden.

§ 160.

Im Falle des § 37 des Bürgerlichen Gesetzbuchs soll das Gericht vor der Verfügung, durch welche über das Verlangen, eine Mitgliederversammlung zu berufen, entschieden wird, soweit tunlich den Vorstand des Vereins hören. Gegen die Verfügung findet die sofortige Beschwerde statt.

1. Der § 37 BGB. lautet:

Die Mitgliederversammlung ist zu berufen, wenn der durch die Satzung bestimmte Teil oder in Ermanglung einer Bestimmung der zehnte Teil der Mitglieder die Berufung schriftlich unter Angabe des Zweckes und der Gründe verlangt.

Wird dem Verlangen nicht entsprochen, so kann das Amtsgericht, in dessen Bezirke der Verein seinen Sitz hat, die Mitglieder, welche das Verlangen gestellt haben, zur Berufung der Versammlung ermächtigen und über die Führung des Vorsitzes in der Versammlung Bestimmung treffen. Auf die Ermächtigung muß bei der Berufung der Versammlung Bezug genommen werden.

Vgl. dazu § 145 des Gesetzes und § 254 Abs. 3 HGB. (s. oben § 145 Anm. 1 f.)

2. Die Vorschrift ist instruktionell im Gegensatz zu § 146. Vgl. dort Anm. 2.

3. Wegen der sofortigen Beschwerde (vgl. § 22 Abs. 1) ist die Verfügung gemäß § 16 Abs. 2 Satz 1, Abs. 3 bekannt zu machen. Vgl. ferner § 18 Abs. 2 und § 24 Abs. 2, 3. Die Beschwerde findet statt, einerlei ob die Verfügung dem Verlangen stattgibt oder nicht. Sie ist aber nicht wie in den Fällen der §§ 60, 73 BGB. die sofortige Beschwerde der ZPO., sondern die des vorliegenden Gesetzes (§ 1 Anm. 1 f., § 19 Anm. 1).

§ 161.

Auf die Eintragungen in das Güterrechtsregister finden die Vorschriften der §§ 127 bis 130, 142, 143 entsprechende Anwendung.

Von einer Eintragung sollen in allen Fällen beide Ehegatten benachrichtigt werden.

1. In das Güterrechtsregister können nur die vom Gesetz zugelassenen Tatsachen eingetragen werden. Die Fälle ergeben sich aus den §§ 1357, 1366 bis 1371, 1405, 1418, 1419, 1420, 1425, 1426, 1431, 1435, 1440, 1452, 1470, 1519, 1523, 1525, 1526, 1543, 1544, 1545, 1548, 1549, 1553, 1555 BGB., Art. 16 Einf.Ges.z.BGB. — Für die bei dem Inkrafttreten des BGB. bestehenden Ehen sind von den bundesstaatlichen Ausführungsgesetzen zum BGB. weitere Fälle vorgesehen.

2. Ob Eintragungen in das Güterrechtsregister nur erfolgen können, wenn die Ehe zwischen den Personen, deren Güterstand geregelt werden soll, bereits geschlossen ist, mag auch der Ehevertrag schon vor der Ehe geschlossen sein, oder ob Eintragungen

auch schon vor erfolgter Eheschließung zulässig sind, ist bestritten. Im ersteren Sinne hat das KG. am 9. April 1900 — vgl. Johow 20 S. A 65 Nr. 14 — entschieden. Dagegen Jastrow in ZfDZPr. 28 S. 497 ff., Josef, Lehrb. S. 375. Das Registergericht hat die Zulässigkeit der Eintragung selbständig zu prüfen, auch wenn vom Prozeßgerichte mittels einstweiliger Verfügung eine Eintragung angeordnet ist: anders, wenn die Eintragung vom Beschwerdegericht angeordnet ist. OLG. Darmstadt 22. November 1901 in Zus.d.RJAmts 3 S. 31, Johow 24 S. D 13, Rechtspr.d.OLG. 4 S. 99.

3. Die Verfahrensvorschriften des BGB. betreffs der Eintragungen in das Güterrechtsregister finden sich in den §§ 1558 bis 1563. Hier gilt entsprechend, was in Anm. 1 zu § 159 gesagt ist. Vgl. besonders § 129 Anm. 1 und die dort angegebenen anderen Stellen des Kommentars. Nach OLG. Rostock 21. Oktober 1901 in Rechtspr.d.OLG. 3 S. 368 unter c ist trotz analoger Anwendung des § 129 eine Eintragung in das Güterregister auf Antrag eines Notars, welcher nur die Erklärung des einen Ehegatten beurkundet hat, ohne Vorlegung der über die Erklärungen aufgenommenen Urkunden unzulässig. Vgl. auch KG. 5. November 1900 oben § 13 Anm. 3 f., wonach der Notar, der auf Grund der §§ 161, 129 die Eintragung eines Ehevertrags in das Güterrechtsregister nachsucht, dem Registergericht den von ihm beurkundeten oder beglaubigten, diese Eintragung betreffenden Antrag der beiden Ehegatten oder den entsprechend von ihm instrumentierten Antrag eines der Ehegatten und den Ehevertrag erbringen muß.

Im übrigen ist auf die Anmerkungen zu den in dem § 161 bezeichneten Vorschriften hinzuweisen.

4. **Abs.** 2 enthält eine Ordnungsvorschrift. Ein Verstoß dagegen hat keinen Einfluß auf die Gültigkeit der Eintragung.

§ 162.

Das Amtsgericht hat auf Verlangen eine Bescheinigung darüber zu erteilen, daß bezüglich des Gegenstandes einer Eintragung weitere Eintragungen in das Vereins- oder Güterrechtsregister nicht vorhanden sind oder daß eine bestimmte Eintragung in das Register nicht erfolgt ist.

1. Die Vorschrift entspricht dem § 9 Abs. 3 HGB. und ist in Verbindung mit § 69 BGB. (wonach der Nachweis, daß der Vorstand aus den im Register eingetragenen Personen besteht, Behörden gegenüber durch ein Zeugnis des Amtsgerichts über die Eintragung geführt wird) und § 34 GBO. (nach welchem der Nachweis, daß zwischen Ehegatten Gütertrennung oder ein vertragsmäßiges Güterrecht besteht oder daß ein Gegenstand zum Vorbehaltsgut eines Ehegatten gehört, durch ein Zeugnis des Gerichts über die Eintragung des güterrechtlichen Verhältnisses im Güterrechtsregister geführt wird) geeignet, den Verkehr mit dem Grundbuchamte zu erleichtern. Sie kann aber auch namentlich dazu dienen, einem Dritten, der mit dem Vorstande eines Vereins oder einem Ehegatten ein Rechtsgeschäft abschließen will, die Gewißheit zu verschaffen, ob eine ihm nicht bekannte Eintragung z. B. betreffend die Änderung des Vorstandes oder der Satzung (§§ 67, 71 BGB.), betreffend die Schlüsselgewalt der Frau (§ 1357 BGB.) u. dgl. im Vereins- bzw. Güterrechtsregister eingetragen ist. Ebert-Dudek § 162 Anm. 1, 3; Fuchs § 162 Anm. 1.

2. **Das Recht**, eine Bescheinigung der im § 162 erwähnten Art verlangen zu können, steht in Abweichung von § 34 jedem zu, ebenso wie das Recht auf Einsicht der Register und auf Abschriftserteilung (§§ 79, 1563 BGB.).

Neunter Abschnitt.

Offenbarungseid. Untersuchung und Verwahrung von Sachen. Pfandverkauf.

Die Vorschriften des Abschnitts beziehen sich auf verschiedene Angelegenheiten, welche in keinem inneren Zusammenhange stehen. Sie sind Ausführungsbestimmungen hauptsächlich in betreff der Zuständigkeit. Die Gliederung des Abschnitts folgt der Überschrift.

§ 163.

Ist in den Fällen der §§ 259, 260, 2028, 2057 des Bürgerlichen Gesetzbuchs der Offenbarungseid nicht vor dem Prozeßgerichte zu leisten, so finden die Vorschriften des § 79 entsprechende Anwendung.

---

1. Die §§ 259, 260, 2028, 2057 BGB. lauten:

§ 259. Wer verpflichtet ist, über eine mit Einnahmen oder Ausgaben verbundene Verwaltung Rechenschaft abzulegen, hat dem Berechtigten eine die geordnete Zusammenstellung der Einnahmen oder der Ausgaben enthaltende Rechnung mitzuteilen und, soweit Belege erteilt zu werden pflegen, Belege vorzulegen.

Besteht Grund zu der Annahme, daß die in der Rechnung enthaltenen Angaben über die Einnahmen nicht mit der erforderlichen Sorgfalt gemacht worden sind, so hat der Verpflichtete auf Verlangen den Offenbarungseid dahin zu leisten:

daß er nach bestem Wissen die Einnahmen so vollständig angegeben habe, als er dazu im stande sei.

In Angelegenheiten von geringer Bedeutung besteht eine Verpflichtung zur Leistung des Offenbarungseids nicht.

§ 260. Wer verpflichtet ist, einen Inbegriff von Gegenständen herauszugeben oder über den Bestand eines solchen Inbegriffs Auskunft zu erteilen, hat dem Berechtigten ein Verzeichnis des Bestandes vorzulegen.

Besteht Grund zu der Annahme, daß das Verzeichnis nicht mit der erforderlichen Sorgfalt aufgestellt worden ist, so hat der Verpflichtete auf Verlangen den Offenbarungseid dahin zu leisten:

daß er nach bestem Wissen den Bestand so vollständig angegeben habe, als er dazu im stande sei.

Die Vorschrift des § 259 Abs. 3 findet Anwendung.

§ 2028. Wer sich zur Zeit des Erbfalls mit dem Erblasser in häuslicher Gemeinschaft befunden hat, ist verpflichtet, dem Erben auf Verlangen Auskunft darüber zu erteilen, welche erbschaftliche Geschäfte er geführt hat und was ihm über den Verbleib der Erbschaftsgegenstände bekannt ist.

Besteht Grund zu der Annahme, daß die Auskunft nicht mit der erforderlichen Sorgfalt erteilt worden ist, so hat der Verpflichtete auf Verlangen des Erben den Offenbarungseid dahin zu leisten:

> daß er seine Angaben nach bestem Wissen so vollständig gemacht habe, als er dazu im stande sei.

Die Vorschriften des § 259 Abs. 3 und des § 261 finden Anwendung.

§ 2057. Jeder Miterbe ist verpflichtet, den übrigen Erben auf Verlangen Auskunft über die Zuwendungen zu erteilen, die er nach den §§ 2050 bis 2053 zur Ausgleichung zu bringen hat. Die Vorschriften der §§ 260, 261 über die Verpflichtung zur Leistung des Offenbarungseids finden entsprechende Anwendung.

2. Die Verpflichtung zur Rechenschaftsablegung (§ 259 BGB.) resultiert teils aus einem Auftrag, einem Dienst- oder Werkvertrag oder der Besorgung fremder Geschäfte als Geschäftsführer ohne Auftrag (§§ 27, 48, 86, 666, 675, 681, 687, 713, 740 BGB.), teils ist sie unmittelbar kraft Gesetzes begründet, so insbesondere bei der Verwaltung des eingebrachten Gutes der Frau durch den Mann, des Kindesvermögens durch den Vater oder die Mutter, des Mündelvermögens durch den Vormund oder Pfleger, der Erbschaft durch den Vorerben (vgl. §§ 1421, 1546, 1681, 1686, 1840 ff., 1890, 1891, 1897, 1915, 2130, 2218 BGB.).

Auch eine Verpflichtung zur Auskunftserteilung ist in zahlreichen Rechtsverhältnissen vorgesehen (vgl. §§ 402, 444, 666, 675, 681 BGB.). Hier (§ 260) ist jedoch Regelung nur für die Fälle getroffen, in denen jemand verpflichtet ist, einen Inbegriff von Gegenständen herauszugeben oder über den Bestand eines solchen Inbegriffs Auskunft zu erteilen (vgl. § 1374 in Verbindung mit § 1394, ferner die §§ 1421, 1681, 1890, 1891, 1897, 1915, 2011, 2028, 2130, 2362 BGB.). Das BGB. hat hierbei nicht bloß eine sog. Sachgesamtheit (Herde, Bibliothek, Gutsinventar) im Auge, sondern jede Mehrheit von Gegenständen.

3. Die Verpflichtung zur Eidesleistung ist gemäß den unter 1 angeführten Gesetzesstellen nach zwei Seiten eingeschränkt: zunächst soll der Berechtigte den Offenbarungseid nur verlangen können, wenn anzunehmen ist, daß die in der Rechnung enthaltenen Angaben über die Einnahmen oder daß das Verzeichnis oder daß die Auskunft der erforderlichen Sorgfalt entbehren und sodann bleibt, der Würde des Eides zu Liebe, die Leistung des Eides in Angelegenheiten von geringer Bedeutung überhaupt ausgeschlossen. — Nach beiden Richtungen hat das Gericht die Prüfung vorzunehmen; im ersteren Falle wird das Verlangen eidlicher Bekräftigung erst für zulässig erachtet werden können, wenn derjenige, der es stellt, Umstände nachweist, welche die vorgedachte Annahme rechtfertigen. Vgl. Denkschr. zum Entwurfe des BGB. S. 46.

4. Der privatrechtliche Anspruch auf Leistung des Offenbarungseides erfordert seiner Natur nach die Mitwirkung des Gerichts.

Ist der Eid auf Grund vorgängiger Verurteilung des Verpflichteten zu leisten, so ist das Prozeßgericht erster Instanz zuständig (§ 889 ZPO.).

Wird dagegen dem Anspruch freiwillig stattgegeben, und um diesen Fall handelt es sich hier, so ist zur Abnahme des Eides nach § 261 Abs. 1 BGB. das Amtsgericht des Ortes zuständig, an welchem die Verpflichtung zur Rechnungslegung oder zur Vorlegung des Verzeichnisses zu erfüllen ist; daneben ist dem Eidespflichtigen nachgelassen, sofern er seinen Wohnsitz oder Aufenthalt im Inlande hat, den Eid vor dem Amtsgerichte des Wohnsitzes oder des Aufenthaltsorts zu leisten. Der Verpflichtete hat also unter den drei Gerichten, sofern es verschiedene sind, die Wahl. Auch die Gerichte des Wohnorts bzw. des Aufenthaltsorts sind vollständig selbständig und können daher auch eine den Umständen des Falles entsprechende Änderung der Eidesnorm beschließen (§ 261 Abs. 2 BGB.). Bayer.OLG. 21. Juli 1900 in Seuff.Arch. 56 S. 281 Nr. 156.

5. In dem Verfahren bei Abnahme des Eides kommen neben den im § 163 angezogenen Vorschriften des § 79 gemäß § 15 die Vorschriften der ZPO. über die Abnahme von Eiden zur entsprechenden Anwendung.

Beide Teile sind zu laden, es ist indessen die Anwesenheit des Berechtigten im Termine nicht erforderlich. Der Verpflichtete braucht der Ladung nicht Folge zu leisten; und weil er das nicht braucht, wird durch die gerichtliche Anordnung seiner Ladung sein Recht nicht berührt, und deswegen steht ihm auch gegen diese Anordnung kein Beschwerderecht zu. Erscheint der Verpflichtete nicht oder verweigert er die Eidesleistung, so ist der Versuch, die letztere im Wege der freiwilligen Gerichtsbarkeit zu erlangen, fehlgeschlagen und erübrigt dem Antragsteller nur, seinen Anspruch im Rechtswege zu verfolgen. Bayer.OLG. 27. März 1903 in Rechtspr.d.OLG. 6 S. 484 unter d. Vgl. § 19 Anm. 2d und § 20 Anm. 2b.

Das Gericht kann eine den Umständen entsprechende Änderung der Eidesnorm beschließen. (§ 261 Abs. 2 BGB.)

Die Kosten der Abnahme des Eides hat derjenige zu tragen, welcher die Leistung des Eides verlangt (§ 261 Abs. 3 BGB.).

§ 164.

In den Fällen, in denen nach den Vorschriften des bürgerlichen Rechtes jemand den Zustand oder den Wert einer Sache durch Sachverständige feststellen lassen kann, ist für die Ernennung, Beeidigung und Vernehmung der Sachverständigen das Amtsgericht zuständig, in dessen Bezirke sich die Sache befindet. Durch eine ausdrückliche Vereinbarung der Beteiligten kann die Zuständigkeit eines anderen Amtsgerichts begründet werden.

Eine Anfechtung der Verfügung, durch welche dem Antrage stattgegeben wird, ist ausgeschlossen.

Bei dem Verfahren ist der Gegner soweit tunlich zu hören.

---

1. Unter bürgerlichem Recht ist nicht bloß das BGB., sondern das gesamte Reichsrecht zu verstehen (vgl. § 1 Anm. 1c). Auch kommt die Vorschrift des Paragraphen in solchen Fällen zur Anwendung, in denen jemand auf Grund landesgesetzlicher Vorschriften privatrechtlichen Inhalts die oben erwähnte Berechtigung hat; doch kann die Landesgesetzgebung für diese Fälle nach § 189 ab-

weichende Bestimmungen treffen. So die Denkschr. S. 83, 84. A. M. Dorner § 164 Anm. 1 und Fuchs § 164 Anm. 1, welche unter „bürgerlichem Recht" nur bürgerliches Reichsrecht verstanden wissen wollen.

2. Bei den Vorschriften handelt es sich namentlich um das Recht des Nießbrauchers und des Eigentümers auf Feststellung des Zustandes oder des Wertes der mit dem Nießbrauche belasteten Sache sowie um die Befugnis des Ehegatten, des Vorerben und des Nacherben, den Zustand der zum eingebrachten Gute oder zur Erbschaft gehörigen Sachen durch Sachverständige feststellen zu lassen (vgl. §§ 1034, 1067, 1372, 1439, 1528, 1550, 2122 BGB.). Denkschr. S. 83. Hierher gehören auch die Fälle des § 438 Abs. 3, §§ 464, 608, 609 HGB. (Feststellung des Zustandes eines Frachtguts). Fuchs § 164 Anm. 1.

3. Örtlich zuständig soll das Amtsgericht sein, in dessen Bezirke sich die Sache befindet, d. h. zur Zeit der Antragstellung sich befindet; spätere Ortsveränderung berührt diese Zuständigkeit nicht. Satz 2 des Abs. 1 enthält eine Abweichung von dem für das Gebiet der freiw. Ger. geltenden Grundsatze, wonach die Zuständigkeit nicht durch Prorogation bestimmt werden kann. Keidel S. 146, Fuchs § 164 Anm. 2.

4. **Zu Abs.** 2 vgl. § 146 Abs. 3 und Anm. 4 dazu; ferner § 490 Abs. 2 ZPO., wonach eine Anfechtung des Beschlusses, durch welchen dem Gesuch um Aufnahme des Beweises zum ewigen Gedächtnisse stattgegeben wird, ebenfalls nicht stattfindet. Gegen die abweisende Verfügung ist die Beschwerde nach §§ 19, 20 zulässig.

5. **Zu Abs.** 3 vgl. § 146 Anm. 2.

§ 165.

In den Fällen der §§ 432, 1217, 1281, 2039 des Bürgerlichen Gesetzbuchs ist für die Bestellung des Verwahrers das Amtsgericht zuständig, in dessen Bezirke sich die Sache befindet.

Über eine von dem Verwahrer beanspruchte Vergütung entscheidet das Amtsgericht.

Vor der Bestellung des Verwahrers und vor der Entscheidung über die Vergütung sind die Beteiligten soweit tunlich zu hören.

---

1. Die §§ 432, 1217, 1281, 2039 BGB. lauten:

§ 432. Haben mehrere eine unteilbare Leistung zu fordern, so kann, sofern sie nicht Gesamtgläubiger sind, der Schuldner nur an alle gemeinschaftlich leisten und jeder Gläubiger nur die Leistung an alle fordern. Jeder Gläubiger kann verlangen, daß der Schuldner die geschuldete Sache für alle Gläubiger hinterlegt oder, wenn sie sich nicht zur Hinterlegung eignet, an einen gerichtlich zu bestellenden Verwahrer abliefert.

Im übrigen wirkt eine Tatsache, die nur in der Person eines der Gläubiger eintritt, nicht für und gegen die übrigen Gläubiger.

§ 1217. Verletzt der Pfandgläubiger die Rechte des Verpfänders in erheblichem Maße und setzt er das verletzende Verhalten ungeachtet einer Abmahnung des Verpfänders fort, so kann der Verpfänder verlangen, daß das Pfand auf Kosten des Pfandgläubigers hinterlegt oder, wenn es sich nicht zur Hinterlegung eignet, an einen gerichtlich zu bestellenden Verwahrer abgeliefert wird.

Statt der Hinterlegung oder der Ablieferung der Sache an einen Verwahrer kann der Verpfänder die Rückgabe des Pfandes gegen Befriedigung des Gläubigers verlangen. Ist die Forderung unverzinslich und noch nicht fällig, so gebührt dem Pfandgläubiger nur die Summe, welche mit Hinzurechnung der gesetzlichen Zinsen für die Zeit von der Zahlung bis zur Fälligkeit dem Betrage der Forderung gleichkommt.

§ 1281. Der Schuldner kann nur an den Pfandgläubiger und den Gläubiger gemeinschaftlich leisten. Jeder von beiden kann verlangen, daß an sie gemeinschaftlich geleistet wird; jeder kann statt der Leistung verlangen, daß die geschuldete Sache für beide hinterlegt oder, wenn sie sich nicht zur Hinterlegung eignet, an einen gerichtlich zu bestellenden Verwahrer abgeliefert wird.

§ 2039. Gehört ein Anspruch zum Nachlasse, so kann der Verpflichtete nur an alle Erben gemeinschaftlich leisten und jeder Miterbe nur die Leistung an alle Erben fordern. Jeder Miterbe kann verlangen, daß der Verpflichtete die zu leistende Sache für alle Erben hinterlegt oder, wenn sie sich nicht zur Hinterlegung eignet, an einen gerichtlich zu bestellenden Verwahrer abliefert.

2. Örtlich zuständig soll das **Amtsgericht** sein, in dessen Bezirke sich die Sache befindet, d. h. zur Zeit der Antragstellung sich befindet; spätere Ortsveränderung ändert nichts an der Zuständigkeit. — Prorogation ist hier ausgeschlossen; vgl. dagegen § 164 Abs. 1 Satz 2.

3. **Zu Abs.** 2 vgl. die §§ 688 bis 690 BGB., §§ 7 und 153 des Gesetzes über die Zwangsversteigerung und Zwangsverwaltung. Nach § 693 BGB. ist der Hinterleger auch zum Ersatze der von dem Verwahrer zum Zwecke der Aufbewahrung gemachten Aufwendungen, die er den Umständen nach für erforderlich halten durfte, verpflichtet. Die Feststellung dieser Aufwendungen gehört nicht zu den A.d.fr.Ger. Fuchs § 165 Anm. 3, Rausnitz § 165 Anm. 8.

4. **Zu Abs.** 3 vgl. § 146 Note 2. Den Beteiligten muß möglichst Gelegenheit gegeben werden, vor der Entscheidung sich über die Zulässigkeit der Bestellung und über die Person des Verwahrers, sowie über die von diesem beanspruchte Vergütung äußern zu können. Dadurch kann eine etwaige Beschwerde, die nach § 19 auch gegen die stattgebende Verfügung (im Gegensatze zu § 164 Abs. 2) zugelassen ist, erübrigt werden. Gegen eine abweisende Verfügung ist ebenfalls Beschwerde gegeben.

§ 166.

Im Falle des § 1246 Abs. 2 des Bürgerlichen Gesetzbuchs ist für die Entscheidung des Gerichts das Amtsgericht des Ortes zuständig, an welchem das Pfand aufbewahrt wird.

Vor der Entscheidung sind die Beteiligten soweit tunlich zu hören.

---

1. Der § 1246 BGB. lautet:

Entspricht eine von den Vorschriften der §§ 1235 bis 1240 abweichende Art des Pfandverkaufs nach billigem Ermessen den Interessen der Beteiligten, so kann jeder von ihnen verlangen, daß der Verkauf in dieser Art erfolgt.

Kommt eine Einigung nicht zu stande, so entscheidet das Gericht.

Es hat also der Richter nur über die Art des Pfandverkaufs zu entscheiden. Sind unter den Beteiligten Punkte streitig, von denen das Recht zum Pfandverkauf überhaupt abhängt, so hat er den Antrag auf Anordnung im Sinne des § 1246 Abs. 2 BGB. abzulehnen. KG. 10. März 1902 in Johow 24 S. A 3 Nr. 1; ZentrBl. 3 S. 182. Josef, „Die Einwirkung des Hervortretens streitiger Rechtsverhältnisse auf die Tätigkeit des Gerichts der freiw. Ger." im ZentrBl. 3 S. 589 ff. (599). Für den Fall des § 127 KO. vgl. KG. 10. März 1902 in Rechtspr.d.OLG. 6 S. 370 unter g.

2. Örtlich zuständig ist das Amtsgericht des Ortes, an welchem das Pfand aufbewahrt wird, u. zw. zur Zeit der Antragstellung. Prorogation ist im Gegensatze zu § 164 nicht zulässig.

3. Die Entscheidung des Gerichts tritt nach § 16 Abs. 1 sofort mit der Bekanntmachung in Wirksamkeit und die Beschwerde dagegen hat nach § 24 keine aufschiebende Wirkung. Vgl. im übrigen § 24 Abs. 2 und § 18.

4. **Zu Abs. 2** vgl. § 146 und die Anm. 2 daselbst.

Zehnter Abschnitt.

Gerichtliche und notarielle Urkunden.

1. Das BGB. hat für Rechtsgeschäfte den Grundsatz der Formfreiheit angenommen, so daß zur Gültigkeit einer rechtsgeschäftlichen Willenserklärung jede Form genügt, soweit nicht eine besondere Form durch Gesetz vorgeschrieben oder durch Rechtsgeschäft selbst wieder bestimmt ist (§ 125 BGB.). Von solch besonderen Formen, die das BGB. kennt, macht es neben der einfachen Schriftlichkeit (§ 126) und der Form der Auflassung (§§ 925, 1015, 1016), die beide hier nicht in Betracht kommen, nur die gerichtliche oder notarielle Beurkundung eines Vertrags und die öffentliche Beglaubigung zum Gegenstande weniger allgemeiner Vorschriften (§§ 128, 129). Daneben stellt es für die speziellen Fälle der Testamentserrichtung und des Abschlusses eines Erbvertrags bei deren gerichtlicher oder notarieller Beurkundung besondere Zuständigkeits- und Verfahrensvorschriften auf (§§ 2231 bis 2245, 2276). Im übrigen hat das BGB. die Notwendigkeit der gerichtlichen oder notariellen Beurkundung für eine Reihe von Rechtsgeschäften vorgeschrieben und endlich zugelassen, daß die gerichtliche oder notarielle Beurkundung nach dem Willen der Beteiligten jede andere Form der Rechtsgeschäfte ersetzen kann. In allen Fällen also, soweit nicht Spezialgesetze eine ausschließlich andere Form bestimmen, können sich die Beteiligten nach Reichsrecht der gerichtlichen oder notariellen Form bedienen. Die Landesgesetzgebung hat nicht die Befugnis, diese allgemein zugelassene, ja für viele Rechtsgeschäfte notwendige Mitwirkung der Gerichte oder Notare vollständig auszuschalten; sie kann es nur insoweit, als sie entweder jene oder diese von der Mitwirkung ausschließen darf (Art. 141 Einf.Ges.z.BGB.). Daraus ist der Satz herzuleiten, daß die Gerichte und Notare durch Reichsgesetz zur Beurkundung von Rechtsgeschäften für sachlich zuständig erklärt worden sind. Was insbesondere die Zuständigkeitserklärung in Ansehung der Gerichte betrifft, so ist sie in derselben Weise erfolgt, in der auch die Zuständigkeit der Vormundschafts- und Nachlaßgerichte (vgl. §§ 1774 ff., 1942 ff. BGB., Art. 147 Einf.Ges. z.BGB.) von dem BGB. festgestellt worden ist. Und daraus ergibt sich, daß die Beurkundung von Rechtsgeschäften, die reichsgesetzlich der gericht-

lichen oder notariellen Beurkundung bedürfen, zu den durch Reichsgesetz den Gerichten (und Notaren) übertragenen A.d.fr.Ger. im Sinne des § 1 dieses Gesetzes gehört und daß mithin auf sie, d. h. auf den zehnten Abschnitt dieses Gesetzes, die allgemeinen Vorschriften des ersten Abschnitts Anwendung finden, soweit nicht in diesem zehnten Abschnitt wieder ein anderes bestimmt ist (§ 1). Vgl. § 1 Anm. 1d und die dort angegebene selbst Literatur. Vgl. ferner noch Josef Komm. § 167 Anm. 1, Rausnitz § 167 Anm. 14, Schultze-Görlitz § 1 Anm. 2, 3. Aus der Rechtsprechung vgl. noch die oben a. a. O. bereits erwähnte Entsch. des KG. v. 11. Februar 1901 auch in Rechtspr.d.OLG. 3 S. 253 Nr. 67; ferner KG. 30. April 1900 in Johow 20 S. A 184 Nr. 49. Auch die Begründung des Entw. zu dem preuß. Gesetze über die freiw. Ger. v. 21. September 1899 (S. 3) zählt die Beurkundung von Rechtsgeschäften zu den durch Reichsgesetz den Gerichten übertragenen A.d.fr.Ger. A. M. die übrigen Kommentare und Weißler in DJZ. 2 S. 460, Zeitschr. d. Deutsch. Not. Ver. 1901 S. 102ff. Auch das RG. hat sich in zwei verschiedenen Beschlüssen v. 28. April 1904 — vgl. Bd. 57 S. 396 Nr. 87 und Bd. 58 S. 94 Nr. 23 — auf den Standpunkt gestellt, daß wenigstens die Beurkundung solcher Rechtsgeschäfte, für die reichsgesetzlich keine Formvorschrift besteht, oder die in Anträgen auf Eintragungen in das Handelsregister bestehen (§ 29 HGB. in Verbindung mit § 12 HGB.), nicht zu den durch Reichsgesetz den Gerichten übertragenen A.d.fr.Ger. gehört.

Über die Tragweite dieser Streitfrage vgl. § 1 Anm. 1d a. E. und wegen der Rechtshilfe insbesondere § 2 Anm. 4.

Für die Landesgesetzgebungen sind in Ansehung der sachlichen Zuständigkeit der Gerichte bzw. der Notare einige Vorbehalte gemacht, u. zw.:

a) Nach Art. 141 Einf.Ges.z.BGB. können die Landesgesetze bestimmen, daß für die Beurkundung von Rechtsgeschäften, die nach den Vorschriften des BGB. gerichtlicher oder notarieller Beurkundung bedürfen, entweder nur die Gerichte oder nur die Notare zuständig sind. Die Landesgesetze können also nicht die Gerichte und die Notare ausschließen, sie können auch nicht andere Behörden oder Beamten neben den Gerichten oder Notaren für zuständig erklären. Auch haben sie nicht die Befugnis, bei einem und demselben Rechtsgeschäfte die ausschließliche Anwendung der gerichtlichen oder notariellen Beurkundungsform an Unterscheidungen zu knüpfen, die dem BGB. fremd sind, also z. B. nicht bei Schenkungen an eine bestimmte Höhe des Betrags (§ 518 BGB.). Kom.Ber. S. 62. Wenn eine Landesgesetzgebung von dem Vorbehalte Gebrauch gemacht hat, so hört darum die Beurkundung der Rechtsgeschäfte noch nicht auf, im Sinne des § 1 eine durch Reichsgesetz den Gerichten übertragene A.d.fr.Ger. zu sein, was von Bedeutung mit Rücksicht auf die Anwendbarkeit der allgemeinen Vorschriften des ersten Abschnitts ist; vgl. § 194. Von dem Vorbehalt haben Gebrauch gemacht und die Notare ausgeschlossen, so daß nur die Gerichte zuständig sind: Fürstentum Lippe, Sachsen-Weimar, Schaumburg-Lippe, Schwarzburg-Rudolstadt, Waldeck. Es haben dagegen die Gerichte von der Zuständigkeit ausgeschlossen, so daß nur die Notare zuständig sind: Baden, Bayern, Bremen, Elsaß-Lothringen, Hamburg und Württemberg. In den übrigen Bundesstaaten sind Gerichte und Notare zuständig. Jedoch sind auch gewisse Einschränkungen zugunsten der ausschließlichen Zuständigkeit der Gerichte gemacht sowohl in der zweiten wie der dritten Staatengruppe. — Vgl. dazu noch weiter § 167 Anm. 1e a. E.

b) Gemäß Art. 142 Einf.Ges.z.BGB. bleiben die landesgesetzlichen Vorschriften unberührt, welche in Ansehung der in dem Gebiete des Bundesstaats liegenden Grundstücke bestimmen, daß für die Beurkundung des im § 313 BGB. bezeichneten Vertrags (Verpflichtung, das Eigentum an einem Grundstück zu übertragen), sowie für die nach § 873 Abs. 2 BGB. zur Bindung der Beteiligten (behufs Übertragung des Eigentums an einem Grundstück, Belastung eines Grundstücks mit einem Rechte rc.) erforderliche Beurkundung der Erklärungen außer den Gerichten und Notaren auch andere Behörden und Beamte zuständig sind. Auch von diesem Vorbehalt hat eine Anzahl von Bundesstaaten teils allgemein, teils nur für bestimmte Fälle Gebrauch gemacht.

c) Nach Art. 143 Einf.Ges.z.BGB. bleiben die landesgesetzlichen Vorschriften unberührt, welche in Ansehung der in dem Gebiete des Bundesstaats liegenden Grundstücke bestimmen, daß die Einigung der Parteien in den Fällen der §§ 925, 1015 BGB. (behufs Übertragung des Eigentums an einem Grundstück bzw. Bestellung und Übertragung des Erbbaurechts) außer vor dem Grundbuchamt auch vor Gericht, vor einem Notar, vor einer anderen Behörde oder vor einem anderen Beamten erklärt werden kann, und daß bei der Auflassung eines Grundstücks es der gleichzeitigen Anwesenheit beider Teile nicht bedarf, wenn das Grundstück durch ein Gericht oder einen Notar versteigert worden ist und die Auflassung noch in dem Versteigerungstermin stattfindet. Die hier in Frage stehende Verrichtung, Entgegennahme der Auflassung, ist an sich keine Angelegenheit der freiw. Ger., welche durch Reichsgesetz den Gerichten übertragen ist, gehört vielmehr zu den Verrichtungen des Grundbuchamts. Auf sie beziehen sich daher die nachfolgenden reichsgesetzlichen Vorschriften überhaupt nicht, soweit sie nicht durch Landesgesetz für anwendbar erklärt worden sind. Von dem Vorbehalte haben mehrere Bundesstaaten in verschiedener Art Gebrauch gemacht.

2. Unbeschadet der vorgedachten Vorbehalte regelt der zehnte Abschnitt hauptsächlich die sachliche Zuständigkeit der Gerichte zur Beurkundung eines Rechtsgeschäfts und Beglaubigung eines Handzeichens sowie das Verfahren bei der Aufnahme gerichtlicher oder notarieller Urkunden und bei Beglaubigungen, soweit diese Regelung für die einheitliche Durchführung des BGB. erforderlich erschien. Gemäß dieser dem ganzen Gesetze eigenen Beschränkung bleibt es den Landesgesetzgebungen überlassen, Vorschriften zur Ergänzung zu erlassen (§ 200).

Die Vorschriften beziehen sich überdies nur auf die Beurkundung von Rechtsgeschäften, nicht auf die Beurkundung anderer Tatsachen und von jenen nur auf Rechtsgeschäfte unter Lebenden; siehe jedoch § 167 Anm. 1. Sie beziehen sich endlich nicht auf die Beurkundung von Rechtsgeschäften in besonders geordneten Verfahren. Hierüber bei § 167 Anm. 1e und § 168 Anm. 4.

3. Da es sich hier nur um die Regelung von Zuständigkeit und Verfahren handelt, so bleiben die Vorschriften des Reichsgesetzes, betreffend die Beglaubigung öffentlicher Urkunden, v. 1. Mai 1878 (RGBl. S. 89) unberührt, soweit es sich auf die Wirksamkeit öffentlicher Urkunden im Verkehre bezieht. Es darf aber dem in der Kommission des Reichstags (vgl. Kom.Ber. S. 64) aufgestellten Satze, daß auf dem reichsgesetzlich geordneten Gebiete des bürgerlichen Rechts die von dem Gericht oder Notar eines Bundesstaats innerhalb seiner Zuständigkeit aufgenommene Urkunde auch ohne besondere Legalisation im ganzen Reiche Wirksamkeit habe und als öffentliche Urkunde zu behandeln sei, ganz allgemeine Geltung zugesprochen werden. So auch Rausnitz § 167 Anm. 78.

4. Die Organisation des Notariats hat das Reichsrecht nicht in den Bereich seiner Bestimmungen gezogen. Ein Antrag in der Reichstagskommission, wenigstens für die Beurkundung von Rechtsgeschäften, die nach den Vorschriften des BGB. nicht ausschließlich der gerichtlichen Form bedürften, die Gerichte und Notare in gleichem Umfange für zuständig zu erklären, wurde abgelehnt. Seine Annahme würde die Bundesstaaten gehindert haben, die ausschließliche Zuständigkeit der Notare zur Beurkundung von Rechtsgeschäften beizubehalten und würde somit in das Recht der einzelnen Bundesstaaten zur Organisation des Notariats eingegriffen haben. Kom.Ber. S. 62. Die Gesetzgebung der meisten Bundesstaaten hat indessen Anlaß genommen, die Organisation des Notariatswesens neu zu gestalten oder abzuändern.

5. Der Inhalt des zehnten Abschnitts gliedert sich wie folgt: Sachliche Zuständigkeit zur Beurkundung von Rechtsgeschäften und zur Beglaubigung von Unterschriften und Handzeichen (§ 167), Verfahren bei der Beurkundung von Rechtsgeschäften (§§ 168 bis 182), Verfahren bei Beglaubigung von Unterschriften (§ 183), Zuständigkeit der Geschwaderauditeure (§ 184).

§ 167.

Für die gerichtliche Beurkundung eines Rechtsgeschäfts sowie für die gerichtliche Beglaubigung eines Handzeichens sind die Amtsgerichte zuständig.

Für die öffentliche Beglaubigung einer Unterschrift sind außer den Notaren die Amtsgerichte zuständig. Das gleiche gilt für die Aufnahme der im § 1718 und im § 1720 Abs. 2 des Bürgerlichen Gesetzbuchs vorgesehenen öffentlichen Urkunden über die Anerkennung der Vaterschaft; für die Aufnahme dieser Urkunden ist, wenn die Anerkennung der Vaterschaft bei der Anzeige der Geburt des Kindes oder bei der Eheschließung seiner Eltern erfolgt, auch der Standesbeamte zuständig, welcher die Geburt oder die Eheschließung beurkundet.

---

1. Der **Abs. 1** regelt zunächst die sachliche Zuständigkeit für die gerichtliche Beurkundung eines Rechtsgeschäfts. Wegen des Begriffs des Rechtsgeschäfts vgl. § 168 Anm. 4, wegen des Verfahrens (§§ 168 bis 182) vgl. § 168 Anm. 1.

a) Wenn Abs. 1 erklärt, für die gerichtliche Beurkundung eines Rechtsgeschäfts rc. seien die Amtsgerichte zuständig, so überträgt er damit nicht von Reichs wegen die sachliche Zuständigkeit für diese Amtshandlungen auf die Amtsgerichte; er will vielmehr nur sagen, daß, wenn und soweit für die Beurkundung eines Rechtsgeschäfts rc. die Gerichte zufolge anderweitiger Vorschriften zuständig seien, dann von den Gerichten die Amtsgerichte zu diesen Geschäften berufen und somit sachlich zuständig seien. Denkschr. S. 85; RG. 28. April 1904 Bd. 57 S. 396 Nr. 87, Bd. 58 S. 94 Nr. 23. Inwieweit diese Voraussetzung durch Reichsgesetz erfüllt ist, vgl. Vorbemerkung 1 zu diesem Abschnitte. Wo die Landesgesetzgebung auf Grund des Art. 141 Einf.Ges. z.BGB. die Zuständigkeit der Gerichte, sei es allein sei es neben der der Notare hat bestehen lassen, da kann sie nicht statt der Amtsgerichte andere Gerichte für zuständig erklären. Dronke § 167 Anm. 3g; Fuchs § 167 S. 407. A. M. Niedner, Einf.Ges. z.BGB. Art. 151 Anm. 5. Das bezieht sich natürlich nicht auf das der Landesgesetzgebung vorbehaltene Gebiet nach § 189.

b) Wie der Wortlaut des Abs. 1 im Gegensatz zu dem des § 168 ergibt, ist hier sowohl an Rechtsgeschäfte unter Lebenden, wie von Todes wegen gedacht, so daß die Vorschrift sich auch als Ausführungsvorschrift der §§ 2231, 2276 BGB. gibt.

c) Aus dem Wortlaute geht weiter hervor, daß sich die Vorschrift nicht auf die Fälle beschränkt, für welche durch Gesetz die gerichtliche (oder notarielle) Beurkundung eines Rechtsgeschäfts zu dessen Gültigkeit verlangt wird; die Vorschrift spricht vielmehr die amtsgerichtliche Zuständigkeit ganz allgemein für alle Fälle aus, in denen die gerichtliche Beurkundung angewandt werden soll, so daß also auch dann die Zuständigkeit eintritt, wenn die an einem Rechtsgeschäft Beteiligten ohne gesetzlichen Zwang das Rechtsgeschäft gerichtlich beurkunden zu lassen sich freiwillig entschlossen haben, also auch dann, wenn die gerichtliche Beurkundung etwa die öffentliche Beurkundung oder Beglaubigung ersetzen soll. Vgl. §§ 126 bis 129 BGB.

d) In der Zuständigkeitserklärung liegt zugleich die Auferlegung der Verpflichtung an die Gerichte, sich der Beurkundung von Rechtsgeschäften zu unterziehen. Die Zuständigkeit und damit die Verpflichtung bezieht sich aber nur auf die Beurkundung von Rechtsgeschäften, nicht von sonstigen Tatsachen. Zur Beurkundung der letzteren sind die Amtsgerichte nur insoweit verpflichtet, als ihnen diese Verpflichtung zugleich mit der Zuständigkeitserklärung erwachsen ist. Dazu § 168 Anm. 5. Indessen ist die Verpflichtung der Amtsgerichte nach Reichsrecht, die Erklärung der geschiedenen Frau über die Wiederaufnahme ihres Familiennamens (§ 1577 Abs. 2 BGB.) zu beurkunden, nicht bloß zu beglaubigen, ausgesprochen vom KG. 20. August 1901 in Rechtspr.d.OLG. 3 S. 367.

e) Es ist hier nur an die Beurkundung von Rechtsgeschäften als Angelegenheit der freiw. Gerichtsbarkeit gedacht, d. h. es bleibt die sachliche Zuständigkeit der Gerichte zur Beurkundung von Rechtsgeschäften im übrigen unberührt; § 185 in Verbindung mit Art. 32 Einf.Ges.z.BGB. Die Beurkundung von Rechtsgeschäften ist keinem Zweige der gerichtlichen Tätigkeit eigentümlich und etwa nur dem Richter der freiw. Ger., der mit der Entgegennahme und Beurkundung rechtsgeschäftlicher Erklärungen außerhalb eines Verfahrens betraut ist, vorbehalten. Auch der Vormundschafts-, Nachlaß-, Prozeß-, Vollstreckungs-, Konkurs-, Strafrichter hat die Zuständigkeit und Aufgabe und teilweise recht häufig Gelegenheit, Rechtsgeschäfte zu beurkunden, z. B. der Prozeßrichter Anerkenntnisse oder Vergleiche, der Vollstreckungsrichter die Abtretung des Meistgebots im Zwangsversteigerungsverfahren, der Konkursrichter die Anerkennung und Feststellung einer angemeldeten Forderung, der Strafrichter eine Vereinbarung über eine zu zahlende Buße. Alle diese Zuständigkeiten bleiben unberührt. Namentlich hat der Art. 141 Einf.Ges.z.BGB. (vgl. Vorbem. 1a zu diesem Abschnitt) nicht die Bedeutung, als ob er die Zuständigkeitsfrage außerhalb des Gebiets der freiw. Ger. berühre; OLG. Hamburg 29. Januar 1901 in Rechtspr.d.OLG. 2 S. 213 unter e. Über das hierbei zu beobachtende Verfahren vgl. § 168 Anm. 4.

f) In betreff der örtlichen Zuständigkeit ist nichts bestimmt. Von örtlicher Zuständigkeit kann nur dann gesprochen werden, wenn ein Gericht durch eine nach gesetzlicher Vorschrift sich bestimmende in seinem Amtsbezirke gelegene Tatsache als zuständiges bezeichnet wird. Es liegt also die Handlung eines örtlich unzuständigen Gerichts vor, wenn es zwar innerhalb seines Amtsbezirks tätig wird, aber die Tatsachen auf ein anderes Gericht als örtlich zuständig hinweist, wenn es z. B. eine Vormundschaft über einen Mündel anordnet, der zur Zeit der Anordnung seinen Wohnsitz in einem anderen Gerichtsbezirke hat (§ 36). In dieser Art kommt bei der Beurkundung und Beglaubigung die örtliche Zuständigkeit oder Unzuständigkeit reichsgesetzlich nicht in Frage. Jeder, der ein Rechtsgeschäft beurkundet haben will, kann sich an jedes Amtsgericht (oder jeden Notar) wenden: das gilt mit einer gewissen Einschränkung auch von den in den §§ 91, 93 erwähnten Beurkundungen, die Rausnitz, § 184 Anm. 11, der ausschließlichen Zuständigkeit des Nachlaßgerichts vollständig unterstellt. Die Eintragungen in die öffentlichen Bücher, dieselben als Beurkundungen aufgefaßt (§ 125 Anm. 1), gehören nicht hierher. Auch ist die Beurkundung eines Rechtsgeschäfts an sich materiell an keine örtliche Zuständigkeit geknüpft; sie kann beliebig im ganzen Deutschen Reiche an jedem Orte vorgenommen werden. — Inwieweit landesgesetzliche Bestimmungen über die örtliche Zuständigkeit von Bedeutung sind vgl. § 200 Anm. 2.

Verschieden hiervon ist das Überschreiten des dem beurkundenden Gerichtsbeamten (oder Notar) angewiesenen Amtsbezirks, d. h. also wenn der Richter sich aus seinem Amtsbezirke hinausbegibt und in einem anderen Amtsbezirk eine beurkundende Handlung vornimmt. Darüber, ob ein solches Verfahren zulässig und die dabei vorgenommene Beurkundung wirksam sei, herrschen verschiedene Meinungen. Die Beantwortung der Frage hängt von der Beantwortung der Vorfrage ab, ob die landesgesetzlichen Vorschriften über den Amtsbezirk der Urkundsbeamten zu den „Vorschriften über die Errichtung gerichtlicher oder notarieller Urkunden" im Sinne des Art. 151 Einf.Ges.z.BGB. und des § 200 Abs. 2 des vorliegenden Gesetzes gehören und ob ihnen folgeweise gleich den Vorschriften über die örtliche Zuständigkeit vermöge reichsgesetzlicher Bestimmung lediglich die Bedeutung von Ordnungsvorschriften zukommt, deren Verletzung auf die Gültigkeit der Urkunde keinen Einfluß hat. Auch diese Vorfrage wird verschieden beantwortet. Sie ist zu verneinen. Die Abgrenzung der Amtsbezirke gehört nicht zu jenen Vorschriften über die Errichtung von Urkunden, sondern zu dem der Landesgesetzgebung angehörenden Gebiete der Behördenorganisation. Danach ist vom reichsrechtlichen Standpunkte aus die Überschreitung des Amtsbezirkes und die Vornahme einer Amtshandlung in einem fremden Amtsbezirke nach allgemeinen Grundsätzen als unzulässig und die Amtshandlung als ungültig zu erachten, weil dem Beamten außerhalb seines Bezirks die zur Vornahme der Handlung erforderliche Amtsbefugnis fehlt und § 7 nicht eingreift. Sie ist nur zulässig bzw. gültig, sofern landesgesetzlich den Vorschriften über die Abgrenzung der Amtsbezirke die Bedeutung von Ordnungsvorschriften gegeben ist. Das ist in mehreren Bundesstaaten geschehen, z. B. in Art. 39 des preuß. Gesetzes über die freiw. Ger. v. 21. September 1899, nach welchem „eine Beurkundung nicht deshalb ungültig ist", „weil der beurkundende Beamte sie außerhalb der Grenzen seines Bezirkes vorgenommen hat". Im entgegengesetzten Sinne entscheidet das badische Rechtspolizeigesetz v. 17. Juni 1899, dessen § 56 den Urkunden, welche ein Notar (vgl. Vorbem. 1a zu diesem Abschnitt), den bestehenden Bestimmungen zuwider, außerhalb seines Amtsbezirks aufnimmt, die Eigenschaft öffentlicher Urkunden abspricht (wobei die bestehenden Bestimmungen mehrere Ausnahmen zugunsten der Zulässigkeit der Beurkundung außerhalb des Amtsbezirks vorsehen). — Reichsrechtlich erleidet die Unzulässigkeit der Bezirksüberschreitung indessen die Einschränkung, daß nach § 167 GVG. ein Gericht Amtshandlungen außerhalb seines Bezirks dann vornehmen darf, wenn das Amtsgericht des Orts zustimmt oder wenn Gefahr im Verzuge obwaltet. Die Anwendbarkeit dieser Vorschrift auf das gerichtliche Beurkundungswesen hängt indessen davon ab, ob die allgemeinen Vorschriften des ersten Abschnitts, namentlich der § 2 und mit ihm (s. oben) der § 167 GVG. auf den zehnten Abschnitt für anwendbar zu erachten sind oder nicht. Vgl. darüber Vorbemerkung 1 zu diesem Abschnitt. Wer diese Anwendbarkeit verneint, muß konsequent der Landesgesetzgebung freie Hand in bezug auf die Vorschrift der vollständigen Unzulässigkeit der Bezirksüberschreitung zugestehen. Da jedoch hier die Anwendbarkeit als gegeben erachtet wird, so kann einer etwaigen landesgesetzlichen Bestimmung über die gänzliche Unzulässigkeit der Bezirksüberschreitung nur mit der hieraus sich ergebenden Einschränkung Geltung zugestanden werden. Bis auf den letzten Punkt übereinstimmend mit Dorner § 2 Anm. 5 unter VIII und in ZfDZPr. 28 S. 241 ff. Vgl. dagegen Dronke, DJZ. 4 S. 130 ff., Birkenbihl Anm. zu Art. 39 des preuß. Ges. über die freiw. Ger. S. 521, Fuchs § 167 Anm. 6 S. 414, Schultze-Görlitz § 167 Anm. 6, Weißler Anm. zu § 7 und § 167 Anm. 8.

g) Die Vorbehalte der Art. 141, 142, 143 Einf.Ges.z.BGB. zugunsten der Landesgesetzgebung s. oben Vorbemerkung 1 zu diesem Abschnitte.

h) Das Verfahren bei der gerichtlichen oder notariellen Beurkundung wird in den §§ 168 bis 182 geregelt.

2. Sodann regelt Abs. 1 die sachliche Zuständigkeit für die gerichtliche Beglaubigung eines Handzeichens. Wenn durch Gesetz oder Rechtsgeschäft für die Gültigkeit eines Rechtsgeschäfts schriftliche Form oder öffentliche Beglaubigung vorgesehen ist (vgl. z. B. §§ 81, 566, 766 BGB.), so muß die Erklärung schriftlich abgefaßt und, sofern sie mittels Handzeichens unterzeichnet ist, das Handzeichen gerichtlich oder notariell beglaubigt sein, § 129 Abs. 1 Satz 2 BGB. Eine andere Art der Beglaubigung genügt demnach nicht. Die „öffentliche" Beglaubigung (s. Anm. 3) eines Handzeichens unter einer rechtsgeschäftlichen Erklärung vollzieht sich daher rechtswirksam ausschließlich in der Form der gerichtlichen oder notariellen Beglaubigung. Die Landesgesetzgebung ist auch nicht in der Lage, für diese Fälle statt der Gerichte oder Notare andere Behörden oder Beamten zu bestellen; denn die Art. 141, 142, 143 Einf.Ges.z.BGB. (vgl. Vorbem. zu diesem Abschn.) zugunsten der Landesgesetzgebung greifen nur bei der Beurkundung (s. § 183 Anm. 3) ein und die Vergünstigung des § 191 Abs. 1 gilt nur für die öffentliche Beglaubigung einer Unterschrift. Ebensowenig kann sie dies selbstverständlich da, wo nicht öffentliche, sondern unmittelbar gerichtliche oder notarielle Beglaubigung gefordert wird (s. Anm. 3). Sie kann auch nicht andere Gerichte als die Amtsgerichte für zuständig erklären. Dagegen ist sie nicht gehindert, die Zuständigkeit der Amtsgerichte auszuschließen, während sie die der Notare nicht ausschließen kann; § 191 Abs. 2. — Beide Formen übrigens, die schriftliche sowohl als auch die öffentlich (d. h. also im vorliegenden Falle gerichtlich oder notariell) beglaubigte Form, werden durch die gerichtliche oder notarielle Beurkundung ersetzt; §§ 126, 127, 129 BGB.

Das oben in Anm. 1 Gesagte gilt entsprechend auch hier.

Über das Verfahren bei der Beglaubigung s. § 183.

3. An dritter Stelle wird in Abs. 2 Satz 1 die sachliche Zuständigkeit der Amtsgerichte neben der der Notare für die öffentliche Beglaubigung einer Unterschrift angeordnet. Die „öffentliche Beurkundung" ist nicht wie die gerichtliche oder notarielle Beurkundung zum Gegenstande einer Zuständigkeits- oder Verfahrensvorschrift gemacht. Jene unterscheidet sich von dieser dadurch, daß in jenem Falle eine Urkunde genügt, welche überhaupt von einer landesgesetzlich zu der Beurkundung für zuständig erklärten Behörde oder einem hierzu

zuständigen Beamten aufgenommen ist. Der gleiche Gesichtspunkt liegt der Scheidung zwischen gerichtlicher oder notarieller Beglaubigung und „öffentlicher Beglaubigung“ zugrunde. Ist durch Gesetz öffentliche Beglaubgung für diie Gültigkeit eines Rechtsgeschäfts vorgeschrieben, so muß nach § 129 BGB. die Erklärung schriftlich abgefaßt und, sofern sie mittels Unterschrift (nicht Handzeichens, vgl. Anm. 2) unterzeichnet ist, die Unterschrift von der zuständigen Behörde oder einem zuständigen Beamten oder Notar beglaubigt sein. Die öffentliche Beglaubigung wird durch die gerichtliche oder notarielle Beurkundung der Erklärung ersetzt. Vgl. näheres bei § 183.

Hier ist also nach dem in der Vorbemerkung 1 Gesagten die sachliche Zuständigkeit der Notare bereits in § 129 BGB. ausgesprochen; in § 167 Abs. 2 Satz 1 vorliegenden Gesetzes wird dann die sachliche Zuständigkeit auch der Amtsgerichte für die öffentliche Beglaubigung reichsgesetzlich festgestellt.

Auch hier greift der § 191 Abs. 2 ein, wonach durch Landesgesetz die Zuständigkeit der Amtsgerichte für die öffentliche Beglaubigung einer Unterschrift ausgeschlossen werden kann; die Notare auszuschließen steht dagegen der Landesgesetzgebung nicht zu; es gilt insoweit das in Anm. 2 Abs. 1 Gesagte.

Die Vorschrift will nicht sagen, daß für die öffentliche Beglaubigung außer den Notaren nur die Amtsgerichte zuständig sein sollen. Wer außerdem zuständig ist, bestimmt sich eben nach Landesrecht; hier sind nur reichsrechtlich auch die Amtsgerichte für zuständig erklärt. Um jeglichen Zweifel darüber auszuschließen, ist ein Vorbehalt in § 191 Abs. 1 aufgenommen.

Wo das Gesetz nicht „öffentliche“, sondern ausdrücklich gerichtliche oder notarielle Beglaubigung verlangt, wie z. B. § 2 Abs. 2d es Gesetzes betreffend die Gesellschaften mit beschränkter Haftung v. 20. April 1892/20. Mai 1898, da genügt die von einem anderen bloß für die öffentliche Beglaubigung zuständigen Beamten vorgenommene öffentliche Beglaubigung nicht. KG. 3. November 1902 in Johow 25 S. A 11 Nr. 4, Rechtspr. d.OLG. 6 S. 109 Nr. 18d. Das gilt auch für die Eintragung der Anerkennung eines unehelichen Kindes in das Geburtsregister, die nach § 25 des Personalstandsgesetzes nur vorgenommen werden darf, wenn die Anerkennung vor dem Standesbeamten oder in einer gerichtlich oder notariell aufgenommenen Urkunde erklärt ist; vgl. Anm. 5. Anders für die Anerkennung der Vaterschaft, sofern die Beurkundung nur die Zwecke des § 1718, § 1720 Abs. 2 BGB. verfolgt; s. Anm. 4, 5.

4. An vierter Stelle ist den Amtsgerichten und Notaren die sachliche Zuständigkeit zur Aufnahme der in dem § 1718 und in dem § 1720 Abs. 2 BGB. vorgesehenen öffentlichen Urkunden übertragen.

Die bezeichneten Vorschriften des BGB. lauten:

§ 1718. Wer seine Vaterschaft nach der Geburt des Kindes in einer öffentlichen Urkunde anerkennt, kann sich nicht darauf berufen, daß ein anderer der Mutter innerhalb der Empfängniszeit beigewohnt habe.

§ 1720. Abs. 2. Erkennt der Ehemann seine Vaterschaft nach der Geburt des Kindes in einer öffentlichen Urkunde an, so wird vermutet, daß er der Mutter innerhalb der Empfängniszeit beigewohnt habe.

Über öffentliche Beurkundung vgl. Anm. 3. Das Verfahren für die Aufnahme öffentlicher Urkunden ist reichsgesetzlich nicht geregelt; die Ordnung steht der Landesgesetzgebung zu. Indessen finden die Vorschriften der §§ 168 bis 182 auch dann Anwendung, wenn eine Erklärung, die nur der öffentlichen Beurkundung bedarf, im einzelnen Falle von einem Richter oder Notar beurkundet wird; somit greifen sie auch für die hier in Frage stehenden Urkunden Platz, wenn sie von einem Richter oder Notar aufgenommen werden.

Die Vorschrift des Abs. 2 Satz 2 ist nicht dahin aufzufassen, daß sie den Amtsgerichten und Notaren sowie (letzter Halbsatz des Abs. 2) den dort bezeichneten Standesbeamten die ausschließliche Zuständigkeit für die Aufnahme der in Frage stehenden öffentlichen Urkunden überträgt. Einem solchen Irrtum zu begegnen ist § 191 Abs. 1 aufgenommen. Der Vorbehalt in Art. 141 Einf.Ges.z.BGB. (vgl. Vorbemerkung 1 zu diesem Abschnitte) greift hier ebenfalls Platz.

5. An letzter Stelle wird unter gewissen Voraussetzungen bestimmten Standesbeamten die sachliche Zuständigkeit zur Aufnahme der in Anm. 4 bezeichneten öffentlichen Urkunden ebenfalls übertragen. Diese Zuständigkeit besteht nur, wenn die Anerkennung der Vaterschaft, über welche die öffentliche Urkunde aufgenommen werden soll, bei der Anzeige der Geburt des Kindes oder bei der Eheschließung seiner Eltern erfolgt, und sie besteht nur für denjenigen Standesbeamten, der die Geburt oder die Eheschließung beurkundet. Die Vorschrift ist von der Reichstagskommission eingefügt worden zum Zwecke der Erleichterung, gelegentlich der Anzeigeerstattung betreffend die Geburt bzw. die Eheschließung auch die Vaterschaft anerkennen zu können. Die Anerkennung der Vaterschaft kann in demselben Akte beurkundet werden, in welchem auch die beiden anderen Beurkundungen stattfinden. Da es sich hier um eine Erleichterung handelt, so erscheint es selbstverständlich, daß die sonstige, aus § 25 des Personenstandsgesetzes herzuleitende weitere Zuständigkeit des Standesbeamten nicht berührt wird. A. M. Bayer.OLG. 28. April 1903 im „Recht“ 7 S. 344 Nr. 1905.

Wegen Aufrechterhaltung der Zuständigkeit anderer Behörden und Beamten vgl. Anm. 4 letzter Absatz und § 191 Abs. 1.

6. Wegen Zuständigkeit der deutschen Konsuln, der Bezirks- bzw. Oberrichter in den Kolonien, der Kriegsgerichtsräte und Oberkriegsgerichtsräte, der Geschwaderauditeure s. § 1 Anm. 3 und § 184.

7. Inwieweit der Mangel sachlicher Zuständigkeit zur Vornahme eines Beurkundungs- und Beglaubigungsaktes dessen Ungültigkeit zur Folge hat, ist im Hinblick auf § 200 Abs. 2 bestritten. M. E. ist grundsätzlich daran festzuhalten, daß Ungültigkeit eintritt. Eine Urkunde ist nur dann eine „öffentliche“ Urkunde, wenn sie von einer öffentlichen Behörde innerhalb der Grenzen ihrer Amtsbefugnisse oder von einer mit öffentlichem Glauben versehenen Person innerhalb des ihr zugewiesenen Geschäftskreises in der vorgeschriebenen Form aufgenommen ist; § 415 ZPO. Dieser Begriff, der einer zunächst zwar für den Zivilprozeß aufgestellten Beweisvorschrift entnommen ist, gilt ganz allgemein für alle Rechtsgebiete und zwar nicht bloß mit der an bezeichneter Stelle einer öffentlichen Urkunde zugeschriebenen formell-rechtlichen, sondern auch mit der durch Gesetz einer solchen beigelegten materiell-rechtlichen Bedeutung einer Bedingung für die Wirksamkeit des in ihr beurkundeten rechtlichen Vorganges. Würde der Urkundsperson die sachliche Zuständigkeit zur Aufnahme des Aktes fehlen, so würde es der von ihr hergestellten Urkunde an einem der drei wesentlichen Erfordernisse mangeln, welche bei der öffentlichen Urkunde zusammentreffen müssen. Wegen der Streitfrage vgl. § 200 Anm. 2.

§ 168.

Für die gerichtliche und die notarielle Beurkundung eines Rechts-

geschäfts gelten, unbeschadet der Vorschriften des Bürgerlichen Gesetzbuchs über die Errichtung von Testamenten und Erbverträgen, die §§ 169 bis 182. Als Beteiligter im Sinne der §§ 169 bis 182 ist derjenige anzusehen, dessen Erklärung beurkundet werden soll.

---

1. Die §§ 168 bis 182 regeln das Verfahren bei der gerichtlichen oder notariellen Beurkundung eines Rechtsgeschäfts. Das BGB. hat sich darauf beschränkt, die Formen für die Testamentserrichtung sowie für den Abschluß eines Erbvertrags festzustellen (§§ 2233 bis 2245, 2276 BGB.). Dagegen enthält es keine Bestimmungen darüber, wie der Richter oder Notar in den sonstigen Fällen zu verfahren hat, in welchen die gerichtliche oder notarielle Beurkundung eines Rechtsgeschäfts vorgesehen ist. Indem die §§ 168 bis 182 dieses Verfahren regeln, schließen sie sich in der Hauptsache den Bestimmungen des BGB. über das Testament und den Erbvertrag an, berücksichtigen aber auch gleichzeitig die Vorschriften der früher geltenden Landesgesetze. Diese Vorschriften des BGB. über die Errichtung der Testamente und Erbverträge bleiben durch die §§ 168 ff. unberührt. Die landesgesetzlichen Vorschriften über diesen letzteren Gegenstand sind durch das BGB. beseitigt und wo des letzteren Vorschriften unvollständig sind, empfangen sie ihre Ergänzung und Ausführung — entgegen einer in der DJZ. Jahrg. 1899 S. 82 aufgetretenen Meinung — aus den Vorschriften der §§ 168 ff. und erst in deren weiterer Ergänzung (vgl. § 200 Abs. 1) durch die Landesgesetze. Vgl. Kom. des Verfassers zu dem preuß. Gesetz über die freiw. Ger. Vorbemerkung zum zweiten Titel des vierten Abschnitts. S. auch Mot. V S. 280. Ebenso Fuchs § 168 Anm. 3.

Die Vorschriften der §§ 169 bis 182 haben zum Gegenstand: Verfahren, wenn Erklärungen von Personen beurkundet werden sollen, welche mit bestimmten Mängeln behaftet sind (§ 169), Gründe, aus denen die Mitwirkung bei der Aufnahme von Urkunden unstatthaft ist (§§ 170 bis 173), Notwendigkeit der Anwesenheit der mitwirkenden Personen (§ 174), Notwendigkeit der Aufnahme eines Protokolls, Form des letzteren (§§ 175 bis 177), Verhandlung mit einem Stummen (§ 178), Verhandlung mit einem der deutschen Sprache nicht mächtigen Beteiligten (§ 179), Ausschluß eines Dolmetschers von der Mitwirkung (§ 180), Beurkundung von Versteigerungen (§ 181), Ausfertigung der gerichtlichen Protokolle (§ 182). — Wegen der Befugnis der Landesgesetzgebungen zum Erlasse von Ergänzungsvorschriften vgl. § 200.

2. Die Vorschriften der §§ 168 bis 182 gelten nur für die gerichtliche und notarielle Beurkundung; dies aber auch dann, wenn diese Art der Beurkundung an Stelle der öffentlichen Beurkundung tritt. Für die öffentliche Beurkundung, die nicht von einem Richter oder Notar vorgenommen wird, bleibt es bei den bestehenden Vorschriften der einzelnen Bundesstaaten.

3. Sodann beziehen sich die Vorschriften der §§ 168 bis 182 nur auf die gerichtliche und notarielle Beurkundung, nicht dagegen auf die Beglaubigung. Die letztere ist in § 183 geregelt.

4. Die Vorschriften endlich regeln das Verfahren nur für gerichtliche und notarielle Beurkundung von Rechtsgeschäften. Rechtsgeschäft ist eine mit der Absicht und zu dem Zwecke, eine rechtliche Wirkung — Entstehung, Änderung oder Endigung eines Rechtsverhältnisses — herbeizuführen, abgegebene Willenserklärung. Vgl. dazu Josef in ZentrBl. 5 (1905) S. 817 ff. Hierbei macht es keinen Unterschied, ob es sich um ein einseitiges Rechtsgeschäft oder um einen Vertrag handelt. Es muß

sich aber um ein Rechtsgeschäft unter Lebenden handeln. Die Vorschriften finden sodann nicht bloß bei der Beurkundung solcher Rechtsgeschäfte Anwendung, hinsichtlich derer gerichtliche oder notarielle Beurkundung zu ihrer Gültigkeit vom Gesetze gefordert wird; sie greifen vielmehr auch dann Platz, wenn eine Erklärung, die nur der öffentlichen Beurkundung bedarf, im einzelnen Falle von einem Richter oder Notar beurkundet wird, sowie überhaupt, wenn die Beteiligten für ein Rechtsgeschäft, das der gerichtlichen oder notariellen Beurkundung nicht bedarf, eine solche Form der Beurkundung wählen. Es entscheidet also die einfache tatsächliche Anwendung dieser Beurkundungsform. Allerdings muß es sich um ein Rechtsgeschäft handeln, das eine dritte Person vornimmt, um eine gerichtliche Urkunde über ihre Willenserklärung zu erlangen; die Beurkundung eines von dem Gericht selbst vorgenommenen Geschäfts, z. B. der Aushändigung der bei Gericht hinterlegt gewesenen Wertpapiere, richtet sich nicht nach den §§ 168ff., sondern nach den Landesgesetzen. OLG. Dresden 22. Mai 1900 in den Annalen des OLG. Dresden 21 S. 289 (nach Soergel 1900/01 S. 634).

Auch finden die Bestimmungen der §§ 168 bis 182 keine Anwendung auf Beurkundungen von Rechtsgeschäften, sofern diese Beurkundungen in einem besonders geordneten Verfahren, das bei Gericht anhängig ist, als Teile dieses Verfahrens vorzunehmen sind, es sei denn, daß für gewisse Rechtsgeschäfte ausdrücklich Beurkundung vorgeschrieben ist. Letzteres ist z. B. der Fall im Auseinandersetzungsverfahren gemäß den §§ 86ff. in § 91 Abs. 1, § 93 Abs. 1, § 95 Satz 2 dieses Gesetzes und in vormundschaftsgerichtlichen sonst ganz formlosen Verfahren für Anerkenntnisse der Richtigkeit der vom Vormund gelegten Rechnung in § 1892 Abs. 2 BGB. Im übrigen aber können in den in Anm. 1e zu § 167 bezeichneten gerichtlichen Verfahren Rechtsgeschäfte gültig nach den für diese Verfahren vorgeschriebenen Formen beurkundet werden ohne Beobachtung der in den §§ 168 bis 182 gegebenen Bestimmungen. So wird ein Rechtsgeschäft, das nach dem bürgerlichen Rechte der gerichtlichen oder notariellen Beurkundung bedarf, in der prozessualischen Form des Vergleichs, des Verzichts oder der Anerkennung gültig nach den Bestimmungen der ZPO. (§ 160 Nr. 1) protokolliert; das auch dann, wenn es im Sühnetermin erfolgt (§ 510 ZPO.); vgl. z. B. § 177 Anm. 2d vorletzter Absatz. Auf den Gegenstand des Rechtsgeschäfts kommt es dabei nicht an; die Beurkundung ist auch dann wirksam, wenn es Bestimmungen enthält, die über den Gegenstand des Rechtsstreits hinausgehen. Das Rechtsgeschäft als solches und die gerichtliche Mitwirkung müssen nur integrierende Bestandteile des Verfahrens sein. Die prozessualen Handlungen sind in diesen Fällen niemals Akte der freiw. Ger., sondern solche des Prozesses. Die Vergleiche rc. bleiben im übrigen ihrem juristischen Charakter nach Rechtsgeschäfte, Verträge, deren Voraussetzungen, Inhalt und materielle Wirkungen im bürgerlichen Rechte beruhen und deren Gültigkeit daher, was z. B. die Erfordernisse der Geschäftsfähigkeit und Verfügungsbefugnis anlangt, gleichfalls nach den Vorschriften des bürgerlichen Rechts zu beurteilen ist. RG. 17. Mai 1901 Bd. 48 S. 183, Seuff.Arch. 56 S. 481 Nr. 269, Bd. 60 S. 245 Nr. 133, Jur.Woch. 1901 S. 473. Vgl. Denkschr. S. 86; Kom.Ber. zur Novelle zur ZPO. v. 17. Mai 1898 (Drucks. des Reichstags Session 1897/98 Nr. 240) S. 65, 66; OLG. Stuttgart 29. November 1900 in Rechtspr.d.OLG. 2 S. 51 unter b, OLG. Hamburg 29. Januar 1901 daselbst 2 S. 213 unter e. Vgl. Dronke in ZfDZPr. 30 S. 47ff.; Frese im ZentrBl. 2 (1901/02) S. 699ff. und 3 S. 477ff.; s. dagegen Josef im ZentrBl. 3 (1902/03) S. 309ff.; s. auch in ZfDZPr. 29 S. 159ff. (162ff.); Eccius in der DJZ. 1898 S. 25. — Entsprechendes gilt auch für die übrigen Verfahren der streitigen Gerichtsbarkeit. — Nicht zu verwechseln mit derartigen Beurkundungen im Verfahren sind solche, welche zu dem Zwecke vorgenommen werden, um die Urkunden in diesen verschiedenen Verfahren zu verwenden, z. B. gerichtliche Beurkundung einer Sicherheitsleistung behufs Abwendung der Zwangsvollstreckung. Dahin gehört auch die gerichtliche Beurkundung einer Schuld- und Pfandverschreibung, einer Abtretung, einer Löschungsbewilligung, um auf Grund derselben die Eintragung in das Grundbuch oder das Schiffsregister vorzunehmen. Derartige Beurkundungen sind keine Beurkundungen im Verfahren. Sie sind vielmehr selbständige Beurkundungsakte. Indessen kann es vorkommen, daß sie mit Beurkundungen im Verfahren zusammen in demselben Akte vorgenommen werden und in Grundbuchangelegenheiten ist dies sogar die Regel, sofern die Amtsgerichte Grundbuchämter sind, indem z. B. der Grundbuchrichter, der die Auflassung entgegennimmt, auch oft das zugrunde liegende Kaufgeschäft beurkundet. Die Selbständigkeit der verschiedenen Teile eines solchen kombinierten Akts verschwindet deshalb noch nicht in jeder Beziehung. Nur mit dieser Maßgabe ist zuzugeben, daß die Vorschriften dieses Abschnitts auch für Grundbuchsachen, Vormundschafts- und Nachlaßsachen Geltung hätten. Die Richtigkeit dieser Ansicht ergibt sich sofort, wenn für diese Angelegenheiten andere als gerichtliche Behörden zuständig sind.

5. Die Vorschriften der §§ 168 bis 182 finden daher **keine Anwendung** auf die Beurkundung von **Rechtshandlungen**, die nicht Rechtsgeschäfte sind, also auf Handlungen, die ohne Willenserklärungen zu sein, doch auf einen Rechtszweck gerichtet sind. Als solche Rechtshandlungen sind z. B. zu nennen die behufs Erlangung eines Erbscheins abzugebenden Erklärungen, die Beschlüsse von Mitgliederversammlungen von Vereinen, Handelsgesellschaften, Aktiengesellschaften, Kommanditgesellschaften auf Aktien, Gesellschaften mit beschränkter Haftung, Genossenschaften, Gewerkschaften. Vgl. dazu RG. 25 S. 195, Bd. 32 S. 91, OLG. Celle 15. November 1902 in Rechtspr.d.OLG. 6 S. 23 unter c. Auch die Aufnahme eines Vermögensverzeichnisses, eines Wechselprotestes, eines Tatbestandes, die Beglaubigung einer Unterschrift oder eines Handzeichens ist nicht die Beurkundung eines Rechtsgeschäfts.

Nur für einige dieser Rechtshandlungen ist gerichtliche oder notarielle Beurkundung vorgeschrieben, so für die Beschlüsse der Generalversammlungen von Aktiengesellschaften und Kommanditgesellschaften auf Aktien, § 259, § 320 Abs. 2 HGB.; für die übrigen vorher genannten Vereinigungen kommt sie nur in bestimmten Fällen (z. B. § 53 Abs. 2 des Gesetzes betr. die Gesellsch. m. b. H.) oder nur dann in Frage, wenn sie satzungsgemäß erfolgen muß. Für die zur Erlangung eines Erbscheins erforderliche eidesstattliche Versicherung ist zwar vorgeschrieben, daß sie vor Gericht oder einem Notar zu erfolgen habe, aber eine „Beurkundung" ist überhaupt nicht erforderlich (§ 2356 BGB.); Verfahren und Form richten sich nach Landesgesetz; reichsgesetzlich genügt einfache Aktennotiz (Josef in ZfDZPr. 29 S. 166, 168 f.). Soweit hiernach überhaupt gerichtliche oder notarielle Beurkundung gesetzlich in Frage kommt, sind die dafür festgesetzten Formen (z. B. § 259 HGB., vgl. ferner wegen des Erbscheins § 176 Anm. 3), im übrigen aber die Landesgesetze maßgebend. So richtig Dorner § 167 Anm. 1 c, Fuchs § 167 Anm. 1 b α (S. 406). A. M. Jastrow im Arch.f.bürg.R. 13 S. 361, der die Ergänzung aus dem vorliegenden Gesetz eintreten lassen will.

6. Der Begriff „**Beteiligter**" ist hier ein anderer als z. B. in den §§ 13, 41, 71, 86; er ist hier im Gegensatze zu dort auch genau umschrieben und bedeutet im Sinne der §§ 169 bis 182 denjenigen, dessen Erklärung beurkundet wird. Der

hier festgestellte Begriff ist in den §§ 169 bis 182 konsequent festgehalten (vgl. jedoch § 181), namentlich auch im Gegensatze zu dem der Mitwirkenden (vgl. § 174, § 176 Nr. 2). Auch ist von besonderer Bedeutung, daß die Partei, in deren Angelegenheiten oder in deren Namen die zu beurkundende Erklärung abgegeben wird, hiernach nicht unter dem Ausdruck „Beteiligter" zu begreifen ist, daß vielmehr, wenn die Abgabe einer Erklärung durch einen Vertreter erfolgt, der letztere und nicht der Vertretene als Beteiligter im Sinne der §§ 169 bis 182 gilt; vgl. insbesondere § 170 Nr. 1, 4. Es kann daher auch ein Verein, eine Gesellschaft, eine juristische Person niemals Beteiligter sein, vielmehr ist ihr Vertreter Beteiligter. Nicht der Vollmachtgeber, sondern der Bevollmächtigte, der die Erklärung abgibt, ist Beteiligter. Auch nicht derjenige, der an dem Rechtsgeschäft materiell beteiligt ist, oder derjenige, zu dessen Gunsten in der Urkunde eine Verfügung getroffen wird, kann als Beteiligter gelten, wie sich auch aus § 171 ergibt. Wenn im Falle des § 128 BGB. die Beurkundung des Vertrags in gesonderten Akten, zunächst die Beurkundung des Antrags und später die der Annahme erfolgt, so ist in ersterem Akte der Antragende, in letzterem Falle der Annehmende der Beteiligte. Schneider § 168 Anm. 6. Ist in einem solchen Falle ein Notar für einen der vertragschließenden Teile bevollmächtigt, so schließt dieser Umstand ihn deshalb für die Beurkundung der Erklärung des anderen Teils nicht aus, da auch von einer Begünstigung des Notars im Sinne des § 171 Nr. 1 keine Rede sein kann. RG. 26. Oktober 1901 Bd. 49 S. 127, Seuff.Arch. 57 S. 90, Jur.Woch. 1901 S. 865, ZentrBl. 2 S. 479. Weiteres vgl. bei § 170 Nr. 1, 3.

Aus dieser Stellung des Beteiligten folgt, daß die Sätze 2, 3 des § 13 auf ihn nicht anwendbar sind. Es müssen also auch Erklärungen eines angeblich Bevollmächtigten aufgenommen werden, ohne daß Vollmacht beigebracht ist. Bei Verträgen hängt es indessen davon ab, ob der Gegenkontrahent sich mit einem unlegitimierten Bevollmächtigten einlassen will. Jastrow § 168 Anm. 7. Ausgenommen sind die Fälle, in denen das Gesetz eine Vertretung in Erklärung des Willens überhaupt nicht zuläßt, vielmehr verlangt, daß das Rechtsgeschäft persönlich vorgenommen werden müsse. Vgl. § 13 Anm. 3 b α.

Der Vertreter muß zwar handlungsfähig (§ 104, § 105 Abs. 2 BGB.) sein, er braucht aber nicht voll geschäftsfähig zu sein, so daß auch ein Minderjähriger, der das siebente Lebensjahr vollendet hat (§ 106 BGB.), oder eine der im § 114 BGB. bezeichneten Personen (wegen Geistesschwäche, wegen Verschwendung oder wegen Trunksucht Entmündigte oder unter vorläufige Vormundschaft, § 1906 BGB., Gestellte) als Vertreter (Bevollmächtigte) anderer auftreten können, wie sich aus § 165 BGB. ergibt. Vgl. oben § 13 und die Anm. 3 c dazu; auch Josef im ZentrBl. 1 S. 841 ff.

§ 169.

Ist ein Beteiligter nach der Überzeugung des Richters oder des Notars taub, blind, stumm oder sonst am Sprechen verhindert, so muß der Richter einen Gerichtsschreiber oder zwei Zeugen, der Notar einen zweiten Notar oder zwei Zeugen zuziehen.

---

1. Wegen des Begriffs Beteiligter vgl. § 168 Satz 2 und Anm. 6 daselbst.
2. Ob eins der bezeichneten Gebrechen als tatsächlich vorhanden zu be-

trachten ist, bestimmt sich **lediglich** nach der Überzeugung des beurkundenden Richters oder Notars, so daß die Beurkundung **gültig** ist, **auch wenn etwa ein solches Gebrechen vorliegt**, der Richter oder Notar aber auf Grund entgegengesetzter Überzeugung oder auch schon Mangels seiner positiven Kenntnis und Überzeugung von dem gebrechlichen Zustande des Beteiligten (oder etwa, wie es in der Praxis zum Ausdruck gelangt, weil gegen den vollständig geschäftsfähigen Zustand Bedenken nicht vorlagen) die Zuziehung weiterer Urkundspersonen unterlassen hat. Das Gesetz geht davon aus, daß auf diese Weise etwaigen Streitigkeiten über die Gültigkeit von Beurkundungen am besten vorgebeugt werde. (Vgl. § 2243 Abs. 1 BGB.). — Gewinnt der Richter oder Notar die Überzeugung, daß eins der Gebrechen vorliegt, so **muß** er die bezeichneten Urkundspersonen zuziehen.

3. Die Unterlassung der Zuziehung der Hilfspersonen ist ein Verstoß gegen eine zwingende Vorschrift; sie benimmt mithin der Beurkundung den Charakter der richterlichen oder notariellen. Die Urkunde könnte indessen, wenn sie von den Beteiligten unterschrieben worden ist, als private in Betracht kommen. In Ansehung dessen hat aber OLG. Königsberg 19. Oktober 1901 — vgl. Rechtspr.d.OLG. 3 S. 349 Nr. 90 — entschieden, daß, wenn die aufgenommene Urkunde infolge von Mängeln der Kraft einer öffentlichen (§ 415 ZPO.) entbehre, es nicht angängig sei, ihr deshalb, weil die Beteiligten sie unterschrieben hätten, die Beweiskraft einer Privaturkunde beizulegen. A. M. Josef § 169 Anm. 6, Zus. I zu § 170, Anm. 3b zu § 177.

Ist aber bloß die **Beurkundung** nichtig, so könnte sich weiter fragen, ob auch das beurkundete **Rechtsgeschäft** nichtig ist, oder ob es von der Nichtigkeit der Urkunde nicht berührt wird. Die Frage kann nicht allgemein beantwortet werden. Die Beurteilung der Gültigkeit oder Nichtigkeit des Rechtsgeschäfts richtet sich nach den Regeln des BGB. und der Sachlage des einzelnen Falls: War für das Rechtsgeschäft gerichtliche oder notarielle Beurkundung erforderlich, so ist mit der Beurkundung auch das Rechtsgeschäft nichtig; war die Beurkundung nicht notwendig, aber vereinbart, so ist das Rechtsgeschäft im Zweifel ebenfalls nichtig. Vgl. § 125 BGB. Geschah die Beurkundung eines bereits fertig abgeschlossenen formfreien Rechtsgeschäfts z. B. ausgesprochenermaßen nur der Beweissicherung wegen, so dürfte trotz nichtiger Beurkundung das Rechtsgeschäft gültig bleiben. Ebenso Dronke § 171 Anm. 3, Rausnitz § 171 Anm. 4, Schneider § 169 Anm. 5.

Wer die Ungültigkeit der Beurkundung durchsetzen will, muß beweisen, daß der Beteiligte das Gebrechen hatte und daß die Urkundsperson von dem Vorhandensein des Gebrechens überzeugt war. Rausnitz § 169 Anm. 6. Der Nachweis, daß die Urkundsperson sich irrte, reicht nicht aus; ebensowenig, daß die Urkundsperson etwa aus Nachlässigkeit sich in Unkenntnis der Gebrechlichkeit befand. Vgl. dazu Eccius in der DJZ. 3 S. 25ff. Vgl. § 177 Anm. 5b und § 178 Anm. 3.

4. Die **bezeichneten Gebrechen** können in Ansehung der gesetzlichen Fürsorge für eine ordnungsmäßige Beurkundung **nicht die gleiche Bedeutung** beanspruchen. — Ein **Tauber**, — wegen der Behandlung Schwerhöriger vgl. RG.StrS. 7. Januar 1887 Bd. 15 S. 172ff. — der kein weiteres Gebrechen hat, kann wenigstens **seinen** Willen mündlich und schriftlich erklären, und er ist in der Lage, sich das Protokoll zur Durchsicht vorlegen zu lassen (§ 177 Abs. 1); ist er des Schreibens und Lesens nicht kundig, so bleibt es seinem Ermessen anheimgestellt, ob er das Protokoll im Vertrauen auf die Gewissenhaftigkeit des Beurkundenden und der weiter zugezogenen Personen einfach genehmigen oder sich vorher durch eine der Zeichensprache kundige

Vertrauensperson von dem Inhalte unterrichten will. Auf dem gleichen Standpunkte steht das BGB. in Ansehung der Errichtung des Testaments durch einen Tauben. — Mit den notwendigen Änderungen gilt das Gesagte auch von Blinden und Stummen bzw. sonst (etwa durch ein Leiden, einen Unglücksfall) am Sprechen Verhinderten, sowie für Personen, die mit mehreren Gebrechen behaftet sind, solange die Möglichkeit gegenseitiger Verständigung nicht abgeschnitten ist. — Für solche Personen erschienen daher weitere Schutzmaßregeln (vgl. § 177 Abs. 1 Satz 3), als die vorgesehenen, entbehrlich; doch steht es selbstverständlich der Landesgesetzgebung frei (§ 200), derartige Maßregeln zu treffen, namentlich für Taube, die nicht lesen oder schreiben können, wie dies ehemalige Landesgesetze bereits getan hatten. Verstöße gegen diese landesgesetzlichen Vorschriften sind indessen ohne Einfluß auf die Gültigkeit der Beurkundung; § 200.

Besondere Vorschrift war dagegen erforderlich hinsichtlich der Stummen oder sonst am Sprechen Verhinderten, die zugleich zu einer gegenseitigen schriftlichen Verständigung unfähig sind; in betreff dieser vgl. § 178.

5. Über Gerichtsschreiber vgl. § 11 Anm. 1. Wer Zeuge sein kann entscheidet sich nach den §§ 170 bis 173.

6. Über einen landesgesetzlichen Vorbehalt vgl. § 198.

§ 170.

Als Richter, Notar, Gerichtsschreiber oder Zeuge kann bei der Beurkundung nicht mitwirken:

1. **wer selbst Beteiligter ist sowie derjenige, für welchen ein Beteiligter als Vertreter handelt;**
2. **der Ehegatte eines Beteiligten, auch wenn die Ehe nicht mehr besteht;**
3. **wer mit einem Beteiligten in gerader Linie oder im zweiten Grade der Seitenlinie verwandt oder verschwägert ist;**
4. **wer zu demjenigen, für welchen ein Beteiligter als Vertreter handelt, in einem Verhältnisse der unter Nr. 2, 3 bezeichneten Art steht.**

---

1. Die **§§ 170 bis 173** enthalten die Vorschriften über die Gründe, aus denen die Mitwirkung der im Eingang von § 170 bezeichneten vier Personengattungen an einer Beurkundung ausgeschlossen ist. Die §§ 170 bis 172 enthalten zwingende Bestimmungen, der § 173 dagegen enthält nur eine Ordnungsvorschrift. Ein Verstoß gegen die letztere hat daher auf die Wirksamkeit der Urkunde keinen Einfluß. Die Nichtbeachtung der Vorschriften in §§ 170 bis 172 dagegen entzieht der Urkunde den Charakter der öffentlichen im Sinne des in Anm. 3 zu § 169 Gesagten mit der aus § 171 Abs. 2 für die dort behandelten Fälle folgenden Maßgabe. In Konsequenz des § 7 — vorausgesetzt, daß man der Meinung ist, er finde wie die übrigen allgemeinen Vorschriften auf den zehnten Abschnitt Anwendung (vgl. Vorbemerkung 1 zu diesem Abschnitte) — müßte die Mitwirkung eines ausgeschlossenen Richters (und dann folgerichtig auch der übrigen im Eingang von § 170 bezeichneten anderen mitwirkenden Personen) auf die Wirksamkeit der Beurkundung ohne Einfluß sein, zumal hier „ein Anderes" nicht bestimmt ist (§ 1). Allein die Entstehungsgeschichte des hier interessierenden Teiles des § 7 (vgl. § 6 Anm. 4 e) weist auf dessen Unanwendbarkeit hin. Daß auch ferner das Gesetz auf

dem hier vertretenen ganz allgemein anerkannten Standpunkt steht, geht aus der Denkschr. hervor, die S. 87 sagt: „Die Verletzung einer der Bestimmungen in den §§ 166 bis 168 (des Entwurfs, 170 bis 172 des Gesetzes) hat die Nichtigkeit der Beurkundung zur Folge." Zudem ergibt es sich daraus, wie die Denkschr. die Bestimmung des § 171 Abs. 2 glossiert, indem sie an der eben bezeichneten Stelle fortfährt: „Wie aber der § 167 (§ 171 des Gesetzes) ausdrücklich hervorhebt, bleibt in dem Falle, daß eine Person, zu deren Gunsten eine Verfügung getroffen wird, oder daß der Ehegatte, der Verwandte oder der Verschwägerte einer solchen Person mitwirkt, die Nichtigkeit auf denjenigen Teil der Beurkundung beschränkt, welche jene Verfügung zum Gegenstande hat". Der Wortlaut des § 171 Abs. 2 zwingt nicht dazu, ihn in diesem Sinne als unterstützendes Moment aufzufassen. Dagegen geht die Absicht des Gesetzes wiederum deutlich daraus hervor, daß es hier die Gründe für den Ausschluß von der Mitwirkung aus Rücksicht auf die Rechtssicherheit bewußt enger begrenzt hat, als dies im früheren Rechte der Fall war. Denkschr. S. 88. Sind von dem beurkundenden Richter oder Notar mehr Hilfspersonen als nötig zugezogen, so schadet der Umstand, daß von diesen Personen die eine oder andere nicht mitwirken kann, nichts, sofern noch eine der Vorschrift des § 169 entsprechende Anzahl von ihnen übrig bleibt, die von der Mitwirkung nicht ausgeschlossen sind.

Die Gründe, welche die Mitwirkung als unstatthaft erscheinen lassen, sind in den §§ 170 bis 172 in den angegebenen persönlichen Beziehungen der mitwirkenden Personen zu den Beteiligten oder zu den von diesen Vertretenen, oder untereinander oder zum Gegenstande der Beurkundung zu suchen, im § 173 in persönlichen Eigenschaften des Zeugen. Die Bestimmungen schließen sich denen über die Verfügungen von Todes wegen (§§ 2234 bis 2237 BGB.) an und konnten die Ausschließungsgründe nicht strenger fassen, als es die letzteren getan.

Die hier in Frage stehenden Vorschriften gelten nur für die Beurkundung von Rechtsgeschäften, nicht von anderen Gegenständen, auch nicht für Beglaubigungen (§ 183).

2. Die mitwirkenden Personen sind Richter und Notar als beurkundende Personen, der zweite Notar, der Gerichtsschreiber und die Zeugen als Hilfspersonen. Von KG. 6. Mai 1901 in Johow 23 S. A 19 Nr. 5 (S. 22) wird ohne Angabe von Gründen der beurkundende Richter und Notar nicht zu den mitwirkenden Personen im Sinne des zehnten Abschnitts gerechnet. Dagegen Rausnitz im „Recht" 5 (1901) S. 491. Für den Notar macht es keinen Unterschied, ob er als beurkundender Beamter oder als Hilfsperson zugezogen ist. Ein Gerichtsschreiber kann, auch ohne daß die Umstände es nach § 169 erforderlich machen, als Hilfsperson zugezogen werden; es ist indessen einerlei, aus welchen Gründen er zugezogen wird. So auch Rausnitz § 170 Anm. 2. A. M. Dorner § 170 Anm. 3c, Schneider § 170 Anm. 1. — Die Vorschrift findet auch Anwendung auf den Dolmetscher, § 180, nicht aber auf die sog. Urkundsperson, § 198. Ebensowenig auf den Rekognitionszeugen, § 174 Anm. 1.

3. In der Eigenschaft als mitwirkende Person (Anm. 2) kann nicht tätig sein:

a) Zu Nr. 1: ein Beteiligter oder ein von einem Beteiligten Vertretener. Mit anderen Worten heißt das, soweit die beurkundenden Personen, Richter und Notar, allein in Betracht gezogen werden: es kann niemand seine eigenen rechtsgeschäftlichen Erklärungen beurkunden; und soweit zweiter Notar, Gerichtsschreiber und Zeuge in Betracht kommen: es kann niemand Hilfsperson sein und zugleich Erklärungen abgeben oder abgeben lassen. Über den Begriff des Beteiligten vgl.

§ 68 Anm. 6. Darauf, ob eine mitwirkende Person im übrigen Vertreter eines Beteiligten ist, kommt es nicht an. So steht z. B. dem nichts mehr im Wege, daß ein Notar in Angelegenheiten einer Partei, deren Generalbevollmächtigter er ist, eine beurkundende Tätigkeit ausübt, im Gegensatze zu den früher nach dem preußischen Notariatsgesetze geltenden Vorschriften. Daher auch die Zulässigkeit der Mitwirkung der hier in Rede stehenden Personen in den oben § 168 Anm. 6 erwähnten Fällen. Übernimmt dagegen z. B. ein Notar den Auftrag, die zur Abschließung eines Vertrages zwischen einem Pfleger und einem anderen nach § 1821 Nr. 1 in Verbindung mit § 1915 BGB. erforderliche Genehmigung des Vormundschaftsgerichts im Namen des Pflegers dem anderen Teile mitzuteilen, so handelt er bei der Mitteilung als Bevollmächtigter des Pflegers und gibt eine rechtsgeschäftliche Erklärung ab. Darum kann er diese Mitteilung nicht selbst beurkunden. Einer diesbezüglichen Beurkundung kommt deshalb die Eigenschaft einer öffentlichen Urkunde nicht zu. Soweit aber zugleich beurkundet ist, daß der andere Teil die Mitteilung von der Genehmigung des Vormundschaftsgerichts erhalten hat, ist die Urkunde eine öffentliche Urkunde, und steht ihr ein rechtliches Hindernis, insbesondere die Vorschrift in § 168, § 170 Nr. 1 nicht entgegen. Bayer.OLG. 24. Mai 1902, Samml.v.Entsch.d.Bayer.OLG. in Zivilsachen 3 S. 439 (nach Soergel 1902 S. 481), in Rechtspr.d.OLG. 5 S. 407ff., im „Recht" 6 S. 351 Nr. 1708. Vgl. hierzu § 1828, § 1829 Abs. 1 Satz 2 BGB. und das oben § 16 Anm. 2b über das Wirksamwerden der vormundschaftsgerichtlichen Genehmigung Gesagte. So hat auch das Reichsgericht für das Gebiet der freiw. Ger. als Grundsatz angenommen, daß der als Konkursverwalter fungierende Notar rechtlich nicht verhindert ist, Vertrags**anträge**, die ein Dritter der Konkursmasse macht, notariell zu beurkunden. Indem nämlich der Dritte den Vertragsantrag erklärte, war er und nicht der Notar der Beteiligte im Sinne des § 168 Satz 2. ZentrBl. 2 (1901/02) S. 479 A. — Auf die Art der Vertretung, ob sie gesetzliche oder bestellte, spezielle oder generelle ist, kommt es nicht an.

b) Zu Nr. 2. Als Richter 2c. darf nicht mitwirken der **Ehegatte eines Beteiligten**, auch wenn die Ehe nicht mehr besteht. Das ist selbst dann der Fall, wenn der Ehegatte nur als Vertreter eines Dritten auftritt; Rausnitz § 170 Anm. 5. Vgl. im übrigen § 6 Nr. 2 und Anm. 4b daselbst. **Verlöbnis** ist kein Ausschließungsgrund; als Selbstablehnungsgrund kommt es bei der Beurkundung insoweit in Betracht, als die Anwendbarkeit der Vorschriften des ersten Abschnitts zugegeben wird; vgl. Vorbemerkung 1 zu diesem Abschnitte und § 6 Anm. 5.

c) Zu Nr. 3. Als Richter 2c. darf nicht mitwirken, **wer mit dem Beteiligten** in dem näher bezeichneten Grade **verwandt oder verschwägert ist**. Hier gilt das eben Gesagte entsprechend, daß nämlich der Ausschließungsgrund auch dann gilt, wenn der Verwandte oder Verschwägerte als Vertreter eines Dritten auftritt. Vgl. im übrigen § 6 Nr. 3 und Anm. 4c daselbst.

d) Zu Nr. 4. Als Richter 2c. kann nicht mitwirken, **wer zu demjenigen, für welchen ein Beteiligter als Vertreter handelt, in einem Verhältnisse der unter Nr. 2, 3 bezeichneten Art steht.** Die Nr. 3 hat die Verwandtschaft und Schwägerschaft des Richters 2c. mit dem Vertreter, der als Beteiligter auftritt, die Nr 4 die Verwandtschaft und Schwägerschaft mit dem Vertretenen im Auge. Vgl. dazu § 6 Nr. 2, 3 und Anm. 4b, c daselbst. Ob der Beteiligte als gesetzlicher oder als rechtsgeschäftlich bestellter, als spezieller oder genereller Vertreter handelt, ist einerlei.

4. Besondere Vorschrift für Versteigerungen s. § 181.

5. Die Ablehnung eines Richters rc. — vgl. § 6 Abs. 2 Satz 2 — gibt es nicht, einerlei, ob man die Vorschriften des ersten Abschnitts hier für anwendbar erachtet oder nicht (wozu zu vgl. Vorbemerkung 1 zu diesem Abschnitte). In Hinsicht auf die Urkundspersonen wäre eine solche Vorschrift auch überflüssig, da jeder sich die Urkundsperson auswählen kann.

§ 171.

Als Richter, Notar, Gerichtsschreiber oder Zeuge kann bei der Beurkundung nicht mitwirken:

1. derjenige, zu dessen Gunsten in der Urkunde eine Verfügung getroffen wird;
2. wer zu demjenigen, zu dessen Gunsten in der Urkunde eine Verfügung getroffen wird, in einem Verhältnisse der im § 170 Nr. 2, 3 bezeichneten Art steht.

Die Mitwirkung einer hiernach ausgeschlossenen Person hat zur Folge, daß die Beurkundung insoweit nichtig ist, als sie eine Verfügung zugunsten einer der im Abs. 1 Nr. 1, 2 bezeichneten Personen zum Gegenstande hat.

---

1. Wegen der mitwirkenden Personen vgl. § 170 Anm. 2. Der § 171 entspricht dem § 2235 BGB. über die Mitwirkung der bezeichneten Personenkreise bei der Testamentserrichtung.

2. Zu Nr. 1. Als Richter rc. darf nicht mitwirken derjenige, zu dessen Gunsten in der Urkunde eine Verfügung getroffen wird. Was unter diesem Ausdruck zu verstehen ist, ist nicht gesagt und ist aus den Materialien nicht zu entnehmen. Er ist viel allgemeiner als der im § 2235 BGB. gebrauchte, wo es heißt, daß als Richter rc. nicht mitwirken kann, wer in dem Testamente „bedacht" ist. Genügend ist hier, daß der mitwirkenden Person von dem oder den Beteiligten ein Recht eingeräumt wird. Somit kann z. B. der Notar nicht eine Vollmacht auf sich selbst, z. B. zur Abgabe einer Auflassungserklärung, beurkunden; denn die Vollmacht ist die rechtsgeschäftliche Einräumung der Vertretungsmacht. So, m. E. sehr anfechtbar, KG. 3. Februar 1901 in Johow 24 S. A 6 Nr. 2, ZentrBl. 2 (1901/02) S. 836 Nr. 225. A. M. Kroschel in Zeitschr. d. d. Not. Ver. 2 S. 341 ff. und Paris in DJZ. 1905 S. 639. — Darauf, ob die Verfügung zugunsten des Richters rc. eine Freigebigkeit enthält oder nicht, kommt es nicht an; KG. a. a. O. Deswegen sind auch Verzichte, Erlasse, Quittungsleistungen, Löschungsbewilligungen, Anerkenntnisse u. dgl. hierher zu rechnen. Schultze-Görlitz § 171 Anm. 1, Rausnitz § 171 Anm. 2. A. M. Weißler § 171 Anm. 1; er verlangt, daß sich die Vergünstigung der mitwirkenden Person aus der Urkunde als solcher ohne weiteres zu erkennen geben müsse. Daher seien abstrakte Rechtsgeschäfte, wie Auflassung, Abtretung, Löschungsbewilligung, ungeeignet, den Ausschließungsgrund der Begünstigung zu begründen; sie begünstigten selbst nicht, seien nur Ausführungsakte des begünstigenden Rechtsgeschäfts.

3. Zu Nr. 2. Hier ist auf die Anmerkungen zu § 170 hinzuweisen.

4. Zu Abs. 2. Die Vorschrift entspricht dem Abs. 2 des § 2235 BGB. Die Mitwirkung einer nach Abs. 1 ausgeschlossenen Person soll die Beurkundung insoweit nichtig machen, als die beurkundete Verfügung eine Begünstigung der aus-

geschlossenen Person oder Personen enthält. Das heißt also, daß die Beurkundung soweit als gültig aufrecht erhalten bleibt, als sie davon nicht berührt wird. Ob die Gültigkeit des Rechtsgeschäfts selbst ungültig ist, oder gültig bleibt, richtet sich nach den oben § 169 Anm. 3 und § 170 Anm. 1 angegebenen Regeln.

§ 172.

Als Gerichtsschreiber oder zweiter Notar oder Zeuge kann bei der Beurkundung nicht mitwirken, wer zu dem Richter oder dem beurkundenden Notar in einem Verhältnisse der im § 170 Nr. 2, 3 bezeichneten Art steht.

1. Die Vorschrift entspricht dem § 2236 BGB. In dem § 170 handelt es sich um das Verhältnis der hier bezeichneten Hilfspersonen — in Gemeinschaft mit den Urkundspersonen — zu dem oder den Beteiligten 2c. Aber die Hilfspersonen sollen auch mit den Urkundspersonen nicht in einem gleichen Verhältnisse stehen dürfen, soweit Verwandtschaft oder Schwägerschaft in Betracht kommt. In welchem Verhältnisse die Hilfspersonen untereinander stehen, kommt es nicht an. Vgl. § 173 Anm. 5.

2. Wegen der Folgen eines Verstoßes gegen die Vorschrift vgl. § 169 Anm. 3 und § 170 Anm. 1.

§ 173.

Als Zeuge soll bei der Beurkundung nicht mitwirken:
1. **ein Minderjähriger;**
2. **wer der bürgerlichen Ehrenrechte für verlustig erklärt ist, während der Zeit, für welche die Aberkennung der Ehrenrechte erfolgt ist;**
3. **wer nach den Vorschriften der Strafgesetze unfähig ist, als Zeuge eidlich vernommen zu werden;**
4. **wer als Gesinde oder Gehilfe im Dienste des Richters oder des beurkundenden Notars steht.**

1. Der Paragraph enthält nur eine Ordnungs-(Soll-)Vorschrift. Ein Verstoß gegen sie ist daher ohne Einfluß auf die Gültigkeit der Beurkundung.

2. **Zu Nr. 1.** Die für volljährig Erklärten stehen den Volljährigen gleich, § 3 Abs. 2 BGB. Die in § 114 BGB. in Ansehung der Geschäftsfähigkeit den Minderjährigen gleichgestellten Personen — wegen Geistesschwäche, wegen Verschwendung oder wegen Trunksucht Entmündigte oder Personen, die unter vorläufige Vormundschaft gestellt sind — können als Zeugen zugezogen werden. Vgl. auch § 168 Anm. 6 a. E. — Auf das Geschlecht kommt es nicht an. Ebensowenig auf Staatsangehörigkeit.

3. **Zu Nr. 2.** Vgl. hierzu § 32, § 34 Nr. 5, § 36 StrGB. Nach der Vorschrift des § 35 bewirkt die Aberkennung der bürgerlichen Ehrenrechte die Unfähigkeit, während der im Urteile bestimmten Zeit Zeuge bei Aufnahmen von Urkunden zu sein. Nach § 173 ist die Unfähigkeit nicht mehr beibehalten. Vgl. ebenso § 2237 Nr. 2 BGB. für Testamente.

4. **Zu Nr. 3.** Vgl. dazu § 161 StrGB. Aus der dauernden Unfähigkeit ist auch hier wie bei Nr. 2 Untauglichkeit geworden.

5. **Zu Nr. 4.** Es handelt sich hier gerade so wie im § 172 nur um das Verhältnis des oder der Zeugen zu der Urkundsperson. Ob die Zeugen untereinander oder zu den übrigen Hilfspersonen, oder endlich zu den Beteiligten in einem Verhältnis von Dienstboten oder Gehilfen stehen, kommt nicht in Betracht. Vgl. § 172 Anm. 1.

6. Daß der Zeuge selbst nicht an einem Gebrechen leiden darf, das, weil ein Beteiligter damit behaftet war, seine Zuziehung erforderlich machte (§ 169), ist selbstverständlich. Ein solcher Zeuge ist nicht bloß untauglich im Sinne des § 173; er kann vielmehr nicht mitwirken im Sinne der §§ 170 bis 172. Vgl. wegen der Folgen eines Verstoßes § 169 Anm. 3. Es fragt sich auch hier, wie im allgemeinen in § 170 Anm. 1 bereits bemerkt, ob sonst noch ausreichend Hilfspersonen zugezogen worden sind. Da die Zeugen zu den „mitwirkenden" Personen gehören — vgl. den Eingang der §§ 170 bis 173 — so kann als Zeuge nicht mitwirken, wer keine Unterschrift leisten kann, § 177 Abs. 2. Ein solcher Zeuge ist ausgeschlossen im Sinne der §§ 170 bis 172, nicht im Sinne des § 173. A. M. Rausnitz § 173 Anm. 14 bis 19, Schneider § 173 Anm. 7.

§ 174.

Die bei der Beurkundung mitwirkenden Personen müssen bei der Vorlesung, Genehmigung und Unterzeichnung der Urkunde zugegen sein.

---

1. Die mitwirkenden Personen im Sinne des § 174 ergeben sich aus den Eingängen der §§ 170 bis 173. Es gehört ferner nach §§ 177, 178 dazu der Schreibzeuge und der Dolmetscher. Ob auch die gemäß § 198 event. besonders zu bestellende Urkundsperson dazu gehört, ist streitig. M. E. ist sie trotz § 200 Abs. 2 dazuzurechnen, da sie „an Stelle" einer anderen Hilfsperson treten soll. Zu den mitwirkenden Personen — Zeugen — im Sinne der §§ 170 ff. und des § 174 gehört nicht der Erkennungszeuge, der zugezogen wird, um die der Urkundsperson nicht bekannten Persönlichkeiten der Beteiligten festzustellen (vgl. § 176 Abs. 3). Er braucht also nicht immer zugegen zu sein, sondern kann sich entfernen, nachdem er die unbekannten Persönlichkeiten rekognosziert hat; er braucht auch nicht zu unterschreiben. KG. 28. Januar 1901 in Zus.d.RJAmts 2 S. 1, Johow 21 S. A 188 Nr. 47, Rechtspr.d.OLG. 2 S. 335 Nr. 145, ZentrBl. 1 (1901) S. 819, Nr. 206.

2. Über die Notwendigkeit der Anwesenheit dieser mitwirkenden Personen sagt die Denkschr. S. 88: „Nach dem BGB. (§§ 2239, 2276) müssen die bei der Errichtung eines Testaments oder bei der Beurkundung eines Erbvertrags mitwirkenden Personen während der ganzen Verhandlung zugegen sein. Diese Anforderung geht, was die hier allein in Betracht kommende Beurkundung von Rechtsgeschäften unter Lebenden anlangt, über das Bedürfnis hinaus. Im Anschluß an das (früher) geltende Recht bestimmt daher der Entwurf, daß es hier genügt, wenn die bei der Beurkundung mitwirkenden Personen bei der Vorlesung, Genehmigung und Unterzeichnung der Urkunde zugegen sind." Es ist also nicht nötig, daß die mitwirkenden Personen während der ganzen Verhandlung zugegen sein müssen. Es steht danach nichts im Wege, daß der beurkundende Richter oder Notar, nachdem er die Erklärung entgegengenommen hat, das Protokoll (§ 175) auf dem Bureau anfertigen, und sodann dasselbe in seiner Gegenwart und der sonst etwa mitwirkenden

Hilfspersonen vorlesen, genehmigen und unterzeichnen läßt. Die mitwirkenden Personen selbst müssen dann aber zugegen bleiben, bis die letzte Unterschrift geleistet ist. Ähnlich Schneider § 174 Anm. 4. Auch Birkenbihl § 174 Anm. 2. A. M. Dorner § 174 Anm. 4, Fuchs § 174 Anm. 1. Schneider a. a. O. weicht aber darin ab, daß er unter der „Unterzeichnung" nur die Unterzeichnung durch die Beteiligten, nicht durch die mitwirkenden Personen versteht. — Vgl. dazu Lauff im „Recht" 5 (1901) S. 302 ff. — Soll eine Unterschrift oder ein Handzeichen bloß beglaubigt werden, so braucht die Vollziehung nicht in Gegenwart des beurkundenden Beamten stattzufinden; § 183.

Zu den mitwirkenden Personen gehören nicht die Beteiligten. Sie können also, nachdem ihnen das Protokoll vorgelesen, von ihnen genehmigt und unterzeichnet worden ist, sich entfernen, wenn auch noch andere Beteiligte oder die mitwirkenden Personen die Urkunde noch nicht unterzeichnet haben.

3. Ein Verstoß gegen die Vorschrift des § 174 hat die in § 169 Anm. 3 bezeichneten Folgen. Vgl. dazu § 170 Anm. 1.

§ 175.

Über die Verhandlung muß ein Protokoll in deutscher Sprache aufgenommen werden.

---

1. Über die Verhandlung muß ein Protokoll aufgenommen werden. Das soll aber nicht heißen, daß in das Protokoll alles aufgenommen werden muß, was verhandelt worden ist. Nicht die ganze Verhandlung in ihren verschiedenen Entwicklungsstufen, sondern dasjenige, was als rechtsgeschäftliche Erklärung sich ergibt, ist protokollarisch festzulegen. Die Verhandlung oder Verhandlungen können vor der Protokollaufnahme zeitlich mehr oder minder zurückliegen; aber die rechtsgeschäftliche Erklärung, also insoweit das Ergebnis der Verhandlungen (vgl. § 176 Nr. 3), muß bei der Protokollaufnahme erfolgen.

2. Es muß ein Protokoll aufgenommen werden. Was ein Protokoll ist, in welcher Form es aufzunehmen ist und insbesondere, in welcher Form sein in § 176 näher bezeichneter notwendiger Inhalt geordnet werden soll, ist nirgends gesagt. Es wird angenommen, daß die Form gerichtsgebräuchlich feststeht. Vgl. § 11 Anm. 5. Der in dem an letztgedachter Stelle erwähnten Beschlusse des KG. v. 11. Juli 21. Oktober 1901 ausgesprochene Grundsatz, daß eine Privatschrift durch Hinzufügung einer Eingangs- und Schlußformel von der Hand des Gerichtsschreibers zwar den äußeren Anschein eines Gerichtsschreiberprotokolls erhält, aber nicht als eine „Erklärung zu Protokoll des Gerichtsschreibers" erachtet werden könne, wird zu verallgemeinern sein. Unter Anwendung auf die gerichtliche oder notarielle Beurkundung würde also ein solches Verfahren einen Verstoß gegen die wesentliche Vorschrift des § 175 enthalten und ein in der erwähnten Form hergestelltes protokoll-ähnliches Schriftstück kein Protokoll im Sinne des § 175 bedeuten, sondern nichtig sein. A. M. anscheinend Birkenbihl § 183 Anm. 5. Mit einer solchen Privatschrift ist gemäß § 176 Abs. 2 zu verfahren: vgl. daselbst Anm. 3.

3. Nach der allgemeinen Vorschrift des § 8, die auch für Beurkundungen gilt (vgl. Vorbemerkung zu diesem Abschnitt unter 1) ist die deutsche Sprache als Gerichtssprache bei den Verhandlungen anzuwenden. Als besondere Vorschrift bestimmt der

§ 175, daß auch das Protokoll in deutscher Sprache — nicht notwendig in hochdeutscher Sprache (Rausnitz Anm. 2) oder unter Vermeidung jeden Fremdworts — aufzunehmen ist. Ältere Gesetze kannten die Aufnahme eines sog. Nebenprotokolls, die für den Fall vorgesehen war, daß ein Beteiligter der deutschen Sprache nicht mächtig war. Die Aufnahme eines solchen Protokolls ist nach dem vorliegenden Gesetze ausgeschlossen. Ein Antrag in der Reichstagskommission, ein solches Nebenprotokoll wieder einzuführen, wurde abgelehnt. Kom.Ber. S. 70 ff.

Das Protokoll ist in deutschen Schriftzeichen niederzuschreiben. Die Anwendung fremder Schriftzeichen — der lateinischen ausgenommen — erscheint unzulässig; ebenso die Anwendung stenographischer oder sonstiger Zeichenschrift. Allgemein übliche und zu Mißverständnissen keinen Anlaß gebenden Abkürzungen (z. B. für Maße, Gewichte, Geldbeträge, Zinsfuß) sind nicht unstatthaft. Vgl. hierzu § 177 Anm. 3. Die Anwendung von Formularen ist nicht ausgeschlossen.

4. Ohne eine protokollarische Niederschrift selbstverständlich keine Urkunde. Ein Verstoß gegen die Vorschrift, daß das Protokoll in deutscher Sprache abgefaßt sein muß, benimmt der Beurkundung im Sinne des § 169 Anm. 3 den Charakter einer gerichtlichen oder notariellen. Aber in diesem Falle, sowie dann, wenn das Protokoll gegen andere wesentliche Vorschriften über seine Form (§§ 176, 177) verstößt, kann immer noch der Urkunde über die Verhandlung eine gewisse Bedeutung zukommen, die je nach der konkreten Sachlage verschieden sein kann.

§ 176.

Das Protokoll muß enthalten:

1. Ort und Tag der Verhandlung;
2. die Bezeichnung der Beteiligten und der bei der Verhandlung mitwirkenden Personen;
3. die Erklärung der Beteiligten.

Wird in der Erklärung auf eine Schrift Bezug genommen und diese dem Protokoll als Anlage beigefügt, so bildet sie einen Teil des Protokolls.

Das Protokoll soll eine Angabe darüber enthalten, ob der Richter oder der Notar die Beteiligten kennt oder, sofern dies nicht der Fall ist, in welcher Weise er sich Gewißheit über ihre Persönlichkeit verschafft hat. Kann er sich diese Gewißheit nicht verschaffen, wird aber gleichwohl die Aufnahme der Verhandlung verlangt, so sollen der Sachverhalt und dasjenige, was zur Feststellung der Persönlichkeit beigebracht ist, in das Protokoll aufgenommen werden.

---

1. Der § 176 verzeichnet den wesentlichen Inhalt des Protokolls. Es treten aber gegebenenfalls als ebenso wesentlich noch hinzu die in den §§ 177 bis 179 erwähnten, ebenfalls in das Protokoll aufzunehmenden Feststellungen. Der bezeichnete Inhalt ist so wesentlich, daß die Weglassung eines der Stücke, vorbehaltlich des über Abs. 3 Gesagten (vgl. Anm. 4), die Beurkundung nichtig macht. KG. 2. Juli 1900 in Johow 20 S. A 177 Nr. 46.

Die Vorschriften beziehen sich, wie schon hervorgehoben, nur auf die gerichtliche und notarielle Beurkundung von Rechtsgeschäften. Soweit ihre Anwendung auch auf die Beurkundung anderer Gegenstände als Rechtsgeschäfte statthaben soll, muß dies die Landesgesetzgebung vorschreiben. Preußen z. B. hat in dieser Beziehung nur bestimmt, daß die Beurkundung, soweit nicht ein anderes vorgeschrieben sei, in der Form eines Protokolls erfolgen solle, ohne indessen über den notwendigen Inhalt des letzteren etwas vorzusehen (Art. 55 des preuß. F.G.G.).

2. **Zu Abs. 1.** Der Abs. 1 gibt die wesentlichen Teile des Protokolls an, die unter allen Umständen vorhanden sein müssen:

a) Ort und Tag der Verhandlung. Hier heißt Verhandlung soviel wie Aufnahme des Protokolls. Ein Protokoll kann an jedem beliebigen Orte aufgenommen werden, innerhalb wie außerhalb einer Ortschaft oder eines Hauses. Es genügt, was die Bezeichnung des Ortes anlangt, eine Angabe, die erkennen läßt, wo die Aufnahme des Protokolls stattfand. Als Tag der Verhandlung ist regelmäßig die Angabe der Zahl des Tages im Monat, des letzteren selbst und der Jahreszahl zu empfehlen; es steht indessen nichts im Wege, auch eine andere Bezeichnung zu wählen (z. B. „Ostermontag 1905", aber nicht „Ostern 1905", KG. 13. Juni 1904 im „Recht" 8 S. 450, noch viel weniger etwa „im April 1905"). — Das Protokoll erfordert zu seiner Gültigkeit weder, daß es an ein und demselben Orte, noch zu ein und derselben Zeit fertiggestellt wird. Es kann die Aufnahme des Protokolls unterbrochen und an einem anderen Orte zu anderer Zeit fortgesetzt werden. Geschieht dies, so ist es im Protokoll durch entsprechenden Vermerk kenntlich zu machen; anderenfalls wäre falsch beurkundet. So auch Rausnitz § 176 Anm. 9, 10.

Es muß aber überhaupt die Datierung, d. h. also die Bezeichnung des Ortes und Tages der Verhandlung der Wahrheit entsprechen, widrigenfalls die Beurkundung als öffentliche nichtig ist. OLG. Celle, 6. Juli 1904 im „Recht" 8 S. 388. Ebenso, wenn die Angabe ganz fehlt. A. M. Josef Lehrb. S. 402f., Schultze-Görlitz § 176 Anm. 1. — Wegen Nichtigkeit des gerichtlich oder notariell beurkundeten Testaments im Falle unrichtiger Datierung vgl. OLG. Rostock 6. Juni 1901 in Rechtspr.d.OLG. 2 S. 465 Nr. 184. Dagegen Weißler in Zeitschr. d. d. Not. Ver. 1901 S. 316. Ebenso beim holographischen Testament RG. 7. April 1902 Bd. 51 S. 166 Nr. 38, 13. Oktober 1902 Bd. 52 S. 277 Nr. 75, DJZ. 8 S. 105, 27. Oktober 1902 in Jur.Woch. 1902 Beil. S. 386. Mantey in Gruchot 43 S. 641ff. A. M. KG. 7. April 1902 in RJA. 3 S. 70ff., Johow 24 S. A 45, Rechtspr.d.OLG. 4 S. 424 Nr. 101, Seuff.Arch. 58 S. 23.

b) Die Bezeichnung der Beteiligten und der bei der Verhandlung mitwirkenden Personen. Wegen der Beteiligten vgl. § 168 Satz 2 und Anm. 6 daselbst, wegen der mitwirkenden Personen § 174 Anm. 1, § 170 Anm. 2. Was zu dieser Bezeichnung gehört, ist nicht gesagt. Die Angabe muß jedenfalls so genau sein, daß ein Zweifel über die Persönlichkeiten ausgeschlossen ist.

Bei den Beteiligten ist eine Bezeichnung nach dem Familiennamen nicht unbedingt erforderlich. Eine andere Frage ist es, inwieweit daraufhin z. B. eine Eintragung in öffentliche Bücher stattfinden kann. An der Angabe von Name, Stand und Wohnort wird festzuhalten sein; unter Umständen sind unterscheidende Beinamen beizufügen. Die Bezeichnung der Beteiligten bildet einen Teil der Identitätsfeststellung. Dazu in Anm. 3.

Über die Art und Weise, in der die Bezeichnung der Beteiligten und der mitwirkenden Personen im Protokolle angebracht werden muß, ist nichts Näheres vorgeschrieben. Aus dem Umstande aber, daß der § 176 diese Bezeichnung zum wesentlichen Inhalte des Protokolls rechnet, zieht der Beschluß des KG. v. 13. Januar 1902

— vgl. Johow 23 S. A 168 Nr. 47, Rechtspr.d.OLG. 4 S. 94 Nr. 26a — den Schluß, daß die Unterschrift des beurkundenden Beamten allein die im Protokolle gänzlich fehlende Bezeichnung desselben nicht zu ersetzen vermöge. Die Bezeichnung des beurkundenden Beamten müsse vielmehr im Texte des Protokolls statthaben, widrigenfalls ein solcher Verstoß gegen eine wesentliche Formvorschrift vorliege, daß die Beurkundung nichtig sei. Ein Protokoll also folgenden Wortlauts: „Es erscheint der persönlich bekannte und geschäftsfähige Landwirt N. N. aus X und erklärte usw. (es folgt die Erklärung und der Vermerk über Vorlesung, Genehmigung und Unterschrift des N. N. und sodann der Schluß:) Zur Beglaubigung W. Amtsrichter", ist nach dem erwähnten Beschlusse nicht ausreichend in Ansehung der Bezeichnung des beurkundenden Richters. Vgl. auch OLG. Hamm 1. Februar 1901 in Rechtspr.d.OLG. 2 S. 139 unter c und 25. April 1902 daselbst 5 S. 193 unter b. Daran ändert auch der Umstand nichts, daß sich am Kopfe des Protokolls ein Vordruck mit Hinweis auf ein Gericht, etwa: „Königl. Amtsgericht" und daneben die Angabe des Gerichtsorts befindet. KG. 2. Januar 1903 in Rechtspr.d.OLG. 6 S. 347 unter d. Dagegen Brettner im ZentrBl. 2 (1901/02) S. 710 ff., Josef Lehrb. S. 403 ff. Eine Bezugnahme im Texte auf die nachfolgende Unterschrift — also etwa: „Vor dem unterzeichneten Richter erschienen" 2c. wie oben — präzisiert indessen den mitwirkenden Beamten ausreichend. KG. 13. Januar 1902 (vgl. oben), RG. 18. November 1901 Bd. 50 S. 16 Nr. 5. Jur.Woch. 1902 S. 14. — Was in dieser Beziehung von instrumentierenden Beamten gesagt ist, muß gleicherweise auch von den übrigen mitwirkenden Personen und von den Beteiligten gelten.

Eine Unrichtigkeit in der Bezeichnung der mitwirkenden Personen macht die Beurkundung nichtig.

c) Die Erklärung der Beteiligten, d. h. also die rechtsgeschäftliche Erklärung. Mit der Erklärung können auch andere rechtserhebliche Tatsachen, die nicht Teile des zu beurkundenden Rechtsgeschäfts sind, aber zu ihm in Beziehung stehen, zugleich beurkundet werden, wie z. B. bei der Beurkundung eines Kaufvertrags die Zahlung des Kaufpreises. Fuchs § 176 Anm. 1aγ.

Die Form, in der die Erklärung abgegeben und niedergeschrieben werden muß, ist nicht vorgeschrieben; die Niederschrift kann deshalb in direkter oder indirekter Rede abgefaßt werden.

3. **Zu Abs. 2.** Die rechtsgeschäftliche Erklärung ist zwar vollständig mündlich dem beurkundenden Richter oder Notar gegenüber abzugeben; es kann aber der Beteiligte seine Erklärung vorher zu Papier bringen, die Schrift übergeben und in seiner zu protokollierenden Erklärung auf sie „Bezug nehmen", d. h. sich zu ihrem Inhalte bekennen, erklären, daß sie seinen rechtsgeschäftlichen Willen enthalte. Vgl. § 175 Anm. 2. Irgendwelche Formerfordernisse werden an die Schrift nicht gestellt; im Hinblick auf § 175 und den noch zu erwähnenden Umstand, daß die Schrift einen Teil des Protokolls bildet, erscheint es aber erforderlich, daß sie in deutscher Sprache abgefaßt ist. — Die Schrift muß dem Protokoll als Anlage beigefügt werden. In welcher Weise dies geschehen soll, ist nicht vorgeschrieben, also zu bestimmen der Landesgesetzgebung vorbehalten mit der Wirkung gemäß § 200 Abs. 2. Es wird sich empfehlen, im Protokolle sich an den Wortlaut des Gesetzes zu halten und auf die Schrift einen entsprechenden Vermerk, der von dem beurkundenden Beamten zu unterschreiben ist, anzubringen.

Wird auf diese Weise eine Schrift dem Protokolle als Anlage beigefügt und im Protokolle von dem Erklärenden auf die Schrift Bezug genommen, so bildet die

Schrift einen Teil des Protokolls, d. h. Schrift und Protokoll bilden zusammen erst die Urkunde und der Inhalt der Schrift zusammen mit dem Inhalte des Protokolls bilden erst die rechtsgeschäftliche Erklärung. Als Teil des Protokolls muß die Schrift ebenso wie dieses selbst vorgelesen und genehmigt werden; auch muß aus dem Protokoll hervorgehen, daß dies geschehen ist (§ 177). KG. 23. September 1901 in Johow 22 S. A 209 Nr. 52, Rechtspr.d.OLG. 3 S. 312 unter d, RG. 28. März 1903 Bd. 54 S. 195 Nr. 55, ZentrBl. 3 (1902/03) S. 798 Nr. 153. A. M. OLG. Dresden 23. Mai 1901 in Rechtspr.d.OLG. 3 S. 72 unter d. Dazu Werner in Zeitschr. d. d. Not. Ver. 1902 S. 67 ff., S. 243 ff., Kroschel daselbst S. 285 ff., Bollenbeck daselbst S. 465 ff., Thiele daselbst S. 486 ff., Bollenbeck daselbst 1903 S. 7 ff. — Aus dem Umstande, daß die Schrift vorgelesen werden muß, ergibt sich, daß sie offen übergeben werden muß und daß auf sie der § 174 Anwendung findet. Da die Schrift als Teil des Protokolls gilt, ist sie selbstverständlich auch mit diesem zusammen auszufertigen (§ 182). Wie dies zu bewerkstelligen ist, bestimmt die Landesgesetzgebung.

Weil die Schrift einen Teil des Protokolls bildet, braucht sie weder von dem Erklärenden noch von den mitwirkenden Personen unterschrieben zu werden; sie wird durch die Unterschriften unter dem Protokolle gedeckt (§ 177 Abs. 1, 3).

Auf Vollmachten, Zeichnungen, Pläne u. dgl. soll sich nach KG. 23. September 1901 (vgl. oben) Abs. 2 nicht beziehen.

Soll eine eidesstattliche Versicherung, z. B. zur Erlangung eines Erbscheins, abgegeben werden, so ist das hier in Abs. 2 für zulässig anerkannte Verfahren nicht anwendbar. Die eidesstattliche Versicherung kann nicht in eine Schrift aufgenommen, und durch Bezugnahme auf die als Anlage zum Protokolle überreichte Schrift abgegeben werden, sie muß vielmehr vor dem Richter oder Notar mündlich abgegeben und, falls der letztere zur Beurkundung die Protokollform wählt (vgl. § 168 Anm. 5), in das Protokoll aufgenommen werden. KG. 3. November 1902 in Johow 25 S. A 60 Nr. 16.

4. Zu Abs. 3. Der Abs. 3 enthält die Vorschriften über die Feststellung der Identität der Beteiligten. Das Gesetz unterscheidet hinsichtlich der Art der Feststellung der Persönlichkeit drei Fälle: a) die Beteiligten sind dem Richter oder Notar bekannt; dann soll dies im Protokoll vermerkt werden; b) sie sind ihm nicht bekannt, aber er vermag sich Gewißheit über dieselben zu verschaffen; dann soll das Protokoll angeben, in welcher Weise er sich Gewißheit verschafft hat; c) er kann sich diese Gewißheit nicht verschaffen; wird dann die Aufnahme der Verhandlung dennoch verlangt, so sollen der Sachverhalt und dasjenige, was zur Feststellung der Persönlichkeit beigebracht ist, in das Protokoll aufgenommen werden.

a) Das Gesetz verlangt also neben der Bezeichnung der Beteiligten in Gemäßheit des Abs. 1 Ziffer 2 noch diese Angaben. Wie der Wortlaut des Abs. 3 ergibt, handelt es sich hierbei aber um eine bloße Ordnungsvorschrift, deren Nichtbeachtung die Gültigkeit der Urkunde als einer öffentlichen, gerichtlichen oder notariellen Urkunde und insbesondere die Rechtswirksamkeit der Erklärung als einer gerichtlich oder notariell beurkundeten nicht beeinträchtigt. Da aber eine Urkunde nicht mehr beweist, als ihr Inhalt besagt, so kommt es eben darauf an, was in der angegebenen Richtung die Urkunde bezeugt. Das, was sie bezeugt, hat als öffentlich beurkundet bis zum Beweise des Gegenteils allgemein zu gelten.

b) Bekundet die Urkunde über die Feststellung der Identität der Beteiligten nichts, d. h. fehlt es neben der Bezeichnung der Beteiligten in Gemäßheit des Abs. 1

Ziffer 2 an jeglicher Angabe in einer der drei unter a, b, c erwähnten Richtungen, so ist zwar diese Beurkundung als solche aus diesem Mangel nicht zu beanstanden, es hat aber, nach der Ansicht des KG. 28. Januar 1901 — Johow 21 S. A 188 Nr. 47 —, der Richter, dem die Urkunde vorgelegt wird, selbständig zu prüfen, ob er den Identitätsnachweis für erbracht ansieht oder nicht und es ist nicht rechtsirrtümlich, wenn er Bedenken gegen die Identität der in der Urkunde aufgeführten Person daraus herleitet. Ebenso Landgericht Cöln 27. Juni 1901 im ZentrBl. 2 (1901/02) S. 724 Nr. 184. In diesem Sinne wären also Protokolle, wie: „Vor dem . . . erschien der Landwirt N. N. aus O.“, wenn später kein Vermerk über die Art folgt, ob und wie der instrumentierende Richter sich über die Persönlichkeit des Bezeichneten vergewissert hat, als unzureichend zu erachten. Das erscheint mir zu weit gegangen. M. E. will eine solche Eingangsformel sagen, daß nach der Überzeugung des instrumentierenden Beamten die nach Name, Stand und Wohnort bezeichnete Person und keine andere erschienen sei und sich erklärt habe, daß also der beurkundende Beamte die Gewißheit von ihrer Identität gehabt habe. So auch Weißler in der Zeitschr. d. d. Not. Ver. 1. Jahrg. (1901) S. 112 ff., 188 ff., 202 f., 383 f.

c) Enthält die Urkunde neben der Bezeichnung der Beteiligten einen Vermerk über die Identitätsfeststellung, so ist in Konsequenz der kammergerichtlichen Entscheidung (vgl. unter b) auch hier daran festzuhalten, daß die Urkunde nicht über ihren Inhalt hinaus beweist, daß sie aber das, was sie bezeugt, auch bis zum Beweise des Gegenteils erbringt. Es kommt also auf die Auslegung dessen an, was die Urkunde bekunden will. In dieser Beziehung sind, weil nicht ausreichend zum Ausdrucke gekommen sei, daß der beurkundende Beamte *sich die Gewißheit von der Identität verschafft hätte*, für unzureichend erachtet worden die Vermerke: „von Person bekannt geworden“, KG. 16. Dezember 1901 in Johow 23 S. A 5 Nr. 2 und Rechtspr.d.OLG. 5 S. 194 unter c (vgl. dazu Zeitschr. d. d. Not. Ver. 1902 S. 228 ff.) —, und „legitimierten sich durch Sachkenntnis“, KG. 2. Juli 1900 in Johow 20 S. A 177 Nr. 46 —, sowie „die Persönlichkeit des Erschienenen wurde durch den persönlich bekannten N. N. aus O. anerkannt“, KG. 28. Januar 1901 (vgl. oben), 26. Juli 1901 in Rechtspr.d.OLG. 3 S. 175 Nr. 45. In all diesen Formeln finde ich indessen ausreichend zum Ausdruck gebracht, daß der beurkundende Beamte die Gewißheit hatte, daß die Identität der erschienenen mit der bezeichneten Person nachgewiesen sei, und daß er das auch zum Ausdruck bringen wollte. Vgl. auch Sturm in Zeitschr. d. d. Not. Ver. 1902 S. 76 f. Dasselbe ist der Fall, wenn es heißt, „daß die Persönlichkeit des Erschienenen durch Vorlegung der Terminsladung festgestellt wurde“. So RG. 23. Oktober 1903 im „Recht“ 7 (1903) S. 558 Nr. 2893, Jur.Woch. 1904 S. 18 Nr. 24, Zeitschr. d. d. Not. Ver. 1904 S. 116 ff. — Bedenklich dagegen scheint mir die Identitätsfeststellung, — so auch der eben erwähnte Kammergerichtsbeschluß v. 2. Juli 1900 — wenn die Formel wie folgt lautet: „glaubhaft bekannt geworden, indem sie sich durch Sachkenntnis legitimierten“. Über ihren Inhalt hinaus reicht, wie bereits bemerkt, die Beweiskraft auch einer öffentlichen Urkunde nicht. Hier ist aber, so könnte man sagen, zum Ausdruck gebracht, daß der Richter sich mit dem erwähnten Nachweise (als „glaubhaft“) begnügen wollte, daß ihm die Identität bloß „wahrscheinlich“ gemacht sei, nicht aber, daß er der Sache vollständig sicher sei. So das KG. a. a. O. Wenn hiergegen Rausnitz im „Recht“ 5 (1901) S. 36 f. ausführt, bei solcher Auffassung habe der Richter, z. B. der Grundbuchrichter, dem die Urkunde vorgelegt werde, eine volle Beweiswürdigung vorzunehmen, ob die Feststellung der Identität durch die Urkundsperson Beweis macht oder nicht, es würden ihm die Funktionen des rechtsprechenden Richters zugelegt, so geht er in Auslegung des Kammergerichtsbeschlusses fehl; denn der Beschluß will gar nicht die Beweiskraft der Urkunde als solche antasten; er sagt vielmehr — und m. E. mit Recht — daß die Urkunde die Identität nicht beweisen wolle. Der Auffassung liegt auch in dem erwähnten Falle nicht, wie Weißler in Zeitschr. d. d. Not. Ver. 1901 S. 113 meint, eine Verwechselung mit dem zivilprozessualischen Begriffe der „Glaubhaftmachung“ vor. Aus demselben Gesichtspunkte erscheint mir die früher besonders häufig angewandte Form, daß „gegen die Identität“ des Erschienenen und Bezeichneten „keine Bedenken obwalten“, nicht empfehlenswert und nicht ausreichend.

Nicht im Sinne des Gesetzes und daher als unzulässig dürfte es zu erachten sein, wenn der beurkundende Beamte einen Beteiligten als ihm bekannt bezeichnet, dessen Bekanntschaft er sich erst bei der Aufnahme der Urkunde beschafft hat. Vgl. dazu Zeitschr. d. d. Not. Ver. 1903 S. 364 unter 2.

In welcher Weise, mit welchen Mitteln der beurkundende Richter oder Notar im Falle unter b (oben Eingangs der Anm. 4) die Persönlichkeit feststellt, ist seinem freien Ermessen überlassen; er ist also auf sogen. Rekognitionszeugen nicht beschränkt. Vgl. dazu Brunner im „Recht“ 7 (1903) S. 118ff. Nur „soll“ das Protokoll Angaben darüber enthalten. Trotz des Charakters dieser Vorschrift als Ordnungsvorschrift verlangt KG., 16. Dezember 1901 in Johow 23 S. A 5 Nr. 2, die Angabe der Mittel zur Identitätsbeschaffung und versagt bei einem Mangel der Angabe der Urkunde für die Legitimationsfrage jede Bedeutung, so daß z. B. der Grundbuchrichter nicht für verpflichtet erachtet werden könne, auf Grund der Angabe, ein namentlich bezeichneter Beteiligter sei von Person dem Richter oder Notar bekannt geworden, den Nachweis der Identität als geführt anzunehmen. Auf alle Fälle muß aus der Urkunde hervorgehen, daß er sich Gewißheit verschafft habe. Das Gesetz fordert aber nur, daß der beurkundende Beamte bescheinigt, er habe sich die Gewißheit verschafft und daß er die Tatsache angibt, auf Grund deren er sich diese Gewißheit verschafft hat. Maßgebend ist ausschließlich, ob die Tatsache für ihn die Gewißheit über die Identität erbringt. Eine Nachprüfung durch den Richter, etwa den Grundbuchrichter, dem die Urkunde vorgelegt wird, ob der beurkundende Beamte auf Grund der ihm beschafften Mittel zur Feststellung der Persönlichkeit auch wirklich die Identität hätte annehmen dürfen, ob er insbesondere bei Rekognitionszeugen angeben müsse, ob diese glaubwürdig seien, so daß der Grundbuchrichter zu prüfen in der Lage sei, daß aus ihrem Zeugnisse die Identität der rekognoszierten Person hergeleitet werden dürfe und müsse, findet nicht statt. KG. 26. Juli 1901 in Rechtspr.d.OLG. 3 S. 175 Nr. 45. Vgl. dazu den eben erwähnten Beschluß des KG. v. 16. Dezember 1901, der sich damit nur sehr schwer vereinigen läßt. — Beurkundet der Richter oder Notar, daß er Gewißheit erlangt habe, obwohl ihm eine pflichtmäßige Würdigung, z. B. weil ihm der Rekognitionszeuge als unglaubwürdig bekannt war, eine Gewißheit nicht verschaffen durfte, so macht er sich regreßpflichtig, während, wenn er den Rekognoszenten für eine glaubwürdige Person hielt und halten durfte, ihn in dieser Richtung regelmäßig ein Regreß nicht treffen wird. KG. 26. Juli 1901 a. a. O.

d) Der Fall unter c (oben Eingangs der Anm. 4) ist konstruiert und die diesbezügliche Vorschrift im letzten Satze des Abs. 3 ist eingestellt worden auf Veranlassung der Reichstagskommission, um Beurkundungen zu ermöglichen, die keinen Aufschub erleiden, für die aber die Beteiligten, z. B. weil sie sich auf der Reise in fremder

Gegend befinden, den erforderlichen Nachweis über ihre Persönlichkeit nicht erbringen können. Hier wird also eine negative Feststellung betreffend die Identität der Beteiligten getroffen. Im übrigen ist die Urkunde auch in diesem Falle gültig und es liegt mithin auch hier eine öffentliche, gerichtliche oder notarielle Urkunde vor, die bis zum Erweise des Gegenteils die rechtsgeschäftliche Erklärung erbringt. Wird aber die Identität streitig, bzw. muß sie, wie vor dem Grundbuchrichter, von Amts wegen geprüft werden, so muß derjenige, der sich darauf beruft, sie nachweisen.

e) Nicht erwähnt ist, ob der beurkundende Richter oder Notar wie über die Identität so auch über die Geschäftsfähigkeit des Beteiligten sich zu vergewissern, wie er bei mangelnder Geschäftsfähigkeit zu verfahren und ob er darüber einen Vermerk und event. welchen im Protokolle zu machen habe; ferner, ob er auch das Rechtsgeschäft selbst seinem Inhalte nach auf seine Gültigkeit hin prüfen und wie er, im Falle diese Prüfung das Rechtsgeschäft ungültig erscheinen läßt, zu verfahren habe. Nach beiden Richtungen wird man den beurkundenden Beamten für verpflichtet erachten müssen, die erforderliche Prüfung anzustellen und die Beurkundung abzulehnen, wenn der Beteiligte offenbar geschäftsunfähig oder das Geschäft aus inneren Gründen offenbar ungültig ist; denn dem beurkundenden Beamten darf nicht zugemutet werden, seine Amtstätigkeit einem nichtigen Geschäfte zu widmen. Es hat also der Richter bzw. Notar, wenn die Geschäftsunfähigkeit (§§ 104, 105 BGB.) des Beteiligten offensichtlich ist, wenn das Geschäft gegen ein gesetzliches Verbot, also auch namentlich gegen ein Strafgesetz, oder wenn es gegen die guten Sitten verstößt (§§ 134, 138 BGB.), oder wenn es auf eine unmögliche Leistung gerichtet ist (§ 306 BGB.), oder dem § 310 BGB. widerspricht, seine Mitwirkung zu versagen. In diesem Falle kommt also überhaupt eine Beurkundung nicht zustande. Ist dem beurkundenden Beamten aber nicht sofort klar, daß er es mit einem offenbar ungültigen Geschäft zu tun hat, kommen ihm nur Zweifel über die Gültigkeit, so wird er sich nicht ohne weiteres auf einen ablehnenden Standpunkt stellen dürfen, seine Zweifel vielmehr dem Beteiligten mitteilen und im Protokoll vermerken. Insoweit ist von Bedeutung, daß die Unwirksamkeit eines von einem Minderjährigen ohne die erforderliche Genehmigung des gesetzlichen Vertreters geschlossenen Vertrags nicht ohne weiteres zu erkennen ist (§§ 108 ff. BGB.) und seine Beurkundung daher auch nicht abgelehnt werden darf, da er nachträglich wirksam werden kann (§ 184 BGB.). Ebensowenig ist die Unwirksamkeit eines von einem Minderjährigen vorgenommenen einseitigen Rechtsgeschäfts sofort zu erkennen (§ 111 BGB.). Ebenso verhält es sich mit Mentalreservationen, Scheingeschäften, Spiel, Wette u. dgl., mit teilweiser Nichtigkeit (§§ 116 bis 124, 762 bis 764, 139 BGB.). Vgl. Art. 40 des preuß. Ges. über die freiw. Ger., Art. 16, 28 des Bayer.Not.Ges., § 48 der sächs. Ver. über die Ausführung einiger mit dem BGB. zusammenhängenden Reichsgesetze v. 24. Juli 1899, Art. 108 des württemb. Ausf.Ges. zum BGB., § 65 des badischen Rechtspolizeigesetzes, Art. 75 des hess. Ausf.Ges. zum vorliegenden Gesetze. Vgl. auch Bayer.O.LG. 6. August 1901 in Seuff.Arch. 57 S. 251 Nr. 136. A. M. Josef Zus. I und II zu § 13 und Lehrb. S. 71 unter C sowie im ZentrBl. 1 (1901) S. 841 ff., insoweit als er den beurkundenden Beamten für verpflichtet erachtet, die Beurkundung von Erklärungen Minderjähriger wegen Mangels der Prozeßfähigkeit (vgl. oben § 13 Anm. 1) — von bestimmten Ausnahmefällen abgesehen — grundsätzlich abzulehnen. Dagegen Keiner im juristischen Literaturblatt 1900 S. 167.

5. Eine Berichtigung oder Ergänzung eines Protokolls, die nachträglich

erfolgt, kann nur dann als zulässig und gültig erachtet werden, wenn sie selbst wieder allen Erfordernissen einer gerichtlichen oder notariellen Beurkundung entspricht. Das gilt für alle Teile des Protokolls, sowohl in Ansehung einer nicht ausreichenden Bezeichnung der Beteiligten wie auch des beurkundenden Beamten, wenn z. B. des letzteren Bezeichnung im Texte der Urkunde (vgl. oben Anm. 2b) unterblieben ist. Ein nachträglich von dem Beamten ausgestelltes Attest über seine Mitwirkung bei der Verhandlung kann also den einmal vorhandenen Formfehler nicht heben; KG. 13. Januar 1902 in Rechtspr. d. OLG. 4 S. 94 Nr. 26. Das gilt auch für die nachträgliche einseitige Bescheinigung darüber, in welcher Weise der beurkundende Beamte sich Gewißheit über die Identität der Beteiligten verschafft hat; KG. 16. Dezember 1901 in Johow 23 S. A 5 Nr. 2, Seuff. Arch. 58 S. 342 Nr. 183. Das muß gelten in Ansehung eines jeden Umstandes, der im Protokoll enthalten sein muß oder nach dem Willen der Beteiligten enthalten sein sollte, also zur rechtsgeschäftlichen Erklärung gehört. — Das alles gilt auch für den Fall der Beglaubigung von Unterschriften oder Handzeichen; vgl. KG. 1. April 1901 in Johow 22 S. A 125 Nr. 27, Rechtspr. d. OLG. 2 S. 497 unter h; 9. Juli 1901 daselbst 3 S. 306 unter d.

6. Der Abs. 3 gilt nicht für etwa mitwirkende Zeugen. Darüber, wie sich der Richter über deren Persönlichkeit Gewißheit verschafft, ist reichsgesetzlich ein Vermerk im Protokoll nicht vorgeschrieben. Dronke § 176 Anm. 5a, Fuchs § 176 Anm. 3aγ.

§ 177.

Das Protokoll muß vorgelesen, von den Beteiligten genehmigt und von ihnen eigenhändig unterschrieben werden. Im Protokolle muß festgestellt werden, daß dies geschehen ist. Das Protokoll soll den Beteiligten auf Verlangen auch zur Durchsicht vorgelegt werden.

Erklärt ein Beteiligter, daß er nicht schreiben könne, so muß diese Erklärung im Protokoll festgestellt werden. Bei der Vorlesung und der Genehmigung muß der Richter oder der Notar einen Zeugen zuziehen. In den Fällen des § 169 bedarf es dieser Zuziehung nicht; das gleiche gilt, wenn in anderen Fällen ein Gerichtsschreiber oder ein zweiter Notar zugezogen wird.

Das Protokoll muß von den mitwirkenden Personen unterschrieben werden.

---

1. Der Paragraph enthält in allen seinen Teilen, mit Ausnahme des letzten Satzes von Abs. 1, zwingende Vorschriften, deren Beobachtung, soweit er im letzten Satze des Abs. 2 nicht selbst davon entbindet, zur Wahrung der Gültigkeit des Aktes als öffentlicher Beurkundung notwendig ist.

2. **Zu Abs. 1 Satz 1. a)** Gemäß Abs. 1 Satz 1 muß das Protokoll vorgelesen, von den Beteiligten genehmigt und von ihnen eigenhändig unterschrieben werden. Unter Protokoll ist die ganze Niederschrift zu verstehen. Auch gehören die dem Protokoll als Anlagen beigefügten Schriften, auf welche die Beteiligten zum Zwecke ihrer rechtsgeschäftlichen Willenserklärung Bezug nehmen, hierher. Vgl. § 176 Anm. 3. Desgleichen muß die in Abs. 2 erwähnte etwaige Erklärung eines Beteiligten, daß er nicht schreiben könne und die protokollarische Feststellung dieser Er-

klärung verlesen und genehmigt werden, wie aus dem Eingang des Satzes 2 in Abs. 2 hervorgeht. — Ob die protokollarische Feststellung, daß das Protokoll den Beteiligten vorgelesen, von ihnen genehmigt und eigenhändig unterschrieben worden sei (Abs. 1 Satz 2, vgl. Anm. 3), ebenfalls mit vorgelesen werden müsse, ist streitig. Dafür Fuchs § 177 Anm. 2a, Jastrow Formularbuch I S. 50 Anm. 8 zu § 177, Rausnitz § 177 Anm. 1 und DJZ. 1899 S. 458. A. M. Dorner § 177 Anm. 2b, Güthe im ZentrBl. 2 (1901/02) S. 606 ff. Ich bin der letzteren Ansicht, denn der protokollarische Feststellungsvermerk ist lediglich eine Urkundhandlung der mitwirkenden Personen. Es ergibt sich auch eine vollständige Unmöglichkeit, der Vorschrift im Sinne der gegenteiligen Auffassung gerecht zu werden, soweit es sich wenigstens um die Vorlesung des Feststellungsvermerks über die stattgehabte Unterschreibung vor der wirklichen Unterschriftsleistung handelt. Dazu vgl. noch unten Anm. 3.

Es erscheint zulässig in einem Protokolle mehrere Rechtsgeschäfte derartig zu beurkunden, daß die allgemeinen Formalien des Protokolls nur einmal, die mehreren rechtsgeschäftlichen Erklärungen verschiedener Beteiligter aber nacheinander und abgesondert voneinander im Protokolle erscheinen. In einem solchen Falle genügt es, wenn außer dem allgemeinen notwendigen Teile des Protokolls die auf sämtliche Rechtsgeschäfte gemeinsam sich beziehenden Erklärungen, z. B. bei einer Versteigerung mehrerer Gegenstände (vgl. § 181 Anm. 3) die Versteigerungsbedingungen, nur einmal vorgelesen werden, darauf die auf jedes einzelne Rechtsgeschäft bezüglichen Erklärungen getrennt für je die Beteiligten. Haben die letzteren sodann diese speziellen Erklärungen genehmigt und unterschrieben, so können sie sich, soweit sie nicht bei einer später zu protokollierenden Erklärung nochmals beteiligt sind, entfernen. In der Kommission des Reichstags lag ein Antrag vor, nach welchem dieses Verfahren ausdrücklich als zulässig bezeichnet werden sollte. Zur Begründung wurde die Erfahrung angeführt, daß bei Versteigerungen die einzelnen Ansteigerer, nachdem sie ihre Zwecke erreicht, sich möglichst bald entfernen wollten. Die übereinstimmende Ansicht der Kommission und der Regierungsvertreter ging aber dahin, daß das auch schon nach dem Wortlaute der Vorlage zulässig und deshalb der Antrag überflüssig sei. Kom.Ber. S. 66. Vgl. § 174 Anm. 2 Abs. 2. Die notwendigen Feststellungen (Abs. 1 Satz 2) nebst der Unterschriftsvollziehung der mitwirkenden Personen brauchen wiederum nur einmal am Schlusse des Protokolls vorgenommen zu werden. Kom. Ber. S. 66. So auch Rausnitz § 177 Anm. 1. Vgl. jedoch KG. 9. Juni 1902 in Zeitschr. f. d. Notariat in Rheinpreußen 47 S. 177.

b) Durch wen die Vorlesung stattzufinden habe, ist nicht gesagt. Es braucht dies also nicht der Urkundsbeamte zu sein; es kann auch eine Hilfsperson sein. So Rausnitz § 177 Anm. 1, der weiter ein Vorlesen durch Dritte oder gar Beteiligte für unzulässig, aber für die Gültigkeit der Beurkundung für bedeutungslos erachtet. Man wird nicht umhin können, dieser Ansicht im Resultat zuzustimmen. Indessen bin ich der Meinung, daß der beurkundende Beamte, will er beurkunden können, daß das Protokoll richtig verlesen sei, selbst vorlesen muß. Wem das Protokoll vorzulesen ist, ergibt § 174; vgl. daselbst Anm. 1.

c) In welcher Form die Genehmigung erteilt werden müsse, ist nicht vorgeschrieben. Konkludente Handlungen, z. B. zustimmendes Nicken auf Befragen, genügen. Es ist selbstverständlich, daß die Genehmigung gültig erst nach der Vorlesung stattfinden kann. Weigert ein Beteiligter die Genehmigung ganz oder teilweise, so kann natürlich die Feststellung, daß sie stattgefunden (Abs. 1 Satz 2), nicht stattHaben. Je nach den Umständen ist in einem solchen Falle das Protokoll abzubrechen, so daß die ganze Beurkundung unvollendet bleibt oder es ist über die Gründe der Weigerung oder über die Einschränkung, welche der betreffende Beteiligte seiner Genehmigungserklärung beifügt, ein besonderer Vermerk aufzunehmen, der dann selbst wieder integrierender Bestandteil des Protokolls wird, also der Vorlesung, Genehmigung und Unterschrift bedarf.

d) Die Beteiligten müssen eigenhändig unterschreiben. Es darf sich also bei Strafe der Ungültigkeit kein Beteiligter eines anderen zum Schreiben der Unterschrift bedienen. KG. 18. Juni 1900 in Johow 20 S. A 128 Nr. 33; RG. 50 S. 55. Vgl. auch betr. der nach § 126 Abs. 1 BGB. erforderlichen eigenhändigen Unterschrift RG. 9. Juli 1904 Bd. 58 S. 387 Nr. 99. Inwieweit eine Hilfeleistung zulässig ist, z. B. die Führung der Hand, ist Tatfrage und richtet sich nach dem im einzelnen Falle hervortretenden Grade der Hilflosigkeit des Beteiligten. Die Handführung grundsätzlich für unzulässig zu erklären — Rausnitz § 177 Anm. 7 — erscheint mir ebenso unrichtig, wie sie unter allen Umständen für zulässig zu erachten, wie dies Birkenbihl § 177 Anm. 4a, Fuchs § 177 Anm. 4c tun. Die Hilflosigkeit darf nicht so groß sein, daß das Schreiben des Namens keine eigene Tätigkeit mehr bildet. — Es muß eine Unterschrift geleistet werden, d. h. der Beteiligte muß einen Namen unterschreiben. Ein Handzeichen ist aber keine Namensunterschrift, wie sich deutlich aus der Gegenüberstellung in § 126 BGB. und aus §§ 167, 183 ergibt. Über Handzeichen vgl. § 183 Anm. 2. Unterzeichnet ein Beteiligter mit einem Handzeichen statt mit einem Namen, so ist das also nicht ausreichend und es muß event. gemäß Abs. 2 verfahren werden (anders bei der Beglaubigung, vgl. § 183). Es genügt, wenn der Beteiligte seinen Familiennamen unterschreibt; der Beifügung des Vornamens oder der Vornamen bedarf es nicht. Nach der herrschenden Ansicht ist aber der Gebrauch des Familiennamens bei der Unterschrift nicht unbedingt erforderlich; es soll genügen, wenn die Unterschrift die Person des Ausstellers so kennzeichnet, daß über die Identität derselben kein Zweifel besteht. So soll die Verwendung eines angenommenen falschen Namens oder eines Pseudonyms (eines Schriftsteller-, Künstlernamens, Spitz- oder Kneipnamens, Josef im Arch.f.ziv.Pr. 94 S. 465 ff.), bei Fürstlichkeiten, hohen Würdenträgern der katholischen Kirche des von ihnen gewöhnlich geführten Vornamens u. dgl. zulässig sein. Vgl. Neumann, Handbuch des BGB. Anm. 2aβ zu § 126, Werner in Zeitschr. d. d. Not. Ver. Jahrg. 1 S. 183 ff. So darf nach der herrschenden Ansicht eine Ehefrau gültig mit ihrem Mädchennamen unterschreiben. Landgericht Cöln 13. März 1900 in Zeitschr. d. rhein. Amtsrichtervereins 1900 S. 200. A. M., wenigstens für das alte Recht KG. 24. Dezember 1900, vgl. Werner a. a. O. Der Grund für diese herrschende Anschauung liegt in dem Umstande, daß die Fragen, ob eine Unterschrift vorliegt oder ein Name mit Recht geführt wird, nichts miteinander zu tun haben. Da die Namenszeichnung auch nicht Ausfluß der Persönlichkeit ist, so soll daher auch ein Vertreter mit dem Namen des Vertretenen unterzeichnen können. RG. 21. Dezember 1901 Bd. 50 S. 51 Nr. 14, Jur.Woch. 1902 S. 123, OLG. Breslau 25. April 1901 in Rechtspr.d.OLG. 2 S. 389 Nr. 159, OLG. Hamm 21. Juni 1901 daselbst 3 S. 350 unter b, OLG. Königsberg 8. November 1901 daselbst 4 S. 209 unter b, Neumann a. a. O., Staub DJZ. 1900 S. 338, Marcus im „Recht“ 4 (1900) S. 10 f. Dagegen Planck, BGB. § 126 Anm. 2, Müller DJZ. 5 (1900) S. 497; OLG. Marienwerder 11. Dezember 1900 in Rechtspr.d.OLG. 2 S. 51 Nr. 32. Weißler § 177 Anm. 3;

desgleichen Strube in der Badischen Rechtspraxis 68 S. 297. Auch geht die herrschende Meinung dahin, daß ein Kaufmann mit seiner Firma (vgl. §§ 17, 6 HGB.) statt mit seinem Familiennamen unterzeichnen könne und zwar nicht bloß dann, wenn es sich um eine mit seinem Familiennamen übereinstimmende Firma handelt, sondern auch dann, wenn die Firma davon abweicht, sowie dann, wenn ein einzelner Gesellschafter einer offenen Handelsgesellschaft die Firma der letzteren verwendet. KG. 12. November 1900 in Johow 21 S. A 103 Nr. 22, Birkenbihl § 177 Anm. 4a, Dorner § 177 Anm. 3b, Schultze-Görlitz § 177 Anm. 1c, mit gewissen Einschränkungen Rausnitz § 177 Anm. 7, Schneider § 177 Anm. 4, Weißler § 177 Anm. 3, Josef, Lehrb. S. 417. A. M. Jastrow, Formularbuch Anm. 7b zu § 177, Werner, Zeitschr. d. d. Not. Ver. 1900 S. 183 ff. Vgl. hierzu insbesondere Kockerols in der Zeitschr. d. d. Not. Ver. 1 S. 354 ff. Wenn aber mehrere Gesellschafter einer offenen Handelsgesellschaft in derselben Verhandlung eine rechtsgeschäftliche Erklärung zu Protokoll geben, so soll jeder der mehreren Vertreter seinen bürgerlichen Namen unterschreiben müssen. Schultze-Görlitz in DJZ. 6 (1901) S. 524 ff., Josef, Lehrbuch S. 417 f.

Es muß die Unterschrift ausgeschrieben sein; die bloßen Anfangsbuchstaben genügen nicht. Auch muß der Name unterschrieben sein; es genügt also nicht etwa der Titel des Unterzeichnenden. Neumann, Handbuch des BGB. § 2 a β zu § 126. Unterschriften in den Schriftzügen einer fremden Sprache sind nicht verboten. Unterschrift in einer Kurzschrift scheint mir unzulässig. A. M. Weißler § 177 Anm. 3. Ob unleserliche Unterschriften dem Erfordernis genügen, ist bestritten. Die Mehrzahl der Kommentare, soweit sie überhaupt diesen Punkt berühren, bejahen die Frage. Das stimmt mit der bis dahin geübten Praxis zweifellos überein. Dernburg, BGB. 1 S. 411, hält sie für genügend, wenn die Schriftzüge den Buchstaben des Namens annähernd entsprechen. Michels in DJZ. 8 (1903) S. 141 ff. spricht sich gegen die Zulässigkeit aus. Der Gebrauch eines Stempels zur Herstellung der Unterschrift ist unstatthaft.

Das Protokoll muß unterschrieben werden, d. h. die Unterschrift muß durch ihre örtliche Stellung den ganzen Text decken und abschließen, also auch unter der Angabe von Ort und Tag der Verhandlung. So betr. der nach § 126 Abs. 1 BGB. erforderlichen Unterschriften RG. 21. Dezember 1901 Bd. 50 S. 51 Nr. 14, 13. Oktober 1902 Bd. 52 S. 277 Nr. 75. Anders im Falle eines holographischen Testaments (§ 2231 Nr. 2 BGB.), wozu zu vgl. RG. an letztgedachter Stelle. Das muß auch hier Geltung beanspruchen. Vgl. ferner Anm. 3 letzter Absatz. Deswegen gilt das in Anm. 5 zu § 176 Gesagte auch unter dem hier erörterten Gesichtspunkt. Hat also ein Grundbuchrichter eine in einer gerichtlich oder notariell aufgenommenen oder beglaubigten Urkunde enthaltene Eintragungsbewilligung wegen Fehlens einer für die Eintragung wesentlichen Bestimmung zurückgewiesen und die Urkunde zurückgegeben, und wird hierauf die fehlende Bestimmung nachträglich in den Text der Urkunde eingeschaltet und die Urkunde wiederum dem Grundbuchrichter eingereicht, so kann dieser nachträglich eingeschaltete Zusatz (trotz der Unterschrift der Beteiligten) ohne besondere öffentliche Beurkundung nicht als Unterlage für die Eintragung in das Grundbuch dienen. KG. 1. April 1901 in Johow 22 S. A 125 Nr. 27, Rechtspr. d. OLG. 2 S. 497 unter h; 9. Juli 1901 daselbst 3 S. 306 unter d. Die Zulässigkeit und Wirksamkeit von Blankettunterschriften nach BGB. (§ 126) — Mot. 1 S. 185, RG. 27 S. 269, 36 S. 241 — kann hier nicht in Frage kommen, da es sich hier um Beurkundungsakte handelt.

Im Falle des § 181 kommt eine gerichtliche oder notarielle Beurkundung doch zustande, auch wenn die Unterschreibung des Protokolls unterblieben ist; vgl. daselbst Anm. 3.

Wegen des in Anm. 4 Abs. 2 zu § 168 erörterten Umstandes bedarf ein in der Form des Prozeßvergleichs beurkundeter Vertrag nicht der Unterschrift der Parteien unter dem Vergleichsprotokolle. RG. in Jur.Woch. 1901 S. 474.

Will ein Beteiligter nicht unterschreiben, obgleich er unterschreiben kann, dann kann die Beurkundung nicht zu Ende geführt werden. Der Richter bzw. Notar wird sich darauf beschränken müssen, die Weigerung nebst den etwa angegebenen Gründen zum Protokolle festzustellen. Kann ein Beteiligter nicht unterschreiben, so ist nach Abs. 2 zu verfahren. Vgl. Anm. 5.

3. Zu Abs. 1 Satz 2. Im Protokolle muß festgestellt werden, daß den Beteiligten das Protokoll vorgelesen, von denselben genehmigt und eigenhändig unterschrieben worden ist. Diese Feststellung zu treffen, ist Sache des beurkundenden Beamten; sie ist von der Erklärung der Beteiligten unabhängig; vgl. Anm. 2a. Eine bestimmte Form für den Feststellungsvermerk ist nicht vorgeschrieben; es muß deshalb jede Form der Feststellung für ausreichend erachtet werden, welche über ihren Inhalt keinen Zweifel läßt. Unrichtig ist es daher, daß diese Feststellung mit den Worten des Gesetzes erfolgen, also dahin lauten muß: „Das Protokoll ist vorgelesen, von den Beteiligten genehmigt und von ihnen eigenhändig unterschrieben worden", wie Güthe im ZentrBl. 2 S. 606 ff. behauptet. Es genügt vielmehr auch der einfache Vermerk: „vorgelesen, genehmigt, unterschrieben". Insbesondere ist der Gebrauch des Wortes „eigenhändig" (unterschrieben) hierbei nicht erforderlich. KG. 18. Juni 1900 in Johow 20 S. A 128 Nr. 33, Rechtspr.d.OLG. 1 S. 341 Nr. 212, OLG. Dresden 23. Mai 1901 daselbst 3 S. 72 unter d. Nach der Vorschrift, dieselbe rein sprachlich aufgefaßt, könnte diese Feststellung zeitlich erst nach Verlesung, Genehmigung und Vollziehung des Protokolls statthaben und demnach der Feststellungsvermerk örtlich seine Stellung erst hinter bzw. unter der Unterschrift finden. Vgl. OLG. Colmar 29. September 1902 in Rechtspr.d.OLG. 6 S. 108 Nr. 18b. Allein es ist in der Regel unbedenklich, den markierten Worten die Stellung zwischen dem Texte der aufgenommenen Erklärung und den Unterschriften der Beteiligten anzuweisen. KG. 17. November 1902 in Rechtspr.d.OLG. 6 S. 20 unter b. A. M. Frese im ZentrBl. 1 (1901) S. 305 a. E. Statt der ausgeschriebenen Worte: „vorgelesen, genehmigt, unterschrieben", nur die Schriftzeichen: „v. g. u." zu gebrauchen, ist nicht unerlaubt. Sie bilden die Anfangsbuchstaben der Worte: „vorgelesen, genehmigt, unterschrieben", sind in der Gerichtspraxis weit verbreitet und in ihrer angegebenen Bedeutung allgemein bekannt und anerkannt. Es ist im einzelnen Falle zu prüfen, ob nach der konkreten Sachlage Bedenken gegen die Bedeutung der Buchstaben vorliegen. So KG. 17. November 1902 a. a. O. RG. 6. Dezember 1902 in RG. 53 S. 150 Nr. 37, Seuff.Arch. 58 S. 382 Nr. 205, Landger. Frankfurt a. M. 27. Oktober 1902 im ZentrBl. 3 (1902/03) S. 457 Nr. 88. Vgl. auch Planck BGB. § 2242 Anm. 2. So auch Rausnitz § 177 Anm. 8, Weißler § 177 Anm. 4. A. M. OLG. Königsberg 19. Oktober 1901 in Rechtspr.d.OLG. 3 S. 349 Nr. 90a, dessen Beschluß die bezeichnete Abkürzung nicht als genügenden Ersatz für den Feststellungsvermerk betrachtet, ohne indessen klar ersehen zu lassen, ob dies bloß wegen der Abkürzung geschieht, oder weil auch die ausgeschriebenen drei Worte für nicht genügend angesehen werden. Auch Jastrow Formularbuch Teil I S. 50 Anm. 9 zu § 177. Die Warnung des KG. im Beschlusse v. 17. November 1902 vor jeder Abweichung von den Gesetzesworten, ist wohlberechtigt. Zeichen wie: „v. w. o." (verhandelt wie oben), „a. u. s." (actum ut supra) sind daher besser zu vermeiden. Auch wenn ein Landesgesetz — z. B. Art. 64 preuß. F.G.G. — Abkürzungen verbietet, so führt der Gebrauch der drei Buchstaben als Feststellungsvermerks, zu keinem anderen Resultat, insbesondere nicht zur Nichtigkeit des Aktes, auch wenn das Landesgesetz die Bestimmung nicht als Ordnungsvorschrift gefaßt haben sollte; § 200 Abs. 2. Vgl. KG. 17. November 1902 a. a. O.

Die Feststellung muß sich aber auf alle bezeichneten wesentlichen Teile, also auch auf die Angaben von Ort und Tag der Verhandlung erstrecken. Und es muß die Feststellung sich auf Vorlesung, Genehmigung und Unterschrift beziehen. Fehlt in der Feststellung die Angabe auch nur eines dieser Erfordernisse, so ist die Urkunde nichtig; so z. B. wenn zwar festgestellt ist, daß das Protokoll vorgelesen und unterschrieben ist, aber — wenn auch nur versehentlich — die Feststellung, daß es auch genehmigt ist, fehlt. So auch wieder für Testamente gemäß § 2242 Abs. 1 BGB. das RG. 20. Februar 1902 Bd. 50 S. 215, „Recht" 6 S. 210, ZentrBl. 3 S. 822, DJZ. 7 S. 215, und 18. Februar 1904 in Jur.Woch. 1904 S. 208, ferner KG. 23. Februar 1903 in Rechtspr.d.OLG. 6 S. 315 — Entscheidungen, die wegen des gleichen Wortlauts von § 177 Abs. 1 des vorliegenden Gesetzes mit § 2242 Abs. 1 BGB. auch hier zutreffen.

4. Zu Abs. 1 Satz 3. Das Protokoll soll den Beteiligten auf Verlangen auch zur Durchsicht vorgelegt werden; d. h. also, auch wenn die Vorlesung stattgefunden hat, ist doch noch auf Verlangen die Durchsicht zu gewähren. Die Durchsicht kann aber die Vorlesung nicht ersetzen.

Die Bestimmung ist eine Ordnungsvorschrift, so daß ihre Verletzung die Ungültigkeit der Beurkundung nicht begründet. Die Feststellung, daß die Vorlegung und Durchsicht stattgefunden hat, ist nicht erforderlich.

Als landesgesetzliche Ergänzungsvorschrift im Sinne des § 200 Abs. 2 findet sich die Bestimmung, daß Tauben, auch ohne daß sie ein diesbezügliches Verlangen vorgetragen, das Protokoll stets zur Durchsicht vorgelegt werden soll. So z. B. Art. 41 des preuß. F.G.G.

5. Zu Abs. 2. **a)** Nach Abs. 2 Satz 1 genügt als Voraussetzung für das in Abs. 2 vorgezeichnete Verfahren, daß ein Beteiligter erklärt, er könne nicht schreiben. Es ist einerlei, aus welchem Grunde der Beteiligte nicht schreiben kann, ob er des Schreibens unkundig ist und deswegen nicht schreiben kann, oder ob ein körperliches Gebrechen ihn außerstande setzt, zu schreiben und in diesem Falle, ob die Unfähigkeit eine dauernde oder vorübergehende ist. Es genügt, daß der Beteiligte seine Unterschrift (vgl. Anm. 2d) leisten kann; ob er im übrigen des Schreibens kundig und fähig ist, kommt nicht in Betracht. Es ist aber die Unterschrift nötig; ein Handzeichen ist aber keine Unterschrift, wie sich aus § 126 BGB. und den §§ 167, 183 ergibt. Unterzeichnet demnach ein Beteiligter mangels weiteren Schreibvermögens mit einem Handzeichen, so genügt das nicht; es ist dann event. gemäß Abs. 2 zu verfahren.

Es soll genügen, daß der Beteiligte erklärt, er könne nicht schreiben. Der beurkundende Beamte hat die Angabe nicht auf ihre Wahrheit hin zu prüfen. Bei der entsprechenden Bestimmung für die gerichtliche oder notarielle Beurkundung von Testamenten in § 2242 Abs. 2 BGB. ist der Gesetzgeber davon ausgegangen, daß die Erklärung eines Verfügenden, er könne nicht schreiben, um so unbedenklicher für ausreichend zu erachten sei, als erfahrungsgemäß eine solche Erklärung kaum jemals ohne Grund abgegeben würde. Aber gleichzeitig ist bemerkt, daß der Verfügende, wenn er den regelmäßigen Formerfordernissen genügen könne, er sich denselben auch nicht soll entziehen dürfen. Mot. 5 S. 273. Das darf entsprechend auch hier gelten, um so mehr, als mit der hier erörterten Vorschrift dieselbe Absicht verfolgt wird, welche auch die Bestimmung des § 2242 Abs. 2 BGB. verfolgt, nämlich die „Ersetzung" der Unterschrift des Beteiligten durch die protokollarische Feststellung seiner Erklärung, nicht schreiben zu können. Durch die Fassung des § 2242 Abs. 2 BGB. wird dies allerdings klarer als durch die des Abs. 2 Satz 1 des vorliegenden Paragraphen veranschaulicht. Wenn aber der Beteiligte sich den regelmäßigen Formerfordernissen nicht ohne Grund soll entziehen dürfen, so darf es als Absicht des Gesetzgebers auch für den vorliegenden Fall angesehen werden, daß der beurkundende Beamte die Beurkundung ablehnen kann, wenn sich herausstellt, daß die Erklärung des Beteiligten offenbar auf Unwahrheit beruhte. Der Fall steht insoweit dem vollständig gleich, daß der Beteiligte nicht unterschreiben will; vgl. Anm. 2 a. E. Wird die Absicht des Beteiligten, nicht schreiben zu wollen, von beachtlichen Gründen getragen, z. B. wenn ein Jude am Sabbath nicht schreiben will, obgleich er schreiben kann, so hat es bei der Ablehnung der Beurkundung sein Bewenden; charakterisiert sich die Erklärung nach den Gründen aber als Ungebühr, so, wenn sich der Beteiligte einen unpassenden Scherz machen wollte, wie Rausnitz § 177 Anm. 10a anführt, so steht nichts entgegen, daß der beurkundende Richter außerdem von den ihm zustehenden Disziplinarmitteln (vgl. § 8) Gebrauch macht. Vgl. auch § 179 Anm. 1b.

b) Die Erklärung des Beteiligten, daß er nicht schreiben könne, muß, bei Vermeidung der Nichtigkeit der Beurkundung, im Protokolle festgestellt werden. Es ist also unerläßlich, daß die Erklärung selbst ins Protokoll aufgenommen wird und es genügt durchaus nicht, wenn etwa der beurkundende Beamte, ohne Beurkundung der Erklärung, protokollarisch feststellt, der Beteiligte sei (nach ihrer, der Urkundsperson, Kenntnis) schreibensunfähig. KG. 28. Mai 1900 in Johow 20 S. A 130 Nr. 34. Der Gebrauch bestimmter Worte oder sonst eine bestimmte Form ist weder für die Erklärung noch für deren Feststellung vorgeschrieben, so daß es völlig ausreichend sein würde, wenn der Beteiligte durch Genehmigung des die objektive Feststellung des Unvermögens enthaltenden Urkundentextes für seine Person bestätigt hätte, nicht schreiben zu können. Es ist auch nicht erforderlich, daß die Erklärung des Schreibensunfähigen diesem vorgelesen und von ihm genehmigt werde. — Übereinstimmend in den hier unter b erwähnten Punkten für den § 2242 Abs. 2 BGB. das RG. 7. Januar 1904 Bd. 56 S. 366 Nr. 89; vgl. auch RG. 1. Dezember 1902 in Jur.Woch. 1903 Beil. 4 S. 30, KG. 18. Juli 1903 in Rechtspr.d.OLG. 7 S. 138. Dazu siehe Zeitschr. d. d. Not. Ver. 1904 S. 279 unter Nr. 6 und Jastrow daselbst S. 397 ff.

Durch diese Feststellung wird einem etwaigen Gegenbeweis, daß dem Beteiligten die Bewirkung der Unterschrift wohl möglich gewesen, abgeschnitten; vgl. Mot. 5 S. 273; vgl. auch § 169 Anm. 2.

c) Ist diese Feststellung erfolgt, so muß, ebenfalls bei Meidung der Nichtigkeit, der beurkundende Beamte bei der Vorlesung und der Genehmigung einen Zeugen, den sog. Schreibzeugen, zuziehen. Auf den letzteren finden die sämtlichen nach den §§ 170 bis 174 für einen Zeugen geltenden Vorschriften gleichmäßig Anwendung. Im Falle der Testamentserrichtung (§ 2242 Abs. 2 BGB.) genügt die einfache Feststellung der Erklärung des Beteiligten im Protokoll ohne Zuziehung eines Schreibzeugen, weil hier immer außer dem beurkundenden Beamten noch mindestens eine Person mitwirken muß (§ 2233 BGB.). Deswegen bedarf es gleicherweise in den Fällen, in denen gemäß § 169 ein Gerichtsschreiber oder sonst eine Hilfsperson zugezogen werden muß, oder in Fällen, in denen auch ohne solch gesetzlichen Zwang eine Hilfsperson tatsächlich zugezogen wird, nicht eines weiteren Schreibzeugen. Dahin gehören die Fälle des § 198. Die sämtlichen Kommentare rechnen auch die Fälle hierher, in denen nach § 178 ein Dolmetscher zugezogen wird. Vgl. dortselbst Anm. 4.

6. **Zu Abs. 3.** Das Protokoll muß endlich bei Strafe der Nichtigkeit von den mitwirkenden Personen unterschrieben werden. Wegen der mitwirkenden Personen vgl. § 174 Anm. 1 und § 170 Anm. 2. Zu ihnen gehört auch der Schreibzeuge.

Sollte eine zugezogene Hilfsperson nicht schreiben können, so ist sie untauglich, mitzuwirken und es muß an ihrer Stelle eine andere Hilfsperson herangezogen werden.

Den beurkundenden Beamten können die Freiheiten in Ansehung seiner Unterschrift nicht zugestanden werden, wie sie für die Beteiligten als zulässig erachtet werden; vgl. Anm. 2d.

Mit der Unterschrift der mitwirkenden Personen schließt das ganze Protokoll ab. Die Unterschriften der sämtlichen Beteiligten müssen daher voraufstehen. Empfehlenswert ist, daß der beurkundende Beamte als letzter unterschreibt nach den sonstigen mitwirkenden Personen; indessen kann aus der Abweichung von dieser Reihenfolge keine Nichtigkeit hergeleitet werden. Rausnitz § 177 Anm. 18.

§ 178.

Ist nach der Überzeugung des Richters oder des Notars ein Beteiligter stumm oder sonst am Sprechen verhindert und eine schriftliche Verständigung mit ihm nicht möglich, so muß bei der Beurkundung ein vereideter Dolmetscher zugezogen werden.

Im Protokolle muß festgestellt werden, daß der Richter oder der Notar die Überzeugung gewonnen hat, daß der Beteiligte am Sprechen verhindert und eine schriftliche Verständigung mit ihm nicht möglich ist. Das Protokoll muß von dem Dolmetscher genehmigt und unterschrieben werden.

Der Zuziehung eines Zeugen, eines Gerichtsschreibers oder eines zweiten Notars bedarf es in diesem Falle nicht.

---

1. Die **§§ 178 bis 180** enthalten Bestimmungen über die Notwendigkeit, einen Dolmetscher zur der Beurkundung zuzuziehen in Fällen, in denen sonst eine zuverlässige Verständigung zwischen Beteiligten und Mitwirkenden ausgeschlossen wäre, und über die Stellung des Dolmetschers. Die Vorschriften sind, soweit es sich um die Beurkundung von Rechtsgeschäften handelt, erschöpfend und kommen zufolge des Vorbehalts in § 1 („soweit ein anderes bestimmt ist") an Stelle der in den §§ 8, 9 über Dolmetscher gegebenen Vorschriften ausschließlich zur Anwendung. Landesgesetzliche Ergänzungsvorschriften, die selbstverständlich nicht widersprechend sein dürfen, sind nicht ausgeschlossen. A. M. Birkenbihl § 178 Anm. 1.

Die Regelung des Dolmetscherwesens ist im allgemeinen der Landesgesetzgebung überlassen. Danach richtet es sich auch, ob Dolmetscher im allgemeinen oder nur für jeden besonderen Akt und von welcher Behörde sie vereidet werden.

2. Der **§ 178** behandelt den Fall, daß ein Beteiligter — vgl. § 168 Satz 2 und Anm. 6 daselbst — stumm oder sonst am Sprechen verhindert ist. Das letztere dürfte auch anzunehmen sein, wenn etwa dem Beteiligten ärztlicherseits das Sprechen verboten ist; Neumann, Handb. d. BGB. § 2243 Anm. 1. Die Vorschriften des § 178, die also bei der Beurkundung von Rechtsgeschäften unter Lebenden zur Anwendung zu kommen haben, sind wesentlich andere, als die für denselben unterstellten Fall für die Errichtung eines Testaments vor Richter oder Notar in § 2243 BGB. gegebenen.

Wenn bei der Beurkundung eines Rechtsgeschäfts ein Stummer oder sonst am Sprechen Verhinderter als Beteiligter auftritt, so ist, selbst wenn er auch noch taub ist, die Möglichkeit gegeben, daß eine schriftliche Verständigung stattfindet, z. B. dadurch, daß er seine Antworten niederschreibt. In einem solchen Falle ist die Zuziehung eines Dolmetschers nicht erforderlich. Ist aber mit einer solchen Person auch keine schriftliche Verständigung möglich, so fehlt die Möglichkeit, ihre Erklärungen in zuverlässiger Weise zur Kenntnis der bei der Beurkundung Mitwirkenden zu bringen. In einem solchen Falle ist die Zuziehung eines Dolmetschers unerläßlich, u. zw. bei Vermeidung der Nichtigkeit der Beurkundung.

3. Die gedachten Voraussetzungen für die Zuziehung eines Dolmetschers sind als erfüllt anzusehen, sobald der beurkundende Beamte die Überzeugung von ihrem Vorhandensein erlangt hat. Hier gilt das in Anm. 2 zu § 169 Gesagte entsprechend. Ein Irrtum über das Vorhandensein der vorausgesetzten Gebrechen wird selbst bei geringer Aufmerksamkeit kaum vorkommen. Hat sich der Beamte im Irrtum befunden, so schadet das für die Gültigkeit der Beurkundung nichts, u. zw. ebensowenig, wenn er trotz der Gebrechen die Förmlichkeiten des § 178 unbeachtet gelassen, wie selbstverständlich, wenn er trotz teilweiser Abwesenheit der Gebrechen dieselben erfüllt hätte. Vgl. KG. 17. Dezember 1900 in Johow 21 S. A 12 Nr. 4, Rechtspr. d.OLG. 2 S. 202 Nr. 107, eine Entscheidung, die allerdings für den Fall des § 179 ergangen ist.

Hat der Beamte diese Überzeugung gewonnen, so muß er, bei Meidung der Nichtigkeit der Beurkundung, sämtliche im § 178 vorgeschriebenen Förmlichkeiten beobachten.

a) Der beurkundende Beamte muß also einen vereideten Dolmetscher zuziehen. Ob der Dolmetscher gerichtlich oder von einer anderen nach Landesrecht zuständigen Behörde vereidet, ob er im allgemeinen vereidet ist, oder nur für den speziellen Akt, ist einerlei; nur muß die Vereidigung, sofern sie generell stattgefunden hat, die hier in Frage stehende Übertragung mitumfaßt haben. Ein nur für gerichtliche Geschäfte beeidigter Dolmetscher ist hiernach nicht auch für Notariatsakte als beeidigt anzusehen. Vgl. KG. 17. Dezember 1900 a. a. O., 29. Oktober 1900 daselbst Bd. 21 S. 17 Nr. 3, Zus.d.RJAmts 1 S. 203, „Recht" 5 S. 97 Nr. 321. In dem Beurkundungsprotokolle braucht nicht angegeben zu werden, ob der zugezogene Dolmetscher für den besonderen Akt oder im allgemeinen vereidet ist; es genügt die Beurkundung, daß es ein vereideter Dolmetscher war, der zugezogen wurde. Ist dies letztere im Protokolle beurkundet, so übernimmt der beurkundende Beamte die Verantwortlichkeit für die Legalität der Vereidigung; dadurch steht fest, daß die Vorschriften über die Zuziehung eines vereideten Dolmetschers beobachtet sind und es steht keiner anderen Behörde das Recht zu, den als legal befundenen Akt zu beanstanden. KG. 29. Oktober 1900 a. a. O.; vgl. allerdings auch KG. 17. Dezember 1900 a. a. O. — Der beurkundende Beamte kann den Dolmetscher nicht ersetzen. Anders im Falle des § 179 Abs. 1. Die Auswahl des Dolmetschers steht dem beurkundenden Beamten zu. Schneider § 178 Anm. 4. Wegen der Eigenschaften des Dolmetschers vgl. § 180. Ein Verzicht auf die Vereidigung des Dolmetschers ist unzulässig. Vgl. § 9 und oben Anm. 1. Dagegen § 179 Abs. 1.

b) Der beurkundende Beamte muß ferner im Protokolle feststellen, daß er die in Abs. 2 näher bezeichnete Überzeugung gewonnen habe, d. h. vor der Unterschrift aller Beteiligten.

c) Das Protokoll muß vom Dolmetscher genehmigt und unterschrieben werden. Der Dolmetscher gehört zu den „mitwirkenden" Personen im Sinne des § 174 und § 177 Abs. 3; vgl. § 174 Anm. 1 und § 170 Anm. 2. KG. 6. Mai 1901 in Johow 22 S. A 19 Nr. 5. Deshalb erscheint diese Vorschrift als selbstverständlich. Daß der Dolmetscher aber nicht bloß bei der Vorlesung, Genehmigung und Unterzeichnung des Protokolls zugegen sein muß (§ 174), sondern während der ganzen Verhandlung, ergibt sich aus der Natur der Sache; denn er soll ja gerade die Erklärung des Beteiligten vermitteln — Kann der Beteiligte seinen Namen schreiben, so muß er selbstverständlich auch unterschreiben. Vgl. Anm. 4.

4. Nach Abs. 3 bedarf es in dem Falle, daß ein Dolmetscher zugezogen wird, nicht der Zuziehung eines Zeugen, eines Gerichtsschreibers oder eines zweiten Notars, wie es gemäß § 169 der Regel nach der Fall sein würde. Nach dieser Regel müssen gegebenenfalls zwei Zeugen zugezogen werden; wenn Abs. 3 nur von dem Fortfall eines Zeugen spricht, so folgt daraus, daß er den Dolmetscher für einen Zeugen hält und zugleich für einen ausreichenden Ersatzmann des zweiten Zeugen. Der Zuziehung eines (weiteren) Schreibzeugen — vgl. § 177 Abs. 2 und Anm. 5c daselbst — bedarf es nicht, wenigstens nicht für den Beteiligten, dessen Erklärung der Dolmetscher vermittelt. Vgl. Anm. 3 a. E. Anders im Falle des § 179; vgl. daselbst Anm. 4.

Sind mehrere Gebrechliche der in Abs. 1 erwähnten Art beteiligt, so genügt m. E. die Zuziehung nur eines Dolmetschers. A. M. Rausnitz § 178 Anm. 15.

5. Für den Fall, daß mehrere Gebrechen oder Mängel zusammentreffen, z. B. wenn ein Stummer auch taub ist oder auch taub und zugleich blind, sind im Reichsgesetz besondere Vorschriften nicht gegeben. Für einen solchen Fall handelt es sich lediglich darum, aus den vorhandenen, für jedes einzelne Gebrechen ausreichenden, Vorschriften die Folgerungen zu ziehen.; dabei kann dann allerdings unter Umständen in Frage kommen, ob der Beteiligte überhaupt verhandlungsfähig ist.

§ 179.

Erklärt ein Beteiligter, daß er der deutschen Sprache nicht mächtig sei, so muß bei der Beurkundung ein vereideter Dolmetscher zugezogen werden. Der Zuziehung des Dolmetschers bedarf es nicht, wenn der Richter oder der Notar der Sprache, in der sich der Beteiligte erklärt, mächtig ist; die Beeidigung des Dolmetschers ist nicht erforderlich, wenn der Beteiligte darauf verzichtet.

Das Protokoll muß dem der deutschen Sprache nicht mächtigen Beteiligten durch den Dolmetscher oder, wenn ein Dolmetscher nicht zugezogen worden ist, durch den Richter oder den Notar in der fremden Sprache vorgetragen werden und die Feststellung enthalten, daß dies geschehen ist.

Im Protokolle muß festgestellt werden, daß der Beteiligte der deutschen Sprache nicht mächtig ist.

Der Dolmetscher muß das Protokoll unterschreiben.

Eine Beurkundung ist nicht aus dem Grunde unwirksam, weil den Vorschriften des Abs. 1 zuwider die Zuziehung eines Dolmetschers unterblieben ist.

---

1. Zu Abs. 1, 3, 5. Der Eingang des § 179 ist die einzige Stelle des Gesetzes, an welcher die Beschlüsse der Kommission des Reichstags durch dessen Plenum eine Änderung erfahren haben. In der Vorlage an den Reichstag lautete der Eingang des § 175 (jetzt § 179 des Gesetzes): „Ist ein Beteiligter nach der Überzeugung des Richters oder Notars der deutschen Sprache nicht mächtig, so usw.". Entsprechend lautete auch der Abs. 3: „Im Protokolle muß festgestellt werden, daß der Richter oder Notar die Überzeugung gewonnen hat, daß der Beteiligte der deutschen Sprache nicht mächtig ist." Diese Fassung entsprach der in den §§ 169, 178 angewendeten und verfolgte hier wie dort (vgl. § 169 Anm. 2, § 178 Anm. 5) den praktischen Zweck, die Gefahr auszuschließen, daß die Rechtswirksamkeit einer Beurkundung hinterher mit der Behauptung angegriffen werden könne, ein Beteiligter sei entgegen der Annahme des Richters oder Notars der deutschen Sprache nicht mächtig gewesen. In der Sache selbst wollte der Entwurf nicht weiter gehen, als der § 187 GVG., in welchem der Satzteil: „nach der Überzeugung des Richters oder Notars" nicht vorkommt, dessen Eingang vielmehr wie folgt lautet: „Wird unter Beteiligung von Personen verhandelt, welche der deutschen Sprache nicht mächtig sind, so ist ein Dolmetscher zuzuziehen". Um den Anschluß an diesen § 187 GVG. deutlicher zu machen, strich die Kommission des Reichstags den markierten Satzteil im Abs. 1 des § 175 des Entwurfs und formulierte entsprechend auch den Abs. 3 um. Damit Nichtigkeiten möglichst verhütet würden, wurde dann noch der Abs. 5 zugesetzt. Kom.Ber. S. 66 bis 70. — Ein Antrag, dem Eingang des § 175 des Entwurfs die jetzige Fassung des § 179 zu geben, wurde in der Kommission abgelehnt, im Plenum bei der dritten Lesung aber wieder eingebracht und hier angenommen. Der Antrag wollte zum Ausdruck bringen, daß bei der Beurkundung von Rechtsgeschäften die einfache Erklärung eines Beteiligten, er sei der deutschen Sprache nicht mächtig, — einerlei ob diese Behauptung richtig sei oder nicht und ob ihr der beurkundende Richter oder Notar Glauben schenkt oder nicht — genügend sein solle, um die Notwendigkeit der Zuziehung eines Dolmetschers zu begründen, wie dies gemäß den §§ 2244, 2276 BGB. bei Aufnahme von Testamenten und Erbverträgen ebenfalls zutrifft. In diesem Sinne ist die Bestimmung auch von den Regierungsvertretern aufgefaßt, ihre Annahme allerdings bekämpft worden. Den Abs. 3, für den der Abs. 1 in der Fassung, die ihm die Kommission gegeben, die notwendige Voraussetzung bildet, sowie den Abs. 5 zu streichen, ist dabei übersehen worden. Kom.Ber. S. 67, 70; Stenogr. Ber. des Reichstags v. 10. März 1898 S. 1454 ff. Ist also nach dem Gesagten zwar ein Widerspruch zwischen Abs. 1 und Abs. 3 bestehen geblieben, so steht doch auch fest, daß nach der Meinung des Reichstags, die durch den anderen gesetzgebenden Faktor, den Bundesrat akzeptiert erscheint, das Übergewicht auf dem Abs. 1 lastet und somit der Abs. 3 gegenstandslos geworden ist. Vgl. auch Rausnitz § 179 Anm. 4.

a) Hiernach genügt die Erklärung eines Beteiligten, daß er der deutschen Sprache nicht mächtig sei, um den beurkundenden Beamten zu nötigen, einen vereideten Dolmetscher zu der Beurkundung zuzuziehen. Die Feststellung dieser Erklärung im Protokoll ist erforderlich und genügend. So auch Dorner § 179 Anm. 2, 6, Fuchs § 179 Anm. 3d, Rausnitz § 179 Anm. 4, Schneider § 179 Anm. 1, Schultze-Görlitz § 179 Anm. 1, Weißler § 179 Anm. 3 und in der Zeitschr. d. d. Not. Ver. 1902 S. 24, Dudek in DJZ. 4 S. 152ff., Fuchs im ZentrBl. 1 S. 685ff. In diesem Sinne hat auch das KG. 7. Mai 1900 — vgl. Rechtspr.d.OLG. 1 S. 408 Nr. 254 — entschieden. A. M. Birkenbihl § 179 Anm. 4, Dronke § 179 Anm. 1 und in der DJZ. 6 (1901) S. 495ff., Eccius in Gruchot 43 S. 296ff., 537, Bd. 45 S. 177. Diese halten die protokollarische Feststellung in der Form des Abs. 3 für erforderlich bei Meidung der Nichtigkeit der Beurkundung. — Ist der beurkundende Richter oder Notar von der Richtigkeit der von dem Beteiligten abgegebenen Erklärung überzeugt, so steht natürlich nichts im Wege, daß er eine dem entsprechende Feststellung gemäß Abs. 3 im Protokolle vornimmt. Ist er aber gegenteiliger Ansicht, so würde er pflichtwidrig handeln, wenn er eine solche Feststellung vornehmen würde. Deswegen ist, wenigstens im letzteren Falle, eine andere Feststellung als die, daß der Beteiligte „erklärt" habe, der deutschen Sprache nicht mächtig zu sein, nicht angängig und auch für andere Fälle nicht zu empfehlen; insbesondere gilt dies von der von Rausnitz, § 179 Anm. 4 a. E., aufgestellten Formel: „Es wird auf Grund der vom X. abgegebenen Erklärung festgestellt, daß derselbe der deutschen Sprache nicht mächtig ist".

b) Liegt die Erklärung eines Beteiligten, der deutschen Sprache nicht mächtig zu sein, vor, so muß der Richter oder Notar ohne weitere Nachprüfung die Beurkundung vornehmen; würde er sie ablehnen, so könnte er gemäß § 839 BGB. ersatzpflichtig werden. Es gilt indessen, sobald sich herausstellt, daß der Beteiligte offenbar zur Chikane sich der deutschen Sprache nicht bedienen will, obgleich er ihrer vollkommen mächtig ist, das in Anm. 5 Abs. 2 zu § 177 Gesagte entsprechend auch hier. So auch Dudek in der DJZ. 4 (1899) S. 152ff., Fuchs § 179 Anm. 2, 3h; vgl. auch Rausnitz § 179 Anm. 4.

c) Wenn auf Grund der Erklärung eines Beteiligten, der deutschen Sprache nicht mächtig zu sein, der Richter oder Notar zur Beurkundung schreitet, so „muß" er einen vereideten Dolmetscher zuziehen, sofern er nicht selbst der fremden Sprache, in der sich der Beteiligte erklärt, mächtig ist (vgl. dazu unter d). In betreff der Vereidigung des Dolmetschers gilt das in Anm. 3a zu § 178 Gesagte mit der Maßgabe, daß hier gemäß Abs. 1 Satz 1 Halbsatz 2 der Beteiligte auf die Beeidigung des Dolmetschers verzichten kann. Sind mehrere Beteiligte vorhanden, die der deutschen Sprache nicht mächtig sind, und sich verschiedener fremder Sprachen bedienen, so bedarf es nur eines Dolmetschers, wenn er für die Übertragung aus den verschiedenen fremden Sprachen vereidet ist. In diesem Falle müssen die mehreren Beteiligten verzichten, wenn eine Vereidigung des Dolmetschers unterbleiben soll. — Die Auswahl des Dolmetschers steht dem beurkundenden Beamten zu. Schneider § 178 Anm. 4. Über die Eigenschaften des Dolmetschers vgl. § 180.

d) Der Zuziehung eines Dolmetschers bedarf es nicht, wenn der beurkundende Beamte selbst der Sprache mächtig ist, in der sich der Beteiligte erklärt, bzw. wenn er in dem eben erwähnten Falle der mehreren fremden Sprachen mächtig ist. Der Feststellung im Protokolle, aus welchem Grunde die Zuziehung eines Dolmetschers unterblieben ist, bedarf es nicht. So Landger. Beuthen 19. Juli 1900 im „Recht" 4 (1900) S. 401 Nr. 364. Ob der beurkundende Beamte trotz seiner Kenntnis der fremden Sprache doch einen Dolmetscher zuziehen will, hängt von seinem pflichtmäßigen Ermessen ab. Rausnitz § 179 Anm. 5. Es kommt nur auf die Sprachkenntnis des beurkundenden Beamten an; ob die Hilfspersonen, Gerichtsschreiber, Zeugen rc. ebenfalls der fremden Sprache mächtig sind oder nicht, ist unerheblich. Auch ist es unerheblich, ob ein weiterer Beteiligter der Sprache des sprachfremden Beteiligten mächtig ist.

e) Nach Abs. 5 soll eine Beurkundung nicht deshalb unwirksam sein, weil den Vorschriften des Abs. 1 zuwider die Zuziehung eines Dolmetschers unterblieben ist. Aus der oben mitgeteilten Entstehungsgeschichte der jetzigen Fassung des § 179 geht hervor, daß diese Schutzvorschrift gegen eine Nichtigkeit aufgestellt werden sollte für den Fall, daß der beurkundende Beamte sich in seiner Ansicht über die Fähigkeit bzw. Unfähigkeit eines Beteiligten in Ansehung der deutschen Sprache geirrt habe, daß er also in der Annahme, der Beteiligte sei der deutschen Sprache mächtig, fehlgegangen und auf Grund dieser unrichtigen Annahme die Zuziehung eines Dolmetschers unterlassen habe. In diesem beschränkten Sinne hat auch das KG. 17. Dezember 1900 in Johow 21 S. A 12 Nr. 4, Rechtspr.d.OLG. 2 S. 202 Nr. 107 den Abs. 5 aufgefaßt und die Ansicht mißbilligt, daß die gesamte Vorschrift über die Notwendigkeit der Heranziehung eines Dolmetschers auch dann unwesentlich und für die Wirksamkeit der Beurkundung als einer öffentlichen unerheblich sei, wenn der beurkundende Richter oder Notar gleichzeitig feststellt, daß der Beteiligte der deutschen Sprache nicht mächtig ist.

f) Die Vorschrift des Abs. 1 geht nicht soweit, wie ein Antrag in der Reichstagskommission beabsichtigte, daß auch die Behauptung eines Beteiligten, ein anderer Beteiligter sei der deutschen Sprache nicht mächtig, genügen soll, um die Zuziehung eines Dolmetschers notwendig zu machen. — Der Mangel des Hinweises eines Beteiligten, daß er der deutschen Sprache nicht mächtig sei, enthebt den beurkundenden Beamten nicht der Notwendigkeit, dennoch einen Dolmetscher zuzuziehen, sofern er die Überzeugung erlangt, daß der Beteiligte der deutschen Sprache nicht mächtig ist und wenn es ihm selbst an der Fähigkeit gebricht, den Dolmetscher zu ersetzen. Das ist aber nicht so zu verstehen (wie Rausnitz § 179 Anm. 13 es auffaßt), als könne der beurkundende Beamte gegen den Willen des Beteiligten verfahren. Es hat vielmehr als selbstverständlich zu gelten, daß ein Beteiligter nicht zu verhandeln braucht, wenn gegen seinen Willen ein Dolmetscher zugezogen wird, daß er aber auch keine Verhandlung und Beurkundung ohne Dolmetscher verlangen kann, wenn er selbst sich nicht ausreichend sachgemäß verständlich machen kann.

2. **Zu Abs. 2.** Das Protokoll ist in deutscher Sprache abzufassen (§ 175). Ein Nebenprotokoll d. h. ein Protokoll in der fremden Sprache aufzunehmen, wie dies vor Erlaß des sog. Sprachengesetzes v. 20. August 1876 für einen Teil Preußens vorgeschrieben war, ist nicht erforderlich. Mit dem Protokoll ist geradeso zu verfahren, wie es sonst die Regel verlangt. Es muß also in deutscher Sprache vorgelesen werden, u. zw. auch dem Dolmetscher als mitwirkender Person vorgelesen werden bei Meidung

der Nichtigkeit. KG. 6. Mai 1901 in Johow 22 S. A 19 Nr. 5. Außerdem muß das Protokoll dann noch in Gemäßheit des Abs. 2 in der fremden Sprache vorgetragen werden. Und daß letzteres geschehen, muß im Protokoll festgestellt werden; und auch dieses ist als Teil des Protokolls vorzulesen.

3. **Zu Abs. 4.** Der Dolmetscher gehört zu den mitwirkenden Personen. KG. 6. Mai 1901 in Johow 22 S. A 19 Nr. 5; dagegen KG. 11. Februar 1901 in Rechtspr.d.OLG. 3 S. 253 Nr. 67; vgl. § 174 Anm. 1 und § 170 Anm. 2. Die Vorschrift des Abs. 4 versteht sich demnach gemäß § 177 von selbst.

4. Der Dolmetscher ersetzt nicht den Gerichtsschreiber, einen Zeugen oder den Notar, falls der Sprachfremde taub oder blind oder sonst gebrechlich oder schreibensunfähig ist und deshalb eine solche Hilfsperson zugezogen werden muß; diese Hilfspersonen können nicht zugleich Dolmetscher sein. So wenigstens für den Fall der Testamentserrichtung KG. 11. Februar 1901 in Johow 21 S. A 219 Nr. 55. Josef Lehrb. S. 425 ff. A. M. Weißler § 179 Anm. 2c. — Anders im Falle des § 178; vgl. daselbst Anm. 4.

§ 180.

Auf den Dolmetscher finden die nach den §§ 170 bis 173 für einen Zeugen geltenden Vorschriften entsprechende Anwendung.

Es handelt sich in den §§ 170 bis 173 um die Gründe, welche den Zeugen von der Mitwirkung an der Beurkundungsverhandlung ausschließen. Auf den Dolmetscher finden sie Anwendung, weil derselbe nicht bloß passiv, sondern sogar handelnd mitwirkt. — Eine Ablehnung des Dolmetschers durch einen Beteiligten ist ebensowenig wie bei anderen mitwirkenden Personen zugelassen; § 6. Rausnitz § 180 Anm.

§ 181.

Bei der gerichtlichen oder notariellen Beurkundung von Versteigerungen gelten Bieter nicht als Beteiligte; ausgenommen sind solche Bieter, die an ihr Gebot gebunden bleiben. Entfernt sich ein solcher Bieter vor dem Schlusse der Verhandlung, so genügt an Stelle seiner Unterschrift die Angabe des Grundes, aus welchem sie unterblieben ist.

---

1. In dem **§ 181** handelt es sich um eine vereinzelte Bestimmung in bezug auf die Art und Weise der Beurkundung von Versteigerungen. Was die Zuständigkeit von Richter und Notar zur Beurkundung von Versteigerungen anlangt, so gilt insoweit dasselbe, was für die Zuständigkeit zur Beurkundung von Rechtsgeschäften überhaupt gilt, und was die Notwendigkeit einer gerichtlichen oder notariellen Beurkundung betrifft, so gelten auch hierfür die allgemeinen Regeln.

Die Vorschrift findet Anwendung auf die Versteigerung von Grundstücken sowohl als auch von beweglichen Sachen, auf die öffentliche (§ 383 Abs. 3 BGB.) wie auf die nichtöffentliche Versteigerung. Sie bezieht sich aber nur auf die Beurkundung freiwilliger Versteigerungen, erleidet also keine Anwendung auf die Zwangsversteigerung, insbesondere nicht auf die drei besonderen Fälle des dritten

Abschnitts (§§ 172 bis 184) des Gesetzes über die Zwangsversteigerung und Zwangsverwaltung v. 24. März 1897. In Ansehung derselben, namentlich des dort (§§ 180 bis 184) behandelten Falles der Versteigerung zum Zwecke der Aufhebung einer Gemeinschaft, ist aber festzuhalten, daß sie auch im Wege freiwilliger Versteigerung erfolgen können, wenn die Teilhaber einig sind.

2. **Zu Satz 1.** Diese Vorschrift will nur klarstellen, daß, wenn eine gerichtliche oder notarielle Beurkundung einer Versteigerung stattfindet, nur diejenigen Bieter als Beteiligte im Sinne des zehnten Abschnitts dieses Gesetzes (§ 168) anzusehen sind, welche an ihr Gebot gebunden bleiben. An ihr Gebot gebunden bleiben diejenigen Bieter, deren Gebot nicht infolge Abgabe eines Übergebots erlischt; auch sie werden frei, wenn die Versteigerung ohne Erteilung des Zuschlags geschlossen wird (§ 156 BGB.), sofern nicht in den Versteigerungsbedingungen der Zeitpunkt, bis zu welchem der Zuschlag erteilt sein muß, weiter hinausgeschoben ist. Unter den verschiedenen rechtlichen Bedeutungen, welche das Ausgebot bei einer Versteigerung haben kann, hat das BGB. gemäß § 156 dahin entschieden, daß es lediglich die Bedeutung einer Aufforderung zur Stellung von Vertragsanträgen hat und daß der Vertrag mithin erst durch den Zuschlag zustande kommt. Unter Zuschlag versteht aber das BGB. nicht den letzten Aufruf des Meistgebots, sondern die Erklärung des Veräußerers, daß er dieses Meistgebot akzeptiere.

Auf diejenigen Bieter, welche hiernach als Beteiligte im Sinne des zehnten Abschnitts gelten, finden selbstverständlich alle für Beteiligte geltenden Vorschriften der §§ 168ff. Anwendung, soweit nicht die Ausnahmevorschrift des Satzes 2 platzgreift; auf Bieter, die nicht an ihr Gebot gebunden bleiben, finden die Vorschriften dagegen keine Anwendung. Daraus folgt, daß der Richter oder Notar nicht schlechthin von der Beurkundung einer Versteigerung ausgeschlossen ist, wenn eine Person, zu der er in einem Verhältnisse der im § 170 Nr. 2, 3 bezeichneten Art steht, sich als Bieter an der Versteigerung beteiligt, sondern nur dann, wenn sie an ihr Gebot gebunden bleibt.

3. **Zu Satz 2.** Werden bei einer Versteigerung mehrere Gegenstände gegen mehrere Meistgebote versteigert, so kommt wegen Verlesung, Genehmigung und Unterschreibung des Protokolls das in Anm. 1 Abs. 2 zu § 177 Gesagte entsprechend zur Anwendung. Es genügt, wenn die Unterschrift an der Stelle des Protokolls geleistet wird, an der das Meistgebot des unterschreibenden Bieters verzeichnet steht. — Aus dem in Anm. 2a Abs. 2 zu § 177 erwähnten Grunde glaubte die Reichstagskommission noch weiter gehen zu sollen, als der dort mitgeteilte Antrag beabsichtigte. Der Neigung der Ansteigerer, sich, auch ohne Unterschrift geleistet zu haben, zu entfernen, Rechnung tragend, fügte sie, um die aus der mangelnden Unterschrift sich ergebende Nichtigkeit der Beurkundung zu verhüten, den Satz 2 des § 181 ein. Danach wird die Unterschrift eines Meistbietenden, der sich vor Schluß der Verhandlung entfernt hat, durch die Angabe des Grundes, aus welchem sie unterblieben ist, also wegen Abwesenheit, ersetzt. Der Zweck dieser Vorschrift, so sagt die Mehrzahl der Kommentare, würde aber verfehlt sein, wenn man nicht weiter annehmen wollte, daß diese Angabe auch die Verlesung und Genehmigung (§ 177 Satz 1) ersetze. Das erscheint nicht korrekt. Es ist vielmehr in der Abgabe eines Gebots die Genehmigung der vorher vorgelesenen Versteigerungsbedingungen zu erblicken und die Angabe des Meistgebots sowie des Meistbietenden enthält dann diese Feststellung. So Dronke § 181 Anm. 3, Fuchs § 181 Anm. 3. — Beruht die Entfernung des Meistbietenden oder auch nur der

Mangel seiner Unterschrift auf einer Weigerung, die Unterschrift zu vollziehen, so trifft Vorstehendes nicht zu; eine Verweigerung der Unterschrift ist als Bestreiten der Verpflichtung aufzufassen. Kom.Ber. S. 72. Weißler, § 181 Anm. 3, steht mit seiner Ansicht allein, daß die Angabe des Grundes für das Fehlen der Unterschrift auch die verweigerte Unterschrift ersetze, weil der Fall der Entfernung vor Schluß der Verhandlung bei Unterschriftsverweigerung stets vorliege und weil sonst bei Grundstücksversteigerungen es kein Mittel gäbe, den Ersteher zur Einhaltung seiner Verpflichtung zu zwingen. Letzteres erscheint richtig, da wohl kaum auf dem Wege des § 888 oder wie Dorner § 181 Anm. 4 meint des § 894 ein Zwang gegen den weigernden Meistbietenden durchgeführt werden kann. Weigert sich der Meistbietende, zu unterschreiben, so ist das Protokoll, soweit es ihn betrifft, nichtig: Fuchs § 181 Anm. 4. Das ist aber zufolge des § 313 auch bei Verkäufen von Grundstücken der Fall, die in anderer Form als der einer Versteigerung stattfinden. Das erstere aber kann nicht als richtig zugegeben werden; keinenfalls hat ein Meistbietender, der sich vor Schluß der Verhandlung ohne Abgabe seiner Unterschrift entfernt, stets die Absicht, damit auszudrücken, er verweigere die Unterschrift.

§ 182.

Die Ausfertigung der Protokolle über die gerichtliche Beurkundung eines Rechtsgeschäfts ist von dem Gerichtsschreiber zu unterschreiben und mit dem Gerichtssiegel zu versehen.

Auf Antrag können die Protokolle auch auszugsweise ausgefertigt werden.

---

1. Der § 182 regelt die Form, in welcher die Protokolle über die gerichtliche Beurkundung eines Rechtsgeschäfts für die Beteiligten auszufertigen ist. Unter Ausfertigungen versteht das Gesetz in Übereinstimmung mit dem herrschenden Sprachgebrauche solche Abschriften und Auszüge, welche bestimmt sind, die bei den Gerichtsakten verbleibende Urschrift im Verkehre zu ersetzen. Ihre Vorlegung hat dieselben Wirkungen, wie die Beibringung der Urschrift, während die Vorlegung einer gewöhnlichen beglaubigten Abschrift vielfach, z. B. wenn es sich um den Nachweis einer Vollmacht handelt, nicht genügt; KG. 31. Juli 1900 in Zus.d.RJAmts 1 S. 130. Ein Bedürfnis, eine entsprechende Vorschrift für die Ausfertigung notarieller Protokolle aufzunehmen, ist nicht anerkannt worden, da es in der Natur der Sache liege daß hier die Ausfertigungen von dem Notar unterschrieben und mit seinem Dienstsiegel versehen würden. Denkschr. S. 90. S. auch ZentrBl. 1 S. 363 Nr. 108.

2. Die „Ausfertigung" eines Protokolls unterscheidet sich von der „beglaubigten Abschrift" dadurch, daß die erstere den „Ausfertigungsvermerk", die letztere den „Beglaubigungsvermerk" aufweist, womit nicht gesagt sein soll, daß gerade die entsprechenden Ausdrücke gebraucht sein müssen. In dieser Richtung ist im Gesetze nichts bestimmt. Beides sind Vermerke, durch welche die Übereinstimmung mit der Hauptschrift bezeugt wird. Die näheren Ausführungsvorschriften sind den Landesgesetzgebungen überlassen. Siehe weiter Anm. 5 und oben § 85 Anm. 2.

3. Es handelt sich hier nur um die Ausfertigung gerichtlicher Protokolle über die Beurkundung eines Rechtsgeschäfts. Zuständigkeit und Form über die Ausfertigung gerichtlicher Verfügungen bestimmen sich nach den Landesgesetzen.

Unter Protokoll ist hier im Sinne des § 182 der vollständig fertige urkundliche Akt zu verstehen. RG. 20. Februar 1902 im „Recht" 6 S. 210 Nr. 994.

4. Die Ausfertigung ist von dem Gerichtsschreiber zu unterschreiben. Damit ist an sich nichts über die Zuständigkeit entschieden, soweit in Frage kommt, welchem Gericht der Gerichtsschreiber angehören muß. Eine Streitfrage hat indessen in dieser Richtung nur in betreff des in Anm. 2 a. E. zu § 2 erwähnten Falles entstehen können. Zuständig ist der Gerichtsschreiber desjenigen Gerichts, bei dem die Urschrift des Protokolls verwahrt wird; denn die Ausfertigung ist von der Urschrift zu entnehmen. — Eine beglaubigte Abschrift kann dagegen von jeder reichs- oder landesgesetzlich für Beglaubigungen zuständig erklärten Stelle, der die Urschrift, die Ausfertigung, die beglaubigte oder einfache Abschrift eines Schriftstücks vorgelegt wird, erteilt werden. Birkenbihl § 182 S. 3a, Dorner Anm. 1b.

5. Über die Form der Ausfertigung ist reichsgesetzlich nur bestimmt, daß der Gerichtsschreiber sie zu unterschreiben und mit dem Gerichtssiegel zu versehen hat. Im übrigen hat die Landesgesetzgebung das nähere zu bestimmen. Wegen der Unterschrift des Beamten vgl. § 177 Anm. 6. Das Gerichtssiegel ist zu unterscheiden von dem Gerichtsstempel, wie § 183 Abs. 3 ergibt. Dieser Unterschied ist darin zu finden, daß das erstere in dem Abdruck des Siegelzeichens — d. h. des Zeichens, welches der Beamte mit dem dazu bestimmten von der Staatsgewalt verliehenen oder zugelassenen Werkzeuge der Urkunde beifügt — in einem mit der Urkunde verbundenen weichen, selbständigen Stoff (Lack, Oblatenstoff u. dgl.), der letztere in dem mittels Farbstoffs oder unmittelbar mittels Presse auf oder in das Urkundpapier erfolgten Abdruck des Siegels besteht. KG. 2. April 1900 in Johow 20 S. A 14 Nr. 4, Rechtspr.d.OLG. 1 S. 96 Nr. 52, Seuff.Arch. 56 S. 118 Nr. 68. Vgl. dagegen Seuff.Bl.f.RA. 1900 S. 501 (nach Soergel 1900/01 S. 640), woselbst dieser Unterschied nicht anerkannt wird. S. auch im „Recht" 4 (1900) S. 171 ff., 195, 210 ff., 258 ff. Vgl. ferner dazu die Vorschriften der einzelnen Bundesstaaten über die Siegelung der Urkunden der freiwilligen und der streitigen Gerichtsbarkeit von Klein im „Recht" 5 (1901).

6. Nach Abs. 2 können auf Antrag Protokolle auch auszugsweise ausgefertigt werden. Diesen Abs. hat die Reichstagskommission beigefügt, um zu ermöglichen, aus umfangreichen Urkunden, z. B. über Erbteilungen, Auszüge zu bestimmten Zwecken auszufertigen. Kom.Ber. S. 73. Welche Form solche Auszüge haben müssen, ist nicht bestimmt; das zu bestimmen, ist der Landesgesetzgebung überlassen. Man wird verlangen müssen, daß der Auszug in sich eine vollständige Urkunde für den bestimmten Zweck darstellt, so daß also in die Ausfertigung alle solche Teile des Protokolls, welche die Beobachtung der Förmlichkeiten nachweisen, sowie diejenigen Teile aufzunehmen sind, welche den Gegenstand betreffen, auf den sich der Auszug beziehen soll. So bestimmt auch das preuß. Gesetz über die freiw. Ger. in Art. 47. Wesentliche Förmlichkeiten dürfen unter keinen Umständen weggelassen werden. Das ist aber durch Abs. 2 auch nicht ausgesprochen. KG. 20. Januar 1902 in Rechtspr. d.OLG. 5 S. 287 Nr. 57b.

7. Darüber, wer eine Ausfertigung verlangen kann und wie viele Ausfertigungen erteilt werden dürfen, fehlt es an reichsgesetzlichen Vorschriften. Hier können die Landesgesetze ergänzend eingreifen. In Preußen sind in ersterer Beziehung diejenigen für berechtigt erklärt, welche das Rechtsgeschäft vorgenommen haben oder in deren Namen es vorgenommen worden ist, sowie die Rechtsnachfolger derselben; in

letzter Beziehung ist die Bestimmung dem Richter vorbehalten. Dies gilt auch in Ansehung des Umfangs einer auszugsweisen Ausfertigung. Art. 47, 49, 51 des preuß. Ges. über die freiw. Ger.

§ 183.

Die gerichtliche oder notarielle Beglaubigung einer Unterschrift darf nur erfolgen, wenn die Unterschrift in Gegenwart des Richters oder des Notars vollzogen oder anerkannt wird.

Die Beglaubigung geschieht durch einen unter die Unterschrift zu setzenden Vermerk. Der Vermerk muß die Bezeichnung desjenigen, welcher die Unterschrift vollzogen oder anerkannt hat, enthalten und den Ort und den Tag der Ausstellung angeben sowie mit Unterschrift und Siegel oder Stempel versehen sein.

Diese Vorschriften finden auf die gerichtliche oder notarielle Beglaubigung eines Handzeichens entsprechende Anwendung.

---

1. Der § 183 regelt die Voraussetzungen und das Verfahren für die gerichtliche und notarielle Beglaubigung von Unterschriften und Handzeichen. Über Zuständigkeit vgl. die Vorbemerkung zu diesem Abschnitt und § 167 sowie die Anmerkungen zu dem letzteren.

2. Über Unterschrift und Handzeichen s. § 177 Anm. 2d. Das dort Gesagte gilt auch hier. Es kann nur die Unterschrift von physischen Personen beglaubigt werden, nicht dagegen von Vereinen, Gesellschaften, juristischen Personen. Wird namens einer solchen Vereinigung eine Unterschrift abgegeben, so geschieht dies durch einen Vertreter, dessen Unterschrift sodann beglaubigt wird. Für die Beglaubigungen kommen aber die für den Handelsverkehr gegebenen besonderen Normen (§§ 6, 17, 29 HGB.) ebenfalls in Betracht; vgl. § 185 in Verbindung mit Art. 32 Einf.Ges.z.BGB. Danach ist es zulässig, daß die Erklärung einer offenen Handelsgesellschaft von einem vertretungsberechtigten Gesellschafter mit der Firma der Gesellschaft gezeichnet und diese Zeichnung als von jenem Gesellschafter herrührend öffentlich beglaubigt wird. KG. 12. November 1900 in Johow 21 S. A 103 Nr. 22. Vgl. insbesondere Kockerols in der Zeitschr. d. d. Not. Ver. 1 S. 354ff., Franz daselbst 4 S. 65ff. Da ein mittels Stempel oder auf sonstigem mechanischen Wege hergestellter Namenszug nicht als Unterschrift im Sinne des Gesetzes gilt (§ 177 Anm. 2d), so kann auch nicht eine Beglaubigung eines solchen stattfinden.

Das Handzeichen kann in einem beliebigen Zeichen bestehen; drei Kreuze sind üblich, aber durchaus nicht allein zulässig. Es ist nicht verboten, daß ein Beteiligter bei verschiedenen Unterzeichnungen verschiedene Handzeichen gebraucht.

3. Die Beglaubigung einer Unterschrift bzw. eines Handzeichens ist keine Beurkundung von Rechtsgeschäften, auch nicht von Tatsachen, sondern nur ein Zeugnis über eine Tatsache, die amtliche urkundliche Feststellung der Urheberschaft einer bestimmten Person in Ansehung einer bestimmten Namensschrift bzw. eines bestimmten Handzeichens. Deswegen finden auf die Beglaubigung auch die Vorschriften der §§ 168 bis 182 über die Beurkundung von Rechtsgeschäften keine Anwendung. Für den beglaubigenden Beamten bleibt eine etwaige Willenserklärung, die über dem

Namenszug bzw. dem Handzeichen sich befindet, außer Betracht. Manche Landesgesetze, z. B. preuß. Gesetz über die freiw. Ger. Art. 60, verbieten sogar dem beurkundenden Beamten von der etwa vorhandenen Willenserklärung ohne Erlaubnis der Beteiligten Kenntnis zu nehmen. Im Gegensatz dazu verpflichtet Art. 35 des Bayer. Not. Ges. den Notar dazu Kenntnis zu nehmen, und er ist zur Ablehnung berechtigt und veranlaßt, wenn ihm die Einsichtnahme von den Beteiligten verweigert wird. Ähnlich Sachsen. Beabsichtigt derjenige, dessen Unterschrift bzw. Handzeichen beglaubigt werden soll, daß auch bezeugt werden solle, er habe sich zu dem Inhalt der darüber befindlichen Erklärung bekannt, so kann dies nicht im Wege der einfachen Beglaubigung, muß vielmehr im Wege der Beurkundung in Gemäßheit des § 176 geschehen. Vgl. dazu Beschluß des RG. v. 10. März 1884 in Bd. 13 S. 330 f.

Danach könnte es nicht für unzulässig erachtet werden, ein sog. Blankett, d. h. eine Unterschrift bzw. ein Handzeichen ohne darüber stehende Erklärung, zu beglaubigen. Indessen gehen hierüber die Meinungen auseinander. Birkenbihl § 183 Anm. 2, Dorner § 183 Anm. 2a, Schultze-Görlitz § 183 Anm. 3 halten dies Verfahren für unzulässig, soweit nicht der Blanko-Unterschrift wie z. B. nach der Wechselordnung selbständige Bedeutung zukommt; doch nehmen sie an dem Offenbleiben einzelner Stellen der Erklärung, z. B. zur Einfügung des Namens eines Bevollmächtigten, keinen Anstoß. Die übrigen Kommentatoren halten es für zulässig. — Die praktische Bedeutung der Frage, die von großer Tragweite ist, zeigt sich darin, inwieweit einer rechtsgeschäftlichen Erklärung die nachträglich über die beglaubigte Unterschrift bzw. das beglaubigte Handzeichen gesetzt worden ist, rechtliche Wirksamkeit zukommt. Die Mot. 1 S. 185 erklären es für die Frage der Formrichtigkeit für belanglos, ob die Unterschrift zeitlich der Sonderschrift des Urkundtextes nachfolgt oder vorausgeht (Blankett). Der Wortlaut des § 129 BGB. Satz 1: „Ist durch Gesetz für eine Erklärung öffentliche Beglaubigung vorgeschrieben, so muß die Erklärung schriftlich abgefaßt und die Unterschrift des Erklärenden von der zuständigen Behörde . . . beglaubigt werden" scheint dagegen zu sprechen, läßt sich aber wohl noch damit vereinigen. Das Kammergericht, das für das alte Recht die Blankettbeglaubigung für unzulässig erachtet hat (Johow 9 S. 76, Bd. 14 S. 108), scheint auf diesem Standpunkt beharren zu wollen. Wenigstens hat es die Frage, ob der Grundbuchrichter annehmen darf, daß durch eine unter eine fertige Urkunde von bestimmtem Inhalte gefertigte und beglaubigte Unterschrift auch ein nach seiner Kenntnis nachträglich eingefügter Zusatz mitgedeckt werde und dieser Zusatz also als öffentlich beglaubigt zu gelten habe, nach formalem Grundbuchrecht verneint. KG. 1. April 1901 in Zus. d. RJAmts 2 S. 101 ff., Johow 22 S. A 125 Nr. 27, Rechtspr. d. OLG. 3 S. 306 Nr. 78d, ferner 12. September 1903 in Rechtspr. d. OLG. 7 S. 336. In demselben Sinne Hüther in der DJZ. 8 (1903) S. 292. Dagegen Josef, Lehrb. S. 432 ff., Ztschr. d. d. Not. Ver. 1903 S. 545 ff., Franck in der DJZ. 7 (1902) S. 198. S. auch noch Ztschr. d. d. Not. Ver. 1901 S. 438, 1904 S. 476 Nr. 15. Nach der angezogenen Kammergerichtsentscheidung bedarf also ein Zusatz, der in eine mit beglaubigter Unterschrift versehene Erklärung nachträglich eingeschaltet wird, einer besonderen Beurkundung bzw. Beglaubigung. Konsequent wäre es, einer ganzen Erklärung, die nachträglich über die beglaubigte Unterschrift bzw. das beglaubigte Handzeichen gesetzt ist, die rechtliche Wirkung zu versagen. Schneider, der offenbar dieser Ansicht ist, drückt seine Meinung wie folgt aus (§ 183 Anm. 3): „Eine Blankounterschrift kann nur dann beglaubigt werden, wenn die Unterschrift für sich allein beglaubigt werden soll (z. B. § 53 Abs. 2 HGB., § 28 Abs. 2 Genoss.Ges.). Wo die Unterschrift zu einer schriftlichen Erklärung gehört und dazu dient, diese zu bestätigen (Form der Schriftlichkeit, § 129 BGB.), kann die Unterschrift ohne die voraufstehende Erklärung nicht beglaubigt werden. Dies ist nur da anders, wo das Gesetz in der Unterschrift als solcher schon die Erklärung sieht; so beim Wechselakzepte." Nach RG. — 18. Februar 1904 in 57 S. 66, Jur.Woch. 1904 S. 196 — sind Blankounterschriften für Privaturkunden zulässig, woraus auch die Zulässigkeit der Beglaubigung einer solchen Blankounterschrift zu folgern ist.

4. Die Voraussetzung für die Vornahme der Beglaubigung ist gemäß Abs. 1 entweder Vollziehung der Unterschrift oder des Handzeichens in Gegenwart des beurkundenden Beamten oder Anerkennung vor demselben. Die Anerkennung muß persönlich erfolgen, kann also nicht durch eine Mittelsperson, einen Bevollmächtigten rc. oder gar brieflich geschehen. Selbst wenn dem zur Beglaubigung berufenen Beamten die Unterschrift derartig bekannt ist, daß für ihn gar kein Zweifel an der Echtheit besteht, darf ohne solche persönliche Anerkennung eine vollzogene Unterzeichnung von ihm nicht beglaubigt werden.

Die Beglaubigung auf Grund der Unterschriftsvollziehung in Gegenwart des Urkundsbeamten und die auf Grund der Anerkennung stehen sich im Rechtsverkehre nicht immer gleich. Für gewisse Unterschriften verlangt das Gesetz, daß sie persönlich vor dem beurkundenden Beamten, der sie beglaubigen soll, vollzogen werden, so für die Firmenzeichnung, die der Kaufmann bei Anmeldung seiner Firma zur Aufbewahrung bei Gericht einreichen soll. Vgl. §§ 12, 29 HGB., die, wie oben Anm. 2 bemerkt, neben dem vorliegenden Gesetze Geltung haben. Eine Beglaubigung auf Grund bloßer Anerkennung genügt also in solchem Falle nicht. RG. 23. März 1903 Bd. 54 S. 168 Nr. 48, RJA. 5 S. 49 ff., Jur.Woch. 1903 S. 183. Vgl. dagegen KG. 8. Dezember 1902 in RJA. 3 S. 192 ff.

Eine Beglaubigung, die unter Nichtbeachtung der Bestimmungen des Abs. 1 vorgenommen ist, ist deshalb nicht ohne weiteres nichtig. Sie verliert allerdings ihre Beweiskraft, wenn feststeht, daß sie ohne die angegebenen Voraussetzungen vorgenommen worden ist. Sie bleibt aber, wo sie als Form vorgeschrieben ist, gültig, so daß eine Erklärung, die unter Verletzung des Abs. 1 beglaubigt ist, wirksam bleibt, wofern nur die Unterschrift überhaupt echt ist. So richtig Rausnitz § 183 Anm. 6. A. M. Jastrow, Formularbuch und Notariatsrecht Anm. 4 zu § 183.

5. Die Beglaubigung geschieht durch einen unter die Unterschrift bzw. das Handzeichen zu setzenden Vermerk (Beglaubigungsvermerk). Damit ist nicht gesagt, daß der Beglaubigungsvermerk der Unterschrift unmittelbar folgen müsse und daß zwischen ihr und dem Vermerke sich keine weitere Niederschrift, z. B. eine Zustimmungs- und Bürgschaftserklärung, finden dürfe. Es darf nur kein Zweifel darüber bestehen, auf welche Unterschrift sich der Vermerk bezieht. OLG. Dresden 3. März 1903 in Rechtspr.d.OLG. 8 S. 378, ZentrBl. 5 (1904) S. 28 Nr. 4. Der Beglaubigungsvermerk deckt eben nur den in ihm bezeichneten Gegenstand. Wird z. B. die Anmeldung einer Firma mit der Firmenzeichnung in ein und demselben Schriftstück vorgenommen, so genügt die alleinige Beglaubigung der am Ende des Schriftstücks stehenden Unterschrift nicht, um auch die nach §§ 12, 29 HGB. gestattete öffentliche Beglaubigung der Firmenzeichnung zu erbringen. Vgl. die oben Anm. 4 Abs. 2 erwähnten Rechtsprechung. Dazu Franz in Zeitschr. d. d. Not. Ver. 1904 S. 65 ff.

6. Form und Inhalt des Beglaubigungsvermerks werden in Abs. 2 Satz 2 und 3 näher bestimmt.

a) Der Vermerk muß die Bezeichnung desjenigen enthalten, welcher die Unterschrift bzw. das Handzeichen vollzogen oder anerkannt hat. Da auf die Beglaubigung die Vorschriften über die Beurkundung keine Anwendung finden (vgl. Anm. 3), insbesondere also auch nicht § 176 Abs. 3, so steht es ganz in dem Ermessen des beglaubigenden Beamten, wie er sich über die Identität der Person Gewißheit verschafft. Aus der Notwendigkeit der Bezeichnung der Person folgt aber von selbst, daß eine Beglaubigung ordnungsgemäß überhaupt nur vorgenommen werden kann und darf, wenn die Identität festgestellt ist und daß daher die Anwendung des § 176 Abs. 3 Satz 2 gänzlich ausgeschlossen ist. Dorner § 183 Anm. 4a, Rausnitz § 183 Anm. 18. — Die Art und Weise, wie die Identität festgestellt worden ist, braucht nicht im Beglaubigungsvermerk aufgenommen zu werden. — Ein Vermerk, lautend: „Vorstehende Unterschrift wird hiermit beglaubigt", ist demnach nicht genügend; er muß vielmehr lauten: „Vorstehende Unterschrift des X Y aus Z wird hiermit beglaubigt".

Ob der beglaubigende Beamte auch die Geschäftsfähigkeit der Person zu prüfen habe, ist nicht unbestritten. Wo nach der Landesgesetzgebung (vgl. Anm. 3) der beglaubigende Beamte von der über der Unterschrift bzw. dem Handzeichen stehenden Erklärung überhaupt nicht Kenntnis zu nehmen hat, ja ohne Zustimmung der Beteiligten nicht nehmen darf, da kann keine Rede davon sein, daß man ihm zumuten darf, zu prüfen, ob die „für die Erklärung" ausreichende Geschäftsfähigkeit vorliegt. Es kann sich also dann nur darum handeln, ob der Beamte die unbeschränkte Geschäftsfähigkeit im allgemeinen zu prüfen hat. Die herrschende Meinung bejaht diese Frage und hält den Beamten für verpflichtet, die Beglaubigung abzulehnen, wenn die unbeschränkte Geschäftsfähigkeit nicht feststeht. M. E. geht das zu weit. So wenig wie die Beurkundung rechtsgeschäftlicher Erklärungen Minderjähriger abgelehnt werden darf, so wenig darf auch die Beglaubigung ihrer Unterschriften bzw. Handzeichen verweigert werden. Dazu vgl. § 176 Anm. 4d. Ergeben sich nur Zweifel an der unbeschränkten Geschäftsfähigkeit, z. B. wegen Minderjährigkeit, so kann der Beamte den Beglaubigungsvermerk nicht ablehnen; er kann seine Gründe in den Vermerk aufnehmen und soll es nach landesgesetzlichen Vorschriften (z. B. Art. 60 des preuß. Ges. über die freiw. Ger.) tun.

b) Der Beglaubigungsvermerk soll ferner den Ort und den Tag der Ausstellung, d. h. der Ausstellung des Vermerks, nicht der Unterzeichnung, angeben. Vgl. dazu Anm. 2a zu § 176. Im Grundbuchverkehr hat der Grundbuchrichter die Legitimation des Erklärenden in jedem Falle für den Beglaubigungstag festzustellen, auch wenn nach dem Zeugnisse des Urkundsbeamten die Unterschrift an einem früheren Tage geleistet oder anerkannt ist. Das heißt also, Beglaubigungsvermerke für Anträge zu Eintragungen im Grundbuche gelten erst vom Tage der Beglaubigung an. KG. 25. Februar 1901 in Johow 21 S. A 276 Nr. 68, Seuff.Arch. 56 S. 341 Nr. 193. Überhaupt erscheint im Rechtsverkehre nur Ort und Zeit der Beisetzung des Beglaubigungsvermerks maßgebend. So auch Rausnitz § 183 Anm. 11, Schneider § 183 Anm. 6. Wenn z. B. der Unterzeichner einer Urkunde vor der erfolgten Unterschriftsbeglaubigung die Vertretungsmacht verliert, in deren Betätigung die zu beglaubigende Unterschrift abgegeben ist, so kann eine wirksame Beglaubigung nicht mehr geschehen, mag auch die Leistung oder Anerkennung der Unterschrift vor dem Verluste der Vertretungsmacht erklärt sein. KG. a. a. O. Sobald der Vertreter, dessen Unterschrift beglaubigt ist, die Vertretungsmacht verliert, darf der beglaubigende Notar nicht mehr durch Einreichung der Urkunden namens des Vertretenen, z. B. behufs Eintragung im Grundbuch, über dieselben verfügen. KG. ebenda.

c) Der Beglaubigungsvermerk muß sodann mit der Unterschrift und dem Siegel oder Stempel des beglaubigenden Beamten versehen sein. Darüber vgl. § 182 Anm. 5.

d) Nicht notwendig ist die Angabe, daß die Unterschrift bzw. das Handzeichen in Gegenwart des beglaubigenden Beamten vollzogen oder anerkannt worden ist. Eine solche Vorschrift enthielt der § 8 des preuß. Notariatsgesetzes v. 15. Juli 1890 und war auch im Entwurfe vorgesehen. Für ihre Beibehaltung wurde besonders hervorgehoben, daß durch die Beglaubigung ein Faktum zu konstatieren, nicht ein Urteil darüber zu fällen sei, ob der attestierende Beamte die Überzeugung gewonnen habe, daß die Unterschrift echt sei. Die Vorschrift verstärke die Schwierigkeit eines gegen die Echtheit unternommenen Beweises. Die Reichstagskommission hat indessen, um alles Überflüssige aus dem Beglaubigungsvermerke zu entfernen, jene Angabe für überflüssig erklärt und danach den Entwurf abgeändert. Kom.Ber. S. 74. Entsprechend hat auch das KG. 2. Juli 1900 in Johow 20 S. A 133 Nr. 35 entschieden.

e) Ein Beglaubigungsvermerk, der den Erfordernissen des Abs. 2 Satz 2 nicht entspricht, macht die Beglaubigung nichtig.

7. Als beglaubigender Beamter fungiert der Richter, nicht, wie bei Ausfertigungen, der Gerichtsschreiber; die gerichtliche Beglaubigung kann auch nicht landesgesetzlich dem Gerichtsschreiber übertragen werden. KG. 3. November 1902 in Johow 25 S. A 11 Nr. 4, Rechtspr.d.OLG. 6 S. 109 Nr. 18d. Bei der notariellen Beglaubigung beglaubigt selbstverständlich der Notar. Wie bereits bemerkt, finden die Vorschriften der §§ 169 bis 182 hier keine Anwendung, daher also auch nicht die Vorschriften der §§ 170, 171 über die Ausschließung des Richters bzw. Notars von der Mitwirkung. An deren Stelle tritt, soweit es sich um den Richter als beglaubigenden Beamten handelt, der § 6 der allgemeinen Vorschriften des ersten Abschnitts und soweit es sich um den Notar in derselben Eigenschaft handelt, kraft des § 200 die Landesgesetzgebung ein. Zugleich aber gilt für jenen auch § 7, so daß eine Beglaubigung wirksam bleibt, auch wenn ein kraft Gesetzes ausgeschlossener Richter die Beglaubigung vorgenommen hat. Das Grundbuchamt hat einen etwaigen Mangel dieser Art nicht zu prüfen. Das gilt im allgemeinen auch nach den einzelnen Landesgesetzen für den Notar, so z. B. nach Art. 84 des preuß. Gesetzes über die freiw. Ger. Danach darf also z. B. ein Grundbuchamt die Eintragung einer Hypothek nicht deshalb beanstanden, weil der Notar, der die Unterschriften der Grundstückseigentümer unter der von ihnen ausgestellten, die Eintragungsbewilligung enthaltenden Schuldurkunde beglaubigt hat, gesetzlicher Vertreter des nach der Urkunde berechtigten Gläubigers ist. KG. 30. April 1900 in Johow 20 S. A 184 Nr. 49.

8. Da die §§ 169 bis 182 keine Anwendung finden, so kann auch der Richter bzw. Notar die Unterschriften tauber, blinder, stummer oder sonst am Sprechen verhinderter Personen, wie auch Sprachfremder beglaubigen, ohne die in den §§ 169, 178, 179 vorgeschriebenen Förmlichkeiten beobachten zu müssen. Es muß dem beglaubigenden Beamten überlassen bleiben, wie er sich mit der betreffenden Person verständigt; bei Stummen und Sprachfremden haben, soweit dabei der Richter als beglaubigender Beamter in Betracht kommt, die §§ 8, 9, und soweit der Notar in

Betracht kommt, die Landesgesetze gemäß § 200 Anwendung zu finden. Bei Blinden wird eine Anerkennung der Unterschrift bzw. des Handzeichens wohl ausgeschlossen sein. Jastrow § 183 Anm. 4.

9. Die Aufnahme eines Protokolls — §§ 175 bis 177 — findet nicht statt.

§ 184.

Für die nach § 167 den Amtsgerichten obliegenden Verrichtungen sind in Ansehung solcher Personen, die zur Besatzung eines in Dienst gestellten Schiffes der Kaiserlichen Marine gehören oder die in anderer Eigenschaft an Bord eines solchen Schiffes sind, auch die Geschwaderauditeure zuständig, solange das Schiff sich außerhalb eines inländischen Hafens befindet. Den Schiffen stehen die sonstigen Fahrzeuge der Kaiserlichen Marine gleich.

Die Ausfertigung der Protokolle über die Beurkundung eines Rechtsgeschäfts ist von dem Auditeur zu unterschreiben und mit dem Gerichtssiegel zu versehen.

Die Vorschriften des Artikel 44 des Einführungsgesetzes zum Bürgerlichen Gesetzbuche bleiben unberührt.

---

1. Für die nach § 167 den Amtsgerichten zustehenden Beurkundungen und Beglaubigungen sind „im Felde" — vgl. § 1 Anm. 3 — außer den Amtsgerichten auch die Kriegsgerichtsräte und Oberkriegsgerichtsräte zuständig und es finden die §§ 168 bis 183 mit der Maßgabe Anwendung, daß die Geschäfte eines Gerichtsschreibers vom Militärgerichtsschreiber versehen werden und daß die Vorschrift des § 173 Nr. 1 außer Anwendung bleibt bei Zeugen, die dem aktiven Heere angehören. §§ 1, 2 des Gesetzes, betreffend die freiw. Ger. 2c. in Heer und Marine, v. 28. Mai 1901 (RGBl. S. 185).

2. Ähnliche Zustände wie „im Felde" für gewisse Personen bestehen für an Bord eines Schiffes sich befindende Personen, solange als das Schiff sich außerhalb eines inländischen Hafens aufhält. Deshalb sind in Ansehung *solcher Personen*, also nicht ganz allgemein, *auch* die Geschwaderauditeure für zuständig erklärt für die nach § 167 den Amtsgerichten obliegenden Verrichtungen. Inländische Amtsgerichte können natürlich nicht in Betracht kommen neben den Geschwaderauditeuren, wohl aber deutsche Konsuln.

An Stelle der *Geschwaderauditeure* sind zufolge § 20 Einf.Ges. zur Militärstrafprozeßordnung v. 1. Dezember 1898 (RGBl. S. 1289) die Kriegsgerichtsräte und Oberkriegsgerichtsräte getreten.

3. Über das *Verfahren*, das die Kriegs- und Oberkriegsgerichtsräte in den Fällen des § 184 anzuwenden haben, ist nichts bestimmt; aber es unterliegt kaum einem Zweifel, daß die §§ 168 bis 183 mit den oben in Anm. 1 Abs. 1 erwähnten und den weiteren aus Abs. 2 des § 184 sich ergebenden Beschränkungen in Anwendung zu bringen sind. Ebenso Dronke § 184 Anm. 2. A. M. Dorner § 184 Anm. 2 und Rausnitz § 184 Anm. 1, die eine Kaiserl. Verordnung über das Verfahren für nötig und angängig halten.

4. Der Art. 44 des Einf.Ges.z.BGB. lautet:

Die Vorschriften des § 44 des Reichsmilitärgesetzes v. 2. Mai 1874 finden entsprechende Anwendung auf Personen, die zur Besatzung eines in Dienst gestellten Schiffes der Kaiserlichen Marine gehören, solange das Schiff sich außerhalb eines inländischen Hafens befindet oder die Personen als Kriegsgefangene oder Geißeln in der Gewalt des Feindes sind, ingleichen auf andere an Bord eines solchen Schiffes genommene Personen, solange das Schiff sich außerhalb eines inländischen Hafens befindet und die Personen an Bord sind. Die Frist, mit deren Ablaufe die letztwillige Verfügung ihre Gültigkeit verliert, beginnt mit dem Zeitpunkt, in welchem das Schiff in einen inländischen Hafen zurückkehrt oder der Verfügende aufhört, zu dem Schiffe zu gehören, oder als Kriegsgefangener oder Geißel aus der Gewalt des Feindes entlassen wird. Den Schiffen stehen die sonstigen Fahrzeuge der Kaiserlichen Marine gleich.

Der § 44 des Reichsmilitärgesetzes läßt besonders erleichterte Formen für letztwillige Verordnungen (privilegierte militärische letztwillige Verfügungen) von Personen des aktiven Heeres in Kriegszeiten und während eines Belagerungszustandes zu. — Durch § 184 Abs. 3 wird klargestellt, daß sich die Zuständigkeit der Marineauditeure für die Beurkundung letztwilliger Verfügungen der im Abs. 1 bezeichneten Personen auch künftig lediglich nach den Vorschriften des Art. 44 des Einf.Ges.z.BGB. in Verbindung mit dem § 44 des Reichsmilitärgesetzes richtet. Die Vorschriften dieses letzteren sind auch durch die Bestimmungen des in Anm. 1 Abs. 1 erwähnten Gesetzes unberührt gelassen.

Elfter Abschnitt.

Schlußbestimmungen.

Die Vorschriften dieses Abschnitts stellen neben § 1 das Verhältnis des Gesetzes zu dem Reichsrechte und den Gesetzen der einzelnen Bundesstaaten fest. In betreff der allgemeinen Gesichtspunkte, welche in dieser Richtung in Betracht kommen, kann auf die Einleitung und die Vorbemerkung zum ersten Abschnitt Bezug genommen werden. In sich ohne Zusammenhang befassen sich die §§ 185 bis 188 mit dem Verhältnis des Gesetzes zum Reichsrechte im allgemeinen und mit der Änderung einzelner Reichsgesetze im besonderen und die §§ 189 bis 200 entsprechend mit dem Landesrechte.

§ 185.

Dieses Gesetz tritt gleichzeitig mit dem Bürgerlichen Gesetzbuch in Kraft.

Die Artikel 2 bis 5, 32 des Einführungsgesetzes zum Bürgerlichen Gesetzbuche finden entsprechende Anwendung.

---

1. Das BGB. trat am 1. Januar 1900 in Kraft.

2. Die Artikel 2 bis 5, 32 des Einf.Ges.z.BGB. lauten:

Art. 2. Gesetz im Sinne des BGB. und dieses Gesetzes ist jede Rechtsnorm.

Art. 3. Soweit in dem BGB. oder in diesem Gesetze die Regelung den Landesgesetzen vorbehalten oder bestimmt ist, daß landesgesetzliche Vorschriften unberührt bleiben oder erlassen werden können, bleiben die bestehenden landesgesetzlichen Vorschriften in Kraft und können neue landesgesetzliche Vorschriften erlassen werden.

Art. 4. Soweit in Reichsgesetzen oder in Landesgesetzen auf Vorschriften verwiesen ist, welche durch das BGB. oder durch dieses Gesetz außer Kraft gesetzt werden, treten an deren Stelle die entsprechenden Vorschriften des BGB. oder dieses Gesetzes.

Art. 5. Als Bundesstaat im Sinne des BGB. und dieses Gesetzes gilt auch das Reichsland Elsaß-Lothringen.

Art. 32. Die Vorschriften der Reichsgesetze bleiben in Kraft. Sie treten jedoch insoweit außer Kraft, als sich aus dem BGB. oder aus diesem Gesetze die Aufhebung ergibt.

a) Zu Art. 2. Die Vorschrift hat nur eine terminologische Bedeutung, indem gesagt ist, daß unter Gesetz nicht nur die staatliche Rechtssatzung, sondern jede Rechtsnorm (also auch Rechtsverordnungen, gemeines Recht) ohne Rücksicht auf deren Entstehungs- und Erkenntnisquelle gemeint ist. Mot. I S. 2, Mot. zum Entw. eines Einf.Ges.z.BGB. zu Art. 2 S. 64. Vgl. oben § 27 Anm. 4b.

b) Zu Art. 3. Die Vorschrift des Art. 3 soll die Bedeutung der Formeln außer Zweifel stellen, welche in dem BGB. und in dem Einf.Ges. zu demselben bei Aufstellung der Vorbehalte zugunsten der L a n d e s g e s e t z e verwendet worden sind. Die besondere Feststellung dieser Bedeutung ist für erforderlich erachtet worden, weil ihr Gebrauch in früheren Reichsgesetzen ohne eine solche besondere Verdeutlichung Mißverständnisse nicht vermieden hat und das Reichsgericht sich mehrfach mit dem Sinne der Ausdrucksweise, daß landesgesetzliche Vorschriften „unberührt bleiben" zu befassen hatte (RG. 7 S. 348 Nr. 105, S. 399ff. Nr. 121). Vgl. Mot. zum Einf.Ges.z.BGB. zu Art. 3 S. 64. Nach Art. 3 bedeuten die Ausdrücke „bleiben unberührt" (§ 190, § 191 Abs. 1, §§ 192, 193, § 198 Abs. 1) und „können erlassen werden" (§ 191 Abs. 2, §§ 195, 197, 199 Abs. 1, § 200 Abs. 1), daß landesgesetzliche Vorschriften, welche das Gebiet des vorliegenden Gesetzes betreffen (vgl. Einleitung, Vorbemerkung 1 zum ersten Abschnitt und Anm. 1 zu § 1), bestehen bleiben und neu erlassen werden können. Durch diese Vorschrift wird der Landesgesetzgebung die Befugnis gewährt, in den bezeichneten Punkten eigene Wege zu gehen, namentlich in Ansehung der Zuständigkeit; im allgemeinen ist aber durch § 194 dafür gesorgt, daß die allgemeinen Vorschriften trotzdem im wesentlichen zur Anwendung kommen. Wenn in § 200 Abs. 1 der Landesgesetzgebung sodann noch die Befugnis zugestanden wird, Ergänzungs- und Ausführungsbestimmungen zu erlassen, auch soweit dieses Gesetz keinen besonderen dahingehenden Vorbehalt enthält, so ist zu bemerken, daß diese letzteren, im Gegensatze zu jenen „unberührt gelassenen" oder besonders freigegebenen, den sonstigen Vorschriften dieses Gesetzes nicht widersprechen dürfen. Daneben sondert der § 189 bestimmte Gebiete für die Landesgesetzgebung aus, die dadurch in den Stand gesetzt ist, insoweit vollständig in jeder Richtung selbständig vorzugehen. — Durch Art. 3 ist aber der Landesgesetzgebung n i c h t die Möglichkeit gegeben, ein n e b e n dem vorliegenden Gesetze aufrecht erhaltenes R e i c h s gesetz durch Landesgesetz aufzuheben oder abzuändern. Neumann, Handausg. des BGB. Anm. 3 zu Art. 3.

c) **Zu Art. 4.** „Eine Verweisung im Sinne des Art. 4 liegt nur vor, wenn ein Gesetz zu seiner Ergänzung zwar das Vorhandensein von Normen für gewisse Rechtsverhältnisse, nicht aber einen bestimmten Inhalt dieser Normen voraussetzt, wenn also das Gesetz durch diese Normen nicht nur in ihrer derzeitigen, sondern in ihrer jeweiligen Gestaltung ergänzt sein will." Neumann a. a. O. Anm. 1 zu Art. 4.

d) **Zu Art. 5.** Die Vorschrift ist durch die zwischen dem Reichslande und den Bundesstaaten bestehenden staatsrechtlichen Unterschiede veranlaßt.

e) **Zu Art. 32.** Hier ist zunächst nur auf das zu verweisen, was in der Einleitung (S. 4, 5) über das Verhältnis des Gesetzes zum Reichsrechte bemerkt ist; vgl. auch Anm. 1f zu § 1. Zu diesen Vorschriften, die also neben dem vorliegenden Gesetze aufrecht erhalten bleiben, gehören namentlich die in den Anmerkungen 2, 3 zu § 1 erwähnten gesetzlichen Bestimmungen. — Als besondere aus der Anwendung des Art. 32 sich ergebende Folge ist noch hervorzuheben, daß gegenüber dem Gesetze nicht bloß die Vorschriften der Reichsgesetze selbst in Kraft bleiben, soweit sich nicht nach Satz 2 des Art. 32 ihre Aufhebung ergibt, sondern mittelbar auch diejenigen landesgesetzlichen Vorschriften, welche in den in Kraft bleibenden Reichsgesetzen aufrecht erhalten sind. Der früher in dieser Beziehung in Betracht kommende § 39 Abs. 3 des Reichsmilitärgesetzes v. 2. Mai 1874 ist durch § 8 des Gesetzes, betr. die freiw. Ger. ꝛc. in Heer und Marine, v. 28. Mai 1901 (RGBl. S. 185) aufgehoben, da das bezeichnete Gesetz denselben überflüssig macht.

§ 186.

Die Vorschriften der §§ 11, 66 des Gesetzes über die Beurkundung des Personenstandes und die Eheschließung vom 6. Februar 1875 (Reichs-Gesetzbl. S. 23) werden insoweit aufgehoben, als sie der Landesgesetzgebung die Befugnis gewähren, das gerichtliche Verfahren abweichend zu regeln.

---

1. Die §§ 11, 66 des bezeichneten Gesetzes lauten:

§ 11. Die Aufsicht über die Amtsführung der Standesbeamten wird von der unteren Verwaltungsbehörde, in höherer Instanz von der höheren Verwaltungsbehörde geübt, insoweit die Landesgesetze nicht andere Aufsichtsbehörden bestimmen.

Die Aufsichtsbehörde ist befugt, gegen den Standesbeamten Warnungen, Verweise und Geldstrafen zu verhängen. Letztere dürfen für jeden einzelnen Fall den Betrag von einhundert Mark nicht übersteigen.

Lehnt der Standesbeamte die Vornahme einer Amtshandlung ab, so kann er dazu auf Antrag der Beteiligten durch das Gericht angewiesen werden. Zuständig ist das Gericht erster Instanz, in dessen Bezirk der Standesbeamte seinen Amtssitz hat. Das Verfahren und die Beschwerdeführung regelt sich, insoweit die Landesgesetze nicht ein anderes bestimmen, nach den Vorschriften, welche in Sachen der nichtstreitigen Gerichtsbarkeit gelten.

§ 66. Für das Berichtigungsverfahren gelten, insoweit die Landesgesetze nicht ein anderes bestimmen, die nachstehenden Vorschriften.

Die Aufsichtsbehörde hat, wenn ein Antrag auf Berichtigung gestellt wird, oder wenn sie eine solche von Amts wegen für erforderlich erachtet, die Beteiligten zu hören und geeignetenfalls eine Aufforderung durch ein öffentliches Blatt zu erlassen. Die abgeschlossenen Verhandlungen hat sie demnächst dem Gerichte erster Instanz vorzulegen. Dieses kann noch weitere tatsächliche Aufklärungen veranlassen und geeignetenfalls den Antragsteller auf den Prozeßweg verweisen.

Im übrigen finden die für Sachen der nichtstreitigen Gerichtsbarkeit geltenden Vorschriften Anwendung.

2. Nach dem in Anm. 2e zu § 185 Bemerkten könnten mangels einer ausdrücklichen Aufhebung Zweifel darüber entstehen, ob die in den §§ 11, 66 des Personenstandsgesetzes den Landesgesetzen vorbehaltene Befugnis, das Verfahren einschließlich des Beschwerde- und Berichtigungsverfahrens neben und entgegen den §§ 69 bis 71 dieses Gesetzes zu regeln, aufrecht erhalten bleiben oder nicht. Um solche Zweifel zu beseitigen, entscheidet der § 186 diese Frage ausdrücklich im verneinenden Sinne. Vgl. § 70 und die Anmerkungen dazu.

3. Da nach § 186 die bezeichneten Vorschriften des Personenstandsgesetzes nur insoweit aufgehoben werden, als sie der Landesgesetzgebung die erwähnte Befugnis erteilen, so bleiben sie im übrigen aufrecht erhalten, so daß also auch fernerhin das Gericht gemäß § 66 vor seiner Entscheidung weitere tatsächliche Aufklärungen veranlassen und geeignetenfalls den Antragsteller auf den Prozeßweg verweisen kann. Vgl. § 70 Anm. 1. Auch verdient hervorgehoben zu werden, daß es bei der Befugnis der Landesgesetzgebungen verbleibt, gemäß § 200 Abs. 1 Ergänzungs- und Ausführungsbestimmungen zu erlassen, die natürlich weder dem Personenstandsgesetze noch dem vorliegenden Gesetze widersprechen dürfen. Dorner § 187 Anm. 2, Fuchs § 186 Anm. 2, Schneider § 186 Anm. 2.

§ 187.

Der § 150 des Gesetzes, betreffend die Erwerbs- und Wirtschaftsgenossenschaften, vom 1. Mai 1889 (Reichs-Gesetzbl. S. 55) wird aufgehoben.

Nach § 150 des Genossenschaftsgesetzes finden gegen die Entscheidung über Anträge auf Eintragung in das Genossenschaftsregister oder in die Liste der Genossen die Rechtsmittel statt, welche gegen die Entscheidungen über Eintragung in das Handelsregister zulässig sind. Diese Bestimmung verliert ihre Berechtigung angesichts der Vorschriften über das Beschwerdeverfahren (§§ 19 ff.) und des § 1 des vorliegenden Gesetzes und ist deshalb aufgehoben worden. In der Neuredaktion des Genossenschaftsgesetzes v. 20. Mai 1898 (RGBl. S. 810) fehlt daher dieser alte § 150.

§ 188.

Der § 11 Abs. 2 des Gesetzes, betreffend das Reichsschuldbuch, vom 31. Mai 1891 (Reichs-Gesetzbl. S. 321) wird dahin geändert:

Zur Ausstellung dieser Bescheinigungen ist das Nachlaßgericht und, falls der Erblasser zur Zeit des Erbfalls im Inlande weder Wohnsitz noch Aufenthalt hatte, auch derjenige Konsul des Reichs zuständig, in dessen Amtsbezirke der Erblasser zur Zeit des Erbfalls seinen Wohnsitz oder seinen gewöhnlichen Aufenthalt hatte, sofern dem Konsul von dem Reichskanzler die Ermächtigung zur Ausstellung solcher Bescheinigungen erteilt ist.

---

1. Der § 11 des bezeichneten Gesetzes in der alten Fassung lautet:

§ 11. Rechtsnachfolger von Todes wegen haben sich, sofern ihre Berechtigung auf der gesetzlichen Erbfolge beruht, durch eine Bescheinigung als Erben, sofern dieselbe auf letztwilliger Verfügung beruht, durch eine Bescheinigung darüber auszuweisen, daß sie über die eingetragene Forderung zu verfügen befugt sind.

Zur Ausstellung der vorgedachten Bescheinigungen ist dasjenige Gericht, bei welchem der Erblasser zur Zeit seines Todes seinen allgemeinen Gerichtsstand hatte, und, sofern derselbe im Inlande einen solchen nicht hatte, derjenige Konsul des Reichs, in dessen Amtsbezirk der Erblasser zur Zeit seines Todes seinen Wohnsitz oder gewöhnlichen Aufenthalt gehabt hat, falls dem Konsul von dem Reichskanzler die Ermächtigung zur Ausstellung solcher Bescheinigungen erteilt ist und in Ermanglung eines hiernach zuständigen Konsuls das Amtsgericht I in Berlin zuständig.

Unberührt bleiben die landesgesetzlichen Vorschriften, nach welchen zur Ausstellung der Bescheinigung statt der Gerichte andere Behörden oder Notare zuständig sind. Die Zuständigkeit derselben ist von dem im Absatz 2 bezeichneten Gericht auf der Bescheinigung zu bestätigen.

2. Durch die vorgesehene Änderung des Abs. 2 wird die Übereinstimmung mit den Vorschriften des Gesetzes (§ 73) über die Zuständigkeit des Nachlaßgerichts hergestellt.

§ 189.

Soweit im Einführungsgesetze zum Bürgerlichen Gesetzbuche zugunsten der Landesgesetze Vorbehalte gemacht sind, gelten sie auch für die Vorschriften der Landesgesetze über diejenigen Angelegenheiten der freiwilligen Gerichtsbarkeit, welche Gegenstand dieses Gesetzes sind; den Landesgesetzen stehen nach Maßgabe der Artikel 57, 58 des Einführungsgesetzes zum Bürgerlichen Gesetzbuche die Hausverfassungen gleich.

---

1. Mit § 189 beginnt die nähere Feststellung der Vorbehalte zugunsten der Landesrechte. Der § 189 gibt die allgemeine Regel und die folgenden Paragraphen enthalten Vorschriften über einzelne einschlägige Punkte, bis § 200 wieder eine allgemeine Bestimmung in betreff der Ergänzung und Ausführung des Gesetzes trifft.

2. Was das Verhältnis des Gesetzes zu den Landesgesetzen im allgemeinen anlangt, so kann auf die Bemerkungen hierüber in der Einleitung bezug genommen werden. Hier ist nur festzustellen, daß der Grundsatz des § 189 dahin führt, daß für die den vorbehaltenen Gebieten angehörenden Angelegenheiten der freiwilligen

Gerichtsbarkeit die bestehenden Landesgesetze in Kraft bleiben, auch wenn sie von den Bestimmungen dieses Gesetzes abweichen, und daß die Landesgesetzgebung auch das Recht hat, abweichende Vorschriften zu erlassen, kurz, daß der Landesgesetzgebung hier keinerlei Schranken gezogen sind. — Vgl. ferner Anm. 2 zu § 185, Vorbemerkung zum ersten Abschnitt und Anm. 1 f zu § 1.

3. Die Vorbehalte des Einf.Ges.z.BGB. zugunsten der Landesgesetze ergeben sich, abgesehen von Art. 3 (§ 185), aus den Art. 56 bis 152. — Zu den Vorbehalten gehören zweifellos aber auch die in den Übergangsvorschriften des Einf.Ges.z.BGB. Art. 153 ff. enthaltenen Bestimmungen. Vgl. Denkschr. zum Entw. der GBO., Drucks. des Reichstags 1896/98 Nr. 631 zu § 81. Sonach bleiben also z. B., da der Art. 213 daselbst für die durch das BGB. geregelten „erbrechtlichen Verhältnisse", wenn der Erblasser vor dem 1. Januar 1900 gestorben ist, die bisherigen Gesetze aufrechterhalten hat, die früheren Gesetze auch für das Erbauseinandersetzungsverfahren maßgebend. Das wird schon ohne Beiziehung des § 189 aus dem Ausdruck „erbrechtliche Verhältnisse" in Art. 213 gefolgert, der als ganz allgemeiner Begriff, das gesamte Erbrecht ohne Unterscheidung zwischen Vorschriften des Verfahrens und des materiellen Rechts umfassend, gedeutet wird (KG. 30. April 1900 in Johow 20 S. A 156 Nr. 41). Vgl. dazu KG. 14. Januar 1901, 18. und 25. März 1901 in Rechtspr.d.OLG. 2 S. 170, 470, Johow 21 S. A 184 Nr. 46, A 236 Nr. 59. Danach kommen auch nicht die Vorschriften des BGB., sondern die des älteren Landesrechts für den unterstellten Fall, daß der Erblasser vor dem 1. Januar 1900 gestorben ist, zur Anwendung, soweit es sich um die Fürsorge des Nachlaßgerichts sowie um Erteilung des Erbscheins und, gemäß § 189, das dabei zu beobachtende Verfahren handelt. Vgl. Mot. zum Einf.Ges.z.BGB. zu Art. 129 S. 306, OLG. Rostock 7. Mai 1900 in Rechtspr.d.OLG. 1 S. 33 Nr. 16, KG. 13. Mai 1901, daselbst 3 S. 112 Nr. 31 u. a. a. O.

4. Die Art. 57, 58 lauten:

Art. 57. In Ansehung der Landesherren und der Mitglieder der landesherrlichen Familien sowie der Mitglieder der Fürstlichen Familie Hohenzollern finden die Vorschriften des Bürgerlichen Gesetzbuchs nur insoweit Anwendung, als nicht besondere Vorschriften der Hausverfassungen oder der Landesgesetze abweichende Bestimmungen enthalten.

Das gleiche gilt in Ansehung der Mitglieder des vormaligen Hannoverschen Königshauses, des vormaligen Kurhessischen und des vormaligen Herzoglich Nassauischen Fürstenhauses.

Art. 58. In Ansehung der Familienverhältnisse und der Güter derjenigen Häuser, welche vormals reichsständisch gewesen und seit 1806 mittelbar geworden sind oder welche diesen Häusern bezüglich der Familienverhältnisse und der Güter durch Beschluß der vormaligen deutschen Bundesversammlung oder vor dem Inkrafttreten des Bürgerlichen Gesetzbuchs durch Landesgesetz gleichgestellt worden sind, bleiben die Vorschriften der Landesgesetze und nach Maßgabe der Landesgesetze die Vorschriften der Hausverfassungen unberührt.

Das gleiche gilt zugunsten des vormaligen Reichsadels und derjenigen Familien des landsässigen Adels, welche vor dem Inkrafttreten des Bürgerlichen Gesetzbuchs dem vormaligen Reichsadel durch Landesgesetz gleichgestellt worden sind.

§ 190.

Unberührt bleiben die landesgesetzlichen Vorschriften, welche für den Fall, daß nach Artikel 147 des Einführungsgesetzes zum Bürgerlichen Gesetzbuche die dem Vormundschaftsgericht obliegenden Verrichtungen durch Landesgesetz anderen Behörden als den Amtsgerichten übertragen sind, über den Vorsitz im Familienrate Bestimmung treffen.

---

1. Es kommt nur Abs. 1 des Art. 147 des Einf.Ges.z.BGB. in Betracht; derselbe lautet:

Unberührt bleiben die landesgesetzlichen Vorschriften, nach welchen für die dem Vormundschaftsgericht oder dem Nachlaßgericht obliegenden Verrichtungen andere als gerichtliche Behörden zuständig sind.

Inwieweit einzelne Bundesstaaten von diesem Vorbehalt Gebrauch gemacht haben, vgl. § 35 Anm. 2.

2. Nach § 1860 BGB. besteht der Familienrat aus dem Vormundschaftsrichter als Vorsitzendem und aus mindestens zwei, höchstens sechs Mitgliedern. Würde nun ein Landesrecht, von dem Vorbehalt des Art. 147 Einf.Ges.z.BGB. Gebrauch machend, die dem Vormundschaftsgericht obliegenden Verrichtungen anderen Behörden als den Amtsgerichten übertragen, so würde im Falle der Einsetzung eines Familienrats (§§ 1858 ff. BGB.) mangels einer anderweitigen Bestimmung nicht der Vorsitzende dieser anderen Behörde, sondern nach § 1860 BGB. der Amtsrichter Vorsitzender des Familienrats sein. Es war daher neben dem Vorbehalt in Art. 147 Einf.Ges.z.BGB. noch der hier in § 190 aufgestellte Vorbehalt zu machen, um den Landesgesetzgebungen in dem unterstellten Falle zu ermöglichen, statt des Vormundschafts-(Amts-) Richters den Vorsteher der anderen Behörde zum Vorsitzenden zu bestimmen.

§ 191.

Unberührt bleiben die landesgesetzlichen Vorschriften, nach welchen für die Aufnahme der nach dem § 1718 und dem § 1720 Abs. 2 des Bürgerlichen Gesetzbuchs erforderlichen öffentlichen Urkunden sowie für die öffentliche Beglaubigung einer Unterschrift außer den Amtsgerichten und Notaren auch andere Behörden oder Beamte zuständig sind.

Durch Landesgesetz kann die Zuständigkeit der Amtsgerichte für die öffentliche Beglaubigung einer Unterschrift oder eines Handzeichens ausgeschlossen werden.

---

1. **Zu Abs. 1.** Wegen der bezeichneten Gesetzesstellen vgl. § 167 Anm. 4 und wegen der Zuständigkeitsfragen die Anm. 3, 4, 5 daselbst. Insbesondere ist auch hier darauf hinzuweisen, daß, wo in Gesetzen ausdrücklich gerichtliche oder notarielle Beglaubigung verlangt ist, die von anderen Behörden oder Beamten vorgenommene Beglaubigung nicht ausreichend ist, mögen diese Beamten und Behörden auch sonst zu öffentlichen Beglaubigungen zuständg sein. Vgl. namentlich oben § 167 Anm. 3 a. E.

2. **Zu Abs. 2.** Die Zuständigkeit der Notare für die öffentliche Beglaubigung einer Unterschrift oder eines Handzeichens ist bereits durch § 129 BGB. begründet;

sie darf nach Abs. 2 durch Landesgesetzgebung nicht ausgeschlossen werden, während nichts im Wege steht, die Amtsgerichte auszuschließen. Letzteres hat z. B. Bayern und, soweit es sich um Handzeichen handelt, Baden getan.

§ 192.

Unberührt bleiben die landesgesetzlichen Vorschriften, nach welchen, wenn die Auseinandersetzung in Ansehung eines Nachlasses nicht binnen einer bestimmten Frist bewirkt ist, das Nachlaßgericht die Auseinandersetzung von Amts wegen zu vermitteln hat; auf die Auseinandersetzung finden die Vorschriften der §§ 88 bis 98 Anwendung.

---

1. Wegen der Auseinandersetzung in Ansehung eines Nachlasses vgl. Vorbemerkung zum fünften Abschnitte und die §§ 86 ff. sowie die Anm. zu § 86.

2. Der Vorbehalt des § 192 hat Württemberg im Auge, wo die Nachlaßteilung, wenn die Beteiligten eine Frist von drei Monaten haben verstreichen lassen, ohne sie selbst vorzunehmen, von Amts wegen durch das Nachlaßgericht (vgl. § 72 Anm. 2 a. E.) vermittelt wird. Württ.Ausf.Ges.z.BGB. Art. 82. Unter gewissen Voraussetzungen kennt auch Hessen — Ausf. Ges. zum Ges. über die freiw. Ger. Art. 48 — eine Vermittlung von Amts wegen.

3. Hier handelt es sich bloß um Nachlaßteilung, nicht auch wie im § 99 um Teilung eines ehelichen Gesamtguts.

4. Wegen des Nachlaßgerichts vgl. §§ 72, 73; nach Art. 147 Einf.Ges.z.BGB. bleibt es den Landesgesetzen unbenommen, an Stelle eines Gerichts eine andere Behörde mit den Verrichtungen zu betrauen. Vgl. auch § 193.

5. Aus dem letzten Halbsatze folgt, daß die §§ 88 bis 98 zur Anwendung gelangen, auch wenn landesgesetzlich eine andere als die gerichtliche Behörde für zuständig erklärt worden ist, desgleichen die Vorschriften des ersten Abschnitts und ferner daß in beiden Fällen die Landesgesetze zu Abänderungen insoweit nicht berechtigt sind. Vgl. auch § 194.

§ 193.

Unberührt bleiben die landesgesetzlichen Vorschriften, nach welchen für die gemäß § 99 den Amtsgerichten obliegenden Verrichtungen andere als gerichtliche Behörden zuständig sind, sowie die landesgesetzlichen Vorschriften, nach welchen in den Fällen der §§ 86, 99 an Stelle der Gerichte oder neben diesen die Notare die Auseinandersetzung zu vermitteln haben.

---

1. Der Vorbehalt, der im ersten Teile des § 193 in Ansehung der nach § 99 den Amtsgerichten obliegenden Verrichtungen für die Landesgesetzgebung gemacht wird, brauchte nicht auch in Ansehung der Nachlaßauseinandersetzung (§ 86) gemacht zu werden, da er hierfür bereits in Art. 147 des Einf.Ges.z.BGB. vorgesehen ist. — Steht nunmehr fest, daß der Vorbehalt für die beiden Fälle der §§ 86, 99 vorliegt, so hätte es des letzten Teiles des § 193 gar nicht bedurft, sofern die Notare unter den Begriff der Behörden fallen würden, was aber nicht der Fall ist.

2. Was die Notare anlangt, so ist deren Mitwirkung bei der Auseinandersetzung teils an Stelle, teils neben den Gerichten vorgesehen; teils sind die Funktionen bei den Auseinandersetzungen zwischen Gericht und Notar geteilt. Sowohl diese Vorschriften, als auch solche, welche andere Behörden zur Auseinandersetzung für zuständig erklären, sollen unberührt bleiben. Wegen der Stellung der Notare vgl. § 194 Anm. 1a.

3. Der Vorbehalt bezieht sich nur auf die Zuständigkeit; zu einer von den Vorschriften der §§ 86 bis 98 abweichenden Regelung des Verfahrens ist die Landesgesetzgebung, wenn sie von dem Vorbehalte Gebrauch macht, nicht befugt.

Im letzteren Falle gelten auch die Vorschriften des ersten Abschnitts; vgl. § 194 Abs. 1.

§ 194.

Sind für die im § 1 bezeichneten Angelegenheiten nach Landesgesetz andere als gerichtliche Behörden zuständig, so gelten die in dem ersten Abschnitte für die Gerichte gegebenen Vorschriften auch für die anderen Behörden.

Als gemeinschaftliches oberes Gericht im Sinne der §§ 5, 46 gilt dasjenige Gericht, welches das gemeinschaftliche obere Gericht für die Amtsgerichte ist, in deren Bezirke die Behörden ihren Sitz haben. Durch Landesgesetz kann jedoch bestimmt werden, daß, wenn die Behörden in dem Bezirke desselben Amtsgerichts ihren Sitz haben, dieses als gemeinschaftliches oberes Gericht zuständig ist.

Die Vorschriften des § 8 über die Sitzungspolizei und über die Beratung und Abstimmung sowie die Vorschriften der §§ 6, 10, 11, des § 16 Abs. 2 und des § 31 finden keine Anwendung.

Durch die Vorschrift des Abs. 1 wird die Verpflichtung der gerichtlichen Behörden, gemäß § 2 Rechtshilfe zu leisten, nicht berührt.

---

1. **Zu Abs. 1. a)** Der Abs. 1 ist dahin zu verstehen, daß zunächst die allgemeine Voraussetzung des § 1 — Übertragung der Angelegenheit durch Reichsgesetz auf die Gerichte — zutreffen muß und daß erst auf Grund eines für die Landesgesetze gemachten Vorbehalts diese letzteren die Zuständigkeit anderen als gerichtlichen Behörden übertragen haben. Inwieweit solche Vorbehalte bestehen und die Landesgesetze von ihnen Gebrauch gemacht haben, ist bei den einzelnen Angelegenheiten angegeben; solche Vorbehalte finden sich für das Vormundschaftswesen in Art. 147 Einf.Ges.z.BGB. (vgl. dazu § 35 Anm. 2, § 190), für das Nachlaßwesen ebenfalls in Art. 147 (vgl. dazu § 72 Anm. 2, § 86 Anm. 3, §§ 192, 193), für die Führung der Schiffsregister in den §§ 4, 27 des Flaggenrechts- und in § 120 des Binnenschiffahrtsgesetzes (vgl. dazu Vorbemerkung 4 zum 6. Abschnitt), für das Beurkundungswesen in Art. 141, 142 Einf.Ges.z.BGB. (vgl. Vorbemerkung 1 zum 10. Abschnitt; der Vorbehalt des Art. 143 Einf.Ges.z.BGB. gehört nicht hierher, wie aus Vorbemerkung 1c zum 10. Abschnitt zu ersehen ist).

Über die Frage, ob für die Notare, wenn sie landesgesetzlich in Ansehung der Auseinandersetzungen für zuständig erklärt worden sind, auch die Bestimmungen des ersten Abschnitts zu gelten haben, herrscht Meinungsverschiedenheit. Die Beantwortung hängt davon ab, ob die Notare als Behörden zu betrachten sind. Bei Beratung des preuß. Gesetzes über die freiw. Ger. waren die Mitglieder der Kommission sowohl wie auch die Regierungsvertreter der Meinung, daß dies unter gewissen Umständen, so wenn ihnen eine Auseinandersetzung übertragen wäre (vgl. § 193), der Fall sei, wenngleich die Notare nicht mit allen obrigkeitlichen Gewalten bekleidet seien. Prot. der Kom. Sitzung v. 30. Mai 1899. A. M. RG.StrS. 18 S. 250. Desgleichen Rausnitz § 194 Anm. 3. Rechnet man sie nicht zu den Behörden, so besteht eine Lücke in der Gesetzgebung, die nicht anders als durch analoge Anwendung der Vorschriften des ersten Abschnitts bzw. der entsprechenden Vorschriften der jedesmaligen Landesgesetzgebung ausgefüllt werden könnte. Vgl. Rausnitz a. a. O. Im allgemeinen sind sie indes keine Behörden, wohl aber Beamte. Bayern hat ihnen indessen die Stellung von Behörden eingeräumt; Schneider § 193 Anm. 2.

b) Für diese nicht gerichtlichen Behörden sollen also neben den Bestimmungen, welche sich bezüglich der einzelnen Angelegenheiten aus dem zweiten bis zehnten Abschnitte ergeben, auch die allgemeinen Bestimmungen des ersten Abschnitts gelten. Damit ist insbesondere ein einheitliches Beschwerdeverfahren eingeführt, was für die einheitliche Durchführung des neuen bürgerlichen Rechts von besonderer Bedeutung ist. Die Beschwerde gegen eine Verfügung dieser nicht gerichtlichen Behörden geht demnach nicht an deren sonstige vorgeordnete Behörde, sondern — vorbehaltlich der Ausnahme in § 195 — an das Landgericht, welches für dasjenige Amtsgericht zuständig ist, an dessen Stelle die nicht gerichtliche Behörde getreten ist, von dort an das Oberlandesgericht bzw. oberste Landesgericht (§§ 19, 28, 199).

Die Vorschriften sollen „auch für die anderen Behörden" gelten, d. h. also z. B. diese anderen Behörden haben sich Rechtshilfe zu leisten (§ 2), sie haben die Bestimmungen über Gerichtssprache (§ 8) geradeso wie die Gerichte zu beobachten usw.

c) Die Vorschriften gelten, soweit nicht im § 194 selbst (vgl. Abs. 2, 3) und in den §§ 195, 196 Ausnahmen gemacht sind.

2. **Zu Abs. 2.** Der Sinn des Abs. 2 Satz 1 ist der, daß durch die Zugehörigkeit mehrerer nicht gerichtlicher Behörden der im Abs. 1 bezeichneten Art zu demselben Amtsgerichtsbezirk bei Meinungsverschiedenheiten zwischen mehreren von ihnen in den Fällen der §§ 5, 46 — vgl. auch § 75 Satz 2 — die Zuständigkeit desjenigen Gerichts nicht geändert werden soll, welches in denselben Fällen als gemeinschaftliches oberes Gericht — nicht als Instanzgericht, vgl. Anm. 1b — in Funktion treten würde, sofern nach der reichsrechtlichen Regel die Amtsgerichte zuständig geblieben wären.

Macht eine Landesgesetzgebung von dem Vorbehalt des Satzes 2 des Abs. 2 Gebrauch, was z. B. in Preußen, Bayern nicht der Fall, wohl aber in Württemberg nach dessen Ausf.Ges.z.BGB. Art. 58, so gilt auch für das danach zuständige Amtsgericht die Vorschrift, daß seine Entscheidung unanfechtbar ist (§ 5 Abs. 3, § 46 Abs. 2 Satz 2). Fuchs § 194 Anm. 2, Rausnitz § 194 Anm. 7a.

3. **Zu Abs. 3.** Die Ausnahmen, welche Abs. 3 macht, betreffen im wesentlichen nur solche Vorschriften, deren Anwendung ohnehin um deswillen ausgeschlossen erscheinen muß, weil ihre Handhabung die Zuständigkeit gerichtlicher Behörden voraussetzt. Soweit infolge dieser Ausnahmen Lücken entstehen, sind die Landesgesetze in der Lage, nach § 200 ergänzend einzugreifen.

Weitere Ausnahmen, als hier gemacht, können die Landesgesetze nicht machen; sie können auch nicht Vorschriften, die nicht für unanwendbar erklärt sind, durch andere ersetzen. Schneider § 194 Anm. 8.

4. Zu Abs. 4. Wenn nach Abs. 1 die Vorschrift des § 2 über die Rechtshilfe „auch für die anderen Behörden" gilt (vgl. Anm. 1), und hier in Abs. 4 die Verpflichtung der Gerichte, Rechtshilfe zu leisten, aufrecht erhalten wird, so sind also sowohl die anderen Behörden unter sich wie im Verhältnisse zu den Gerichten zur Rechtshilfe berechtigt und verpflichtet und desgleichen die Gerichte. Die ersuchende Behörde hat die Wahl, welche Behörde sie angehen will. Eine Requisition an das an sich zuständige Amtsgericht ist daher stets an die richtige Adresse gerichtet und daher bei nicht genauer Kenntnis der Behördenorganisation des in Betracht kommenden Bundesstaates stets zu empfehlen.

§ 195.

Durch die Gesetzgebung eines Bundesstaats, in dem für die dem Vormundschaftsgericht oder dem Nachlaßgericht obliegenden Verrichtungen andere Behörden als die Amtsgerichte zuständig sind, kann bestimmt werden, daß die Abänderung einer Entscheidung einer solchen Behörde bei dem Amtsgerichte nachzusuchen ist, in dessen Bezirke die Behörde ihren Sitz hat. In diesem Falle finden auf das Verfahren die Vorschriften der §§ 20 bis 25 entsprechende Anwendung.

Die Beschwerde findet gegen die Entscheidung des Amtsgerichts statt.

---

1. Inwieweit durch die Gesetzgebung eines Bundesstaats für die dem Vormundschaftsgericht oder dem Nachlaßgericht obliegenden Verrichtungen andere Behörden als die Amtsgerichte zuständig erklärt sind, vgl. § 35 Anm. 2, § 72 Anm. 2. Die Befugnis dazu ist den Bundesstaaten durch Art. 147 Einf.Ges.z.BGB. gegeben. Der Paragraph entspricht dem § 100 GBO. und bedeutet eine Ausnahme von der Regel des § 194.

2. Wenn eine bundesstaatliche Gesetzgebung, von dem Vorbehalt des Art. 147 Einf.Ges.z.BGB. Gebrauch machend, an Stelle der Vormundschaftsgerichte oder Nachlaßgerichte andere Behörden für zuständig erklärt, so wird das Amtsgericht, in dessen Bezirke die betreffende Behörde liegt, nicht ohne weiteres als Zwischeninstanz im Sinne des § 195 zuständig; es muß vielmehr, daß dies so sein soll, noch durch eine besondere Vorschrift bestimmt sein. Das ist geschehen in Württemberg in dessen Ausf.Ges.z.BGB. Art. 53, 76. Ist eine solche Bestimmung nicht getroffen, dann bleibt es bei der Regel, daß die Beschwerde sofort an das Landgericht zu bringen ist. Schneider § 195 Anm. 2.

3. Die Anrufung des Amtsgerichts ist nicht als eigentliche Beschwerde aufzufassen, wie sich aus Abs. 2 ergibt, wenngleich dafür und für das folgende Verfahren bei dem Amtsgericht die für Beschwerden gegebenen Vorschriften maßgebend sein sollen. A. M. Rausnitz § 195 Anm. 2. Wollte man die Anrufung als wirkliche Beschwerde ansprechen, so würden sich verschiedene Schwierigkeiten ergeben. So würde die Entscheidung des Amtsgerichts als Entscheidung des Beschwerdegerichts zu gelten haben; und sie würde dann, nach der Meinung von Rausnitz, § 193 Anm. 3, da der § 26 nicht für anwendbar erklärt ist, sofort mit der Bekanntmachung gemäß § 16 Abs. 1 wirksam werden, auch wenn die sofortige Beschwerde gegeben ist. Das erscheint aber nicht zutreffend. Der § 26 ist nur für Entscheidungen des Beschwerde-

gerichts gegeben und ist aus diesem Grunde nicht mit unter denjenigen Vorschriften über das Beschwerderecht im § 195 aufgeführt, welche entsprechende Anwendung finden sollen. A. M. auch Birkenbihl § 195 Anm. 2.

Erst gegen die Entscheidung des Amtsgerichts findet die Beschwerde im Sinne der §§ 19ff. statt. Der Abs. 2 des § 195 will nicht sagen: es findet nur die Beschwerde gegen die Entscheidung des Amtsgerichts statt; denn es findet auch noch die weitere Beschwerde statt.

§ 196.

Ist für die Volljährigkeitserklärung nach Landesgesetz die Zentralstelle des Bundesstaats zuständig, so finden die in dem ersten Abschnitte für die Gerichte gegebenen Vorschriften keine Anwendung.

Die Verfügung, durch welche der Minderjährige für volljährig erklärt wird, tritt mit der Bekanntmachung an den Minderjährigen in Wirksamkeit.

---

1. In verschiedenen größeren Rechtsgebieten, erfolgte nach dem früheren Rechte die Volljährigkeitserklärung durch den Landesherrn bzw. die Zentralstelle. Gemäß Art. 147 Einf.Ges.z.BGB. ist die Landesgesetzgebung in der Lage, diesen Rechtszustand in der Weise aufrechtzuerhalten, daß die Volljährigkeitserklärung der Zentralstelle des betreffenden Bundesstaats übertragen wird. Für diesen Fall passen die allgemeinen Vorschriften des ersten Abschnitts zum größten Teile, insbesondere was das Beschwerdeverfahren anlangt, nicht; ihre Anwendung mußte daher ausgeschlossen werden entgegen der Regel des § 194. Von dem Vorbehalte haben Gebrauch gemacht und die Volljährigkeitserklärung der Zentralstelle übertragen: Anhalt, Bayern, Braunschweig, die beiden Mecklenburg, die beiden Reuß, Sachsen, Sachsen-Coburg-Gotha, Sachsen-Weimar-Eisenach, Schwarzburg-Rudolstadt.

2. **Abs.** 2 steht in Einklang mit § 16 Abs. 1 im Gegensatze zu § 56 Abs. 2, woselbst sich die abweichende Regel für die Wirksamkeit der die Volljährigkeit aussprechenden Verfügung findet.

§ 197.

Durch die Landesjustizverwaltung kann angeordnet werden, daß die im § 14 des Gesetzes über die Beurkundung des Personenstandes und die Eheschließung vom 6. Februar 1875 vorgesehene Aufbewahrung des Nebenregisters bei den Landgerichten erfolgen soll.

---

1. Nach § 14 des Personenstandsregisters waren die Gerichte erster Instanz für die Aufbewahrung der Nebenregister zuständig. Der § 69 hat die Zuständigkeit auf die Amtsgerichte übertragen. Der § 197 wieder stellt zugunsten der Landesjustizverwaltungen — es bedarf also keines Gesetzgebungsaktes — einen Vorbehalt auf. Der Vorbehalt hat Elsaß-Lothringen, die Bayerische Pfalz und Rheinpreußen im Auge, woselbst früher schon die Landgerichte für die Aufbewahrung der Standesregister zuständig waren. Für Elsaß-Lothringen und die Bayerische Pfalz ist auch nach neuerem Recht von dem Vorbehalt Gebrauch gemacht worden; desgleichen auch für

Rheinpreußen, soweit es sich um die Aufbewahrung der Nebenregister bis zum Jahre 1876 handelt.

2. Die Regelung der Frage, inwieweit die mit der Aufbewahrung des Nebenregisters zusammenhängenden Geschäfte (Beischreibungen, Erteilung von Auszügen, Einsichtsgestattung, vgl. § 15 des Personenstandsgesetzes) auch von den Gerichtsschreibern erledigt werden können, ist der in Aussicht genommenen Revision der Ausführungsverordnung des Bundesrats zum Personenstandsgesetze vorbehalten.

§ 198.

Unberührt bleiben die landesgesetzlichen Vorschriften, nach welchen bei der Beurkundung einer Erklärung in den Fällen des § 169 der Richter an Stelle des Gerichtsschreibers oder der zwei Zeugen eine besonders dazu bestellte Urkundsperson zuziehen kann.

Auf die Urkundsperson finden die Vorschriften der §§ 170 bis 172 Anwendung.

Die Vorschrift ist dem für die Errichtung einer Verfügung von Todes wegen bei gleichen Voraussetzungen denselben landesrechtlichen Vorbehalt anerkennenden Art. 149 Abs. 1 des Einf.Ges.z.BGB. entsprechend.

„Besonders . . . bestellt" heißt hier: ein für allemal, dauernd bestellt. So Fuchs § 198 Anm. 3, Rausnitz Anm. zu § 198.

§ 199.

Durch die Gesetzgebung eines Bundesstaats, in dem mehrere Oberlandesgerichte errichtet sind, kann die Entscheidung über das Rechtsmittel der weiteren Beschwerde einem der mehreren Oberlandesgerichte oder an Stelle eines solchen Oberlandesgerichts dem obersten Landesgerichte zugewiesen werden.

Das Gericht, dem nach Abs. 1 die Entscheidung zugewiesen wird, tritt zugleich für die Beschwerde gegen eine Verfügung des Landgerichts an die Stelle des nach § 64 und § 143 Abs. 2 zuständigen Oberlandesgerichts. Auch gilt es im Sinne der §§ 5, 46 als gemeinschaftliches oberes Gericht für alle Gerichte des Bundesstaats.

---

1. **Zu Abs. 1.** Die Vorschrift des Abs. 1 über die Zuständigkeit für das Rechtsmittel der weiteren Beschwerde stimmt mit dem § 102 GBO. überein; vgl. ferner die §§ 8 bis 10 GVG. Sie soll dem Interesse einer gleichmäßigen Rechtsprechung dienen. Die im gleichen Interesse erlassene Bestimmung des § 28 Abs. 2 gilt auch für das gemäß § 199 Abs. 1 für ausschließlich zuständig erklärte Oberlandesgericht bzw. Oberste Landesgericht.

Der Vorbehalt des Abs. 1 hat nur Bedeutung für Preußen und Bayern. Jenes hat dem Kammergericht in Berlin, dieses dem Obersten Landesgericht in München die Entscheidung über das Rechtsmittel der weiteren Beschwerde in Angelegenheiten dieses Gesetzes ausschließlich überwiesen. — Auf Anregung der Reichstagskommission (Kom.Ber. S. 77) ist dem § 10 Einf.Ges.z.GVG. die Bestimmung eingefügt worden, daß die Besetzung der Zivilsenate des bayer. Obersten Landesgerichts in Grundbuchsachen und in den nach § 199 dem Obersten Landesgerichte zugewiesenen A.d.fr.Ger. nicht mit 7, sondern gemäß § 124 GVG. mit 5 Richtern stattfindet.

Der Satz 1 des Abs. 2 gehört dem inneren Zusammenhange nach hierher zu Abs. 1.

2. **Zu Abs. 2 Satz 2.** Der Abs. 2 Satz 2 ist dahin zu verstehen, daß wenn einmal die Gesetzgebung eines Bundesstaats (also hier Preußens und Bayerns, Anm. 1) von der Ermächtigung des Abs. 1 Gebrauch gemacht hat, dann auch ohne besondere landesgesetzliche Vorschrift das bezeichnete Oberlandesgericht (für Preußen das Kammergericht in Berlin), bzw. das Oberste Landesgericht (für Bayern das Oberste Landesgericht in München) an die Stelle nicht jeden anderen Oberlandesgerichts, sondern an die des Reichsgerichts tritt. Nur wenn das Reichsgericht zuständig sein würde, falls die Vorschrift nicht bestände, soll die hier angeordnete Zuständigkeit platzgreifen. In dieser einschränkenden Weise hat sowohl das Kammergericht (vgl. 12. Februar 1900 in Jur. Monatsschrift für Posen und Westpreußen 1900 S. 95, nach Soergel 1900/01 S. 641), als auch das bayer. Oberste Landesgericht (vgl. 7. März 1900 im ZentrBl. 1 (1901) S. 20 Nr. 5) den Abs. 2 Satz 2 interpretiert. Vgl. dazu die Fassung des § 9 Einf.Ges.z.ZPO. Danach tritt also die Zuständigkeit des Kammergerichts bzw. des bayer. Obersten Landesgerichts nicht ein, wenn die Amtsgerichte, in Ansehung derer es sich um Streit und Ungewißheit im Sinne der §§ 5, 46 — vgl. auch § 75 Satz 2 — handelt, demselben Oberlandesgerichtsbezirke angehören; hier hat vielmehr dieses Oberlandesgericht zu entscheiden.

Zu bemerken ist noch, daß sich die hier geordnete ausschließliche Zuständigkeit nur auf die Fälle bezieht, daß Streit oder Ungewißheit über die örtliche Zuständigkeit oder Streit über die Abgabe einer Vormundschaft oder Nachlaßpflegschaft besteht; nicht dagegen greift sie ein, wenn es sich um Bestimmung eines Gerichts handelt, weil das nach der Regel zuständige Gericht im einzelnen Falle an der Ausübung des Richteramts rechtlich oder tatsächlich verhindert ist (§ 5 Satz 2). Vgl. § 5 Anm. 2.

§ 200.

Durch Landesgesetz können Vorschriften zur Ergänzung und Ausführung dieses Gesetzes, mit Einschluß der erforderlichen Übergangsvorschriften, auch insoweit erlassen werden, als dieses Gesetz Vorbehalte für die Landesgesetzgebung nicht enthält.

Soweit durch Landesgesetz allgemeine Vorschriften über die Errichtung gerichtlicher oder notarieller Urkunden erlassen werden, ist ein Verstoß gegen eine solche Vorschrift, unbeschadet der Vorschriften über die Folgen des Mangels der sachlichen Zuständigkeit, ohne Einfluß auf die Gültigkeit der Beurkundung.

---

1. **Zu Abs. 1** vgl. Einleitung bzw. Noten zu § 189.

a) Der Vorbehalt des Abs. 1 hat nicht das der Landesgesetzgebung zur selbständigen Regelung gelassene Gebiet, welches in § 189 näher bezeichnet ist und nicht die Gegenstände im Auge, welche unter die besonderen Vorbehalte der §§ 190 bis 199 fallen, vielmehr gerade dasjenige Gebiet, welches Gegenstand dieses Gesetzes ist. Daraus allein folgt schon, daß es sich nur um Ergänzungs- und Ausführungsvorschriften handeln kann, welche den Vorschriften des Gesetzes nicht widersprechen dürfen. Die Einräumung dieser Befugnis an die Landesgesetzgebung beruht auf der Erwägung, daß das Gesetz zufolge seiner beschränkten Aufgabe das Verfahren in den Angelegenheiten der freiwilligen Gerichtsbarkeit nicht erschöpfend regelt und daher der Ergänzung bedarf. Es läßt dieser Ergänzung insoweit besonders Raum, als es sich um Erhaltung von Eigentümlichkeiten einzelner Bundesstaaten handelt. Die Vorschrift des Abs. 1 ist allgemein gehalten, so daß sich die Befugnis der Landesgesetzgebung auf jeden Punkt bezieht, dem sie ihre Aufmerksamkeit schenken will, im Gegensatz zur GBO., die solche Ausführungs- und Ergänzungsvorschriften nur zuläßt, soweit sie selbst dies ausdrücklich in den §§ 93 ff. erklärt. Die hierher gehörigen landesgesetzlichen Vorschriften betreffen sowohl Gegenstände, die im Gesetze selbst, wenn auch nicht erschöpfend geregelt worden sind (vgl. z. B. § 169 Anm. 4), als auch solche, die dort gar nicht berührt sind (wie z. B. Kostenfragen, Zwangsgewalt der Gerichte, Dolmetscherwesen).

b) Abs. 1 in Verbindung mit dem § 185 Abs. 2 und dem dort für entsprechend anwendbar erklärten Art. 3 des Einf.Ges.z.BGB. ergibt, daß neben den neuen Vorschriften auch bereits bestehende landesgesetzliche Bestimmungen unter den in Art. 3 erwähnten Voraussetzungen und mit der in Anm. 2b zu § 185 erörterten Maßgabe in Geltung bleiben. Vgl. Anm. 2 zu § 185.

c) Auch wenn eine Landesgesetzgebung innerhalb der ihr hiernach zustehenden Grenzen der Landesverwaltung die Befugnis einräumt, Ausführungsvorschriften zu erlassen und die Landesverwaltung hierauf von dieser Befugnis Gebrauch macht — z. B. wenn auf Grund solcher Ermächtigung ein bundesstaatlicher Justizminister nähere Bestimmungen über Einrichtung und Führung des Handelsregisters erläßt — so entsteht damit eine Vorschrift im Sinne des Abs. 1, eine Rechtsnorm im Sinne des Art. 2 Einf.Ges.z.BGB. (vgl. § 185 Anm. 1). KG. 5. Oktober 1903 in Zus. des RJAmts 4 S. 28, Johow 27 S. A 56 Nr. 19.

d) Sämtliche Bundesstaaten haben Ausführungs- und Ergänzungsvorschriften zu diesem Gesetze gegeben, teils in speziellen sog. Ausführungsgesetzen zum vorliegenden Gesetze, teils in Gemeinschaft mit anderen durch das BGB. veranlaßten Vorschriften. Eine vollständige Zusammenstellung enthält die Sammlung von Dr. H. Becher: Die Ausführungsgesetze zum BGB., München 1901 Schweitzer Verlag, worauf verwiesen sein mag.

2. **Zu Abs. 2.** Die allgemeinen Vorschriften der Landgesetze über Errichtung gerichtlicher oder notarieller Urkunden, auf welche Abs. 2 hinweist, sind entweder solche, welche auf Grund der allgemeinen oder besonderen Vorbehalte erst erlassen werden (Abs. 1), oder solche, welche gemäß § 185 in Verbindung mit Art. 3 Einf.Ges.z.BGB. in Kraft geblieben sind. Es sind Vorschriften gemeint, die zur Ergänzung und Ausführung des zehnten Abschnitts dienen sollen, nicht dagegen solche, die sich zwar auch auf die gerichtliche oder notarielle Beurkundung beziehen, in Ansehung derer aber die Landesgesetzgebungen vollständig freigestellt sind (vgl. § 168 Anm. 5, § 189). A. M. Rausnitz, § 200 Anm. 5, der auch letztere hierher rechnet. Es ist auch nur an Vorschriften über die Errichtung dieser Urkunden gedacht, nicht an solche über deren Wirksamkeit (vgl. dazu Vorbemerkung 3 zu diesem Abschnitte). Es gehören auch nicht hierher die Vorschriften über die Abgrenzung der Amtsbezirke (s. § 167 Anm. 1f Abs. 2). — Daß solche allgemeine Bestimmungen neben denen des zehnten Abschnitts zulässig sind, brauchte nicht besonders ausgesprochen zu werden, da es sich schon aus der grundsätzlichen Stellung des Gesetzes zur Landesgesetzgebung ergibt.

In Ansehung dieser Vorschriften stellt nun der Abs. 2, der dem Art. 151 Satz 2 Einf.Ges.z.BGB. für Testamente und Erbverträge entspricht, zwei Grundsätze auf:

a) Es soll ein Verstoß gegen sie ohne Einfluß auf die Gültigkeit der Beurkundung sein, d. h. also alle einschlägigen Vorschriften sollen die Bedeutung von Ordnungsvorschriften haben. Wenn also landesgesetzliche Vorschriften der hierher gehörigen Art, die in Kraft geblieben sind, einen anderen Charakter hatten, so ist ihnen insoweit die Bedeutung genommen und neue gesetzliche Bestimmungen können eine andere Bedeutung nicht erhalten. Damit ist dem gerichtlichen und notariellen Beurkundungswesen, soweit es die Beurkundung von Rechtsgeschäften betrifft, unter den in diesem Gesetze behandelten A.d.fr.Ger. insoweit eine Ausnahmestellung angewiesen, als es keinerlei landesgesetzliche Vorschriften zwingender Art kennt. Insbesondere haben auch die Vorschriften der Landesgesetze über die örtliche Zuständigkeit auf dem hier in Rede stehenden Gebiete nur den Charakter von Ordnungsvorschriften. In dieser Beziehung kann es also von besonderer Bedeutung werden, ob eine Handlung als Rechtsgeschäft oder als bloße Rechtshandlung aufzufassen ist.

b) Ein solcher Verstoß soll ohne Einfluß sein unbeschadet der Folgen des Mangels der sachlichen Zuständigkeit. Dieser Vorbehalt hat verschiedene Auslegung erfahren. Die Worte finden sich auch in der gleichen Verbindung in Art. 151 Satz 2 Einf.Ges.z.BGB. und in bezug auf sie ist in den Prot. Bd. 6 S. 458 bemerkt: „die sachliche Zuständigkeit der Beamten und Behörden sei so wesentlich, daß der Landesgesetzgebung vorbehalten bleiben müsse, an einen Verstoß gegen die darüber handelnden Vorschriften Nichtigkeit zu knüpfen. Unzuträglichkeiten seien von einer solchen Regelung nicht zu befürchten; die in Betracht kommenden Bestimmungen seien übersichtlich und für alle Beteiligten leicht erkennbar." Auf Grund dessen wollen einige — Birkenbihl § 200 Anm. 2, Dorner § 200 Anm. 4d und im „Recht" 4 (1900) S. 473ff., 505ff., Fuchs § 200 Anm. 2d, Schneider § 200 Anm. 5 — der Landesgesetzgebung vorbehalten wissen, die Folgen eines Verstoßes gegen Vorschriften über die sachliche Zuständigkeit zu bestimmen, mit der Maßgabe, daß nur dann die Ungültigkeit eintrete, wenn das Landesgesetz dies ausdrücklich vorschreibe. Andere — Jastrow § 200 Anm. 4, Rausnitz § 200 Anm. 7, Schultze-Görlitz § 200 Anm. 2b, Weißler Anm. zu § 200 — finden in den Worten eine Ausnahmevorschrift im Verhältnisse zum übrigen Inhalte des Abs. 2, die besage, daß ein Verstoß gegen die Vorschriften über die sachliche Zuständigkeit die Beurkundung stets ungültig mache. Diese Ansicht ignoriert also die Bemerkung der Protokolle vollständig. Einen Versuch, zwischen den verschiedenen Ansichten zu vermitteln s. bei Niedner, Kommentar zum Einf.Ges.z.BGB. Art. 151 Anm. 5. M. E. liegt die Sache wie folgt: Gemäß Art. 151 Einf.Ges.z.BGB. und § 200 des vorliegenden Gesetzes sind die Landesgesetzgebungen befugt, allgemeine Bestimmungen über die Errichtung gerichtlicher oder notarieller Urkunden als Ergänzungs- und Ausführungsvorschriften zu den §§ 2234 bis 2245 und 2276 BGB., und zum zehnten Abschnitte dieses Gesetzes zu erlassen. Jene Gesetzesstellen rechnen ihrem Wortlaute nach auch die Bestimmungen über die sachliche Zuständigkeit zu diesen allgemeinen Bestimmungen, nehmen dieselben aber von der Regel aus, bloße Ordnungsvorschriften zu sein. Im Hinblick auf die angezogenen Worte der Protokolle darf man annehmen, daß den Landesgesetzen eine gewisse Befugnis zugestanden sein soll, die Folgen eines Verstoßes gegen die Vorschriften über die sachliche Zuständigkeit zu bestimmen. Zunächst ist indessen nicht vorauszusetzen, daß damit gesagt sein soll, ohne ausdrückliche Bestimmung solle ein solcher Verstoß Ungültigkeit nicht zur Folge haben, wie dies nach der ersterwähnten Ansicht der Fall wäre. Wäre das der Sinn, so wäre eins der wesentlichen Erfordernisse der öffentlichen Urkunde beseitigt (vgl. 167 Anm. 7) oder wenigstens seine Beibehaltung in das Belieben der Landesgesetzgebungen stellt. Es ist aber auch andererseits nicht vorauszusetzen, daß jegliche Vorschrift der Landesgesetzgebung in der in Rede stehenden Richtung ohne Bedeutung sei, wie es die Konsequenz der zweiten Ansicht fordert. Die richtige Bedeutung ist aus der Stellung zu entnehmen, die der Landesgesetzgebung durch Art. 141 Einf.Ges.z.BGB. angewiesen ist. Hiernach können die Landesgesetzgebungen entweder die Gerichte oder die Notare von der sachlichen Zuständigkeit vollständig ausschließen oder nebeneinander als sachlich zuständig bestehen lassen. Daraus ergibt sich aber auch, daß sie ein gemischtes System einführen können, insoweit nämlich, als sie zwar die Gerichte oder die Notare im allgemeinen von der Zuständigkeit ausschließen, den ausgeschlossenen Teil aber doch konkurrierend oder ausschließlich für gewisse Beurkundungen zuständig sein lassen können (vgl. dazu Vorbemerkung 1a zu diesem Abschnitte). Unter solchen Umständen wäre es zu verstehen, daß eine Landesgesetzgebung sollte bestimmen können, ein Verstoß gegen ihre Vorschriften über die sachliche Zuständigkeit, die sie auf Grund des Art. 141 Einf.Ges.z.BGB. erläßt, sollte nicht die Ungültigkeit der Beurkundung nach sich ziehen. Die Tragweite einer solchen Bestimmung würde in Wirklichkeit nur die sein, daß die konkurrierende Zuständigkeit der Gerichte und Notare nach dem BGB. voll aufrecht erhalten bliebe, wie sie von einem Teile der Bundesstaaten ausdrücklich zugestanden ist. Solange eine Landesgesetzgebung eine solche Vorschrift nicht erlassen, die Zuständigkeit der Gerichte oder Notare aber ganz oder teilweise ausgeschlossen hat, verbleibt es m. E. bei dem Grundsatze, daß ein Verstoß gegen die festgestellte sachliche Zuständigkeit die Ungültigkeit der Beurkundung nach sich zieht.

Urkundlich unter Unserer Höchsteigenhändigen Unterschrift und beigedrucktem Kaiserlichen Insiegel.

Gegeben Straßburg i. E., den 17. Mai 1898.

(L. S.) **Wilhelm.**

Fürst zu Hohenlohe.

Anlagen.

1. Zu § 2 des Gesetzes:

Gerichtsverfassungsgesetz §§ 158 bis 169, betr. Rechtshilfe.

§ 158. Das Ersuchen um Rechtshilfe ist an das Amtsgericht zu richten, in dessen Bezirke die Amtshandlung vorgenommen werden soll.

§ 159. Das Ersuchen darf nicht abgelehnt werden.

Das Ersuchen eines nicht im Instanzenzuge vorgesetzten Gerichts ist jedoch abzulehnen, wenn dem ersuchten Gerichte die örtliche Zuständigkeit mangelt, oder die vorzunehmende Handlung nach dem Rechte des ersuchten Gerichts verboten ist.

§ 160. Wird das Ersuchen abgelehnt, oder wird der Vorschrift des § 159 Abs. 2 zuwider dem Ersuchen stattgegeben, so entscheidet das Oberlandesgericht, zu dessen Bezirke das ersuchte Gericht gehört. Eine Anfechtung dieser Entscheidung findet nur statt, wenn dieselbe die Rechtshilfe für unzulässig erklärt, und das ersuchende und das ersuchte Gericht den Bezirken verschiedener Oberlandesgerichte angehören. Über die Beschwerde entscheidet das Reichsgericht.

Die Entscheidungen erfolgen auf Antrag der Beteiligten oder des ersuchenden Gerichts ohne vorgängige mündliche Verhandlung.

§ 161. Die Herbeiführung der zum Zwecke von Vollstreckungen, Ladungen und Zustellungen erforderlichen Handlungen erfolgt nach Vorschrift der Prozeßordnungen ohne Rücksicht darauf, ob die Handlungen in dem Bundesstaate, welchem das Prozeßgericht angehört, oder in einem anderen Bundesstaate vorzunehmen sind.

§ 162. Gerichte, Staatsanwaltschaften und Gerichtsschreiber können wegen Erteilung eines Auftrags an einen Gerichtsvollzieher die Mitwirkung des Gerichtsschreibers des Amtsgerichts in Anspruch nehmen, in dessen Bezirke der Auftrag ausgeführt werden soll. Der von dem Gerichtsschreiber beauftragte Gerichtsvollzieher gilt als unmittelbar beauftragt.

§ 163. Eine Freiheitsstrafe, welche die Dauer von sechs Wochen nicht übersteigt, ist in demjenigen Bundesstaate zu vollstrecken, in welchem der Verurteilte sich befindet.

§ 164. Soll eine Freiheitsstrafe in dem Bezirke eines anderen Gerichts vollstreckt oder ein in dem Bezirke eines anderen Gerichts befindlicher Verurteilter zum Zwecke der Strafverbüßung ergriffen und abgeliefert werden, so ist die Staatsanwaltschaft bei dem Landgerichte des Bezirks um die Ausführung zu ersuchen.

§ 165. Im Falle der Rechtshilfe unter den Behörden verschiedener Bundesstaaten sind die baren Auslagen, welche durch eine Ablieferung oder Strafvollstreckung entstehen, der ersuchten Behörde von der ersuchenden zu erstatten.

Im übrigen werden Kosten der Rechtshilfe von der ersuchenden Behörde nicht erstattet.

Ist eine zahlungspflichtige Partei vorhanden, so sind die Kosten von derselben durch die ersuchende Behörde einzuziehen und der eingezogene Betrag der ersuchten Behörde zu übersenden.

Stempel-, Einregistrierungsgebühren oder andere öffentliche Abgaben, welchen die von der ersuchenden Behörde übersendeten Schriftstücke (Urkunden, Protokolle) nach dem Rechte der ersuchten Behörde unterliegen, bleiben außer Ansatz.

§ **166.** Für die Höhe der den geladenen Zeugen und Sachverständigen gebührenden Beträge sind die Bestimmungen maßgebend, welche bei dem Gerichte gelten, vor welches die Ladung erfolgt.

Sind die Beträge nach dem Rechte des Aufenthaltsorts der geladenen Personen höher, so können die höheren Beträge gefordert werden.

Bei weiterer Entfernung des Aufenthaltsorts der geladenen Personen ist denselben auf Antrag ein Vorschuß zu bewilligen.

§ **167.** Ein Gericht darf Amtshandlungen außerhalb seines Bezirks ohne Zustimmung des Amtsgerichts des Orts nur vornehmen, wenn Gefahr im Verzuge obwaltet. In diesem Falle ist dem Amtsgerichte des Orts Anzeige zu machen.

§ **168.** Die Sicherheitsbeamten eines Bundesstaates sind ermächtigt, die Verfolgung eines Flüchtigen auf das Gebiet eines anderen Bundesstaates fortzusetzen und den Flüchtigen daselbst zu ergreifen.

Der Ergriffene ist unverzüglich an das nächste Gericht oder die nächste Polizeibehörde des Bundesstaates, in welchem er ergriffen wurde, abzuführen.

§ **169.** Die in einem Bundesstaate bestehenden Vorschriften über die Mitteilung von Akten einer öffentlichen Behörde an ein Gericht dieses Bundesstaates kommen auch dann zur Anwendung, wenn das ersuchende Gericht einem anderen Bundesstaate angehört.

---

2. Zu § 8 des Gesetzes:

a) Gerichtsverfassungsgesetz §§ 186 bis 193, betr. Gerichtssprache.

§ **186.** Die Gerichtssprache ist die deutsche.

§ **187.** Wird unter Beteiligung von Personen verhandelt, welche der deutschen Sprache nicht mächtig sind, so ist ein Dolmetscher zuzuziehen. Die Führung eines Nebenprotokolls in der fremden Sprache findet nicht statt; jedoch sollen Aussagen und Erklärungen in fremder Sprache, wenn und soweit der Richter dies mit Rücksicht auf die Wichtigkeit der Sache für erforderlich erachtet, auch in der fremden Sprache in das Protokoll oder in eine Anlage niedergeschrieben werden. In den dazu geeigneten Fällen soll dem Protokolle eine durch den Dolmetscher zu beglaubigende Übersetzung beigefügt werden.

Die Zuziehung eines Dolmetschers kann unterbleiben, wenn die beteiligten Personen sämtlich der fremden Sprache mächtig sind.

§ **188.** Zur Verhandlung mit tauben oder stummen Personen ist, sofern nicht eine schriftliche Verständigung erfolgt, eine Person als Dolmetscher zuzuziehen, mit deren Hilfe die Verständigung in anderer Weise erfolgen kann.

§ **189.** Ob einer Partei, welche taub ist, bei der mündlichen Verhandlung der Vortrag zu gestatten sei, bleibt dem Ermessen des Gerichts überlassen.

Dasselbe gilt in Anwaltsprozessen von einer Partei, die der deutschen Sprache nicht mächtig ist.

§ **190.** Personen, welche der deutschen Sprache nicht mächtig sind, leisten Eide in der ihnen geläufigen Sprache.

§ **191.** Der Dolmetscher hat einen Eid dahin zu leisten:

daß er treu und gewissenhaft übertragen werde.

Ist der Dolmetscher für Übertragungen der betreffenden Art im allgemeinen beeidigt, so genügt die Berufung auf den geleisteten Eid.

§ **192.** Der Dienst des Dolmetschers kann von dem Gerichtsschreiber wahrgenommen werden. Einer besonderen Beeidigung bedarf es nicht.

§ **193.** Auf den Dolmetscher finden die Bestimmungen über Ausschließung und Ablehnung der Sachverständigen entsprechende Anwendung. Die Entscheidung erfolgt durch das Gericht oder den Richter, von welchem der Dolmetscher zugezogen ist.

---

b) **Gerichtsverfassungsgesetz** §§ 177 bis 185, betr. **Sitzungspolizei.**

§ 177. Die Aufrechthaltung der Ordnung in der Sitzung liegt dem Vorsitzenden ob.

§ 178. Parteien, Beschuldigte, Zeugen, Sachverständige oder bei der Verhandlung nicht beteiligte Personen, welche den zur Aufrechthaltung der Ordnung erlassenen Befehlen nicht gehorchen, können auf Beschluß des Gerichts aus dem Sitzungszimmer entfernt, auch zur Haft abgeführt und während einer in dem Beschlusse zu bestimmenden Zeit, welche vierundzwanzig Stunden nicht übersteigen darf, festgehalten werden.

§ 179. Das Gericht kann gegen Parteien, Beschuldigte, Zeugen, Sachverständige oder bei der Verhandlung nicht beteiligte Personen, welche sich in der Sitzung einer Ungebühr schuldig machen, vorbehaltlich der strafgerichtlichen Verfolgung, eine Ordnungsstrafe bis zu einhundert Mark oder bis zu drei Tagen Haft festsetzen und sofort vollstrecken lassen.

§ 180. Das Gericht kann gegen einen bei der Verhandlung beteiligten Rechtsanwalt oder Verteidiger, der sich in der Sitzung einer Ungebühr schuldig macht, vorbehaltlich der strafgerichtlichen oder disziplinaren Verfolgung, eine Ordnungsstrafe bis zu einhundert Mark festsetzen.

§ 181. Die Vollstreckung der vorstehend bezeichneten Ordnungsstrafen hat der Vorsitzende unmittelbar zu veranlassen.

§ 182. Die in den §§ 177—181 bezeichneten Befugnisse stehen auch einem einzelnen Richter bei der Vornahme von Amtshandlungen außerhalb der Sitzung zu.

§ 183. Ist in den Fällen der §§ 179, 180, 182 eine Ordnungsstrafe festgesetzt, so findet binnen der Frist von einer Woche nach der Bekanntmachung der Entscheidung Beschwerde statt, sofern die Entscheidung nicht von dem Reichsgerichte oder einem Oberlandesgerichte getroffen ist.

Die Beschwerde hat in dem Falle des § 179 keine aufschiebende Wirkung, in den Fällen des § 180 und des § 182 aufschiebende Wirkung.

Über die Beschwerde entscheidet das Oberlandesgericht.

§ 184. Ist eine Ordnungsstrafe wegen Ungebühr festgesetzt, oder eine Person zur Haft abgeführt, oder eine bei der Verhandlung beteiligte Person entfernt worden, so ist der Beschluß des Gerichts und dessen Veranlassung in das Protokoll aufzunehmen.

§ 185. Wird eine strafbare Handlung in der Sitzung begangen, so hat das Gericht den Tatbestand festzustellen und der zuständigen Behörde das darüber aufgenommene Protokoll mitzuteilen. In geeigneten Fällen ist die vorläufige Festnahme des Täters zu verfügen.

---

c) **Gerichtsverfassungsgesetz** §§ 194 bis 200, betr. **Beratung und Abstimmung.**

§ 194. Bei Entscheidungen dürfen Richter nur in der gesetzlich bestimmten Anzahl mitwirken.

Bei Verhandlungen von längerer Dauer kann der Vorsitzende die Zuziehung von Ergänzungsrichtern anordnen, welche der Verhandlung beizuwohnen und im Falle der Verhinderung eines Richters für denselben einzutreten haben.

Die vorstehenden Bestimmungen finden auch auf Schöffen und Geschworene Anwendung.

§ 195. Bei der Beratung und Abstimmung dürfen außer den zur Entscheidung berufenen Richtern nur die bei demselben Gerichte zu ihrer juristischen Ausbildung beschäftigten Personen zugegen sein, soweit der Vorsitzende deren Anwesenheit gestattet.

§ 196. Der Vorsitzende leitet die Beratung, stellt die Fragen und sammelt die Stimmen.

Meinungsverschiedenheiten über den Gegenstand, die Fassung und die Reihenfolge der Fragen oder über das Ergebnis der Abstimmung entscheidet das Gericht.

§ 197. Kein Richter, Schöffe oder Geschworener darf die Abstimmung über eine Frage verweigern, weil er bei der Abstimmung über eine vorhergegangene Frage in der Minderheit geblieben ist.

§ 198. Die Entscheidungen erfolgen, soweit das Gesetz nicht ein anderes bestimmt, nach der absoluten Mehrheit der Stimmen.

Bilden sich in Beziehung auf Summen, über welche zu entscheiden ist, mehr als zwei Meinungen, deren keine die Mehrheit für sich hat, so werden die für die größte Summe abgegebenen Stimmen den für die zunächst geringere abgegebenen so lange hinzugerechnet, bis sich eine Mehrheit ergibt.

Bilden sich in einer Strafsache, von der Schuldfrage abgesehen, mehr als zwei Meinungen, deren keine die Mehrheit für sich hat, so werden die dem Beschuldigten nachteiligsten Stimmen den zunächst minder nachteiligen so lange hinzugerechnet, bis sich eine Mehrheit ergibt.

§ 199. Die Reihenfolge bei der Abstimmung richtet sich nach dem Dienstalter, bei den Schöffengerichten und den Kammern für Handelssachen nach dem Lebensalter; der jüngste stimmt zuerst, der Vorsitzende zuletzt. Wenn ein Berichterstatter ernannt ist, so gibt dieser seine Stimme zuerst ab.

Bei der Abstimmung der Geschworenen richtet sich die Reihenfolge nach der Auslosung. Der Obmann stimmt zuletzt.

§ 200. Schöffen und Geschworene sind verpflichtet, über den Hergang bei der Beratung und Abstimmung Stillschweigen zu beobachten.

---

3. Zu § 14 des Gesetzes:

Zivilprozeßordnung §§ 114 bis 127, betr. Armenrecht.

§ 114. Wer außer stande ist, ohne Beeinträchtigung des für ihn und seine Familie notwendigen Unterhalts die Kosten des Prozesses zu bestreiten, hat auf Bewilligung des Armenrechts Anspruch, wenn die beabsichtigte Rechtsverfolgung oder Rechtsverteidigung nicht mutwillig oder aussichtslos erscheint.

Ausländer haben auf das Armenrecht nur insoweit Anspruch, als die Gegenseitigkeit verbürgt ist.

§ 115. Durch Bewilligung des Armenrechts erlangt die Partei:

1. die einstweilige Befreiung von der Berichtigung der rückständigen und künftig erwachsenden Gerichtskosten, einschließlich der Gebühren der Beamten, der den Zeugen und den Sachverständigen zu gewährenden Vergütung und der sonstigen baren Auslagen, sowie der Stempelsteuer;
2. die Befreiung von der Sicherheitsleistung für die Prozeßkosten;
3. das Recht, daß ihr zur vorläufig unentgeltlichen Bewirkung von Zustellungen und von Vollstreckungshandlungen ein Gerichtsvollzieher und, insoweit eine Vertretung durch Anwälte geboten ist, zur vorläufig unentgeltlichen Wahrnehmung ihrer Rechte ein Rechtsanwalt beigeordnet werde.

§ 116. Insoweit nicht eine Vertretung durch Anwälte geboten oder ein Anwalt gemäß § 34 der Rechtsanwaltsordnung beigeordnet ist, kann einer armen Partei, welche nicht im Bezirke des Prozeßgerichts wohnt, zur unentgeltlichen Wahrnehmung ihrer Rechte in der mündlichen Verhandlung ein Justizbeamter, der nicht als Richter angestellt ist, oder ein Rechtskundiger, der die vorgeschriebene erste Prüfung für den Justizdienst bestanden hat, auf Antrag beigeordnet werden. Die infolgedessen erwachsenden baren Auslagen werden von der Staatskasse bestritten und als Gerichtskosten in Ansatz gebracht.

§ 117. Die Bewilligung des Armenrechts hat auf die Verpflichtung zur Erstattung der dem Gegner erwachsenden Kosten keinen Einfluß.

§ 118. Das Gesuch um Bewilligung des Armenrechts ist bei dem Prozeßgericht anzubringen; es kann vor dem Gerichtsschreiber zu Protokoll erklärt werden.

Dem Gesuch ist ein von der obrigkeitlichen Behörde der Partei ausgestelltes Zeugnis beizufügen, in welchem unter Angabe des Standes oder Gewerbes, der Vermögens- und Familienverhältnisse der Partei sowie des Betrags der von dieser zu entrichtenden direkten Staatssteuern das Unvermögen zur Bestreitung der Prozeßkosten ausdrücklich bezeugt wird. Für Personen, welche unter Vormundschaft oder Kuratel stehen, kann das Zeugnis auch von der vormundschaftlichen Behörde ausgestellt werden.

In dem Gesuche ist das Streitverhältnis unter Angabe der Beweismittel darzulegen.

§ 119. Die Bewilligung des Armenrechts erfolgt für jede Instanz besonders, für die erste Instanz einschließlich der Zwangsvollstreckung.

In der höheren Instanz bedarf es des Nachweises des Unvermögens nicht, wenn das Armenrecht in der vorherigen Instanz bewilligt war. Hat der Gegner das Rechtsmittel eingelegt, so ist in der höheren Instanz nicht zu prüfen, ob die Rechtsverfolgung oder Rechtsverteidigung der Partei mutwillig oder aussichtslos erscheint.

§ 120. Die Bewilligung des Armenrechts für den Kläger, den Berufungskläger und den Revisionskläger hat zugleich für den Gegner die einstweilige Befreiung von den in § 115 Nr. 1 bezeichneten Kosten zur Folge.

§ 121. Das Armenrecht kann zu jeder Zeit entzogen werden, wenn sich ergibt, daß eine Voraussetzung der Bewilligung nicht vorhanden war oder nicht mehr vorhanden ist.

§ 122. Das Armenrecht erlischt mit dem Tode der Person, welcher es bewilligt ist.

§ 123. Die Gerichtskosten, von deren Berichtigung die arme Partei einstweilen befreit ist, können von dem in die Prozeßkosten verurteilten Gegner nach Maßgabe der für die Beitreibung rückständiger Gerichtskosten geltenden Vorschriften eingezogen werden.

Die Gerichtskosten, von deren Berichtigung der Gegner der armen Partei einstweilen befreit ist, sind von demselben einzuziehen, soweit er in die Prozeßkosten verurteilt oder der Rechtsstreit ohne Urteil über die Kosten beendigt ist.

§ 124. Die für die arme Partei bestellten Gerichtsvollzieher und Rechtsanwälte sind berechtigt, ihre Gebühren und Auslagen von dem in die Prozeßkosten verurteilten Gegner beizutreiben.

Eine Einrede aus der Person der armen Partei ist nur insoweit zulässig, als die Aufrechnung von Kosten verlangt wird, welche nach der in demselben Rechtsstreite über die Kosten erlassenen Entscheidung von der armen Partei zu erstatten sind.

§ 125. Die zum Armenrechte zugelassene Partei ist zur Nachzahlung der Beträge, von deren Berichtigung sie einstweilen befreit war, verpflichtet, sobald sie ohne Beeinträchtigung des für sie und ihre Familie notwendigen Unterhalts dazu imstande ist.

Dasselbe gilt in betreff derjenigen Beträge, von deren Berichtigung der Gegner einstweilen befreit war, soweit die arme Partei in die Prozeßkosten verurteilt ist.

§ 126. Über das Gesuch um Bewilligung des Armenrechts, über die Entziehung desselben und über die Verpflichtung zur Nachzahlung der Beträge, von deren Berichtigung die zum Armenrechte zugelassene Partei oder der Gegner einstweilen befreit ist, kann ohne vorgängige mündliche Verhandlung entschieden werden.

§ 127. Gegen den Beschluß, durch welchen das Armenrecht bewilligt wird, findet kein Rechtsmittel; gegen den Beschluß, durch welchen das Armenrecht verweigert oder entzogen oder die Nachzahlung von Kosten angeordnet wird, findet die Beschwerde statt.

---

4. Zu § 15 des Gesetzes:

a) Zivilprozeßordnung §§ 373 bis 401, betr. Zeugenbeweis.

§ 373. Die Antretung des Zeugenbeweises erfolgt durch die Benennung der Zeugen und die Bezeichnung der Tatsachen, über welche die Vernehmung der Zeugen stattfinden soll.

§ 374. Die Vernehmung neuer Zeugen, welche nach Erlassung eines Beweisbeschlusses bezüglich der in demselben bezeichneten streitigen Tatsachen benannt werden, ist auf Antrag zurückzuweisen, wenn durch die Vernehmung die Erledigung des Rechtsstreits verzögert werden würde und das Gericht die Überzeugung gewinnt, daß die Partei in der Absicht, den Prozeß zu verschleppen, oder aus grober Nachlässigkeit die Zeugen nicht früher benannt hat.

§ 375. Die Aufnahme des Zeugenbeweises kann einem Mitgliede des Prozeßgerichts oder einem anderen Gericht übertragen werden:

1. wenn zur Ausmittlung der Wahrheit die Vernehmung des Zeugen an Ort und Stelle dienlich erscheint;
2. wenn die Beweisaufnahme vor dem Prozeßgericht erheblichen Schwierigkeiten unterliegen würde;
3. wenn der Zeuge verhindert ist, vor dem Prozeßgerichte zu erscheinen;
4. wenn der Zeuge in großer Entfernung von dem Sitze des Prozeßgerichts sich aufhält.

Die Landesherren und die Mitglieder der landesherrlichen Familien sowie die Mitglieder der Fürstl. Familie Hohenzollern sind durch ein Mitglied des Prozeßgerichts oder durch ein anderes Gericht in ihrer Wohnung zu vernehmen. Das gleiche gilt in Ansehung der Mitglieder des vormal. Hannoverschen Königshauses, des vormal. Kurhessischen und des vormal. Herzogl. Nassauischen Fürstenhauses.

§ 376. Öffentliche Beamte, auch wenn sie nicht mehr im Dienste sind, dürfen über Umstände, auf welche sich ihre Pflicht zur Amtsverschwiegenheit bezieht, als Zeugen nur mit Genehmigung ihrer vorgesetzten Dienstbehörde oder der ihnen zuletzt vorgesetzt gewesenen Dienstbehörde vernommen werden. Für den Reichskanzler bedarf es der Genehmigung des Kaisers, für die Minister der Genehmigung des Landesherrn, für die Mitglieder der Senate der freien Hansestädte der Genehmigung des Senats.

Die Genehmigung darf nur versagt werden, wenn die Ablegung des Zeugnisses dem Wohle des Reichs oder eines Bundesstaates Nachteil bereiten würde.

Die Genehmigung ist durch das Prozeßgericht einzuholen und dem Zeugen bekannt zu machen.

§ 377. Die Ladung der Zeugen ist von dem Gerichtsschreiber unter Bezugnahme auf den Beweisbeschluß auszufertigen und von Amts wegen zuzustellen.

Die Ladung muß enthalten:

1. die Bezeichnung der Parteien;
2. den Gegenstand der Vernehmung;
3. die Anweisung, zur Ablegung des Zeugnisses bei Vermeidung der durch das Gesetz angedrohten Strafen in dem nach Zeit und Ort zu bezeichnenden Termine zu erscheinen.

§ 378. Die Ladung einer dem aktiven Heere oder der aktiven Marine angehörenden Person des Soldatenstandes als Zeuge erfolgt durch Ersuchen der Militärbehörde.

§ 379. Das Gericht kann die Ladung davon abhängig machen, daß der Beweisführer einen Vorschuß zur Deckung der Staatskasse wegen der durch die Vernehmung des Zeugen erwachsenden Auslagen hinterlegt.

Erfolgt die Hinterlegung nicht binnen der bestimmten Frist, so unterbleibt die Ladung, wenn die Hinterlegung nicht so zeitig nachgeholt wird, daß die Vernehmung ohne Verzögerung des Verfahrens erfolgen kann.

§ 380. Ein ordnungsmäßig geladener Zeuge, welcher nicht erscheint, ist, ohne daß es eines Antrags bedarf, in die durch das Ausbleiben verursachten Kosten sowie zu einer Geldstrafe bis zu dreihundert Mark und für den Fall, daß diese nicht beigetrieben werden kann, zur Strafe der Haft bis zu sechs Wochen zu verurteilen.

Im Falle wiederholten Ausbleibens ist die Strafe noch einmal zu erkennen, auch kann die zwangsweise Vorführung des Zeugen angeordnet werden.

Gegen diese Beschlüsse findet die Beschwerde statt.

Die Festsetzung und die Vollstreckung der Strafe gegen eine dem aktiven Heere oder der aktiven Marine angehörende Militärperson erfolgt auf Ersuchen durch das Militärgericht, die Vorführung einer solchen Person durch Ersuchen der Militärbehörde.

§ 381. Die Verurteilung in Strafe und Kosten sowie die Anordnung der zwangsweisen Vorführung unterbleiben, wenn das Ausbleiben des Zeugen genügend entschuldigt ist. Erfolgt nachträglich genügende Entschuldigung, so werden die gegen den Zeugen getroffenen Anordnungen wieder aufgehoben.

Die Anzeigen und Gesuche des Zeugen können schriftlich oder zum Protokolle des Gerichtsschreibers oder mündlich in dem zur Vernehmung bestimmten neuen Termine angebracht werden.

§ 382. Der Reichskanzler, die Minister eines Bundesstaates, die Mitglieder der Senate der freien Hansestädte, die Vorstände der obersten Reichsbehörden und die Vorstände der Ministerien sind an ihrem Amtssitze oder, wenn sie sich außerhalb desselben aufhalten, an ihrem Aufenthaltsorte zu vernehmen.

Die Mitglieder des Bundesrats sind während ihres Aufenthalts am Sitze des Bundesrats an diesem Sitze, die Mitglieder einer deutschen gesetzgebenden Versammlung während der Sitzungsperiode und ihres Aufenthalts am Orte der Versammlung an diesem Orte zu vernehmen.

Zu einer Abweichung von den vorstehenden Bestimmungen bedarf es:

in betreff des Reichskanzlers der Genehmigung des Kaisers,

in betreff der Minister und der Mitglieder des Bundesrats der Genehmigung des Landesherrn,

in betreff der Mitglieder der Senate der freien Hansestädte der Genehmigung des Senats,

in betreff der übrigen vorbezeichneten Beamten der Genehmigung ihres unmittelbaren Vorgesetzten,

in betreff der Mitglieder einer gesetzgebenden Versammlung der Genehmigung der letzteren.

§ 383. Zur Verweigerung des Zeugnisses sind berechtigt:

1. der Verlobte einer Partei;
2. der Ehegatte einer Partei, auch wenn die Ehe nicht mehr besteht;
3. diejenigen, welche mit einer Partei in gerader Linie verwandt, verschwägert oder durch Adoption verbunden, oder in der Seitenlinie bis zum dritten Grade verwandt oder bis zum zweiten Grade verschwägert sind, auch wenn die Ehe, durch welche die Schwägerschaft begründet ist, nicht mehr besteht;
4. Geistliche in Ansehung desjenigen, was ihnen bei der Ausübung der Seelsorge anvertraut ist;
5. Personen, welchen kraft ihres Amtes, Standes oder Gewerbes Tatsachen anvertraut sind, deren Geheimhaltung durch die Natur derselben oder durch gesetzliche Vorschrift geboten ist, in betreff der Tatsachen, auf welche die Verpflichtung zur Verschwiegenheit sich bezieht.

Die unter Nr. 1—3 bezeichneten Personen sind vor der Vernehmung über ihr Recht zur Verweigerung des Zeugnisses zu belehren.

Die Vernehmung der Nr. 4, 5 bezeichneten Personen ist, auch wenn das Zeugnis nicht verweigert wird, auf Tatsachen nicht zu richten, in Ansehung welcher erhellt, daß ohne Verletzung der Verpflichtung zur Verschwiegenheit ein Zeugnis nicht abgelegt werden kann.

§ 384. Das Zeugnis kann verweigert werden:

1. über Fragen, deren Beantwortung dem Zeugen oder einer Person, zu welcher derselbe in einem der im § 383 Nr. 1—3 bezeichneten Verhältnisse steht, einen unmittelbaren vermögensrechtlichen Schaden verursachen würde;
2. über Fragen, deren Beantwortung dem Zeugen oder einem der im § 383 Nr. 1—3 bezeichneten Angehörigen desselben zur Unehre gereichen oder die Gefahr strafgerichtlicher Verfolgung zuziehen würde;
3. über Fragen, welche der Zeuge nicht würde beantworten können, ohne ein Kunst- oder Gewerbegeheimnis zu offenbaren.

§ 385. In den Fällen des § 383 Nr. 1—3 und des § 384 Nr. 1 darf der Zeuge das Zeugnis nicht verweigern:

1. über die Errichtung und den Inhalt eines Rechtsgeschäfts, bei dessen Errichtung er als Zeuge zugezogen war;
2. über Geburten, Verheiratungen oder Sterbefälle von Familiengliedern;
3. über Tatsachen, welche die durch das Familienverhältnis bedingten Vermögensangelegenheiten betreffen;
4. über diejenigen auf das streitige Rechtsverhältnis sich beziehenden Handlungen, welche von ihm selbst als Rechtsvorgänger oder Vertreter einer Partei vorgenommen sein sollen.

Die im § 383 Nr. 4, 5 bezeichneten Personen dürfen das Zeugnis nicht verweigern, wenn sie von der Verpflichtung zur Verschwiegenheit entbunden sind.

§ 386. Der Zeuge, welcher das Zeugnis verweigert, hat vor dem zu seiner Vernehmung bestimmten Termine schriftlich oder zum Protokolle des Gerichtsschreibers oder in diesem Termine die Tatsachen, auf welche er die Weigerung gründet, anzugeben und glaubhaft zu machen.

Zur Glaubhaftmachung genügt in den Fällen des § 383 Nr. 4, 5 die mit Berufung auf einen geleisteten Diensteid abgegebene Versicherung.

Hat der Zeuge seine Weigerung schriftlich oder zum Protokolle des Gerichtsschreibers erklärt, so ist er nicht verpflichtet, in dem zu seiner Vernehmung bestimmten Termine zu erscheinen.

Von dem Eingange einer Erklärung des Zeugen oder von der Aufnahme einer solchen zum Protokolle hat der Gerichtsschreiber die Parteien zu benachrichtigen.

§ 387. Über die Rechtmäßigkeit der Weigerung wird von dem Prozeßgerichte nach Anhörung der Parteien entschieden.

Der Zeuge ist nicht verpflichtet, sich durch einen Anwalt vertreten zu lassen.

Gegen das Zwischenurteil findet sofortige Beschwerde statt.

§ 388. Hat der Zeuge seine Weigerung schriftlich oder zum Protokolle des Gerichtsschreibers erklärt und ist er in dem Termine nicht erschienen, so hat auf Grund seiner Erklärungen ein Mitglied des Prozeßgerichts Bericht zu erstatten.

§ 389. Erfolgt die Weigerung vor einem beauftragten oder ersuchten Richter, so sind die Erklärungen des Zeugen, wenn sie nicht schriftlich oder zum Protokolle des Gerichtsschreibers abgegeben sind, nebst den Erklärungen der Parteien in das Protokoll aufzunehmen.

Zur mündlichen Verhandlung vor dem Prozeßgerichte werden der Zeuge und die Parteien von Amts wegen geladen.

Auf Grund der von dem Zeugen und den Parteien abgegebenen Erklärungen hat ein Mitglied des Prozeßgerichts Bericht zu erstatten. Nach dem Vortrage des Berichterstatters können der Zeuge und die Parteien zur Begründung ihrer Anträge das Wort nehmen; neue Tatsachen oder Beweismittel dürfen nicht geltend gemacht werden.

§ 390. Wird das Zeugnis oder die Eidesleistung ohne Angabe eines Grundes oder, nachdem der vorgeschützte Grund rechtskräftig für unerheblich erklärt ist, verweigert, so ist der Zeuge, ohne daß es eines Antrags bedarf, in die durch die Weigerung verursachten Kosten sowie zu einer Geldstrafe bis zu dreihundert Mark und für den Fall, daß diese nicht beigetrieben werden kann, zur Strafe der Haft bis zu sechs Wochen zu verurteilen.

Im Falle wiederholter Weigerung ist auf Antrag zur Erzwingung des Zeugnisses die Haft anzuordnen, jedoch nicht über den Zeitpunkt der Beendigung des Prozesses in der Instanz hinaus. Die Vorschriften über die Haft im Zwangsvollstreckungsverfahren finden entsprechende Anwendung.

Gegen diese Beschlüsse findet die Beschwerde statt.

Die Festsetzung und die Vollstreckung der Strafe gegen eine dem aktiven Heere oder der aktiven Marine angehörende Militärperson erfolgt auf Ersuchen durch das Militärgericht.

§ 391. Jeder Zeuge ist einzeln und vor seiner Vernehmung zu beeidigen; die Beeidigung kann jedoch aus besonderen Gründen, namentlich wenn Bedenken gegen ihre Zulässigkeit obwalten, bis nach Abschluß der Vernehmung ausgesetzt werden.

Die Parteien können auf die Beeidigung verzichten.

§ 392. Der vor der Vernehmung zu leistende Eid lautet:

daß Zeuge nach bestem Wissen die reine Wahrheit sagen, nichts verschweigen und nichts hinzusetzen werde;

der nach der Vernehmung zu leistende Eid lautet:

daß Zeuge nach bestem Wissen die reine Wahrheit gesagt, nichts verschwiegen und nichts hinzugesetzt habe.

§ 393. Unbeeidigt sind zu vernehmen:

1. Personen, welche zur Zeit der Vernehmung das sechzehnte Lebensjahr noch nicht vollendet oder wegen mangelnder Verstandesreife oder wegen Ver-

standesschwäche von dem Wesen und der Bedeutung des Eides keine genügende Vorstellung haben;
2. Personen, welche nach den Bestimmungen der Strafgesetze unfähig sind, als Zeugen eidlich vernommen zu werden;
3. die nach § 383 Nr. 1—3 und § 384 Nr. 1, 2 zur Verweigerung des Zeugnisses berechtigten Personen, sofern sie von diesem Rechte keinen Gebrauch machen, die im § 384 Nr. 1, 2 bezeichneten Personen jedoch nur dann, wenn sie lediglich über solche Tatsachen vorgeschlagen sind, auf welche sich das Recht zur Verweigerung des Zeugnisses bezieht;
4. Personen, welche bei dem Ausgange des Rechtsstreits unmittelbar beteiligt sind.

Das Prozeßgericht kann die nachträgliche Beeidigung der unter den beiden letzten Nummern bezeichneten Personen anordnen.

§ **394.** Jeder Zeuge ist einzeln und in Abwesenheit der später abzuhörenden Zeugen zu vernehmen.

Zeugen, deren Aussagen sich widersprechen, können einander gegenübergestellt werden.

§ **395.** Die Vernehmung beginnt damit, daß der Zeuge über Vornamen und Zunamen, Alter, Religionsbekenntnis, Stand oder Gewerbe und Wohnort befragt wird. Erforderlichenfalls sind ihm Fragen über solche Umstände, welche seine Glaubwürdigkeit in der vorliegenden Sache betreffen, insbesondere über seine Beziehungen zu den Parteien vorzulegen.

§ **396.** Der Zeuge ist zu veranlassen, dasjenige, was ihm von dem Gegenstande seiner Vernehmung bekannt ist, im Zusammenhange anzugeben.

Zur Aufklärung und zur Vervollständigung der Aussage, sowie zur Erforschung des Grundes, auf welchem die Wissenschaft des Zeugen beruht, sind nötigenfalls weitere Fragen zu stellen.

Der Vorsitzende hat jedem Mitgliede des Gerichts auf Verlangen zu gestatten, Fragen zu stellen.

§ **397.** Die Parteien sind berechtigt, dem Zeugen diejenigen Fragen vorlegen zu lassen, welche sie zur Aufklärung der Sache oder der Verhältnisse des Zeugen für dienlich erachten.

Der Vorsitzende kann den Parteien gestatten, und hat ihren Anwälten auf Verlangen zu gestatten, an den Zeugen unmittelbar Fragen zu richten.

Zweifel über die Zulässigkeit einer Frage entscheidet das Gericht.

§ **398.** Das Prozeßgericht kann nach seinem Ermessen die wiederholte Vernehmung eines Zeugen anordnen.

Hat ein beauftragter oder ersuchter Richter bei der Vernehmung die Stellung der von einer Partei angeregten Frage verweigert, so kann das Prozeßgericht die nachträgliche Vernehmung des Zeugen über diese Frage anordnen.

Bei der wiederholten oder der nachträglichen Vernehmung kann der Richter statt der nochmaligen Beeidigung den Zeugen die Richtigkeit seiner Aussage unter Berufung auf den früher geleisteten Eid versichern lassen.

§ **399.** Die Partei kann auf einen Zeugen, welchen sie vorgeschlagen hat, verzichten, der Gegner kann aber verlangen, daß der erschienene Zeuge vernommen und, wenn die Vernehmung bereits begonnen hat, daß dieselbe fortgesetzt werde.

§ **400.** Der mit der Beweisaufnahme betraute Richter ist ermächtigt, im Falle des Nichterscheinens oder der Zeugnisverweigerung die gesetzlichen Verfügungen zu treffen, auch dieselben, soweit dieses überhaupt zulässig ist, selbst nach Erledigung des Auftrags wieder aufzuheben, über die Zulässigkeit einer dem Zeugen vorgelegten Frage vorläufig zu entscheiden und die nochmalige Vernehmung eines Zeugen vorzunehmen.

§ **401.** Jeder Zeuge hat nach Maßgabe der Gebührenordnung auf Entschädigung für Zeitversäumnis und, wenn sein Erscheinen eine Reise erforderlich macht, auf Erstattung der Kosten Anspruch, welche durch die Reise und den Aufenthalt am Orte der Vernehmung verursacht werden.

b) Zivilprozeßordnung §§ 402 bis 414, betr. Beweis durch Sachverständige.

§ 402. Auf den Beweis durch Sachverständige finden die Vorschriften über den Beweis durch Zeugen entsprechende Anwendung, insoweit nicht in den nachfolgenden Paragraphen abweichende Bestimmungen enthalten sind.

§ 403. Die Antretung des Beweises erfolgt durch die Bezeichnung der zu begutachtenden Punkte.

§ 404. Die Auswahl der zuzuziehenden Sachverständigen und die Bestimmung ihrer Anzahl erfolgt durch das Prozeßgericht. Dasselbe kann sich auf die Ernennung eines einzigen Sachverständigen beschränken. Es kann an Stelle der zuerst ernannten Sachverständigen andere ernennen.

Sind für gewisse Arten von Gutachten Sachverständige öffentlich bestellt, so sollen andere Personen nur dann gewählt werden, wenn besondere Umstände es erfordern.

Das Gericht kann die Parteien auffordern, Personen zu bezeichnen, welche geeignet sind, als Sachverständige vernommen zu werden.

Einigen sich die Parteien über bestimmte Personen als Sachverständige, so hat das Gericht dieser Einigung Folge zu geben; das Gericht kann jedoch die Wahl der Parteien auf eine bestimmte Anzahl beschränken.

§ 405. Das Prozeßgericht kann den mit der Beweisaufnahme betrauten Richter zur Ernennung der Sachverständigen ermächtigen. Derselbe hat in diesem Falle die in dem vorstehenden Paragraphen dem Prozeßgerichte beigelegten Befugnisse auszuüben.

§ 406. Ein Sachverständiger kann aus denselben Gründen, welche zur Ablehnung eines Richters berechtigen, abgelehnt werden. Ein Ablehnungsgrund kann jedoch nicht daraus entnommen werden, daß der Sachverständige als Zeuge vernommen worden ist.

Das Ablehnungsgesuch ist bei demjenigen Gericht oder Richter, von welchem die Ernennung des Sachverständigen erfolgt ist, vor der Vernehmung desselben, bei schriftlicher Begutachtung vor erfolgter Einreichung des Gutachtens anzubringen. Nach diesem Zeitpunkt ist die Ablehnung nur zulässig, wenn glaubhaft gemacht wird, daß der Ablehnungsgrund vorher nicht geltend gemacht werden konnte. Das Ablehnungsgesuch kann vor dem Gerichtsschreiber zu Protokoll erklärt werden.

Der Ablehnungsgrund ist glaubhaft zu machen; zur Versicherung an Eides Statt darf die Partei nicht zugelassen werden.

Die Entscheidung erfolgt von dem im zweiten Absatze bezeichneten Gericht oder Richter; eine vorgängige mündliche Verhandlung der Beteiligten ist nicht erforderlich.

Gegen den Beschluß, durch welchen die Ablehnung für begründet erklärt wird, findet kein Rechtsmittel; gegen den Beschluß, durch welchen dieselbe für unbegründet erklärt wird, findet sofortige Beschwerde statt.

§ 407. Der zum Sachverständigen Ernannte hat der Ernennung Folge zu leisten, wenn er zur Erstattung von Gutachten der erforderten Art öffentlich bestellt ist oder wenn er die Wissenschaft, die Kunst oder das Gewerbe, deren Kenntnis Voraussetzung der Begutachtung ist, öffentlich zum Erwerbe ausübt oder wenn er zur Ausübung derselben öffentlich bestellt oder ermächtigt ist.

Zur Erstattung des Gutachtens ist auch derjenige verpflichtet, welcher sich zu derselben vor Gericht bereit erklärt hat.

§ 408. Dieselben Gründe, welche einen Zeugen berechtigen, das Zeugnis zu verweigern, berechtigen einen Sachverständigen zur Verweigerung des Gutachtens. Das Gericht kann auch aus anderen Gründen einen Sachverständigen von der Verpflichtung zur Erstattung des Gutachtens entbinden.

Die Vernehmung eines öffentlichen Beamten als Sachverständigen findet nicht statt, wenn die vorgesetzte Behörde des Beamten erklärt, daß die Vernehmung den dienstlichen Interessen Nachteile bereiten würde.

§ 409. Im Falle des Nichterscheinens oder der Weigerung eines zur Erstattung des Gutachtens verpflichteten Sachverständigen wird dieser zum Ersatze der Kosten und zu einer Geldstrafe bis zu dreihundert Mark verurteilt. Im Falle wiederholten Ungehorsams kann noch einmal eine Geldstrafe bis zu sechshundert Mark erkannt werden.

Gegen den Beschluß findet Beschwerde statt.

Die Festsetzung und die Vollstreckung der Strafe gegen eine dem aktiven Heere oder der aktiven Marine angehörende Militärperson erfolgt auf Ersuchen durch das Militärgericht.

§ 410. Der Sachverständige hat, wenn nicht beide Parteien auf seine Beeidigung verzichten, vor Erstattung des Gutachtens einen Eid dahin zu leisten:

daß er das von ihm geforderte Gutachten unparteiisch und nach bestem Wissen und Gewissen erstatten werde.

Ist der Sachverständige für die Erstattung von Gutachten der betreffenden Art im allgemeinen beeidigt, so genügt die Berufung auf den geleisteten Eid.

§ 411. Wird schriftliche Begutachtung angeordnet, so hat der Sachverständige das von ihm unterschriebene Gutachten auf der Gerichtsschreiberei niederzulegen.

Das Gericht kann das Erscheinen des Sachverständigen anordnen, damit derselbe das schriftliche Gutachten erläutere.

§ 412. Das Gericht kann eine neue Begutachtung durch dieselben oder durch andere Sachverständige anordnen, wenn es das Gutachten für ungenügend erachtet.

Das Gericht kann die Begutachtung durch einen anderen Sachverständigen anordnen, wenn ein Sachverständiger nach Erstattung des Gutachtens mit Erfolg abgelehnt ist.

§ 413. Der Sachverständige hat nach Maßgabe der Gebührenordnung auf Entschädigung für Zeitversäumnis, auf Erstattung der ihm verursachten Kosten und außerdem auf angemessene Vergütung seiner Mühewaltung Anspruch.

§ 414. Insoweit zum Beweise vergangener Tatsachen oder Zustände, zu deren Wahrnehmung eine besondere Sachkunde erforderlich war, sachkundige Personen zu vernehmen sind, kommen die Vorschriften über den Zeugenbeweis zur Anwendung.

---

c) Zivilprozeßordnung §§ 478 bis 484, betr. das Verfahren bei Abnahme von Eiden.

§ 478. Der Eid muß von dem Schwurpflichtigen in Person geleistet werden.

§ 479. Das Prozeßgericht kann anordnen, daß die Eidesleistung vor einem seiner Mitglieder oder vor einem anderen Gericht erfolge, wenn der Schwurpflichtige am Erscheinen vor dem Prozeßgerichte verhindert ist oder in großer Entfernung von dem Sitze desselben sich aufhält.

Die Eidesleistung der Landesherren und der Mitglieder der landesherrlichen Familien sowie der Mitglieder der Fürstl. Familie Hohenzollern erfolgt in der Wohnung derselben vor einem Mitgliede des Prozeßgerichts oder vor einem anderen Gerichte. Das gleiche gilt in Ansehung der Mitglieder des vormal. Hannoverschen Königshauses, des vormal. Kurhess. und des vormal. Herz. Nassauischen Fürstenhauses.

§ 480. Vor der Leistung des Eides hat der Richter den Schwurpflichtigen in angemessener Weise auf die Bedeutung des Eides hinzuweisen.

§ 481. Der Eid beginnt mit den Worten:

„Ich schwöre bei Gott dem Allmächtigen und Allwissenden"

und schließt mit den Worten:

„So wahr mir Gott helfe".

§ 482. Der Eid wird mittels Nachsprechens oder Ablesens der die Eidesnorm enthaltenden Eidesformel geleistet. Der Schwörende soll bei der Eidesleistung die rechte Hand erheben.

Ist die Eidesnorm von großem Umfange, so genügt die Vorlesung der Eidesnorm und die Verweisung auf die letztere in der Eidesformel.

Die Landesherren und die Mitglieder der landesherrlichen Familien sowie die Mitglieder der Fürstl. Familie Hohenzollern leisten den Eid mittels Unterschreibens der die Eidesnorm enthaltenden Eidesformel. Das gleiche gilt in Ansehung der Mitglieder des vormal. Hannoverschen Königshauses, des vormal. kurhess. und des vormal. Herz. Nassauischen Fürstenhauses.

§ 483. Stumme, welche schreiben können, leisten den Eid mittels Abschreibens und Unterschreibens der die Eidesnorm enthaltenden Eidesformel.

Stumme, welche nicht schreiben können, leisten den Eid mit Hilfe eines Dolmetschers durch Zeichen.

§ 484. Der Eidesleistung wird gleichgeachtet, wenn ein Mitglied einer Religionsgesellschaft, welcher das Gesetz den Gebrauch gewisser Beteuerungsformeln an Stelle des Eides gestattet, eine Erklärung unter der Beteuerungsformel dieser Religionsgesellschaft abgibt.

---

5. Zu § 16 des Gesetzes:

Zivilprozeßordnung §§ 166 bis 213, betr. Zustellungen.

I. Zustellungen auf Betreiben der Parteien.

§ 166. Die von den Parteien zu betreibenden Zustellungen erfolgen durch Gerichtsvollzieher.

In dem Verfahren vor den Amtsgerichten kann die Partei den Gerichtsvollzieher unter Vermittlung des Gerichtsschreibers des Prozeßgerichts mit der Zustellung beauftragen. Das gleiche gilt für Anwaltsprozesse in Ansehung der Zustellungen, durch welche eine Notfrist gewahrt werden soll.

§ 167. Die mündliche Erklärung einer Partei genügt, um den Gerichtsvollzieher zur Vornahme der Zustellung, den Gerichtsschreiber zur Beauftragung eines Gerichtsvollziehers mit der Zustellung zu ermächtigen.

Ist eine Zustellung durch einen Gerichtsvollzieher bewirkt, so wird bis zum Beweise des Gegenteils angenommen, daß dieselbe im Auftrage der Partei erfolgt sei.

§ 168. Insoweit eine Zustellung unter Vermittlung des Gerichtsschreibers zulässig ist, hat dieser einen Gerichtsvollzieher mit der erforderlichen Zustellung zu beauftragen, sofern nicht die Partei erklärt hat, daß sie selbst einen Gerichtsvollzieher beauftragen wolle; in Anwaltsprozessen ist die Erklärung nur zu berücksichtigen, wenn sie in dem zuzustellenden Schriftsatz enthalten ist.

§ 169. Die Partei hat dem Gerichtsvollzieher und, wenn unter Vermittlung des Gerichtsschreibers zuzustellen ist, diesem neben der Urschrift des zuzustellenden Schriftstücks eine der Zahl der Personen, welchen zuzustellen ist, entsprechende Zahl von Abschriften zu übergeben.

Die Zeit der Übergabe ist auf der Urschrift und den Abschriften zu vermerken und der Partei auf Verlangen zu bescheinigen.

§ 170. Die Zustellung besteht, wenn eine Ausfertigung zugestellt werden soll, in deren Übergabe, in den übrigen Fällen in der Übergabe einer beglaubigten Abschrift des zuzustellenden Schriftstücks.

Die Beglaubigung geschieht durch den Gerichtsvollzieher, bei den auf Betreiben von Rechtsanwälten oder in Anwaltsprozessen zuzustellenden Schriftstücken durch den Anwalt.

§ 171. Die Zustellungen, welche an eine Partei bewirkt werden sollen, erfolgen für die nicht prozeßfähigen Personen an die gesetzlichen Vertreter derselben.

Bei Behörden, Gemeinden und Korporationen, sowie bei Vereinen, welche als solche klagen und verklagt werden können, genügt die Zustellung an die Vorsteher.

Bei mehreren gesetzlichen Vertretern, sowie bei mehreren Vorstehern genügt die Zustellung an einen derselben.

§ 172. Die Zustellung für einen Unteroffizier oder einen Gemeinen des aktiven Heeres oder der aktiven Marine erfolgt an den Chef der zunächst vorgesetzten Kommandobehörde (Chef der Kompagnie, Eskadron, Batterie usw.)

§ 173. Die Zustellung erfolgt an den Generalbevollmächtigten, sowie in den durch den Betrieb eines Handelsgewerbes hervorgerufenen Rechtsstreitigkeiten an den Prokuristen mit gleicher Wirkung, wie an die Partei selbst.

§ 174. Wohnt eine Partei weder am Orte des Prozeßgerichts noch innerhalb des Amtsgerichtsbezirks, in welchem das Prozeßgericht seinen Sitz hat, so kann das Gericht, falls sie nicht einen in diesem Orte oder Bezirke wohnhaften Prozeßbevollmächtigten bestellt hat, auf Antrag anordnen, daß sie eine daselbst wohnhafte Person zum Empfange der für sie bestimmten Schriftstücke bevollmächtige. Diese Anordnung kann ohne vorgängige mündliche Verhandlung erfolgen. Eine Anfechtung des Beschlusses findet nicht statt.

Wohnt die Partei nicht im Deutschen Reiche, so ist sie auch ohne vorgängige Anordnung des Gerichts zur Benennung eines Zustellungsbevollmächtigten verpflichtet, falls sie nicht einen in dem durch den ersten Absatz bezeichneten Orte oder Bezirke wohnhaften Prozeßbevollmächtigten bestellt hat.

§ 175. Der Zustellungsbevollmächtigte ist bei der nächsten gerichtlichen Verhandlung oder, wenn die Partei vorher dem Gegner einen Schriftsatz zustellen läßt, in diesem zu benennen. Geschieht dies nicht, so können alle späteren Zustellungen bis zur nachträglichen Benennung in der Art bewirkt werden, daß der Gerichtsvollzieher das zu übergebende Schriftstück unter der Adresse der Partei nach ihrem Wohnorte zur Post gibt. Die Zustellung wird mit der Aufgabe zur Post als bewirkt angesehen, selbst wenn die Sendung als unbestellbar zurückkommt.

Die Postsendungen sind mit der Bezeichnung „Einschreiben" zu versehen, wenn die Partei es verlangt und zur Zahlung der Mehrkosten sich bereit erklärt.

§ 176. Zustellungen, welche in einem anhängigen Rechtsstreite geschehen sollen, müssen an den für die Instanz bestellten Prozeßbevollmächtigten erfolgen.

§ 177. Ist der Aufenthalt eines Prozeßbevollmächtigten unbekannt, so hat das Prozeßgericht auf Antrag die Zustellung an den Zustellungsbevollmächtigten, in Ermanglung eines solchen an den Gegner selbst zu bewilligen.

Die Entscheidung über den Antrag kann ohne vorgängige mündliche Verhandlung erlassen werden. Eine Anfechtung der die Zustellung bewilligenden Entscheidung findet nicht statt.

§ 178. Als zu der Instanz gehörig sind im Sinne des § 176 auch diejenigen Prozeßhandlungen anzusehen, welche das Verfahren vor dem Instanzgerichte infolge eines Einspruchs, einer Aufhebung des Urteils des Instanzgerichts, einer Wiederaufnahme des Verfahrens oder eines neuen Vorbringens in der Zwangsvollstreckungsinstanz zum Gegenstande haben. Das Verfahren vor dem Vollstreckungsgerichte ist als zur ersten Instanz gehörig anzusehen.

§ 179. Die Zustellung eines Schriftsatzes, durch welche ein Rechtsmittel eingelegt wird, erfolgt an den Prozeßbevollmächtigten derjenigen Instanz, deren Entscheidung angefochten wird, in Ermanglung eines solchen an den Prozeßbevollmächtigten erster Instanz. Ist von dem Gegner bereits ein Prozeßbevollmächtigter für die höhere, zur Verhandlung und Entscheidung über das Rechtsmittel zuständige Instanz bestellt, so kann die Zustellung auch an diesen Prozeßbevollmächtigten erfolgen.

Ist ein Prozeßbevollmächtigter, welchem nach Maßgabe des Abs. 1 zugestellt werden kann, nicht vorhanden, so erfolgt die Zustellung an den von dem Gegner, wenngleich nur für die erste Instanz, bestellten Zustellungsbevollmächtigten, in Ermanglung eines solchen an den Gegner selbst, und zwar an diesen durch Aufgabe zur Post, wenn er einen Zustellungsbevollmächtigten zu bestellen hatte, die Bestellung aber unterlassen hat.

Ist der Aufenthalt des Prozeßbevollmächtigten, welchem zuzustellen ist, unbekannt, so finden die Vorschriften des § 177 entsprechende Anwendung.

§ 180. Die Zustellungen können an jedem Orte erfolgen, wo die Person, welcher zugestellt werden soll, angetroffen wird.

Hat die Person an diesem Orte eine Wohnung oder ein Geschäftslokal, so ist die außerhalb der Wohnung oder des Geschäftslokals an sie erfolgte Zustellung nur gültig, wenn die Annahme nicht verweigert ist.

§ 181. Wird die Person, welcher zugestellt werden soll, in ihrer Wohnung nicht angetroffen, so kann die Zustellung in der Wohnung an einen zu der Familie gehörenden erwachsenen Hausgenossen oder an eine in der Familie dienende erwachsene Person erfolgen.

Wird eine solche Person nicht angetroffen, so kann die Zustellung an den in demselben Hause wohnenden Hauswirt oder Vermieter erfolgen, wenn diese zur Annahme des Schriftstücks bereit sind.

§ 182. Ist die Zustellung nach diesen Bestimmungen nicht ausführbar, so kann sie dadurch erfolgen, daß das zu übergebende Schriftstück auf der Gerichtsschreiberei des Amtsgerichts, in dessen Bezirke der Ort der Zustellung gelegen ist, oder an diesem Orte bei der Postanstalt oder dem Gemeindevorsteher oder dem Polizeivorsteher niedergelegt und die Niederlegung sowohl durch eine an der Tür der Wohnung zu befestigende schriftliche Anzeige, als auch, soweit tunlich, durch mündliche Mitteilung an zwei in der Nachbarschaft wohnende Personen bekannt gemacht wird.

§ 183. Für Gewerbetreibende, welche ein besonderes Geschäftslokal haben, kann, wenn sie in dem Geschäftslokale nicht angetroffen werden, die Zustellung an einen darin anwesenden Gewerbegehilfen erfolgen.

Wird ein Rechtsanwalt, ein Notar oder ein Gerichtsvollzieher in seinem Geschäftslokale nicht angetroffen, so kann die Zustellung an einen darin anwesenden Gehilfen oder Schreiber erfolgen.

§ 184. Wird der gesetzliche Vertreter oder der Vorsteher einer Behörde, einer Gemeinde, einer Korporation oder eines Vereins, welchem zugestellt werden soll, in dem Geschäftslokale während der gewöhnlichen Geschäftsstunden nicht angetroffen, oder ist er an der Annahme verhindert, so kann die Zustellung an einen anderen in dem Geschäftslokale anwesenden Beamten oder Bediensteten bewirkt werden.

Wird der gesetzliche Vertreter oder der Vorsteher in seiner Wohnung nicht angetroffen, so finden die Bestimmungen der §§ 181, 182 nur Anwendung, wenn ein besonderes Geschäftslokal nicht vorhanden ist.

§ 185. Die Zustellung an eine der in den §§ 181, 183 und im § 184 Abs. 1 bezeichneten Personen hat zu unterbleiben, wenn die Person an dem Rechtsstreit als Gegner der Partei, an welche die Zustellung erfolgen soll, beteiligt ist.

§ 186. Wird die Annahme der Zustellung ohne gesetzlichen Grund verweigert, so ist das zu übergebende Schriftstück am Orte der Zustellung zurückzulassen.

§ 187. Ergibt sich aus den Erklärungen einer Partei, daß eine ihr unter Verletzung der Vorschriften der §§ 181—186 zugestellte Ladung in ihre Hände gelangt ist, so ist die Zustellung als mit dem Zeitpunkte bewirkt anzusehen, in welchem die Partei nach ihren Erklärungen die Ladung erhalten hat.

§ 188. Zur Nachtzeit, sowie an Sonntagen und allgemeinen Feiertagen darf eine Zustellung, sofern sie nicht durch Aufgabe zur Post bewirkt wird, nur mit richterlicher Erlaubnis erfolgen. Die Nachtzeit umfaßt in dem Zeitraume vom 1. April bis 30. September die Stunden von neun Uhr abends bis vier Uhr morgens und in dem Zeitraume vom 1. Oktober bis 31. März die Stunden von neun Uhr abends bis sechs Uhr morgens.

Die Erlaubnis wird von dem Vorsitzenden des Prozeßgerichts erteilt; sie kann auch von dem Amtsrichter, in dessen Bezirke die Zustellung erfolgen soll, und in Angelegenheiten, welche durch einen beauftragten oder ersuchten Richter zu erledigen sind, von diesem erteilt werden.

Die Verfügung, durch welche die Erlaubnis erteilt wird, ist bei der Zustellung abschriftlich mitzuteilen.

Eine Zustellung, bei welcher die Bestimmungen dieses Paragraphen nicht beobachtet sind, ist gültig, wenn die Annahme nicht verweigert ist.

§ 189. Ist bei einer Zustellung an den Vertreter mehrerer Beteiligter oder an einen von mehreren Vertretern die Übergabe der Ausfertigung oder Abschrift eines Schriftstücks erforderlich, so genügt die Übergabe nur einer Ausfertigung oder Abschrift.

Einem Zustellungsbevollmächtigten mehrerer Beteiligter sind so viele Ausfertigungen oder Abschriften zu übergeben, als Beteiligte vorhanden sind.

§ 190. Über die Zustellung ist eine Urkunde aufzunehmen.

Dieselbe ist auf die Urschrift des zuzustellenden Schriftstücks oder auf einen mit derselben zu verbindenden Bogen zu setzen.

Eine durch den Gerichtsvollzieher beglaubigte Abschrift der Zustellungsurkunde ist auf das bei der Zustellung zu übergebende Schriftstück oder auf einen mit demselben zu verbindenden Bogen zu setzen.

Die Zustellungsurkunde ist der Partei, für welche die Zustellung erfolgt, zu übermitteln.

§ **191.** Die Zustellungsurkunde muß enthalten:

1. Ort und Zeit der Zustellung;
2. die Bezeichnung der Person, für welche zugestellt werden soll;
3. die Bezeichnung der Person, an welche zugestellt werden soll;
4. die Bezeichnung der Person, welcher zugestellt ist; in den Fällen der §§ 181, 183, 184 die Angabe des Grundes, durch welchen die Zustellung an die bezeichnete Person gerechtfertigt wird; wenn nach § 182 verfahren ist, die Bemerkung, wie die darin enthaltenen Vorschriften befolgt sind;
5. im Falle der Verweigerung der Annahme die Erwähnung, daß die Annahme verweigert und das zu übergebende Schriftstück am Orte der Zustellung zurückgelassen ist;
6. die Bemerkung, daß eine Ausfertigung oder eine beglaubigte Abschrift des zuzustellenden Schriftstücks und daß eine beglaubigte Abschrift der Zustellungsurkunde übergeben ist;
7. die Unterschrift des die Zustellung vollziehenden Beamten.

§ **192.** Ist die Zustellung durch Aufgabe zur Post (§ 175) erfolgt, so muß die Zustellungsurkunde den Bestimmungen des vorstehenden Paragraphen unter Nr. 2, 3, 7 entsprechen und außerdem ergeben, zu welcher Zeit, unter welcher Adresse und bei welcher Postanstalt die Aufgabe geschehen ist.

§ **193.** Zustellungen können auch durch die Post erfolgen.

§ **194.** Wird durch die Post zugestellt, so hat der Gerichtsvollzieher einen durch sein Dienstsiegel verschlossenen, mit der Adresse der Person, an welche zugestellt werden soll, versehenen und mit einer Geschäftsnummer bezeichneten Briefumschlag, in welchem die zuzustellende Ausfertigung oder die beglaubigte Abschrift des zuzustellenden Schriftstücks enthalten ist, der Post mit dem Ersuchen zu übergeben, die Zustellung einem Postboten des Bestimmungsorts aufzutragen.

Der Gerichtsvollzieher hat auf dem bei der Zustellung zu übergebenden Schriftstücke zu vermerken, für welche Person er dasselbe der Post übergibt, und auf der Urschrift des zuzustellenden Schriftstücks oder auf einem mit derselben zu verbindenden Bogen zu bezeugen, daß die Übergabe in der im Abs. 1 bezeichneten Art und für wen sie geschehen ist.

§ **195.** Die Zustellung durch den Postboten erfolgt in Gemäßheit der Bestimmungen der §§ 180—186.

Über die Zustellung ist von dem Postboten eine Urkunde aufzunehmen, welche den Bestimmungen des § 191 Nr. 1, 3—5, 7 entsprechen und außerdem die Übergabe des seinem Verschlusse, seiner Adresse und seiner Geschäftsnummer nach bezeichneten Briefumschlags, sowie der Abschrift der Zustellungsurkunde bezeugen muß.

Die Urkunde ist von dem Postboten der Postanstalt und von dieser dem Gerichtsvollzieher zu überliefern, welcher mit derselben in Gemäßheit der Bestimmung des § 190 Abs. 4 zu verfahren hat.

§ **196.** Insoweit eine Zustellung unter Vermittlung des Gerichtsschreibers zulässig ist, kann derselbe unmittelbar die Post um Bewirkung der Zustellung ersuchen. In diesem Falle finden die Vorschriften der §§ 194, 195 auf den Gerichtsschreiber entsprechende Anwendung; die erforderliche Beglaubigung erfolgt durch den Gerichtsschreiber.

§ **197.** Ist eine Zustellung durch einen Gerichtsvollzieher bewirkt, obgleich sie durch die Post hätte erfolgen können, so hat die zur Erstattung der Prozeßkosten verurteilte Partei die Mehrkosten nicht zu tragen.

§ **198.** Sind die Parteien durch Anwälte vertreten, so kann die Zustellung von Anwalt zu Anwalt erfolgen.

Zum Nachweise der Zustellung genügt das mit Datum und Unterschrift versehene schriftliche Empfangsbekenntnis des Anwalts, welchem zugestellt worden ist.

Der Anwalt, welcher zustellt, hat dem anderen Anwalt auf Verlangen eine Bescheinigung über die Zustellung zu erteilen.

§ 199. Eine im Auslande zu bewirkende Zustellung erfolgt mittels Ersuchens der zuständigen Behörde des fremden Staates oder des in diesem Staate residierenden Konsuls oder Gesandten des Reichs.

§ 200. Zustellungen an Deutsche, welche das Recht der Exterritorialität genießen, erfolgen, wenn dieselben zur Mission des Reichs gehören, mittels Ersuchens des Reichskanzlers; wenn dieselben zur Mission eines Bundesstaates gehören, mittels Ersuchens des Ministers der auswärtigen Angelegenheiten dieses Bundesstaates.

Zustellungen an die Vorsteher der Reichskonsulate erfolgen mittels Ersuchens des Reichskanzlers.

§ 201. Zustellungen an Personen, welche zu einem im Auslande befindlichen oder zu einem mobilen Truppenteile oder zur Besatzung eines in Dienst gestellten Kriegsfahrzeuges gehören, können mittels Ersuchens der vorgesetzten Kommandobehörde erfolgen.

§ 202. Die erforderlichen Ersuchungsschreiben werden von dem Vorsitzenden des Prozeßgerichts erlassen.

Die Zustellung wird durch das schriftliche Zeugnis der ersuchten Behörden oder Beamten, daß die Zustellung erfolgt sei, nachgewiesen.

§ 203. Ist der Aufenthalt einer Partei unbekannt, so kann die Zustellung durch öffentliche Bekanntmachung erfolgen.

Die öffentliche Zustellung ist auch dann zulässig, wenn bei einer im Auslande zu bewirkenden Zustellung die Befolgung der für diese bestehenden Vorschriften unausführbar ist oder keinen Erfolg verspricht.

Das gleiche gilt, wenn die Zustellung aus dem Grunde nicht bewirkt werden kann, weil die Wohnung einer nach den §§ 18, 19 des Gerichtsverfassungsgesetzes der Gerichtsbarkeit nicht unterworfenen Person der Ort der Zustellung ist.

§ 204. Die öffentliche Zustellung wird, nachdem sie auf ein Gesuch der Partei vom Prozeßgerichte bewilligt ist, durch den Gerichtsschreiber von Amts wegen besorgt. Die Entscheidung über das Gesuch kann ohne vorgängige mündliche Verhandlung erlassen werden.

Die öffentliche Zustellung erfolgt durch Anheftung der zuzustellenden Ausfertigung oder einer beglaubigten Abschrift des zuzustellenden Schriftstücks an die Gerichtstafel. Enthält das Schriftstück eine Ladung, so ist außerdem die zweimalige Einrückung eines Auszugs des Schriftstücks in dasjenige Blatt, welches für den Sitz des Prozeßgerichts zur Veröffentlichung der amtl. Bekanntmachungen bestimmt ist, sowie die einmalige Einrückung des Auszugs in den Dtsch. Reichsanzeiger erforderlich.

Das Prozeßgericht kann anordnen, daß der Auszug noch in andere Blätter und zu mehreren Malen eingerückt werde.

§ 205. In dem Auszuge des Schriftstücks müssen das Prozeßgericht, die Parteien, der Gegenstand des Prozesses, der Antrag, der Zweck der Ladung und die Zeit, zu welcher der Geladene erscheinen soll, bezeichnet werden.

§ 206. Das eine Ladung enthaltende Schriftstück gilt als an dem Tage zugestellt, an welchem seit der letzten Einrückung des Auszugs in die öffentlichen Blätter ein Monat verstrichen ist. Das Prozeßgericht kann bei Bewilligung der öffentlichen Zustellung den Ablauf einer längeren Frist für erforderlich erklären.

Enthält das Schriftstück keine Ladung, so ist dasselbe als zugestellt anzusehen, wenn seit der Anheftung des Schriftstücks an die Gerichtstafel zwei Wochen verstrichen sind.

Auf die Gültigkeit der Zustellung hat es keinen Einfluß, wenn das anzuheftende Schriftstück von dem Orte der Anheftung zu früh entfernt wird.

§ 207. Wird auf ein Gesuch, welches die Zustellung eines demselben beigefügten Schriftstücks mittels Ersuchens anderer Behörden oder Beamten oder mittels öffentlicher Bekanntmachung betrifft, die Zustellung demnächst bewirkt, so treten, insoweit durch die Zustellung eine Frist gewahrt und der Lauf der Verjährung oder einer Frist unterbrochen wird, die Wirkungen der Zustellung bereits mit der Überreichung des Gesuchs ein.

Wird ein Schriftsatz, dessen Zustellung unter Vermittlung des Gerichtsschreibers erfolgen soll, innerhalb einer Frist von zwei Wochen nach der Einreichung bei dem Gerichtsschreiber zugestellt, so tritt, sofern durch die Zustellung eine Notfrist gewahrt wird, die Wirkung der Zustellung bereits mit der Einreichung ein.

II. Zustellungen von Amts wegen.

§ 208. Auf die von Amts wegen zu bewirkenden Zustellungen finden die Vorschriften über die Zustellungen auf Betreiben der Parteien entsprechende Anwendung, soweit nicht aus den nachfolgenden Bestimmungen sich Abweichungen ergeben.

§ 209. Für die Bewirkung der Zustellung hat der Gerichtsschreiber Sorge zu tragen.

§ 210. Die Beglaubigung der bei der Zustellung zu übergebenden Abschrift geschieht durch den Gerichtsschreiber.

§ 211. Der Gerichtsschreiber hat das zu übergebende Schriftstück in einem durch das Gerichtssiegel verschlossenen, mit der Adresse der Person, an welche zugestellt werden soll, versehenen und mit einer Geschäftsnummer bezeichneten Briefumschlag einem Gerichtsdiener oder der Post zur Zustellung auszuhändigen. Auf den Briefumschlag ist der Vermerk zu setzen: Vereinfachte Zustellung.

Die auf den Briefumschlag angegebene Geschäftsnummer ist in den Akten zu vermerken.

Die Vorschrift des § 194 Abs. 2 findet keine Anwendung.

§ 212. Die Beurkundung der Zustellung durch den Gerichtsdiener oder den Postboten erfolgt nach den Vorschriften des § 195 Abs. 2 mit der Maßgabe, daß eine Abschrift der Zustellungsurkunde nicht zu übergeben, der Tag der Zustellung jedoch auf dem Briefumschlage zu vermerken ist.

Die Zustellungsurkunde ist dem Gerichtsschreiber zu überliefern.

§ 213. Ist die Zustellung durch Aufgabe zur Post (§ 175) erfolgt, so hat der Gerichtsschreiber in den Akten zu vermerken, zu welcher Zeit und unter welcher Adresse die Aufgabe geschehen ist. Der Aufnahme einer Zustellungsurkunde bedarf es nicht.

---

6. Zu § 17 des Gesetzes:

Bürgerl. Gesetzbuch §§ 186 bis 193, betr. **Fristen, Termine.**

§ 186. Für die in Gesetzen, gerichtlichen Verfügungen und Rechtsgeschäften enthaltenen Frist- und Terminsbestimmungen gelten die Auslegungsvorschriften der §§ 187 bis 193.

§ 187. Ist für den Anfang einer Frist ein Ereignis oder ein in den Lauf eines Tages fallender Zeitpunkt maßgebend, so wird bei der Berechnung der Frist der Tag nicht mitgerechnet, in welchen das Ereignis oder der Zeitpunkt fällt.

Ist der Beginn eines Tages der für den Anfang einer Frist maßgebende Zeitpunkt, so wird dieser Tag bei der Berechnung der Frist mitgerechnet. Das gleiche gilt von dem Tage der Geburt bei der Berechnung des Lebensalters.

§ 188. Eine nach Tagen bestimmte Frist endigt mit dem Ablaufe des letzten Tages der Frist.

Eine Frist, die nach Wochen, nach Monaten oder nach einem mehrere Monate umfassenden Zeitraume — Jahr, halbes Jahr, Vierteljahr — bestimmt ist, endigt im Falle des § 187 Abs. 1 mit dem Ablaufe desjenigen Tages der letzten Woche oder des letzten Monats, welcher durch seine Benennung oder seine Zahl dem Tage entspricht, in den das Ereignis oder der Zeitpunkt fällt, im Falle des § 187 Abs. 2 mit dem Ablaufe desjenigen Tages der letzten Woche oder des letzten Monats, welcher dem Tage vorhergeht, der durch seine Benennung oder seine Zahl dem Anfangstage der Frist entspricht.

Fehlt bei einer nach Monaten bestimmten Frist in dem letzten Monate der für ihren Ablauf maßgebende Tag, so endigt die Frist mit dem Ablaufe des letzten Tages dieses Monats.

§ 189. Unter einem halben Jahre wird eine Frist von sechs Monaten, unter einem Vierteljahre eine Frist von drei Monaten, unter einem halben Monat eine Frist von fünfzehn Tagen verstanden.

Ist eine Frist auf einen oder mehrere ganze Monate und einen halben Monat gestellt, so sind die fünfzehn Tage zuletzt zu zählen.

§ 190. Im Falle der Verlängerung einer Frist wird die neue Frist von dem Ablaufe der vorigen Frist an berechnet.

§ 191. Ist ein Zeitraum nach Monaten oder nach Jahren in dem Sinne bestimmt, daß er nicht zusammenhängend zu verlaufen braucht, so wird der Monat zu dreißig, das Jahr zu dreihundertfünfundsechzig Tagen gerechnet.

§ 192. Unter Anfang des Monats wird der erste, unter Mitte des Monats der fünfzehnte, unter Ende des Monats der letzte Tag des Monats verstanden.

§ 193. Ist an einem bestimmten Tage oder innerhalb einer Frist eine Willenserklärung abzugeben oder eine Leistung zu bewirken und fällt der bestimmte Tag oder der letzte Tag der Frist auf einen Sonntag oder einen am Erklärungs- oder Leistungsorte staatlich anerkannten allgemeinen Feiertag, so tritt an die Stelle des Sonntags oder des Feiertags der nächstfolgende Werktag.

Sachregister.

Von den Zahlen bedeuten die größeren die Paragraphen, die kleineren die Anmerkungen. An einzelnen Stellen ist auf S. = Seite verwiesen.

A.

B.

E.

F.

G.

H.

P.

R.

S.

W.

Z.

Druck von Lippert & Co. (G. Pätz'sche Buchdr.), Naumburg a. S.

Kolibri 360 GmbH
Ferdinand-Jühlke-Straße 7
99095 Erfurt, Deutschland
produktsicherheit@kolibri360.de